Organisation und Pädagogik

Band 14

Herausgegeben von

Michael Göhlich, FAU Erlangen-Nürnberg, Erlangen, Deutschland

Nicolas Engel

Die Übersetzung der Organisation

Pädagogische Ethnographie organisationalen Lernens

Springer VS

Dr. Nicolas Engel
FAU Erlangen-Nürnberg
Erlangen, Deutschland

zgl.: Erlangen-Nürnberg, Univ., Diss., 2013
u.d.T.: Die Übersetzung der Organisation. Ethnographie organisationalen Lernens im Kontext der Grenzüberschreitung

ISBN 978-3-658-03534-1 ISBN 978-3-658-03535-8 (eBook)
DOI 10.1007/978-3-658-03535-8

Die Deutsche Nationalbibliothek verzeichnet diese Publikation in der Deutschen Nationalbibliografie; detaillierte bibliografische Daten sind im Internet über http://dnb.d-nb.de abrufbar.

Springer VS

Lektorat: Stefanie Laux, Stefanie Loyal

Gedruckt auf säurefreiem und chlorfrei gebleichtem Papier

Springer VS ist eine Marke von Springer DE. Springer DE ist Teil der Fachverlagsgruppe Springer Science+Business Media.
www.springer-vs.de

für Lucia und Ole

Danksagung

Eine pädagogisch-ethnographische *Übersetzung der Organisation* und eine damit einhergehende Erprobung neuer Verfahren pädagogischer Organisationsforschung sind auf Unterstützung angewiesen. Mein besonderer Dank gilt daher Prof. Dr. Michael Göhlich, der mir bei meinem herausfordernden Anliegen stets zur Seite stand, mich förderte und forderte und mir viele Freiräume gewährt hat. Zudem danke ich Prof. Dr. Jörg Zirfas für sein Interesse, seine Offenheit sowie für seine wichtigen Hinweise zur Thematik der „Zeitlichkeit". Die vorliegende Arbeit ist im Kontext des vom BMBF geförderten interdisziplinären Forschungsverbundprojekts *„Interkulturelle Übersetzung in grenzregionalen Organisationen. Herausforderungen und Praxen von Organisationen in der deutsch-tschechischen Grenzregion"* entstanden. Ein großer Dank gebührt den beiden untersuchten Einrichtungen mit all ihren Mitarbeitenden für das Interesse an meiner Studie und für die große Bereitwilligkeit mir als Forscher Einblicke in die jeweilige organisationale Lebenswelt zu gewähren. Für wichtige Anregungen in langen Diskussionen – Interdisziplinarität wurde mir als komplexes Übersetzungsverhältnis sehr bewusst! – bedanke ich mich bei allen Beteiligten des Forschungsverbunds, vor allem bei Thomas Höhne, Kristina Chmelar, Eva Čížková, Dr. Matthias Klemm und Christoph Marx, mit denen ich viele erkenntnisreiche Tage im Feld verbrachte und erkenntniskritische Diskussionen geführt habe. Für die Übersetzungsarbeit tschechischsprachiger Transkripte und Dokumente und für die stete Gesprächsbereitschaft möchte ich mich bei Kristina Chmelar, für wertvolle Hinweise bei Christin Kaiser, Ates Gürpinar, Lisa Engel, Julia Gnibl sowie bei allen TeilnehmerInnen des organisationspädagogischen Kolloqiums am Institut für Pädagogik der Uni Erlangen bedanken. Juliane Lamprecht, Tim Seuchter, den Olschoks, Christine Lamprecht, vielen Freunden sowie meinen Eltern danke ich für ihre große Geduld und für ihre Unterstützung, vor allem aber für ihre uneingeschränkte Loyalität in Zeiten unsicherer Stimmungslage.

Erlangen, im November 2013 Nicolas Engel

Inhalt

Verzeichnis der Abbildungen und Tabellen

Abbildungen

Tabellen

Einleitung

1

Unscheinbar steht am Rand einer bayerischen Bundesstraße und nicht weit entfernt der bayerisch-tschechischen Grenze eine bemerkenswerte Statue aus Sandstein. Aus einem Stück geformt, zeigt die Statue zwei identische Figuren, die in Priesterrobe gekleidet und ein Kreuz tragend rücklings einen Körper bilden und mit der Vorderseite voneinander abgewandt in jeweils entgegensetzte Richtungen blicken. Die eine der beiden identischen Figuren wendet sich nach Westen, die andere nach Osten. Bei der Statue handelt sich um den *Doppelten Nepomuk*. Sie verkörpert den Priester und Heiligen Johannes Nepomuk, einen im Ränkespiel des böhmischen und deutschen Königshauses zum Märtyrer gewordenen Priester. Von einer Vielzahl an skulpturenartigen Darstellungen des heiligen Nepomuks in Europa steht die bekannteste auf der Karlsbrücke in Prag und macht ihn zu einem der bedeutendsten Brückenheiligen.[1] Seine heutige religiöse Funktion als *Patron der Brücke* mag ein möglicher Grund sein, warum er hier in Ostbayern, nahe der Grenze zu Tschechien, doppelköpfig dargestellt wird. So wird möglicherweise mittels dieser Figur und ihrer Lokalisierung fernab von zu überbrückenden Gewässern auch auf die die Notwendigkeit des Brückenbauens im übertragenen Sinne auf Grenze hingewiesen. Woher der *Doppelte Nepomuk* kommt und was die Zweigesichtigkeit und die doppelte Blickrichtung bedeuten, konnte mir auf gezielte Nachfrage aber niemand mit Bestimmtheit sagen. In den Erzählungen der lokalen Bevölkerung und

1 Johannes Nepomuk lebte im 14. Jahrhundert und war Priester und später Generalvikar des Erzbischofs von Prag. Vermutlich brachte ihm sein Eintreten für die Rechte der Kirche und seine beharrliche Verteidigung des Beichtgeheimnisses gegenüber König Wenzel IV. schwere Konflikte mit dem Königshaus ein. Die Überlieferung besagt, dass Nepomuk letztlich im Verlauf des Konflikts zwischen Erzbischof und König von letzterem in der Moldau ertränkt wurde. Die Legendenbildung um Johannes Nepomuk als Patron des Beichtgeheimnisses, der Verschwiegenheit und der Brücken führte 1693 zur Errichtung einer Statue auf der Karlsbrücke und Anfang des 18. Jahrhunderts erst zu seiner Selig- und wenige Jahre später zu seiner Heiligsprechung (vgl. Weißkopf 1960; Povlíka 1991).

in den wenigen Zeilen der Erläuterung einer Touristenbroschüre wird der *Doppelte Nepomuk* zum Symbol des Zweiherrenlands erklärt. Damit wird auf die Geschichte der Regionen des heutigen Ostbayerns und Böhmens verwiesen, die in den letzten Jahrhunderten abwechselnd unter böhmischer und bayerischer Regentschaft standen. In der Figur kommt, so lässt sich interpretierend zusammenfassen, eine Ambivalenz, ein zeitgleiches Hierhin und Dorthin aber auch Umsichtigkeit oder Unentschlossenheit zum Ausdruck. Vor dem Hintergrund meiner Forschungen im Grenzraum erscheint die Figur des *Doppelten Nepomuk* als eine Repräsentation der Folgen einer Grenzziehung und der Herausforderungen ihrer Überschreitung.

In der neueren Geschichte hat die deutsch-tschechische Grenzziehung als territoriale Markierung die historisch sozial und kulturell miteinander verwobenen Regionen Ostbayerns und Böhmens über Jahrzehnte hermetisch voneinander abgeschirmt. Im Zeitalter des Kalten Kriegs bestand über das Politische hinaus die Wirkmächtigkeit der Grenze in der Fixierung gesellschaftlicher und kultureller Entitäten und in der Konstruktion eines Dahinterliegenden, Fremden und Nicht-Gewollten. Mit dem Fall des Eisernen Vorhangs, dem fortlaufenden europäischen Integrationsprozess, dem Beitritt Tschechiens zum Schengen-Abkommen und schließlich dem Beitritt Tschechiens zur Europäischen Union geht eine sukzessive Auflösung dieser Grenzziehung als materialisierte Trennung politischer Herrschaftsbereiche einher. Auch wenn diese Dekonstruktion der politischen Grenzziehung die Durchlässigkeit in beide Richtungen zunehmend strukturell ermöglicht, verbleibt eine erfahrbare sprachliche, kulturelle und strukturelle Grenze. Die Aufgabe, mit diesen Grenzen und den damit verbundenen Übersetzungsanforderungen – der Schwierigkeit einer sprachlichen Verständigung, der historisch bedingten sozialen Konstruktion des Fremden und der Hürde national organisierter Bürokratien – umzugehen, kommt nicht zuletzt Organisationen zu, die im sozialen, kulturellen oder dezidiert pädagogischen Auftrag grenzüberschreitend tätig sind. Die Annahme, dass Probleme der Grenzüberschreitung und Praktiken der Bearbeitung selbiger vor allem in grenzüberschreitend-agierenden Organisationen zu Tage treten (vgl. Göhlich et al. 2009, S. 3), bildete den Ausgangspunkt eines interdisziplinären Forschungsverbunds, in dessen Zusammenhang vorliegende Studie entstanden ist. Unter dem Titel „Interkulturelle Übersetzung in grenzregionalen Organisationen. Herausforderungen und Praxen von Organisationen in der deutsch-tschechischen Grenzregion" untersuchte der Forschungsverbund im Zeitraum von 2009 bis 2012 acht grenzüberschreitend agierende Organisationen.[2] Die programmatische

2 Der interdisziplinäre Forschungsverbund (gefördert durch das BMBF; Antragstitel: *Komplexitätsmanagement durch geisteswissenschaftliche Expertise. Übersetzungszwänge und -praxen von Organisationen in der bayerisch-böhmischen Grenzregion*) setzte sich

Ausrichtung dieser Organisationen, Verständigungsarbeit zu leisten, Grenzen zu bewegen oder zu transzendieren, zeigt sich einerseits in Semantiken organisationaler Selbstbeschreibung, andererseits in der organisationalen Praxis der Selbstdarstellung einer vielseitigen Öffentlichkeit gegenüber. Verschiedenartigen Übersetzungsanforderungen sehen sich diese grenzübergreifenden Organisationen aber nicht nur in der Gestaltung gemeinsamer grenzübergreifender Programme ausgesetzt, sondern auch die Suche nach interner (interkultureller) Verständigung sowie nach einer verbindlichen und effektiven Organisationskultur verlangt einen Umgang mit kulturellen, sozialen und politischen Differenzen, mit differenten Sprachen und national unterschiedlich organisierten Bürokratien (vgl. Göhlich et al. 2009, S. 3): Das *Spezifische* der Praxis dieser Organisationen konstituiert sich im vielseitigen Kontext der programmatischen Grenzüberschreitung.

Im Rahmen meiner organisationsethnographischen Erhebungen im deutsch-tschechischen Grenzraum verdichtete sich zunehmend der Eindruck, dass die Notwendigkeit einer Aushandlung und Konstitution von gemeinsamer Praxis und Grenzüberschreitung nicht ausschließlich in der Bearbeitung vorgegebener nationalkultureller Unterschiede, sondern auch oftmals in deren Herstellung besteht. So wird die grenzüberschreitende Verständigung über Ziele, Arbeitsformen und Selbstdarstellungen organisationaler Praxis etwa begleitet von der Konstruktion „des Deutschen" und „des Tschechen" oder von der Bekräftigung unterschiedlicher Sichtweisen auf die Grenzgeschichte. In den ethnographischen Betrachtungen von organisationalen Formen der Herstellung und Bearbeitung kultureller Differenzen und Grenzen wird in vorliegender Arbeit die organisationale Praxis der Identität in einer Übersetzungsperspektive in den Blick genommen. So wird Identität nicht als System geteilter Werte und Normen oder gemeinsamer Grundannahmen (Schein 2004), auch nicht als eine unverwechselbare Identität (Hofstede und Hofstede 2009, S. 5) untersucht, sondern – im Sinne der Figur des „Doing Culture" (Hörning und Reuter 2004) und des „Doing Identity" (IPSE 2010) – als eine spezifische (organi-

---

aus zwei pädagogischen Teilprojekten und je einem linguistischen und soziologischen Teilprojekt zusammen. Das gemeinsame Interesse an der Frage, welchen kulturellen Übersetzungsanforderungen diese Organisation ausgesetzt sind und welche Praktiken und Techniken sie im Umgang damit entwickeln, wurde bezüglich der thematischen Fokussierungen auf Fragen der Verständigung (interkulturelle Kommunikation), der Vergegenwärtigung (kulturelle Identität) und der Übertragung (Transfer) jeweils disziplinär zugespitzt. Die Linguistik untersuchte vornehmlich die sprachliche Verständigung in den Organisationen, die Pädagogik fokussierte vornehmlich auf Praktiken organisationaler Identität und damit verbundene Vorgänge organisationalen Lernens und die Soziologie nahm das Verhältnis der Organisation zu ihrer Umwelt in den Blick und untersuchte den Programm-Praxis-Transfer (vgl. Grenzorganisationen 2012; Engel et al. 2014).

sations-)kulturelle Praxis, die ihr charakteristisches Erscheinungsbild und ihren spezifischen Ausdruck in der kontextbezogenen Inszenierung von grenzüberschreitender Gemeinsamkeit, Grenzmarkierung und gemeinsamer Grenzüberschreitung gewinnt. Das dieser Studie zugrunde liegende Erkenntnisinteresse richtet sich in diesem Sinne auf Organisationen im Kontext der Grenzüberschreitung und auf die Frage, wie diese eine spezifische Identitätspraxis herstellen, bearbeiten und verändern, genauer: wie Organisationen im Kontext nationaler und kultureller Grenzüberschreitungen Identität lernen.

1.1 Forschungskontext

Entsprechend des Erkenntnisinteresses an Vorgängen der Herstellung und Bearbeitung organisationaler Identität im Kontext kultureller Grenzüberschreitung verortet sich die vorliegende Studie im Diskurs der pädagogischen Organisationsforschung. In der Fokussierung auf die Phänomene der kulturellen Differenz und des grenzüberschreitenden Lernens versteht sie sich zudem als allgemeinpädagogischer Beitrag zur interdisziplinären Diskussion um Interkulturalität.

Pädagogische Organisationsforschung

Organisationen sind zentrale Bestandteile moderner Gesellschaften und entgegen anderer Formen sozialer Vergemeinschaftung (Familie, Peer-Group etc.) explizit hergestellt und auf eine bestimmte Aufgabe bezogen. In dieser expliziten Erscheinungsform avancieren Organisationen als Orte der Bildung und des lebenslangen Lernens, des Arbeitens und der Freizeitgestaltung nicht erst in heutiger Zeit zu zentralen Orten des Alltäglichen. Einen Großteil unseres Lebens verbringen wir in und mit Organisationen (vgl. Göhlich 2001a, S. 11; Kühl 2011, S. 9): nicht nur als BesucherInnen, KundInnen oder KlientInnen, sondern auch als MitarbeiterInnen und Mitglieder. Beginnend mit dem Besuch einer Krippe oder eines Kindergartens begleitet uns der Status mehr oder minder geregelter Zugehörigkeit zu Organisationen (Schule, Betrieb, Verein, Altersheim etc.) bis zum Lebensende. Dass vor diesem Hintergrund die Organisation Gegenstand sozialwissenschaftlicher Forschung wird und dass Fragen nach Konstituierungsprozessen, gesellschaftlichen Wirkungsmechanismen, Erhalt, Wachstum und Wandel untersucht werden, ist wenig verwunderlich. Auch für die pädagogische Forschung haben Organisationen jeher eine zentrale Rolle gespielt, als Orte der Institutionalisierung pädagogischer Ideen, der Bildung des Subjekts und dessen Unterstützung sowie als Orte der Professionalisierung pädagogischer Praxis. Der Fokus pädagogischer Beschäftigung mit Organisationen lag und liegt großteils immer noch auf Organisationen als Kontexte pädagogischer Handlungspraxis. Dort, wo Organisation und Bildung, Erziehung oder Lernen zusammengeführt werden, „geht es [*meistens*, NE] um spezifische Qualifizierung (also um materiale und formale Bildung)" (Göhlich 2001a, S. 225). Forschungsvorhaben, die hingegen Organisationen zum Gegenstand pädagogischer Betrachtung machen und Prozesse organisationalen Wandels an den pädagogischen Grundbegriff des Lernens koppeln, sind im pädagogischen Diskurs neuerer Provenienz. Positionen und Sichtweisen auf Organisationen als lernende soziale Gebilde, als lernende kulturelle Praxiszusammenhänge oder lernende Systeme werden unter dem Label der Organisationspädagogik oder pädagogischen Organisationsforschung seit einiger Zeit diskutiert (vgl. Geißler 2000; Göhlich 2001a, 2007a, 2010, 2011; Göhlich et al. 2005, Göhlich et al. 2009b, Göhlichet al. 2012; Göhlich und Tippelt 2008; Dollhausen und Nuissl von Rhein 2007; Heidsiek und Petersen 2010; Tippelt 2000). War das Subjekt im betrieblichen Kontext jeher im Fokus der Berufs-, Betriebs-, Arbeits- und Wirtschaftspädagogik (vgl. Arnold 1997), so sind in den letzten Jahren vor allem aus dem Bereich der Allgemeinen Pädagogik (vgl. Göhlich 2001a, 2005, 2007a; Kuper 2001; Kuper und Thiel 2010; Sausele-Bayer 2011) und der Erwachsenenbildung (vgl. Geißler 2000; Schäffter 2003; Zech et al. 2010) Bestrebungen erkennbar, die den Blick auf das Subjekt in der Organisation um eine organisationale Perspektive erweitern. Mit der vorliegenden Arbeit wird an jenen Teil des pädagogischen Diskurses angeschlossen, der die Organisation als *Subjekt* des Lernens untersucht und organisationales Lernen nicht nur metaphorisch als Organisationsentwicklung versteht (vgl. Faulstich 2007), sondern als die Veränderung überindividueller Körper und Praxismuster begreift (Göhlich 2007a, S. 212). Im Verlauf der Etablierung einer Organisationspädagogik ist das pädagogische Interesse an organisationalen Lernprozessen und deren Unterstützung in eine pädagogische Organisationstheorie überführt worden. Ergänzend zu einer kognitivistischen Auffassung wird hier organisationales Lernen in Einbindung der Lebenspraxis und Geschichtlichkeit als „mustermimetischer Prozess" (ebd., S. 225) verstanden. Akteur organisationalen Lernens ist in diesem Verständnis nicht das menschliche Individuum allein, dass seine Erkenntnisse und Erfahrungen anderen Akteuren der Organisation zugänglich macht, sondern es handelt sich um einen „überindividuellen, kollektiven Körper und Geist, der den [...] Lernprozess vollzieht" (ebd., S. 222). Die organisationale Praxis basiert demnach auf Mustern alltäglichen Miteinander-Arbeitens und -Lebens, die praktisch vollzogen und wiederholt aufgeführt werden. Das Aufgreifen dieser Muster erfolgt mimetisch und verstärkt bzw. verändert verkörperlichte Gewohnheiten (vgl. Göhlich 2009a, S. 35). Diese allgemeine Bestimmung des Gegenstands impliziert eine Orientierung der Analyse organisationaler Praxis weniger an den Inhalten und Motiven, als vielmehr an deren Modalität und Prozessualität und verlangt eine Antwort auf die

Frage, wie sich organisationales Lernen im Kontext der Grenzüberschreitung und im Hinblick auf die Herausbildung organisationaler Identität untersuchen lässt.

Kulturbegegnung und deutsch-tschechische Grenzüberschreitung

Vorliegende Untersuchung zu kulturell grenzüberschreitenden Vorgängen kann zudem als Teil des wissenschaftlichen Diskurses um Interkulturalität verstanden werden und muss sich zu den hier existierenden wissenschaftlichen Perspektiven und Positionen verhalten. Kulturelle Differenzen sind allerorts Bezugspunkt. Allerdings werden diese in unterschiedlicher erkenntnistheoretischer Haltung als Ausgangspunkt, Resultat oder Medium der Kulturbegegnung bestimmt. Ein Blick auf die Diskussionen in der interkulturellen Pädagogik und auch in der interkulturellen Managementforschung zeigt eine Vielzahl an Vorschlägen zur Analyse und zur Konzeptualisierung interkultureller Verständigung (vgl. Schlamelcher 2003; Auernheimer 2010). Prominent ist dabei der Ansatz von Alexander Thomas, der – Geert Hofstedes Verständnis von Kultur als "kollektive Programmierung des Geistes, die die Mitglieder einer Gruppe […] von anderen unterscheidet" (Hofstede und Hofstede 2009, S. 4) aufgreifend und theoretisch weiterführend – kulturelle Differenzen im Modell der Kulturstandards messbar und für interkulturelle Verständigung handhabbar macht (vgl. Thomas 1996). Im Kontext dieser kulturalistischen Perspektive auf interkulturelle Verständigung und in ihrer Kopplung mit interkulturellen Kompetenztrainings sind Studien entstanden, die den interkulturellen Dialog in Organisationen als Modell bikultureller Verständigung analysieren (vgl. Stumpf et al. 2008 und Leenen et al. 2010). Gemäß des Kulturstandardkonzepts wird in diesen Studien davon ausgegangen, dass die Dialogfähigkeit der Organisationen im Kontext der Internationalität ohne Kenntnisse über kulturelle Typiken der jeweils „Anderen" nicht möglich ist. Auch für den deutsch-tschechischen Bereich – und hier mit großer Resonanz bei vielen grenzüberschreitenden Kooperationen und Organisationen – haben sich Kulturstandards als Standard der Verständigung über Differenzen etabliert (Schroll-Machl und Novy 2008).[3] Wenn auch weniger kulturkontrastiv und handlungsde-

3 Eine ganze Reihe von Studien im oder zum deutsch-tschechischen Grenzraum schließen an diese Perspektiven an. Exemplarisch kann auf das Projekt „Gute Nachbarschaft" der TU Kaiserslautern verwiesen werden, das sich im Zeitraum von 2002-2008 mit der deutsch-tschechischen Grenzregion und insbesondere mit der Entwicklung und Förderung von *best practice* Modellen grenzüberschreitender Kooperation beschäftigte (vgl. auch Stech 2002). Im Auftrag des bayerischen Staatsministeriums für Landesentwicklung und Umweltfragen setzt sich „Das Projekt *Gute Nachbarschaft* […] für eine Verbesserung der nachbarschaftlichen Mentalität im bayerisch-tschechischen Grenzraum ein" (Landesentwicklung Bayern). Als Teilergebnis dieses Projekts wurde

terminierend ist vielen pädagogischen Ansätzen interkultureller Kommunikation und interkultureller Kompetenz gemein, dass auch hier die Aufgabe ‚Einander zu verstehen' oder ‚den Gegenüber zu verstehen' stufenförmig angelegt ist und im Ziel der „Befähigung zum interkulturellen Dialog" (Auernheimer 2007, S. 137) oder im Verstehen essentialistischer Differenzen mündet (vgl. Leenen et al. 2010). Diesen Perspektiven kann eine sozialkonstruktivistische Auffassung von Kultur als Praxis der Differenz (vgl. Krüger-Potratz 2002; Mecheril 2004) und im Anschluss an den *Translational Turn* in den Kulturwissenschaften mit dem Konzept der *kulturellen Übersetzung* eine Analyseperspektive entgegengehalten werden – und daran wird die vorliegende Arbeit anschließen –, die kulturelle Differenzen als Konstruktionen politischer und sozialer Auseinandersetzungen begreift und in der Untersuchung von Kulturbegegnung auf Prozesse der Überlappung, der Kontingenz sowie auf Fragen der Macht (vgl. Buden 2008; Spivak 2008) und des kulturellen Transfers sensibilisiert (vgl. Bachmann-Medick 2004, 2007).

Neben den oben erwähnten essentialisierenden Untersuchungsansätzen zur deutsch-tschechischen Kulturbegegnung existieren eine ganze Reihe von Forschungsstudien, die dezidiert die deutsch-tschechische Grenze und die Thematik der Grenzüberschreitung in den Fokus nehmen. Auf einige für die vorliegende Arbeit relevante Forschungsarbeiten sollen an dieser Stelle kurz eingegangen werden. Einen beachtlichen Beitrag zur Erforschung des bayerisch-tschechischen Grenzraums leistet Katharina Eisch bereits zu Beginn der 1990er Jahre mit ihrer Dissertation „Grenze. Eine Ethnographie des bayerisch-böhmischen Grenzraums" (Eisch 1996). In einer mehrjährigen Feldforschung wurde hier der bayerisch-tschechische Grenzraum als „lebensweltlich angeeignete und ausgelegte Region" (ebd., S. 67) erforscht. Die Studie oszilliert dabei zwischen Beobachtungen des Felds, der Rekonstruktion von Geschichte(n) und Mythen des Alltäglichen sowie dem Nachvollziehen historischer Spuren und Marksteine und führt so zu einer dichten Beschreibung von Grenzkonstellationen, Grenzbrüchen und Grenzbewegungen. Die ethnographischen Beschreibungen gründen vor allem auf einer Rekonstruktion der Grenzraumgeschichte, der die Erzählungen der Grenzlandbewohner genauso wie die Beschaffenheit des Raums zugrunde liegen. Die deutsch-tschechische Grenzlandschaft wird als lesbare Kulturlandschaft nach Selbstverständnissen, Weltbildern, Raumordnungen, Grenzmarkierungen und -überschreitungen untersucht. Dabei werden kultursemiotische Überlegungen zur Lesbarkeit des Grenzraums aufgegriffen. Ergänzt um raumtheoretische Perspektiven zur Verortung des Subjekts

ein Leitfaden zur Interkulturellen Kompetenz publiziert, der in Form kontrastiver Aufzählung „geschäftsrelevante Kulturunterschiede" (vgl. Troeger-Weiss 2006) aufzeigt und Empfehlungen zu einer erfolgreichen Zusammenarbeit ausspricht.

und zur Topographie der Lebenswelt werden Selbst- und Weltbilder, die „gerade in ihrer Stereotypisierung auf öffentliche Inhalte des kollektiven Gedächtnisses verweisen“ (ebd., S. 69) durch die Verschränkung verschiedener methodischer Zugänge erhoben. Die Kulturlandschaft des Grenzraums als Text zu lesen ist zweifellos ethnographisch inspirierend, gründet jedoch auf einer Denkweise, die eine Erforschung des Performativen – der konkreten Praxis der Grenzmarkierung und -überschreitung – schuldig bleibt. An diesem Punkt setzt meine ethnographische Forschung an, die in Auseinandersetzung mit Konzepten der Identität und der Kultur die (organisationale) Praxis der Grenzüberschreitung und deren Bedingungen in den Blick nehmen möchte.

Im Kontext des kaum noch zu überblickenden Forschungsfelds *Europa* und *Europäische Integration* (vgl. Huget et al. 2005; Wienand und Wienand 2010) sind verschiedene Studien zur Entwicklung, zur Geschichte und zu Verläufen deutsch-tschechischer grenzüberschreitender Kooperation und Verständigung erschienen. Fokussiert werden vornehmlich Formen der grenzüberschreitenden Zusammenarbeit auf kommunaler Ebene, im staatlichen Bereich und im wirtschaftlichen Sektor. Exemplarisch kann auf die quantitative Untersuchung „der Praxis von grenzübergreifenden Städten und Gemeinden“ von Kai Rabenschlag (2005, S. 265) verwiesen werden. Hier werden verschiedene Handlungsbedingungen und -strukturen grenzüberschreitender Zusammenarbeit herausgearbeitet. Für die Zunahme an kommunalen Kooperationen im deutsch-tschechischen Grenzraum und einem damit verbundenen Nachlassen der Barrierefunktion der Grenze wird neben klassischen Motiven interkultureller Kooperation („gutnachbarschaftliche Beziehungen“, „Schaffung gemeinsamer Vertrauensbasis“, ebd., S. 276) vor allem ein regionalpolitischer Handlungsbedarf verantwortlich gemacht. Der Hinweis der grenzregional „lagebedingten Defizite der Kommunen“ (ebd., S. 275) als Auslöser für eine verstärkte Kooperationsbereitschaft zum Grenzabbau wird auch in vorliegender Arbeit von Relevanz sein.

Im Kontext der aus der Forschungskooperation der Universität Straßburg und des Euro-Instituts Kehl entstandenen „Studien zur Geschichte der Europäischen Integration (SGEI)“ findet sich ein Beitrag von Thomas Groh (2011), der einen Überblick über die Entwicklung der Kooperation staatlicher Stellen, genauer der Euroregionen gibt. In der Analyse der rechtlichen Rahmenbedingungen und Tätigkeitsfelder der deutsch-tschechischen Euroregionen wird nicht nur der durch die intensive Zusammenarbeit der Euroregionen geförderte sukzessive Abbau der Grenze als Barriere betont, die vor allem programmatisch und bezüglich konkreter Einzelkooperation (vgl. ebd., S. 318 ff.) erfolgt, sondern auch auf die im alltäglichen Miteinander immer noch „trennende Wirkung von Grenzen selbst zwischen EU-Staaten“ (ebd., S. 321) hingewiesen.

Der ebenfalls 2011 erschienene Band „Die tschechisch-bayerische Grenze im Kalten Krieg in vergleichender Perspektive. Politische, ökonomische und soziokulturelle Dimensionen“ (Meinke 2011) publiziert Ergebnisse eines von der Westböhmischen Universität Pilsen und der Universität Regensburg verantworteten historisch-geographischen Forschungsprojekts, welches den bayerisch-tschechischen Grenzraum und seine Entwicklung seit 1945 in den Blick nimmt. Der Band versammelt Beiträge aus unterschiedlichen Disziplinen, die die Grenzregion als Geschichts-, Sozial-, Wirtschafts-, Natur- und Kulturraum entwerfen und diskutieren. Zwei wirtschaftsgeographische Beiträge thematisieren explizit Fragen der grenzüberschreitenden Zusammenarbeit auf der Unternehmensebene. Der Beitrag von Jaroslav Dokupil mit dem Titel „Grenzüberschreitende Zusammenarbeit und regionale Entwicklung im tschechisch-bayerischen Grenzgebiet. Impulse und Barrieren“ (Dokupil 2011) wirft auf Grundlage einer Grenztypologie die Frage auf, welche natürlichen und künstlichen Impulse und Barrieren im Zuge des Übergangs von einem Barrieretypus (bis 1990) zu einem Integrationstypus (ab 1990) bestehen bleiben oder ermöglicht werden (vgl. ebd., S. 175 f.). Abgesehen vom zentralen Hindernis der sprachlichen Verständigung werden dabei die Impulse für die Intensivierung der Zusammenarbeit betont. So zeichnet der Beitrag eine lineare und harmonische Entwicklung der Grenzöffnung. Demzufolge werden Unterschiede bedeutungsloser und der sogenannte „Arealeffekt“ (ebd., S. 177), der für die Geschlossenheit von politisch-sozialen Systemen steht, nach und nach abgebaut. Diesem harmonischen Bild des Differenzabbaus kann in der vorliegenden Arbeit nicht zugestimmt werden. Mag dies für eine rein ökonomische Motivation grenzüberschreitender Zusammenarbeit – wie sie auch Jörg Maier in seinem Beitrag „Zur Entwicklung und Struktur bayerischer-tschechischer Beziehungen. Kooperationsperspektiven von Unternehmen im Spiegel empirischer Forschungen“ (Maier 2011, S. 181; vgl. auch Zenk 2000; Holečková et al. 2006) herausarbeitet – gelten, so können meine Forschungsergebnisse dem entgegenhalten, dass in Organisationen mit sozialem, pädagogischem oder kulturellem Auftrag (national) kulturelle Unterschiede nicht bedeutungsloser werden. Im Gegenteil, sie gewinnen an Bedeutung: Kulturelle Differenzen werden benötigt und konstruiert, um die grenzüberschreitende Zusammenarbeit – die Differenzen ja gerade bearbeiten muss und will – zu ermöglichen.

1.2 Erkenntnisinteresse und Ziel der Arbeit

Die diesem Buch zugrunde liegende Studie war Bestandteil des eingangs erwähnten interdisziplinären Forschungsprojekts. Die Auswahl der in vorliegender Arbeit untersuchten Organisationen – die auch Bestandteil des Samples des gemeinsamen Forschungsverbunds waren – erfolgte aufgrund ihrer pädagogischen Programmatik und aufgrund der jeweiligen Profilspezifik. Es handelt sich zum einen um eine Einrichtung des Kulturmanagements und grenzübergreifender Kulturförderung, die sich in Trägerschaft eines gemeinnützigen Vereins befindet und über Mittel der Europäischen Union finanziert, zum anderen um eine bundesstaatliche Einrichtung zur Förderung und Vernetzung grenzüberschreitender Jugendarbeit. Die Ethnographie dieser beiden Einrichtungen gründet auf dem Interesse an der Frage, wie unter welchen Bedingungen eine organisationale Praxis der Identität im Kontext der Grenzüberschreitung hergestellt, bearbeitet und verändert wird. Das organisationspädagogische Erkenntnisinteresse an der Herstellung und Bearbeitung einer grenzüberschreitenden Praxis der organisationalen Identität lässt sich entlang folgender Fragen konkretisieren:

1. Wie präsentieren und vergegenwärtigen sich die Organisationen als grenzüberschreitende Einrichtungen erstens intern bezüglich des Miteinander-Arbeitens und zweitens einer vielschichtigen Öffentlichkeit gegenüber?
2. Welche expliziten oder habitualisierten Praktiken der Darstellung und Vergegenwärtigung werden entwickelt, vermittelt, erhalten oder modifiziert bzw. riskiert und wie werden die aus der Grenzüberschreitung resultierenden kulturellen Differenzen darin bearbeitet?
3. Inwiefern lassen sich die Vorgänge der Vermittlung, Entwicklung, Bewahrung und Modifikation organisationaler Praktiken der Darstellung und der Vergegenwärtigung als *Grenzüberschreitung-Könnende Organisation* als organisationales Identitätslernen beschreiben?

Eine an diesen Fragen interessierte ethnographische Analyseeinstellung folgt dem Prinzip der *Grounded Theory* (Glaser und Strauss 1967/2005; Strauss 1998) und beabsichtigt die empirischen Befunde in den Entwurf einer Theorie organisationalen Identitätslernens im Kontext der Grenzüberschreitung zu überführen. Der Theorieentwurf geht von der methodologischen Grundannahme aus, dass sich die Identität von Organisationen nicht nur in Vorstellungen und Bildern, in den Köpfen der einzelnen Mitglieder und in den Selbstbeschreibungen der Organisationen verankert, sondern auch kollektiv in der alltäglichen Praxis materiell aufgeführt und dargestellt sowie körperlich-praktisch vergegenwärtigt und verinnerlicht wird, und begründet folgende gegenstandsbezogene Erkenntnisse: So kann *erstens* gezeigt werden, dass sich die organisationale Praxis der Identität der beiden untersuchten Einrichtungen einerseits als explizite Aufführung und Darstellung eines organisationalen Selbstverständnisses (Präsentation), andererseits als Vergegenwärtigung und Vergewisserung eines organisationalen Stils des Miteinander-Arbeitens (Repräsentation) konstituiert.[4] *Zweitens* wird dargelegt, dass bezüglich der vornehmlich nach außen gerichteten Präsentation explizite organisationale Praxisstrategien der Darstellung entwickelt werden, hinsichtlich einer vornehmlich nach innen gerichteten Repräsentation hingegen habitualisierte und routineförmige organisationale Praxismuster der Vergegenwärtigung wirken. Organisationales Identitätslernen im Kontext der Grenzüberschreitung vollzieht sich – und dies ist die *dritte* Erkenntnis – im Fall der Bewahrung und Sicherung von Praxisstrategien und Praxismustern der Darstellung und Vergegenwärtigung als *Grenzüberschreitung-Könnende Organisation* als Identitätstradierung und im Fall ihrer Modifikation als Identitätstransformation.

Das erkenntnis- und forschungsleitende Interesse an einer gegenstandsbezogenen Theoriebildung organisationalen Identitätslernens führt die Frage mit, auf welche Weise das *Wie* organisationalen Lernens erforscht werden kann. So erfordert die Absicht der Erforschung organisationalen *Identitäts*lernens eine methodologische Reflexion. Ausschlaggebend ist dabei die Frage nach adäquaten Methoden pädagogischer Organisationsforschung, die dem flüchtigen, kontingenten und überindividuellen Charakter des Gegenstands organisationalen Lernens gerecht werden können. Zwar gibt es im sozialwissenschaftlichen (vgl. Kühl et al. 2009) und neuerdings auch im erwachsenenpädagogischen Diskurs (Dollhausen 2010a) Darstellungen eines Spektrums verbaler, visueller und materialbezogener Methoden der Organisationsforschung, die in Anlehnung an klassische und etablierte methodische Verfahren vorgestellt, jedoch nicht oder kaum methodologisch auf den Gegenstand bezogen werden. Der Hinweis, dass die pädagogische Organisationsforschung methodologische Defizite hat und dass diese verstärkt

4 Vorgänge organisationaler Selbstdarstellung und organisationaler Vergegenwärtigung werden im Folgenden häufig auch mit den Begriffen Präsentation und Repräsentation bezeichnet. Dies erfolgt entsprechend einer von Klaus Mollenhauer vorgenommenen Unterscheidung: Präsentation ist ihm zufolge die Darstellung und Mitteilung eines Sachverhalts, welche aufgrund einer Repräsentation (Vereinfachung und Vergegenwärtigung) komplexer Selbst- bzw. Weltbezüge möglich wird (vgl. Mollenhauer 1985 und ausführlich dazu Kapitel 7).

> „[...] prozessorientierte Verfahren einsetzen und entwickeln muss [...], die nicht nur auf der Ebene des Bewussten, Intentionalen, Reflexiven, sondern [...] auch auf der Ebene des Performativen ansetzen und die Zeitlichkeit des Lernprozesses einholen [müssen, NE]" (Göhlich 2005, S. 18),

kann daher nach wie vor Geltung beanspruchen. Um die Ebene des Prozessualen und des Performativen organisationalen Lernens sichtbar und nachvollziehbar zu machen, werden gegenstandsadäquate Forschungsstrategien benötigt. In vorliegender Arbeit wird versucht, vor dem Hintergrund einer praxistheoretischen Reflexion des Gegenstands *Organisation* und mittels dem heuristischen Entwurf einer organisationsethnographischen Forschungsstrategie einen Beitrag zur Bearbeitung dieses methodologischen Defizits zu leisten.

1.3 Begründung des Aufbaus

Der Titel dieses Buches – „Die Übersetzung der Organisation" – repräsentiert das doppelte Erkenntnisinteresse. Die gegenstandsbezogene Fragestellung, wie grenzüberschreitende Organisationen eine spezifische Praxis der Identität herstellen, bearbeiten und verändern wird im Lichte einer übersetzungstheoretischen Perspektive untersucht und verbindet sich vor dem Hintergrund der Frage, was eine pädagogische Ethnographie von Organisationen im Kontext der Grenzüberschreitung ausmacht, mit einem heuristischen Entwurf pädagogischer Organisationsethnographie als Übersetzung.

In *Buchteil I* stehen zunächst methodologische Überlegungen im Vordergrund, die *Organisation* und *organisationales Lernen* als Herausforderungen für die pädagogisch-ethnographische Forschung diskutieren (Kapitel 2). Ausgehend von einer Sichtung des organisationsethnographischen Diskurses im anglo-amerikanischen und deutschen Sprachraum, des pädagogischen Ethnographiediskurses sowie ausgehend von praxistheoretischen Überlegungen zum Begriff der Organisation und des organisationalen Lernens wird hier die Heuristik einer pädagogischen Ethnographie von Organisationen entworfen. Auf dieser Grundlage werden dann unter Hinzunahme des kulturwissenschaftlichen Konzepts der Übersetzung der Gegenstand und das organisationsethnographische Vorgehen reflektiert (Kapitel 3) und schließlich das methodische Design der Studie vorgestellt (Kapitel 4).

Die Ethnographie von zwei programmatisch-grenzüberschreitenden Organisationen des deutsch-tschechischen Grenzraums erfolgt in *Buchteil II*. Der Chronologie meines Feldzugangs folgend, wird zunächst die Organisation *Zentrum KULT*, ein grenzüberschreitendes Zentrum der Kulturplanung und Kulturförderung (Kapitel 5), und sodann die Organisation *Kontaktzentrum TRETBOOT*, eine deutsch-tschechische Einrichtung zur Förderung und Vernetzung schulischer und außerschulischer Jugendarbeit (Kapitel 6), vorgestellt. Entsprechend meines Erkenntnisinteresses sucht die Analyse des ethnographischen Materials Strategien und Muster der organisationsspezifischen Identitätspraxis sowie deren Bewahrung bzw. Modifikation als Vorgänge des Identitätslernens herauszuarbeiten. Den Falldarstellungen werden in kurzer Fassung die zentralen fallspezifischen Annahmen vorangestellt. Die jeweiligen Kapitel abschließend, werden fallspezifischen Praxisstrategien und Praxismuster der Organisationen zusammengefasst.

Vor dem Hintergrund der ethnographischen Befunde werden in *Buchteil III* die zentralen empirischen Kategorien und theoretischen Konzepte der Untersuchung in den Entwurf einer gegenstandsbezogenen Theorie organisationalen Identitätslernens im Kontext der Grenzüberschreitung überführt. Auf Grundlage der ethnographischen Erkenntnisse wird ein organisationspädagogisches Verständnis des Identitätslernens grenzüberschreitender Organisationen entlang der Kategorien Präsentation und Repräsentation (Bedingungsdimension), Praxisstrategie und Praxismuster (Praxisdimension) sowie Tradierung und Transformation (Lerndimension) entwickelt (Kapitel 7 und 8). Die Tradierung und Transformation der organisationalen Praxis der Identität wird mittels vier gegenstandsspezifischer Thesen im Rückgriff auf die empirischen Befunde für den Kontext der deutsch-tschechischen Grenzüberschreitung präzisiert (Kapitel 9).

Entsprechend der Verbindung eines methodologischen und gegenstandstheoretischen Erkenntnisinteresses wird vor dem Hintergrund der theoretischen und empirischen Befunde dieser Arbeit in Kapitel 10 die organisationspädagogische Relevanz des Konzepts der Übersetzung resümierend diskutiert.

Teil I
Pädagogische Organisationsethnographie

Im Anschluss an das Plädoyer für eine methodologische Konzeption einer stärker am Prozess und an der Praxis des Gegenstands orientierten pädagogischen Organisationsforschung (vgl. Göhlich 2005, S. 18; s.o.) wird in diesem Teil der methodologische Rahmen der vorliegenden Arbeit dargelegt. So verbirgt sich hinter der Bezeichnung pädagogische Organisationsethnographie eine Forschungsstrategie, die die Performativität und Prozessualität organisationaler Praxis einholen möchte. Für die Untersuchung von Organisationen im Kontext kultureller Grenzüberschreitung verbindet sich die praxistheoretisch interessierte Forschungsstrategie mit dem kulturwissenschaftlichen Konzept der Übersetzung. Eine Übersetzungsperspektive sensibilisiert für den kontingenten und differenzproduzierenden Charakter des Gegenstands und lässt zudem eine Betrachtung der eigenen Forschungstätigkeit als kulturelle Übersetzungsarbeit zu. Die Darstellung der Konzeption einer pädagogischen Organisationsethnographie erfolgt an dieser Stelle aus Gründen der besseren Les- und Nachvollziehbarkeit des Forschungsprozesses, gleichwohl sie nicht a priori bestand, sondern in dieser Form der Darstellung als Teil des Ergebnisses meiner Forschungsarbeit gesehen werden kann. Zunächst werde ich *Organisation und organisationales Lernen als Herausforderungen pädagogischer Ethnographie* diskutieren und auf Grundlage dieser Diskussion eine Konzeption pädagogischer Organisationsethnographie vorschlagen (Kapitel 2). Im zweiten Abschnitt wird in Bezugnahme auf kultur- und sozialwissenschaftliche Diskussionen zur Kategorie der Grenze und zum Phänomen der kulturellen Differenz die *Organisationsethnographie im Kontext der Grenzüberschreitung* als kultureller Übersetzungsarbeit präzisiert (Kapitel 3) und davon ausgehend das methodische Design meiner organisationsethnographischen Studie vorgestellt (Kapitel 4).

Organisation und organisationales Lernen 2

Herausforderungen pädagogischer Ethnographie

Eine pädagogische Ethnographie *von* Organisationen macht eine gegenstandsadäquate und differenzierte Begründung des methodischen Vorgehens erforderlich. So sollte sich eine pädagogische Organisationsethnographie zwei Fragen widmen: Erstens, was bedeutet es in Organisationen ethnographisch zu arbeiten und nicht nur Vorgänge *in* Organisationen, sondern die Organisation *selbst* zum Gegenstand der Betrachtung zu machen? Zweitens, was ist das spezifisch organisationspädagogische Interesse daran oder anders, wie und im Hinblick auf was generiert eine pädagogische Organisationsethnographie ihre Fokussierungen?

Entsprechend der Absicht, mein organisationsethnographisches Vorgehen und mein damit verbundenes organisationspädagogisches Interesse nachvollziehbar zu machen, werden in diesem Abschnitt die *Organisation* und das *organisationale Lernen* als Gegenstände pädagogischer Ethnographie diskutiert. Zunächst werde ich dafür verschiedene Ansätze und Traditionen ethnographischer Organisationsforschung skizzieren und mit der Suche nach Antworten auf die soeben genannten Fragen verbinden (Abschnitt 2.1). Vor dem Hintergrund dieses Einblicks in den Diskurs ethnographischer Organisationsforschung werde ich dann mein – ethnographisch begründetes – praxistheoretisches Verständnis von *Organisation* und *organisationalem Lernen* ausführen (Abschnitt 2.2). In der Zusammenführung einiger Positionen ethnographischer Organisationsforschung sowie der gegenstandstheoretischen Überlegungen soll abschließend eine Heuristik pädagogischer Organisationsethnographie vorgestellt werden, die vorliegender Studie als methodologischer Rahmen dient (Abschnitt 2.3).

2.1 Ethnographische Ansätze in der (pädagogischen) Organisationsforschung

Wenn auch nicht gleich offensichtlich, so ist doch die Verbindung von Ethnographie – zunächst in ihrem weitesten Sinne verstanden als (teilnehmend) beobachtendes Verfahren – und Organisationsforschung eine grundlegende. Denn schon ein flüchtiger Blick auf die Genese der Organisationsforschung lässt zwei Seiten eines auch heute noch wirkenden spezifischen Verhältnisses derselben zur Ethnographie erkennen. Dieses zeigt sich einerseits in der Affinität der Organisationsforschung, (teilnehmende) Beobachtungsverfahren zur Erschließung organisationaler Logik und Funktionalität einzusetzen und andererseits in deren vornehmlich nutzen- und gewinnorientierten Verwendung. Im Anschluss an die Ausführungen zur Historie organisationswissenschaftlicher Forschung von Stefanie Ernst können exemplarisch drei Studien genannt werden, die auf je spezifische Weise Beobachtung und Organisations- bzw. Arbeitsforschung verbinden und jenes angedeutete Verhältnis zu verdeutlichen helfen (vgl. Ernst 2010, S. 14ff.): So kann zunächst daran erinnert werden, dass die tayloristische Produktionslogik, die die erste Hälfte des letzten Jahrhunderts Betriebe und Unternehmen formte und die Vorstellung eines *guten* Arbeitsprozesses bestimmte, auf empirischen Studien basierte. Hier begründete Frederick Winslow Taylor mittels präziser Beobachtungen und Experimente eine ökonomische Form der betrieblichen Arbeitsorganisation, die bezüglich ihrer anthropologischen Prämisse des homo oeconimcus bis heute ihre Spuren hinterlässt (vgl. ebd.).[5] Wiederum auf Grundlage ausführlicher Beobachtungs- und Interviewstudien in den Hawthorne-Werken (die sog. Hawthorne-Experimente) wurde dann in den 1930er Jahren der tayloristischen Orientierung an Produktivitätssteigerung durch monetären Anreiz die Bedeutsamkeit sozialer Beziehungen – etwa in Form der Forcierung von Gemeinschaftssinn durch Rituale (vgl. Althans und Göhlich 2004, S. 209) – im Kontext der Arbeit entgegen gehalten. Hiermit wurde auf Basis von Erkenntnissen durch Beobachtung die Human-Relation-Bewegung avanciert, die ihrerseits den amerikanischen und europäischen Industriebetrieb der Nachkriegszeit im Kern prägte (vgl. Ernst 2010, S. 17). Als drittes historisches Exempel kann auf die empirische Studie „Die Arbeitslosen von Marienthal“ (Jahoda et al. 1996), ein Klassiker der frühen Arbeits- und Organisationsforschung, hingewiesen werden. Bezüglich der methodenpluralen Langzeitstudie, in der die Konsequenzen

5 So gründet etwa noch immer das vielseitig rezipierte Konzept der *Lernenden Organisation* (vgl. Argyris und Schön 1999) auf der Vorstellung des rational agierenden und Logiken der Gewinnmaximierung folgenden Akteurs. Eine Abkehr vom Bild des Homo Oeconimcus wird in den Wirtschaftswissenschaften neuerdings wieder verstärkt diskutiert (exemplarisch vgl. Dueck 2008; Goldschmidt 2009).

von Arbeitslosigkeit für knapp 500 Familien einer Industriegemeinde erforscht wurden, weist Ernst zu Recht darauf hin, dass mit den Beschreibungen Marienthals lange vor Clifford Geertz ein „Beispiel dichter Beschreibung" (Ernst 2010, S: 23, vgl. Geertz 1987) *einheimischer* Arbeits- und Lebensverhältnisse im industriellen Kontext gegeben wurde.

Auch wenn diesen prominenten Beispielen der Organisationsforschung nicht explizit eine ethnographische Forschungsstrategie zugrunde gelegt wurde und schon gar nicht von einer Organisationsethnographie im engeren Sinne die Rede sein kann, erscheint der kurze historische Rückblick bezüglich meines Erkenntnisinteresses an einer gegenstandsädaquaten Konzeption einer Organisationsethnographie doch erhellend. Denn hier werden zwei noch immer virulente Seiten des Verhältnisses von Ethnographie und Organisationsforschung erkennbar, zu denen es sich zu verhalten gilt: Erstens besteht auch heute noch eine erkennbare Attraktivität des Beobachtens für die Optimierung von Arbeitsabläufen im Rahmen von Organisationsforschungen bzw. für das dichte Verstehen menschlichen Seins und Wirkens im Kontext der Arbeit – sei es im Zusammenhang mit Arbeitsplatzstudien oder im Rahmen der Bemühungen, Organisationskulturen zu *dechiffrieren*. Oftmals geht es dabei um Gewinnmaximierung, um Produktionssteigerung und Nutzenorientierung (vgl. Neubauer 2003). Die Ausrichtung auf das, was innerhalb der Organisation passiert, ohne die Organisation selbst in den Blick zu nehmen, ist ein zweites Spezifikum. Auch dieses ist vielen Studien aktueller ethnographischer Organisationsforschung eigen. Entlang der hier identifizierbaren Differenzverhältnisse – Anwendungsbezogenheit versus wissenschaftliches Erkenntnisinteresse sowie Ethnographie *in* versus Ethnographie *von* Organisationen – soll im Folgenden das Feld der Organisationsforschung nach Ansätzen und Verwendung ethnographischer Forschungsformen und -stile befragt werden. Denn einerseits besteht Bedarf an methodologischer Klärung – dies gilt vordergründig für den deutschsprachigen Diskurs und nicht so sehr für die Diskussion im anglo-amerikanischen Raum – was unter einer Ethnographie *von* Organisationen verstanden werden kann. Andererseits bedarf es – angesichts der Prominenz angewandter Organisationskulturforschung – meines Erachtens eines Plädoyers für eine stärker erkenntnistheoretische Ausrichtung der Organisationsethnographie, die der fortwährenden Arbeit an einer pädagogischen Organisationstheorie dienen kann.

2.1.1 Organisationskulturforschung und ethnologische Unternehmensethnographie

Die *Organisationskulturforschung* kann als erste und im deutschsprachigen Raum immer noch prominente Diskurslinie einer auf ethnographische Methoden zurückgreifenden Organisationsforschung identifiziert werden. Häufige Referenz bildet dabei das Grundlagenwerk Edgar Scheins (2004) „Organizational Culture and Leadership", in dem das Konzept der Organisations- bzw. Unternehmenskultur aus betriebswirtschaftlicher Sicht ausführlich bearbeitet wird. Die hier vorgenommene Konzeption eines Dreistufenmodells von Kultur – in eine artefaktische und sichtbare Ebene (artifacts), eine Ebene expliziter und somit leicht erschließbarer Werte (values, habits) sowie eine Ebene schwer erkennbarer impliziter Annahmen (basic assumptions) – und zugrunde liegende Vorschläge der Dechiffrierung selbiger (ebd., S. 203 ff.) dienen bis heute vielen Studien als Ausgangspunkt zur Erschließung von Organisationskulturen. Explizit verfolgt der Ansatz von Schein die Idee, Organisationskulturanalyse – mittels teilnehmender Beobachtung, Interview und Dokumentenanalyse (vgl. ebd., S. 205) – als empirische Vorbereitung für Veränderungs- und Gestaltungsprozesse von Unternehmenskultur durchzuführen. Als Steuerungs- und Führungsfaktor wird Unternehmenskultur so zum Vehikel der angewandten Managementwissenschaften[6]. Grundsätzlich muss deshalb unterschieden werden zwischen solchen Ansätzen in der Tradition Scheins, die Organisationskulturforschung als „Veredelungsverfahren" (May 1997, S. 14) und innovatives Führungskonzept instrumentalisieren, und solchen, die in interpretativer Sichtweise Organisationen bzw. Unternehmen als Kulturen untersuchen. Studien dieser Art sind vornehmlich ethnologischer (Götz und Moosmüller 1992; Götz und Wittel 2000; Helmers 1993) und sozialwissenschaftlicher Provenienz (Dierkes et al. 1993; Franzpötter 1997; Bachmann 2009). Für den Bereich der pädagogischen Forschung[7] soll an dieser Stelle die Promotionsschrift von Peter Cloos (2008a) besondere Erwähnung erfahren, die die Ethnographie von Organisationskulturen zweier Einrichtungen der Jugend- und Kinderarbeit in Bezug auf Fragen des beruflichen Habitus und in Bezug auf Herstellung von Teams in den Mittelpunkt stellt. Seine

6 In dieser Tradition stehen auch eine Reihe weiterer Versuche der Konzeption und Modellierung von Unternehmenskultur (vgl. Sackmann 1990; Dülfer 1991; Neubauer 2003; Hofstede und Hofstede 2009).

7 Ein weiterer Bezug pädagogischer Forschung zur Organisationskultur findet sich im Sammelband „Organisationskultur erforschen und verändern. Ein Methodenrepertoire zur Qualitativen Analyse und praktischen Beratung" der Paderborner Pädagogen Ariane Bentner und Christian Beck (1997). Ethnographie findet in den hier in anwendungsbezogener Intention versammelten Beiträgen allerdings keine gesonderte Betrachtung.

für die Frage nach Form und Gegenstand pädagogischer Organisationsethnographie wertvollen Überlegungen sollen weiter unten ausführlicher besprochen werden.

Mit Beginn der 90er Jahre des letzten Jahrhunderts wird Organisationskultur oder Unternehmenskultur zunehmend in *ethnologischer Perspektive* diskutiert (Götz und Mossmüller 1992; Helmers 1993) und zum Gegenstand ethnologischer Forschung (Rottenburg et al. 1988; Götz 1997).[8] Eine im Jahr 2000 erschienene Publikation mit dem Titel „Arbeitskulturen im Umbruch. Zur Ethnographie von Arbeit und Organisation" (Götz und Wittel 2000) gibt dem sich formierenden Diskurs einen Namen und versammelt unterschiedliche Beiträge, die in einem ethnographischen Ansatz „die Arbeitswelt als sozialen und kulturellen Raum dicht beschreiben" (ebd., S. 8) wollen. In kritischer Distanz zu Forschungstraditionen, die die ökonomische Logik und Rationalität von Organisationen in den Blick nehmen, wird hier die Bedeutsamkeit von phänomenologischen und konstruktivistischen Ansätzen betont (vgl. ebd., S. 9). Deutlich tritt dies im methodologischen Beitrag von Irene Götz zu Tage (Götz 2000), dem eine ethnographische Studie in einer Münchner Großbäckerei zugrunde liegt (vgl. Götz 1997). Eine kulturwissenschaftliche Unternehmensethnographie wird als „hermeneutische Beschreibung" (Götz 2000, S. 56) von Unternehmen charakterisiert, die „Fragestellungen, Begrifflichkeiten und Forschungsmethoden adaptiert, wie sie als traditionelle Werkzeuge des Ethnographen in anderen eher herkömmlichen Feldern […] erprobt" (Götz 2000, S. 56f.) wurden. Als Adaption ethnologischer Forschungsstrategien und in Betonung der erkenntnistheoretischen Ausrichtung ethnologischer Organisationskulturforschung, die sich in Abgrenzung zu wirtschaftswissenschaftlichen Ansätzen nicht Logiken der Profitmaximierung folgt (vgl. ebd., S. 61), wird die Unternehmensethnographie als Forschungsperspektive entwickelt, die dem „präskriptiven Unternehmenskulturbegriff [der Managementwissenschaften, NE] einen ideologiekritischen und gleichzeitig deskriptiven empiriegebundenen" (ebd.) entgegensetzt. Die kritische Sichtweise auf das wirtschaftswissenschaftliche Konzept der *Organisationskultur* begründet auch eine Reflexion der organisationsethnographischen Forschungshaltung. Mit der Figur des *Hofnarren* wird die Rolle und Funktion des Unternehmensethnographen in diesem Sinne als vorübergehender Mitspieler vorgeschlagen, der sich keiner unternehmensinternen Interessensgruppe verpflichtet fühlt und sich in allen Unternehmensbereichen gleichermaßen bewegen kann bzw. sollte. Ein organisationsethnographisches Forschen in einer „Hofnarren-Perspektive [zeigt, NE] Facetten des betrieblichen Lebens und Arbeitens aus der Sicht von ‚oben' und ‚unten', ‚innen' und ‚außen', aus der offiziellen und vor allem auch aus der inoffizi-

8 Zur Genese und Entwicklung sowie zum Stand der methodischen Diskussion ethnologischer Organisationsforschung vgl. Bachmann 2009.

ellen Sicht" (ebd., S. 65). Das Spannende an dem Ansatz von Götz zeigt sich dabei in der reflexiven Haltung zur eigenen erkenntnisleitenden und systemkritischen Positionierung.[9] Hier liegt eine entscheidende methodologische Implikation. Denn das klare Plädoyer einer wissenschaftlichen Ausrichtung der Unternehmensethnographie ist nicht gegenstandsblind, sondern fordert eine Reflexion der Wirkung organisationsethnographischer Arbeit auf das Unternehmen sowie der daraus resultierenden Vermittlungsleistung ein (vgl. ebd., S. 66). Bezüglich der ethnographischen Eingebundenheit der ForscherInnen im Feld resümiert Götz, dass diese eine „Gratwanderung" vollziehen zwischen Distanz und Nähe, „Beschreiben und Aufklären, abstinent bleiben und Partei ergreifen" (ebd., S. 67), zwischen der Orientierung an eigenem Erkenntnisinteresse und der „Berücksichtigung der Probleme und Fragen, die von den Menschen im Unternehmen gesehen bzw. gestellt werden" (ebd.). So wird vorgeschlagen, einen die emische sowie etische Perspektive berücksichtigenden „Modus der Darstellung betrieblicher Wirklichkeit" (ebd.) zu wählen und der ethnographischen Vermittlungsarbeit und ethischen Vermittlungspflicht durch Einblicke in diese Darstellung nachzukommen.

Der sozialwissenschaftliche vornehmlich *soziologische Diskurs zur Organisationsforschung* speist sich stark aus den ethnologischen Vorarbeiten. So verwundert es nicht, dass 2002 erschienenen und 2009 wieder aufgelegten Handbuch Methoden der Organisationsforschung (Kühl et al. 2009) der Beitrag zur Methode der teilnehmenden Beobachtung von Götz Bachmann stammt, einem der Vertreter des ethnologischen Diskurses (vgl. Bachmann 2009). Wenn auch in vielen Punkten sich kaum von allgemeinen Regeln der Ethnographie bzw. der teilnehmenden Beobachtung unterscheidend, markiert Bachmann doch zwei methodische Spezifika und einen gegenständlichen Fokus teilnehmender Beobachtung in bzw. von Organisationen. Der Feldzugang bzw. die Frage der Akzeptanz von Forschung wird gemäß der spezifischen Beschaffenheit des Gegenstands *Organisation* und aus Sicht selbiger wie folgt konkretisiert: „Der Forscher könnte ein Spion sein, könnte etwas an obere Stellen oder konkurrierende Abteilungen weiterleiten, könnte in der wissenschaftlichen Publikation falsche Bilder zeichnen" (ebd., S. 253). Vor dem Hintergrund dieser möglichen Annahmen und Sorgen der Organisation und ihrer Mitglieder betont Bachmann für organisationsethnographisches Arbeiten a) die Bedeutung eines „Türöffners" (ebd., S. 251), einer Person innerhalb einer Organisation, die einem den Einstieg in Organisationen ermöglicht bzw. den Aufbau von Vertrauen begünstigt, b) die Bedeutung der „Selbstpräsentation" (ebd.), da sich der

9 Die *Hofnarren*-Perspektive ist gerade auch deshalb hilfreich, weil sie den ethnographisch Forschenden ein Haltung im Feld nahe legt, die auf eine Figur Bezug nimmt, die grundsätzlich mit konventionellen Ordnungen spielen darf.

Forschende in Organisationen in besonderem Maße einem „,[A]ustesten'" (ebd.) ausgesetzt sieht und möglicherweise seine eigene Präsentation an gegebene Stile anpassen muss sowie c) die Bedeutung von „Diskretion" (ebd., S. 252), was vor allem die klare Absprache bezüglich der Anonymisierung von Daten (etwa Organisationsgeheimnissen) und Personen anbelangt. Neben diesen gegenstandsbezogenen Reflexionen ist ein weiterer Aspekt von Interesse. Bachmann unterscheidet zwei ethnographische Forschungsstrategien, das „Research up" und das „Research down" (ebd., S. 254)[10]. Ausgehend von der Annahme einer ständig wechselnden Positionierung der Forschenden im organisationalem Feld verweist das Research up auf eine Situation, in der die Beforschten einen höheren gesellschaftlichen Status als die Forschenden innehaben. Dieses Verhältnis – so Bachmann – führt tendenziell „aus sozialem Ressentiment heraus" (ebd.) zu „einem besonders kritischen Blick" (ebd.) der Forschenden. Das Research down hat hingegen aufgrund der statusmäßig höheren Positionierung der Forschenden zufolge, dass sich diese tendenziell mit den Erforschten identifizieren bzw. mit diesen Mitleid haben (vgl. ebd.). Dieser Hinweis Bachmanns ist methodologisch von hoher Bedeutsamkeit. Denn gerade bezüglich der von Götz elaborierten Hofnarren-Perspektive für organisationsethnographisches Arbeiten erscheint eine Reflexion der Forscherrolle sowie dessen Einbindung in, Konstruktion von und Beteiligung an Machtverhältnissen notwendig.

An der Schnittstelle des Diskurses *Organisationskultur* und einer kulturwissenschaftlichen Ausrichtung ethnographischer Organisationsforschung ist auch die Studie von Ulrike Richter zur Konstruktion von Macht und Geschlecht in Organisationen (Richter 2007) zu verorten. Explizit spricht die Autorin in ihrer Forschungsarbeit, in der ein mittelständisches Unternehmen bezüglich der dort gelebten Leistungs- und Geschlechterverhältnisse erforscht wird, von einem organisationsethnographischen Vorgehen. Die Frage, was Organisationsethnographie im Unterschied zu anderer Ethnographie ist bzw. was der Untersuchungsgegenstand *Organisation* methodologisch für Ethnographie bedeutet, bleibt allerdings offen. Die Frage nach dem *richtigen* Zugang zur Organisation, das diesbezüglich herausgearbeitete gegenstandsspezifische Verwoben-Sein in verschiedene und gegensätzliche Interessenslagen und Machtspiele (vgl. ebd., S. 49f.) sowie die Betrachtung der eigenen Rolle als Forscherin in Bezug auf einen – ökonomische Logiken folgenden – Untersuchungsgegenstand wird hingegen ausführlich reflektiert. In Bezug auf den zweiten Aspekt erscheint aber die von der Ethnographin angenommene

10 Hierbei muss darauf hingewiesen werden, dass diese Figur auf Helen Schwartzman zurückgeht, die mit Überlegungen zum „studying up and studying down" (Schwartzman 1993, S. 27ff.) in Organisationen bereits 1993 für eine macht- und statussensible ethnographische Forschungspraxis in Organisationen plädiert hat.

Funktion einer „Betriebschronistin" problematisch. Der von Götz eingebrachte Hinweis auf den „systemimmanenten Verwertungsdruck" (Götz 2000, S. 66, s.o), dem Organisationen ausgesetzt sind, kann hier genügen, um die Gefahr des Verlustes einer in erster Linie erkenntnistheoretischen Ausrichtung von Organisationsethnographie zu verdeutlichen. Der Hinweis auf die Bedeutsamkeit von Artefakten in Organisationen erscheint für die vorliegende Studie anschlussfähig. So wird die Artefaktanalyse – und auch vorliegende Studie wird dies in ähnlicher Weise tun (vgl. Abschnitt 4.2) – als wichtiger Bestandteil organisationsethnographischer Forschungsarbeit erkannt (vgl. Richter 2007, S. 53).

Ebenfalls in der Tradition ethnologischer Organisationsforschung steht die organisationsethnographische Studie zur interkulturellen Verständigung in deutsch-koreanischen Wirtschaftsunternehmen von Jinchul Choi (2010). Im Fokus der Untersuchung stehen Praktiken und Interaktionen von „wirtschaftlich Handelnden an ihrem Arbeitsplatz" sowie im „Geschäftsalltag mit anderskulturellen Partnern" (ebd., S. 84). Hinsichtlich der anvisierten Rekonstruktion von Umgangsformen mit kulturellen Differenzen wird in Anschluss an Alois Moosmüller dabei substantiell zwischen einem internationalen Handlungskontext der Wirtschaftsorganisation und einem multikulturellen Handlungskontext der Gesellschaft unterschieden (vgl. Moosmüller 2009, Choi 2010, S. 27f.). Methodologisch bedeutsam ist hier die Feststellung, dass im Unterschied zum gesellschaftlichen Kontext das Handeln der Akteure im internationalen Kontext (der Wirtschaftsorganisation) aufgabenbezogen und strukturiert verläuft und zudem marktwirtschaftlichen Anforderungen und Zwängen unterliegt (vgl. Choi 2010, S. 28f.). Die Wirtschaftsorganisation hat nicht nur ein klar geregeltes und aufgabenbezogenes Zugehörigkeitsverhältnis, sondern als *global player* im Umgang mit anderskulturellen Partnern auch klare Vorstellungen von interkultureller Kooperation (vgl. ebd.). Die Mitglieder der Organisation – die wirtschaftlich Handelnden – sehen sich hier anderen Ansprüchen und Verpflichtungen hinsichtlich des interkulturellen Verstehens ausgesetzt, als dies außerhalb des organisationalen Kontexts der Fall ist. So nimmt Choi an, dass im wirtschaftlichen Kontext die Begegnung von Menschen bzw. Mitarbeitenden mit „anderskulturellen" (ebd., S. 29) Hintergründen und Erfahrungen anders gefördert werden, als dies im alltäglichen Kontext der Gesellschaft der Fall ist. Es muss an dieser Stelle anerkennend hervorgehoben werden, dass im Unterschied zu den meisten ethnographischen Studien in Organisationen der organisationale Kontext und seine Implikationen reflektiert werden und dass ein erkennbarer organisationaler Rahmen der ethnographischen Forschung gezeichnet wird. Im Hinblick auf die mich an dieser Stelle interessierende methodologische Frage, wie eine Organisationsethnographie beschaffen sein muss, sind diese kontextuellen Überlegungen hilfreich. Wenngleich der eigentliche Fokus der ethnographischen

Forschung nicht auf dem Gegenstand Organisation, sondern auf wirtschaftlich Handelnden im organisationalen Kontext liegt. So mag zu diskutieren sein, ob der Titel der Studie „Organisationsethnographie im interkulturellen Kontext" treffend das bezeichnet, was ethnographisch untersucht wird. Unter dem Terminus *Organisationsethnographie* soll in vorliegender Arbeit dezidiert die Ethnographie *von* Organisationen verstanden werden. Vielversprechend und für die methodologische Diskussion einer Ethnographie *von* Organisationen unumgänglich ist der traditionsreiche Diskurs einer *Anthropology of Organizations* und einer *Organizational Ethnography* im anglo-amerikanischen Raum.

2.1.2 Anthropology of Organizations und Organizational Ethnography

Der englischsprachige Diskurs hält eine Vielzahl ethnographischer Studien zum organisationalen Miteinander-Leben und -Arbeiten (siehe Sammelbände von Gellner und Hirsch 2001 sowie Ybema et al. 2010) bereit. Es existieren gegenstandstheoretische Beiträge zur Frage nach spezifischen Erkenntnisinteressen organisationsethnographischer Forschung (vgl. Bate 1997; van Maanen 2001), gegenstandsbezogene und methodologische Reflexionen zu Fragen des Feldzugangs, zu Fragen der Bewegung und Positionierung des Organisationsethnographen im Feld und im Verhältnis zum untersuchten Gegenstand (vgl. Schwartzman 1993) sowie zu Fragen organisationsethnographischer Strategien und Formen der Datenerhebung und und ihrer Repräsentation (vgl. Cziarniawska-Joerges 1992; Cziarniawska 1997). Um so mehr verwundert die weitgehende Vernachlässigung dieser Diskussionen im deutschsprachigen Diskurs. Im Folgenden kann hier keine ausführliche Analyse und Darstellung der Genese und Wirkung des Diskussionszusammenhangs erfolgen. Vielmehr nehme ich Bezug auf einige Beiträge und Studien, die in sozialanthropologischer und sozialkonstruktivistischer Ausrichtung eine *Anthropology of Organizations* begründen, sowie auf einige neuere Schriften, die unter dem Label *Organizational Ethnography* in den kritischen Organisations- und Managementwissenschaften firmieren und in dieser Ausrichtung für mein Erkenntnisinteresse an einer Ethnographie *von* Organisationen relevant werden. Dies geschieht in der Absicht, den methodologischen Rahmen vorliegender Studie zu präzisieren und zugleich meine eigene ethnographische Forschungsperspektive in einen organisationsanthropologischen Zusammenhang zu stellen. Dass organisationsethnographische Forschungen in letzter Zeit einen hohen Zuwachs verzeichnen, zeigt sich am deutlichsten in der Dichte der Publikationen zu dieser Thematik. Allein unter dem Stichwort *Organizational Ethnography* sind in den letzten Jahren zwei

Methodenbücher (Kostera 2007; Neyland 2008) und ein Sammelband (Ybema et al. 2010) erschienen. Des Weiteren existiert seit 2012 eine Zeitschrift, die sich dezidiert mit methodologischen Fragen und empirischen Befunden organisationsethnographischer Forschung auseinandersetzt (Brannan et al. 2012). Die Wurzeln dieses ethnographischen Forschungsinteresses an Organisationen reichen allerdings weit zurück. So werden oftmals die eingangs zu diesem Abschnitt gennanten Hawthorne-Studien (Mayo 1933) als Beginn der Verwendung anthropologischer Methoden in der Organisationsforschung markiert (vgl. Schwartzman 1993, S. 5f.; Ybema et al. 2010, S. 3), in deren Folge eine Vielzahl von Studien unterschiedlichster Provenienz entstanden sind, die über die Verwendung ethnographischer Forschungsstrategien etwa informelle Aspekte organisationalen Miteinanders (vgl. Goffman 1959/2003) oder formale und bürokratische Bedingungen der Arbeit (vgl. Gouldner 1954) erforschten (für einen ausführlichen Überblick vgl. Ybema et al. 2010, S. 3f.). Folgen die Feldstudien in und von Organisationen der 1950er und 1960er Jahre jedoch vordergründig – mit Ausnahme der eben genannten – einem behavioristischen Erkenntnisinteresse und fokussieren entsprechend die Meßbarkeit von Strukturen und Verhalten in Organisationen (vgl. ebd.), entsteht mit der Debatte um „organizational culture" (vgl. Smircich 1983; Schein 2004) der Nährboden für eine Renaissance qualitativer und ethnographischer Ansätze der Organisationsforschung. In diesem Zusammenhang sind auch die frühen Bemühungen von John van Maanen zur Etablierung einer *Organizational Ethnography* zu verorten (vgl. van Maanen 1979). Bezeichnend hierfür kann auf ein von ihm gemeinsam mit Peter K. Manning und Marc L. Miller verfasstes Vorwort in dem Band „Ethnography in Organizations" von Helen Schwartzman (1993) verwiesen werden. Pointiert wird hier die Notwendigkeit einer methodologischen und gegenstandsbezogenen Reflexion ethnographischer Fokussierung und Gegenstände erkennbar. In Abgrenzung zu Dörfern, Familien und Gesellschaften als traditionelle Felder ethnographischer Arbeit wird in Bezug auf die Organisation als Gegenstand ethnographischer Forschung festgestellt:

> "(O)rganizations are 'formal' in the sense of having explicit tasks to accomplish and 'informal' in the sense of the way members continually negotiate with one another in the interpretation and carrying out such tasks" (van Maanen/Manning/Miller 1993, S. vii).

Dieser kurzen, den Gegenstand trefflich charakterisierenden Aussage zur Folge ist es Aufgabe einer *Organizational Ethnography*, die (Arbeits-)Kultur der jeweiligen Organisation zu beschreiben, wie sie aus dem „interplay between these so called formal and informal aspects of organizational life" (ebd.) hervorgeht. Diese und weitere Bestrebungen, die Sierk Ybema et al. als ein „methodological renewal" des Diskurses in Form eines „socio-cultural approach" (Ybema et al. 2010, S. 4) an den Gegenstand *Organisation* identifizieren, führen zur einer (Re-)Anthropologisierung des Diskurses um Organisationsforschung (vgl. Wright 1994; Bate 1997; Cziarniawska-Joerges 1992; Cziarniawska 1997). Gemeinsam ist diesen Beiträgen ein Plädoyer für eine ethnographische Annäherung an Organisationen unter Berücksichtigung ihres kulturellen und historischen Kontexts sowie eine Sensibilisierung für die Praxis und die Bedingungen alltäglichen Lebens in der Organisation. Können für die 90er Jahre des letzten Jahrhunderts vor allem Cziarniawska und van Maanen als die zentralen Protagonisten der Etablierung einer so gedachten Anthropologie der Organisationen gelten, so wird aktuell vor allem aus sozialanthropologischer Perspektive (vgl. Gellner/Hirsch 2001; Yanow 2012) und aus Perspektive der (kritischen) Organisationswissenschaften (vgl. Ybema et al. 2010; Brannan et al. 2012; Watson 2012) der Diskurs um eine Ethnographie von Organisationen weitergetragen. Einigen der zentralen Beiträge dieser Diskussionszusammenhänge sollen im Weiteren einer näheren Betrachtung unterzogen werden.

Der bereits erwähnte Band von Schwartzman skizziert „methodological guidelines for the conduct of ethnography in organizations" (Schwartzman 1993, S. 4). Dies erfolgt vor dem Hintergrund eines historischen Abrisses methodologischer Entwicklungen organisationsethnographischer Forschung. Für eine anthropologisch orientierte Organisationsforschung sieht die Autorin die Studien in den Hawthorne-Werken in den 1930ern des letzten Jahrhunderts als grundlegende Weichenstellung (vgl. ebd., S. 5ff.). In Abgrenzung zu Positionen, die das methodische Vorgehen der damaligen Forscher kritisieren, sieht sie eine zentrale methodologische Implikation in der Tatsache, dass sich der methodologische Rahmen von einer ursprünglich als Kontrollexperiment angelegten Studie hin zu einer Interview- und dann Feldstudie verändert und weiterentwickelt hat (vgl. Schwartzman 1993, S. 15). Die Botschaft für die Autorin die Frage ethnographischer Organisationsforschung betreffend liegt vordergründig darin, dass zur Erfassung der Komplexität des organisationalen Alltags verschiedene Methoden kombiniert werden müssen (vgl. auch Ybema et al. 2010, S. 6). In der Folge markiert sie so neben der teilnehmenden Beobachtung, das „interpreting meetings" (Schwartzman 1993, S. 38) und das „interpreting stories" (ebd., S. 43) als zentrale Fokussierungen organisationsethnographischen Erkenntnisinteresses. Auch für die vorliegende Studie sind folgende methodologischen Annahmen relevant: In Bezug auf Besprechungen wird zum einen angenommen, dass eine anthropologische Perspektive die Inblicknahme von „meetings" als eine die jeweils organisationsspezifische Sozialität und Kulturalität konstituierende Form des Miteinanders erlaubt. Im Anschluss daran wird die Frage möglich, „how the process of meeting contributes to the production and reproduction of structures [organizational, NE] everyday life" (ebd., S. 39)? Im Hinblick auf „organizational stories" wird zum anderen die Annahme formuliert, dass diese als „continual narration" untersucht werden können, welche „can shape and reshape the individuals experience their organization" (ebd., S. 44). Bedeutsam sind organisationale Geschichten für die Organisation etwa als Medium der Vermittlung von historischen Erfahrungen, als Instrument der Idealisierung der eigenen Organisationen und Stereotypisierung anderer Organisationen, in ihrer Sozialisationsfunktion für neue Mitglieder, in ihrer Dokumentationsfunktion von organisationalen Erfolgen und Misserfolgen und vor allem in ihrer formenden und konservierenden Funktion von organisationalen Selbstbildern (vgl. ebd.).[11]

Die Betonung eines Methodenmixes als Grundlage einer *Organizational Ethnography* findet sich auch in dem vielbeachteten Aufsatz „What happened to Organizational Anthropology" von Paul Bate (1997). Als Anstrengung einer (Re) Anthropologisierung der Organisationsforschung – die etwa zeitgleichen Arbeiten von Barbara Cziarniawska sind ähnlicher Intention (Cziarniawska-Joerges 1992; Cziarniawska 1997) – kann dieser Aufsatz als Plädoyer für eine Verknüpfung von „organization studies" und „anthropology" gelesen werden (Bate 1997, S. 1148). Für eine anthropologische Organisationsforschung als zentral markiert Bate vier Perspektiven, die sich von der konventionellen (der behavioristischen Tradition verpflichtenden) Managementforschung abgrenzen. An erster Stelle wird das anthropologische Interesse an der Geschichtlichkeit der Organisation hervorgehoben:

> "The anthropologists' interest is not in the past as such, but in the 'living history' (Malinowksi 1945) of the society or organization, the ways of thinking and behavior that continue to 'live on' in, and mould and shape, the present" (ebd., S. 1155).

Neben einer grundsätzlichen Sensibilität für den organisationalen Kontext (vgl. ebd., S. 1156) findet das Interesse an der Prozessualität organisationalen Geschehens als dritter Punkt Erwähnung. Im Anschluss an die oben zitierte Differenzierung

11 Unter dem Stichwort „Storytelling" existiert vornehmlich im englischsprachigen Raum ein breiter organisationswissenschaftlicher Diskurs. Dieser – hier werden Erzählungen (*Stories*) als ein „vehicle for collective centring und collective sense making" (Boyce 1996, S. 17) oder als „revitalizing of organizational culture" (vgl. ebd.) gedacht und als Instrument der Organisationsentwicklung eingesetzt (exemplarisch vgl. auch Boje 1991) – muss grundsätzlich unterschieden werden von narrativen Ansätzen der Organisationsforschung (exemplarisch vgl. Brown 2006; Cziarniawska 1997, 1998). Letztere verstehen Organisationen als durch Narrative hervorgebrachte Sinnzusammenhänge und fokussieren auf die Rekonstruktion organisationaler Narrationen und nicht auf deren Instrumentalisierung.

des Gegenstands Organisation als Wechselspiel formaler und informeller Aspekte organisationaler Praxis (vgl. van Maanen et al. 1993) interessiert eine anthropologische Perspektive informelle Regeln des Miteinanders und organisationale (Macht) Spiele (vgl. Bate 1997, S. 1158). Als akteurszentriert wird die vierte Perspektive anthropologischer Organisationsforschung präzisiert. Hier geht es um eine möglichst nahe Wiedergabe des „native‘s point of view“ (ebd., S. 1160) der Organisationsmitglieder. Dabei stellt Bate aber – im Sinne der Krise der Repräsentation – fest, dass die erzählte Geschichte des Ethnographen „never be a telling, but a retelling, never a transcription but a translation“ (ebd.) sein muss. Im Anschluss an diese anthropologische Perspektivierung von Organisationsforschung entwickelt Bate vier Merkmale einer guten ethnographischen Forschungsstrategie: Er plädiert im Anschluss an Geertz (1990) für ein wirkliches *Dort-Sein* (Bate 1997, S. 1163) des Organisationsethnographen, für ein „everydayness“ (ebd., S. 1164), eine auf das alltägliche und unerwartete Detail ausgerichtete Organisationsforschung, für den Einbezug der Vielzahl an Stimmen, die in der Organisation existieren (vgl. ebd, S. 1166). Schließlich postuliert Bate den Anspruch, dass organisationsethnographische Forschung den Anspruch haben muss, einen Beitrag zur Organisationstheorie zu leisten (vgl. ebd., S. 1168).

In einer Linie mit den sozialanthropologischen Überlegungen von Bate steht der von Andrew Gellner und Eric Hirsch herausgegebene Sammelband „Inside Organizations. Anthropologists at Work“ (2001). In unterschiedlicher Perspektive bilden die hier versammelten Beiträge eine breite Palette organisationsethnographischer Untersuchungen ab, die von der Erforschung der Organisationskultur über Fragen der organisationalen Identitätsbildung und des Wandels von Organisationen relevante Themensetzungen einer Ethnographie von Organisationen vornehmen. Die Einleitung zu diesem Sammelband mit dem vielversprechenden Titel „Ethnography of Organizations“ (Hirsch und Gellner 2001) liefert zwar eine sehr präzise Reflexion ethnographischer Feldarbeit, wendet aber den dort – im Weber‘schen Sinne – definierten Begriff der Organisation als zweckvollen, in Zugehörigkeit und Hierarchie geregelten Arbeitszusammenhang (vgl. Hirsch und Gellner 2001, S. 2f.) nicht konsequent auf ethnographische Arbeit an. So wird die Frage nicht erörtert, welche Implikationen die spezifische Beschaffenheit des Gegenstands Organisation auf ethnographische Forschung hat bzw. inwiefern das ethnographische Erforschen von Organisationen eigene methodologische und gegenstandstheoretische Vorgaben und Potentiale mit sich bringt. Deutlich tritt dies in der Erweiterung der vier zentralen Dimensionen von Bate durch weitere sieben zu Tage, die allesamt das ethnographische Sujet zwar im Kern treffen (und damit eine schöne Zusammenfassung ethnographischer Fokussierung und Positionierung geben), aber eine Reflexion des Gegenstands nicht leisten (vgl. ebd., S. 9). So kommen denn die Autoren auch zu dem Schluss „the same methods can be used for village-level, organizational and multi-sited ethnography" (ebd., S. 13). Bezüglich der Frage des Zugangs zum und der Positionierung des Organisationsethnographen im Feld hingegen werden wichtige Aspekte reflektiert. So weisen die Autoren daraufhin, dass seitens der Organisationen nicht zuletzt aufgrund möglicher Erfahrungen mit externen Organisationsberatern und Prozessen des Consulting sehr genaue Vorstellungen und Erwartungen dem Forscher gegenüber existieren (vgl. ebd., S. 5). Dies birgt die Gefahr des erschwerten Zugangs oder auch der Vereinnahmung des Forschers durch die Organisation. Daher ist folgender Feststellung gerade im Hinblick auf eine Ethnographie von Organisationen Aufmerksamkeit zu schenken:

> "Access is therefore not something to be negotiated once and then forgotten about [...]. It is, on the contrary, something that has to be bothscrutinized for the way it transforms the research and continously negotiated throughout the time of fieldwork" (ebd.).

Für den Diskurs um *Organizational Ethnography*, wie er sich seit den späten 1970er Jahren bis heute entwickelt, sind die Arbeiten von van Maanen von zentraler Bedeutung. In organisations- und managementwissenschaftlichem Erkenntnisinteresse an organisationalen Arbeitsroutinen, Karrieren und Konflikten, dabei immer Anschluss suchend an die sozialanthropologischen Diskussionen und diese wesentlich mit beeinflussend, verhelfen van Maanens Beiträge und Studien der Ethnographie als Forschungsstrategie zu einer prominenten Stellung innerhalb der qualitativen *Organization Studies* (vgl. van Maanen 1973, 1979, 1988, 2001, 2006). Zwei seiner Beiträge – ein früher und methodologisch bedeutsamer (van Maanen 1979) sowie ein später für die Frage inhaltlicher Fokussierung organisationsethnographischer Forschung hilfreicher und in meinem Fall anschlussfähiger Beitrag (van Maanen 2001) – sollen im Folgenden nähere Betrachtung erfahren.

Im Text „The Fact of Fiction in Organizational Ethnography" (van Maanen 1979), der auf ethnographischen Feldstudien bei der Polizei basiert (vgl. auch van Maanen 1973), markiert der Autor drei für die Konzeption einer Ethnographie von Organisationen entscheidende Aspekte: *Erstens* – dies hat im Sinne der Frage nach der richtigen *Repräsentation* des Beobachteten und Erlebten in Text allgemeinere Gültigkeit – weist er daraufhin, dass der ethnographischen Erforschung von Organisationen der Zusammenhang von „First-Order and Second-Order Concepts" (van Maanen 1979, S. 540) zugrunde liegt. Als „First-order Concepts" bestimmt van Maanen empirische Fakten, die sowohl die beschreibbaren Elemente und Eigenschaften einer beobachteten Szene wie auch die expliziten Interpretationen und Meinungen der in der Szene agierenden Akteure umfassen (vgl. ebd., S. 541). Demgegenüber handelt es sich bei „Second-order Concepts" um Interpretationen und

Ansichten des Forschers. Im Vorgang der Generierung einer fallspezifischen Theorie kann mit „Second-order Concepts" jene Ebene bezeichnet werden, die „First-order data" in einen interpretativen Zusammenhang bringt und mit anderen empirischen Fakten zu einer fallspezifischen Theorie verdichtet (vgl. ebd.). Letztlich ist damit die Ebene der Beobachtung zweiter Ordnung angesprochen, die sich im Moment der dichten Beschreibung von empirischen „facts" und „scenes" als „interpretations of interpretation" (ebd.) repräsentiert. Als zentrale Aufgabe organisationsethnographischer Forschung wird in der Folge zur gründlichen Erfassung der „first-order concepts" aufgerufen, die für die Untersuchung von Organisationen in zweifacher Hinsicht konkretisiert werden. So differenziert van Maanen *zweitens* die Qualität von „First-order concepts" als entweder „presentational data" oder „operational data" (ebd., S. 542). Diese Unterscheidung ist insofern interessant, als dadurch auf unterschiedliche Datentypen hingewiesen wird. Die „operational data" sind Vorgänge, die sich im alltäglichen organisationalen Geschäft dokumentieren und vom Ethnographen während seiner Anwesenheit im Feld erfasst werden können. Während sich in diesen Daten Routinen und die informelle Seite der Organisation zeigt, werden normative und ideologische Vorgänge als „presentational data" konkretisiert, die

> „far more with a manufactured image of idealized doing than with the routinized practical activities actually engaged in by members of the studied organization" (ebd., S. 542)

versehen sind. Zu kritisieren wäre hier, dass sich im Feld selten die Daten entsprechend dieser Differenzierung zeigen und erst im Moment der Beschreibung, also auf der Ebene des „Se- cond-order concept" oder der Interpretation der Interpretation, erfassbar werden. Ausgehend von dieser formalanalytischen Unterscheidung weist der Autor *drittens* auf die Frage der Wahrheit hin. Van Maanen zufolge ist gerade organisationsethnographische Forschung konfrontiert mit Praktiken des strategischen wie impliziten *Lügens*, um dem Forscher ein repräsentatives, aber nicht wahrheitsgemäßes Bild zu zeigen oder eigene Schwächen und Ängste zu dethematisieren. Der Hinweis ist organisationstheoretisch insofern bedeutsam, als damit auf eine Logik organisationaler Praxis verwiesen wird. Es bestehen Organisationsgeheimnisse, die zu erzählen einem Verrat gleich kämen. So besteht möglicherweise der Druck, ein öffentlich etabliertes Bild aufrecht zu erhalten. Dies sind gute Gründe für strategisches Lügen. Wenn van Maanen das Aufdecken dieser Lügen als zentrale Aufgabe organisationsethnographischer Arbeit bestimmt (vgl. van Maanen 1979, S. 544), dann muss kritisch angemerkt werden, dass dies ethische Fragen aufwirft und Gefahr läuft, Ethnographie potentiell zu einer Methode der

Entlarvung zu machen. Vernachlässigt wird auch, dass die *Lüge* möglicherweise die organisationale Wahrheit ist und als wesentliches Muster der Praxis wirkt. Auch dann wäre zu fragen, was mit dem Feld passiert, wenn diese Lüge als solche vom Forscher aufgezeigt wird.

In dem 2001 erschienenen Aufsatz, dessen Verortung in dem oben besprochenen Sammelband „Inside Organizations. Anthropologists at Work“ (Gellner und Hirsch 2001) gleichsam die Bedeutung van Maanens Arbeit im sozialanthropologischen Diskussionszusammenhang erkennen lässt, resümiert selbiger den Diskurs um *Organizational Ethnography.* In Betrachtung der Beiträge des Sammelbands – sein Aufsatz fungiert hier als Nachwort – exponiert er vier thematisch-inhaltliche Felder organisationsethnographischer Arbeit (van Maanen 2001). In der Absicht, einen Überblick über den aktuellen Stand der organisationsethnographischen Forschungsarbeit zu geben, werden ethnographische Organisationsstudien unterteilt in solche (ebd., S. 233ff.), die *erstens* vornehmlich Prozesse der organisationsinternen Kooperation und die Ebene der informellen Beziehungen fokussieren (vgl. ebd., S. 240ff.), die *zweitens* in Abgrenzung von populärwissenschaftlichen *How to-Ansätzen* die Herstellung und den Prozess von organisationaler Identität und organisationalen Wandels untersuchen (vgl. ebd., S. 243ff.), die *drittens* vornehmlich auf das System-Umwelt-Verhältnis fokussieren und die Frage untersuchen, „how the world outside influences the world inside the organizations (and vice versa)“ (ebd., S. 247) sowie *viertens* vornehmlich die ethische Bedeutung *von* und den (ökonomischen) Umgang mit Moral und Konflikten *in* Organisationen betrachten (vgl. ebd., S. 250ff.). Da sich die vorliegende pädagogisch-ethnographische Studie vor allem zu den Arbeiten um das Thema *organisationale Identität* und *organisationaler Wandel* zählt, soll diese mögliche thematische Fokussierung genauer in den Blick genommen werden. Die Begründung einer ethnographischen Fokussierung der Themenkomplexe organisationale Identität und organisationaler Wandel ist zweifach. Zunächst macht van Maanen deutlich, dass eine Ethnographie organisationaler Identität vor dem Hintergrund der Virulenz dieser Thematik notwendig erscheint, welche er an der Popularität „of advice tracts and change manifestos“ (van Maanen 2001, S. 243) festmacht. In Abgrenzung zu Arbeiten, die diesem Trend folgen und einer Bereicherung des populärwissenschaftlichen Diskurses dienen, erfolgt das Plädoyer für eine Ethnographie organisationaler Identität bezüglich eines organisationstheoretischen Erkenntnisinteresses an den sich wandelnden Verhältnissen und Bedingungen organisationaler Identitätspraxis. Für die Untersuchung der Prozesse organisationalen Wandels und organisationaler Identität sieht van Maanen die ethnographische Forschungsstrategie als prädestiniert an (vgl. ebd., S. 244). Diese leistet dann gute Arbeit, wenn sie

> „provide an elegant mix of representation and interpretation as authors balance the interaction of events, groups, ideas, institutions with the intentions and feelings of human actors and do so in historically sensitive fashion" (ebd.).

Damit ist das Programm einer Ethnographie organisationaler Identität und organisationalen Wandels benannt. Sie folgt dem anthropologischen Aufruf zur Inblicknahme der Geschichtlichkeit und Prozessualität, verbindet in der dichten Repräsentation der ethnographischen Datensammlung und -auswertung die informelle Seite der organisationalen Praxis mit deren formalen Bedingungen und beides wiederum mit dem Anspruch, dahinter liegende Absichten und Gefühle der Beteiligten zu berücksichtigen. Aus pädagogischer Sicht sind hier zentrale Aspekte einer Organisationsethnographie angesprochen, die um eine Betonung der Fokussierung auf die Performativität organisationaler Praxis und zugrunde liegender pädagogischer Praktiken der Vermittlung, des Nach- und des Mitvollzugs erweitert werden können (vgl. Göhlich 2005). Eine so verstandene Ethnographie organisationaler Identität ist eng verbunden mit Fragen der Herstellung einer Corporate Identity und der Suche nach expliziten Strategien sowie impliziten Praktiken und *taken for granted assumptions* (Albert und Whetten 1985), die die jeweilige Praxis der Selbstdarstellung und des Selbstverständnisses repräsentieren (vgl. Hatch und Schultz 2000, 2002 sowie Abschnitt 8.2).

Eine ähnlich bedeutsame Wirkung wie die Arbeiten von van Maanen erreichen die Beiträge von Cziarniawska. Noch deutlicher als bei van Maanen steht dabei die methodologische und empirische Verbindung von Organization Studies und Anthropology im Vordergrund (Cziarniawska-Joerges 1992, Cziarniawska 2001). Viel beachtet ist die in diesem Sinne entstandene anthropologische inspirierte Studie „Narrating the Organization" (Cziarniawska 1997), deren Ziel die Rekonstruktion versteckter Arbeitsroutinen und die dichte Beschreibung der Bedeutung für die Identität einer Verwaltungseinrichtung und einer Sozialversicherung ist. Die bereits im Titel der Studie erkennbare ethnographische Haltung der Repräsentation ethnographischen Materials konkretisiert sich in dem Vorschlag Cziarniawskas, anstatt von einer „ethnography of organizations" von einer „ergonography" (Cziarniawska 1997, S. 202) zu sprechen. Ihre Begründung lautet folgendermaßen: „Ergon is a greek word meaning ‚work' […]. We are writing narratives on work organizations – ergonographies" (ebd.). Dieser Vorschlag Cziarniawskas kann als ein Versuch gelesen werden, die methodologischen Implikationen des Gegenstands *Organisation* zu berücksichtigen und nicht unter einem Label zu diskutieren, welches traditionellerweise Vorgänge in den Blick nimmt, die außerhalb von Organisationen stattfinden (vgl. ebd.; vgl. auch Cziarniawska 2007, S. 108). Auch wenn sich dieser Vorschlag bisher nicht durchsetzen konnte, ist die dahinter liegende Idee sehr gewichtig: Das Schreiben und Erzählen über Organisationen folgt – gemäß der Eigenart des untersuchten Gegenstands – eigenen Logiken und bedarf einer Reflexion darüber, wie Organisationsethnographien erstellt werden. Die Idee einer narrativen Organisationsethnographie taucht bereits in früheren Arbeiten auf (vgl. Cziarniawska-Joerges 1992) und mündet hier in der Frage, ob Organisationsethnographen Romanautoren werden sollten (vgl. Cziarniawska 1997, S. 203). Ihre Antwort erfolgt auf Grundlage der sozialkonstruktivistischen Annahme, dass

> „[t]he organizations that the researchers describe are only in a certain sense products of their minds [...] the organizations are originally written by organizational actors" (ebd.).

Konsequenterweise definiert Cziarniawska deshalb die Rolle der Ethnographin als „somewhere between those of the novelist and the literacy critic" (ebd., S. 204). Diese Positionierung des *ergonoghraphisch* Forschenden kann als ein Vorschlag zur Ästhetisierung von Organisationsforschung gelesen werden. An späterer Stelle, wenn ich Organisationsethnographie als Übersetzungsarbeit konzeptioniere (vgl. Kapitel 4), wird die narratologische Frage ethnographischer Beschreibung nochmals aufzugreifen sein.

Um die Besprechung des Diskurses um *Organizational Ethnography* abzuschließen, soll der Blick auf aktuelle Arbeiten zu dieser Thematik gelenkt werden. Im Fokus steht der einführende Beitrag zum Sammelband „Organizational Ethnography. Studying the Complexities of Everyday Life" von Sierk Ybema et al. (2010). Vor dem Hintergrund der Besprechung des bisherigen Diskurses und in Abgrenzung von Positionen angewandter Forschung definieren Ybema und KollegInnen „organizational ethnography is the ethnographic study, an its dissemination, of organizations and their organizing process" (ebd., S. 4). Dabei geht es aus Sicht des Autorenkollektivs nicht darum, „the entire gestalt of the organizational ‚village'" (ebd., S. 5) zu erfassen:

> "[O]rganizational ethnographers seem increasingly oriented toward following the person [...] or a specific organizational practice [...] or an object or an 'fact'. This 'following' can take place at any level of the organizational hierachy – studying up or studying down – or across departmental and organizational boundaries; it can be done within a clearly demarcted organizational 'space' or in more fragmented, diffuse, or even virtual organizations" (ebd.).

Im Unterschied zu allen vorigen Definitionen wird hier ein methodologischer Rahmen erkennbar, der die Organisation als stabilen oder diffusen Praxiszusammenhang in den ethnographischen Fokus stellt. Im Brennpunkt der Aufmerksamkeit stehen nicht allein Personen, sondern auch überindividuelle Praktiken, Artefakte und Ideen. Ausgehend von dieser praxistheoretischen Rahmung einer Ethnographie von Organisationen entwickeln die Autoren vier „key characteristics of (interpretative) organizational ethnography“ (Ybema et al. 2010, S. 5), die in Rückgriff auf sozialanthropologische und managementwissenschaftliche Vorarbeiten eine Heuristik liefern, die auch dieser Studie als methodologischen Leitfaden dient. Im Einzelnen sind dies folgende Punkte (vgl. ebd., S. 6ff.):

1. Methodenvielfalt: Eine Kombination unterschiedlicher Methoden wird entsprechend der erforderlichen vielseitigen ethnographischen Bewegungen im Feld mit der Vielseitigkeit des organisationalen Prozessierens begründet. Demnach erfolgt organizational ethnography als „observing […] conversing […] close reading […] rest upon action (‘talking, laughing, working, doing’) and proactive perception (‘observing, listening, reading, smelling’)“ (ebd., S. 6). In der kombinierten Anwendung dieser methodischen Haltungen lassen sich verschiedene Aspekte des organisationalen Alltags erschließen (siehe auch Kapitel 4).
2. Dort-Sein: Das *Gehen ins Feld* und *Verbleiben im Feld*, das „looking closely into the doings and dealings of organizational actors“ (ebd.) soll empathisch und partizipativ erfolgen, um nicht nur sich selbst als Autor in den Beschreibungen zu platzieren, sondern auch um dem Leser das *Dort-Sein* vermitteln zu können.
3. Macht und Gefühle: Eine wesentliche Fokussierung sehen die Autoren in der Sensibilisierung ethnographischer Arbeit für „dimensions of meaning-making, including its emotional and political aspects“ (ebd., S. 7). Dies kann als Appell für eine kritische ethnographische Praxis gelten, die in der Fokussierung auf die Genese organisationaler Praktiken und Werte auch Statusunterschiede und Machtverhältnisse berücksichtigt.
4. Kontext und Akteurszentrierung: Im Anschluss an Positionen der sozialanthropologischen Diskussion (vgl. Bate 1997) wird die Bedeutung des historischen und institutionellen Kontexts für akteursbezogenes Handeln in Organisationen betont.

Der sozialkonstruktivistischen und strukturationstheoretischen Sichtweise auf Organisationen als „interplay between individual agency and social structure“ (Ybema et al. 2010, S. 8) folgend werden des Weiteren als Merkmale hervorgehoben:

1. Sinngenerierung: Demnach wird die ethnographische Arbeit als „make sense of the organizational actors‘ sensemaking“ (Ybema et al. 2010, S. 8) charakterisiert und damit die Ethnographie selbst als Ort der Sinnkonstruktion definiert.

2. Vielstimmigkeit: Wiederum in Anschluss an Bate (1997) wird eine Sensibilität für die „cacophony of voices“ (Ybema et al. 2010, S. 8) angemahnt, die für die mögliche Vieldeutigkeit von organisationalen Geschichten und Interpretationen sensibilisiert ist.
3. Reflexivität: Unter Berücksichtigung des Aspekts der Sinngenerierung wird schließlich die selbstreflexive Haltung des Organisationsethnographen eingefordert (vgl. ebd, S. 9), der sich seiner eigenen sinngenerierenden Konstruktionsarbeit und der Gefahr zu großer Nähe und Vereinnahmung durch die Organisation bewusst sein muss.

2.1.3 Pädagogische Ethnographie in Organisationen

Die Suche nach Konzeptionen ethnographischer Organisationsforschung soll nun auf den *pädagogische Diskurs* fokussiert werden. Ohne den Anspruch den in seiner Breite stetig wachsenden ethnographischen Diskurs in den Erziehungswissenschaften ganzheitlich abbilden zu wollen, soll ein Blick auf denselben durch eine organisationspädagogische Brille erfolgen. Nach wie vor gilt mein Interesse dabei zum einen der Frage, was es bedeutet nicht nur in Organisationen ethnographisch zu forschen, sondern die Organisationen selbst zum Gegenstand pädagogisch-ethnographischer Betrachtung zu machen, und zum anderen der Frage, für welche inhaltlichen Fokussierungen sich eine pädagogische Organisationsethnographie interessiert. Die Auswahl der im Folgenden besprochenen Studien und Beiträge erfolgt dabei entsprechend dieses methodologischen Erkenntnisinteresses. Sie nimmt vor allem solche Studien in den Blick, die dezidiert Organisationen zum Gegenstand ihrer Forschung machen bzw. – und das ist häufiger der Fall – in Organisationen forschen und den organisationalen Kontext in ihre Analysen explizit miteinbeziehen. Bemerkenswert ist diesbezüglich, dass eine Vielzahl pädagogisch-ethnographischer Studien *in* pädagogischen Organisationen forschen, diese zwar nicht zum eigentlichen Gegenstand der Untersuchung machen, die Organisationen aber als Rahmen und Hintergrund in die Analysen aufnehmen (vgl. Hünersdorf 2009; Kelle 2011). So variiert je nach Fragestellung und Erkenntnisinteresse der Grad an reflexiver Einbeziehung des Gegenstands bzw. des Felds Organisation. Im Kontext des erziehungswissenschaftlichen Ethnographiediskurses wird erst neuerdings von einer auf den Gegenstand Organisation bezogenen Ethnographie gesprochen. In einem 2011 erschienenen Themenschwerpunktheft der Zeitschrift für Soziologie der Erziehung und Sozialisation widmen sich Helga Kelle und einige Kolleginnen explizit der Frage nach Möglichkeiten und Notwendigkeiten einer Ethnographie in Institutionen und Organisationen (Kelle 2011).

Den Ausgangspunkt einer pädagogischen Rezeption und Diskussion des Ansatzes der „Institutional Ethnography" der kanadischen Soziologin Dorothy Smith (2005, 2006) bestimmt Kelle in der Einleitung zum Themenschwerpunk hinsichtlich der bisher vernachlässigten Frage, „in welchen Weisen ethnographische Methoden systematische Analysen von Institutionen und Organisationen ermöglichen" (Kelle 2011, S. 227) können. Im Anschluss an den Ansatz der Institutional Ethnography, deren Verdienst es ist, die Verwobenheit von Textdokumenten und Akteuren für die Konstitution institutioneller Kommunikation herauszustellen und eine methodische Fokussierung auf Texte als aktive Mitspieler einzufordern (vgl. Smith 2005), werden für eine Ethnographie von Institutionen verschiedene methodologische Herausforderungen erkannt (vgl. Kelle 2011, S. 228f.): Erstens besteht die Notwendigkeit einer ethnographischen Fokusverschiebung von einer reinen Akteurszentrierung hin zur komplexen Struktur(-bildung) von Institutionen. Zweitens wird eine diskursanalytische Perspektive eingefordert, die für die Interdependenz institutionalisierter Praxen und gesellschaftlicher Diskurse sensibilisiert. Drittens wird in Anschluss an Bruno Latour der Einbezug von Artefakten und Dokumenten als Praxis strukturierende Mitspieler vorgeschlagen. Abgesehen von der diskursanalytischen Perspektive, die für die praxistheoretische Betrachtung von Organisationen in vorliegender Studie nicht relevant sein wird, bereichern diese Überlegungen die angestrebte Heuristik einer pädagogischen Organisationsethnographie. So ist einer Abkehr von einer reinen Akteurszentrierung (vgl. ebd.) sowie dem Einbezug nicht-menschlicher Akteure in organisationsethnographischen Analysen zuzustimmen. Allerdings – und dies ist sowohl im Beitrag von Kelle als auch in den folgenden Beiträgen des Themenschwerpunkts der Fall – fehlt eine organisationstheoretische Differenzierung zwischen Institution und Organisation (vgl. Göhlich 2011).[12] Dies wird gleich zu Beginn der Einleitung erkennbar. Hier werden der Diskurs um „organizational ethnography" (Ybema et al. 2010, siehe auch oben) und um „institutional ethnography" (Smith 2005) als unterschiedliche Label eines Forschungsgebiets benannt (vgl. Kelle 2011, S. 227). Dass es sich hier um zwei unterschiedliche Diskurse handelt, wäre nicht nur hinsichtlich der unterschiedlichen Diskursgenese zu belegen, sondern auch der Gegenstand ist ein wesentlich anderer. Während sich der Ansatz der Institutional Ethnography und der daran anschließende Diskurs vorrangig Fragen der

12 Mit Göhlich wäre zu kritisieren, dass die Begriffe „Institution" und „Organisation" nicht trennscharf Verwendung finden. Dieser hat darauf hingewiesen, dass etymologisch beide Begriffe „im Sinne von ‚Einrichtung' verwendet" werden, dass allerdings „dabei mit ‚Institution' eine Einrichtung im Sinne einer (Handlungs-) Vorgabe, mit ‚Organisation' hingegen eine Einrichtung im Sinne der Bildung und des Gebildes einer sozialen Einheit gemeint ist" (Göhlich 2011, S. 99f.).

Institutionalisierung von Kommunikation und der machtsensiblen Herstellung von institutionellen Interaktionsordnungen widmen und dabei vor allem den Akteur und seine Erfahrungen analysieren – Organisationen geraten hinsichtlich des Wechselverhältnisses mit gesellschaftlichen und politischen Prozessen in den Blick (vgl. Smith 2005, S. 2f.; vgl. Smith 2006, S. 2f.) –, fokussiert der Diskurs um „organizational ethnography" nicht auf Institutionen als Handlungsvorgaben, sondern auf einzelne Organisationen. Es interessiert das Innenleben einer spezifischen Organisation, die Bedingungen und Möglichkeiten organisationalen Wandels (exemplarisch vgl. van Maanen 2001). Problematisch erscheint somit, dass der Beitrag von Kelle nicht zwischen einer Ethnographie von Institutionen und einer Ethnographie von Organisationen differenziert. Dies wird vor allem in der Feststellung deutlich, dass eine ganze Reihe von Studien existieren, die etwa aufgrund der ethnographischen Fokussierung von Prozessen der „Enkulturation der Teilnehmer in situierte Mitgliedsrollen" (Kelle 2011, S. 227) oder der Rekonstruktion institutionsspezifischer „Lehr-Lernarrangements" (ebd., S. 228) und „Zeit-Raum-Ordnungen" (ebd.) den Charakter einer institutionellen Ethnographie aufweisen. Im Sinne einer institutionellen Ethnographie wären diese Aspekte als bildungspolitische Diskurse und Regelungen und im Hinblick auf das Wechselverhältnis mit der tatsächlichen Praxis der jeweiligen Organisation zu untersuchen. Eine organisationale Ethnographie hingegen würde nicht (vornehmlich) auf die institutionelle Einbettung der untersuchten Organisation und auf die damit einhergehenden Diskurse abheben, sondern die Interaktionsordnungen und räumlich-zeitlichen Gefüge vor allem als Medien und Resultate der spezifischen Praxis der jeweiligen Organisation untersuchen. Zwar schließen sich beide Perspektiven nicht aus, sie implizieren aber einen unterschiedlichen Fokus und erfordern meines Erachtens eine methodologische Differenzierung: Eine institutionell-ethnographische Perspektive untersucht Einrichtungen als Handlungsvorgaben und die Institutionalisierung von Interaktion (vgl. Smith 2005, 2006); eine organisationsethnographische Perspektive untersucht Organisationen als kulturelle Kommunikations- bzw. Praxiszusammenhänge (vgl. Gellner/Hirsch 2001; van Maanen 2001; Ybema et al. 2010; Engel 2014a; Göhlich 2013a).

Die nun zu besprechenden Studien pädagogischer Ethnographie werden im Hinblick auf Anschlussmöglichkeiten an eine organisationale Ethnographie betrachtet. Anknüpfend an die von Hünersdorf, Müller und Maeder (2008) angedeutete Unterscheidung der Ethnographie pädagogischer Handlungsfelder in solche, die vornehmlich „‚informelles Lernen' jenseits von oder in pädagogischen Handlungsfeldern" (ebd., S. 15) beschreiben, von solchen, die „Aspekte einer Organisation in den Blick nehmen" (ebd.) und die „interaktive und organisatorische Herstellung" (ebd.) von pädagogischen Organisationen untersuchen, kann von folgender grober

Einteilung ausgegangen werden:[13] So lassen sich empirische Studien der pädagogischen Ethnographie etwa bezüglich der Frage ihrer praktischen Verortung im und in Bezug auf das Feld und hinsichtlich ihrer organisationspädagogischen Relevanz unterteilen in Studien (vgl. Hünersdorf et al. 2008, S. 15), die

a. in der Organisation Kindergarten vornehmlich Fragen der Herstellung pädagogischer Ordnungen und pädagogischer Qualität (Honig et al. 2004; Bollig 2010) untersuchen.
b. in der Organisation Schule – in Schulklassen (Breidenstein 2006; Breidenstein und Kelle 1998; Kalthoff 1997a, 1997b; Kelle 1997; Kalthoff und Kelle 2000), auf dem Pausenhof (Tervooren 2006), in den Gängen (Wagner-Willi 2005), auf Schulfesten (Göhlich 2004, 2005) – pädagogische Praktiken des Vermittelns und der Erziehung sowie des Einübens, Zeigens und Riskierens von Identitäten analysieren.
c. in Einrichtungen der außerschulischen Jugendarbeit die Herstellung sozialpädagogischer Orte und Ordnungen (Thole 1991; Cloos und Köngeter 2006) oder organisationskulturelle „Inszenierungen von Gemeinsamkeit“ (Cloos 2008a) rekonstruieren.
d. aus der Perspektive der Weiterbildungsforschung die Sozialisationsfunktion von Betrieben erforschen (Mulder van de Graff et al. 1989) sowie anwendungsorientierte Überlegungen zur Nutzbarkeit organisationsethnographischen Forschens für pragmatische Fragen der Erwachsenenpädagogik (Seitter 2002; Dollhausen 2010b) anstellen.

Vor dem Hintergrund jeweils spezifischer Erkenntnisinteressen werden in diesen Studien mehr oder weniger explizit manifeste organisationale Gegebenheiten (etwa räumlich-zeitliche Strukturen) und organisationskulturelle Gewohnheiten (etwa Rituale), organisationsspezifische Zugehörigkeitsverhältnisse (Beruf, Freizeit, Ausbildung etc.) sowie formelle und informelle Regelungen thematisiert. Im Interesse einer Suche nach Hinweisen für eine gegenstandsadäquate pädagogische Organisationsethnographie sollen nun exemplarisch einige Studien im Hinblick auf die *Organisationsbezogenheit* des ethnographischen Prozesses sowie im Hinblick

13 In der Zuordnung von ethnographischen Beiträgen unter organisationspädagogischer Perspektive geht es vordergründig um empirische Studien. Die Auswahl erfolgt dabei entsprechend der Fokussierung auf organisationale Aspekte. Jener Teil des Diskurses, der sich vornehmlich erkenntnistheoretisch und methodologisch mit dem Verhältnis von Ethnographie und Erziehungswissenschaften (exemplarisch vgl. Zinnecker 2000; Hünersdorf 2009; Köngeter 2010; Thole 2010; Friebertshäuser et al. 2012) beschäftigt.

auf Relevanzen organisationspädagogischer Fokussierungen im Feld detaillierter betrachtet werden:

a. Im Kontext einer methodenpluralen Studie zur Hervorbringung von Qualität im Kindergarten (Honig et al. 2004) skizziert Michael Sebastian Honig eine Methodologie der Institutionenanalyse, die „Qualität [...] als institutionalisierte Praxis" (ebd., S. 31) versteht. Qualität wird hier nicht nur als von außen formulierter Maßstab und auch nicht ausschließlich als Ambition professioneller Akteure, sondern als Resultat wie Medium einer „Mensch-Umwelt-Transaktion" (ebd.: 30) verstanden. Diese Fokussierung ist insofern interessant, als damit der Anspruch formuliert wird, *pädagogische Qualität* auf der Meso-Ebene der Organisation zu untersuchen. Neben einem quantitativen Teil zur Erhebung von Qualitätsmaßstäben erfolgt dies auf Grundlage ethnographischer Berichte, die in teilnehmenden Beobachtungen die Maßstäbe und Erwartungen von Qualität mit dem alltäglichen Geschehen in Bezug auf die Herstellung von Räumen und Objekten erfassen (vgl. ebd., S.119 ff.). Organisationspädagogisch relevant erscheint hier die institutionsanalytische Perspektive, die verschiedene für die Herstellung organisationaler Praxis entscheidende Faktoren berücksichtigt: die gesellschaftlichen Anforderungen des Qualitätsdiskurses, die Erwartungen der Eltern und ebenso die Ambitionen der Professionellen. Wenn in der Studie von Honig und KollegInnen auch nicht explizit die Organisation im Fokus steht, sondern vielmehr ein Diskurs und dessen komplexer Niederschlag auf die Meso-Ebene, so ist doch die Berücksichtigung eines komplexen Wirkungszusammenhangs von organisationaler Praxis für eine Ethnographie von Organisationen nennenswert. Denn hier wird letztlich eine multiperspektivische Sensibilität eingefordert, die pädagogische Praxis als Resultat und Medium komplexer Selbst- und Umweltverhältnisse betrachtet.
In Bezug auf diese Untersuchung stellt Sabine Bollig Überlegungen zur Rolle der Forscherin und zu Fragen des Feldzugangs pädagogischer Ethnographie *in* Organisationen an (Bollig 2010). Zentral ist dabei der Hinweis auf die Erforderlichkeit eines „situative[n] Management[s] von Differenzen" (ebd.) als Umgang mit der Frage, wie im „Feld eine plausible Rolle zu finden" (ebd., S. 109) ist. So ist die zu Recht festgestellte „*strukturelle [...]* Nicht-Zugehörigkeit" (ebd., S. 112, Herv.i.O.) bzw. Nicht-Mitgliedschaft der Forscherin bei den untersuchten Organisationen Ausgangspunkt für die Annahme, dass die Verortungs- und Integrationsproblematik für EthnographInnen in Organisationen ein „Anwesenheitsmanagement" (ebd.) im Sinne einer Integration und im Sinne der Übernahme von organisationsbezogenen Funktionen notwendig macht. Neben dieser Einpassung ist das Management von Differenz auch entscheidend für

die Arbeit der EthnographInnen an ihrer Platzierung in der Organisation. Der Hinweis der „doppelten ExpertInnenschaft" (ebd., S.109) als spezifisches und gegenstandsbezogenes Problem soll für eine Heuristik einer Organisationsethnographie für mein Anliegen Berücksichtigung finden. Konkretisierend wird dabei aber auch die Frage möglicher Unmöglichkeit der Einpassung, etwa aufgrund mangelnder Fachkompetenz der ForscherInnen, zu diskutieren sein.

b. Für das Anliegen einer Heuristik pädagogischer Organisationsethnographie sind die Untersuchungen von Kelle und Herbert Kalthoff zur Unterrichts- bzw. Schulkultur bedeutsam, insbesondere zur interaktiven Herstellung von schulischer Ordnung und zum Einfluss von Regeln in diesem Zusammenhang. In einen gemeinsamen Aufsatz (Kalthoff und Kelle 2000), dem Ergebnisse unterschiedlicher ethnographischer Studien zur gymnasialen Unterrichtskultur (Kalthoff 1997a/b) und zur „Gleichaltrigenkultur" (Kelle 1997; Breidenstein und Kelle 1998) zugrunde liegen, wird die Genese schulischer Ordnung als wechselseitige Verhandlung der Regelorientierung in kommunikativen Ordnungen des Unterrichts und der Gleichaltrigenkultur veranschaulicht (Kalthoff und Kelle 2000). Von Interesse ist dabei, dass die Autoren die Vielseitigkeit von schulischen Regeln betonen, die sich hinsichtlich ihrer Genese sowie im Hinblick auf unterschiedliche Explikationsgrade, Geltungsbereiche und Verbindlichkeiten unterscheiden lassen (vgl. ebd., S. 692). Die gegenstandsbezogene Berücksichtigung formeller und informeller Regelungen für die Herstellung eines schulischen Alltags impliziert die Annahme, dass Kooperationen und Aushandlungsprozesse von Lehrenden und SchülerInnen ethnographisch nur über Einbindung institutioneller Rahmenbedingungen sowie über eine ethnographische Sensibilität für organisationsspezifische Umgangsformen damit angemessen beschrieben werden können. Die formelle und informelle Regelhaftigkeit von Organisationen ist nicht nur im Hinblick auf eine gegenstandsangemessene Beschreibung pädagogischer Praktiken der Kooperation ein wichtiges Kriterium, sondern auch bezüglich des Zugangs zum Feld. In Kalthoffs dichter Beschreibung seines Feldzugangs zu unterschiedlichen Internatsschulen zeigen sich Aspekte, die das Verhältnis von Ethnographie und dem Gegenstand *Organisation* präzisieren helfen. In Bezug auf die Wirksamkeit formeller und informeller Regeln für den schulischen Alltag kann der Verlauf des unterschiedlichen Zugangs zur jeweiligen Internatsschule mit einem jeweils unterschiedlichen Grad der „institutionellen Geschlossenheit" bzw. Offenheit in Abhängigkeit zu dem jeweiligen organisationalen Selbstverständnis – als Teil der Öffentlichkeit oder als pädagogische Enklave – gesehen werden (vgl. Kalthoff 1997b, S. 250f.). Für die Rolle des Ethnographen in Organisationen sind Kalthoffs Schlussfolgerungen zur Frage der Integration im Feld relevant. Einerseits bestehen „Abwehrstrategien" (ebd., S. 258), die dem Ethnographen die Plausibilisierung seines Feldaufenthalts erschweren bzw. dessen wissenschaftlichen Auftrag nicht anerkennen. Andererseits bestehen „Vereinnahmungsstrategien" (ebd.), die den Ethnographen für organisationseigene Zwecke nutzbar machen wollen. Das sich hier konstituierende Spannungsverhältnis zwischen Ablehnung und Verzweckung ethnographischer Arbeit kann für jegliche Form empirischer Arbeit Geltung beanspruchen.

In Kelles Studien zur interaktiven Herstellung des Schulalltags unter Schülern findet sich ein weiterer – gerade im Hinblick auf organisationspädagogische Fokussierungen – interessanter Aspekt: das Markieren von Grenzen. Dieses erfolgt einerseits als Praxis der Territorialisierung im Sinne „der Darstellung und Verteidigung" (Kelle 1997, S. 147) eines Raums oder Orts (etwa Klassenzimmer) und andererseits als Praxis des „Reden[s] über die ‚anderen'" (ebd., S. 148) im Sinne einer gruppenbezogenen Praxis der Identifikation und Distinktion. Was Kelle für die Herstellung von Schulklassen, als Subeinheiten und Praxiselemente der Organisation Schule beschreibt, kann als generelles Moment der Beschaffenheit des Gegenstands *Organisation* gelten: So kann die Praxis der Grenzmarkierung in ihrer Bedeutung für die Herstellung organisationaler Identität von Interesse sein.

c. Entsprechend der eingangs vorgenommenen Differenzierung gilt ein weiterer Blick zwei ethnographischen Studien sozialpädagogischer Provenienz. Im Fokus stehen dabei die Dissertationsschriften von Werner Thole sowie von Peter Cloos. Bei der Anfang der 1990er Jahre erschienenen Monographie mit dem Titel „Familie, Szene, Jugendhaus. Alltag und Subjektivität einer Jugendclique" (Thole 1991) handelt es sich um eine ethnographische Milieustudie, die unter anderem – wie es der Titel schon andeutet – auch das Jugendhaus als Organisation in den Blick nimmt und eine dichte Beschreibung organisationaler Praxis liefert. Als lebensweltlicher Ort, als „Schutzraum", als Ort der „sozio-kulturellen Reproduktion der Szene" (ebd.: 268f.) wird bei Thole die Jugendeinrichtung selbst zum Gegenstand der Ethnographie einer jugendlichen Lebenswelt. Dabei liegt der ethnographische Fokus zunächst auf der dichten Beschreibung der Einrichtung in ihrem Aufbau und in ihrer Struktur. Beschrieben werden hier en detail Räume, Artefakte und Strukturen der Zugangsregelungen (z.B. Öffnungszeiten). In Verbindung einer Rekonstruktion von subjektiven Einschätzungen von Jugendlichen zur Rolle und Funktion des Jugendhauses (vgl. ebd., S. 252ff.) mit der Beschreibung funktionaler Räume und pädagogischem Geschehen (vgl. ebd., S. 255ff.) wird dabei die organisationale Praxis der (Wieder-)Herstellung einer pädagogischen Ordnung sowie deren wechselseitige Konstitution mit der kommunikativen Ordnung der Jugendlichen nachvollziehbar. Für eine Heuristik einer pädagogischen Ethnographie von Organisationen ist hier festzuhalten, dass eine Beschreibung der Praxis der Einrichtung in unmittelbarem Zusammenhang mit ihrem materiellen Erscheinungsbild und ihrer räumlich-zeitlichen Beschaffenheit erfolgen muss und erst durch ein In-Beziehung-Setzen des Geschehens zu organisationalen Bedingungen das dichte Zeigen einer organisationalen Praxis möglich erscheint.

In seiner Dissertationsschrift „Die Inszenierung von Gemeinsamkeit" sensibilisiert Cloos (2008a, S. 53) den ethnographischen Blick für Organisationen der Kinder und Jugendhilfe als „institutionell geformte Praxis". In Verbindung einer akteursbezogenen Perspektive auf berufliche Qualifikationsprofile und berufsbiographische Werdegänge von Mitarbeitenden der Kinder und Jugendhilfe mit einer Blickrichtung, die dieselben im „räumlich zeitlichen Gefüge der Organisation" (ebd., S. 8) untersuchen möchte, gelingt Cloos eine Triangulation unterschiedlicher Sichtweisen. Die dichte Beschreibung der Professionalität pädagogischer Akteure und deren organisationsspezifische „Inszenierungen von Gemeinsamkeit" wird dabei eng an das Konzept der Organisationskultur gebunden. In Anlehnung an die interpretativ-soziologische Sichtweise Reiner Franzpötters (1997), der Organisationskultur als „organisatorischen Bedeutungs- und Verständigungsrahmen" (ebd., S. 59) versteht, werden „Bedingungen organisationskultureller Verfasstheit beruflichen Handelns" (Cloos 2008a, S. 54) untersucht. In Bezug auf die Frage, wie sich ethnographische Forschung in Organisationen organisiert und sich zum Gegenstand *Organisation* verhält, liefert Cloos' Studie wichtige Hinweise. Vorrangiger Erwähnung bedarf der kontextsensible Blick, der die räumlich-zeitliche Strukturiertheit von Organisationskulturen als Instanz beruflicher Sozialisation und beruflichen Alltags berücksichtigt (vgl. ebd., S. 55). Die Bedeutung räumlicher und zeitlicher Aspekte für eine pädagogisch-organisationsethnographische Arbeit wird entlang zweier Fallbeispiele ausführlich herausgestellt (vgl. ebd., S. 89 ff.). Einige Ergebnisse sind für die Frage nach möglichen inhaltlichen Fokussierungen einer pädagogischen Organisationsethnographie bedeutsam: So wird *erstens* davon ausgegangen, dass organisationskulturelle Praxis „als zeitlich-räumliches Gefüge der Herstellung von Ordnung" (ebd., S. 297) untersucht werden kann. Diesbezüglich wird auf die Wechselwirkung von formalen Strukturen der Ordnung und informellen Praktiken der Herstellung von Ordnung hingewiesen (vgl. ebd.). Unter organisationspädagogischen Gesichtspunkten macht dies auf mögliche Bedingungsdimensionen organisationaler Lernprozesse aufmerksam. *Zweitens* wird organisationskulturelle Praxis als „Habitualisierung von Gewohnheiten" (ebd., S. 298) konkretisiert, die der gemeinsamen Praxis „Struktur und Sicherheit" (ebd.) geben. Dies gibt – wiederum relevant für die Fokussierung organisationalen Lernens – Hinweis darauf, dass bestimmte Praktiken nicht nur akteurspezifisch, sondern auch organisational tradiert und bewahrt werden. Organisationskultur wird *drittens* als „Aushandlungsarena" (ebd.) zwischen verschiedenen organisationalen Interessen und Positionierungen beschrieben. Dies verweist darauf, dass Habitualisierungen nicht nur bloße Wiederholungen sind, sondern auch auf eine Kontingenz und Instabilität organisationaler Praxis verweisen. Organisationale Praxis ist demnach eine Verhandlungssache und neben ihrer Bewahrung ist immer auch Veränderung oder Transformation denkbar. *Viertens* wird die Produktion organisationskultureller Praktiken als Vorgang der „Herstellung von Differenz und Gemeinsamkeit" (ebd., S. 300) rekonstruiert. Das hier angesprochene Verhältnis von einer „Inszenierung der Gemeinsamkeit" (ebd.) und einer „Herstellung von Differenz" (ebd.) zur Umwelt, aber auch zu Positionen innerhalb der Organisation bietet Anschluss für die Fokussierung auf die Frage nach organisationaler Identitätsherstellung. So können etwa Prozesse der organisationsinternen Stilisierung von Gemeinsamkeit und der Negierung von Differenzen zum Zweck organisationaler Konformität als Herstellung einer organisationalen Identität über Integration und Abgrenzung untersucht werden. Vor dem Hintergrund dieser vier Fokussierungen kann eine pädagogische Ethnographie von Organisationen inhaltlich skizziert werden: Der Fokus organisationsethnographischer Forschung liegt auf Vorgängen der Aushandlung, Vermittlung und Aneignung von verbindlichen und effektiven Praktiken und Strukturen sowie auf deren Tradierung und Transformation.

d. Bezüglich der Reflexion und Anwendung ethnographischer Forschungsmethoden sind im erwachsenenpädagogischen Diskurs zwei Forschungsphasen erkennbar, in denen Überlegungen ethnographischer Methodologie dezidiert an den Gegenstand der Organisation gebunden werden: Die erste Phase verläuft in den frühen 1990er Jahren. Sie ist im Bereich der empirischen Bildungsforschung und Weiterbildung angesiedelt und eng gekoppelt an die Entwicklungen in der Ethnologie und dortiger Inblicknahme von Unternehmenskulturen. Aktuellere, wenn auch zaghafte Bestrebungen, sind im Feld der Erwachsenenbildung zu finden. Hier werden Bemühungen gemacht, ethnographische Verfahren zur Lösung erwachsenenpädagogischer Problemstellungen heranzuziehen. Beide Phasen sollen im Folgenden kurz vorgestellt werden.
   Eine Gruppe empirischer Bildungsforscher und Ethnologen um Hans Merkens legten zwischen 1989 und 1991 einige ethnologisch orientierte Studien zur Frage der Sozialisationsfunktion von Unternehmenskulturen vor (vgl. Rottenburg et al. 1988; Mulder van de Graaf et al. 1988). Dezidiert wird hier der Frage nachgegangen, wie Unternehmenskulturen beschaffen sind und Auszubildende in die jeweilige Unternehmenskultur sozialisiert werden. Im Anschluss an den zu dieser Zeit im deutschsprachigen Diskurs populär werdenden Unternehmens-

kulturansatz von Edgar H. Schein wird Unternehmenskultur zum Gegenstand pädagogischen Interesses und entsprechend der Scheinschen symboltheoretischen Bestimmung von Unternehmenskultur ein Ansatz der Unternehmensethnographie entwickelt, um selbige identifizieren und darstellen zu können. Interessant erscheint hier, dass als Begründung der Konzeption einer ethnographischen Unternehmensforschung, ähnlich wie dies bezüglich des Diskurses der europäischen Ethnologie deutlich geworden ist, auf die aufkommende Debatte um Unternehmenskultur verwiesen wird. In Tradition der Malinowskischen und Geertzschen kulturwissenschaftlichen Ethnographie wird die methodologische Reflexion von Feldbeobachtungen in Unternehmen an das Konzept der Kultur gebunden und Annahmen klassischer ethnologischer Feldforschung adaptiert. So stellen die Autoren hinsichtlich der Praxis der teilnehmenden Beobachtung der Unternehmenskultur Ähnlichkeiten fest:

> „So wie man in Stammesgesellschaften die lokalen Autoritäten, etwa König, Häuptling und Priester nicht umgehen kann, braucht man auch in Unternehmen die Billigung der Geschäftsleitung" (Mulder van der Graff und Rottenburg 1989, S. 25).

Hinsichtlich des Feldzugangs des Teilnehmenden Forschers erfolgen gegenstandsbezogene Überlegungen in der Übertragung von klassischen Bedingungen ethnologischer Forschungen auf Organisationen. Während der Vergleich zwischen Stammesgesellschaften und Organisationen hinkt – denn die Hierarchie in Organisationen folgt anderen Regularien als in sogenannten Stammesgesellschaften –, kann festgehalten werden, dass die Autoren auch, diesmal ausgehend von der Beschaffenheit des untersuchten Gegenstands *Organisation,* ein wesentliches Unterscheidungsmerkmal zur ethnologischen Feldforschung markieren. In Abgrenzung vom verklärten Malinowskischen Bild des aufgenommenen und voll integrierten Forschers wird bezüglich der zweckvollen Aufgabenbezogenheit von Organisationen die Arbeit des organisationsethnographischen Forschers als „dabeistehende Beobachtung" (Mulder van der Graff und Rottenburg 1989, S. 30) präzisiert. So heißt es: „Der Feldforscher kann und darf nicht mitarbeiten: schon die Sicherheitsvorschriften und der Kompetenzmangel schließen das aus" (ebd.). Diese methodologische Präzisierung würdigend, muss die Reduktion auf ein Dabeistehen aber relativiert werden. Wenn auch die Teilnahme an Vorgängen der Produktion im Fall von Betrieben oder der Wissensvermittlung im Fall von pädagogischen Organisationen nur schwer möglich ist, ist bezüglich einer Teilnahme an gemeinsamen Pausen, Unternehmungen, Besprechungen oder Versammlungen sehr wohl mehr als nur ein Dabeistehen denkbar. Für das Vorgehen dieser Untersuchung ist sowohl – wenn auch in holzschnittartiger

Begründung – der Verweis auf hierarchische Strukturen als auch die Reflexion der spezifischen Rolle des ethnographischen Organisationsforschers aufgrund der Bedingungen des Gegenstands bedeutsam.
Erst zwei Jahrzehnte später, und hier ohne Bezug auf den genannten Beitrag, erscheint die Organisationsethnographie bzw. die ethnographische Organisationsforschung im Diskurs der Erwachsenenbildung wieder und wird hier sehr viel stärker anwendungsbezogen diskutiert. Ausgehend von der Frage nach möglichen Umgangsformen mit dem „Passungsproblem Adressat und Teilnehmer" (Seitter 2002, S. 919) bezüglich des Programm-Praxisverhältnisses in der Erwachsenenbildung findet Wolfgang Seitter eine mögliche Antwort im Einsatz ethnographischer Methoden. Ausgehend von historischen Beispielen erwachsenenpädagogischer Ethnographien wird der Erwachsenenbildung eine Affinität zur Ethnographie zugesprochen (vgl. Seitter 2002, S. 921). In einer mehr praktischen Veränderungsabsichten denn organisationstheoretischen Erkenntnisinteressen folgenden Unterscheidung in „Adressaten-, Unterrichts- und Organisationsethnographie" (ebd.) wird letztere vor allem hinsichtlich der Frage, wie eine Organisation „organisierbar und vermarktbar ist" (ebd., S. 928), konzipiert. Entsprechend dieser nutzenorientierten Ausrichtung von Organisationsethnographie fragt eine Ethnographie von Weiterbildungsorganisationen

> „daher nach dem Organisationsgeflecht, in das das Lerngeschehen eingebettet ist, nach den ökologischen Beziehungen, die die Organisation unterhält, oder nach den monetären Optionen, über die sich die Organisation finanzieren kann" (ebd., S. 929).

Wenn auch die nutzenorientierte Wendung ethnographischer Forschung an dieser Stelle nicht von Interesse ist – zudem auch problematisch, da sie dieser eine grundsätzliche Verzweckungsneigung von Erkenntnisinteressen unterstellt – so werden hier doch zwei wichtige methodologische Hinweise geliefert. Zum einen wird die Organisation in ethnographischer Sicht als ökonomisches Geflecht präzisiert und damit dessen beständige Suche nach effizienter Wirtschaftlichkeit als eine wichtige Bedingung des Gegenstands benannt. Dies ist sowohl für den ethnographischen Zugang zum Gegenstand als auch für die Konkretisierung des pädagogisch-ethnographischen Interesses am Gegenstand *Organisation* bedeutsam. Denn zum zweiten bezieht sich dieses Interesse nicht nur auf das Lernen in der Organisation, sondern auf ein Lerngeschehen in und von der Organisation in Abhängigkeit zu ihrer jeweiligen ökonomischen Beschaffenheit. Damit sind neben der Aufgabenbezogenheit und Hierarchie zwei weitere entscheidende Aspekte einer Methodologie pädagogischer Organisationsethnographie identifiziert: die Wirtschaftlichkeit als konstitutive Bedingung des Gegenstands und das zu erforschende organisationale Lerngeflecht, das eben nur in Abhängigkeit zu dieser erfassbar oder erfahrbar wird. Trotz des erkenntnistheoretischen Potentials dieses Beitrags wird das Thema Organisationsethnographie seither nicht weiter bearbeitet. Lediglich bezüglich der auch bei Seitter stark markierten Anwendungsorientierung sind Beiträge zu finden. Karin Dollhausen spricht im Kontext der Weiterbildungs- und Beratungsforschung von „Ethnografisch orientierter Organisationsforschung als Ressource der Organisationsberatung" (Dollhausen 2010b). Hier wird die Gefahr der Zweckverfremdung einer ursprünglich rein erkenntnistheoretischen Methodologie noch deutlicher. Denn die Nutzung pädagogischer Ethnographie als Ressource für ökonomisch motivierte Organisationsentwicklungsprozesse wäre eine Idee, die mit den anthropologischen, kulturtheoretischen und geisteswissenschaftlichen Wurzeln ethnographischen Verstehens schwer vereinbar scheint.

2.1.4 Zusammenfassung

In Bezug auf die eingangs formulierten Fragen, was eine Ethnographie *von* Organisationen auszeichnet und was eine pädagogische Ethnographie von Organisationen fokussieren kann, können als erste Antworten folgende methodische, methodologische und gegenstandsbezogene Hinweise festgehalten werden: *Erstens* liegt einer Vielzahl der genannten ethnographischen Studien *in* oder *von* Organisationen eine Reflexion des Gegenstands *Organisation* bezüglich der Fragen nach dem richtigen Zugang und nach Bedingungen und gegenstandsädaquaten Formen des Aufenthalts in Organisationen zugrunde. Diesbezüglich sind vor allem die Erkenntnisse der ethnologischen uns soziologischen Organisationsforschung gewichtig, die zum einen auf die Bedeutung der richtigen Positionierung im Feld (vgl. Bachmann 2009) und zum anderen auf die Gefahr der Instrumentalisierung durch selbiges (vgl. Götz 2000; Kalthoff 1997b) aufmerksam machen. Den pädagogischen Diskurs betreffend sind Bolligs Überlegungen zum situativen Management von Differenzen als Bearbeitung der faktischen *Nicht-Zugehörigkeit* der Forschenden zur Organisation bedeutend (vgl. Bollig 2010). *Zweitens* können hinsichtlich der Frage, welche Formen der Datenerhebung für eine Ethnographie von Organisationen adäquat erscheinen, folgende Annahmen und Perspektiven besonders hervorgehoben werden: Organisationsethnographische Datenerhebung erfolgt als dabeistehende Beobachtung (vgl. Mulder van der Graff und Rottenburg 1989), als mitlaufendes und teilnehmendes *Folgen* organisationaler Akteure, Artefakte und Praktiken (vgl. Ybema et al 2010), als Analyse von Besprechungen und Organisationsgeschichten (vgl. Schwartzmann 1993), als Beschreibung von organisationalen Artefakten (vgl.

Thole 1991; Richter 2007) und organisationalen Raum-Zeit-Ordnungen (vgl. Cloos 2008a). *Drittens* kann als Spezifikum einer Ethnographie *von* Organisationen das Plädoyer für ein größeres Interesse an der spezifischen Logik des Gegenstand gelten: Demnach wird eine Abkehr von einer reinen Aketurszentirerung vorgeschlagen (vgl. Kelle 2011). Im Sinne einer gegenstandsadäquaten Ethnographie *von* Organisationen kann festgehalten werden, dass sich Organisationen im Wechselspiel von Formalität und Informalität konstituieren (vgl. van Maanen et al. 1993; Bate 1997; Kalthoff und Kelle 2000), dass Organisationen per se den Anspruch hoher Identifikation mit Zwecken und Aufgaben formulieren (vgl. Hirsch und Gellner 2001) und dass Organisationen sich durch besondere Formen sozialer Interaktion auszeichnen (vgl. Schwartzman 1993; Ybema et al. 2010). *Viertens* münden diese gegenstandstheoretischen Annahmen beispielsweise in einer Unterscheidung möglicher organisationsethnographischer Datensorten *(presentational data and operational data*, vgl. van Maanen 1979), in einer Sensibilisierung für organisationale Machtverhältnisse (vgl. Bate 1997; Schwartzman 1993; Bachmann 2009; Ybema et al. 2010) sowie in konzeptionellen Überlegungen organisationsethnographischen Schreibens bzw. Erzählens (vgl. Cziarniawska 1997; Bate 1997).

In Anschluss an die Arbeiten von van Maanen (2001) für den organisationswissenschaftlichen und von Cloos (2008a) für den pädagogischen Diskurs kann ein besonderes Interesse an organisationalen Vorgängen der Aushandlung, Vermittlung und Aneignung von organisationalen Praktiken und Strukturen genannt werden. Für eine organisationspädagogische Fokussierung ethnographischer Forschung ergeben sich drei mögliche Zusammenhänge:

Organisationale Praktiken der Herstellung und Bearbeitung von Formalität und Informalität: Der Fokus liegt hier auf der Genese und Funktion formaler Regeln und ihrer alltäglichen Reproduktion, auf informellen Formen der Regelverwendung und dem Miteinander zwischen und jenseits der offiziellen Arbeitsstrukturen. Die hierfür zentrale Wechselwirkung von Struktur und Praxis kann im Hinblick auf das Lernpotential der Organisation von Interesse sein.

Organisationskultur und organisationale Identität: Hier liegt das Erkenntnisinteresse auf Produktions- und Reproduktionsformen von geteilten Werten, identitätsstiftenden Ritualen und habituellen Gewohnheiten einerseits – dabei geraten auch organisationskulturelle Manifestationen, wie Architekturen, Räume, Artefakte, Dokumente etc. in den Blick – und auf nach innen wie nach außen gerichtete Präsentations- und Repräsentationsformen andererseits. Dies verweist auf die Stabilität und Konservierungstendenz sowie auf die Kontingenz und Instabilität organisationaler Praxis und damit auf mögliche Vorgänge ihrer Bewahrung bzw. Modifikation.

Organisationale Kommunikations- und Entscheidungsverläufe: Von Interesse sind diesbezüglich etwa Medien, Kontexte und Bedingungen organisationaler Entscheidungsabläufe und darin erkennbare Praktiken der Vermittlung und Aneignung.

Vornehmlich, aber nicht ausschließlich – denn Überschneidungen dieser Fokussierungen ergeben sich gegenstandsgemäß zwangsläufig – liegt der Fokus vorliegender Studie auf Vorgängen organisationalen Identitätslernens, genauer: auf der praktischen Herstellung und Bearbeitung organisationaler Selbstdarstellung als *Grenzüberschreitung-Könnende Einrichtung* sowie auf der praktischen Herstellung und Bearbeitung eines organisationalen Stils eines grenzüberschreitenden *Miteinander-Arbeitens* (vgl. Buchteil II).

2.2 Organisation als Gegenstand pädagogischer Ethnographie

Die Betrachtung unterschiedlicher Ansätze ethnographischer Organisationsforschung führt auch vor Augen, dass Organisationen in dieser Betrachtungsweise vor allem als Praxiszusammenhänge interessieren, als soziale Gebilde, in denen menschliche Akteure im Kontext räumlicher, formal-struktureller und zeitlicher Bedingungen agieren (vgl. Göhlich 2013a, 2013b). Folgende Abschnitte entwerfen *Organisation* als Gegenstand pädagogischer Ethnographie und skizzieren die dieser Arbeit zugrunde liegende organisationspädagogische Auffassung von *Organisation* und *organisationalem Lernen*. Hierfür wird eine praxistheoretische Sichtweise auf den Gegenstand eingenommen. Zunächst soll eine Klärung von Organisation als (nicht-)menschliches Praxisgebilde (Abschnitt 2.2.1), anschließend eine Bestimmung organisationalen Lernens als Veränderung organisationaler Praxis vorgenommen werden (Abschnitt 2.2.2). Letzteres wird – dann vor allem in Verbindung mit der empirisch bearbeiteten Frage nach Formen der Herstellung und Bearbeitung organisationaler Identität – ausführlich in Teil III dieser Arbeit besprochen.

2.2.1 Organisation als Praxisgebilde

Bevor der Frage nachgegangen wird, wie der Gegenstand *Organisation* praxistheoretisch und ethnographisch aufzufassen ist, sollte zunächst an zwei Positionen erinnert werden, die die organisationstheoretische Diskussion im Kern geprägt haben und auch für ein praxistheoretisches Organisationsverständnis von Relevanz sind. Eine erste und im Diskurs bis heute viel rezipierte Annahme findet sich in den Schriften von Max Weber (1968, 2002). Als für eine Organisation charakteristisch gilt hier, dass selbige einer „gesatzten Ordnung" folgt, die die Organisation als fortdauerndes Gebilde konstituiert (Weber 1968, S. 121). Folgt man Webers soziologischen Ausführungen zur Vergesellschaftung und zum Gesellschaftshandeln können Organisationen als „Zweckvereine" (ebd., S. 119) verstanden werden, die einem zweckrationalen Idealtypus der Vergesellschaftung entsprechen. Diesen liegt ein Handeln zugrunde, dass sich a) entlang einer „von allen Beteiligten vereinbarten Ordnung" (ebd.) vollzieht, dass b) durch die Konstitution von „Vereinsorganen" und damit verbundenen Regeln der Hierarchie getragen wird und c) über die Definition von „Vereinszwecken" klärt, „welches Handeln ‚geboten', ‚verboten' oder ‚erlaubt'" (ebd.) ist. Eine zweite – im organisationstheoretischen Diskurs ebenfalls weitgehend anerkannte – Sicht auf Organisation findet sich in den auf den Soziologen Niklas Luhmann zurückgehenden Überlegungen zu Mitgliedschaft, Zweck und Hierarchie, genauer: in seinen systemtheoretischen Überlegungen zu einer für Organisationen geltenden zweckorientierten, hierarchischen und Zugehörigkeit regelnden Entscheidungskommunikation (vgl. Luhmann 1997, S. 826ff.). Die (meist vertraglich) geregelte und bindende Mitgliedschaft, die Zweckorientierung sowie die formal etablierte Hierarchiestruktur können als konstitutive Merkmale für eine theoretische Bestimmung von Organisation gelten.[14] Dass dieser Zusammenhang eine nach wie vor grundlegende Figur in der organisationstheoretischen Diskussion darstellt, zeigt sich aktuell bei Stefan Kühl (2011), der in seiner „sehr kurzen Einführung" zur Thematik *Organisation* diese Aspekte als zentrale Parameter zur Bestimmung und Analyse von Organisationen vorschlägt (vgl. ebd., S. 16ff.).

Untersucht vorliegende Arbeit *Organisation* weder in ihrer bürokratischen Verfasstheit noch als Entscheidungskommunikation, so ist doch die aus diesen Positionen resultierende Auffassung von Organisation als zweckvoll orientiertes und operierendes, hierarchisch strukturiertes und entscheidendes und über Mitgliedschaftsregelungen Personal bindendes Gebilde auch in einer praxistheoretisch interessierten Erforschung von Organisationen zu berücksichtigen. Für eine Betrachtung der Organisation als Praxisgebilde sind diese Überlegungen insofern

14 In den 90er Jahren des letzten Jahrhunderts weist der Soziologe Luhmann in einer gesellschaftsanalytischen Perspektive darauf hin, dass bezüglich des Verhältnisses von Gesellschaft und Organisation nur unzureichende Theorien der Organisation in der modernen Gesellschaft bestehen und entwirft erste systematische Gesichtspunkte unter denen Organisationen gesehen werden können (Luhmann 1995, S. 16ff., vgl. auch Kühl 2011, S. 16). Der systemtheoretische Ansatz findet auch in der organisationspädagogischen Debatte eine breite Verwendung (vgl. exemplarisch Kuper 2001; Behrmann 2006; Zech et al. 2010 sowie den Sammelband „Organisationstheorien in pädagogischen Feldern" von Böttcher und Terhart 2004).

von Bedeutung, als dass sie zentrale Merkmale der Organisation benennen, die als Bedingungen, Medien und Resultate organisationaler Praxis wirksam sind. Denn begibt man sich als EthnographIn in eine Organisation, um dort zu sehen und zu erleben, was die Organisation auszeichnet und wie sie funktioniert, dann ist die in der Organisation stattfindende alltägliche Praxis nicht zuletzt im Kontext ihrer zweckvollen und einer gesatzten Ordnung folgenden sowie in ihrer hierarchischen Struktur zu sehen. Geraten vordergründig menschliche Akteure, die miteinander – und oftmals auch gegeneinander – Dinge produzieren und verwenden sowie das organisationale Alltagsgeschäft praktisch vollziehen, ins organisationsethnographische Blickfeld, so ist neben dieser informellen Seite die formale Seite relevant: Einerseits begegnen einem formale Strukturen der Kommunikation, der Sanktionierung oder der Legitimation in Form von schriftlichen Regelwerken und offiziellen Verlautbarungen, andererseits zeigen sich im alltäglichen Miteinander informelle praktische Vollzüge des Entscheidens, Gestaltens und Durchsetzens. Eine praxistheoretisch-ethnographische Perspektive auf den Gegenstand *Organisation* interessiert sich demnach für das organisationale Wechselspiel von Formalität und Informalität (vgl. van Maanen et al. 1993, S. vii; Kühl 2011), von Regelwerk und Ausnahme (vgl. Ortmann 2003), von Struktur und Praxis (vgl. Giddens 1997). Bezüglich einer praxistheoretisch interessierten Gegenstandsbestimmung von *Organisation* kann zunächst an organisationstheoretische Überlegungen von Günther Ortmann und Kollegen (Ortmann et al. 1997; vgl. auch Ortmann 1995, 2003, 2008) angeknüpft werden. Diese greifen die strukturationstheoretische Figur der Rekursivität von Handeln und Struktur auf und übertragen sie auf Organisationen. So heißt es:

> „Organisationen werden […] über organisationale Praktiken gekennzeichnet, über in Organisationen wiederkehrend praktizierte Formen des Handelns, und nicht allein über formale Strukturen, strukturelle Eigenschaften oder Input-Output-Relationen […]. Organisationale Strukturen existieren überhaupt nur im Handeln der Akteure" (ebd., S. 317).

Im Sinne der Dualität von Struktur (vgl. Giddens 1997) wird der Doppelsinn des Begriffs Organisation betont: Er verweist zum einen auf den Prozess des Organisierens und zum anderen auf die Organisiertheit, das Resultat des Organisierens (vgl. Ortmann et al. 1997, S. 315). Demnach sind Organisationsstrukturen als Handlungskontexte zu verstehen und Ergebnis sowie gleichwohl Medium organisationaler Praxis. Ausgangspunkt dieser organisationstheoretischen Überlegungen bildet die Theorie der Strukturierung (Giddens 1997). Derzufolge die Annahme gelten kann, dass kompetente Akteure ihr Handeln nicht nur auf eigenes Verhalten und auf das Verhalten anderer, sondern auch auf die strukturellen Bedingungen des Handlungsfelds beziehen (vgl. Giddens 1997, S. 55ff.). Die Bedingungen des Handlungskontexts werden hier als Regeln und Ressourcen bestimmt, die die interaktiven Beziehungen über Raum und Zeit stabilisieren, als Struktur*momente* aber nur insofern existent sind, als dass sie in Erinnerungsspuren vorhanden sind und sich in sozialen Praktiken realisieren und reproduzieren (vgl. ebd., S. 69). Wenn Akteure also interagieren, dann geschieht dies immer in einem spezifischen Kontext, der sich räumlich-zeitlich situiert und durch die Kopräsenz von anderen Akteuren sowie durch den reflexiven Gebrauch der durch die Kopräsenz ermöglichten Wahrnehmung von sprachlichen, körperlichen und gestischen Ausdrucksmitteln auszeichnet (ebd., S. 336). Die Bezugnahme der Akteure auf die strukturellen Handlungsbedingungen geschieht dabei immer, indem diese situativ formale Regeln zu Modalitäten ihres eigenen Handelns machen. Die Anwendung dieser strukturationstheoretischen Überlegungen auf Organisationen bedeutet, dass

> „Organisationales Handeln […] den Rekurs auf ein Set organisationaler Deutungsmuster und Normen, organisatorischer Regeln und Ressourcen [impliziert, N.E.], die einer Organisationsstruktur entstammen, die auf diese Weise – durch Anwendung der organisationalen Regeln und Ressourcen – rekursiv reproduziert und dadurch auch modifiziert werden“ (Ortmann et al. 1997, S. 324).

Organisationen sind in diesem Verständnis nicht als formalistische Gebilde, sondern vielmehr als durch menschliche Akteure zusammengehaltene Praxiszusammenhänge zu verstehen, die in einem ständigen Vollzug des gemeinsamen Organisierens und Kooperierens organisationale Strukturen (z.B. Regeln) und organisationale Praktiken (z.B. Routinen) produzieren und reproduzieren (vgl. Engel 2012b). Über organisationsbezogene Praktiken menschlicher Akteure, die in Anwendung organisationaler Regeln und Routinen selbige gleichermaßen (re-)produzieren, bildet und entwickelt sich der für den organisationalen Alltag konstitutive Zusammenhang des Miteinander-Arbeitens, -Lebens und -Lernens. Diese Figur lässt sich durch eine pädagogisch-anthropologische Betrachtung von Organisation als konkrete menschgemachte Einrichtung vertiefen. Michael Göhlichs anthropologischen Blick auf den Gegenstand folgend, können Organisationen „im Sinne der Bildung und des Gebildes einer sozialen Einheit“ (2013b) verstanden werden. „Eine konkrete Organisation“, so definiert Michael Göhlich die organisationspädagogische Auffassung des Gegenstands, ist

> „als menschliches Sozialgebilde (Sozialsystem, Kooperationsgemeinschaft) begreifbar, das sich als kulturelle Praxis generiert und (re)aktualisiert und dabei einerseits Insti-

tutionen (Regelsysteme mit gesellschaftlicher Geltung) aus der Umwelt inkorporiert und andererseits Praxismuster generiert" (ebd.).

In Abgrenzung zu Institutionen (vgl. auch Göhlich 2011) wird Organisation als konkrete Praxis menschlicher Kooperation verstanden, die in Korrespondenz mit der Umwelt Regeln und Muster ihres praktischen Vollzugs (re-)produziert. Damit ist ein Verständnis von Organisation formuliert, dass das Menschliche nicht außerhalb der Organisation verortet und nicht als Gegenstück zu Struktur, sondern das Organisation als durch und gleichwohl die menschliche Praxis konstituierend denkt. Das anthropologische Verständnis von Organisation als menschliches Sozialgebilde kann in zweifacher Hinsicht, durch Hinzunahme einer Perspektive auf die materiell dinghaften sowie einer Perspektive auf die auch gewaltvollen Anteile organisationaler Praxis, vertieft werden. In Anschluss an neuere praxistheoretische Positionen wäre demnach einem anthropologischen Organisationsverständnis erstens eine Abkehr von einer reinen Akteurszentrierung (vgl. Kelle 2011; siehe auch Abschnitt 2.1.3) zu Grunde zu legen. In dieser Sichtweise können Organisationen als (nicht-)menschliche Praxisgebilde spezifiziert werden. Im Fokus stehen somit nicht handelnde menschliche Akteure, sondern organisationale Praktiken und Routinen, wie sie im Zusammenspiel von akteursbezogenem Praxiswissen und Artefakten entstehen (vgl. Reckwitz 2008). Artefakten, Dingen des alltäglichen Gebrauchs, kommt dabei als dinghaften Mitspielern bzw. als Materialisierungen alltäglicher Praxis über Raum und Zeit hinweg Bedeutung zu (1). Zweitens wäre in kritischer Perspektive Organisation als menschliches Praxisgebilde auch immer als Resultat und Medium unmenschlicher Kooperationspraxis zu sehen (vgl. Türk 1995). Demnach sind menschliche bzw. nicht-menschliche Akteure der Organisation immer auch Agenten bzw. Werkzeuge zur Realisierung eines durch den Zweckverband Organisation verfolgten Zieles. Diese Sichtweise sensibilisiert für unmenschliche Implikationen des Gegenstands *Organisation*, für ein Verständnis von Organisation als unmenschliches Praxisgebilde (2). Die Spezifizierung des anthropologischen Verständnisses von Organisation als menschliches Sozialgebilde durch die Aspekte des *Nicht-Menschlichen* und *Unmenschlichen* sollen im Folgenden näher ausgeführt werden:[15]

15 In der Definition von Göhlich wird das Attribut *menschlich* in seiner materiellen und ethischen Dimension verstanden. Im ergänzten Zusatz [un]menschlich wird damit die normativ-pädagogische Frage nach dem *guten* Menschen in der Organisation sowie nach dem „Guten" der Organisation für den Menschen aufgeworfen (vgl. auch Göhlich 2007b).

1. Ein praxistheoretisches Verständnis von Organisation als menschliches Sozialgebilde erfährt durch den Rückgriff auf Andreas Reckwitz' Überlegungen zu einer Theorie sozialer Praktiken eine entscheidende Spezifizierung. Soziale Praxis beruht Reckwitz zu Folge nicht auf vorgängigen sozialen Strukturen oder auf der Idee autonom handelnder Subkjekte, sondern auf überindividuellen Mustern und Ordnungen, auf routinenhaften Praktiken. Als „Nexus wissensabhängiger Verhaltensroutinen" (Reckwitz 2008, S. 115) konstituieren sich routinisierte Formen sozialer Praxis durch das reziproke Verhältnis von körperlichem Vollzug, Artefaktverwendung und praktisch-implizitem Wissen. Sie setzen sich neben der durch die Mobilisierung praktischen Wissens „gekonnten" Darstellung des Körpers auch durch den sinnhaften Gebrauch bestimmter Gegenstände zusammen (vgl. ebd., S. 114). Eine Perspektive auf soziale Praktik als „skillfull performance" (ebd., S. 113) interessiert sich für die performative Struktur von Praktiken und damit für das Wechselspiel von menschlichen Körpern und Artefakten, als nicht-menschlichen Mitspielern der Praktik. So ließe sich etwa die Aneignung einer „organisationstypischen" Praktik durch (neue) Mitarbeiter einer Organisation als das Erlernen einer routineförmigen Bewegung, als das Inkorporieren von organisationsspezifischem methodischem Darstellungswissen um die Aufführung des Körpers und um die richtige Verwendung relevanter Gegenstände beschreiben.[16] Überträgt man Reckwitz' Ansatz und die Denkfigur des Performativen auf das Verständnis von Organisation als Praxisgebilde, so erscheinen organisationale Praktiken als durch kompetente menschliche Körper getragene sowie in Dingen raumzeitlich materialisierte Kooperationsroutinen. Entsprechend der Logik der Praxis bewegen sich die Kooperationsroutinen im Spannungsfeld von „Routinisiertheit" und „Unberechenbarkeit" (ebd., S. 120). Die relative Geschlossenheit der Wiederholung auf der einen Seite und die Offenheit mimetischer Reproduktion einer organisationalen Praktik auf der anderen gewährleisten entsprechend Beständigkeit bzw. Transformation von Organisationen (vgl. ebd.): Auf diese Weise gelingt es, eine Perspektive auf Organisation und organisationale Praxis zu entwickeln, die sich von einer reinen Akteurszentrierung und Fokussierung auf Intentionalität löst und auf überindividuelle Muster organisationaler Praxis fokussiert. Die Überindividualität von Praxismustern konstituiert sich nicht zuletzt aufgrund einer dinghaften Komponente, die eine Materialisierung und Objektivation von Praxismustern

16 Entsprechend dem Verständnis von sozialer Praktik als *skillfull performance* konkretisiert Reckwitz den Erwerb einer Praktik als Lernprozess. Beim Erwerb einer Praktik wird eine „bestimmte, regelmäßige und „gekonnte" Bewegung oder Aktivierung des Körpers erlernt (Reckwitz 2008, S. 113f.)

etwa in Form der Speicherung zugrundeliegenden Praxiswissens und damit deren mimetische Reproduktion gewährleistet (siehe auch Abschnitt 2.2.2).

2. „Die Beschaffenheit derjenigen, aus denen die Organisation sich bildet, tritt in deren Anlage zurück hinter der Zweckdienlichkeit des Ganzen." (Adorno 1972/1997, S. 441), so formuliert Theodor W. Adorno das Verhältnis von Organisation und Individuum. Menschliche Akteure der Organisation sind in dieser Sichtweise in erster Linie Werkzeuge zur Realisierung eines durch den Zweckverband Organisation verfolgten Zieles. Diese Mittelbarkeit oder wie es Adorno nennt „dieser Werkzeugcharakter" (ebd.) des einzelnen Akteurs für die Organisation impliziert mögliche Formen gewaltvoller Operation: Unterdrückung und Kontrolle. Dass Unterdrückung und Kontrolle Modi organisationaler Vergemeinschaftung darstellen und in einem Verständnis von Organisation als menschliches Sozialgebilde mitzuführen sind, wird in den Überlegungen zu einer kritischen Organisationssoziologie von Klaus Türk deutlich. Türk bestimmt – ebenfalls die Figur der Rekursivität mitdenkend – Organisation als sich historisch im Wechselverhältnis mit gesellschaftlicher Praxis konstituierend. So wird Organisation „als ein Strukturmoment aufgefasst" (Türk 1995, S. 11), welches zeitgemäße Formen „menschlicher Ko-Operation" (ebd.) adaptiert und zugleich produziert. Von besonderem Interesse erscheint hier die Formulierung Ko-Operation, die in dieser Schreibweise auf den nicht zwangsläufig konsensuell kooperativen Vorgang organisationaler Vergemeinschaftung hinweist (vgl. ebd., S. 10; vgl. auch Höhne 2014). Kooperation ist somit nicht nur ein mit-, sondern auch ein neben- und gegeneinander Arbeiten.[17] So impliziert das Verständnis von Türk eine kritische Sichtweise auf Organisationen „nicht als Modus der effizienten Koordination arbeitsteiligen Handelns", sondern als ein restriktiver

17 Dies erinnert auch an die Definition von Karl Marx, der Kooperation als eine Strategie der Produktion des relativen Mehrwerts identifiziert. Ein ökonomiekritisches Verständnis von Kooperation nimmt seinen Ausgangspunkt hier in der Differenzierung menschlicher Tätigkeit im industriellen Produktionsprozess (vgl. Ahlgrimm et al. 2012). So heißt es bei Marx: *„Die Form der Arbeit vieler, die in demselben Produktionsprozess oder in verschiedenen, aber zusammenhängenden Produktionsprozessen planmäßig neben- und miteinander arbeiten, heißt Kooperation" (Marx 1890/1947, S. 340).* Als kapitalistische Methode wird Kooperation als eine ökonomische Form der Arbeitsteilung sowie als ein Vorgang identifiziert, der sich auf eine ökonomisch-zweckmäßige Produktionssteigerung bezieht. Anlass der Kooperation im Kontext von Arbeit ist hier die Reproduktion des Arbeitsprozesses und die Steigerung seiner Produktivkraft. Kooperation ist somit als ein Modus der (Re-)Produktion der Organisation zu begreifen, also als ein Prozess, der nicht in Organisationen stattfindet, um die Arbeit der Beteiligten zu erleichtern, sondern als ein Prozess, der die Organisation als Zweckverband ökonomisch legitimiert und reproduziert.

„Modus der Herrschaft" (Türk 1995, S. 93). Damit wird eine Perspektive der Analyse vorgeschlagen, die nicht nur Organisation als Vergemeinschaftung in den Blick nimmt, sondern auch das, „was organisiert werden soll und was trotzdem unorganisiert bleibt: de[n] materielle[n] Lebensprozeß" (ebd., S. 97) der Organisation. Hier materialisiert sich eben nicht nur eine konsensuell kooperative Praxis, sondern – entsprechend dem Modus der Herrschaft – auch eine, die sich Mitteln der (symbolischen) Gewalt und Unterdrückung bedient (vgl. ebd.).[18] Vor diesem Hintergrund soll bezüglich des organisationspädagogischen Verständnisses von Organisation als menschliches Sozialgebilde, die in den Türkschen Überlegungen erkennbare kritische Perspektive mitgedacht werden. Organisation wäre demnach auch als *(un)menschliches* Sozialgebilde aufzufassen und damit noch stärker die problematische – menschliche Akteure innerhalb und außerhalb der Organisation restriktiv kontrollierende und regulierende – Seite von Organisationen zu beachten.

2.2.2 Organisationales Lernen als Veränderung organisationaler Praxis[19]

Der Blick auf Organisation als (nicht-)menschliches und zuweilen unmenschliches Praxisgebilde lässt den Gegenstand als materiellen Lebensprozess greifbar werden, dessen Genese, Tradierung und Veränderung immer eine dialogische oder (symbolisch) gewaltvolle Auseinandersetzung (nicht-)menschlicher Akteure vorausgeht oder immanent ist. So gründet auch die Auffassung von organisationalem Lernen, wie es dieser Studie zugrunde liegt, auf strukturations- bzw. praxistheoretischen Überlegungen. Bezüglich der Frage, wie Organisationen lernen bzw. was organisationales Lernen im Gegensatz zum individuellen und kollektiven Lernen in Organisationen ausmacht, sieht Nick Boreham in der organisationstheoretischen Auffassung der Organisation als Strukturation die Möglichkeit einer Überwindung der binären Logik von Individuum und

18 Wenn im Verlauf des vorliegenden Textes die organisationale Praxis des Öfteren als Vorgang des Miteinander-Arbeitens und Miteinander-Lebens bezeichnet wird, dann wird der im Begriff der *Ko-Operation* angelegte Blick auf gewaltvolle Formen der organisationalen Vergemeinschaftung stets mitgeführt.

19 An dieser Stelle erfolgt nur eine knappe und grundlegende Darstellung des organisationspädagogischen Konzepts organisationalen Lernens und der hierfür wichtigsten Diskussionsbeiträge. Auf Grundlage der in der Empirie gewonnenen Erkenntnisse erfolgt eine ausführliche Besprechung organisationalen Lernens und organisationalen Identitätslernens im Ergebniskapitel dieser Arbeit (vgl. Kapitel 8).

Organisation (Boreham 2008; vgl. auch Boreham und Morgan 2004). So beginnt organisationales Lernen seiner Ansicht nach

> „with individual work in small groups and teams on how better to achieve the organisation's purposes. The results are embedded in new organisational structures (norms, policies, procedures) and these are enacted by individual employees" (Boreham 2008, S. 229).

Das Wechselspiel von Praxis und Struktur wird hier als organisationales Lernen bestimmt. Demnach nimmt organisationales Lernen bei einem individuellen Akteur seinen Ausgangspunkt. Dieser löst im Namen der Organisation ein Problem oder erarbeitet im Sinne der Organisation neue Möglichkeiten der Zweckerfüllung. Das Ergebnis dieser Arbeit wird in Form veränderter organisationaler Strukturen allen organisationalen Akteuren zur Verfügung gestellt. Dieses an das kognitionstheoretische Modell von Chris Argyris und Donald A. Schön erinnernde Verständnis (vgl. Argyris und Schön 1999) entwickelt Boreham unter Bezugnahme auf soziokulturelle Modelle des Lernens am Arbeitsplatz (vgl. Engeström 1987) als „object-oriented activity carried out collaberatively" (Boreham 2008, S. 228) weiter.[20] Grundlage des Lernprozesses der Organisation ist damit die Partizipation aller Organisationsmitglieder an organisationalen Untersuchungen. Zwar erweitert Boreham dieses Verständnis um eine Fokussierung auf die Arbeitspraktiken und -routinen als „routinised patterns of activity" (Boreham 2008, S. 237), die sich im Verlauf einer organisationalen Untersuchung verändern, problematisch aber bleibt bei dieser Auffassung, dass das organisationale Lernen allein in seinem intentionalen Charakter erklärt wird. So läuft dieser Entwurf organisationalen Lernens Gefahr, auf der kognitiven Ebene der Reflexion, der verbalen Explikation und der Veränderung mentaler Modelle zu verbleiben (vgl. hierzu Argyris und Schön 1999, S. 159ff.). Von Interesse ist hingegen, die Betonung der durch den individuellen oder kollektiven Akteur vollzogenen explizit-strategischen Durchführung von „organizational enquiries" (ebd., S. 232), die nicht nur bestehende Regeln und Normen zu verändern mag, sondern auch eine mögliche Erweiterung des Wissensrepertoires der Organisation impliziert. Ariane Berthoin Antal und Sigrid Quack formulieren bezüglich dieser expliziten Seite des Organisationslernens:

20 Zu erinnern ist in diesem Zusammenhang auch an Etienne Wengers sozialtheoretische Perspektive auf Lernen (Wenger 1998, 2009). Diesbezüglich entwirft Wenger das Konzept der *communities of practice*, welches im Fall der organisationalen Ebene bedeutet, „that learning is an issue of sustaining the interconnected communities of practice through which an organization knows and thus becomes effective and valuable as an organization." (Wenger 2009, S. 213).

> „Strategien des Organisationslernens versuchen, das Wissen und die Erfahrungen verschiedener Organisationsmitglieder und Abteilungen in kollektiven und individuellen Lernprozessen zusammenzuführen“ (Berthoin Antal und Quack 2006, S. 17).

Zentral ist dabei die implizierte Vorstellung, dass mittels der Strategien des Zusammenführens von Wissen bisherige Wissensgrenzen der Organisation überschritten werden. Diese strategische Grenzüberschreitung wird „als Quelle von Neuerungen“ (ebd., S. 14) beschrieben. So kann erstens festgehalten werden, dass organisationales Lernen als strategischer Vorgang der Veränderung[21] verstanden werden kann, dem entweder eine – sich aus dem Prozess des Arbeitens heraus entstehende – reflexive Bearbeitung bestehender Strukturen oder eine didaktisch angeleitete Entwicklung bzw. Erweiterung organisationalen Praxiswissens zugrunde liegt.

Neben dieser explizit-strategischen Seite interessiert organisationales Lernen auch bezüglich der Veränderung und Erweiterung habitualisierter und verkörperlichter Abläufe. In einer um die Ebenen des Performativen und Prozesshaften erweiterten organisationspädagogischen Perspektive lässt sich organisationales Lernen nicht nur als Reflexion mentaler Modelle, auch nicht nur als Strategie der Veränderung von Wissensbeständen, sondern vor allem als Praktiken mimetisch aufgreifender und weiterführender Prozess verstehen (vgl. Göhlich 2007a, 2009; vgl. Reckwitz 2008 in Abschnitt 2.2.1). Dies verweist auf die Ebene organisationalen *Könnens* und auf zugrunde liegendes Praxiswissen.[22] Göhlich zufolge formiert sich die gekonnte und bewährte Praxis einer Organisation in Praxismustern, die von den menschlichen Akteuren in der Organisation wiederholt aufgeführt und in der Aufführung nachvollzogen werden können (vgl. Göhlich 2009a, S. 35; ders. 2013b). Vor dem Hintergrund der praxistheoretischen Überlegungen im vorangegangenen Abschnitt kann dabei spezifiziert werden, dass in der Aufführung der Praxismuster und ihrem Nachvollzug, Artefakte und alltägliche Dinge eine konstitutive Rolle spielen (vgl. Reckwitz 2008, S. 115f., s.o.). Die Wiederholung und die in der Wiederholung erfolgende Bearbeitung von Praxismustern vollzieht sich praktisch als „Bekräftigung und Modifikation verkörperlichter Gewohnheiten“

---

21 Organisationspädagogisch sind auch Harald Geißlers Überlegungen zu strategischen Aspekten des Organisationslernens relevant (vgl. Geißler 2000, S. 50f.). An dieser Stelle soll ein Verweis genügen. Seine Überlegungen werden im Rahmen der gegenstandsbezogenen Theoriebildung in Abschnitt 8.2 ausgeführt.

22 Michael Göhlich und Jörg Zirfas (2007, S. 180) weisen den Begriff des Lernens als pädagogischen Grundbegriff aus und definieren selbigen als „erfahrungsreflexive[n], auf den Lernenden – auf seine Lebensfähigkeit und Lebensweise sowie auf seine Lernfähigkeit und Lernweise – sich auswirkende[n] Prozess der Gewinnung von spezifischem Wissen und Können.“

(Göhlich 2009a, S. 35). Organisationales Lernen ereignet sich demnach nicht in bloßer Wiederholung und Übertragung bestehender Praxismuster, sondern lässt sich als „mustermimetischer Prozess" (ebd.) bestimmen. Die Aufführung, die Materialisierung und die mimetische Nachahmung organisationaler Praxismuster vollzieht sich performativ als dialogische Auseinandersetzung oder auch restriktive Unterdrückung und bewirkt hierbei in der Sicherung und Erweiterung des Könnens und des Praxiswissens der organisationalen Akteure auch eine Bekräftigung oder Modifikation der Praxismuster selbst.

Die hier dargelegte praxistheoretische Auffassung von organisationalem Lernen als strategische bzw. musterförmige Veränderung organisationaler Praxis wird im weiteren Verlauf der Arbeit vertieft. Vor dem Hintergrund der Fragestellung, wie grenzüberschreitend-agierende Organisationen Identität lernen, werden die Kategorien *Praxisstrategie* und *Praxismuster* als Modi organisationalen Identitätslernens weiter ausgeführt (siehe Abschnitt 8.2) sowie grenzüberschreitend-organisationales Lernen übersetzungstheoretisch als Tradierung bzw. Transformation spezifiziert (siehe Abschnitt 3.3 sowie Abschnitt 8.3).

2.3 Pädagogische Ethnographie von Organisationen

Vor dem Hintergrund der Besprechung mehrerer Ansätze ethnographischer Organisationsforschung und einer praxistheoretischen Bestimmung der Gegenstände *Organisation* und *organisationales Lernen* wird nun auf die oben formulierten methodologischen Fragen Antwort gegeben: Einerseits wurde die Frage aufgeworfen, was eine Ethnographie *von* Organisationen im Unterschied zu einer Ethnographie *in* Organisationen auszeichnet, andererseits wurde gefragt, wie und im Hinblick auf was eine pädagogische Organisationsethnographie ihre Fokussierungen generiert. In folgender Heuristik pädagogischer Ethnographie von Organisationen wird der Ansatz von Hirsch und Gellner – eine Ethnographie *von* Organisationen zunächst in Referenz zur formalen Auffassung einer bürokratischen Verfasstheit von Organisationen, also im Hinblick auf *Zweckbezogenheit*, *Zugehörigkeit*, *Hierarchie* zu entwerfen (vgl. Hirsch und Gellner 2001, S. 2f.) – aufgegriffen. Weiterführend werden diese drei grundlegenden Aspekte des Gegenstands *Organisation* um weitere drei Merkmale erweitert: So interessiert hinsichtlich einer Ethnographie von Organisationen auch das der organisationalen Praxis zugrunde liegende Wechselspiel von *Formalität und Informalität*, die *Wirtschaftlichkeit und Schauseite* der Organisation (vgl. Kühl 2011) sowie die *Organisationsgrenzen*. Im Verlauf der ausführlichen Besprechung dieser Merkmale werden zudem organisationspädagogische Implikationen bzw. für ein

Erkenntnisinteresse an Vorgängen des Identitätslernens von grenzüberschreitenden Organisationen relevante ethnographische Fokussierungen hervorgehoben.[23]

1. *Zweck- und Aufgabenbezogenheit*: Zunächst kennzeichnet sich der Gegenstand *Organisation* im Gegensatz zu Gruppen, Familien und anderen sozialen Zusammenkünften durch eine explizite Herstellung eines Zwecks sowie durch eine offizielle Aufgabenbezogenheit (vgl. Kühl et al. 2009; Kühl 2011). Es handelt sich folglich für die in der jeweiligen Organisation agierenden Akteure und Gruppen nicht um wählbare, sondern um durch den Zweck und die *gesatzte Ordnung* der Organisation vorgegebene Aufgaben (vgl. Weber 1968 und Abschnitt 2.2.1). So erfolgen die praktischen Vollzüge der Arbeitserledigung von Organisationsmitgliedern nicht nach Belieben, sondern im Rahmen einer vorgegebenen auftragsbezogenen Struktur. Für eine pädagogisch-ethnographische Organisationsforschung sind vor allem praktische Vorgänge des Entsprechens und des (Wieder)Herstellens des offiziellen Zwecks von Interesse (vgl. Göhlich et al. 2012). Dies kann bezüglich meiner Forschungen in Grenzorganisationen verdeutlicht werden: Den grenzüberschreitenden Organisationen vorliegender Untersuchung ist gemein, dass sich die jeweilige Programmatik und Aufgabe sowie der jeweils organisationsbezogene Zweck im Fahrwasser der Europäisierung (und in beiden Fällen auch in finanzieller Abhängigkeit zu dieser) befindet. Die Zwecke entsprechen einem programmatisch formulierten Anspruch, nationale und kulturelle Grenzüberschreitung zu ermöglichen. Die Organisationen sind aber nicht nur mit der Aufgabe konfrontiert, ihrem Zweck zu entsprechen, sondern auch damit, diesen zu erhalten. Mit Ambitionen der Erfüllung des organisationalen Zwecks der Förderung und Unterstützung von Grenzüberschreitung geht – im Sinne der Erhaltung des Zwecks und des organisationalen Bestehens – auch eine Herstellung von nationalen und kulturellen Grenzen einher (vgl. Abschnitt 9.1). Denn mit dem Verschwinden der Grenze würden existentielle Fragen der Persistenz aufkommen. Pädagogisch-organisationsethnographisch sind diesbezüglich einerseits die Arenen und Praxen der Herstellung von Zweck und Aufgabe, der Aushandlung (organisations)kultureller Differenzen und Grenzen sowie deren Bearbeitung im organisationalen Geschehen (vgl. Cloos 2008a) bedeutsam. Andererseits gilt es auch, die formalen Regelungen folgenden,

23 An einigen Stellen werden mögliche Fokussierungen im Hinblick auf die Thematik *Organisationen im Kontext der Grenzüberschreitung* generiert. Dies geschieht als Vorgriff. Eine nähere Erläuterung zur Thematik *kulturelle Grenzüberschreitung* erfolgt in Kapitel 3.

habitualisierten Gewohnheiten und Routinen im Umgang mit Zweckgerichtetheit in den Blick zu nehmen.

2. *Mitgliedschaft und Zugehörigkeit:* Der Eintritt und das Mitwirken in Organisationen ist geregelt. Gehört man dazu, so wird dies vertraglich festgeschrieben oder über Mitgliedschaft beurkundet. Das Handeln der Akteure in Organisationen erfolgt somit vor dem Hintergrund der Regelung von Arbeits- und Zugehörigkeitsbedingungen. Dies beinhaltet zeitliche, monetäre und aufgabenbezogene Aspekte. Die Klärung, welche formellen und informellen Bedingungen und Funktionen mit einer Mitgliedschaft einhergehen und wie diese eingefordert oder aufrechterhalten werden (vgl. Kühl 2011, S. 23f.), ist organisationsethnographisch von großer Relevanz. Denn organisationale Praxis ist neben der Aufgabenbezogenheit bedingt durch die Frage spezifischer Zugehörigkeitsregelungen. Die Zugehörigkeit einer Organisation wird also durch Verträge hergestellt, die nicht nur die zu erledigende Aufgabe charakterisieren, sondern auch das einzelne Mitglied an den Zweck und das Ziel der Organisation bindet (vgl. Luhmann 1997: 829ff. und Abschnitt 2.2.1). Gleichwohl diese Regelungen unterschiedlich starr sein können oder viele Freiräume lassen, sind sie zentraler Bezugspunkt der Identifikation mit der Organisation und ihrem Zweck. Für die ethnographische Tätigkeit in Organisationen wird diesbezüglich vor allem die Frage des Feldzugangs und die Frage der richtigen Positionierung im Feld virulent (vgl. Wolff 2010a).[24] Denn als Ethnograph ist man zunächst ein Fremdkörper – ein Nicht-Mitglied, das sich aber dennoch Einblicke in Organisationsgeheimnisse erhofft. Die Konfrontation im Feld mit *Lügen* und *Unwahrheiten* (vgl. van Maanen 1979), die Verdächtigung, als Spion zu agieren (vgl. Bachmann 2009), aber auch Strategien der Vereinnahmung und Verzweckung des Ethnographen (vgl. Götz 2000; Novak 1994) sind mögliche Folgen. Die zahlreichen Reflexionen zu Fragen des Feldeinritts, welcher ein ständiger Status des Ankommens bleibt (vgl. Hirsch und Gellner 2001) oder ein besonderes Anwesenheitsmanagement (vgl. Bollig 2010) erforderlich macht, die Überlegungen zur Konzeption der eigenen Rolle als Mitarbeitende (vgl. Richter 2007) oder als *Hofnarr* (Götz 2000) sowie die Feststellung, dass die Nicht-Mitgliedschaft ethnographisches Arbeiten oftmals nur als dabeistehende Beobachtung (vgl. Mulder van der Graaf und Rottenburg

24 Der Organisationspädagoge Stephan Wolff (2010a, S. 339) hat auf die strukturellen Probleme hingewiesen, die ForscherInnen im Verlauf des Feldzugangs begegnen. Entscheidend ist dabei der Hinweis, dass der/die ForscherIn vom Feld als „Mensch ohne Geschichte" wahrgenommen wird und sich folglich immer wieder erklären und einbinden bzw. ihre/seine Anwesenheit begründen muss. Die Frage nach der richtigen Positionierung im Feld wird auch in vielen Ansätzen ethnographischer Organisationsforschung diskutiert (vgl. Abschnitt 2.1.1 und 2.1.3).

1989) möglich macht, verdeutlicht die Relevanz einer methodologischen Reflexion des organisationalen Aspekts der Zugehörigkeitsfrage (vgl. Abschnitt 2.1). Die explizite Auftragsbezogenheit erschwert das ethnographische Teilnehmen, da eine Einbindung in die für Organisationen charakteristische gemeinsame Aufgabenbewältigung schwer möglich ist (vgl. Göhlich et al. 2011). Bezüglich der Herstellung von Zugehörigkeit sind organisationspädagogisch betrachtet vor allem Fragen organisationaler Identitätsbildung relevant. Gerade im Kontext der Grenzüberschreitung wird Identität neben einer formal geregelten Zugehörigkeit auch über gemeinsames grenzüberschreitendes Wissen und Können hergestellt. So ist die Frage der Zugehörigkeit nicht nur eine der formalen Regelung, sondern auch eine der Generierung, Erweiterung und Einbindung von Expertisen und Kompetenzen (siehe auch Ausführungen zum strategischen Organisationslernen in Abschnitt 2.2.2 sowie in Abschnitt 8.2).

3. *Hierarchie*: Neben Zweck und Zugehörigkeit ist die Regelung von Befugnissen und Macht in Form einer hierarchischen Struktur ein weiteres spezifisches Charakteristikum. Organisationsethnographisch interessant ist diesbezüglich nicht nur die formal geregelte Verteilung von Macht, sondern vor allem ihre tatsächlich vollzogene Ausübung. Formen der Beauftragung und Ergebniskontrolle durch das Management sowie Auftragserledigungen und Möglichkeiten der Mitwirkung *von unten* sind Aspekte, die in einem Wechsel von *studying up* und *studying down* (vgl. Schwartzmann 1993; Bachmann 2009, siehe auch Abschnitt 2.1.1 und 2.1.2) fokussiert werden müssen. Nur so kann eine Organisationsethnographie dem Anspruch einer kritischen Haltung und dem Anspruch der Berücksichtigung von Vielstimmigkeit gerecht werden (vgl. Bate 1997; Ybema et al. 2010). Die Bedeutung einer organisationskritischen Haltung zeigt sich bezüglich der Positionierung im Feld. So ist nicht auszuschließen, dass in der Öffnung der Organisation für ethnographische Forschungstätigkeit das Management die Chance einer öffentlichkeitswirksamen Darstellung sieht oder sich mit dem/der ForscherIn oder dem Forschungsprojekt schmücken will. Einerseits sind Absprachen mit Führungskräften (im Sinne der Einholung von Erlaubnissen der Teilnahme beispielsweise) notwendig, andererseits kann eine zu enge Kooperation mit dem Management dazu führen, dass sich Mitarbeitende bedroht fühlen und man in seiner ethnographischen Arbeit Gefahr läuft, sich forschungsfernen Zwecken anzudienen (vgl. Götz 2000; Bachmann 2009 in Abschnitt 2.1.1). Das Eintauchen in die alltägliche Lebenswelt der Organisation birgt auch die Gefahr, dass Mitarbeitende im Ethnographen einen Verbündeten gegenüber den Vorgesetzten sehen, der etwa als Vermittler von *Missständen* fungieren kann und sich für die Belange der *Arbeitenden* einsetzt. Aus diesen Gründen plädiere ich dafür, dass neben einer Faszination am Gegenstand auch eine organisationskritische

Haltung bewahrt wird (vgl. Hirsch und Gellner 2001 in Abschnitt 2.1.2 und Türk 1995 in Abschnitt 2.2.1). Bezüglich der hierarchischen Struktur und Praxis von Organisationen kann zudem eine spezifisch organisationspädagogisch-ethnographische Fokussierung hervorgehoben werden. So ist etwa hinsichtlich des Verlaufs von strategisch implementierten Lern- und Entwicklungsprozessen die geregelte und gelebte Hierarchie als Rahmenbedingung in den Blick zu nehmen. Mögliche Fragen wären: Wie und von wem werden Veränderungsprozesse in der Organisation eingeleitet und begründet, wie und vom wem werden diese unterstützt und kontrolliert? In Bezug auf binational grenzüberschreitende Organisationen sensibilisiert eine solche Fokussierung etwa für die Frage, welche Rolle grenzüberschreitende Expertisen der beteiligten Akteure im Verhältnis zu formalen Hierarchisierungen im alltäglichen zweckbezogenen Agieren spielen. Bedeutsam sind diesbezüglich nicht nur unterschiedliche bilinguale Kompetenzen, sondern etwa auch Erfahrungsunterschiede die Dauer und Intensität einer Beschäftigung im spezifischen Arbeitskontext betreffend. Diese müssen in einer ethnographische Beschreibung der Herstellung und Bearbeitung von Hierarchien Berücksichtigung finden.

4. *Informalität und Formalität*: Für Organisationen konstitutiv ist das Wechselspiel von Formalität und Informalität (vgl. Abschnitt 2.1.2 und 2.2.1). Deutlich wird dies, wenn man sich vor Augen führt, dass die Bewältigung organisationaler Aufgaben vornehmlich als kooperative Vorgänge erfolgen. Diese variieren situationsabhängig hinsichtlich ihres Grads an Strukturiertheit und formaler Regelgebundenheit. Betreibt man Ethnographie *von* Organisationen, dann beobachtet man vordergründig das im Kontext der Organisation stattfindende alltägliche Miteinander-Arbeiten, das auf einen gemeinsamen Zweck ausgerichtete Kooperieren. Kooperation ist dabei nicht eine festgelegte Form organisationaler Praxis, sondern hat, je nach Fall, bürokratischen und formalen Regeln folgende, assoziative, von Irritationen und Brüchen gekennzeichnete oder hierarchische, top-down geregelte, gewaltvolle oder aber spielerische Erscheinungsformen. In pädagogisch-ethnographischer Perspektive ist von Interesse, inwiefern sich die jeweiligen Strukturen einer Kooperation und deren spezifische Modalität in praktischen Vollzügen des Diskutierens, des Entscheidens, des Gestaltens, des Durchsetzens sowie des Bestimmens herausbilden, wie diese vermittelt, an neue Mitglieder weitergeben werden und sich dabei verändern. Dass die jeweils spezifischen Formen der Kooperation abhängig sind von geteilten Werten und Normen, der Verteilung von Machtressourcen und dem Grad der Eingeübtheit von Entscheidungsverläufen, ist gerade für die Ethnographie von grenzüberschreitenden Organisationen von hohem Interesse. Vor dem Hintergrund möglicher nationalkultureller (historisch gewachsener oder struktureller) Differenzen

und im Kontext der Herausforderung einer sprachlichen Verständigung rückt die praktische Herstellung informeller und formeller Kooperationsformen und der Umgang mit habitualisierten kulturellen Gewohnheiten in den Blickpunkt organisationsethnographischer Arbeit (vgl. hierzu auch die Darstellungen in Kapitel 9).

5. *Wirtschaftlichkeit und Schauseite*: Die Tatsache, dass Organisationen sich generell um die Verfügbarkeit finanzieller Mittel bemühen, sich in einem durch Wettbewerb gekennzeichneten Umfeld einer vielseitigen Öffentlichkeit gegenüber darstellen und legitimieren, KundInnen oder TeilnehmerInnen einwerben und von Inhalten überzeugen müssen, um Finanzierung und Reputation zu sichern, macht deutlich, dass Organisationen in ihrer Praxis ökonomischen Logiken folgen. Die Berücksichtigung dieser Aspekte und der daraus resultierende *immanente Verwertungsdruck* (Götz 2000, S. 66) verdeutlicht die Gefahr einer Funktionalisierung durch das Feld[25] und macht eine ständige Reflexion der ethnographischen Verortung sowie der Nähe bzw. Distanz zum Gegenstand erforderlich (vgl. oben: Zugehörigkeit). Bezüglich einer inhaltlichen Konturierung organisationsethnographischer Arbeit ist festzuhalten, dass die Praxis der Dokumentation und Darstellung von spezifischen Leistungen, Wissen und Können in Programmatik und Produktion sowohl in Bezug auf die Schauseite in ihrer Fassadenhaftigkeit (vgl. Kühl 2011, S. 136ff.) als auch in Bezug auf das Innenleben der Organisation wesentliche Bestandteile organisationaler Praxis sind. In den Blick einer pädagogischen Ethnographie von Organisationen geraten damit implizite Praktiken und explizite Strategien der Selbstdarstellung. Im Anschluss an die Unterscheidung in „presentational data" und „operational data" (van Maanen 1979, S. 542; vgl. Abschnitt 2.1.2) liegt die ethnographische Aufgabe dann vor allem darin, das, was nach außen präsentiert wird, und das, was organisationsintern passiert, um entsprechend präsentieren zu können, zu ergründen. Hingewiesen werden muss an dieser Stelle darauf, dass die organisationale Praxis der Identität nicht nur als Vorgang strategischer Präsentation nach außen interessiert, sondern auch als eine die organisationale Lebenswelt betreffende Vergegenwärtigung des alltäglichen Miteinander-Arbeitens zu untersuchen sein wird (vgl. hierzu auch die Ausführungen zu *Präsentation* und *Repräsentation* in Abschnitt 8.1). Bezüglich der *Schauseite* von Organisationen muss eine Organisationsethnographie dafür sensibel sein, dass sich die öffentli-

25 Als einer der ersten Vertreter ethnologischer Unternehmensforschung hat bereits Andreas Novak auf die Gefahr der Funktionalisierung durch das Feld hingewiesen (vgl. Novak 1994, S. 34ff.).

che Darstellung immer auch mit einer internen (möglicherweise konflikthaften) Suche nach einer einheitlichen Darstellungspraxis verbindet.

6. *Organisationsgrenzen*: Ein sechstes mit den Aspekten der Wirtschaftlichkeit und des Zwangs zur Selbstdarstellung unmittelbar in Verbindung stehendes Merkmal organisationaler Praxis ist die Markierung von Differenz zum Umfeld (vgl. Luhmann 1987; vgl. Kapitel 3). Luhmann (1987, S. 35) hat darauf hingewiesen, dass Systeme „an ihrer Umwelt orientiert" sind und ohne sie nicht bestehen könnten. Vor diesem Hintergrund bildet die Grenze eine identitätsstiftende Differenzlinie und zugleich eine Kontaktzone mittels derer die Organisation Umwelteinflüsse abwehrt oder aufnimmt. Praktisch gesehen dient die Aufführung von Grenzen der Erhaltung der Organisation. Somit ist die organisationale Praxis der Markierung von Grenzen eine, die aufs Engste mit der Frage nach Prozessen organisationalen Identitätslernens zusammenhängt. So ist etwa die Inszenierung der Organisation (die Arbeit an ihrer *Schauseite*) nicht nur als Präsentation und Repräsentation dessen zu betrachten, was man zeigen will und kann, sondern ist auch als Ausdruck dessen zu verstehen, was man nicht sein will bzw. gar nicht sein kann. Organisationsethnographisch rücken damit vor allem die Ränder der Organisation in den Blick ebenso wie das Wechselverhältnis der Organisation zu unterschiedlichen Umwelten und deren Bedeutung für die Konstitution organisationaler Praxis (vgl. van Maanen 2001; Honig et al. 2004 sowie Abschnitt 2.1.2 und 2.1.3).

Zusammenfassend kann *die pädagogische Ethnographie von Organisationen als eine die zweckrationalen, ökonomischen und gemeinschaftsbildenden Logiken des Gegenstands berücksichtigende Forschungsstrategie konkretisiert werden, die in Form einer Spurensuche und eines Verfolgens, Mitgehens, Mitmachens und Danebenstehens die kooperative Arbeit menschlicher Akteure sowie organisationale Artefakte, deren Genese und spezifische Verwendungsweisen, kurz: die organisationalen Praktiken, wie sie im Wechselspiel von menschlichen Akteuren und Dingen (re-)produziert werden, in den Blick zu nehmen versucht.* Im Fall der vorliegenden Ethnographie programmatisch-grenzüberschreitender Organisationen besteht ein organisationsethnographische Interesse an Praktiken der organisationalen Darstellung (Präsentation) und Vergegenwärtigung (Repräsentation) der Organisationen als *Grenzüberschreitung-Könnende Organisation.* Mittels einer der obigen Heuristik folgenden Forschungsstrategie wird die Genese und Veränderung der den Praktiken der Darstellung und Vergegenwärtigung zugrunde liegenden Strategien und Muster als Vorgänge organisationalen Identitätslernens analysiert und beschrieben (vgl. Kap II und Kap III).

3 Organisationsethnographie im Kontext der Grenzüberschreitung

Wenn nun Organisationen in den Blick genommen werden, die national-kulturelle Grenzen (und damit einhergehend deren Überschreitung) programmatisch bearbeiten, dann geht es vor allem um das Phänomen der Differenz. Konkret rückt die Frage ins Blickfeld, wie die Organisationen Differenzen (sprachlicher, kultureller und struktureller Art) sowie Differenzverhältnisse (zur Umwelt, zwischen „Deutschen" und „Tschechen" etc.) herstellen und bearbeiten. Hierbei handelt es sich vor allem um Differenzen, die im Rahmen der *programmatisch-grenzüberschreitenden Ausrichtung* der Organisationen von beteiligten Akteuren markiert bzw. eingefordert und reproduziert werden sowie im alltäglichen bilingualen und bikulturellen *Miteinander-Arbeiten* konstruiert und bearbeitet werden müssen. Die Relevanz des Differenzbegriffs für die Entstehung und Fortentwicklung von Organisationen im Kontext der Grenzüberschreitung kann konkretisiert werden. Dies geschieht zunächst in Bezug auf die Kategorie der Grenze, die in ihrer organisationstheoretischen sowie raum- und kulturtheoretischen Dimension zu skizzieren ist (Abschnitt 3.1). In einem zweiten Schritt werden einige Aspekte der pädagogischen Diskussion zur Frage der Herstellung von und des Umgangs mit kultureller Differenz referiert und an die Figur der Verschränkung von Verstehen und Nicht-Verstehen angeschlossen (Abschnitt 3.2). Anhand des kulturwissenschaftlichen Konzepts der kulturellen Übersetzung werden in Abschnitt 3.3 bisherige Überlegungen im Hinblick auf die Frage, was eine Organisationsethnographie im Kontext der Grenzüberschreitung ausmacht, gegenstandsbezogen (Kulturelle Differenz und Organisation als Übersetzung) und methodologisch (Ethnographie als Übersetzung) konkretisiert.

3.1 Grenzen und Grenzüberschreitungen. Organisations-, raum- und kulturtheoretische Skizzen

Entsprechend meinem gegenstandstheoretischen Interesse an Organisationen bzw. an Praxen der Herstellung und Bearbeitung organisationaler Identität verweist der Begriff der Grenze erstens auf die organisationale Praxis der Differenz. Gemeint ist damit zunächst die fortwährende Arbeit an den Organisationsgrenzen (s.o.), genauer: die Markierung und Erhaltung der Differenz zwischen System und Umwelt (vgl. Luhmann 1987, S. 35). Als Aspekt des System-Umwelt-Zusammenhangs bzw. des Handlungs-Situations-Zusammenhangs (vgl. Göhlich 2001a, S. 206) interessiert die organisationale Praxis als eine Praxis der Differenz mittels derer organisationale Grenzen zur Umwelt bestimmt, markiert oder überschritten werden. Hierdurch positioniert sich die Organisation gegenüber und inmitten der Umwelt und erhält ein bestimmtes (Differenz-)Verhältnis zu dieser aufrecht. Wie Göhlich (2001a, S. 81) im Anschluss an die systemtheoretischen Überlegungen Gregory Batesons hervorhebt, ist dabei nicht nur die Erzeugung von Differenzen als organisationale Praxis der Unterscheidung bedeutsam, sondern auch zu berücksichtigen, dass sich Grenzen in Vernetzung mit dem Kontext herausbilden. So bestehen organisationale Grenzen nicht a priori, sondern die Genese von Grenzen erfolgt als Erzeugung und Bearbeitung von Differenzen mittels Kontextualisierung – in Auseinandersetzung mit Bedingungen und Möglichkeiten der Umwelt (vgl. Bateson 1985, S. 374ff.). Wie in Abschnitt 2.3 angedeutet rücken organisationsethnographisch damit jene Vorgänge der Grenzmarkierung ins Blickfeld mittels derer sich Organisationen definieren. So ist im Hinblick auf organisationales Identitätslernen etwa zu fragen: Welche praktischen Formen der organisationalen Grenzmarkierung werden sichtbar und in welchem Verhältnis stehen diese zur Praxis der Darstellung nach außen und zu Vorgängen der Selbstvergewisserung und Vergegenwärtigung als *Grenzüberschreitung-Könnende-Organisation*?

Zweitens ist neben seiner organisationstheoretischen Bedeutung der Grenzbegriff für vorliegende Arbeit vor allem in einer kultur- und raumtheoretischen Perspektive von Interesse. Denn bezüglich der programmatisch-grenzüberschreitenden Ausrichtung der untersuchten Organisationen werden Grenzen in ihrer räumlichen und kulturellen Trennungsfunktion – als programmatischer Ausgangspunkt und Medium organisationaler Praxis – virulent. So sind im Kontext der deutsch-tschechischen Grenzüberschreitung zum einen die politisch-territorialen Grenzziehungen im Raum, zum anderen die kulturelle Unterscheidung in „deutsch“ und „tschechisch“ ständige Referenzpunkte für den organisationalen Auftrag und die organisationale Programmatik der Grenzbearbeitung. Eine solche Betonung von Grenzen geht einher mit Tendenzen der Homogenisierung innerhalb der voneinander abgegrenzten Räume (vgl. Glasze und Thielmann 2006; Glasze 2006). Dem Geograph Georg Glasze und dem Islamwissenschaftler Jörn Thielmann zufolge verbindet sich damit die immer noch prominente Vorstellung der Existenz von Kulturräumen und der „Idee einer Verräumlichung von Kultur“ (Glasze und Thielmann 2006, S. 3). In kritischer Perspektive auf das Verhältnis von Raum und Kultur halten die Autoren der Vorstellung von Kulturen als gegebene Entitäten, in denen agierenden Akteuren bestimmte Eigenschaften zugeschrieben werden, eine sozialkonstruktivistische Perspektive auf kulturelle Differenz entgegen (vgl. ebd.; siehe auch Abschnitt 3.2). Demzufolge sind Kulturen nicht naturgegeben, sondern sozial konstruiert und bestehende Konzepte von kulturellen Räumen als „gesellschaftlich hergestellte Gliederungen“ (Glasze und Thielmann 2006, S. 3; vgl. auch Glasze und Mattissek 2012) zu hinterfragen. In dieser Sichtweise auf Kultur erscheint zudem problematisch, dass das Verhältnis von Kultur und Raum nicht nur in eine Vorstellung von existierenden Kulturräumen überführt wird, sondern dieses zugleich an nationalstaatliche Grenzziehungen gebunden wird. Eine räumliche Beschreibung von Kultur in diesem Sinne verleiht nationalkulturellen „Herrschaftsansprüchen eine vermeintlich unhinterfragbare Legitimation“ (Glasze und Meyer 2009, S. 195). Grenzen werden damit zum Ausdruck und zum Symbol für räumliche Herrschaftsansprüche und zum Medium für die Regelungen bzw. Festschreibung von kulturellen Zugehörigkeitsverhältnissen (vgl. Glasze und Mattissek 2012, S. 16). Die Wirksamkeit solch politischer Grenzziehungen und kultureller Zuschreibungen wird mit einem Überwachen der Grenzen zur Sicherung nationalstaatlicher Souveränität gewährleistet (vgl. Kessl 2009, S. 44ff.). Fabian Kessl betont diesbezüglich, dass dabei die Intensität der räumlich manifesten Form von Grenzerhaltung und -überwachung politisch motiviert ist und kein räumliches Phänomen an sich darstellt (vgl. Kessl 2009, S. 46).[26] Im Folgenden soll die Grenze daher nicht vorrangig in ihrer politischen oder territorialen Funktion im Fokus stehen (wobei ihre territoriale Wirkmächtigkeit empirisch auch von Relevanz sein wird), sondern als räumliches Phänomen in ihrer Funktion als Medium der organisationalen Praxis und als Ort, an dem sie verschwindet, (erneut) erzeugt und bearbeitet wird, interessieren. Pointiert bringt dies aus raumsoziologischer Sichtweise Markus Schroer zum Ausdruck, wenn er, ausgehend von der Annahme der Diversifizierung räumlicher Bezüge, Grenzen als Gegenstand permanenter Auseinandersetzung ansieht:

26 Die hier aufgegriffenen systematischen Überlegungen zum Phänomen der Grenze von Kessl erfolgen in der Absicht, die Soziale Arbeit als „grenzbearbeitende Wissenschaft“ (Kessl 2009, S. 48) zu entwerfen.

> „Grenzen verschwinden nicht, sondern ändern nur ihren Ort oder ihre Gestalt, verschwinden an einem Ort, um an einem anderen wieder aufzutauchen, verwandeln sich von deutlich sichtbaren in weniger klare, unsichtbare Grenzen“ (Schroer 2006, S. 223).

Es kann festgehalten werden: Kulturell gesehen verbinden sich mit Grenzziehungen Konstruktionen von Andersartigkeit und Fremdheit. Dabei korrespondieren kulturellen Grenzziehungen oftmals mit räumlichen Grenzziehungen, definieren Kultur- und Identitätsräume und formen und beeinflussen Erwartungen und Deutungen der im jeweiligen Raum agierenden Akteure über das *Eigene* bzw. *Fremde* (vgl. auch Berthoin Antal und Quack 2006, S. 15 f.). Darauf hinzuweisen ist, dass Grenzen zwar räumliche und kulturelle Differenzlinien, ein *Anderes*, *Dahinterliegendes*, *Fremdes*, zuweilen auch *Ungewolltes* oder *Fernzuhaltendes* konstruieren, dennoch ohne Grenzübertritt nicht denkbar sind (vgl. Lamping 2001, S. 13). Die Konstruktion von räumlichen und kulturellen Grenzen gründet damit nicht nur auf Vorstellungen und konkreten Praktiken ihrer Erhaltung (oder auch Einhaltung), sondern ihre Überschreitung, Überwindung oder Verschiebung ist in der Grenzziehung bereits angelegt. So gibt die räumlich-kulturelle Grenzmarkierung überhaupt erst Anlass selbige zu überschreiten und *vice versa* gehen Grenzüberschreitungen einher mit Grenzmarkierungen. Letzteres wird vor allem dann virulent, wenn – wie im Fall der hier untersuchten Organisationen – Aktivitäten programmatisch auf Grenzüberschreitung ausgerichtet werden.

Die Erzeugung von und die Arbeit an und mit kultur-räumlichen Grenzen erfolgt bei den programmatisch-grenzüberschreitenden Organisationen, wie sie in vorliegender Arbeit untersucht werden, im Kontext der Europäisierung.[27] Die programmatische Ausrichtung der Organisationen auf Grenze ist somit als Teil der seit den Anfängen des Europäischen Integrationsprozesses bestehenden und sich verstärkenden Deterritorialisierungsbemühungen zu sehen, die in vielerlei Akkulturationsprozessen, in Anstrengungen der Konturierung einer europäischen Zivilgesellschaft, der Angleichung von Bildungs- und Berufsabschlüssen oder einer europäischen Identitätsbildung zum Ausdruck kommen (vgl. Wienand und

---

27 Auf die Problematik dieses Begriffs, der „auf EU-isierung, also die Anpassung neuer Mitgliedsstaaten an das Regelwerk der Europäischen Union“ (Roth 2006) reduziert wird und damit „größere Teile Europas zu Nicht-Europa erklärt“ (ebd.), weist Klaus Roth hin. Eingedenk dieser Richtigstellung und aufgrund eines Mangels an geeigneten Konzepten zur Beschreibung wird mit Europäisierung eben jener Prozess einer fortwährenden politischen, wirtschaftlichen und sozialen europäischen Integration gemeint.

Wienand 2010).[28] Der Abbau von Grenzen (z.B. Schengen-Abkommen) und die Förderung von grenzüberschreitenden Maßnahmen erfolgen dabei auch unter ökonomischen Vorzeichen. So heißt es in der Zusammenfassung der EU-Gesetzgebung, dass es im Rahmen der Förderung durch den Europäischen Fond für Regionale Entwicklung (EFRE)

> „Ziel der Verordnung ist [..], den wirtschaftlichen und sozialen Zusammenhalt zu stärken, um eine harmonische, ausgewogene und nachhaltige Entwicklung der Regionen der Europäischen Union (EU) [...] zu fördern. Die europäische Kohäsionspolitik soll den Herausforderungen begegnet werden [sic!], die sich aus den wirtschaftlichen, sozialen und territorialen Disparitäten, der Beschleunigung der wirtschaftlichen Umstrukturierung [...] ergeben" (Verordnung (EG) Nr. 1083/2006).

Im Fall der untersuchten Organisationen im deutsch-tschechischen Grenzraum, die vornehmlich im Auftrag sozialer und kultureller Grenzüberschreitung über jene Programme finanziert werden, stellt sich die Frage, in welchem Verhältnis dieser Auftrag zur Ökonomisierung des Europaprozesses steht und was dies für die Bezugnahme auf Grenze bedeutet. Im Kontext der Europäisierung ist die Arbeit von Organisationen an und mit der Grenze auch im Lichte dieser ökonomischen Dimension zu betrachten. Mindestens zwei Implikationen können vermutet werden: Einmal kann davon ausgegangen werden, dass die programmatisch-grenzüberschreitende Ausrichtung der Organisationen – eben aufgrund finanzieller Abhängigkeit – sich im Fahrwasser der EU-Programmatik bewegen und somit die eigene grenzüberschreitende Ausrichtung an europäischen Leitsemantiken der

28 Gewaltvolle Formen der Konstruktion, Überwachung und Erhaltung von Grenzen sind in Europa keineswegs verschwunden, vielmehr sind sie vorverlagert und werden an den Rändern Europas – wie dies etwa bezüglich der Mittelmeerinsel Lampedusa kürzlich wieder zu erleben war – in ihrer Dramatik und Brutalität sichtbar (vgl. Hess/Kasparek 2010). So muss in Anknüpfung an die Überlegung, das Grenzen niemals verschwinden, sondern nur ihren Ort ändern (vgl. Schroer 2006, S. 223), und bei Betrachtung einer Grenzauflösungstendenz innerhalb Europas relativierend festgestellt werden, dass sich Sicherungsfunktionen an die EU-Außengrenzen verlagern, die dort „zum Teil gewaltsamer durchgesetzt werden, als die kooperierenden Nationalstaaten dies zuvor untereinander vorsahen" (Huget et al. 2005, S. 18), und in „zu sichernde Bezirke im Innern" (ebd.). So bestehen auch in Bezug auf die Binnengrenzen der EU grenzerhaltende Sicherungsfunktionen. Wurde früher die Sicherung der Grenze am Rande der Peripherie, etwa in Form von Zäunen, installiert, so erfolgen nun grenzerhaltende Funktionen vermehrt in versteckter und verdeckter Funktion (z.B. Schleierfahndung).

„Völkerverständigung", der „partnerschaftlichen Zusammenarbeit"[29], des *grenzenlos* anlehnen wird und diese zu bestätigen sucht. Zum zweiten werden die Organisationen – solange die Grenze Grund und Anlass ihrer Existenz ist – darum bemüht sein, diese als *Problem* aufrechtzuerhalten. Der Verweis auf bestehende kulturelle Differenzen ist hierfür oftmals ein gängiges Mittel (vgl. auch Abschnitt 9.1).

3.2 Verstehen und Nicht-Verstehen. Pädagogische Perspektiven auf kulturelle Differenzen

Die Fragen, wie kulturelle Differenzen entstehen, in welchem Verhältnis sie zu Gleichheit und Fremdheit gebracht werden können und welche Rolle sie bezüglich (inter-)kultureller Begegnung spielen, werden im sozialwissenschaftlichen und pädagogischen Diskurs zur interkulturellen Verständigung und interkulturellen Bildung auffällig unterschiedlich beantwortet.[30] Grundsätzlich kann unterschieden werden zwischen Ansätzen und Konzepten, die kulturelle Differenz als gegeben voraussetzen, und solchen, die kulturelle Unterschiede als soziale Konstrukte von Fremdheit verstehen (vgl. Krüger-Potratz 2002, S. 59). Entsprechend dieser heuristischen Unterscheidung folgen erstgenannte Ansätze dem Ziel, einen Umgang mit diesen kulturellen Differenzen zu ermöglichen (vgl. Nieke 2000; Auernheimer 2007). Unter dem Postulat der Gleichheit – ungeachtet ethnischer Herkunft und nationaler Zugehörigkeit und der Anerkennung von Andersartigkeit – machen diese Ansätze sich die „Befähigung zum interkulturellen Dialog" und „die Befähigung zum interkulturellen Verstehen" (Auernheimer 2007. S. 137; vgl. zur Kritik auch Mecheril 2004, S. 106ff.) zur Aufgabe. Mit den Worten von Marianne Krüger-Potratz wird hierbei von „kultureller Homogenität als Normalfall" (Krüger-Potratz 2002, S. 60) ausgegangen. Kulturelles Verstehen konfiguriert sich demnach als stufenförmiger Prozess eines gelungenen Umgangs mit kulturellen Differenzen (vgl. Grosch et al.

29 Exemplarisch kann hier auf eine Satzung einer Euregio verwiesen werden (vgl. Euregio Egrensis). Die von der EU-geförderten Arbeitsgemeinschaften unterstützen Antrags- und Dokumentationsarbeit für Projekte im Rahmen oben genannter Mittel.

30 Nachfolgende Überlegungen erheben nicht den Anspruch auf Vollständigkeit. Eine vollständige Darstellung der Fülle konzeptioneller Ansätze interkultureller Pädagogik und die diesen Umfang noch erheblich steigernde Anzahl an Beiträgen zur Verhältnisbestimmung pädagogischer Perspektiven zu Fragen der interkulturellen Kompetenz und Kommunikation – wie sie etwa auch in der interkulturellen Psychologie oder interkulturellen Managementforschung diskutiert werden – kann an dieser Stellen nicht erfolgen (für einen Überblick siehe exemplarisch Gogolin und Krüger-Potratz 2006).

2000) und/oder als Erlangung interkultureller Kompetenz (Auernheimer 2010). In Kritik dieser kulturalisierenden Perspektive existieren beispielsweise Ansätze, die kulturelle Differenz sozialkonstruktivistisch als ein Aspekt von Fremdheit (vgl. Krüger 2002, S. 61) und praxistheoretisch als Doing Culture (Hörning und Reuter 2004) im Kontext gesellschaftlicher Abhängigkeits- und Machtverhältnisse begreifen. Gemeinsam ist diesen Ansätzen, dass der Bezugspunkt für eine Bestimmung der Kategorie kultureller Differenz nicht Nationalkulturen sind, sondern die Geschichte der Herstellung diverser, situativer und ineinander verschränkter kultureller und sozialer Praxen und Orientierungen, die nationalstaatliche Rahmen überschreiten. Eine sozialkonstruktivistische Sichtweise sieht kulturelle Differenzen nicht a priori gegeben und nicht als Ausdruck kultureller Wesensmerkmale, sondern setzt dem essentialistischen Standpunkt des Diskurses entgegen,

> „[n]icht die Fundamentalisierung kultureller, ethnischer, sprachlicher Verschiedenheit [...] ist Ziel [...], sondern im Gegenteil die Option, sich vom Eingesperrtsein in vermeintlich reine ‚kulturelle Identitäten' befreien zu können" (Gogolin und Krüger-Potratz 2006, S. 134).

Kulturelle Differenzen sind in dieser Sichtweise in erster Linie Praktiken der Repräsentation kultureller und auch anderer Orientierungen sowie Konstruktionen aufgrund politischer und sozialer Auseinandersetzungen (vgl. Krüger-Potratz 2002; Gogolin und Krüger-Potratz 2006; Mecheril 2004). Am deutlichsten wird dieser Blickwinkel mit der praxistheoretischen Figur des *Doing Culture* zum Ausdruck gebracht, in der Kultur in ihrem praktischen Vollzug und im Kontext diverser sozialer Bezüge gesehen wird. Kulturelle Wirklichkeit ist demnach „keine objektive Tatsache, sondern eine interaktive Sache des Tuns" (Hörning und Reuter 2004, S. 11), die im praktischen Vollziehen Soziales und Kulturelles verbindet sowie Macht und Differenzen konstituiert und repräsentiert (vgl. Broden und Mecheril 2007; Göhlich et al. 2012).

Ebenfalls in Bezug auf den Aspekt der Fremdheit betonen kulturanthropologische Perspektiven auf das kulturell Differente die Figur des Anderen (vgl. Wulf 1999, 2002, 2006) und kennzeichnen die Erzeugung und Bearbeitung von Differenz als mimetisches Wechselspiel zwischen Eigenem und Fremdem. Interkulturelle Bildung erfolgt demnach in der Begegnung mit dem Anderen, in der das Eigene zum Fremden und damit zum Ausgangspunkt für mimetische Annäherungen wird (vgl. Wulf 2006, S. 37ff.). In dieser Sichtweise sind Vorgänge interkultureller Verständigung „Prozesse der Selbstthematisierung und Selbstbildung" (Wulf 2002, S. 83f.), die auf der „Einsicht der Nicht-Verstehbarkeit des Fremden" (ebd.) beruhen. Die mimetische Transformation der Logik des *Anderen* und des *Fremden* in eine

Repräsentation wird eben „nicht zum eigenen; es wird zu einer Figuration, in der sich Fremdes und Eigenes mischen, zu einer Figuration des Dazwischen" (Wulf 2006, S. 51). In kulturanthropologischer Perspektive ist interkulturelle Bildung somit als mimetische Annäherung an das Differente zu verstehen, welches kulturell *Anderes* nicht auflöst, versteht oder vereinnahmt, sondern dieses im ambivalenten und kontingenten Dazwischen – zwischen Eigenem und Fremdem – belässt. Einer Fokussierung auf das Dazwischen folgen auch pädagogische Überlegungen bezüglich des Konzepts der Transkulturalität (vgl. Göhlich et al. 2006; Göhlich 2006, 2009b; Göhlich und Zirfas 2011). Ausgehend von der Annahme einer Schwierigkeit der Unterscheidung zwischen Eigenem und Fremdem wird hier die binäre Logik eines kulturellen Identitätsdenkens durch eine Betonung des hybriden Charakters von Kultur aufgegeben. Kulturen erscheinen als „umstrittene Felder symbolischer Bezüge, sozialer Lebenswelten und ideologischer Zusammenhänge" (Zirfas et al. 2006, S. 186). Identitäten, Zugehörigkeiten und kulturelle Praktiken werden dann in einer „polylogischen Strukturierung von Ähnlichkeiten, Relativitäten und Relationen" (Göhlich und Zirfas 2011, S. 83) verhandelbar. Im Anschluss an die praxistheoretische Figur der Doing Culture wird hier Transkulturalität als „praktisches und praktizierendes Gespür für den Umgang" (ebd.) mit Wiederholungen, Erneuerungen, Regelmäßigkeiten und Unregelmäßigkeiten kultureller Differenzen bestimmt.[31] Den hier in Kürze skizzierten sozialkonstruktivistischen bzw. kulturanthropologischen Perspektiven ist erstens gemeinsam – und diese Position teile auch ich –, dass kulturelle Differenzen nicht als Gegebenes und Festgeschriebenes, sondern als praktisch Hergestelltes verstanden werden müssen. Als zweite Übereinstimmung kann konstatiert werden, dass selbige nicht durch bloße Anerkennung oder Akzeptanz überwunden werden können.

Überlegungen von Paul Mecheril (2004, S. 127) zur Figur der *Verschränkung von Verstehen und Nicht-Verstehen* als mögliche Umgangsweise mit kultureller Differenz liegen gewissermaßen quer zu den skizzierten Perspektiven. Hinsichtlich der Frage, wie Organisationen im Kontext der Grenzüberschreitung mit den konstruiert kulturellen Differenzen und Grenzen umgehen, kann an diese Figur angeschlossen werden. Die Dominanz technologischer Vorstellungen zum Verlauf interkultureller Verständigung als produktiver Umgang mit kulturellen Differenzen angehend konstatiert Mecheril, dass Ansätze, welchen das Ziel ‚Einander zu Verstehen' zugrunde liegt, dazu tendieren, „Prozesse der Begegnung abzuschließen und nicht

31 Für die empirischen Analysen sind zwar weder die Figur des „Anderen", wie sie Wulf entwirft, noch das hier entfaltete Konzept der Transkulturalität analyseleitend, die in beiden Perspektiven erkennbare Fokussierung auf das Dazwischen wird jedoch im Verständnis von kultureller Übersetzung als Hybridität mitgeführt (siehe Abschnitt 3.3).

zu eröffnen“ (ebd.). Er plädiert für eine alternative Perspektive einer paradoxalen „Gleichzeitigkeit von Verstehen und Nicht-Verstehen“ (ebd.). Nicht-Verstehen bzw. die Erkenntnis der „hermeneutischen Unzugänglichkeit des Anderen“ (ebd., S. 128) wird so zum Ausgangspunkt interkultureller Verständigung (vgl. auch Wulf 1999, S. 19f.; Wulf 2002, S. 84; Dibie und Wulf 1998). Wenn auch in den Ausführungen Mecherils nicht explizit, so wird hier auf eine hermeneutische Figur zurückgegriffen, die sich bereits bei Friedrich Schleiermacher in der Einleitung zu „Hermeneutik und Kritik“ (Schleiermacher 1838/1977) findet. Die Frage nach der Kunst der Auslegung betreffend wird hier der Unterschied „zwischen dem Kunstmäßigen und dem Kunstlosen in der Auslegung“ (ebd., S. 91) mit einer „laxeren“ bzw. „strengeren Praxis“ des Verstehens erklärt. Erstere „geht davon aus, dass sich das Verstehen von selbst ergibt und drückt das Ziel negativ aus: Mißverstand soll vermieden werden“ (ebd., S. 92), die strengere Praxis der Auslegung hingegen „geht davon aus, dass sich das Mißverstehen von selbst ergibt und das Verstehen auf jedem Punkt muss gesucht und gewollt werden“ (ebd.). Die hermeneutische Ausrichtung interkulturellen Verstehens bzw. die Begegnung mit Fremden und Unbekannten und *Noch zu Verstehenden* kann vor diesem Hintergrund präzisiert werden. So wären in einer hermeneutischen Perspektive essentialistische Ansätze interkulturellen Verstehens laxere Praxen des Verstehens, die Missverständnisse und Differenzen einebnen oder übergehen. Mecherils Perspektive hingegen wäre als Plädoyer für eine strengere Praxis des Verstehens aufzufassen, die das Missverständnis und die Unsicherheit in interkulturellen Begegnungen nicht nur zulässt, sondern geradewegs sucht. Die Gefahr des frühzeitigen Abschlusses des interkulturellen Kontakts durch das Verstehen verringert sich demnach, sobald von einer Verschränkung des Verstehens und des Nicht-Verstehens (im Sinne der strengeren Praxis) ausgegangen wird. So heißt es bei Mecheril, die

> „Verschränkung des Verstehens und Nicht-Verstehens kündigt die Beziehung zum anderen nicht auf, begegnet aber der für soziale Beziehungen notwendigen Möglichkeit des Verstehens skeptisch, stellt sie kommunikativ und reflexiv infrage und übergibt ihre weitere soziale und kognitive Ausgestaltung der sich in der Dialektik von Verstehen und Nicht-Verstehen konstituierenden dialogischen Auseinandersetzung“ (Mecheril 2004, S. 128).

Nicht das Überwinden der Differenz, sondern die durch die Differenzerfahrung mögliche Erweiterung des Verstehens stehen im Vordergrund dieser Perspektive. Nicht das Verstehen des Anderen stellt das Ziel oder den Weg dar, sondern das Nicht-Verstehen des *Anderen* bedingt das gemeinsame Suchen nach einem Verstehen der Situation. Ein verwandte Figur findet sich im organisationswissenschaftlichen

Diskurs. Ariane Berthoin Antal und Victor Friedman sprechen in Abgrenzung von Kulturstandards vom „Negotiating Reality" (Berthoin Antal und Friedman 2003) und meinen damit, die reflexive Überwindung des unmittelbar Zugänglichen und Sichtbaren, das Gefahr läuft, in vorgefertigten Kulturstandards die Differenz des Anderen festzuschreiben oder aber den Anderen im Verstehen zu vereinnahmen (vgl. ebd., S. 6f.). Somit steht auch in dieser Perspektive nicht das Verstehen des Anderen als Ziel oder Weg, sondern das durch das Nicht-Verstehen des „cultural repertoire" (ebd., S. 18) der jeweils Anderen bedingte gemeinsame Suchen nach einem Verstehen der Situation im Vordergrund. Diese Suche kann nur dann respektvoll und dialogisch verlaufen, wenn die beteiligten Akteure sich dem Einfluss ihres kulturellen Hintergrunds auf Wahrnehmung und auf „ways of seeing and doing things" (ebd., S. 17) bewusst werden.

Was nun bedeutet dies für das Erkenntnisinteresse vorliegender Arbeit? Für die empirischen Analysen im Kontext der Erforschung grenzüberschreitender Organisationen bietet die Perspektive einer Verschränkung von Verstehen und Nicht-Verstehen gerade in seiner hermeneutischen Differenzierung in eine laxere und eine strenge Praxis einen Rahmen für die Beschreibung organisationaler Praktiken grenzüberschreitenden Miteinanders. Die Formen der Herstellung und Bearbeitung von Differenzen, wie sie sich aufgrund des Grenzbezugs und der programmatisch-grenzüberschreitenden Ausrichtung der Organisation ergeben, können mittels dieser Figur einerseits als *laxe* Vorgänge des schnellen Verstehens in den Blick genommen werden. Essentialisierende Vorgänge der Bestimmung „des Deutschen" oder „des Tschechen" oder Adaptionen kulturstandardisierender Modelle in die alltägliche Kooperationspraxis wären Beispiele hierfür. Andererseits lassen sich prekäre, konflikthafte und die Identität riskierende Vorgänge der Verständigung und Aushandlung als *strenge* Verstehensprozesse untersuchen. In der Verschränkung von Verstehen und Nicht-Verstehen liegt zudem eine weitere methodologische Implikation. So unterliegt nicht nur der untersuchte Gegenstand dieser Logik des Wechselspiels von Verstehen und Nicht-Verstehen, sondern auch eine ethnographische Forschungspraxis der *dichten Beschreibung* dieser Logik ist ihrer nicht enthoben. Die hermeneutische Unzugänglichkeit zum *Anderen* (in meinem Fall deutsch-tschechische Organisationen) kennzeichnet sich auch hier in der Gleichzeitigkeit des Nicht-Verstehens (organisationaler oder kultureller Praktiken) und dem Anspruch *verstehen zu wollen.*

3.3 Kulturelle Übersetzung

Die gegenstandstheoretische wie methodische Bedeutsamkeit der Wechselseitigkeit von kulturellem Verstehen und Nicht-Verstehen kann mithilfe des Übersetzungskonzepts konkretisiert werden. Eine Übersetzungsperspektive ermöglicht es, einerseits das differenzbezogene Lernen grenzüberschreitend-agierender Organisationen als kulturelle Übersetzungsprozesse bzw. -leistungen und andererseits die kulturelle Verstehensarbeit des ethnographisch Forschenden als Übersetzung in den Blick zu nehmen. Nach einer kurzen Hinführung zur kulturwissenschaftlichen Verwendung des Übersetzungskonzepts soll daher der Gewinn des Anschlusses meiner methodologischen Überlegungen an die Kategorie der Übersetzung in zwei Schritten – erst gegenstandsbezogen und dann methodisch – ausgeführt werden.

War Übersetzung lange im linguistischen Sinne auf die binäre Übertragung von Sprachen und Texten und im hermeneutischen Sinne auf Textverstehen beschränkt, suchen gegenwärtig kulturwissenschaftliche Forschungsperspektiven auf kontingente und vielschichtige kulturelle Lebenswelten immer häufiger Anschluss an das Konzept der Übersetzung (für einen ausführlichen Überblick, vgl. Wagner et al. 2012; Bachmann-Medick 2007, 2004; Buden und Nowotny 2008). Eine prominente kulturwissenschaftliche bzw. kulturhistorische Rezeption des Übersetzungsbegriffs findet sich in den Arbeiten des Historikers Peter Burke (2012). Im Rahmen der Untersuchung von kulturellen Austauschprozessen interessieren Vorgänge der Übersetzung als andauernde Verhandlungen (vgl. auch Eco 2009). Diese Verhandlungen als kulturelle Übersetzung erfordern einen „doppelten Prozess von Dekontextualisierung und Rekontextualisierung" (Burke 2012, S. 20) kulturell-fremdartiger Symbole, Praxen und Texte. Burke zufolge vollzieht sich die dekontextualiserende Aneignung und das rekontextualiserende Verstehbar-Machen des kulturell Fremden gleichermaßen als eine Bereicherung, wenn das Fremdartige in die Kulturen der übersetzenden Akteure in Form einer „geschickten Adaptierung" (ebd.) aufgenommen wird, wie auch als „eine Form des Verlusts, die […] dem Original Gewalt antut" (ebd.), wenn die Übersetzung Missverständnisse kreiert und oder wenn in der Übersetzung etwas verloren geht (ebd., S. 45f.). Wenngleich in der Burke'schen Auffassung eine Überwindung des Verständnisses von Übersetzung als kopierende Übertragung und eine Betonung des dialogischen Verhandlungscharakters kultureller Übersetzung (und auch dessen zerstörerisches Potential) erkennbar wird, so erscheint einerseits die weiterhin bestehende Dichotomisierung des Übersetzungsvorgangs in ein kulturell „Eigen" und kulturell „Fremd" sowie andererseits die implizite Annahme problematisch, dass Übersetzung dann bereichernd ist, wenn sie in einem Verstehen mündet. Eine neuere kulturwissenschaftliche Rezeption des Übersetzungsbegriffs nimmt Ausgang an einer radikaleren Kritik der traditionellen Übersetzungstheorie. Boris Buden zu Folge beruht das Konzept der kulturellen Übersetzung in einem postkolonialen Verständnis auf Walter Benjamins Kritik an der klassischen Binarität von Original und Abbild (vgl. Buden 2008, S. 16f.). Demnach „hat [Übersetzung, N.E.] nichts mit Kommunikation zu tun, ihr Ziel ist nicht die Übermittlung von Bedeutung" (ebd.), sondern Übersetzungen – so reformuliert Buden Benjamins Ausführungen – berühren das Original gleich der Tangente den Kreis nur an einer Stelle, ansonsten sind die „Sprache des Originals" und die „Sprache der Übersetzung" nicht dauerhaft und nicht fixiert (ebd.). In dieser Perspektive löst sich das Konzept der kulturellen Übersetzung von einer essentialistischen Logik des traditionellen Übersetzungsverständnisses sowie von der Idee, dass Übersetzung einen für den Übersetzenden bereichernden Vorgang darstellt. Als Kategorie zur Analyse und Beschreibung aktueller Probleme und Anforderungen des Kulturkontakts wird kulturelle Übersetzung einerseits pragmatisch gedacht als praktisches Verfahren der Erschließung fremder Kulturwelt oder als praktische Kulturtechnik der Befremdung (vgl. Renn 2002; Bachmann-Medick 2007). Andererseits wird ein Verständnis von Kultur als durch Übersetzung konstituierte Praxisformation entworfen (vgl. Bachmann-Medick 2007, S. 247; Buden 2008).

Kulturelle Differenz und Organisation als Übersetzung

Eine translatorische Forschungsausrichtung impliziert eine Perspektive auf Kultur, die sich essentialistischen Dichotomien von Kulturbegegnung entgegenstellt. Sie

> „wirft [...] ein neues Licht auf den Übersetzungscharakter der kulturwissenschaftlichen Gegenstände selbst, auf ihre nicht-holistische Struktur, auf ihre Hybridität und Gebrochenheit" (Bachmann-Medick 2004, S. 453).

Mit *Gebrochenheit* und *Hybridität* wird dabei betont, dass sich Kulturen nicht in binären Logiken reproduzieren, sondern sich in hybriden Übersetzungsprozessen konstituieren. Damit wird ein Blick auf die Herstellung und Bearbeitung von kulturellen Differenzen in ihrer Prozessualität und Unabgeschlossenheit möglich. Welche praktischen Formen solch übersetzerische Aushandlung und Bearbeitung von Differenzen und Grenzen annehmen bzw. wie sie sich darstellen, wird bei Doris Bachmann-Medick mit der Analysekategorie des „border-thinking statt Identitätsdenken" (Bachmann-Medick 2007, S. 247) angedeutet. Ähnlich der Fokussierung auf transkulturelle Lebenslagen im Dazwischen (vgl. auch Göhlich und Zirfas 2011) wird hiermit eine Analyseeinstellung vorgeschlagen, die für die Inblicknahme von Differenzen als unsichere Verhandlungen plädiert. Differenzen interessieren nicht in ihrer Binarität, sondern als durch diverse und widersprüchliche Grenzziehungen erzeugte soziale und kulturelle Unterschiede, die sich gleichermaßen durch Ähnlichkeiten wie Abweichungen, Regelmäßigkeiten wie Unregelmäßigkeiten auszeichnen. So bedeutsam diese vorgeschlagene Analyseeinstellung als erkenntnistheoretische Kritik an essentialistischen Perspektiven ist, die empirisch relevante Frage, wie die Erzeugung und Bearbeitung von kulturellen Differenzen als *konkrete kulturelle Übersetzungsarbeit* analysiert werden kann, bleibt unbeantwortet.[32] Ein empirisch anschlussfähiges Verständnis von kultureller Übersetzung hinsichtlich der Analyse von Differenzen und Grenzen findet sich in den erkenntnistheoretischen Überlegungen Boris Budens zur Differenzierung des Konzepts kultureller Übersetzung (vgl. Buden 2008). Buden macht zwei Kontexte aus, in denen der Übersetzungsbegriff als theoretische und analytische Kategorie bedeutsam ist.[33] Vertreter des Multikulturalitätsdiskurses verstehen, so konstatiert er, unter kultureller Übersetzung „interkulturelle Übersetzung" (ebd., S. 18) und festigen damit eine Perspektive auf das Verhältnis von und zwischen Kulturen. In einem politischen Interesse an einer respektvollen und anerkennenden kulturellen Interaktion zielt interkulturelle Übersetzung auf das Arrangement kultureller Beziehungen durch Betonung kultureller Vielfalt ab (vgl. ebd., S. 19). Mit anderen Worten: Interkulturelle Übersetzung ist Mittel zum Zweck der Stabilisierung und

32 Eine soziologische, sehr ausführliche Auseinandersetzung mit dem Übersetzungskonzept führt Joachim Renn (2002, 2006, 2011). Die – nicht auf den postkolonialen Begriff der kulturellen Übersetzung abhebende – Bearbeitung des Übersetzungsbegriffs erfolgt mit der Absicht des Entwurfs einer pragmatischen Gesellschaftstheorie (Renn 2006). Diese basiert auf der Annahme, dass Gesellschaft in hohem Maße sozial differenziert ist. Die soziale Differenzierung der Gesellschaft macht es notwendig, unterschiedliche gesellschaftliche Sphären und Funktionsbereiche zu koordinieren und zwischen ihnen zu vermitteln. Diesbezüglich stellt Renn fest, dass sich Übersetzungsverhältnisse entlang von vier Typen der Übersetzung herausbilden (Renn 2011, S. 323): „1) die Übersetzung zwischen Semantik, Intentionalität, materieller Umgebung in der konkreten Handlungssituation und im Medium kulturell-habituell koordinierten Praxis (als Leistung milieuspezifischer Interaktion) 2) die Übersetzung zwischen unterschiedlichen Milieus, als interkulturelle Übersetzung 3) die […] Übersetzung praktischer Koordinationen in abstrakte Koordinationsformen. 4) die Rückübersetzung expliziter, abstrakter Handlungstypiken und -regeln in konkrete Situationen." Da in vorliegender Arbeit Übersetzung kulturtheoretisch als dialogische oder gewaltvolle Praxis kultureller Transformation interessiert, wird dem Renn'schen milieutheoretischen Übersetzungsbegriff nicht gefolgt, obgleich dessen Anwendung auf das zu vorliegender Arbeit identische Forschungsfeld (vgl. Einleitung des Buches) sehr erkenntnisreich ist (vgl. Klemm et al. 2014).

33 Die von Buden vorgenommene Spaltung des Diskurses in zwei sich diametral entgegenstehende Lager – und die eigene Verortung in das Lager der kritischen Dekonstruktivisten – ist auch als ein wissenschaftstheoretisches und politisches Statement zu lesen, das grundsätzliche dichotome Wissenschaftsorientierungen kritisiert.

Reproduktion „der liberalen Ordnung, auf Grundlage friedlicher und interaktiver Beziehungen" (ebd., S. 18) und damit einem essentialistischen Denken verhaftet. Vor dem Hintergrund bisheriger Überlegungen korrespondiert der Vorgang interkultureller Übersetzung mit dem Interesse an einem *laxen* Verstehen, das potentielle Brüche und Missverständnisse umgeht. Demgegenüber – gleichsam als Kritik am Multikulturalismus – betont eine dekonstruktivistische Perspektive auf Übersetzung kulturelle Differenzen und sensibilisiert für Vorgänge der Hybridisierung. Im Sinne des „third space" (Bhabha 2011) und der kulturellen Hybridität unterläuft diese Form der Übersetzung binäres Identitätsdenken (Buden 2008, S. 20f.). So schaffen kulturelle Übersetzungen *dritte Räume* (vgl. ebd., S. 21), die Subversion oder Transgression von Differentem ermöglichen (ebd.), in denen binäre Ordnungen und eindeutige Zugehörigkeiten aufgebrochen, Differenzen dennoch erkannt und in Anerkennung verhandelt werden können. Dieses im Anschluss an die Prämissen der *Postcolonial Studies* formulierte Erkenntnisinteresse am Begriff der kulturellen Übersetzung schließt nicht nur an die Figur des *Nicht-Verstehens* an, sondern fordert zudem Sensibilität dafür ein, kulturelle Übersetzung immer auch als eine Frage der Macht zu untersuchen (vgl. Spivak 2008, S. 189f.). Demnach verbindet sich der Vorgang der kulturellen Übersetzung mit der *strengen* Praxis kulturellen Verstehens, die nicht nur Differenzen zulässt und betont, sondern diese auch im Kontext gesellschaftlicher Machtverhältnisse verhandelt.

Das Konzept der Übersetzung findet sich auch – wenngleich nicht in Rezeption der kulturwissenschaftlichen Debatte – im organisationstheoretischen Diskurs. Hier wird der Übersetzungsbegriff vor allem in Ansätzen neoinstitutionalistischer Provenienz bemüht. Unter dem Titel *Translating Organizational Change* (Cziarniawska und Sevon 1996) diskutieren Organisations- und ManagementwissenschaftlerInnen die Fruchtbarkeit des Übersetzungsbegriffs zur Präzisierung und Verdichtung von Prozessen der Diffusion in organisationalen Feldern (vgl. ebd., S. 6). In Anschluss an das Übersetzungsverständnis von Bruno Latour erklären Barbara Czarniawska und Bernward Joerges (1996) Vorgänge organisationalen Wandels als Veränderung von organisationalen Handlungen bzw. Handlungsbedeutungen mit einer transformierenden Wirkung der Zirkulation von Ideen (Czarniawska und Joerges 1996, S. 13). In Erweiterung klassischer neoinstitutionalistischer Denkfiguren der Diffusion von organisationsrelevanten Konzepten wird organisationaler bzw. institutioneller Wandel nicht als reine Anpassungsleistung, sondern als Vorgang der Übersetzung von Ideen durch organisationale Akteure gesehen (vgl. Czarniawska und Joerges 1996, S. 34ff.; vgl. auch Scheidemann 2008, S. 76). Konkret stellen sie sich die Frage, wie Ideen objektiviert, in Handlungen und schließlich wieder in Ideen übersetzt werden. Verbleibt diese Perspektive vor allem auf der (individuellen) Ebene der Transformation von symbolischen Sinngehalten in Erzählungen, die weiter- bzw.

wiedererzählt werden, kann für eine praxistheoretisch interessierte Perspektive an organisationalen Lernprozessen auf Sahlin-Anderssons Konzeption des „Editing-Process“ (Sahlin-Andersson 1996, S. 70; vgl. auch Walgenbach und Meyer 2008, S. 109) verwiesen werden. Mit ‚Editing‘ wird hier der Vorgang der Zirkulation, Verallgemeinerung und (Wieder-)Aufbereitung von organisationalen Praktiken als Übersetzungsprozess spezifiziert (Walgenbach und Meyer 2008, S. 82). Ähnlich wie bei Czarniawska und Joerges wird die Übernahme von Ideen und Konzepten aus dem organisationalen Umfeld als reine Anpassungsleistung übersetzungstheoretisch erweitert. Als zu imitierende Vorbilder werden dabei aber nicht nur Ideen in Erzählungen, sondern auch Praktiken und Praxismuster benannt (vgl. ebd. S. 78f.). Ausgehend von der Annahme, dass Organisationen eines bestimmten organisationalen Feldes sich imitieren (Isomorphie), fokussiert Sahlin-Andersson die Frage, wie organisationale Praktiken und Modelle zirkulieren (Sahlin-Andersson 1996, S. 70). Auch hier wird der Prozess des Imitierens nicht mittels der Kategorien Invention und Diffusion erklärt, sondern mittels des Übersetzungsbegriffs, spezifiziert als *Editing*: Imitiert im Sinne einer Neuaufbereitung werden nicht konkrete Praktiken oder Erfahrungen, sondern deren Standardisierungen und Rationalisierungen, die wiederum selbst Übersetzungen sind (vgl. ebd., S. 78) . Die Leistung beider Ansätze besteht darin, mittels eines übersetzungstheoretischen Zugriffs organisationale Handlungen nicht nur als Kommunikation zu untersuchen, sondern organisationalen Wandel bzw. organisationales Lernen als Transformation von Ideen und Praktiken sowie deren Objektivierung in den Fokus der Betrachtung zu rücken (vgl. auch Scheidemann 2008, S. 77ff.).

Für die vorliegende Studie sind die hier skizzierten organisationswissenschaftlichen Rezeptionen des Übersetzungsbegriffs zum einen um eine Fokussierung auf die Performativität der konkreten Übersetzungspraxis von Organisationen zum anderen um eine Fokussierung auf kulturelle Differenzproduktionen zu erweitern. Denn der Übersetzungsbegriff eignet sich – und diesen Aspekt vernachlässigen die genannten Ansätze – im besonderen Maße dazu, die kulturelle Dimension der Transformation bzw. Tradierung von organisationalen Praktiken zu berücksichtigen (siehe Teil III).

Ein ethnographischer Blick auf grenzüberschreitendes und grenzbezogenes organisationales Identitätslernen folgt der Analyseeinstellung des *border-thinking* und ist für machtvolle und interessenbezogene Praktiken einer (inter-)kulturellen Übersetzung sensibel. So können – die obige Differenzierung von Buden aufgreifend – Vorgänge der „interkulturellen Übersetzung“ und „Hybridisierung“ organisationspädagogisch als gegensätzliche Modi konkreter kultureller Übersetzungsprozesse von Organisationen bestimmt werden. Die interkulturelle Übersetzung kann dabei in enger Verbindung mit Vorgängen des interkulturellen Verstehens gesehen werden, die Hybridisierung hingegen schließt an die Figur der Verschränkung von Verstehen und Nicht-Verstehen an. Dies zeigt sich empirisch in zwei Akzentuierungen organisationalen Lernens:

a. So wird angenommen, dass Organisationen einerseits Praktiken entwickeln, die den kulturelle-grenzüberschreitenden Verstehensprozess möglichst rasch abschließen. Übersetzung erfolgt hier etwa als Sicherung und Bewahrung erprobter Differenzkonstruktionen und Grenzüberschreitungen. Dies kann als Tradierung bzw. als tradierender Modus organisationalen Lernens bezeichnet werden.
b. Andererseits werden Praktiken generiert, die bewährte Grenzüberschreitungen unterlaufen und Räume schaffen, in denen Differenzen – aufgrund des Nicht-Verstehens – betont und verhandelbar werden und Differenzverhältnisse kreativ konstruiert werden können. Dieser Modus der Übersetzung soll in pädagogischer Perspektive als Transformation bezeichnet werden. Er verläuft gegenüber der Tradierung als dialogische Auseinandersetzung mit Differenzen und als potentielle Kreation eines neuen grenzüberschreitenden Wissens und Könnens.

Mit den hier heuristisch angedeuteten Vorgängen der Tradierung und der Transformation sind zwei Lerndimensionen kultureller Übersetzung benannt, die für eine gegenstandsbezogene Theorie organisationalen Identitätslernens im Kontext der Grenzüberschreitung wieder aufgegriffen werden sollen (siehe Abschnitt 8.3).

Kulturelle Übersetzung als ethnographische Praxis

„Whatever else an ethnography does, it translates experience into text" (Clifford und Marcus 1986, S. 115 zitiert nach Bachmann-Medick 2004, S. 451). Das ethnographische Beschreiben und Nacherzählen von Erlebtem und Gesehenem wird hier als ein Vorgang der Übersetzung gekennzeichnet. Er vollzieht sich als textförmige Repräsentation des unbekannten Gegenstands in bekannten Formulierungen und Ordnungsversuchen. Das Übersetzen als anthropologischer Vorgang der Vermittlung und Übertragung von Wissen über Fremdes oder Unbekanntes in Text wurde im Zuge der *Writing-Culture-Debatte* (vgl. Clifford und Marcus 1986) und hierzulande in der „Krise der Repräsentation" (Berg und Fuchs 1993) tiefgreifend kritisiert. Bezüglich der Unmöglichkeit eines authentischen Abbildens von *Originalität* in der ethnographischen Darstellung fremder Kulturen wurde vor allem die eigene kulturelle Verortung der EthnographInnen sowie die Übertragung fremder oder unbekannter Denkweisen in vertraute Begrifflichkeiten problematisiert. Als Ergebnis der Writing-Culture Debatte kann bezüglich des methodischen Übersetzens gelten: „Kulturübersetzung kann immer nur Repräsentation von Repräsentation sein“ (Bachmann-Medick 2004, S. 451). Ausgehend hiervon kann die methodische Anfrage, was die Perspektive der kulturellen Übersetzung im Hinblick auf die ethnographische Praxis der Repräsentation impliziert, erneuert werden. In einer pragmatischen Auffassung, in der kulturelle Übersetzung von „einer repräsentionalistischen Vorstellung […] einer logisch äquivalenten Bedeutungsübertragung“ (Renn 2002, S. 14) gelöst und als „teilweise kreative Neudichtung“ (ebd., S. 15) und übersetzerische Erschließung unbekannter Kontexte und Erfahrungswelten verstanden wird, kann an Joachim Renns Differenzierungen des Übersetzungsbegriffs für sozialwissenschaftliche Analysen angeknüpft werden: Hier wird Übersetzung als *„praktische Erschließung* einer fremden Kulturwelt und Praxisform durch teilnehmende partielle Kooperation“ (ebd., S. 28) verstanden und das methodische Übersetzen, das Erschließung durch Teilnahme voraussetzt, aber vornehmlich den Übergang von „der Sprache der pragmatischen Teilnahme zur wissenschaftlichen […] Rede betrifft“ (ebd., S. 29), davon unterschieden. So vollzieht sich die „praktische Erschließung durch teilnehmende partielle Kooperation“ in einer Auseinandersetzung mit fremden Welten und bezüglich anderer Sichtweisen, Erfahrungen und Praktiken und deren methodische Übersetzung in wissenschaftlichen Text als Wechselspiel von Erhebung (Beobachtung) und Auswertung (Beschreibung). Den Gang meiner bisherigen Überlegungen folgend, bleibt dabei entscheidend, dass diese Doppelseitigkeit kultureller Übersetzungsarbeit an den Zusammenhang des kulturellen Nicht-Verstehens (als wiederkehrender Ausgangspunkt ethnographischer Forschung) und des kulturellen Verstehen-Wollens (als ethnographisch-hermeneutischer Anspruch) gekoppelt wird.

Pädagogische Organisationsethnographie als kulturelle Übersetzungsarbeit 4

Zum methodischen Design[34]

Die organisationsethnographische Erforschung von zwei deutsch-tschechischen Organisationen konstituierte sich unter Berücksichtigung der gegenstandsbezogenen Bedingungen (Zweckverfolgung, Hierarchiestruktur, Zugehörigkeit, Informalität versus Formalität, Wirtschaftlichkeit, Grenzziehung, vgl. Abschnitt 2.3) als zyklischer Vorgang. Im Verlauf mehrere ein- bis fünftägiger Feldaufenthalte erfolgte diese zunächst explorativ und floattierend, offen für Neues und Ungewohntes, dann fragend und letztlich suchend. Meine ethnographische Haltung entsprach der Logik abduktiven Forschens (vgl. Reichertz 2003) und korrespondierte mit dem Grundsatz des *Theoretical Sampling* (vgl. Strauss 1998). Dies meint eine Verschränkung von Datenerhebung und -analyse, derzufolge „[der, NE] Prozess der Datenerhebung durch die sich entwickelnde Theorie kontrolliert“ (ebd., S. 70) wird. So organisierte sich meine Forschungsarbeit durch einen ständigen Wechsel des Generierens von Fragen an den Gegenstand anhand bereits erhobenen und analysierten Materials sowie des wiederholten Eintauchens in die organisationale Lebenswelt. Die konkrete organisationsethnographische Forschungsarbeit folgte dabei dem Plädoyer für eine Befreiung vom Methodenzwang (vgl. Amann und Hirschauer 1997, S. 17). Daraus resultierend zeichnete sich das ethnographisches Vorgehen nicht allein durch eine durch Teilnahme ermöglichte Beobachtung aus, sondern charakterisierte sich vor allem als eine gegenstandsangemessene und sukzessive Durchdringung des Felds (vgl. ebd.). So gerieten nach und nach sich ähnelnde und wiederholende „Szenen“ organisationaler Praxen des Miteinander-Arbeitens in den Blick, das *Auffinden* und das *Following* von Artefakten (vgl. Ybema et al 2010: 5) strukturierte eine

34 Im Folgenden diskutiere ich die organisationsethnographische Forschungsstrategie methodologisch und beschreibe zudem deren konkrete Umsetzung im Feld. Dies erklärt den gelegentlichen Tempuswechsel. Im Sinne einer Reflexion meiner Erfahrungen und Erlebnisse im Feld sind jene Passagen, in denen ich mein Vorgehen beschreibe, im Präteritum geschrieben. In jenen Passagen, in denen die angewandten Methoden vorgestellt werden, wird Präsenz verwendet.

Spurensuche und rückte Fragen von Funktion und Gebrauch in den Vordergrund (vgl. auch Abschnitt 2.3). Das Auffangen von Informationen in Tür-und-Angel-Gesprächen, Erzählungen aus Interviews oder das *Stolpern* über spezifische Regeln und Routinen wirkten bezüglich der Entscheidung, wie, wo und wann weitere Fokussierungen der Erhebung gesetzt wurden. Schließlich ermöglichte mir die wiederholte Teilnahme an Besprechungen als explizit hergestellte Situationen des Miteinander-Arbeitens auch die Durchführung von Audio-Mitschnitten derselben. Dies bedeutete ein Zugewinn an *natürlichen Daten*. Aufgrund des vielseitigen ethnographischen Materials wurde die Auswahl erkenntnisreicher Auswertungsmethoden entsprechend meines organisationspädagogischen Forschungsinteresses getroffen: Die Kopräsenz bei unmittelbaren spontanen Szenen des Alltäglichen und die Teilnahme an Veranstaltungen und Festen verhalf zu einer – die Prozessualität und Performativität organisationaler Praxis der Grenzüberschreitung berücksichtigende – dichte Übersetzung des Geschehens in *Szenen* oder *szenische Arrangements*. An einigen Stellen verband sich die szenische Beschreibung des organisationalen Miteinander-Arbeitens mit der Analyse von erzählten Episoden aus Interviews, die das als Szene beschriebene Geschehen verdichteten (Abschnitt 4.1). In der szenischen Repräsentation der organisationalen Lebens- und Arbeitswelt durch mich als Forscher spielten auch Artefakte und Dokumente der Grenzüberschreitung und deren spezifische Verwendungsweisen und Funktionen eine wichtige Rolle. Als *dinghafte Mitspieler* organisationaler Praxis erfuhren diese zum Teil eine gesonderte Betrachtung. Artefakte (dingliche Gegenstände, Dokumente, Architekturen etc.) interessierten dabei nicht vordergründig bezüglich ihrer Inhalte, sondern in ihrer organisationszweck- und aufgabengebundenen Produktion, Reproduktion und Verwendung (Abschnitt 4.2). Ebenfalls in Verbindung mit einer szenischen Beschreibung lag ein Fokus auf der Analyse der Organisation und dem Verlauf von Besprechungen. Hier interessierten neben Vorgängen der praktischen Herstellung von Besprechungen vor allem die im Miteinander-Sprechen und Füreinander-Übersetzen erkennbaren oder rekonstruierbaren kooperativen Erfahrungsräume (Abschnitt 4.3). Bevor das Beschreiben bzw. Übersetzen von Erlebten und Gesehenem in Szenen, das Beschreiben und Analysieren von Artefakten und die Beschreibung und Analyse von Besprechungen in ihrer methodischen Umsetzung vorgestellt werden, möchte ich hinsichtlich des ethnographischen Schreibeprozess, meiner eigenen Grenzen der Befremdung und hinsichtlich meines Verhältnisses zum untersuchten Gegenstand begründen, warum ich Organisationsethnographie hier als Übersetzungsarbeit kennzeichne:

1. *Ethnographisches Schreiben als thick translation:* Im Anschluss an die Überlegungen zur ethnographischen Praxis als kulturelle Übersetzung ist diese

als (nicht-)verstehende Aneignung und Übertragung des Differenten und des unbekannten Gegenstands in Text in besonderem Maße sensibel für kulturell konstruierte, intersektionelle und ökonomische Differenzen und Machtverhältnisse (vgl. Abschnitt 3.3). Dieser translatorischen Forschungsperspektive folgend lag meinem ethnographischen Schreibeprozess die Idee einer „thick translation" (Appiah 2007) zugrunde. Demnach war ich auch stets darum bemüht, das erfahrene kulturelle Nicht-Verstehen während der praktischen Erschließung des Gegenstands im Schreiben aufrecht zu erhalten. Damit wurde versucht der kulturellen Vereinnahmung durch das Verstehen zu widerstehen. Eine Ethnographie im Sinne der „thick translation" kann somit als Reaktion auf die „Krise der Repräsentation" (Berg und Fuchs 1993) und als ein Plädoyer für das kritische Hinterfragen der Haltung des Ethnographen und seinem Stil der Darstellung – welcher in meinen Forschungen vordergründig nicht als erkenntnistheoretisches Problem, sondern vielmehr als narratologische Frage nach einem adäquaten Stil des erzählenden Schreibens als Übersetzung relevant wurde (vgl. Geertz 1990, S. 17; siehe Abschnitt 4.1) – verstanden werden.

2. *Grenzen des Verstehens:* Die ethnographische Übersetzung des von mir Gesehenen und Erlebten in Text begann mit dem Verfassen der Beobachtungsprotokolle bereits vor Ort (vgl. Tervooren 2006). Notizen, kleinere Mitschnitte und Vermerke aus Feldtagebüchern bildeten die Grundlage für die Schilderungen des Orts, des Geschehens und der teilnehmenden Personen. Eine Beschreibung des Geschehens erfolgte dann in Form einer dichten Nacherzählung des Erlebten in *organisationalen Szenen* (vgl. Cziarniawska 1997). Im Sinne einer *thick translation* geschah dieses szenische Nacherzählen als Vermittlung des „Differenten" hinsichtlich einer Verschränkung von Verstehen und Nicht-Verstehen (s.o. sowie Abschnitt 3.2). Dabei war es für mich als – muttersprachlich deutscher – Forscher entscheidend, sowohl die praktische Erschließung des Gegenstands als auch die methodische Übersetzungsarbeit vor dem Hintergrund meiner eigenen Verwobenheit in ein ungleiches Übersetzungsverhältnis zu reflektieren. So bemühte ich mich darum, die Problematik einer größeren Vertrautheit mit der deutschen Sprache und dem bayerischen Dialekt im Vergleich zur relativen Unbekanntheit der tschechischen Sprache durch Sichtbarmachung der eigenen Verstehensgrenzen im Schreiben zu thematisieren. Zudem erfolgten einige ethnographische Forschungen und Analysesitzungen gemeinsam mit meiner deutsch-tschechischen Kollegin Kristina Chmelar, die nicht nur – situativ und textbezogen – sprachliche Übersetzungsarbeit leistete, sondern auch durch ihren *tschechischeren* Blick auf die organisationale Praxis der Grenzüberschreitung in vielerlei Hinsicht die Analysen im Sinne eines *border-thinking* verdichten half. Die dem Vorgang der ethnographischen Beschreibung implizite Problematik

einer Suggestion verstehender Repräsentation verweist jenseits des Sprachlich-Kulturellen generell auf die Frage der Verstehensgrenze. Ein mir möglicher Umgang mit dem konstitutiven Nicht-Verstehen bestand darin, unterschiedliche Wissensstadien in meiner Analyse zu berücksichtigen. So erfolgten etwa die Interpretationen von Artefakten oftmals gemeinsam mit meinen KollegInnen Kristina Chmelar, Eva Čížková, Thomas Höhne und Ates Gürpinar, die den spezifischen Kontext des Artefakts und die Umstände seiner Auswahl nicht kannten und somit einen *naiveren* Blick auf dasselbe werfen konnten.

3. *Der übersetzte Forscher:* Für die Ethnographie von Organisationen war in meinem Fall die Übersetzungsperspektive auch hinsichtlich meines Verhältnisses zur beforschten Organisation relevant. Als Nicht-Mitglied und angesichts der für die Organisation charakteristischen gemeinsamen und in einer gesatzten Ordnung geregelten Aufgabenbewältigung war ich stets ein Fremdkörper (vgl. Abschnitt 2.3), gleichwohl eine Person, die aufgrund längerer Aufenthalte doch irgendwie dazugehörte. Die Anwesenheit bzw. die Erlaubnis und Möglichkeit der Teilnahme und Einblicknahme in Organisationsgeheimnisse wurde schnell verbunden mit teils expliziten Erwartungen an mich, der Organisation etwas „zu bringen". So musste ich feststellen, dass nicht nur ich als Ethnograph die Organisation in Text und wissenschaftliche Rede übersetzte, sondern auch die Organisation mich und meine Funktion für eigene Zwecke übersetzte. In beiden untersuchten Fällen wurden Bemühungen erkennbar, mich funktional einzubinden oder mir gegenüber der organisationsrelevanten Öffentlichkeit eine Funktion zuzuschreiben. Das Zuschreiben von Rollen und Funktionen[35] war bis zu einem gewissen Grad notwendig und für den organisationsethnographischen Forschungsprozess auch von Vorteil. Sensibilität war allerdings hinsichtlich der hierbei möglichen zweckbezogenen Bemühungen der Vereinnahmung meiner Forschung durch die Organisationen gefordert (vgl. Abschnitt 5.1).

35 In einem Fall wurde intern über mich oftmals als „der Hausgeist" gesprochen, während ich im Rahmen von öffentlichen Veranstaltungen gerne als „Kooperationspartner aus der Wissenschaft" vorgestellt wurde.

4.1 Praxis beobachten, erleben und in Szenen übersetzen. Zur Methodik teilnehmender Beobachtung und ethnographischer Beschreibung

Im Verlauf meiner Erhebungen wurde der Begriff der *Szene* zur zentralen methodologischen Kategorie der Beschreibung.[36] Dies begründete sich forschungspraktisch erstens dadurch, dass die Kategorie der Szene den Prozess der Beobachtung und Beschreibung unterstützte und zu klären half, was in einem unübersichtlichen Feld der organisationalen Praxis fokussiert werden sollte und als sinnhafter Interaktionszusammenhang beschrieben werden konnte (vgl. Engel 2011; Göhlich et al. 2012). Die Verwendung der Szene als Kategorie der Beschreibung begründete sich zweitens durch die spezifischen Anforderungen einer Organisationsethnographie. So erschwerte sich das über einen längeren Zeitraum andauernde „Teilnehmen" aufgrund der Nichteingebundenheit meiner Person in die explizit hergestellte Aufgabenbewältigung und aufgrund meines Mangels an Einbindung in die gesatzte Ordnung (vgl. Abschnitt 2.3). Mein ethnographisches Vorgehen zeichnete sich im Vergleich zur traditionellen Ethnologie durch erheblich kürzere, aber mehrere ein- oder mehrtägige Aufenthalte aus. Dies warf die Frage auf, wie der organisationale Alltag des Miteinander-Arbeitens sich auch bei diskontinuierlichen Aufenthalten im Feld beobachten und beschreiben ließ. Hierfür bot die Kategorie der Szene eine Möglichkeit, mittels derer sowohl offizielle Teambesprechungen, also vorab terminlich als Praxissequenz der Organisation geplante und mit einem der gesatzten Hierarchie und Verfahrensordnung folgenden Anfang, Verlauf und Ende versehene Einheiten, als auch nicht vorab terminierte Praxissequenzen als Szenen beobachtet und beschrieben werden konnten.

Für die nicht-terminierten Praxissequenzen bedarf es einer näheren Bestimmung, wie und unter welchen Kriterien das gesehene und erlebte Alltägliche der Organisation als Szene repräsentiert werden kann. Die Verwendung von „Szene" als methodologische Kategorie der Beschreibung begründet sich in der praxistheoretisch-performativen Auffassung meines Forschungsgegenstands. Die Untersuchung der Herstellung und Bearbeitung organisationaler Identität als Doing Identity geht davon aus, dass sich die Identität der Organisation im Kontext der Grenzüberschreitung nicht nur durch Selbst- und Fremdbeschreibungen, sondern vornehmlich mittels der organisationseigenen Praxis im Umgang mit Überset-

36 Bereits in früher verfassten Texten zur Frage organisationsethnographischen Schreibens plädiere ich gemeinsam mit Michael Göhlich und Thomas Höhne für eine methodologische Reflexion und methodische Anwendung der Kategorie *Szene*. Folgende Ausführungen greifen teilweise auf diese Texte zurück (Engel 2011; Göhlich et al. 2012).

zungsanforderungen konstituiert (ausführlich hierzu vgl. Kapitel 8). Gemäß dieser Fokussierung auf das Prozesshafte und die Modalität organisationaler Praxis bilden praxistheoretische und performative Perspektiven den theoretischen Bezugsrahmen für eine Heuristik der Szene als ethnographische Kategorie. Einer solchen Heuristik wird das weiter oben dargelegte Verständnis von Praktik als „Nexus wissensabhängiger Verhaltensroutinen" (Reckwitz 2008, S. 115) zugrunde gelegt, demnach sich Praktiken durch das wechselseitige Verhältnis von Körper, Artefakten und praktischem Wissen konstituieren (siehe Abschnitt 2.2.1). In Verbindung mit dieser praxistheoretischen Sichtweise erfolgt eine szenische Betrachtung alltäglichen Miteinander-Arbeitens als performative Fokussierung auf „die konkrete Materialität von räumlichen, zeitlichen Bedingungen und Gegenständen, auf Körperlichkeit und Wahrnehmungsprozesse – auf konkrete singuläre Ereignisse" (Wulf/Zirfas 2007, S. 17). Mein organisationsethnographischer Ansatz zielt dabei nicht vordergründig auf Rituale als eindeutig inszenierte Praktiken der Vergemeinschaftung ab, sondern zum einen auf Praxisstrategien als explizite Techniken organisationaler Selbstdarstellung sowie zum anderen auf Praxismuster der organisationalen Vergegenwärtigung und damit auf weniger explizite, weniger stilisierte Formen organisationaler Identitätspraxis. Die Inblicknahme der Körperlichkeit und Materialität organisationaler Praxis und gerade der „Blickwinkel auf Rahmungen, Szenarien, mimetische Zirkulationsformen [...] und Darstellungssituationen" (Wulf und Zirfas 2007, S. 10) erlaubt eine besondere Beachtung der Prozesse der Interaktion und des Handelns im spezifischen Kontext ihrer Materialität (Körperlichkeit, Artefakte), Temporalität und Lokalität. Entlang dieser Forschungsdimensionen lässt sich ein sinnhafter Interaktionszusammenhang als Szene beschreiben. Dies schließt an Franz Wellendorf an, der die Szene als einen „symbolisch vermittelten Interaktionszusammenhang, der raumzeitlich strukturiert und von einem Horizont von Mitgegebenheiten begrenzt" sowie „stets interpretiert und definiert in Prozessen gemeinsamer Kommunikation und gemeinsamen Handelns" (Wellendorf 1979, S. 23) ist, bezeichnet (vgl. auch Engel 2011). Vor dem Hintergrund obiger Überlegungen plädiere ich (gemeinsam mit Michael Göhlich und Thomas Höhne, vgl. Göhlich et al. 2012) für eine noch stärkere Beachtung des Impliziten, für das, was nicht im engeren Sinne gemeinsames Handeln als vielmehr implizites Geschehen aufeinander bezogener Praxis ist. Zudem erscheint erforderlich, die als ethnographisches Material dienende Szene bzw. die vom ethnographisch Forschenden als Material hergestellte Beschreibung einer Szene als dramatische Erzählung anzusehen und damit als eine Form, die dem erzählerischen Spannungsbogen folgt.[37] Das Erkenntnisinteresse an

---

37 Vor dem Hintergrund der *Krise der Repräsentation* ist es insbesondere für die ethnographische Forschung bedeutsam, zu verdeutlichen, dass zumindest ein Teil der

der praktischen Herstellung und Bearbeitung organisationaler Identität erfordert eine Fokussierung der Ebene des Performativen. Eine am Performativen interessierte ethnographische Praxis zielt *erstens* ab auf die beobachtbare Regelmäßigkeit pädagogischer Praxis, die laut Christoph Wulf und Jörg Zirfas die Bedingungen der Möglichkeit des Handelns als Wiederholung oder Veränderung beinhalten (vgl. Wulf und Zirfas 2007). Sie fokussiert *zweitens* auf Körperlichkeit, Gesten und Artefakte und damit auf die materielle Dimension praktischer Vollzüge (vgl. Göhlich 2001b). So interessieren zuvorderst nicht die Inhalte pädagogischer Szenen, sondern die Art und Weise, wie und unter Verwendung welcher relevanten Artefakte das Thema bearbeitet und dargestellt wird. Dieser Verfremdungseffekt – beobachtete Interaktionszusammenhänge nicht primär über Inhalte, sondern über die *modi operandi* zu erklären – begründet das ethnographische Vorgehen. *Drittens* zielt eine performative Forschungsorientierung auf die räumlich-zeitliche Rahmung von Praktiken und Repräsentationen ab. Der dichten Übersetzung des Erlebten und Gesehenen in Text dienen die Dimensionen der Temporalität, Räumlichkeit, Materialität und Referentialität zur substantiellen und prozessualen Bestimmung und Beschreibung von Szenen (vgl. auch Engel 2011; Göhlich et al. 2012):

Unter dem Gesichtspunkt der *Temporalität* wird der als Szene zu beschreibende Interaktionszusammenhang durch einen klaren Anfang und ein klares Ende gekennzeichnet. Hierbei ist es oftmals der Fall, dass der eigentliche Beginn einer Sequenz durch meine verspätete Anwesenheit verpasst wurde. In diesen Fällen kennzeichnet mein Auftritt (als dramatischer Teilaspekt von Szenen) den Beginn der beschriebene Szene. Zwischen dem Anfang und dem Ende wird die Szenenbeschreibung gemäß der beobachteten Interaktionsorganisation sequenziell strukturiert – etwa im Sinne einer diachronen Abfolge von Handlungen und Ereignissen. Unter prozessualen Gesichtspunkten ist neben der räumlich-materiellen Kennzeichnung von Anfang, Ende und sequenziellem Aufbau des Interaktionszusammenhangs auch die Synchronizität als Konstitutive des inneren Zusammenhalts einer Szene von Bedeutung. So werden die Handlungen und Ereignisse in einer Szene in ihrer Synchronizität und Diachronizität geschildert. Eine zweite substantielle Dimension zur Beschreibung eines Interaktionszusammenhangs als Szene ist die *Räumlichkeit*, die auf die manifeste räumliche Umgebung der beschriebenen Praxis verweist. Neben den lokalen und manifesten Gegebenheiten, die die räumliche Umwelt bestimmen, interessiert vor allem die Frage, inwieweit die Räume als inszenierte oder simulierte Umgebungen eingesetzt werden. Methodisch wird neben der Beschreibung manifester Umwelten auch die räumliche Atmosphäre einbezogen. So sind auch Stimmungen, das (soziale) Raumklima und räumliche Grenzen sowie

---

Dramatik in Beschreibungen durch das Schreiben des Ethnographen erzeugt wird.

deren Veränderung in den Beschreibungen enthalten. Der innere Zusammenhalt einer Praxissequenz als Szene ergibt sich nicht nur über die Beschreibung der räumlich-zeitlichen Form, sondern erst in der dichten textuellen Erschließung der Gesten, Mimiken, der praktischen Vollzüge, der Synchronisation und Koordination von Körpern und der Ausrichtungen des Miteinander, des Zueinander, des Voneinander weg und hinsichtlich eines Einbezugs der sinnvollen Verwendung von Gegenständen. Dies kann als Dimension der *Materialität* bezeichnet werden. Als sinngebendes und verbindendes Moment – das eine „Szene" als sinnvollen Interaktionszusammenhang nachvollziehbar macht – wird in der Szenenbeschreibung quer zu den genannten substantiellen und prozessualen Dimensionen die *Referentialität* beachtet. Hier wird die Bezugnahmen der beteiligten Akteure einer Szene aufeinander und auf ein gemeinsames Drittes hin sowie die Bezugnahme der an der Szene Beteiligten auf andere synchron verlaufende, zurückliegende oder antizipierte Szenen berücksichtigt. Aus der Perspektive des Beobachtenden und Beschreibenden bedeutet dies: Erst durch die Beschreibung dieser spezifischen Bezugnahmen, die den Brennpunkt gemeinsamer Aufmerksamkeit herstellen, kann eine Szene als praktische Sinneinheit rekonstruierbar werden.

Eine auf Szenen fokussierte Organisationsethnographie versuchte Abläufe und Interaktionszusammenhänge zu identifizieren, deren Anfänge und Enden (Auftritte und Abtritte), deren räumliche Verortung, die Artefaktverwendung und die in den Abläufen stattfindenden körperlich praktischen Vollzüge dicht zu beschreiben. Verbunden mit der Reflexion der eigenen Wahrnehmungen, Emotionen und Empfindungen, und verbunden mit der Rekonstruktion der eigenen Position im Raum wurde ich zum Übersetzer der erfahrenen und beobachteten Praxis in eine Erzählung (vgl. Cziarniwaska 1997). Diese erfolgte selten nüchtern-deskriptiv, öfter – den Spannungsbogen der erlebten Situation betonend – als dramatische Episode. Der Fokus solch übersetzender – auf dramaturgische Stilmittel rekurrierender – Beschreibung der Praxis einer Organisation lag auf der Materialität organisationaler Praxisstrategien und Praxismuster und ihrer dramatischen Struktur. Mittels der Beschreibung verwendeter Gegenstände, auf- und abtretender Personen und ihrer szenischen, d.h. nicht zuletzt dramatischen Verortung wird auf diese Weise die Eigenart der betreffenden Organisation – im vorliegenden Fall die jeweils organisationsspezifische Art und Weise der Herstellung und Bearbeitung organisationaler Identität – ethnographisch rekonstruiert.

In den Falldarstellungen werden die Szenenbeschreibungen gelegentlich durch die Analyse von Erzählungen verschiedener Akteure der Organisation erweitert. Damit ist im Sinne der Verdichtung des Beschriebenen gemeint, dass episodenhafte Erzählungen, wie sie aus der Kodierung episodisch-narrativer Interviews gewonnen wurden, in ein Verhältnis zu den in den Szenen beschriebenen Praktiken gebracht werden. Die Interviews waren nicht grundlegender Bestandteil meiner Forschungsarbeit, sondern wurden im Rahmen des eingangs vorgestellten Forschungsprojekts, in dessen Zusammenhang diese Studie entstand, als sogenannte gemeinsame Erstgespräche[38] konzipiert und durchgeführt. Im Unterschied zum narrativen Interview, wie es etwa von Fritz Schütze (1977) entwickelt wurde, wird mittels des episodischen Interviews auf kontextbezogene Erzählungen abgezielt, welche in Form narrativ-episodischen Wissens vorliegen. Es geht folglich nicht darum, die „Erfahrungen zu einem *erzählbaren Ganzen* zu stilisieren'", sondern um eine Fokussierung auf „episodisch-situative Formen des Erfahrungswissens" (Flick 2011, S. 239). Der gelegentliche Einbezug von verbalen Daten aus narrativ-episodischen Interviews kann in Anschluss an Überlegungen von Uwe Flick methodologisch damit begründet werden, dass Akteure ihre Erfahrungen bezüglich eines Gegenstandbereichs in Form episodischen Wissens speichern und szenisch erinnern (vgl. ebd., S. 238f.). Für das Vorhaben der dichten Beschreibung organisationaler Praxis erlaubte die Analyse von Episoden einen Zugang zu zurückliegenden oder in der Erinnerung konstruierten Szenen, die teilweise eine interessante Referentialität zu szenisch beschriebenen Praxissequenzen aufweisen.

4.2 Den Dingen folgen. Zur Auswahl und Analyse von Artefakten

Die Bedeutung, die Objekten und Gegenständen als dinghaften Materialisierungen organisationaler Praxis zukommt, wird andeutungsweise in einigen Studien ethnographischer Organisationsforschung erkennbar (vgl. Kapitel 2). Am deutlichsten – wenn auch methodisch nicht weiter ausgeführt – kommt dies bei Ybema und KollegInnen zum Ausdruck, die bezüglich ihrer Definition von *Organizational Ethnography* nicht nur von einem „following the person" sprechen, sondern auch von einem „follwing [...] an object" (Ybema et al. 2010, S. 5). Der hier impliziten Aufforderung, den organisationsethnographischen Blick nicht nur auf menschliche Akteure zur richten, sondern auch nicht-menschliche Akteure zum Ausgangspunkt organisationsethnographischer Forschung zu machen, wird in diesem Design entsprochen. Hierzu gilt die Annahme, dass neben den zweckbezogenen interaktiven

38 Ein gemeinsames Erstgespräch der beteiligten Forscher erfolgte bei allen im Projektverbund untersuchten Organisationen mit den jeweiligen LeiterInnen der Organisation. Den Interviews lag dabei ein Interviewleitfaden zugrunde, der neben einer erzählgenerierenden Aufforderung (Entstehungsgeschichte der Organisationen) aus einem episodischen Frageteil (besondere organisationale Ereignisse, organisationskulturelle Besonderheiten etc.) bestand.

Bezugnahmen der Akteure untereinander Artefakte eine besondere Rolle für die Konstitution organisationaler Praxis spielen (siehe Abschnitt 2.2.1). Sie können als Produkt und Medium organisationaler Praxis sowie als Materialisierung eines Kooperationsvorgangs über Raum und Zeit hinweg verstanden werden und sind somit gerade im Hinblick auf die forschungsleitende Frage nach der Praxis der Herstellung und Bearbeitung organisationaler Präsentation und Repräsentation von Belang.[39]

Als Dinge des organisationalen Alltags interessierten mich einerseits die von der Organisation künstlich hergestellten und manifesten sowie von der Organisation verwendeten Gegenstände (etwa Dokumente, Bilder, Broschüren, Architektur etc.). Andererseits wurden auch die von den Organisationen entwickelten, vermittelbaren und erwerbbaren Konzepte und Technologien, Konsumgüter und Handlungsanleitungen, die sich vielerorts *pars pro toto* in Dokumenten, Flyern und in Form eines angewandten Wissens und Könnens materialisieren, als Artefakte analysiert. Als *dinghafte Mitspieler* organisationaler Praxis gerieten mir diese Artefakte unterschiedlichster Art von Beginn an in das Blickfeld. Dies erfolgte über wiederholte Begegnungen von Artefakten und ihrer Verwendung in Szenen oder über Hinweise, die ich in Gesprächen erhielt. Dabei waren vor allem jene Artefakte von Interesse, auf die wiederholt Bezug genommen wurde, die Brennpunkt gemeinsamer Aufmerksamkeit waren oder als Medien der Grenzüberschreitung fungierten. So zeigte sich, dass unterschiedlichste Artefakte sowohl bezüglich der Organisation grenzüberschreitender Verständigung als auch bezüglich der organisationalen Selbstdarstellung als grenzüberschreitende Organisationen Relevanz besitzen. Eine Vermutung oder konkrete Beobachtung, dass sich kulturelle Übersetzungsprozesse, Prozesse des Nicht-Verstehens und eines Umgangs damit in bestimmten Artefakten materialisieren und dass diese als Ressource und Medium grenzübergreifend-programmatischen Agierens dienen, begründete die Artefaktauswahl. Die gesammelten Artefakte unterzog ich einem Analysevorgehen, das sich an den Vorschlägen einer

39 Denn erst die Interaktion mit „nicht-menschlichen Akteuren" ermöglicht das Andauern und Wirken der Interaktion über die unmittelbare Situation hinaus (vgl. Latour 2001, S. 248 zitiert nach Wieser 2004, S. 96). In diesem Verständnis umgeben uns Artefakte als Konserven und Träger von Sinn und Wissen (vgl. ebd.). Das Sein und Handeln inmitten der Dinge (vgl. Wieser 2004) hat demnach einen doppelten Bezug zur Praxis. Sie rahmen als heimlich mit-handelnde Dinge und Artefakte die Interaktion (vgl. ebd.) und erhalten diese durch ihr Mitwirken. Andererseits dienen die Objekte als Ressource des Handelns und produzieren in ihrem Gebrauch Bedeutungen und Funktionen (vgl. Hörning 2001). Ob als zum Verkauf und Konsum angebotenes Produkt, ob als Gegenstand alltäglicher Arbeit oder als Medium der Selbstdarstellung, Artefakte sind in diesem Verständnis in Entstehung, Verwendung und Funktion entscheidende Referenzpunkte organisationaler Praxis.

perspektivischen Artefaktanalyse von Manfred Lueger (2010) und – bezogen auf Organisationsforschung – von Ulrike Froschauer (2009) orientierte.

Als „Objektivationen sozialer Beziehungen" (Lueger 2010, S. 92) repräsentieren Artefakte[40] Tätigkeiten, durch die sie geschaffen wurden, und arrangieren als Mitspieler sozialer Praxis den Handlungskontext. Dem Vorschlag von Lueger folgend, können Artefakte als „nicht bloß im Moment existierende [und für den Moment geschaffene, NE] Objekte, sondern [als, NE] fixierte Ausdrucksformen historisch-genetischer Prozesstrukturen" (ebd., S. 97) hinsichtlich der Logik ihres Anlasses, der Logik ihrer Produktion, der Logik ihres Gebrauchs und ihrer Aneignung analysiert werden (vgl. ebd., S. 192 ff.). Diesen Analyserahmen ergänzend, wird zudem die Perspektive auf die Logik der Organisation einbezogen (vgl. Froschauer 2009). Diese fragt nicht nur nach der Wirkung und Funktion des Artefakts für die Organisation, sondern auch nach den Wirkungsbedingungen und Funktionszuschreibungen durch die Organisation selber (vgl. Abschnitt 2.3). So ist im Anschluss an das Erkenntnisinteresse dieser Studie die analyseleitende Annahme bezüglich organisationaler Artefakte folgendermaßen zu formulieren: Der explizite Herstellungscharakter, die Aufgabenbezogenheit von Organisationen und der damit verbundene Zwang oder Anspruch, sich in Zweck und Ziel zu präsentieren und zu legitimieren, legt den Fokus der Artefaktanalyse auf die präsentative Verwendung und Funktion von Artefakten und Dingen. Zudem gilt es zu Fragen, inwiefern Artefakte die Funktion organisationaler Vergegenwärtigung erfüllen. Für die Analyse von Artefakten schlägt Lueger eine Perspektivenvariation vor, die Deskription, Dekontextualisierung, Rekontextualisierung, Strukturanalyse und Komparation verbindet (Lueger 2010, S. 104 ff.). In leichter Modifikation wird diesem Vorgehensvorschlag gefolgt. Auch wenn im Rahmen ethnographischer Forschung Artefakte und Dokumente zunächst in ihrer Verwendung oder Herstellung in den Blick geraten und auf diese Weise bereits eine Deskription im Zusammenhang flüchtiger oder strukturierter Praxis erfolgen kann, beginnt die eigentliche Artefaktanalyse in möglichst nüchterner

40 In vorliegender Arbeit werden auch Dokumente (die Verschriftlichung organisationaler Regeln, Philosophien oder Entscheidungen) als Artefakte analysiert. Damit liegt der Fokus nicht auf einer inhaltsanalytischen Betrachtung von Dokumenten, sondern vornehmlich auf der Analyse ihrer Genese und ihrer spezifischen organisationalen Funktion. Im Anschluss an Wolff lässt sich das Interesse an Dokumenten in der Frage nach dem spezifischen Verhältnis von „dokumentarischer Wirklichkeit" und „Produziertheit" präzisieren (Wolff 2010b, S. 511). Demnach interessieren Dokumente nicht als Beleg für eine Sache (vgl. ebd.), sondern sind in ihrem Aussagehalt immer im Verhältnis zu ihrer Genesebedingung und zu ihrer praktischen Verwendung zu analysieren.

Annäherung.[41] Als ein „fremdes“ Objekt wird in *einer ersten Phase* das Artefakt in seinem Aufbau, seiner räumlichen Verortung, seinen Eigenschaften und seiner materiellen Struktur beschrieben. Dies beinhaltet auch die Zusammenfassung möglicher textueller Bestandteile, deren Übersetzung und die Beschreibung von Bildern. Im Sinne einer dekontextualisierenden Beschreibung wird das Artefakt dabei in sein Bestandteile zerlegt. Diese erste Phase der Artefaktbeschreibung weitet sich interpretativ aus, indem Assoziationen, mögliche Bedeutungen und Grenzen, mögliche Bezüge zum organisationalen Kontext und zu kulturellen Hintergründen (Bedeutung von Semantiken, Bildern und Symbolen im Deutschen wie im Tschechischen) in eigens angelegten Memos festgehalten werden. Lueger beschreibt diese Perspektive als alltagskontextuelle Sinneinbettung (ebd., S. 109 ff.). In einer zweiten Phase, einer nun dichteren Beschreibung, wird das Artefakt, bezogen auf den Fundort und im Hinblick auf Spuren in der Organisation, rekontextualisert. Diese zentrale Analysephase fragt nach dem Entstehungszusammenhang und der Artefaktgeschichte und seiner spezifischen Funktion in der Organisation. Dichter wird die Beschreibung des Artefakts letztlich durch die Verschränkung mit Beobachtungen zu seiner konkreten An- bzw. Verwendung. In der letzten Phase der Analyse werden organisationsinterne Vergleiche mit anderen Artefakten und Kontrastierungen mit Erkenntnissen aus anderen Analysen (Szenen) vorgenommen und auf diese Weise in Artefakten und Artefaktverwendungen erkennbare organisationsspezifische Praxisstrategien und Praxismuster der organisationalen Präsentation und Repräsentation herausgearbeitet.

41 Nach Möglichkeit versuchte ich die erste Phase der Artefaktanalyse nicht allein, sondern im Team durchzuführen. Regelmäßige Projekttreffen ermöglichten mir, im Feld eingesammelte Artefakte gemeinsam zu analysieren. Von Vorteil erwies sich dabei, dass die beteiligten KollegInnen die eigentliche Funktion des Artefakts bzw. den Zusammenhang der Auswahl nicht kannten und sich somit in größerer Distanz dem Gegenstand nähern konnten.

4.3 Kooperative Erfahrungsräume. Zur Methodik der Besprechungsanalyse[42]

Als ursprünglich nicht eingeplanter Teil der Erhebung ergab sich im Verlauf der Aufenthalte in den untersuchten Organisationen die Möglichkeit, Besprechungen nicht nur beizuwohnen, sondern diese auch mitzuschneiden. Dieser Gewinn *natürlicher Daten* des Miteinander-Sprechens bedeutete methodologisch eine Erweiterung der Erkenntnisperspektive. So wurde es dadurch möglich, neben einer Inblicknahme der praktischen Herstellung und Funktion von Besprechungsszenen, auch einen Fokus auf die sprachlich-diskursive Herstellung und Bearbeitung von Kooperation zu legen. Als Strukturmoment interessierte die Besprechung als zentraler Bestandteil der organisationalen Praxis des Miteinander-Arbeitens, in der aufgaben- und zweckbezogen informiert und diskutiert sowie Entscheidungen gefunden oder verkündet wurden (vgl. Schwartzman 1993; vgl. auch Abschnitt 2.1.2).

Die Lingustin Christine Dohmke konkretisiert Besprechung als Format organisationaler Entscheidungskommunikation (Dohmke 2006). Im Unterschied zu anderen Formen interner Unternehmenskommunikation weist die Besprechung besondere Merkmale auf: So ist diese als „Interaktionssystem " (ebd., S. 14) zu verstehen, in der

> „Informationen, Veränderungen, Probleme, Fragen und Beschwerden […] so ‚bereitgestellt' werden, dass im Anschluss an die Zusammenkunft ein spezifischer ‚Zustand' der angesprochenen Themen zur Orientierung für den Arbeitsalltag werden kann" (ebd.).

Der Hinweis auf die Bedeutung und Wirkung von Besprechungsergebnissen in Form von Anknüpfungspunkten für die alltägliche Praxis, kann – dem Interesse dieser Studie folgend – mit der Frage verbunden werden, inwiefern die Praxis wiederum Fragen und Probleme generiert, die Besprechungen bzw. eine spezifische Besprechungspraxis konstituieren. So lässt sich in der Besprechung einerseits die Reproduktion von formalen Regelungen und Hierarchien rekonstruieren, die Ver-

42 Im Rahmen des eingangs erwähnten Verbundprojekts wurde die Besprechungsanalyse als Methodik pädagogischer Organisationsforschung von Michael Göhlich vorgeschlagen. Im Gegensatz zur Konversationsanalyse fokussiert die Besprechungsanalyse Göhlich zur Folge die explizite Aufgabenbezogenheit der Gesprächsdramaturgie und erlaubt eine Inblicknahme der spezifischen Kooperationspraxis. Folgende Darstellung basiert auf diesen und weiterführenden Überlegungen, die zum Teil in gemeinsamen Interpretationssitzungen und Diskussionen von Michael Göhlich und mir entwickelt, bisher aber an keiner Stelle publiziert wurden. Die Verschriftlichung dieser – nicht nur meiner – Gedanken erfolgt in gemeinsamen Einverständnis.

haltensanknüpfungspunkte für die alltägliche Praxis schaffen. Andererseits zeigt sich in Besprechungen nicht nur eine organisationsspezifisch explizite Praxis der Kooperation, sondern es werden auch informelle Praktiken des Miteinanders und zugrunde liegende Orientierungsmuster rekonstruierbar. Für die Rekonstruktion organisationsspezifischer Kooperationspraxen, wie sie in organisationalen Besprechungen hergestellt und bearbeitet werden, wird auf konversationsanalytische Hinweise sowie auf Überlegungen zur dokumentarischen Methode zurückgegriffen. In der ethnomethodologischen Tradition Harold Garfinkels, der die soziale Wirklichkeit als nicht statisch Gegebenes, sondern als etwas Fortlaufendes, durch Interaktion Hergestelltes versteht, untersucht die Konversationsanalyse (vgl. Garfinkel 1967), wie Interagierende im Gespräch soziale Wirklichkeit herstellen. Soziale Wirklichkeit entsteht folglich im selbstverständlichen Vollzug. Auf organisationale Wirklichkeit übertragen, könnte die ethnomethodologische Perspektive auf Organisationen als „Doing Organization" bezeichnet werden. Auch in Korrespondenz zu organisationstheoretischen Überlegungen einer Dualität von organisationalen Strukturen und Praktiken wäre organisationale Wirklichkeit in diesem Sinne nicht (nur) durch Strukturen und Regeln gegeben, sondern durch die Anwendung dieser in Konversationen hergestellt und veränderbar. Bezogen auf Organisationsforschung heißt dies: Berücksichtigt man die durch Statuten und Regelwerke strukturierte Grundkonstitution organisationaler Praxis und geht man davon aus, dass diese Medium und Resultat organisationaler Praktiken sind, dann erscheinen Besprechungen – das Format der Besprechung verweist auf einen Strukturmoment, das jeweils organisationsspezifisch bezüglich seiner Strukturiertheit, Starrheit etc. variiert – als Orte, an denen die Mitglieder einer Organisation ihre Kooperationspraxis aufführen, nachvollziehen, verändern und somit wiederherstellen. Für die Analyse der – organisationsethnographisch ermöglichten – Besprechungsmitschnitte werden an in konversationsanalytischer Tradition stehende Überlegungen der dokumentarischen Methode (vgl. Bohnsack 2003) angeschlossen. Ralf Bohnsack bindet das methodische Verfahren der Gruppendiskussion (als zunächst fremdinitiierte, auf Selbstläufigkeit ausgerichtete Kommunikation!) zur Untersuchung von informellen Gruppenmeinungen (vgl. Mangold 1960) an das Mannheimsche Konzept des „konjunktiven Erfahrungsraumes" (Mannheim 1980) und entwickelt auf dieser Grundlage die dokumentarische Methode als empirischen Zugriff auf implizite Orientierungen, auf deren Grundlage milieutypische Erfahrungsräume rekonstruiert werden. Dies erfolgt über die Analyse der Diskursdramaturgie und -organisation:

> „Dort, wo in dramaturgischer Steigerung die interaktive Bezugnahme ihre höchste Intensität und Dichte erreicht (...), verschmelzen die Einzelbeiträge am deutlichsten

> ineinander, und es treten die Individuen, die Charaktere der einzelnen Sprecherpersönlichkeiten zurück hinter das gemeinsame Erleben, das hier seinen Focus hat" (Bohnsack 2003, S. 139).

Die Übertragung dieser methodologischen Überlegungen auf die Untersuchung von Organisationen – hier vor allem auf die Organisationskulturforschung – erfolgt in verschiedenen Studien (vgl. Kubisch 2008; Mensching 2008). Eine dokumentarische Organisationskulturforschung bildet in der Rekonstruktion der handlungsleitenden Orientierungen der organisationalen Akteure ab, „wie sich soziale und organisationsbezogene Strukturen im Handeln der Akteure niederschlagen" (Kubisch 2008, S. 92). Dabei verbleibt die Studie von Sonja Kubisch im Sinne eines rekonstruktiven Anspruchs auf der Akteursebene, bietet aber bezüglich der Differenzierung zwischen kommunikativem oder kommunikativ-generalisiertem Wissen innerhalb der Organisation (Abbildung in Praxis und Semantiken der Selbstdarstellung) und dem konjunktiven auf verschiedene Erfahrungsräume bezogenen Wissen Anschlussmöglichkeiten (vgl. ebd., S. 93f.). Bezogen auf die Organisationskultur, wird hier angenommen, dass die Mitglieder einer Organisation im gemeinsamen Handeln für die Organisation trotz möglicher organisationsübergreifender Milieudifferenzen kollektive Orientierungen herausbilden (vgl. ebd.). Für die Analyse von Besprechungen wird daran angeschlossen und die Rekonstruktion eines organisationsbezogenen *kooperativen Erfahrungsraums* fokussiert, bei dem der Modus der Kooperation selbst spezifische Erfahrungsräume erzeugt (vgl. Lamprecht 2012).[43] So steht im Rahmen der Analysen von Besprechungsmitschnitten nicht die beziehungsorientierte Bearbeitung und Bewältigung von Kommunikation und Koexistenz im Vordergrund, sondern die kooperative Praxis, die Erarbeitung des Umgangs der organisationalen Interaktionsgemeinschaft mit ihrer Aufgabe. Es geht dabei um die Frage, wie die Mitglieder der Organisation im Umgang mit dem Zweck bzw. der Aufgabe, deren Bewältigung der Organisation dient, eine spezifische Form der Zweck- und Aufgabenbewältigung herausbilden und damit auf je spezifische Weise organisationale Praxen der Kooperation reproduzieren. Da es sich in Abgrenzung zu Gruppendiskussionen bei den Aufzeichnungen von Besprechungen um natürliche Gesprächssituation handelt, d.h. a.) nicht um eine fragende Intervention (im Unterschied zu durch Fragen initiierte Gruppendiskus-

43 Juliane Lamprecht untersucht im Kontext einer rekonstruktiv-responsiven Evaluationsstudie Modi der Kooperation zwischen professionellen Repräsentanten unterschiedlicher Organisationen (Kita und Grundschule) und fokussiert dabei die Frage, welche „überinstitutionellen Erfahrungsräume für die Beteiligten relevant werden" und inwiefern diesbezüglich institutionenspezifische Perspektiven wirken (vgl. Lamprecht 2012, S. 49).

sionen) und b.) um ein Gespräch, das in einem natürlichen Setting aus gegebenem Anlass[44] stattfindet, ist der methodische Zugriff vorerst kein rekonstruktiver, sondern wie im Fall der teilnehmenden Beobachtung ein registrierender. Die Analyse der Besprechung verbindet sich zunächst mit einer dichten Beschreibung ihrer Praxis und ihres Kontexts. Hinsichtlich der Transkription des mitgeschnittenen Gesprächs und deren Analyse werden zudem folgende Aspekte berücksichtigt:

Im Anschluss an die dokumentarische Methode erfolgt *erstens* eine Rekonstruktion der Gesprächsordnung (Organisation und Dramaturgie des Diskurses) unter Berücksichtigung der Tatsache, dass Besprechungen aus gegebenem Anlass (ohne Fremdeinwirkung) aufgaben-, zweck- und themenbezogen gerahmt und auf jeweils spezifische Weise vorstrukturiert sind (TOP-liste, Aufgabenverteilung). *Zweitens* sind häufige und rasche *Turns* als Hinweise auf inhaltliche Brisanz und modale Spezifik von Interesse. Es gilt jene Sequenzen genauer zu betrachten und im Hinblick auf eine erkennbaren Modus der Kooperation zu untersuchen. *Drittens* fokussiert die genauere interpretative Betrachtung der Besprechungsmodi und die Herausarbeitung eines kooperativen Erfahrungsraumes (einer kooperativen Praxis der Organisation) vordergründig die Bezugnahme auf ein gemeinsames Tertium (Aufgabe, Zweck, vorliegende Gegenstände).

Die Analyse von Besprechungsausschnitten greift auf das begriffliche und methodische Instrumentarium der dokumentarischen Methode zurück, wie sie von Bohnsack entwickelt wurde (Bohnsack 2003; Bohnsack et al. 2006). Die Textinterpretation transkribierter Mitschnitte[45] folgt demnach der methodologischen Differenzierung von Beobachtungen erster Ordnung (die Frage nach dem Was) und Beobachtungen zweiter Ordnung (der Frage nach dem Wie) und der daraus resultierenden Arbeitsschritte der formulierenden und reflektierenden Interpretation (Bohnsack et al. 2007, S. 14). Über die *formulierende Interpretation* wird in einem ersten Schritt der thematische Verlauf der ausgewählten Mitschnitte rekonstruiert und jene Passagen identifiziert, die sich durch rasche, intensive Turns, eine metaphorische Dichte (vgl. Bohnsack 2003, S. 138) und durch eindeutige Bezugnahmen auf gemeinsames Drittes auszeichnen. In der *reflektierenden Inter-*

44 Die Anwesenheit des Forschers war dabei keine konstitutive Bedingung für Gesprächsanlass.

45 Die Transkriptionen der Besprechungsmitschnitte (gleiches gilt für die Transkriptionen der Interviews) wurden im Kontext des oben geschilderten Forschungsverbundprojekts angefertigt. Aufgrund der Beteiligung unterschiedlicher Disziplinen mit unterschiedlichen Analyseperspektiven wurden dabei verschiedene Transkriptformate erstellt. Für die vorliegende Arbeit habe ich die ausgewählten Transkriptpassagen vereinheitlicht. Dabei orientierte ich mich an den Transkriptionsregeln, wie sie von Bohnsack (2003, S. 235) vorgeschlagen werden (vgl. Regeln zur Transkription).

pretation als zweiten Arbeitsschritt geht es darum, den Rahmen und die Art und Weise der Entfaltung des Themas (in meinem Fall der spezifischen Bezugnahmen Zueinander und im Hinblick auf die Organisationsaufgabe) in den Mittelpunkt zu rücken (vgl. ebd., S. 135ff.). Im Unterschied zu einer Analyse des konjunktiven Erfahrungsraumes einer Gruppe, in der der Verschachtelung verschiedener (milieu-, generations-, geschlechtsspezifischer etc.) Orientierungsfiguren offene Aufmerksamkeit geschenkt wird und die den übergreifenden Orientierungsrahmen der Gruppe erst rekonstruieren will (vgl. ebd., S. 136), fokussieren meine Analysen von vornherein auf den organisationsbezogenen *kooperativen Erfahrungsraum* als übergreifenden Orientierungsrahmen. So geht es hierbei um die Rekonstruktion von organisationalen Orientierungsmustern, die die Logik der (organisationalen) Praxis anleiten (vgl. Bourdieu 1979/2009, S. 228ff.). Im Zentrum der Textinterpretation im Rahmen der reflektierenden Interpretation steht damit die Rekonstruktion der Diskursorganisation und der Diskursdramaturgie, wie sie sich aufgaben- und zweckbezogen entfaltet. Dabei wird in der Explikation des Besprechungsrahmens und seines modalen Verlaufs auf kulturspezifische Orientierungsmuster und Zuschreibungen sowie auf Hierarchiestrukturen geachtet. Die Arbeitsschritte der Fallbeschreibung und der Typenbildung finden in dieser Form nicht statt, da der rekonstruierte organisationsspezifische Modus der Kooperation in Verschränkung mit Ergebnissen anderer Analysen zu Praxisstrategien und Praxismustern organisationaler Identität verdichtet wird.

4.4 Zusammenfassung

Das skizzierte methodische Design einer pädagogischen Organisationsethnographie im Kontext kultureller Grenzüberschreitung versteht sich als eine ethnographische Forschungsstrategie, die in einer praxistheoretischen Auffassung des Gegenstands *Organisation* die praktische Herstellung und Bearbeitung organisationaler Identität untersucht. Zentral ist dabei die Annahme, dass die organisationale Identitätspraxis im Kontext kultureller Grenzüberschreitung und daraus resultierender Differenzen als konkrete kulturelle Übersetzungsvorgänge untersucht werden können. Die teilnehmende Beobachtung und das dichte Übersetzen des erlebten und gesehenen Miteinander-Arbeitens organisationaler Akteure in *Szenen* verbindet sich mit einer *artefaktanalytischen Perspektive*, die das Mitspielen der Dinge im organisationalen Alltag berücksichtigt sowie mit einer dokumentarischen Besprechungsanalyse, die sich für die Orientierungen der organisationalen Akteure und den jeweils spezifischen kooperativen Erfahrungsraum interessiert. Auf diese Weise werden zum einen intentionale Praxisstrategien und zum anderen habitualisierte Praxismuster der Herstellung und Bearbeitung organisationaler Identität im Kontext der Grenzüberschreitung herausgearbeitet. Bei der Rekonstruktion von Praxismustern kann unterschieden werden in solche, die sich anhand der alltäglichen Praxis in den beschriebenen Szenen und in den Verwendungsweisen von Artefakten zeigen, und solche, die als Orientierungsmuster in dialogischen Auseinandersetzungen (Besprechungen) wirken und die Praxis anleiten.

Teil II

Strategien und Muster der Identitätspraxis grenzüberschreitender Organisationen.

Zwei organisationsethnographische Fallstudien

In folgendem Buchteil werden die organisationsethnographischen Befunde zweier deutsch-tschechischer Einrichtungen vorgestellt. Gemäß meines Erkenntnisinteresses an der organisationalen Identitätspraxis grenzüberschreitender Organisationen liegt der Fokus dabei auf den jeweils spezifischen organisationalen Praktiken der Herstellung und Bearbeitung einer Praxis der Darstellung und Vergegenwärtigung als deutsch-tschechisch grenzüberschreitend-agierende Organisation. Entsprechend der oben entwickelten ethnographischen Vorgehensweise (vgl. Kapitel 4) orientieren sich die Falldarstellungen der Organisation *Zentrum KULT* und der Organisation *Kontaktzentrum TRETBOOT* an durch *dichte Übersetzung* herausgearbeitete Kategorien. So folgen sie nicht der Chronologie meiner Erhebungsaufenthalte, sondern strukturieren sich entlang der im Verlauf des organisationsethnographischen Vorgehens in den Brennpunkt der Aufmerksamkeit gerückten Phänomene. Das Ziel der Falldarstellungen ist es, die jeweils organisationsspezifischen Praxisstrategien und Praxismuster der organisationalen Identität herauszuarbeiten und Vorgänge ihrer Bewahrung oder Modifikation als organisationale *Identitäts*lernprozesse im Kontext kultureller Übersetzungsanforderungen zu rekonstruieren. In der Darstellung der ethnographischen Befunde und Analysen wird organisationales Identitätslernen zunächst heuristisch als die Veränderung von Praxisstrategien und Praxismuster der organisationalen Darstellung und Vergegenwärtigung beschrieben. Mit der Kategorie der Praxisstrategie werden zweckrationale und explizite, die Corporate Identity der Organisation betreffende, Darstellungspraktiken bezeichnet. Davon unterschieden werden Praxismuster der Darstellung und Vergegenwärtigung, die als überindividuelle habitualisierte und routineförmige Praktiken der organisationalen Identität wirken. Eine theoretische Verdichtung dieser relational-differenten Kategoriepaarung erfolgt in Buchteil III dieser Arbeit (vgl. Abschnitt 8.2).

Zunächst werden die empirischen Befunde und die darin erkennbaren strategischen und musterförmigen Identitätspraktiken des Falls *Zentrum KULT* vorgestellt (Kapitel 5). Anschließend werden entsprechend die Analysen zum Fall *Kontaktzentrum TRETBOOT* ausgeführt (Kapitel 6). Für das *Zentrum KULT* können fünf Praxismuster und vier Praxisstrategien der organisationalen Identität, für den Fall *Kontaktzentrum TRETBOOT* sechs Praxismuster und drei Praxisstrategien der organisationalen Identität benannt werden. Eine zusammenfassende Darstellung der rekonstruierten Praxismuster und -strategien finden sich in Abschnitt 5.7 bzw. in Abschnitt 6.7.

5 Inmitten der Peripherie

Das bayerisch-böhmische Zentrum grenzüberschreitender Kulturplanung und -förderung

Die zunächst im Fokus der Betrachtung stehende Organisation bezeichne ich mit dem Anonymus *Zentrum KULT.*[46] Mit der Abkürzung *KULT* wird dem zentralen Selbstverständnis der Organisation, als Einrichtung (inter)kultureller Vernetzung und Begegnung im bayerisch-tschechischen Grenzraum zu wirken, entsprochen. Der Zusatz *Zentrum* entstammt dem Originalnamen. Mit Blick auf den darin repräsentierten Anspruch auf grenzregionale öffentliche Wirksamkeit der Organisation wird dieser Zusatz auch im hier verwendeten Anonymus beibehalten.

Die Falldarstellung orientiert sich an den organisationsspezifischen Phänomenen des Arrangierens und Fixierens organisationaler Selbstdarstellung, der Gastlichkeit als Modus deutsch-tschechischer Begegnung und der Sorgfältigkeit als Modus der Organisation von grenzüberschreitenden Veranstaltungen. Der Aufbau der Falldarstellung folgt damit der gegenstandsbezogenen Logik, die sich in meiner organisationsethnographischen Untersuchung ergeben hat. Gleichwohl sind die ersten Abschnitte als eine – dem ethnographischen Prinzip des offenen Beginns entsprechende – Annäherung an den Fall zu verstehen. Nach einer Schilderung meines Feldzugangs und meiner ethnographischen Bewegungen in der Organisation (Abschnitt 5.1) geht es in einer Portraitierung der Organisation zunächst darum, den Gegenstand der Untersuchung vorzustellen. Dies geschieht eng angelehnt an Selbst- und Fremdbeschreibungen der Organisationen[47], wie

---

46 Alle Namen und Bezeichnungen von Personen, Abteilungen etc. sowie von Produkten sind anonymisiert.

47 Rainer Zech und Kollegen haben eine ausführliche Studie zu Selbst- und Fremdbeschreibungen von Organisationen der Weiterbildung vorgelegt (vgl. Zech et al. 2010). Die Analysen basieren unter anderem auf den jeweiligen organisationalen Selbstbeschreibungen des Organisationszwecks, der Programmatik, der MitarbeiterInnen(struktur) sowie des Selbstverständnisses (vgl. Zech 2010, S. 30). Die hier erfolgende Portraitierung der Organisationen (vgl. auch Abschnitt 6.2) ist in ihrem Aufbau davon inspiriert worden.

sie aus Dokumenten und Erzählungen hervorgehen und als Charakterisierung der Organisationsstruktur (Abschnitt 5.2). Der zweite Abschnitt beinhaltet eine ausführliche Beschreibung des Gebäudes der Organisation, welches nicht zuletzt durch seine besondere Machart und herausgehobene Positionierung als erstes in den forschenden Blick genommen wurde (Abschnitt 5.3). In der Verknüpfung der szenischen Beschreibung von beobachteten Ereignissen und Praxisformen, artefaktanalytischer Betrachtungen von Dokumenten und anderen Gegenständen sowie der Analyse von Passagen der Jahresplanungsbesprechung werden sodann die Planung, Organisation und Durchführung von diversen Veranstaltungen dargestellt. Dabei liegt das Augenmerk in diesen Abschnitten auf der Herstellung und Reproduktion, der Stabilisierung und Modifikation

- expliziter Praxisstrategien und habitualisierter Praxismuster der Legitimation und Vergegenwärtigung der organisationalen Funktion als grenzüberschreitendes Zentrum der Kulturförderung (Abschnitt 5.4) sowie
- expliziter Praxisstrategien und habitualisierter Praxismuster des Umgangs mit kulturellen Übersetzungsanforderungen im alltäglichen Miteinander und in der Durchführung von Veranstaltungen als kreative Reduktion von Grenzkomplexität und als Repräsentation von Fürsorglichkeit und Gastfreundschaft (Abschnitt 5.5 und 5.6).

5.1 Der ethnographische Zugang zur Organisation Zentrum KULT

Da ich die Organisation *Zentrum KULT* im Zusammenhang mit meiner – einige Jahre zurückliegenden – Tätigkeit als Theaterpädagoge bereits besucht, einige Mitarbeitende flüchtig kennen gelernt und auch eine etwaige Ahnung von der dort praktizierten Hierarchie hatte sowie bereits mit dem heutigen Leiter schon in Kontakt stand, entschied ich mich in der Planung meines Feldzugangs für eine direkte Kontaktaufnahme per Telefon. Ein erster Anruf im Frühjahr 2009 verlief vielversprechend. Der Vorstellung unseres Forschungsprojekts und meiner damit verbundenen Anfrage, zu Forschungszwecken mit der Organisation *Zentrum KULT* zu kooperieren, begegnete der Leiter sehr aufgeschlossen, wenn nicht sogar begeistert. „Sehr gerne" würde er eine „solche Kooperation mit der Wissenschaft machen"[48] kürzte er meine Ausführungen ab und schlug im Rahmen dieses ers-

48 Zitate ohne Literaturverweis stammen aus Notizen meiner Feldprotokolle oder aus Transkriptpassagen.

ten Telefonats ein Treffen vor, bei dem wir das *Zentrum KULT* kennenlernen und unser Forschungsansinnen näher besprechen könnten. Am 3.7.2009 reisten wir, die Mitarbeiter des interdisziplinären Forschungsprojekts, namentlich Thomas Höhne, Matthias Klemm, Christoph Marx und ich, in Mitteich (der Standort der Organisation) an. Nach einer kurzen Vorstellung bei den anwesenden Mitarbeitenden und einer kleinen Führung durch das Haus konnten wir – dies war ebenfalls bereits im ersten Telefonat vereinbart worden – mit dem Leiter und seinem Stellvertreter jeweils ein narrativ-episodisches Interview führen.[49] Nicht zuletzt auf Grundlage der hier gewonnenen Eindrücke organisierte ich in den folgenden Monaten meine ethnographische Forschungsarbeit in der Organisation *Zentrum KULT*. Das narrativ-episodische Interview mit dem Leiter führte ich gemeinsam mit meinem Kollegen Matthias Klemm. Das Interview dauerte beinahe zwei volle Zeitstunden und endete mit dem für mich überraschenden Vorschlag des Leiters, ein Gruppenphoto „mit den Forschern" zu machen. Dieses hier entstandene Bild wurde von einem Mitarbeiter (dem stellvertretenden Projektleiter) „für die organisationseigene Datenbank" aufgenommen. Die Tatsache photographiert zu werden sowie der souveräne Umgang in der photographischen Dokumentation unseres Besuches (inklusive des gekonnten Arrangements aller Beteiligten zu einem Gruppenbild am Interviewtisch) überraschte mich und bildete in gewisser Weise den Ausgangspunkt meiner organisationsethnographischen Arbeit im *Zentrum KULT*. Sowohl die Photokamera als Artefakt als auch die spontane, aber souveräne Situation des Bilder-Machens und nicht zuletzt die Möglichkeit einer hier zum Ausdruck kommenden organisationalen Regelmäßigkeit interessierten mich auf Anhieb und markierten den Beginn einer ethnographischen Suche nach Funktion und Bedeutung photographischer Dokumentation (vgl. Abschnitt 5.4.3).[50] Ein zweites, meine Forschungsausrichtung ebenfalls fokussierendes Erlebnis, welches mit dieser Situation in Verbindung stand, erfolgte kurze Zeit später. Denn knapp ein Monat nach diesem ersten Gespräch erschien in einer regionalen Tageszeitung ein eigens von der Organisation verfasster Pressebericht mit dem Titel „Vorzeigeobjekt interessiert Forscher. Am Beispiel *Zentrum KULT*: Projekt untersucht komplexes Management in der bayerisch-böhmischer Grenzregion" (KULT D 01).

---

49 Diese Form des gemeinsamen Besuchens der Organisation in Verbindung mit einem Erstgespräch bildete in allen vom Forschungsprojekt untersuchten Fällen den Einstieg der Erhebung, vgl. auch Fußnote 38.

50 Auf die Bedeutung solch erster Ereignisse im Zuge des Feldeintritts (in diesem Fall die Begegnung mit einer eingespielt wirkenden Praxis des Photographierens) für die Ausrichtung organisationsethnographischer Forschungsarbeit und die Fokussierung von organisationsspezifischen Phänomen hat Alexandra Ouroussoff (2001, S. 50f.) eindrücklich hingewiesen.

Zwar wurde hier nicht das genannte Photo abgebildet, sehr wohl aber über unser erstes Treffen, über uns persönlich und unsere dortigen Vereinbarungen berichtet. Das selbstverständliche Arrangement eines Gruppenbilds einerseits und die eilige Repräsentation unserer Arbeit als Teil der organisationalen Öffentlichkeitsarbeit andererseits sensibilisierte meinen Blick hinsichtlich organisationsspezifischer Praxen der Repräsentation und machte mich auf einen möglichen Verwertungsdruck der Organisation sowie einer möglichen Funktionalisierungsgefahr meiner Forschungen durch das Feld aufmerksam (vgl. Götz 2000, S. 66; vgl. auch Abschnitt 2.3). Nachhaltig beeindruckt von dieser ersten Kontaktaufnahme und den hier erlebten Überraschungen bestand meine organisationsethnographische Arbeit darin, zu verschiedenen Anlässen Veranstaltungen in Vorbereitung und Durchführung, Besprechungen und den organisationalen Alltag teilnehmend zu beobachten. Während meiner Forschungsaufenthalte bei der Einrichtung durchstöberte ich Archive und Ordner, photographierte Artefakte und Räume, sammelte Dokumente und führte episodische Interviews. Untenstehende Tabelle (Tab.1) bildet die Chronologie meiner Ethnographie der Organisation *Zentrum KULT* ab und möchteverdeutlichen, zu welchem Zeitpunkt welche Daten erhoben wurden und wo sich diese in der vorliegenden Arbeit wiederfinden.

Tabelle 1 Chronologische Darstellung der ethnographischen Aufenthalte im *Zentrum* KULT[51]

Feldaufenthalt (Dauer, Ort, teilnehmende Forscher)	**Anlass und Kontext des ethnographischen Feldaufenthalts**	**Ethnographische Datenerhebungen und -funde** (Szenen, Artefakte, Mitschnitte, Dokumente und Interviews)	**Ort der Darstellung und Analyse in vorliegender Arbeit**
3.7.2009 Mitteich, KULT Nicolas Engel, Thomas Höhne, Matthias Klemm, Christoph Marx	Erster Besuch: Gemeinsames Erstgespräch; Informelle Forschungsvereinbarung; Führung durch das Gebäude	**KULT AB 01:** Artefaktbeschreibung *Gebäude*	Abschnitt 5.3
		KULT I 01: episodisch-narratives Interview *Leiter*	Abschnitt 5.2.2 und 5.4
		KULT SB 01: Szenenbeschreibung *„Is der Akku leer"*	Abschnitt 5.4.3
		KULT I 02: episodisch-narratives Interview *stellv. Leiter*	Abschnitt 5.6.1
7.7. - 8.7 2009 Mitteich, KULT Nicolas Engel, Christoph Marx	Teilnehmende Beobachtung des Sommerfests und einer Ausstellungseröffnung	**KULT SB 02:** Szenenbeschreibung *Eröffnungsrede Sommerfest*	Abschnitt 5.5
		KULT SB 03: Szenenbeschreibung *Photo mit politischen Repräsentanten*	Abschnitt 5.4.3
		KULT M 01: Mitschnitt *Jahresplanung*	Abschnitt 5.5.3 und 5.6.4
26.7 - 27.7 2009 Český Pramen und Mitteich Nicolas Engel, Thomas Höhne	Beobachtende Teilnahme an der KULT-Busfahrt von *Český Pramen* nach Mitteich	**KULT SB 04:** Szenenbeschreibung *Busfahrt*	Abschnitt 5.6.1
		KULT SB 05: Szenenbeschreibung *Der Barbetrieb*	Abschnitt 5.5.3
		KULT AB 02: Artefaktbeschreibung *Bus auf Flaggen*	Abschnitt 5.6.1

51 Die erhobenen Daten werden hier in der Chronologie ihrer Erhebung aufgeführt (für eine alpha-numerische Gliederung nach Datensorten vgl. Übersicht erhobener Daten) und mit einem Kürzel versehen, das auch in der weiteren Falldarstellung Verwendung findet: Das Kürzel KULT steht für *Zentrum KULT*, SB für Szenenbeschreibung, AB für Artefaktbeschreibung, RB für Raumbeschreibung, M für Mitschnitt, I für Interview und D für Dokument. Wenn Beschreibungen (z.B KULT AB 01) bei mehreren Feldaufenthalten entstanden sind, dann erscheint dieses Kürzel entsprechend öfter in der tabellarischen Darstellung.

Feldaufenthalt (Dauer, Ort, teilnehmende Forscher)	**Anlass und Kontext des ethnographischen Feldaufenthalts**	**Ethnographische Datenerhebungen und -funde** (Szenen, Artefakte, Mitschnitte, Dokumente und Interviews)	**Ort der Darstellung und Analyse in vorliegender Arbeit**
12.11 - 13.11.2009 Mitteich, KULT Nicolas Engel, Thomas Höhne, Matthias Klemm	Teilnehmende Beobachtung der Vorbereitung und Durchführung einer grenzüberschreitenden Diskussionsrunde	**KULT SB 06:** Szenenbeschreibung *„Das ist dann wie Rotkäppchen"*	Abschnitt 5.6.2
	Recherchen im Archiv	**KULT D 01:** Dokument *Zeitungsartikel*	Abschnitt 5.1
		KULT D 02: Dokument *Photo mit politischen Repräsentanten*	Abschnitt 5.4.3
		KULT D 03: Dokument *Homepage*	Abschnitt 5.2.1
		KULT D 04: Dokument *Projektkonzeption*	Abschnitt 5.2.2
21.3-25.03.2010 Mitteich, KULT Nicolas Engel	Teilnehmende Beobachtung der Vorbereitung und Durchführung der Preisverleihung	**KULT SB 07:** Szenenbeschreibung *„Wir sind ein Restaurant"*	Abschnitt 5.5.2
		KULT SB 08: Szenenbeschreibung *„Placement"*	Abschnitt 5.6.3
		KULT SB 09: Szenenbeschreibung *„Eröffnung zu Dritt"*	Abschnitt 5.4.1
		KULT RB 01: Raumbeschreibung *Preisverleihung*	Abschnitt 5.4.1
		KULT SB 10: Szenenbeschreibung *Preisverleihung*	Abschnitt 5.4.2
		KULT SB 11: Szenenbeschreibung *Gruppenphoto der Wegbereiter| Průkopníci*	Abschnitt 5.4.3
		KULT AB 01: Artefaktbeschreibung *Gebäude*	Abschnitt 5.3
		KULT D 05: Dokument *Eröffnungsrede*	Abschnitt 5.4.1
		KULT D 06: Dokument *Broschüre Preisverleihung*	Abschnitt 5.4.1
		KULT D 07: Dokument *Rundmails*	Abschnitt 5.5.1
6.9-7.9.2011 Mitteich, KULT Nicolas Engel, Michael Göhlich	Teilnehmende Beobachtung der Vorbereitung und Durchführung einer Vernissage	**KULT AB 01:** Artefaktbeschreibung *Gebäude*	Abschnitt 5.3
		KULT AB 03: Artefaktbeschreibung *Pokal*	Abschnitt 5.4.1
		KULT M 02: Mitschnitt *Rede Ausstellungseröffnung*	Abschnitt 5.6.1

Nach kurzer Zeit anfänglicher Unsicherheit – zwei Mitarbeitende sagten mir später, sie fühlten sich zu Beginn „schon ein bisschen kontrolliert" – schienen sich alle an mein unregelmäßiges Kommen und Gehen gewöhnt zu haben. Ich bewegte mich zu jedem Zeitpunkt der Erhebung frei im Gebäude, konnte mich auch jederzeit im Großraumbüro aufhalten, nahm an formellen und informellen Besprechungen teil und stand mit allen Mitarbeitenden in einem guten Kontakt. Guter Kontakt meinte hier, dass sich zwischen den Mitarbeitenden und mir – aus meiner Sicht – eine offene und wertschätzende Gesprächskultur ergab. Die Offenlegung meines Forschungsinteresses und die Bereitschaft, jederzeit auch Fragen der *Beforschten* an mich zu beantworten, aber auch die gemeinsamen Zigarettenpausen und nicht zuletzt das gelegentliche abendliche Zusammensitzen schufen Vertrauen. Ausschlaggebend war hierbei sicherlich der bereits im Vorfeld bestandene Kontakt zum Leiter der Organisation, der mich den Mitarbeitenden als „immer wieder auftauchender Forscher" vorstellte und mich von Beginn an in die im *Zentrum KULT* übliche DU-Anrede einband. Die Teilnahme an Veranstaltungen organisierte ich per vorheriger telefonischer Ankündigung. Während der Zeit im Feld wohnte ich in einem Brauerei-Gasthof in Mitteich. Die Unterbringung an diesem Ort, das Frühstück im Gasthof und die täglichen abendlichen Besuche beim benachbarten Italiener erlaubten mir eine Kontaktaufnahme mit der Mitteicher Bevölkerung. Gespräche mit Wirten und StadtbewohnerInnen am Stammtisch gaben mir viele Einblicke in die Geschichte Mitteichs und die Entstehungsgeschichte des *Zentrum KULT.*

Für meine organisationsethnographische Arbeit im *Zentrum KULT* kann das *Herum-Streunen* durch die Flure und Räume des Gebäudes als eine charakteristische Form meiner ethnographischen Tätigkeit beschrieben werden. Hierbei fand ich spannende Details, Dokumente und Bilder und begegnete und begleite die Mitarbeitenden immer wieder bei der Erledigung ihrer Tätigkeiten. Im Rahmen von Veranstaltungen verband sich meine Rolle als teilnehmender Beobachter mit der eines Besuchers. So mischte ich mich unter die Gäste und folgte als Gast dem Verlauf des Programms. Besondere Erwähnung bedarf mein mehrtägiger Organisationsaufenthalt im Frühjahr 2010. Hier verbrachte ich im Vorfeld der Preisverleihungsveranstaltung fünf Tage in der Organisation. Für diese Zeit wurde mir ein zeitweilig leerstehender Schreibtisch im Großraumbüro zur Verfügung gestellt. Während dieses längeren Aufenthalts beteiligte ich mich am organisationalen Alltagsgeschehen in Form der Übernahme kleinerer Aufgaben. So faltete und beschriftete ich Namenskärtchen, die für Preisverleihungsveranstaltung benötigt wurden, kopierte Dokumente oder half beim Tragen von Stühlen und Tischen. Diese Form der Partizipation ermöglichte neben dem Beobachten und Dokumentieren auch die Erfassung des Geschehens durch körperliches Erleben. Zudem begünstigte es auch die Integration und Akzeptanz meiner andauernden Anwesenheit.

5.2 Ein Kurzportrait der Organisation Zentrum KULT

In einem Kurzportrait möchte ich zunächst kennzeichnende und charakteristische Aspekte der Organisation *Zentrum KULT* wiedergeben, wie sie auf Grundlage meiner ethnographischen Eindrücke und aus Organisations-, Aufgaben- und Zielbeschreibungen in verschiedenen Dokumenten sowie aus Erzählungen des Leiters der Organisation im Rahmen des zu Forschungsbeginn geführten narrativ-episodischen Interviews hervorgehen.[52] Eine Verschränkung meiner ethnographischen Eindrücke mit Daten aus Erzählungen des Leiters und organisationalen Dokumenten verfolgt an dieser Stelle das Ziel, das Selbstverständnis der Organisation (Abschnitt 5.2.1), ihre Entstehungsgeschichte (Abschnitt 5.2.2) und Organisationsstruktur (Abschnitt 5.2.3) zu schildern sowie die Akteure der Organisation, wie sie in der Folge in Beschreibungen auftauchen, vorzustellen (Abschnitt 5.2.4).

5.2.1 Zentrum KULT. Zur organisationalen Selbstbeschreibung

Die Trägerschaft des von der Stadt Mitteich erbauten *Zentrum KULT* und der durch das Zentrum ausgeführten und aus EU-Mitteln finanzierten Projekte liegt beim Verein KULT e.V. Dieser besteht zum Zweck der „Förderung des Kulturlebens und der Völkerverständigung zwischen Bayern und Tschechien."[53] Der Verein hat insbesondere die Aufgabe, „das von der Stadt Mitteich errichtete KULT als Kulturdrehscheibe zwischen den bayerischen und tschechischen Grenzregionen zu führen." Dieser Aussage der Vereinssatzung entsprechend beschreibt sich das *Zentrum KULT* auf seiner Homepage in einer Funktion als „Kulturdrehscheibe, Informationszentrum und Ansprechpartner zwischen den bayerischen und tschechischen Nachbarregionen." Im Mittelpunkt steht dabei der „Netzwerkaufbau" eines „zweisprachigen Präsentations- und Dialogforums", welches zu einer „noch

52 Die hier verwendeten Passagen zur organisationalen Entstehungserzählung aus dem narrativ-episodischen Interview mit dem Leiter der Organisationen (KULT I 01, gleiches gilt für TRET I 01 und TRET I 02) eröffnen einen Zugang zur Präsentation und Vergegenwärtigung des organisationalen Selbstverständnisses. Für die weiteren Analysen wird von Interesse sein, inwiefern der hier erkennbare Entwurf eines Selbstbildes mit Praktiken der Selbstdarstellung und „Techniken der Imagepflege" (vgl. Goffman 1975, S. 10) korrespondiert (vgl. Hatch und Schultz 2002 sowie Abschnitt 8.2). In der Transkription wurden Dialekte abgebildet.

53 Alle Zitate in in diesem Abschnitt stammen aus den Selbstbeschreibungen des *Zentrum KULT*, wie sie auf der Homepage stehen (KULT D 03).

stärkeren Vertiefung der grenzüberschreitenden kulturellen und partnerschaftlichen Beziehungen“ beitragen soll. Hierfür „vernetzt“ das *Zentrum KULT* verschiedene Akteure des Grenzraums und „kooperiert mit allen“ an grenzüberschreitender Verständigung und Nachbarschaftspflege Interessierten. Diesem Zweck entspringende Zielsetzungen beziehen sich nicht nur auf die Ermöglichung kultureller Vernetzung und Begegnung, sondern erheben auch den Anspruch, das kulturelle Miteinander im Sinne einer „Imageverbesserung der bayerischen und tschechischen Nachbarregionen“ zu „forcieren“. Die prinzipielle Aufgeschlossenheit zur Kooperation, die Offenheit bezüglich der Integration unterschiedlicher Aktivitäten sowie der Anspruch, regionales Imagemanagement zu betreiben, korrespondiert mit einer vielseitigen Programmatik. Als zentrales Anliegen wird hier die Ermöglichung eines breiten Spektrums inhaltlicher Programmpunkte genannt. So ist der als zentrales Ziel formulierte Aufbau und die Pflege eines grenzüberschreitenden Netzwerks verknüpft mit der Realisierung eines vielseitigen Kulturprogramms. „Ausstellungen, Konzerte, Lesungen; Diskussionen, Filmvorführungen und Theater- und Musikprojekte“ verbinden sich mit der Weiterentwicklung einer „durchgehend zweisprachigen Datenbank“ und mit der ausführlichen Informationsarbeit „kompetenter Fachkräfte“ zu „Kulturangeboten der […] Nachbarregionen“. In den Selbstbeschreibungen findet die „durchgehende Zweisprachigkeit“ häufige Betonung. Sie bezieht sich nicht nur auf Informationsarbeit, sondern auch auf die Zweisprachigkeit vieler Veranstaltungen, die durch eine „Simultandolmetschernanlage“ ermöglicht wird. Die Durchführung dieser Programmatik basiert auf seit dem Jahr 2002 laufenden Projektfinanzierungen aus EU-Mitteln zur Förderung regionaler Entwicklung. Hierfür besteht eine – in den Selbstdarstellungen nur randläufig erwähnte – ständige Partnerschaft mit dem *Südwestschechischen Museum*. Vor dem Hintergrund dieser Selbstbeschreibung kann die Organisation *Zentrum KULT* als eine Einrichtung grenzüberschreitenden Kulturmanagements und grenzüberschreitender Kulturplanung charakterisiert werden, die besonderen Wert auf grenzüberschreitende kulturelle Bildung legt.

5.2.2 Von Touristen und Tschechen. Zur organisationalen Entstehungsgeschichte

Das *Zentrum KULT* wurde im März 2006 eröffnet. Erbaut aus den alten Gemäuern des ehemaligen Kommunbräuhauses (vgl. Abschnitt 5.3) der Stadt Mitteich ist die Geschichte des Zentrums eine wechselvolle und „a lange Geschichte“ (Kult I 01), wie der heutige Leiter des KULT und ehemalige Bürgermeister der Stadt Mitteich zu bemerken gibt. Die Geschichte des Zentrums ist unmittelbar verknüpft mit der

Sanierungsgeschichte des einstigen denkmalgeschützten Brauhauses der Stadt Mitteich und damit mit der neueren Stadtgeschichte Mitteichs.

Bezüglich der Entstehungsgeschichte des Zentrums können zunächst ein paar Anmerkungen zur Historie der Stadt Mitteich dienlich sein.[54] Die kleine, nahe der heutigen deutsch-tschechischen Grenze gelegene Stadt Mitteich unterstand bis hinein ins 19. Jahrhundert in wechselnder Verwaltung böhmischer und bayerischer Lehensherrschaft. Die Mitteicher Stadtchronik spricht in diesem Zusammenhang vom Mitteicher Land als „Zweiherrenland". Die Wirren wechselnder bayerischer und böhmischer Besatzungen endeten erst im Jahre 1805 mit dem Preßburger Frieden, in dessen Zuge Mitteich von der Krone Böhmens auf den Kurfürsten Bayerns übertragen wurde. Noch heute erinnert eine zweigesichtige Statue des heiligen Nepomuk (vgl. Einleitung) sowie die städtische Kirche, die den Namen dieses böhmischen Brückenheiligen trägt, an die Zeiten wechselhafter Zugehörigkeit. Hinsichtlich der grenzregionalen Lage ist sodann von Bedeutung, dass nach dem zweiten Weltkrieg sich viele der ausgesiedelten Sudetendeutschen im Mitteicher Land ansiedelten, woraufhin auch die Bevölkerungszahl der Stadt anwuchs. Seit den 1950er Jahren des letzten Jahrhunderts ist die Bevölkerungsdichte dann stetig zurückgegangen. Heute zählt die Stadt etwa 2700 Einwohner.[55] Wie die ganze Region erlebte auch die Stadt Mitteich in den beiden Jahrzehnten nach dem zweiten Weltkrieg eine touristische Boomphase (mit über 100 000 Gästen und Besuchern pro Jahr in den 1980er Jahren des letzten Jahrhunderts), die mit der Wende in eine immer noch anhaltende wirtschaftliche Talfahrt überging. War die Stadt Mitteich bis Anfang der 1990er ein beliebtes Ausflugs- und Urlaubsziel vieler Westberliner, stagnierte die vor allem auf Tourismus angewiesene wirtschaftliche Entwicklung mit dem Fall der Mauer. Statistiken zum Mitteicher Fremdenverkehr zeigen an, dass bereits 1995 nur eine dreißig prozentige Auslastung der Gästebetten in Mitteich bestand (etwa 60 000 BesucherInnen pro Jahr), 2009 waren es nur noch knapp über 10 % (etwa 18 000 BesucherInnen pro Jahr, vgl. hierzu kommunal 2010). Mit dem Wegfall des Eisernen Vorhangs veränderte sich nicht nur der Fremdenverkehr grundlegend, auch die Veränderung der geopolitischen Lage Mitteichs von einer vorher peripheren Zonenrandlage hin zu einer eurogrenzregionalen Lage brachte neue Herausforderungen und Möglichkeiten mit sich. Vor dem Hintergrund dieser Entwicklungen ist

54 Die Anmerkungen beziehen sich auf eine als Monographie publizierte Stadtchronik, auf deren Nennung an dieser Stelle jedoch verzichtet werden muss, da andernfalls die vorgenommene Anonymisierung der Daten aufgehoben wäre.

55 Die Zahlen und Trends zur Bevölkerungs- und Fremdenverkehrsentwicklung sind der Statistik „kommunal 2010" des bayerischen Landesamts für Statistik und Datenverarbeitung entnommen. Eine genauere Angabe der Quelle ist nicht möglich, da diese die Anonymisierung der Organisation aufheben würde.

die Entstehung der Idee eines Zentrums zur bayerisch-böhmischen Verständigung zu sehen, die letztlich erst aufgrund einer Niederlage im Standortwettkampf mit einer anderen oberpfälzischen Gemeinde um den Bau eines Tourismuszentrums gefasst wurde. Ausgangslage war im Jahr 1988 der Wiedererwerb des ehemaligen Brauhauses durch die Stadt Mitteich. Die Frage der Nutzung des Hauses verband sich zunächst – aufgrund des damalig noch bestehenden Tourismus – mit dem Versuch, dort ein touristisches Informationszentrum zu etablieren. Erst die Favorisierung eines anderen Mitbewerbers als besseren Standort für ein Tourismuszentrum führte zur Gründungsidee des heutigen *Zentrum KULT*. So erzählt der Leiter des Zentrums von einem Gespräch mit dem damaligen Gutachter:

> dann mach halt irgendwie ähm ähm, machen wir halt irgendwas grenzüberschreitendes vieleicht als (.) **Perspektive**, und des hat er dann also a- reingschriebn und, dann wa::r, des Ergebnis, äh des, dass ähm (2) ähhm, Auberg also, äh had die meistn Punkte bekommen, und Mitteich:: stand dann drin (.) bekommt, eine (.) also es würde befürwortet werdn in Mitteich eine grenzüberschreitende Kultureinrichdung (.) äh dann zu schaffn und des wa::r, und des is also dann beschlossn wordn im Kreistag im Novembe:r zwo- ä 97 **(KULT I 01)**.

Demnach gründete die Idee zur Etablierung einer grenzüberschreitenden Kultureinrichtung nicht originär auf der Motivation, etwas „grenzüberschreitendes" zu machen, sondern war vielmehr ein Zufallsprodukt. Der sich ankündigenden Verweigerung der ursprünglich angedachten Verwendung des Kommunbräuhauses als Tourist-Information durch die Gutachter folgt in Absprache mit selbigen eine Umwidmung. Die Befürwortung der Gutachter, im Kommunbräuhaus eine grenzüberschreitende Einrichtung zu etablieren, ebnet den Weg für einen Kreistagsbeschluss. In deren Folge hat der damalige Bürgermeister und heutige KULT-Leiter eine Konzeption, das Ziel und die Inhalte einer solchen Einrichtung entworfen sowie mögliche Finanzierungswege abgewogen. Eine daran anschließend in Auftrag gegebene Machbarkeitsstudie, die der Leiter nach eigenen Worten mit „Rotstift und und Grünstift" korrigierte und aufgrund des eigenen „Know-How (.) letztendlich gemeinsam gearbeitet, bearbeitet und **er**arbeitet" (KULT I 01) hat. Bei der Studie kam heraus: „wenn das Projekt nicht schon konzipiert wäre, müsste es im Hinblick auf den politischen Willen zur europäischen Integration [...] erfunden werden" (KULT D 04). Schwierig gestaltete sich die Suche nach einer Finanzierung und Trägerschaft des Projekts, so dass ohne finanzielle Absicherung im Jahr 2002, im Sinne eines „mir müssn jetza irgendwo einfach (.) äh scho mal beginnen" (KULT I 01), die Idee eines zweisprachigen Onlineportals angegangen wurde. Mit Hilfe von KooperationspartnerInnen, SchülerInnen in Ferienjobs und ehrenamtlichen HelferInnen wurde 2003 ein deutsch-tschechisches Kulturinternetportal gestartet.

Diesem Vorprojekt weist der Leiter „Signalwirkung“ (KULT I 01) zu. Denn dies war Grundlage für ein Fundraising und eine Sponsorensuche im Wirtschaftssektor, die die weitere Finanzierung des Vorprojekts gewährleistete. Zu diesem Zeitpunkt war der Versuch einer „kommunalen Trägerschäftslösung [...] deutlich gescheitert“ (KULT I 01), so dass 2004 der Verein KULT e.V. gegründet wurde, dessen explizites Ziel darin besteht, die Geschäftsführung des *Zentrum KULT* zu übernehmen. Parallel zu dieser strukturellen Entwicklung begannen – von Kreis- und Landtag genehmigt – die Sanierungs- und Bauarbeiten am ehemaligen Brauhaus. Zuvor war die Finanzierung der Bauarbeiten zeitweise durch ein Bürgerbegehren und eine Zulassung eines Bürgerentscheids durch den Mitteicher Stadtrat gestoppt worden. Erst eine vom Leiter des KULT juristisch abgesicherte Aufhebung dieses Entscheids, „weil des nämlich (.) des äh Denkmalschutzgesetz aushebln **würde**“ (KULT I 01) ebnete den Weg für den Beginn der Baumaßnahmen. Diese ermöglichte eine Ziel 2-Bezuschussung durch die EU sowie eine finanzielle Beteiligung des Kreistags und einer großen Bankgesellschaft. Die Sanierungs- und Bauarbeiten sowie die Einrichtung des Gebäudes, deren Kosten etwa 2,5 Millionen Euro betrugen, wurden im Frühjahr 2006 abgeschlossen. Der Betrieb wurde am 30. März 2006 mit einem Festakt aufgenommen.

5.2.3 Der ständige Repräsentant. Zur Organisationsstruktur

Zum Zeitpunkt der Eröffnung des *Zentrum KULT* ist der heutige Leiter der Organisation noch Bürgermeister der Stadt Mitteich und Gründungsvorsitzender des Trägervereins KULT e.V. In letzterer Funktion knüpft er Kontakte, betreibt politische Vernetzungsarbeit und kümmert sich „von vornherein, dass die tschechische Seite eingebunden wird“ *(KULT I 01)*. Neben der Etablierung eines tschechischen Redaktionsbüros für das Onlineportal in Babylon (CZ) besteht die Einbindung der tschechischen Seite in dem „wichtigstn Schachzug“ *(KULT I 01)*, eine Entsendung eines tschechischen Repräsentanten,

> a Person die:: äh die ähh die tschechische Seite repräsentiert, und die:: halt hie::r wie a ganz normaler Mitarbeiter mitarbeitet **(KULT I 01)**,

zu ermöglichen. Die Entsendung eines Repräsentanten der Region Český Pramen, die zunächst probehalber für ein Jahr geschah, ist mittlerweile eine ständige Instanz. So wird die Stelle eines stellvertretenden Projektleiters durch das tschechische *Südwest-tschechische Museum*, den aktuellen Ziel 3-Projektpartner des KULT. e.V., finanziert. Das Museum wiederum befindet sich in Trägerschaft der Region *Český*

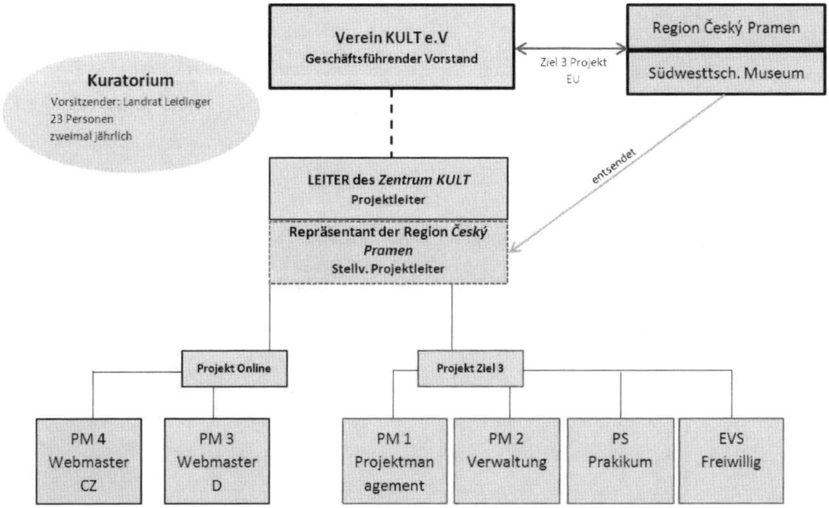

Abb. 1 Organigramm Zentrum KULT (eigene Darstellung)

Pramen. Neben dem Leiter des *Zentrum KULT* und dem von Seiten des Museums entsendeten Repräsentanten und stellvertretenden Projektleiters setzt sich die weitere MitarbeiterInnenstruktur des *Zentrum KULT* wie folgt zusammen: Zwei aus laufenden Ziel 3-Projektmitteln finanzierte Mitarbeiterinnen sind im Bereich Projektmanagement und Verwaltung tätig (PM 1 und PM 2). Ein Mitarbeiter ist angestellt als Webmaster des Onlineportals (PM 3). Dieses finanziert sich durch verschiedene Sponsoren. Äquivalent dazu gibt es von Museumsseite einen angestellten Mitarbeiter auf tschechischer Seite (PM 4). Diese Mitarbeiterstellen werden ergänzt durch eine Praktikantenstelle (PS) und eine MitarbeiterIn im Rahmen des europäischen Freiwilligenjahres (EVS) (vgl. Abb.1)

Anhand dieses Organigramms kann das *Zentrum KULT* als eine Sonderform einer reinen Projektorganisation (vgl. Schiersmann und Thiel 2000: 91f.) spezifiziert werden. So werden Verantwortung und alle Weisungsbefugnisse vom geschäftsführenden Vorstand des Trägervereins an eine Projektleitung übergeben, die als selbständige und von Trägerschaften nur mittelbar beeinflusste Einheit agiert. Anders als bei einer reinen Projektorganisation im Fall eines Unternehmens mit mehr Abteilungen, bei dem üblicherweise aus bestehenden Mitarbeitenden eine „Abteilung auf Zeit“ (vgl. ebd.) rekrutiert und in eine bestehende Aufbauorganisation integriert wird, handelt es sich hier um eine grundsätzlich projektförmige

Struktur. Von einer generellen Projektförmigkeit dieser Organisation[56] kann aus mehreren Gründen gesprochen werden: *Erstens* bildet das *Zentrum KULT* zwar praktisch und symbolisch eine erkennbare Einheit, ist jedoch zeitlich befristet und finanziell periodisch einem Refinanzierungszwang ausgesetzt (vgl. Abschnitt 8.1). *Zweitens* besteht zudem keine einheitliche Mitgliedschaft für die MitarbeiterInnen. So sind die deutschen MitarbeiterInnen vertraglich an den Trägerverein gebunden und werden über dortige Projektmittel finanziert, der Repräsentant hingegen ist abgesandter Angestellter der Region *Český Pramen*. Strukturell gesehen existiert *drittens* nicht eine Projektabteilung neben anderen Abteilungen eingerichtet, sondern die Aufbauorganisation des *Zentrum KULT* konstituiert sich generell über eine projektförmige Stabsorganisation von Projektleiter und unterstellten Projektmitarbeitenden mit unterschiedlichen Tätigkeitsbereichen.

5.2.4 Die Akteure der Organisation Zentrum KULT

Entsprechend des obenstehenden Organigramms können nun die beteiligten Akteure der Projektorganisation *Zentrum KULT*, wie sie auch namentlich in den folgenden Beschreibungen Erwähnung finden werden, vorgestellt werden.[57]

ERWIN (Leiter):	*ehemaliger Bürgermeister der Stadt Mitteich; bis 2004 Vorstandsvorsitzender des KULT e.V., seit 2006 Leiter des Zentrum KULT [D; dt]*
PETR (Repräsentant)	*seit* 2006 *Repräsentant der Region Český Pramen und stellvertretender Projektleiter; [CZ; dt,cz]*

56 Im Unterschied zur gängigen Verwendung im Kontext der Beschreibung von veränderten (Lern)Formen der betrieblichen Arbeitsorganisation (vgl. Molzberger 2007, 2008; Dehnbostel 2010; Schimmer-Kletti und Schröter 2009) wird hier mit dem Terminus *Projektförmigkeit* die Aufbauorganisation bzw. die Organisationsstruktur des untersuchten Falls konkretisiert.

57 Die Großschrift der anonymisierten Vornamen bzw. Nachnamen bringt die Anredeform zum Ausdruck, die in der Kommunikation mit mir verwendet wurde. D und CZ zeigt die Staatszugehörigkeit, dt und cz die Sprachkenntnis an.

MELANIE (PM1)	*Projektmitarbeiterin im Bereich Projektmanagement; [D; dt,cz]*
JASMIN (PM 2)	*Projektmitarbeiterin im Bereich Organisation und Service [D; dt]*
KRISTYNA (EVS)	*EVS-Freiwillige bis Sommer 2009, Zuständigkeit für dt.- cz. Stammtisch [CZ; cz,dt]*
ZUZANA (EVS)	*EVS-Freiwillige von Herbst 2009 bis Herbst 2010, [CZ; cz,dt]*
ELIŠKA (PS)	*Praktikantin im Sommer 2009 [CZ; cz,dt]*
KATINKA (PS)	*Praktikantin im Herbst 2009 [CZ; cz,dt]*
GERDA	Vorstandsvorsitzende *KULT e.V. und Kuratoriumsmitglied [D; dt]*
Landrat LEIDINGER	*Landrat und Kuratoriumsvorsitzender; [D; dt]*
„wichtige Personen"	*Personen aus der regionalpolitischen Öffentlichkeit, der Wirtschaft und der grenzregionalen Kulturszene, die als Stammgäste besondere Gastfreundschaft genießen.*

5.3 Das KULT-Gebäude. Zur Objektivation von Grenzüberschreitung und Zentrumsanspruch

In aufwendiger Architektur und auf großem Grund erbaut steht das Gebäude des *Zentrum KULT* unübersehbar inmitten der Kleinstadt Mitteich. Die Platzierung, die Architektur und die Größe des Baus sind mir aus meiner ersten Begegnung mit dem Zentrum noch in starker Erinnerung und auch das Erste, was mir im Rahmen meiner organisationsethnographischen Arbeit in dieser Organisation in den forschenden Blick gerät, Fragen aufwirft und eine Kette von Assoziationen auslöst. Das Gebäude gerät mir im Verlauf weiterer Erhebungen nicht nur als materieller

Ort grenzüberschreitender Aktivität und Programmatik ins Blickfeld, sondern erscheint zugleich als räumliches Medium sowie Produkt der organisationalen Identitätspraxis und des organisationalen Lernens von hoher Relevanz (vgl. Löw 2001; für die Bedeutung des Raums in organisationsethnographischen Forschungsprozessen vgl. auch Kraul 2011; Cloos 2008a).[58] So möchte ich mit einer dichten Beschreibung der Struktur und des Aufbaus des Gebäudes sowie seines dinglichen Innenlebens (vgl. Thole 1991) fortfahren und abschließend mögliche Funktionen und Verwendungsweisen des Gebäudes andeuten. Dies geschieht in Form einiger thesenhafter Anmerkungen, die den weiteren Verlauf der Fallanalyse strukturieren. Die folgende Darstellung verbindet Eindrücke meiner diversen Besuche mit artefaktanalytischen Beschreibungen einzelner Gebäudeelemente und bewegt sich dabei von außen nach innen – von der unmittelbaren Umwelt über das materielle Erscheinungsbild hin zum objekthaften Innenleben des Hauses.

Das unmittelbare Umfeld und das äußere Erscheinungsbild des Gebäudes

Die Stadt Mitteich ist keine Stadt. So erläutert zumindest ein außerhalb der Mitteicher Stadtgrenzen viel erzählter Witz. Es heißt, Mitteich sei die Stadt der drei Lügen: Sie hätte keinen Teich, läge nicht in der Mitte und sei keine Stadt.[59] *– Ich erreiche Mitteich über eine Landstraße, die mich von der Autobahn, über mehrere Ortschaften und in viele Kurven über Wiesen und durch Wälder direkt Richtung Stadtmitte führt. Die Stadtmitte ist jene Landstraße, die mit zunehmend dichterer Bebauung zur Hauptstraße der Stadt Mitteich wird. Hier gibt es zahlreiche Pensionen und Gasthäuser, einige Läden und viele ehemalige und nun leerstehende Läden. Viele der Häuserfassaden bröckeln und nur an wenigen Stellen lässt sich die touristische Hochzeit vor der Wende noch erahnen. Ich beginne meinen Weg zum Zentrum KULT nahe des Rathauses, eines der wenigen restaurierten Gebäude an der Mitteicher Hauptstraße. Ein großes, weißes und pfeilförmiges Straßenschild, welches gleich unter dem Hinweis „Waldhaus 11 km" angebracht ist und auf dem neben dem Organisationsnamen das international bekannte **i** auch auf eine Touristeninformation verweist, zeigt den mir schon bekannten Weg an. Schon nach wenigen Schritten in angegebener Richtung überquere ich eine Straßenbrücke – ich erinnere mich, dass man von hier einen guten*

58 Verschiedene methodologische und theoretische Beiträge zur Frage des Verhältnisses von Raum und pädagogischen Prozessen finden sich im Band „Orte des Lernens" (Westphal 2007) sowie – noch stärker die materielle Machart von Räumen fokussierend – im Band „Schularchitektur im interdisziplinären Diskurs" (Böhme 2009).

59 Aus Gründen der Anonymisierung muss diese Stammtischweisheit leicht verändert wiedergegeben werden.

Blick auf das Zentrum hat. Auf der Brücke, die einen Bach überspannend rechts einen Blick auf einen mittelgroßen See freigibt und links einen freien Blick auf das Zentrum KULT'ermöglicht, bleibe ich stehen. Das Gebäude erhebt sich palastartig aus einem eher dörflich-wirkenden Umfeld.

Das Grundstück, auf dem das Gebäude steht, reicht an einer Seite an einen kleinen Bach heran, zwei Seiten sind von Straßen begrenzt. Kein Zaun, keine Mauer und kein Tor erschweren den Zugang von diesen Seiten zum gepflasterten Vorplatz, der sich zwischen Gebäude und Bach auf einer Größe von einem kleinen Marktplatz erstreckt. Nur an einer Seite ist eine Mauer angedeutet und ein darauf befestigter Zaun grenzt das Grundstück zur benachbarten Scheune ab. Ganz so, als wolle man verhindern, dass diese Scheune zu nahe rückt. Ich betrete den Vorplatz über eine offene Einfahrt von der Hauptstraße. Direkt an der Einfahrt stehen fünf Fahnenmaste, an denen die Flaggen der Bundesrepublik Deutschland, der Republik Tschechien, des bayerischen Staates, der Europäischen Union und schließlich der oberpfälzischen Region angebracht sind. Die Fahnenmaste verleihen dem Ort offiziellen Charakter. Der Platz ist leer. In der Musterung der Pflastersteine deutet sich an, dass dieser auch als Parkplatz genutzt wird. Am hinteren Ende des Platzes, vor der einzigen klaren Grundstücksgrenze, steht eine L-förmige Glas-Stahlkonstruktion. Sie erinnert mich an eine Bushaltestelle. Ein dort postierter Aschenbecher lässt aber vermuten, dass dies der regengeschützte Raucherplatz der Gäste oder Mitarbeitenden ist. Der Kontrast moderner Architektur und sanierter alter Gemäuer, eines gepflegten Vorplatzes und heller Glasdächer zu holprigen Bürgersteigen und Fassaden benachbarter Häuser, die offensichtlich mit Wind und Wetter im Kampfe stehen und Vorgärten, die von viel Handarbeit zeugen, wirkt auf mich, wie ein Kontrast zwischen alt und neu, benutzt und unbenutzt, Regel und Ausnahme, Alltäglichkeit und Privileg.

Das Gebäude selbst besteht aus zwei Teilen. Die östliche Fassade erinnert an eine alte Wehrkirche. Bei der Betrachtung dieses Gebäudeteils assoziiere ich ein gotisches Kirchenschiff und erinnere mich an Besuche mittelalterlicher Ritterburgen. Dieser längliche, wuchtige Gebäudeteil mit seinen hohen Grundmauern aus Sandsteinen besteht zudem zu einem Drittel aus einer Glaskonstruktion sowie aus einem Dach aus Glasschindeln. Das Dach geht über in einen etwa zwanzig Meter hohen Turm. Dieser hat die gleiche Machart: zu zwei Dritteln aus Sandstein und das obere Drittel als Glasfassade. Die große zweiflügelige Glastür am Fuße des Turms erinnert an ein Portal und verstärkt die sakrale Wirkung, die von diesem Gebäudeteil ausgeht. Von der Tür führt ein gerader, aus Granitplatten gelegter, sich von der restlichen Pflastersteinstruktur deutlich abhebender Weg über den Vorplatz und endet abrupt in einem Stück Wiese, das den Vorplatz vom Bach trennt. Einen Moment lang denke ich an einen roten Teppich und frage mich, wer hier promeniert oder prozessiert?

Das sakrale Moment des wehrkirchenartigen Ostteils bricht mit dem westlichen Gebäudeteil. Dieser ist pompös und besteht gänzlich aus Sandsteingemäuer. Das rote Schindeldach und die im Vergleich zu den anderen Gebäudeteilen großen Fenster erinnern – für sich betrachtet – an einen großen Gasthof oder an ein Gutsherrenhaus. Die klaren Konturen und Linien des Gebäudekomplexes vermischen sich im Detail mit vielen Asymmetrien: Unterschiedliche Materialien am Bau, die Formen des Dachs, die Verschiedenheit der Fenstergröße und die von außen durch die Anordnung der Fenster erkennbare Einteilung von Stockwerken. Da die unteren Fenster sehr klein und nah am Boden angebracht sind und die oberen Fenster deutlich höher liegen als der Eingangsbereich, lässt der östliche Gebäudeteil kein Erdgeschoss vermuten. Im westlichen Gebäudeteil hingegen sind die großen Fenster in Erdgeschosshöhe angebracht. **(KULT AB 01)**

Das Gebäude und das Grundstück grenzen sich durch die Sauberkeit, Größe und architektonische Machart deutlich von der dörflichen Gewöhnlichkeit der unmittelbaren Umwelt ab. Grundstück und Gebäude erscheinen einladend und schutzbietend. Das nicht explizite Abgrenzen durch Mauern und Zäune, die großen Fenster des vorderen Gebäudeteils und der weitläufige Vorplatz laden durch ihre Offenheit zu einem Hereintreten ein. Die Mächtigkeit der Architektur und das geschilderte Erscheinungsbild wehrkirchenartriger Mauern repräsentieren Schutz, Beständigkeit, Bewahrung, Sicherheit und Wehrhaftigkeit. Die gläsernen Elemente hingegen vermitteln Leichtigkeit, Transparenz und Mitteilsamkeit. Das Ensemble von alt und modern, von Stein und Glas betont dabei Momente kreativer Melange. Geschaffene Konturen und Linien sowie Abgrenzungen werden durch ein Arrangieren verschiedener Materialien zueinander überschritten und ergeben eine Komposition, die einen bewahrenden Charakter einerseits, Transparenz und Offenheit sowie einem künstlerisch-kreativen Charakter andererseits spielt.[60] Die kirchenartige Form des Westteils in Kombination mit der an ein Gasthaus erinnernden Form des Ostteils demonstriert möglicherweise noch einen anderen Anspruch. So werden hier zwei unterschiedliche, traditionell aber bedeutende Elemente sozialer Zusammenkunft vereint: Eine Kirche als heiliger Ort des gemeinsamen Glaubens und als Zentrum der Gemeinde und das Gasthaus als geselliger Ort und Marktplatz von Neuigkeiten. So kommt der Anspruch auf Zentralität nicht nur in der Lage des Gebäudes zum Ausdruck, sondern dieser repräsentiert sich auch in dessen Machart.

60 Auf die Bedeutung der ästhetischen Funktion von Gebäuden, ihrer Machart und ihrer architektonischen Botschaft wird in den Arbeiten Christian Rittelmeyers zur Schularchitektur hingewiesen (vgl. exemplarisch Rittelmeyer 1994, 2009).

Das Hausinnere

Das Treppenhaus: Der Eintritt in das Gebäude erfolgt durch das große Glasportal. Oberhalb der drei Meter hohen Türen auf einer ebenso hohen Glasfläche sind der Name der Organisation und das Logo (vgl. Abschnitt 5.4.1) eingraviert. Etwas unterhalb dieser Schriftzüge steht das ***i*** *für Touristeninformation. Durch das Eingangsportal betrete ich den Turm. Der ganze Turm besteht aus einem offenen Treppenhaus, das im Wechsel aus einer breiten Mitteltreppe und zwei Seitentreppen stockwerkweise und wendeltreppenartig nach oben führt. Die Zwischenetagen sind offen und balkonartig konstruiert. Von hier aus kann man Bilder einer Kunstausstellung betrachten, die an Drahtseilen in dem offenen Teil des Turms hängen. Während die erste Mitteltreppe aus steinernen Stufen besteht, sind alle weiteren Seiten- und Mitteltreppen Stahl-Holz-Konstruktionen. Der Turm und die Treppengänge sind mit einem warmen Licht ausgeleuchtet. Die ockerfarben verputzten Innenwände des Turms verstärken die dämmrig-gemütliche Atmosphäre. Eingeprägt hat sich bei meinem ersten Besuch, dass die Wände des Treppenhauses mit deutschen und tschechischen Vokabel beschriftet sind. Ich zügele meine diesbezügliche Neugierde und konzentriere mich zunächst auf den Eingangsbereich. Dieser ist mit allerlei Informationen ausgestattet. Gleich im stählernen Türbogen hängen auf der einen Seite zahlreiche Informationsblätter zu Veranstaltungen. Auf der anderen Seite sind alle Förderer und Kooperationspartner eingraviert; darunter namhafte Wirtschaftsunternehmen, wie etwa große Autofirmen und Banken. Ein Tisch mit weiteren Infoblättern und ein orangefarbenes Roll-up informieren über das Zentrum KULT. Neben einer großen in deutscher und tschechischer Sprache gestalteten Orientierungstafel sind zwei Schilder angebracht, die über laufende und erfolgte EU- Finanzierung informieren. Darunter hängen zwei golden eingerahmte Urkunden: Eine Auszeichnung für den best architect award sowie eine Auszeichnung einer Bankstiftung für gelungene Völkerverständigung im Rahmen des Projekts „Sprache im Raum". – Über alle Stockwerke sind an den Stahlwänden des Treppenhauses deutsche und tschechische Vokabeln eingraviert. Die Anordnung der einzelnen Vokabeln ist immer deutsch-tschechisch und folgt keiner unmittelbar erkennbaren Logik ihrer Anordnung. Erst bei längerer und näherer Betrachtung aller Vokabelpaare zeigt sich eine thematische Systematik. So sind unten im Eingangsbereich die ersten Wortpaare Begrüßungsfloskeln, wie „hallo ahoj", „Geht's gut Měj se" oder „Guten Tag dobrý den" sowie Wörter des Begegnungswortschatzes („Treffen setkání" oder „Koordination koordinace"). In den oberen Stockwerken entspringen die Vokabelpaare dem Wortschatz aus der Alltags- und Kulturwelt. Irgendwo in der Mitte des Treppenhauses sammeln sich Worte rund um Familie, Kunst, Alltag, im oberen Treppenhaus, nahe der Tür zur Dachterasse, Vokabelpaare, die etwas mit Himmel(-srichtungen) und Natur zu tun haben. Angebracht wurden diese Vokabeln – so informiert das erwähnte Schild im Eingangsbereich – im Rahmen des Projekts*

„Sprache im Raum". Dort heißt es: „Die Auswahl der Worte erfolgte durch deutsche und tschechische Schülerinnen und Schüler" zweier Gymnasien aus unweit entfernten Kleinstädten. **(KULT AB 01)**

Von besonderem Interesse erscheinen die an den Wänden eingravierten Vokabeln. Die Reihenfolge der Worte vermitteln dem Betrachter eine Übersetzung deutscher Begriffe und Wörter ins Tschechische. Hier zeigt sich eine strikte Ordnung der Übersetzungsrichtung. Übersetzt wird nicht vom Tschechischen ins Deutsche, sondern immer entsprechend des ebenfalls festgelegten und in verschiedensten zusammenhängen dokumentierten Zusatzes „bayerisch-böhmisch" „deutsch-tschechisch" vom Deutschen ins Tschechische. Naheliegenderweise verknüpft sich hier die Frage, warum diese strikte Reihenfolge eingehalten wird, mit der Frage nach einer Gleichberechtigung national-kultureller Repräsentation. Möglicherweise hat die strikte Anordnung ästhetische oder didaktische Gründe, würde eine wechselnde Reihenfolge Verwirrung schaffen. Möglicherweise zeigt sich hier aber auch eine Einseitigkeit in der Organisation grenzüberschreitender Verständigung. Müssen diese Fragen zunächst offen bleiben, so kann doch konstatiert werden (was bei geänderter Reihenfolge der Sprachen ebenfalls der Fall wäre), dass durch die Gegenüberstellung der einzelnen Vokabeln eine (sprachliche) Grenze markiert wird. Vermittelt wird durch diese Grenzmarkierung, dass im Sinne gelingender grenzüberschreitender Verständigung sprachliche Übersetzung notwendig ist. Zugleich wird vermittelt, dass die sprachliche Übersetzung von der Organisation *Zentrum KULT* bewerkstelligt werden kann. Die Repräsentation von deutsch-tschechischer Zweisprachigkeit (vgl. Nekula 2006; Nekula/Marx 2011) sowie die Repräsentation eines auf Übersetzung angewiesenen Verhältnisses zwischen Deutsch und Tschechisch korrespondiert mit dem ausdrücklichen Zweck der Organisation, zwischen Bayern und Tschechien „Wege zu bereiten" (vgl. Abschnitt 5.4.1). Für Letzteres werden sprachliche und kulturelle Grenzen benötigt, um sie überschreiten zu können.[61] Insofern liegt hier nicht nur in Bezug auf die Produktion der Vokabeln, in der die Organisation KULT als Förderer interkultureller Verständigung erscheint, eine pädagogische Implikation, sondern auch in Bezug auf den Organisationszweck: Die Organisation ermöglicht durch das Anbringen von Vokabeln unmittelbare Grenzüberschreitungen. So heißt es auch in einer publizierten Broschüre der Organisation, „wenn sich Deutsche und Tschechen zur Ausstellungseröffnungen

61 Deutlich wird dies in einem Beitrag der Linguisten Marek Nekula und Christoph Marx. Hier wird die Bedeutung von Sprache für die Konstruktion und Dekonstruktion von Grenzen in deutsch-tschechischen Organisationen herausgearbeitet (vgl. Nekula und Marx 2011, S. 193ff.).

treffen und in der Unterhaltung nach einer Übersetzung suchen, können sie diese an den Treppenwänden finden."[62]

Die Präsentation und Anbringung dieser Vokabeln kann nicht nur als ein Ausdruck des (pädagogischen) Selbstverständnisses, sondern auch als eine strategische Form der Selbstdarstellung betrachtet werden. Denn hier vergegenwärtigt sich einerseits ein deutsch-tschechisches Wissen und Können in Form der Abbildung in eine simulacrische Anordnung von deutschen und tschechischen Worten, andererseits verweist die Fixierung der Worte im Treppenhaus – einem Ort, der nicht nur von jeder/jedem BesucherIn durchschritten werden muss, sondern auch tagtäglich mehrmals von den Mitarbeitenden durchschritten wird – auch auf eine mögliche affirmative Funktion eigener Übersetzungsexpertise. So bestätigt die Omnipräsenz deutsch- tschechischer Wortpaare eine Übersetzungsexpertise und erinnert beharrlich an den programmatischen Anspruch der Gestaltung und Förderung kultureller Grenzüberschreitung. Im Sinne der Vergewisserung organisationalen Wissens und Könnens der Grenzüberschreitung und im Sinne einer täglichen Wiederbestätigung des organisationalen Auftrags verweist diese Materialisierung, neben einer expliziten Strategie der Präsentation von Zweisprachigkeit, mittels derer man die deutsch-tschechische Identität zum Ausdruck bringen möchte, auch auf eine organisationskulturelle Bedeutung.

Das Großraumbüro und die Touristinfo: Vom Eingangsportal kommend gelange ich über die steinerne Mitteltreppe in den ersten Stock, der nach hinten hinaus im Parterre liegt. Hier befindet sich die KULT-Info und das Großraumbüro der Organisation KULT. Das (i) weist daraufhin, dass hier auch das städtische Tourismusbüro untergebracht ist. Ein an der Tür angebrachtes Schild fordert in deutscher und tschechischer Sprache freundlich auf einzutreten. Der Raum ist etwa 100 qm groß. In der Mitte befinden sich vier fest-installierte Arbeitsplätze. Diese sind nach vorne durch einen Tresen, zur Seite und nach hinten durch halbraumhohe Holzwände inselartig abgetrennt. Die Arbeitsplätze können so einmal umgangen werden, sind aber nur von Tresenseite einsehbar. Die Wände des Raums und die Rückwände der halbraumhohen Zwischenwände sind mit allerlei Informationsmaterial zu Sehenswürdigkeiten, regionalhistorischen Büchern und Werbebroschüren bestückt. Auf den Fenstersimsen, die die Regalwände unterbrechen, stapeln sich Flyer. Auf der dem Tresen gegenüberliegenden Seite und dort in der Ecke ist ein weiterer Arbeitsplatz eingerichtet, daneben führt ein kurzer Flur zum Aufzug. Zwischen dem Eingang zum Aufzug und der Tür zum Treppenhaus ist ein etwa einundhalb Meter breites Wandstück mit „Impressionen 2007 – 2009" in Form von einfachen Photocollagen geschmückt. Die Collagen zeigen

62 Quelle kann aus Anonymisierungsgründen nicht genannt werden.

Schnappschüsse und Gruppenphotos bayerisch-tschechischer Veranstaltungen. Alle Gruppenphotos weisen in Anordnung der Personen und Gestaltung des Hintergrunds eine große Ähnlichkeit auf (vgl. Abschnitt 5.4.2). *Darüber finden sich zahlreiche von Kinderhand gemalte Bilder mit ganz unterschiedlichen Motiven. Am Tresen und von der Decke hängen Plakate verschiedener Veranstaltungen. Längst nicht alle Ankündigungen haben einen deutsch-tschechischen Bezug. Eine Vielzahl an Plakaten und Broschüren informiert in kulturtouristischem Sinne über regionale Veranstaltungen und Sehenswürdigkeiten. Der Bestand einer großen Stückzahl an allgemeinen Informationen erklärt sich durch die Eingliederung des allgemeinen Tourismusbüros des Mitteicher Lands in das Zentrum KULT* (vgl. Abschnitt 5.2.2). **(KULT AB 01)**

Die Installation des Großraumbüros als Informationspool zeigt sich nicht nur durch die Menge an Wissen, das hier in Form von Broschüren und Flyern materiell gespeichert und verfügbar ist, sondern wird auch durch den langen Tresen und die dahinter installierten Arbeitsplätze demonstriert. Alle den Raum betretenden Gäste und Besuchende werden von allen Mitarbeitenden gesehen und willkommen geheißen. Das Setting erinnert an ein Reisebüro oder an eine Touristeninformation einer Metropole. Auch wenn eine, bei der Stadt Mitteich halbtags angestellte Person allein für die Touristeninformation zuständig ist, werden in der alltäglichen Praxis die Gäste von dem gerade jeweils anwesenden Mitarbeitenden – im Fall tschechischer BesucherInnen mit Gewissheit von einem tschechisch-sprechenden Mitarbeitenden des *Zentrum KULT* – bedient. Seit der Eröffnung des *Zentrum KULT* 2006 ist damit die Anlaufstelle von Touristen nicht mehr das Rathaus, sondern das *Zentrum KULT*. Die Eingliederung der städtischen Tourismusbüros in das *Zentrum KULT* kann im Kontext der organisationalen Bemühungen, sich als Zentrum zu präsentieren, gesehen werden. Denn auch hier wird der Zentrumsanspruch zum Ausdruck gebracht. Allerdings bezieht sich die Integration des Tourismusbüros und damit die Übernahme der ersten Gästebetreuung nicht auf den Grenzraum im engeren Sinne, sondern erscheint zunächst kommunalpolitisch von Bedeutung. Denn hier repräsentiert sich der Anspruch, Anlaufstelle für BesucherInnen und Gäste zu sein. Gäste und BesucherInnen willkommen zu heißen und über Möglichkeiten und Sehenswürdigkeiten zu informieren sowie in Fragen zur Unterkunft und zur Verpflegung zu beraten sind im Sinne der traditionellen Pflicht zur Gastfreundschaft repräsentative und politisch bedeutungsvolle und ehrenvolle Aufgaben (vgl. Derrida 2001; Friedrich und Parr 2009).[63] Mit Übernahme dieser Funktion festigt

63 Die für den Fall *Zentrum KULT* bedeutsame Kategorie der Gastlichkeit soll ausführlich in Abschnitt 5.5 dieses Kapitels besprochen werden. Dort erfolgt auch eine Bezugnahme zum pädagogischen Diskurs um Gastfreundschaft (Baader et al. 2008).

das *Zentrum KULT* nicht nur den Anspruch, Zentrum des Grenzraums zu sein, sondern auch die für die Stadt Mitteich historisch bedeutungsvolle Betreuung von Gästen und Fremden zu übernehmen.

Der Medien-Raum: Im wehrkirchenartigen Gebäudeteil und dort im zweiten Stock ist ein Medienraum untergebracht. Die von äußerer Betrachtung eindrucksvoll-wirkende Glasfassade und das mit Glasschindeln gedeckte Dach lässt mich in diesem Gebäudeteil einen hellen Raum erwarten. Tatsächlich ist dieser stockdunkel und hat keinerlei Fenster. An einem Ende des Raums ist eine große Leinwand angebracht, an den beiden Seitenwände stehen Bildschirme, an denen BesucherInnen virtuell den Grenzraum erschließen können. Vis-a-vis der Leinwand gibt es in Form langer Sitzbänke auf zwei Etagen Sitzmöglichkeiten. Das mir Auffälligste in diesem Raum ist eine auf dem Boden teppichartig ausgelegte große Landkarte, die fast ganz Bayern, Tschechien bis Prag und das nördliche Österreich umfasst. Die Landkarte visualisiert die Grenze und das deutsch-tschechische sowie teilweise das deutsch-österreichische und tschechisch-österreichische Grenzgebiet. Die Grenzen sind als kaum erkennbare weiße Striche eingezogen, da die Grenzlinien mit einer Vielzahl anderer Linien, die Strassen und anderen Gebietsgrenzen zeichnen, verschwimmen. Die Landkarte ist begehbar. Im Zentrum des auf der Karte abgebildeten Grenzraums und mittig im Raum liegt die Stadt Mitteich. **(KULT AB 01)**

Die Abbildung und die damit visuell vorgenommene Verortung der Stadt Mitteich im Zentrum des bayerisch-tschechischen Grenzraums korrespondiert mit Erläuterungen zur Genese des Hauses, wie sie auf der Homepage der Organisation geschildert wird. Dort heißt es: „Die [...] Stadt Mitteich markiert etwa die Mitte der 357 Kilometer langen bayerisch-böhmischen Grenze" (KULT D 03). In Rückgriff auf geographische Tatsachen – allerdings unter Verwendung eines entsprechenden Maßstabs, der Teile Österreichs und fast ganz Bayern mit umfasst – wird im Sinne der Reduktion von Grenzkomplexität eine zentrale Lage repräsentiert und dokumentiert, die die wirkliche Nicht-Lage der Platzierung (vgl. Foucault 1967/2006) eines Zentrums der Grenzüberschreitung überspielt. Denn der Sachverhalt, dass sich die unter regionalgeographischen Gesichtspunkten mit gewissem Recht als zentral beschreibbare grenzräumliche Lage mit einer infrastrukturell denkbar peripheren Lage koppelt, wird dethematisiert. Vielmehr wird mit dieser Darstellung des Grenzraums nicht nur ein selbiger definiert, sondern zu eigener Legitimation eine zentrale Lage im selbigen konstruiert. Als visuelle und körperlich nachvollziehbare Veranschaulichung objektiviert sich hier die organisationale Verortung, welche – ähnlich der visuellen Installation von sprachlicher Übersetzung im Treppenhaus des Gebäudes – nicht nur die eigene Zentrumsfunktion vergegenwärtigt und bestätigt, sondern, noch stärker, diese durch geographische Argumente legitimiert. Die derartige Abbildung und Verortung der Organisationslage hat aber möglicherweise auch auf die Darstellung der Organisation und ihres Auftrags bezogene strategische Gründe: So ist nicht auszuschließen, dass der Maßstab der Karte so gewählt wurde, dass als Pendant zur tschechische Hauptstadt Prag, die aufgrund ihre relativen Grenznähe auf beinahe allen Grenzraumkarten abgebildet wird, auch die bayerische Landeshauptstadt München mit aufgenommen werden kann. Dies würde die Praxis der Kartographie der Organisationslage auch in den Kontext organisationspolitischer Überlegungen stellen und etwa die Frage aufwerfen, welche Rolle die Berücksichtigung politischer Repräsentation für das organisationale Selbstverständnis spielt. Noch weiter würde die Auslegung führen, dass mit dieser Visualisierung eine Art organisationaler Wirkungsraum oder Aktionsfeld demonstriert und konstruiert wird. Beide Überlegungen sollen an dieser Stelle nicht vertieft werden, im Weiteren aber noch eine Rolle spielen. Neben diesen hier ausführlich dargestellten Gebäudebestandteilen gibt es noch zwei weitere Räume: die hauseigene Bar und den Gewölbesaal. Diese Räume sollen hier nur kurz benannt werden, eine ausführliche Beschreibung erfolgt an späterer Stelle. Die hauseigene Bar im Gewölbekeller dient im Alltag als Pausenraum und Garderobe und wird vor allem bei Festen (siehe Abschnitt 5.5.3) und bei Empfängen als Rückzugsort (siehe Abschnitt 5.5.2) genutzt. Der große Gewölbesaal wird bei Empfängen, Ausstellungen, Vorträgen und bei einer wichtigen Preisverleihungs-Veranstaltung (siehe Abschnitt 5.4) als Veranstaltungsort genutzt.

Funktion und Gebrauch

Die spezifische Ausstattung und Machart der Räumlichkeiten und ihre funktionale Differenzierung entspricht dem in den Selbstbeschreibungen erkennbar gewordenen Anspruch der vielseitigen programmatischen Ausrichtung der Organisation. So scheint es, dass die unterschiedlichen Räume gemäß der jeweiligen Anforderungen des vielseitigen Programms (Ausstellungen, Seminare, Empfänge, Barbetrieb etc.) konzipiert wurden. Dass etwa 80 % des grenzüberschreitenden Programms in einem eigens hierfür errichteten Haus stattfindet (vgl. Abschnitt 5.5.1) und dass sich dieses Programm nicht nur an den Möglichkeiten orientiert, die das Gebäude zur Verfügung stellt, sondern auch das Gebäude dadurch erschaffen wird (siehe etwa die Gestaltung des Treppenhauses), kann als Hinweis auf den organisationsspezifischen Modus der Organisation und der Vermittlung grenzüberschreitender Verständigung und Aktivitäten dienen. Mit im *Zentrum KULT* entwickelten Projekten und Aktivitäten wird im Regelfall keine aufsuchende oder multilokale Vernetzungsarbeit betrieben – meistens würde das auch gar nicht gehen –, sondern man lädt ein und holt die Gäste und BesucherInnen ins Haus (vgl. Abschnitt 5.6.1). Dies gilt für beinahe alle Veranstaltungsformate und korrespondiert mit der selbsternannten Zentrumsfunktion und dem diesbezüglich formulierten Auftrag „koordinierende und kulturelle Drehscheibe", „Informationsstelle", „Präsentationsforum" und „Kommunikations- und Kreativort" zu sein. Hier stellt sich die Frage, was charakterisiert ein Zentrum? Ein Zentrum kann als ein Ort der räumlichen oder ideellen Mitte beschrieben werden, an dem etwas zusammenläuft und von dem zugleich etwas ausgeht. Zentral ist ein Zentrum, weil eine dazugehörende oder in irgendeiner Form abhängige Peripherie existiert. *Zentrum zu sein* (und zu bleiben) bedarf folglich institutionalisierter Strukturen, routinisierter Praktiken und räumlicher Markierungen und Hierarchisierungen (vgl. Schroer 2006). Im Hinblick auf seine sozialen Implikationen kann ein Zentrum als ein Ort beschrieben werden, von dem etwas – Attraktivität, Spannung, Verpflichtung, Zwang etc. – ausgeht, in dem sich das Wesentliche befindet und man deswegen immer wieder dorthin geht (vgl. ebd., S. 242). Für ländliche Gegenden sind Marktplätze und Gasthäuser solch klassische Orte: Orte des (Ver)Handelns, des Gesprächs und des Austauschs. Sie sind zentral aufgrund ihrer Funktionen für das soziale Miteinander. Kirchen hingegen sind Orte feierlicher Rituale und religiöser Glaubenspraxis. Sie sind traditionell zentral aufgrund der institutionalisierenden Kraft, die von ihnen immer noch ausgeht. Museen und Bildungseinrichtungen sind Orte des Erinnerns und Vergessens, der Wissensvermehrung und -speicherung. Sie sind zentral aufgrund ihrer Bewahrungs- und Vermittlungsfunktion kollektiven Wissens. Ein soziales und kulturelles Zentrum zeichnet sich vor allem dadurch aus, dass diese zentralen Orte der Sozialität und Kulturalität dicht beieinander liegen (vgl. Barthes 1981, S. 47ff.). Vor dem Hintergrund dieser Überlegungen verlangt *Zentrum-zu-werden* konsequenterweise eine Praxis der Zentralisierung, mit der nolens volens auch Institutionalisierungsprozesse, eine Peripherisierung des Umfelds und eine Markierung von Grenzen einhergeht. Das Gebäude des *Zentrum KULT* – seine Entstehung und vor allem seine Materialität – kann als eine Objektivation der selbsternannten Zentrumsfunktion gedeutet werden. Im Gebäude materialisieren sich die grenzüberschreitende Aktivität und Programmatik und die hierfür selbst zugeschriebene zentrale Platzierung für den bayerisch-tschechischen Grenzraum.[64] Die architektonische Konstruktion einer Melange aus Kirche, Gasthaus und Marktplatz, die bibliotheksartige, mediale und museale Einrichtung und Konzeption des Innenlebens bringen den vielseitigen Anspruch sozialer und kultureller Zentrumsfunktion zum Ausdruck. Die zent-

64 Anschlussfähig ist hier Martina Löws Konzeption vom Raum als „relationale Anordnung sozialer Güter und Menschen" (Löw 2001, S. 158), demnach sich Räume durch menschliche Aktivitäten, Platzierungen und durch Verknüpfungen von Aktivitäten und Dingen ergeben. Im Ergebnisteil der vorliegenden Arbeit soll darauf ausführlicher eingegangen werden (vgl. Abschnitt 9.2).

rale Verortung im Grenzraum als konstruiertes Aktions- und Wirkungsfeld wird mittels einer Bodenkarte geographisch begründet und visuell demonstriert. Die zentrale Funktion im Kontext grenzüberschreitender Aktivitäten wird anhand der künstlerischen Installation sprachlicher und kultureller Übersetzungsexpertise repräsentiert. Schließlich untermauert die Integration des Tourismusbüros in das KULT-Gebäude den Anspruch, Anlauf- und Informationsstelle zu sein. In Verbindung dieser multifunktionalen Konzeptualisierung des Gebäudes als Begegnungs-, als Dokumentations- und Kulturzentrum mit der Nicht-Lage der Organisation könnte im Anschluss an Foucault von einer heterotopen Platzierung der Organisation gesprochen werden (vgl. Foucault 1967/2006, S. 320 ff.). Demnach wäre das *Zentrum KULT* als eigenständiges, nach eigenen Regeln und Vorstellungen funktionierendes Gebilde zu verstehen, dass erstens dem Gebäude und dem Nicht-Ort der Platzierung eine Funktion zu geben, zweitens den selbsternannten Status *Zentrum zu sein* zu erhalten und drittens die vielseitigen Funktionen des Ortes gegenüber Dritten zu begründen und zu repräsentieren versucht. Dass das Gebäude und der Nicht-Ort der Platzierung nicht nur Resultat, sondern auch Medium einer Konstruktionspraxis des Zentrum-Werdens und -Bleibens ist, folglich einer ständigen Reproduktion bedarf, wird auch im Folgenden deutlich. Hier kann gezeigt werden, dass sich die organisationalen Praktiken mit der Reproduktion des Gebäudes als Zentrum verbinden und dass dies nicht zuletzt auf einer andauernden Notwendigkeit gründet, sich als Zentrum zu legitimieren (vgl. Ortmann 2010).

5.4 Arrangieren, Repräsentieren und Fixieren. Zur Inszenierung von Grenzüberschreitung und Förderfunktion

Bezüglich der Frage, welche Ereignisse und Meilensteine das Zentrum im Laufe der Jahre hervorgebracht hat, die ich dem Leiter ERWIN im Rahmen des narrativ-episodischen Interviews zu Beginn der Forschungsarbeit stelle, hebt dieser zwei Veranstaltungen im Besonderen hervor. Es handelt sich um die jährlich im Frühjahr stattfindende Preisverleihung *Wegbereiter | Průkopníci* und das ebenfalls jährlich stattfinde Sommerfest der Organisation. Die Bedeutung, die diesen Veranstaltungen zugeschrieben wird, gibt folgender Ausschnitt des Interviews wieder:

> es gibt einige (.) äh so: (.) öffn- also ich mein, da muss ma natürlich auch, äh immer überlegn ähm, also des is für so a Einrichtung ganz wichtig das es, halt ähm ähm, äh sagn mer mal Programmpunkte gibt, die: äh überregionale (.) Wirkung habn, und da ham mer eigentlich in den letztn Jahrn, äh ganz gute (.) äh ähm ja Formen, äh

> gefundn, also zum Beispiel, Preisverleihung Wegbereiter, des is also tät ich würde jez einfach mal sagn, des so (.) ja des: (.) äh, khört zu den wichtigstn (.) äh Veranstaltungen oder (.) äh Dingen die: (.) die hier vom *Zentrum KULT* ausgehn (.) weils einmal (.) äh öffentlichkeitswirksam is stark öffentlichkeitswirksam is, zum anderen weil heut durch diese: Preisverleihung Wegbereiter, sich, jez inzwischn nach drei Jahrn einfach ein, ein Preisträgerkreis ä gebildet hat der a irgendwo a wieder (.) ähm für uns a wichtiche Funkion als, als ähm Botschafter oder wie ma des auch immer bezeichnen will, ( ) äh is also auch immer seh:r äh hochkarätich ähm, begleitet von:, von Persönlichkeitn des öffentlichn politischn Lebens und, muss mer sagn also (.) **würd** ich jez a mal ( ) als als, wichtigste Veranstaltung' äh, einstufn (.) äh dann ham mer: (.) **das** Sommerfest das näxtn Dienstag is äh auch (.) äh unter dem Gesichtspunkt ebn etabliert wie (.) wie bring ich äh die Leute zusammen wi:e (.) äh wie kann ich auch, äh einmal im Jahr, (räuspert sich) ähh einfach ähm (.) die breite Schicht der Aktivn (.) äh zusammenbringen und des funktioniert eigentlich a: ganz gut also, ( ) und wird auch immer, hochkarätich, dann genutzt (2) des äh, des is also? von äh von den Veranstaltungen die (.) die jez ähm unter dem Gesichtspunk, auch der Öffentlichkeitsarbeit zu sehn is **(KULT I 01).**

Im Gesagten wird die Preisverleihung als wichtigste Veranstaltung und das Sommerfest als zweitwichtigste Veranstaltung eingestuft. Die Bedeutung der Veranstaltungen wird dabei kausal mit drei Aspekten begründet: erstens mit der Funktion ihrer überregionalen und öffentlichen Wirksamkeit („weils (.) einmal (.) äh öffentlichkeitswirksam is stark öffentlichkeitswirksam is“), zweitens – nur in Bezug auf die Preisverleihung – mit der Funktion der Bildung eines Preisträgerkreises, der Öffentlichkeitsarbeit über die Veranstaltungsdauer hinaus gewährleistet („ein Preisträgerkreis ä gebildet hat der a irgendwo a wieder (.) ähm für uns a wichtiche Funkion als, als ähm Botschafter“) und drittens erscheint für beide Veranstaltungen bezeichnend, dass sie ihre Bedeutung für die Organisation vor allem durch den Besuch und die Teilnahme „hochkarätiger“ Gäste und durch „Persönlichkeiten des öffentlich politischen Lebens“ erlangen. Nicht thematisiert wird in diesem Abschnitt hingegen, dass die Veranstaltungen in geschlossener Gesellschaft stattfinden, also nicht als Teil des öffentlichen Veranstaltungsprogramms beworben werden. Die Teilnahme an der Veranstaltung erfolgt auf Einladung durch den Trägerverein KULT e.V..

Die als bedeutsam charakterisierte Preisverleihung und das Sommerfest sollen im Folgenden als Folie für die Analyse und Beschreibung der Praxis und des Kontexts dieser Veranstaltungen dienen. Als öffentlichkeitswirksame Inszenierung verbinden sich mit den Veranstaltungen organisationsspezifische Praxisstrategien und Praxismuster der Legitimation, der Vergegenwärtigung und der Affirmation der Organisationsfunktion und des Organisationszwecks. Die den Titel dieses Abschnitts bezeichnenden Begriffe des Arrangierens und Fixierens verweisen dabei auf zwei sich bedingende *modi operandi* einer spezifischen organisationalen Identitäts- und Lernpraxis.

5.4.1 Repräsentationen des „Deutschen" und des „Tschechischen". Zur Praxis der organisationalen Selbstdarstellung

Jährlich verleiht das *Zentrum KULT* und sein Trägerverein KULT e.V. den Preis *Wegbereiter | Průkopníci* an ausgewählte Persönlichkeiten und Projekte für „vorbildliches, beispielhaftes und wegweisendes Engagement" (KULT D 06) in der bayerisch-böhmischen Verständigung. Wer diesen Preis erhält und damit in einen seit 2007 bestehenden Kreis von „*Wegbereitern*" aufgenommen wird, entscheidet der Vorstand des Trägervereins im Vorfeld der Veranstaltung. Zur gleichnamigen Veranstaltung, die immer Ende des ersten Quartals im Jahr stattfindet, sind neben den Geehrten, ehemalige Preisträger, Mitglieder des KULT e.V., Kuratoriumsmitglieder und „wichtige Personen" aus Wirtschaft und Politik sowie viele Vertreter der grenzregionalen Presse geladen. Das gesamte Team des *Zentrum KULT* und ehrenamtliche Helfer (Vereinsmitglieder) sind Tage vorher mit Vorbereitungen beschäftigt, den großen Saal im Erdgeschoss des KULT-Gebäudes in festliches Ambiente zu kleiden, die Sitzordnung zu organisieren (vgl. Abschnitt 5.6.3), den gastronomischen Service vorzubereiten (vgl. Abschnitt 5.5.2) und letzte Korrespondenzen mit Gästen und Presse zu pflegen. Zunächst soll die Veranstaltung zur Preisverleihung des Pokals *Wegbereiter | Průkopníci* selbst in den Blickpunkt der Betrachtung rücken. Denn hieran lassen sich oben angedeutete Annahmen zur spezifischen Praxis organisationaler Selbstdarstellung und Selbstvergewisserung verdichten.

Als zentrale Bezugspunkte der Veranstaltungsdurchführung, zugleich als Medium organisationaler Darstellung, erscheinen der Veranstaltungsraum und die Bühne sowie der Pokal – der den Preisträgern feierlich überreicht werden soll – von Interesse. Diese Materialitäten sollen zuerst beschrieben und nach ihrer Funktion befragt werden. Der Chronologie der Veranstaltung folgend, wird sodann der Verlauf und die Praxis der Veranstaltungseröffnung und der Preisverleihung dargestellt.

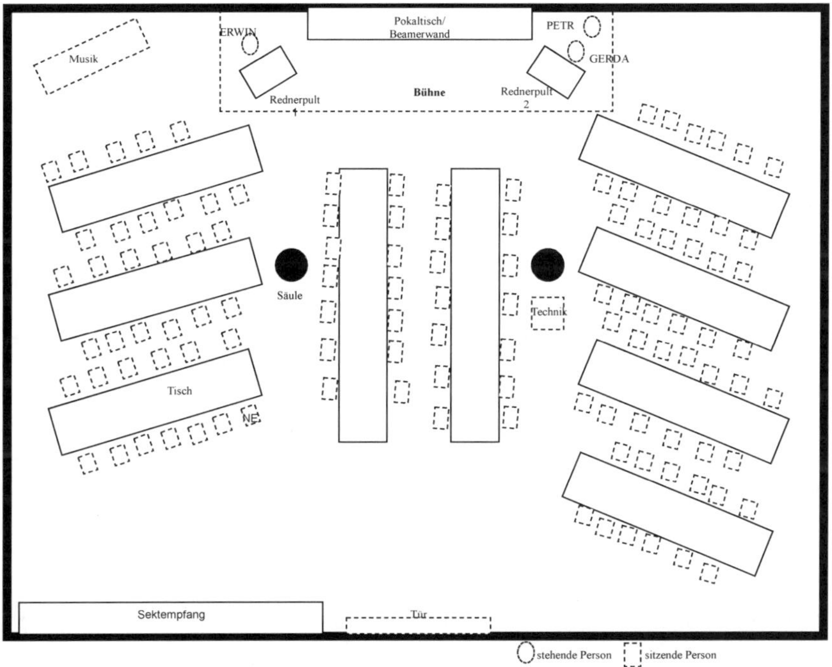

Abb. 2 *Zentrum KULT* – Gewölbesaal während der Preisverleihung (eigene Skizze)

Veranstaltungsort der Preisverleihung *Wegbereiter 2010 | Průkopníci 2010*

Der Ort der Veranstaltung ist der gewölbeartige Saal im Erdgeschoss des KULT-Gebäudes (vgl. Abb. 2). *Um die beiden zentralen Säulen herum sind insgesamt neun Tische aufgestellt. Zwei lange Tafeln in der Mitte des Raums folgen in ihrer Anordnung der Flucht von Eingangstür und Bühne, die sich genau gegenüberliegen. Hier sitzen später die „wichtigen Personen". Von der Eingangstür blickend sind rechterhand vier, linkerhand drei schräg verlaufende Tischreihen aufgebaut, an denen sich ehemalige und jetzige Preisträger, sonstige Gäste und Pressevertreter in einer ausgeklügelten Sitzordnung* (vgl. Abschnitt 5.6.3) *niederlassen werden. An Stelle der vierten Reihe auf der rechten Saalseite und in die Saalecke hineinragend, hat die Band, die für die musikalische Begleitung des Abends zuständig ist, ihre Instrumente aufgebaut. Bei jedem Sitzplatz steht ein Namenskärtchen und davor liegt auf dem fertigen Gedeck eine Broschüre zur Veranstaltung. Die Anordnung der Tische ist auf die*

Bühne ausgerichtet und so gehalten, dass die Gäste ohne Schwierigkeiten durch die Tischreihen gehen können. Die Konstellation der Tische und Sitzplätze markiert den Brennpunkt gemeinsamer Aufmerksamkeit: Die Bühne. Sie ist eine in transportierbare Einzelteile zerlegbare und eigens für den Zweck der Veranstaltung installierte Fläche. Mit einer Größe von 20 m² liegt sie nur ein paar handbreit höher als die Bodenfläche des Raums. Mittig auf der Bühne steht ein mit roten, blauen, weißen und schwarzen Samttüchern geschmückter Tisch, auf dem die 15 zu verleihenden Pokale aus milchigem Glas in linearer Reihung aufgebaut sind. Über dem Tisch und zwischen zwei rechts und links davon hängenden Fahnen des bayerischen Staates und der Tschechischen Republik ist eine Projektorleinwand installiert. Auf dieser sind unter dem Logo des Zentrums auf deutscher und tschechischer Sprache die Sätze „Herzlich Willkommen zur Preisverleihung – Srdečně Vás vítáme při udělení cen" und darunter größer geschrieben „Wegbereiter | Průkopníci 2010" zu lesen. Durch die den Pokaltisch und die Leinwand flankierende Anordnung der Nationalfahnen und der jeweils seitlich davor postierten identischen Rednerpulte gewinnt der Bühnenraum eine symmetrische Gestalt. Zwischen den Pulten, dem Pokaltisch und der vorderen Bühnengrenze besteht eine Freifläche. **(KULT RB 01)**

Der in Bühnenelementen (Rednerpulte, Mikrofone, Pokaltisch), in Farben und mit bayerischen und tschechischen Symboliken symmetrisch ausgestaltete Bühnenraum vermittelt Identisches, Gleichberechtigung und Parität. Dabei werden mittels der Fahnen nationale Grenzen markiert und das Bühnengeschehen mit nationalen Symboliken gerahmt. Die milchigen Glaspokale auf den farbigen und nicht symbolisch geordneten Tüchern hingegen wirken auf mich wie eine in der Mitte der Fahnen entstehende Melange, die die markierte Grenze verwischen. Eine Markierung und Überschreitung der sprachlichen Grenze, die ebenfalls Parität symbolisiert und auch im Zwischenraum der hängenden Landesflaggen erfolgt, zeigt sich auf der Leinwand, auf die ein an der Decke befestigter Beamer einen Willkommensgruß wirft. Bei längerer Betrachtung fällt allerdings eine Asymmetrie im Schriftzug auf, die mit den identischen Momenten am inszenierten Bühnenraum bricht. Der deutsche Willkommens-Schriftzug ist in normaler Farbintensität gestaltet, der tschechische hingegen graustufig und kursiv. Er wirkt kleiner und hintergründiger. Es stellt sich die Frage, ob dies aus Gründen der visuellen Anschaulichkeit erfolgt oder ob dadurch bewusst die Existenz sprachlicher Differenzen hervorgehoben werden soll? Die bessere Lesbarkeit des Deutschen und die Dominanz des Schriftzugs aufgrund der schwarzen Schriftfarbe gegenüber der graustufigen Farbe des tschechischen Schriftzugs kann auch als deutsche Hegemonialität interpretiert werden. Ähnlich wie schon die Schriftzüge im Treppenhaus transportiert sich hier die Logik, dass vom Deutschen ins Tschechische übersetzt wird (vgl. Nekula/Šichová 2004; Nekula 2006). Diese Auffälligkeit im Umgang mit sprachlicher Übersetzungsarbeit, wie sie sich hier und im Treppenhaus darstellt, bleibt im Weiteren eine noch zu fokussierende Differenz.

Der Pokal *Wegbereiter | Průkopníci*

Abb. 3 *Zentrum KULT* – Pokal Wegbereiter|Průkopníci (eigene Photographie)

Der Pokal Wegbereiter | Průkopníci steht in fünfzehnfacher Stückzahl an geschilderter Position auf der Bühne und wird im Verlauf der Würdigung den einzelnen Preisträger feierlich übergeben (siehe unten). Der Pokal ist abgesehen vom Standfuß vollständig aus Glas (vgl. Abb. 3). *An einem länglich-rechteckigen, an den Kanten und Ecken abgerundeten und aus schwarzen Glas gefertigten Standfuß ist vertikal zu diesem eine quadratische, etwa zwei Zentimeter dicke und durchsichtige Glasplatte angebracht. In deren Mitte erhebt sich reliefartig und ebenfalls quadratisch die Silhouette des KULT-Logos aus milchigem Glas. Das Logo besteht aus zwei gleichen Buchstaben, die jeweils eine deutsche bzw. tschechische Grenzregion repräsentieren sollen. Die beiden Buchstaben des Logos sind spiegelbildlich zueinander angebracht und greifen in konvexer bzw. konkaver Form ineinander. Die konkave Form des*

Buchstabens ist mittig auf der einen Seite, die konvexe Form des Buchstabens mittig auf der anderen Seite der Glasplatte angebracht. Bei frontaler Betrachtung auf Augenhöhe ergeben beide Buchstaben ein Quadrat. Auf der durchsichtigen Glasplatte oberhalb der Logo-Silhouette ist der Schriftzug „Zentrum KULT" und unterhalb der Schriftzug „Wegbereiter 2010 | Průkopníci 2010" zu lesen. Letztere Schriftzüge sind untereinander angebracht. In Betrachtung des Pokals aus stehender Position ist der tschechische Schriftzug nicht lesbar, da er vor dem schwarzen Standfuß verschwindet. **(KULT AB 03)**

Produktionsgeschichte: Bei dem Pokal handelt es sich um Glasmacherkunst, ein Gewerbe, das im Mitteicher Land und generell in der bayerisch-tschechischen Grenzregion eine lange Tradition hat. Vor diesem Hintergrund repräsentiert der gläserne Pokal eine grenzübergreifende und in beiden Nachbarländern auch noch gepflegte Tradition. Damit wird einerseits an ein seit langer Zeit bestehendes grenzregionales Wissen und Können erinnert, andererseits wird eine die Bayern und Tschechen verbindenden Tradition symbolisch als grenzüberschreitende Gemeinsamkeit abgebildet. Die Einbindung dieser grenzregionalen Tradition erfolgt aber nicht nur symbolisch, sondern auch praktisch. So wird der Pokal von einem ortsansässigen Glasindustrieunternehmer hergestellt und gesponsored. Die Mitwirkung dieses Unternehmens, welches auch schon maßgeblich am Bau bzw. an der Restaurierung des KULT-Gebäudes beteiligt war, ist auch im Kontext der lokalen Legitimationsnotwendigkeit des unmittelbaren Umfelds gegenüber zu sehen (vgl. Abschnitt 5.2.2). Die Einbindung der orstansässigen Wirtschaft ist, wie etwa auch die Aufnahme von Lokalpolitikern und Großunternehmern ins Kuratorium, legitimationsstrategisch bedeutsam. Denn das *Zentrum KULT* ist in der Verwirklichung seiner Aufgaben und Ziele und nicht zuletzt seines Anspruchs, Zentrum zu sein, auf Akzeptanz des Umfelds angewiesen.

Design und Machart: Neben dieser organisationalen Logik der Einbindung grenzregionaler Traditionen im Hinblick auf seine Produktion kann die Machart und das Design als Produkt kultureller Übersetzungsarbeit (vgl. Bachmann-Medick 2004) betrachtet werden. So zeigt sich im Design und Form ein ästhetisches Spiel mit Grenzen und Sicht- und Unsichtbarkeiten. Wirkt der Pokal einerseits in seiner gläsernen Durchsichtigkeit fragil, vermittelt sich andererseits durch seinen breiten Standfuß und durch die beiderseits der Glasplatte hervorgehobenen Anfangsbuchstaben der beiden Grenzregionen Ausgeglichenheit, Balance und Stabilität. Diese Balance wird vor dem Hintergrund der Funktionslogik, erfolgreiche Grenzüberschreitung zu symbolisieren, durch die Passgenauigkeit der einzelnen Bestandteile zueinander unterstrichen. So fügen sich die Elemente in geometrischen Formen und geraden Linien, ohne erkennbare Brüche zu erzeugen. In frontaler Betrachtung verschwindet die Trennlinie bis auf einen sich durch den Glasschnitt ergebenen Bruchs und die beiden Buchstaben bilden ein kleineres Glasquadrat, das sich vom restlichen Pokal auch durch seine undurchsichtig-rauhe Machart unterscheidet. Undurchsichtigkeit und Durchsichtigkeit ergeben einen Gegensatz und ziehen Grenzen, die aufgrund der geometrischen Machart ordentlich und passgenau verlaufen. So liegt frontal betrachtet im großen durchsichtigen Quadrat mittig ein kleines undurchsichtiges Quadrat (als KULT-Logo noch gut erkennbar). Im Anschluss an die Idee des kulturellen Nicht-Verstehens ließe sich diese Undurchsichtigkeit auch als ein blinder Fleck der Grenzüberschreitung, als Nicht-Verstehbares oder noch Zu-Verstehen-Wollendes interpretieren (vgl. Mecheril 2004; vgl. Abschnitt 3.2). So könnte dies Ausdruck bestehender kultureller Differenzen sein, die nicht durchsichtig zu machen sind. Die Annahme allerdings, dass die mittige und durch das milchige Glas hervorgehobene Positionierung des Logos aus repräsentativen Gründen und bezüglich des Selbstverständnisses der Organisation *Zentrum zu sein* erfolgt, ist naheliegender. Im Pokal, genauer in seiner Form und seiner Zusammenstellung gläserner Elemente, repräsentiert sich symmetrisch-statisch eine Passgenauigkeit und Ausgeglichenheit. So vermitteln die quadratische Machart, die beiden mittig angebrachten Buchstaben, die für beide Grenzregionen stehen, in ihrer Anordnung zu einander Gleichheit und Parität. Die in Form und Material durchsichtige und ausbalancierte Konstruktion von deutsch-tschechischer Grenzüberschreitung bricht allerdings im Schriftzug. Denn die Dominanz der deutschen Sprache wird auch in dieser Repräsentation von Zweisprachigkeit deutlich. Dies wird nicht nur in der zeilenmäßigen Anordnung der Schriftzüge erkennbar, sondern zeigt sich auch in der Unlesbarkeit des tschechischen Schriftzugs aus stehender Betrachtung.

Funktion und Verwendung: In Hinblick auf die Frage nach der Logik der Verwendung ist von Interesse, dass es sich bei dem Pokal nicht nur um einen neutralen Gegenstand handelt, der gelungene Grenzüberschreitung symbolisiert, als vielmehr um ein Medium der Selbstdarstellung, in das sich die Organisation in ihrer doppelten Funktion als Zentrum und Preisverleiher eingeschrieben hat. Die Auszeichnung zum *Wegbereiter 2010 | Průkopníci 2010,* die in der Gabe dieses Pokals kulminiert, erfolgt nicht nur durch die Organisation, sondern in deren Namen. In der Gabe des Pokals kommt somit nicht nur eine Ehrung zum Ausdruck, sondern es wird zugleich die Autorität und die Befugnis vermittelt, Preise für gute Grenzüberschreitung verleihen zu können. Einer Öffentlichkeit gegenüber wird damit in der Rolle des Pokalgebers die Funktion der Organisation als Vernetzer und Förderer auch als Kontrolleur grenzüberschreitender Aktivitäten aufgeführt.

Eröffnung der Preisverleihung *Wegbereiter 2010 | Průkopníci 2010*

Entsprechend des im Programmhaft angekündigten Ablaufs spielt von der Ankunft des ersten Gastes bis zu dem Zeitpunkt, an dem alle Geladenen sitzen, Jazzmusik. Nicht laut, aber doch in einer Lautstärke, die im regen Small-Talk ankommender Gäste, durch das Stühle rücken und Suchen der Sitzplätze nicht untergeht. Im Takt der Saitenklänge verbreitet sich eine feierliche Atmosphäre. Als die letzten Gäste von JASMIN und ZUZANA noch zu ihren Plätzen geleitet werden, betreten ERWIN und GERDA pünktlich zur im Programm angekündigten Zeit die Bühne (vgl. Abb. 2):

Szene „Eröffnung zu Dritt"

PETR steht schon ein paar Sekunden auf der Bühne, er hatte zuvor an den Rednerpulten etwas eingestellt. ERWIN und GERDA kommen nun hinzu und stellen sich jeweils hinter eins der beiden Rednerpulte, das links und rechts die Bühne begrenzt. Beide haben einige Papierseiten in der Hand, die sie vor sich ausbreiten. GERDA dreht sich zu PETR um, der nun seitlich hinter ihr steht. Sie stellt ihm eine Frage und deutet dabei auf das am Rednerpult installierte Mikrofon. PETR erklärt ihr irgendetwas und beide nicken. Mit einem Lächeln dreht sie sich wieder nach vorne, blickt kurz zu ERWIN, der ihr kaum merklich zunickt und schaut dann ins Auditorium. Die letzten Gespräche verstummen. Dann, als Zeichen des Beginns, zieht sie tief die Luft ein und begrüßt alle Anwesenden mit den Worten:

> „Sehr geehrte Damen und Herren, verehrte Gäste, im Namen des Trägervereins des *Zentrum KULT* heiße ich Sie als 1. Vorsitzende zur heutigen 4. Preisverleihung *Wegbereiter* herzlich willkommen. Gemeinsam mit ERWIN Hausmann, *Wegbereiter*-Ehrenpreisträger 2009 und Leiter des KULT werde ich die Begrüßung vornehmen“[65] **(KULT D 05)**.

Sie spricht sehr deutlich und fast dialektfrei und deutet bei der Erwähnung von ERWIN in dessen Richtung. Dieser lächelt ins Auditorium und nickt begrüßend. Ihren Körper leicht seitlich gewendet und eine Handbewegung Richtung PETR andeutend fährt Sie fort:

> „Die tschechische Übersetzung unserer Worte spricht Magister PETR Novák, Repräsentant der Region *Český Pramen* im KULT“ **(KULT D 05)**.

---

65 Die wörtliche Wiedergabe der Eröffnungsrede ist an dieser Stelle möglich, da diese im Vorfeld geschrieben und mir eine Vervielfältigung dieses Exemplars genehmigt wurde (KULT D 05).

PETR tritt kaum erkennbar einen Schritt nach vorne und hebt andeutungsweise das Mikrofon, als wolle er zeigen, was seine Aufgabe ist, und nickt dabei dem Auditorium zu. Wieder nach vorne gewendet und den Blick geradeaus beendet Gerda die Vorstellung der Veranstalter mit den Worten:

> „Mit unserer Eröffnung zu Dritt drücken wir aus, wie wichtig uns die gemeinsame Arbeit ist" (**KULT D 05**).

PETR hebt das Mikrofon und übersetzt die Begrüßungsworte von GERDA. **(KULT SB 09)**

Zu Beginn dieser Szene, zugleich der offizielle Beginn der Veranstaltung, betreten der Leiter des *Zentrum KULT* und die Vorsitzende des Trägervereins zeitgleich die Bühne, während sich PETR, der tschechische Repräsentant im *Zentrum KULT*, bereits auf der Bühne befindet. Seine Anwesenheit auf der Bühne beim Auftreten von ERWIN und GERDA erinnert an die Tätigkeit eines Bühnentechnikers, der kurz vor Beginn nochmals den reibungslosen Ablauf der Technik prüft. Die kurze Korrespondenz zwischen GERDA und PETR bezüglich eines von meiner Position nicht einsehbaren Gegenstands unterstreicht den Eindruck, dass PETR auch die Aufgabe des technical support innehat. Eine bereits beim Auftritt der Veranstalter erkennbare funktionale Differenz in Rolle und Aufgabe manifestiert sich sodann in der Positionierung der Akteure. Während GERDA und ERWIN hinter zwei identischen Rednerpulten Platz nehmen und sich in die Symmetrie der Bühne einfügen, wirkt die halbrechte und hintergründige Positionierung von PETR als asymmetrisches Moment. Sie gibt dem sonst spiegelgleichen Bühnenbild Schlagseite. Bei der nun folgenden Vorstellung der Veranstalter wird diese Asymmetrie für einen Moment vielen Anwesenden erfahrbar, da sich die Hälfte der Zuschauer recken und strecken muss, um an GERDA vorbei, die sich während ihrer Vorstellung des Repräsentanten seitwärts und nach hinten drehen muss und diesen dabei immer noch halb verdeckt, einen Blick auf PETR werfen zu können. Nach kurzer Pause, in der sich Gerda wieder in ihre angestammte Position einfügt, wird die sichtbare und allen Anwesenden vorgestellte Konstellation der Bühnenakteure als Ausdruck des gemeinsamen grenzüberschreitenden Arbeitens gerahmt. Die Gemeinsamkeit wird dabei von der sprachlichen Differenz und der daraus resultierenden Übersetzungsnotwendigkeit abgeleitet. Die Funktion des ständigen Repräsentanten der tschechischen Seite ist hier vor allem eine Repräsentation der Zweisprachigkeit des *Zentrum KULT*. In der Anordnung der an dieser Szene beteiligten Akteure, in deren praktischen Bezugnahmen zueinander sowie im Gesagten wird ein spezifischer Stil des grenzüberschreitenden Miteinanders aufgeführt. Durch die spiegelgleiche Anordnung der Vorsitzenden und des Leiters sowie durch den paritätischen Wortwechsel beider wird in einem symmetrisch-synchronen Modus, der eine strikt statische Ordnung generiert, Gemeinsamkeit und Gleichberechtigung zwischen den deutschen Akteuren hergestellt. Dem Repräsentanten des tschechischen Kooperationspartners, den man aufgrund des symmetrischen Bühnenbilds eigentlich als Figur der spiegelgleichen Anordnung erwarten könnte, kommt die Funktion der Übersetzung zu. Der tschechischen Seite, in Stellvertretung der Person PETR, ist kein eigener Raum gegeben, Worte zu formulieren, sondern aufgetragen, die deutschen Worte zu übersetzen. Seine hintergründige und dezentrale Positionierung auf der Bühne im Vergleich zu den hervorgehobenen Positionen der deutschen Vertreter korrespondiert mit dieser funktionalen Differenzierung der Rollen und auch mit den erwähnten, in unterschiedlicher Farbintensität gestalteten Willkommens-Schriftzügen auf der Leinwand. So verstärkt sich hier der Eindruck, dass in der Praxis grenzüberschreitender Verständigung des *Zentrum KULT*, die als charakteristische hervorgehobene Zweisprachigkeit (vgl. Abschnitt 5.2.1 und 5.3) eine eigene Präsentation erfährt, dass diese aber Aufgabe der tschechischen Seite ist. Zudem verstärkt sich der Eindruck deutschsprachiger Hegemonie, da ausschließlich vom Deutschen ins Tschechische übersetzt wird und das Tschechische, ähnlich der Schriftzüge an der Beamerwand und auf dem Pokal, hier körperlich-räumlich nachgeordnet arrangiert wird.

Diese körperlich-räumliche und materiell sichtbare Verhältnisbestimmung des Deutschen zum Tschechischen und die damit einhergehende funktionale Trennung einer Repräsentation von Begrüßung und Verantwortung seitens der deutschen Vertreter sowie einer Repräsentation von Zweisprachigkeit seitens des tschechischen Vertreters im öffentlichen Raum bringt einen hegemonial-rigiden Stil grenzüberschreitender Gemeinsamkeit zum Ausdruck. Zudem macht sie auf die problematische Seite organisationaler Kooperation aufmerksam. Denn: Das Sprechen über Kooperation steht in einem krassen Gegensatz zur körperlich-räumlichen Praxis des Miteinander-Arbeitens (vgl. Türk 1995). Sprachlich aufgeführt wird mittels der Eröffnungsrede „zu Dritt" ein *schönes und heiles* Selbstbild der Organisation (vgl. Kühl 2011, S. 136f.) sowie ein Bild ‚guter' Kooperation. Die symbolische und sprachliche Inszenierung gelungener Gemeinsamkeit ist dabei nicht zuletzt vor dem Hintergrund eines ökonomisch begründeten Legitimationszwanges zu sehen. Eine Veranstaltung mit bedeutendem Publikum (anwesend sind wichtige Stakeholder, Förderer sowie Presse) verlangt eine Präsentation gelungenen und förderwürdigen grenzüberschreitenden Miteinanders, die das Selbstverständnis als Zentrum der Grenzüberschreitung grenzüberschreitend kooperativ agieren zu können legitimiert. Körperlich-räumlich wird jedoch eine Kooperationspraxis erkennbar, die (nicht nur symbolisch) einen Beteiligten unterdrückt und vor einem nicht unbedeutenden

Publikum funktional degradiert. Im Kontext öffentlicher Repräsentation erscheint Kooperation hier als Werkzeug und eine Reglierungsweise der Organisation (vgl. Adorno 1953), um sich in einem ökonomischen Sinne zu reproduzieren und zu legitimieren (vgl. Abschnitt 2.2) Die eigentliche Leistung grenzüberschreitender Ko-Operation besteht in erster Linie in der sprachlichen Übersetzungsarbeit des tschechischen Repräsentanten ohne die die Legitimation nicht möglich wäre. So ist die zentrale Herausforderung binationaler grenzüberschreitender Verständigung eine sprachliche Differenz, die qua Dolmetschen bearbeitet wird. Mögliche kulturelle Überstezungsnotwendigkeiten – etwa in Bezug auf ein Verständnis von Kooperation – bleiben im Hintergrund und werden durch die paritätische Symbolik des Bühnenraums und durch Semantiken des Gemeinsamen übergangen.

Praxisstrategie der Präsentation von Binationalität und Bilingualität

In einer zusammenführenden Betrachtung der Beschreibungen und Analysen des Veranstaltungsraums, des dort platzierten (den Raum mit-kreierenden) Pokals sowie der Praxis der Veranstaltungseröffnung kann eine für die Organisation *Zentrum KULT* spezifische Praxisstrategie der Präsentation von Binationalität und Bilingualität herausgearbeitet werden. Entsprechend obiger Darstellung soll diese Praxisstrategie in räumlicher, gegenständlicher und praktischer Hinsicht verdeutlicht werden:

Raum: Ähnlich wie auch am und im Gebäude der Organisation wird mittels der expliziten Platzierung von Symbolen, Farben und Flaggen ein deutsch-tschechischer Raum konstruiert und damit Parität dargestellt. Die Bezugnahme auf nationalkulturelle Elemente markiert dabei die Grenzen und schlägt durch deren spezifische Anordnung in einem Raum eine Überbrückung selbiger vor. In dem sonst ausgeglichenen deutsch-tschechischen Arrangement fällt die unterschiedliche Hervorhebung der Willkommens-Schriftzüge besonders auf. In Korrespondenz zur simulacrischen Anordnung der Schriftzüge im Treppenhaus (vgl. Abschnitt 5.3) und zur Praxis der Eröffnung wird hiermit die Übersetzungsrichtung der national-kulturellen Grenzüberschreitung demonstriert: Das Deutsche wird für die tschechischen Gäste übersetzt.

Gegenstand: Der Pokal als materialisiertes Symbol für besonders gelungene deutsch-tschechische Begegnungsarbeit präsentiert nicht nur in seiner Form und Machart Ausgeglichenheit und Balance, sondern auch im Sinne der Vergegenwärtigung einer beiderseits der Grenze gepflegten Tradition der Glasmacherkunst. Bezüglich des Schriftzugs ist ähnlich wie im Raum auch hier die Anordnung des deutsch-tschechischen in den Gegenstand eingeschrieben worden.

Praxis: Die räumliche und gegenständliche Präsentation von Binationalität und Bilingualität verbindet sich mit einer praktischen Aufführung der Organisation als binationale und bilinguale Einrichtung der Grenzüberschreitung. Entsprechend dem Organisationszweck und dem organisationalen Selbstverständnis als Zentrum agieren zu können wird – allerdings zu Lasten einzelner Akteure – der Öffentlichkeit gegenüber eine paritätische und gleichberechtigte Gemeinsamkeit simuliert.

Bei der Gestaltung des Raums sowie hinsichtlich der Machart und der Entstehung des Pokals können reflexive und intentionale Praktiken vermutet werden, die auf die Präsentation eines paritätischen Selbstbilds abzielen. Auch in der Praxis der expliziten Vorstellung der Organisation als deutsch-tschechische Einrichtung wird eine reflexive und intentionale Praxisstrategie der Selbstdarstellung als paritätisch-grenzüberschreitend agierende Organisation erkennbar.

5.4.2 Arrangements der Grenzüberschreitung. Zur Praxis der Legitimation des Organisationszwecks

Die Praxisstrategie der Präsentation von Binationalität und Bilingualität korrespondiert mit einer Praxis des Arrangierens der Markierung und Überschreitung national-kultureller Differenzen. Dies zeigt sich zunächst in der Fortführung der Eröffnungsrede und kann sodann an einer szenischen Beschreibung der Verleihung des Preises *Wegbereiter | Průkopníci* verdeutlicht weren: In der Fortführung oben dargestellter Eröffnungsszene stellt GERDA die Aufgabe von KULT und dessen Trägerverein vor:

> *„KULT e.V. hat sich mit der Übernahme der Verantwortung für das Zentrum KULT der großartigen Aufgabe verschrieben, täglich kulturelle Brücken zwischen Bayern und Böhmen zu bauen. (Übersetzung PETR) Die bayerisch-tschechischen Beziehungen werden spürbar enger und gewinnen an Kraft dank des Engagements einer Vielzahl von Persönlichkeiten und Projekten. Dies hat KULT e.V. bewogen, jährlich den Preis Wegbereiter – Průkopníci für herausragendes Engagement zu verleihen. (Übersetzung PETR)“* **(KULT D 05).**

Die Vorsitzende des Vereins KULT e.V. präsentiert die Aufgabe der Organisation *Zentrum KULT* als „großartige Aufgabe [...] täglich kulturelle Brücken zwischen Bayern und Böhmen zu bauen“ und begründet das Veranstaltungsformat der Preisverleihung für „herausragendes grenzüberschreitendes Engagement“ damit, dass die Beziehungen zwischen Deutschen und Tschechen „spürbar enger“ werden. Diese Definition des sich wandelnden Verhältnisses von Deutschen und Tschechen wird in der Verbindung mit einem „Zugewinn an Kraft“ als etwas Positives expliziert. Implizit verweist das „spürbar enger“ aber auch auf eine räumliche Dimension, welche nicht nur positiv konnotiert werden kann, sondern auch auf das erdrückende und Platz-nehmende Moment verweist. In dieser Perspektive ist die Veränderung der deutsch-tschechischen Beziehung auch territorial als enger werdender Raum zu interpretieren. Vor dem Hintergrund der positiven Konnotation der enger werdenden Beziehung werden vom Trägerverein KULT e.V. engagierte Persönlichkeiten und Projekte der grenzüberschreitenden Arbeit, die diesbezüglich ihren Beitrag leisten, ausgezeichnet. Die Worte GERDAs rahmen nicht nur den inhaltlichen Verlauf und bestimmen den Grund der Zusammenkunft, sie vergegenwärtigen auch einer breiten Öffentlichkeit den zentralen Organisationszweck der Förderung, Vernetzung und Initiierung grenzüberschreitender Aktivitäten und legitimieren die Veranstaltung als Preisverleihung sowie die implizit damit verknüpfte selbstzugeschriebene Funktion des *Zentrum KULT* als Förderer und Evaluator grenzüberschreitender Aktivitäten. Die zuletzt zitierte Sequenz der Veranstaltungs- und Organisationsbeschreibung lässt ein Selbstverständnis der Organisation erkennen, das in der folgenden Preisverleihung zur Aufführung gebracht wird.

Entsprechend der Ankündigung im Programm beginnt nach den Eröffnungsworten durch die Veranstalter und einer Festrede des Landrats LEIDINGER die Preisverleihung. Diese folgt einer klaren, einstudiert wirkenden Systematik und erinnert stark an medial inszenierte Preisverleihungen. Die Preisverleihung folgt einem strengen Ablauf und verbindet sich mit der Anstrengung, nicht nur Leistungen zu repräsentieren und zu würdigen, sondern auch die Aufnahme der Preisträger in einen bestehenden Kreis von Preisträgern aus den Vorjahren exklusiv und öffentlich zu inszenieren. Exemplarisch kann Verlauf und Dramaturgie der Preisverleihung an folgender Szene verdeutlicht werden. Dieser Szene vorangegangene und folgende Verleihungen unterscheiden sich nur in Nuancen:

Szene *Preisverleihung*

Wieder wird das Licht gedimmt. Auf der Leinwand beginnt der nächste Trailer. Er zeigt und erzählt die Aktivitäten eines Rektors einer tschechischen Grund- und Hauptschule einer kleinen grenznahen Stadt. Im Trailer werden dessen Leistungen in der Organisation von Schüler- und Lehrerbegegnungen, ein Buchprojekt und die Gründung eines deutsch-tschechischen Bürgervereins gewürdigt. In kleinen Ausschnitten kommt der Geehrte selbst zur Sprache, außerdem erzählt eine Stimme von der Berufs- und Grenzraumbiographie des Rektors. Dieser Trailer ist in tschechischer Sprache mit deutschen Untertiteln. Während der Trailer läuft, steht ERWIN seitlich neben der Bühne. Seine Silhouette und die des Laudators, der die Zeit der Filmvorführung nutzt, um sich hinter das rechte Rednerpult zu begeben, sind im Licht des

Films gut erkennbar. Mit Ende des Films wird das Licht im Saal wieder hochgedimmt. Nun würdigt der Laudator in wenigen Worten den Ausgezeichneten und bittet ihn sodann mit einer bedächtigen Geste auf die Bühne. Noch während der Übersetzung dieser Worte, die vom Dolmetscher hinter dem linken Rednerpult gesprochen werden (sein Verschwinden und Wiederauftauchen geschehen unscheinbar), betritt ERWIN im Hintergrund die Bühne und nimmt sich einen der Pokale. Dann geht er dem vom Laudator in der Bühnenmitte bereits in Empfang genommenen Preisträger entgegen. Er schüttelt dem Rektor die Hand und überreicht den Pokal. Dies geschieht langsam und in seitlicher vom Auditorium gut sichtbaren Positionierung der Körper. Photokameras werfen Blitzlichter auf die Bühne. Während dieses Procederes hat sich GERDA, die zwischenzeitlich in der ersten Reihe wieder Platz genommen hatte, erhoben. Nun tritt sie von anderer Seite an den Rektor heran, schüttelt ebenfalls die Hand und überreicht lächelnd die Urkunde. Auch hier halten beide für Sekunden inne, um den Photografen die Möglichkeit eines Bilds zu geben. Als GERDA die Hand vom Rektor loslässt, macht dieser Anstalten die Bühne zu verlassen. ERWIN eilt ihm zwei Schritte nach, legt seine Hand auf dessen Oberarm während er halblaut ruft, „halt, Photo fehlt noch“. Er geleitet den Rektor wieder ein Stück zur Bühnenmitte. Dort nehmen ihn GERDA und ERWIN in ihre Mitte und zeigen sich erneut der vor der Bühne versammelten Pressefraktion. Es werden noch einige Bilder gemacht. Eine kurzes Nicken von ERWIN beendet die Pose. Der Rektor und GERDA gehen ins Auditorium. ERWIN tritt in den hinteren Teil der Bühne. Nun wird das Licht gedimmt und der nächste Trailer beginnt. **(KULT SB 10)**

Der dramaturgische Ablauf, die Positionierungen der beteiligten Akteure und ihre gegenseitigen und gegenständlichen Bezugnahmen erscheinen im Kontext aller Verleihungen als ein sich zyklisch-wiederholendes und geregeltes Procedere. Dies kann anhand gezeigter Szene in vier Phasen unterschieden werden: Der Beginn der Ehrung wird eingeleitet durch das Abdimmen des Lichtes und das Abspielen eines kleinen Trailers, der den Auszuzeichnenden vorstellt. Die Vorstellung erfolgt in diesem Fall in tschechischer Sprache mit deutschen Untertiteln (je nach Herkunft des Preisträgers oder der Preisträgerin ist die Filmsprache deutsch oder tschechisch und jeweils mit Untertiteln in die andere Sprache übersetzt). In der zweiten Phase wird der Preisträger durch eine Laudatio gewürdigt auf die Bühne gebeten. Der Preisträger wird aus der sitzenden Gemeinschaft an hervorgehobene Stelle positioniert, um dort in der dritten Phase zum *Wegbereiter* | *Průkopníci* ernannt zu werden. Dies erfolgt in Übergabe eines Pokals und einer Urkunde durch den Leiter des *Zentrum KULT* und durch die Vorsitzende des Trägervereins. In der vierten Phase der Preisverleihung posieren ERWIN und GERDA den Preisträger in die Mitte nehmend für die Kameras der Presse. Der Moment der Auszeichnung wird dokumentiert und festgehalten und damit einer über den engen Kreis der Anwesenden hinausreichenden Öffentlichkeit zugänglich gemacht. Das Abtreten der Akteure in die verschiedenen Richtungen sowie das Abdimmen beendet die Szene und lässt den Zyklus wieder von vorne beginnen.

Im Kontext des zeitlich geregelten Ablaufs und der räumlichen Gestaltung von Bühne und Auditorium in Bezug auf die Gabe des Pokals und der Urkunde wirkt, die Veranstaltung konstituierend, eine musterförmige Praxis. Der Verlauf der Preisverleihung erfolgt in der Wiederholung einzelner Szenen, darin aufgeführter Interaktionsregeln sowie räumlicher und gegenständlicher Bezugnahmen und folgt einer rituelle Ordnung (vgl. Wulf 2005, S. 93).[66] Dies wird durch den exponierten Status der Handlung auf einer Bühne, durch den öffentlichen Moment und durch die in eine Gemeinschaft integrierende Funktion der Handlung verstärkt. Der ritualisierte Ablauf wird von dem Leiter und der Vorsitzenden und den vorher instruierten Laudatoren vermittelt und im Notfall explizit eingefordert. Erkennbar wird dies etwa in jenem Moment, in dem der Preisträger vorzeitig die Bühne verlassen will. Mit dem Ausruf „halt, Photo fehlt noch" wird direktiv interveniert und allen Anwesenden ein Regelverstoß angezeigt (vgl. ebd.). In der Wiederherstellung der rituellen Ordnung sind ERWIN und GERDA die Vorbilder.

Praxismuster des Arrangierens von Repräsentationen der Grenzüberschreitung

Was hier vorgemacht und in der Aufführung dem Preisträger und den Zuschauenden vermittelt und von diesen auch mitvollzogen wird, kann als ein veranstaltungsbezogenes *Praxismuster des Arrangierens von Repräsentationen der Grenzüberschreitung* identifiziert werden. Diesem kommt in erster Linie die Funktion einer Gewährleistung des reibungslosen Ablaufs der Veranstaltung zu. So wiederholt sich das Procedere der Preisverleihung musterförmig und wird dabei von allen Anwesenden aktiv (PreisträgerInnen, LaudatorInnen) oder passiv (Auditorium) mitvollzogen. Den beiden organisationalen AkteurInnen kommt bezüglich des Praxismusters besondere Bedeutung zu. So sind diese für die Einhaltung der rituellen Ordnung zuständig. Dass sich in der Wiederholung des Praxismusters ein Wissen um die richtige Aufführung der Organisation tradiert, ist vor dem Hintergrund der expliziten Herstellung und Verwendung von Bühne und Pokal sowie der gekonnten Platzierungen der beteiligten Akteure und Dinge und letztlich in Anbetracht der jährlichen Wiederauflage der Veranstaltung naheliegend. Neben der veranstal-

66 Für die umfassenden Ritualstudien im Rahmen des Sonderforschungsbereichs „Kulturen des Performativen" an der Freien Universität Berlin kann exemplarisch auf einige Publikationen verwiesen werden (vgl. Wulf et al. 2001, 2004; Wulf und Zirfas 2004).

tungsbezogenen Funktion der Gewährleistung einer reibungslosen Inszenierung wirkt das Praxismuster zugleich in einer organisationalen Funktion. Im Vollzug repräsentiert sich die Förderaufgabe der Organisation im Sinne ihrer Legitimation (a) und als Vorgang ihrer Vergewisserung (b):

a. Vordergründig wird bei der Preisverleihung vom *Zentrum KULT* Lob und Anerkennung für eine grenzüberschreitende Aktivität ausgesprochen. Die Organisationsfunktion als Evaluator und als Autorität, Preise verleihen zu können, wird dabei, gemeinsam mit den Geehrten und vor dem Auditorium, aufgeführt und damit allen Anwesenden bestätigt. In der Aufführung des Lobens und des Auszeichnens demonstriert sich auch ein Autoritätsanspruch. Denn im Vorgang der Preisverleihung und in der Inszenierung als Preisvergeber vergegenwärtigt sich nicht nur die Funktion und Organisationsaufgabe, ‚Kulturdrehscheibe' zu sein, sondern man präsentiert die organisationale Aufgabe in einem eigens für diese Repräsentation geschaffenen Rahmen. Die öffentliche Akzeptanz des Rahmens und dieser Praxis der Repräsentation durch die Gemeinschaft legitimiert das Selbstverständnis der Organisation und stabilisiert zugleich ihre Praxis der Selbstdarstellung (vgl. Ortmann 2010).
b. Im Wiedervollzug des Arrangements legitimiert die Organisation die Funktion als Förderer einer Öffentlichkeit gegenüber, zugleich vergegenwärtigt sich die Organisation ihrer Praxis in zweifacher Hinsicht.[67] Für die beteiligten Organisationsmitglieder werden erstens die Praktiken, *Auszeichnen zu können*, Rituale der Ehrung von Grenzüberschreitung zu inszenieren und sich als Förderer aufzuführen, wieder erfahren und dadurch tradiert. Ein wesentlicher Aspekt der Vergegenwärtigung ist zweitens die dabei erfolgende photographische Dokumentation der Inszenierung, die nicht nur den Preisträger abbildet, sondern vor allem die Praxis der Organisation als Preisverleiher festhält bzw. festhalten lässt. In der relativ geschlossenen Wiederholung der Abläufe sowie in der damit einhergehenden Dokumentationstätigkeit deutet sich eine Erinnerungspraxis an, die im Folgenden nähere Betrachtung erfährt.

67 Christoph Wulf (2005, S. 91) weist darauf hin, dass „neben offiziellen Aufgaben […] Angehörige von Institutionen auch heimliche Ziele" (ebd.) verfolgen, die „die Form der rituellen Aufführung mitbestimmen" (ebd.). Solche „heimlichen Ziele" existieren in diesem Fall möglicherweise im Hinblick auf die vergegenwärtigende Praxis der organisationalen Selbstdarstellung als Förderer der Grenzüberschreitung.

5.4.3 „Halt, Photo fehlt noch". Zur Bedeutung photographischer Dokumentation für die Identität des *Zentrum KULT*

Der musterförmige Vorgang der Verleihung des Pokals an ausgewählte Akteure des bayerisch-tschechischen Grenzraums kulminiert in der photographischen Fixierung des In-die-Mitte-Nehmens des erkorenen Preisträgers durch den Leiter des *Zentrum KULT* und die Vorstandsvorsitzende des Trägervereins. Die Bedeutung, dieses die Ehrung abschließenden Photographierens wird in der Äußerung ERWINs „Halt, Photo fehlt noch" deutlich, als sich ein Preisträger vorzeitig von der Bühne begeben will (s.o.). Die Äußerung verbindet sich mit einer Aufforderung, eine bestimmte Pose und Körperhaltungen einzunehmen und sich in ein vorgegebenes Format einzufügen; sie ist zugleich die explizite Formulierung der einzuhaltenden Regelmäßigkeit des Ablaufs. Performativ ist diese Äußerung (vgl. Göhlich 2001b), da hiermit nicht nur eine Bitte oder ein Befehl eines bestimmten praktischen Vollzugs zum Ausdruck gebracht wird, sondern auch eine erwartete oder adäquate Platzierung eingefordert wird, um eine photographische Dokumentation zu ermöglichen.

Die Bedeutung der Dokumentation für die Identitätspraxis des *Zentrum KULT* kann in Bezug auf die Praxis des Photographierens und auf die Praxis der Verwendung der dadurch entstandenen Photographie verdeutlicht werden. Hierfür sollen zunächst zwei Szenen betrachtet werden, die in einer diachronen Logik zueinander stehen: zum einen die Erstellung des Abschlussphotos der Preisverleihung *Wegbereiter 2010 | Průkopníci 2010* und zum anderen die Erstellung eines Photos mit politischen Repräsentanten im Rahmen des Sommerfests. Außerdem soll danach gefragt werden, welche Funktion diese Art von Photographien für die Organisation haben und analysiert werden, inwiefern ihre spezifische Verwendung als Medium der Öffentlichkeitsarbeit sowie als Referenzpunkt vergangener Ereignisse und Vorgänge erfolgt. Abschließend lassen sich Überlegungen anstellen, die das photographische Dokumentieren als Praxismuster der Organisation konkretisieren.

Szene *Gruppenphoto der Wegbereiter | Průkopníci*

Zum Abschluss der Preisverleihungen werden alle Preisträger vor versammelter Presse für ein Gruppenphoto zusammengestellt. ERWIN und GERDA übernehmen die Regie. Folgende Szene gibt den Verlauf detailliert wieder:

Mit den letzten Worten der Schlussrede betritt ERWIN wiederum die Bühne. Er wartet, bis sich der Applaus ein wenig legt und ruft dann mit ausladenden Handbewegungen allen Preisträgern zu, nach vorne auf die Bühne zu kommen. Halb nach hinten gewandt deutet er dabei mit einer Armbewegung einen Halbkreis an. Die ersten Preisträger werden von ERWIN in Empfang genommen und mit Hand an Schulter und Ellenbogen in die Mitte der Bühne dirigiert oder gewunken. Im Arrangieren plötzlich inne haltend, dreht er sich hastig um und ruft beide Hände trichterförmig an den Mund gelegt laut in den Raum, dass alle Preisträger mit ihren Pokalen kommen sollen. Daraufhin verlassen wiederum einige der schon anwesenden Preisträger die Bühne. Diejenigen, die bereits ihren Pokal mitgebracht haben, stehen und warten auf Anweisungen von ERWIN. Nun betritt GERDA die Bühne und wird sogleich von ERWIN instruiert. Daraufhin geht sie auf die andere Bühnenseite und betätigt sich auch als Bühnenbildnerin. Nachdem sich beinahe ein Halbkreis gebildet hat, verlässt ERWIN die Bühne und betrachtet, nun im Auditorium stehend, den entstandenen Halbkreis. Gleich einem Regisseur beginnt er nun von unten mit winkenden Handbewegungen und Zurufen, die Akteure zu verschieben. Dabei hat es den Anschein, als ob sich keiner der formierten Preisträger selbstständig bewegt, sondern alle auf Anweisungen warten. ERWIN steigt wieder auf die Bühne und holt zwei kleinere Frauen nach vorne und stellt dafür einen größeren Mann nach hinten. GERDA hat sich mittlerweile ans linke Ende des Halbkreise gestellt und wartet, während ERWIN eine letzte Betrachtung vornimmt und sich dann ans rechte Ende des Halbkreises stellt. Zufrieden nickt er den Photografen zu. Etwa eine Minute lang leuchten zahlreiche Kamerablitze. Zwischen den Presseleuten entdecke ich auch MELANIE. Sie scheint darum bemüht, die Gruppe von mehreren Perspektiven photographisch einzufangen. Erst nachdem ERWIN sich versichert hat, dass alle genug Bilder gemacht haben, tritt er, „vielen Dank" rufend, nach vorne. Die Zusammenstellung löst sich auf. **(KULT SB 11)**

ERWINs Aufruf zum Gruppenphoto und seine einladende Handbewegung ist für alle Preisträger das Signal, sich auf der Bühne einzufinden. In der Rolle eines Regisseurs dirigiert und ordnet er die dabei immer passiver werdenden Preisträger in ein Bild. Die Klarheit seiner Anweisungen zur Positionierung und zur Aufstellung der Körper lässt vermuten, dass ihm eine ganz bestimmte Konstellation vorschwebt. Unterstützung erfährt er durch GERDA, die nach kurzer Absprache in ähnlicher Weise die Anordnung von Personen vornimmt und sich dabei immer wieder an ERWINs Praxis der Anweisung orientiert. Entscheidende Korrektur erfährt die Konstellation des Gruppenphotos durch die Aufforderung, die Pokale mitzubringen. Auf diese Weise entsteht ein Halbkreis der Preisträger, die alle ihren Pokal für die Kameras gut sichtbar vor ihren Körper halten. Die Bedeutung, die dem Pokal und seiner sichtbaren Positionierung im Rahmen des Gruppenphotos zukommt, lässt die Frage zu, welche Rolle dieser im Arrangement übernimmt. Im Gegensatz zu den Personen, die sowohl innerhalb der Veranstaltung als auch in der jährlichen Wiederkehr der Veranstaltung wechseln und damit austauschbar sind, bleibt der

Pokal – ähnlich seinen Verleihern als beständige Akteure des Arrangements – wiederkehrend dinghafter Mitspieler (vgl. Wieser 2004) in gleicher Funktion. So ist der Gebrauch des Pokals eindeutig. Er ist nicht nur Symbol für die Auszeichnung besonderer Leistungen, sondern vor allem Medium der Repräsentationspraxis der Organisation *Zentrum KULT.* Das Arrangieren von Preisträgern und Pokalen vor dem Hintergrund deutsch-tschechischer Symboliken in ein von den Organisationsvertretern flankierendes Gruppenbild, in Verbindung mit dem Dokumentieren desselben durch die Presse und eine Mitarbeiterin des *Zentrum KULT,* hat zwei Implikationen: Erstens kann im Anschluss an die Ausführungen in Abschnitt 5.4.2 konkretisiert werden, dass mit dem Arrangement des *Gruppenbilds* das organisationale Selbstverständnis als Förderer – sowohl durch die Anordnung der Personen als auch mittels des sichtbar positionierten Pokals – zum Ausdruck gebracht wird. Zweitens verdeutlicht sich, dass dieses Arrangieren zum Zweck der Dokumentation erfolgt und sich in der direktiven Komposition des zu dokumentierenden Bilds als organisationskulturelles Praxismuster der Identität formiert. So liegt dem Vorgang des direktiven Erstellens und Komponierens eines *Gruppenbilds mit Pokal,* um die Organisation in ihrer Funktion als Förderer grenzüberschreitender Aktivitäten zu dokumentieren, ein praktisches Aufführungswissen zugrunde, wie man die Förderfunktion wirkungsvoll (re)präsentiert. ERWINs Praxis des Dirigierens und Komponierens vollzieht sich nicht nur in Bezug auf die beteiligten Personen, sondern berücksichtigt auch den Pokal als dinghaften Mitspieler. Das Integrieren des Pokals korrespondiert mit dem Anspruch, die organisationale Förderfunktion zu demonstrieren, das Positionieren der Gruppe vor dem deutsch-tschechischen Bühnenbild verdeutlicht die organisationsspezifische Bearbeitung der Grenzüberschreitung als Repräsentation von Parität und Zweisprachigkeit. Dass in dieser Praxis des *Arrangierens zum Zweck der Dokumentation* ein organisationales Praxismuster wirkt, deutet sich im selbstverständlichen Aufgreifen und Mitvollziehen dieser Praxis durch die Mitarbeitenden an. So assistiert GERDA ERWIN in seiner Tätigkeit, greift den Stil des Dirigierens und Arrangierens auf und positioniert sich ohne weitere Absprachen am linken Rand der fertigen Konstellation. Die Mitarbeitende MELANIE befindet sich während der gesamten Erstellungsphase seitlich der Bühne und kümmert sich im entscheidenden Moment um die organisationseigene Dokumentation. Es handelt sich bei der Art und Weise des Arrangierens zu Dokumentationszwecken nicht um ein einmaliges Vorkommen, sondern um eine Praxis von hoher Regelmäßigkeit. In nahezu jeder Veranstaltung werden solche oder ähnliche Konstellationen geschaffen und verbinden sich mit einer durch die Presse und Mitarbeitende vollzogene Photographiertätigkeit.

Szene Photo mit politischen Repräsentanten

An folgender Szene – die Komposition eines Gruppenphotos im Rahmen des jährlichen Sommerfests des Zentrums – kann das Arrangieren und Dokumentieren als musterförmige Praxis verdeutlicht werden. Beteiligt sind von Organisationsseite die gleichen Akteure wie bei der Szene *Gruppenphoto Preisverleihung*. Sie findet jedoch ein Jahr früher statt und GERDA ist im ersten Jahr Vorstandsvorsitzende und in dieser Funktion das erste Mal auf dem Sommerfest. Ähnlich wie auch bei der Preisverleihung handelt es sich um eine exklusive Veranstaltung, zu der Vertreter der Politik und Wirtschaft, Mitglieder des Vereins und des Kuratoriums und Preisträger geladen werden. Das Sommerfest wird in diesem Jahr mit einer Ausstellungseröffnung verknüpft. So halten neben zwei politischen Repräsentanten auch die zwei Kuratoren der Ausstellung eine Festrede. Nach Beendigung des offiziellen Teils der Veranstaltung finden sich im Saal verschiedene kleine Gesprächsgruppen zusammen. Es wird Sekt ausgeschenkt, einige BesucherInnen verlassen den Raum Richtung Buffet, andere betrachten Bilder der im Saal ausgehängten Ausstellung. Im vorderen Bereich der Bühne versuchen Vertreter der Presse ein Gruppenphoto der vier Festredner zu arrangieren. Erst durch das Einmischen ERWINs und GERDAs gelingt die Zusammenstellung.

ERWIN mischt sich in das Treiben und kündigt mit lauter Stimme ein Gruppenphoto an. Diesem Vorschlag wird nicht sofort nachgekommen, woraufhin er direkt zum Landrat tritt und ihm etwas zuflüstert. Dabei deutet er mit der rechten Hand neben die Bühne. Während sich dieser langsam in die von Erwin angedeutete Richtung bewegt, ist ERWIN bereits bei der (tschechischen) Regierungspräsidentin der Stadt Český Pramen und darum bemüht, diese aus einem Gespräch mit einem Gast zu lösen. Er deutet freundlich und wortlos in die Richtung, in die sich der Landrat begibt. Als auch die Regierungspräsidentin sich in Bewegung setzt, macht ERWIN sich daran, die Personen in ein Bild zu arrangieren. Dabei ruft er viel und rückt die einzelnen Personen durch ein Ziehen am Ärmel, Drücken und Winken ins Bild. Es geschieht alles sehr schnell. ERWIN betrachtet die Zusammenstellung, neigt sich zu einem Pressevertreter, der ihm etwas zuflüstert und ruft dann Richtung Tür gewandt nach GERDA. Diese löst sich aus einer Gruppe sekttrinkender und palavernder Gäste und blickt zur Bühne. Sie stellt Ihr Glas beiseite, entschuldigt sich bei ihrem Gesprächspartner und begibt sich schnell zur Bühne. ERWIN wirkt irritiert und verlangsamt nun seine Bewegungen. Er flüstert ihr etwas zu und deutet mit einer kurzen Kopfbewegung auf eines der im Hintergrund ausgestellten Bilder. GERDA nickt, geht daraufhin zum Landrat und bittet diesen, sich ein wenig nach links zu stellen. Dabei zieht sie diesen zögerlich am Ellenbogen ein Stück zur Seite. Dann stupst sie einem der Kuratoren vorsichtig an die Schulter und deutet mit der Hand an, dass dieser ein wenig rücken soll. Sie lächelt etwas unsicher in ERWINs Richtung. Dieser beachtet den Vorgang nicht und steht nun den Photografen mit dem Rücken zugewandt und betrachtet die Zusammenstellung. Dann ordnet er sich mit einem weiteren Blick auf die Gruppe selber in das Bild ein. Nachdem GERDA es ihm auf anderer Seite der Aufstellung gleich tut, sagt er: „so meine Herren, jetzt dürfen Sie loslegen". Die Presse und MELANIE, die etwas abseits dem Treiben zugesehen hatte und nun aufsteht, photographieren. Erst auf das Kommando von ERWIN löst sich die Szenerie wieder auf. **(KULT SB 03)**

In ähnlicher Weise wie bei der obigen Szene zeigt sich auch hier das Arrangieren eines Gruppenbilds. Anders als in der oben beschriebenen Szene ist ERWIN zunächst alleine mit dieser Aufgabe beschäftigt. Sein direktives Anordnen der Personen scheint aber durch die Nicht-Anwesenheit von GERDA, dann durch deren Unwissenheit bezüglich des laufenden Vorgangs irritiert. Erst nach expliziter Aufforderung und eines kurzen *Coaching* beteiligt sich GERDA bei der Erstellung der Szenerie. Sie wirkt dabei unsicher, schaut ab, ahmt nach und versucht wiederholt ihr Tun bestätigen zu lassen. Die Mitarbeiterin MELANIE hält sich während der Erstellungsphase zurück und tritt erst zum Ende hin in Erscheinung, nachdem sich ERWIN, und ihm folgend auch GERDA, in das Bild eingefügt haben, und photographiert.

Praxismuster des Arrangierens zum Zweck der Dokumentation

In der Zusammenschau dieser beiden Szenen, die zu unterschiedlichen Zeitpunkten den Verlauf der Erstellung eines Gruppenbilds schildern, kann die Andeutung, dass es sich bei der Praxis des *Arrangierens zum Zweck der Dokumentation* um ein organisationales Praxismuster handelt, konkretisiert werden. Die Tatsache der Wiederholung *des Arrangierens zum Zweck der Dokumentation* in diesen beiden (und auch weiteren) Szenen deutet auf ein Praxismuster hin, dass aufgrund eines von allen Mitarbeitenden inkorporierten Aufführungs- und Praxiswissens vollzogen wird. Neben der Wiederholung zeigt sich die Musterförmigkeit dieser Praxis vor allem in dem selbstverständlichen Mitvollzug anwesender Mitarbeitenden. Man könnte dieses organisationsspezifische Praxismuster etwa in dem Grundsatz formulieren: *Jede von der Organisation durchgeführte Veranstaltung bedarf einer repräsentativen Dokumentation der Begegnung von Deutschen und Tschechen.* Das Praxismuster vollzieht sich dabei nicht-reflexiv und als routinierter Vorgang. Ihm liegt ein Wissen um den richtigen Gebrauch des Photoapparats sowie um die Notwendigkeit und Erstellungstechniken eines passenden Arrangements zugrunde, das nicht als explizites Wissen vermittelt wird, sondern, wie beide Szenen zeigen, im Mit- bzw. Nachvollzug verkörperlichter Gewohnheiten erlernt wird (vgl. Reckwitz 2008 sowie Abschnitt 4.1). In der zuletzt beschriebenen Szene erfolgt der Mitvollzug des für GERDA zu diesem Zeitpunkt offensichtlich noch unbekannten Musters als Adaption des zugrunde liegenden Praxiswissens. Lediglich in den Momenten des Bemerkens ihrer Abwesenheit und ihres Hinzukommens wird der routinierte Verlauf des Arrangierens irritiert, für den kurzen Augenblick der flüsternden Anweisung möglicherweise reflexiv erfasst. In der Umsetzung des Zugeflüsterten und mittels Beobachten, Ausprobieren und Nachahmen wird die Praxis körperlich nachvollzogen. Dabei wird das Vollzogene nicht infrage gestellt, sondern angenommen und übernommen. Mit Blick auf die zuerst beschriebene Szene, in der das Arrangieren in großer Selbstverständlichkeit aller beteiligten Organisationsvertreter erfolgt, kann konstatiert werden, dass die Übertragung eines routinierten Praxiswissens auf GERDA, eine Inkorporation des Musters stattgefunden hat (vgl. Reckwitz 2008, S. 118).[68] Die Professionalisierung der Mitarbeiterin GERDA erfolgt durch Nachahmung ERWINs und durch eine explizite Hinführung. Hierbei deutet sich ein organisationsspezifisches Lehr-Lernverhältnis an, dass sich einerseits hierarchisch und andererseits männlich-hegemonial konstituiert (vgl. auch Abschnitt 5.5.2). Der akteursbezogene Mitvollzug der Praxis des Arrangierens und der dadurch ermöglichte Transfer dieses Praxismusters hat in diesem Fall stabilisierenden und bewahrenden Charakter. Neben einer aktuersbezogenen Professionalisierung kann hier von einem Lernvorgang der Organisation im Sinne der Tradierung eines Praxismusters gesprochen werden. Tradiert wird ein Wissen und Können, wie jeweils kontextbezogen die organisationalen Funktionen als Förderer (in der ersten Szene), als politisches Forum (in der zweiten Szene) und die eigene grenzüberschreitende Aktivität (in beiden Szenen) arrangiert und dokumentiert werden kann. Dies lässt sich konkretisieren. Das Arrangieren von Preisträgern und Pokalen in dem einen Fall und das Arrangieren von politischen Repräsentanten im anderen Fall – jeweils vor dem Hintergrund deutsch-tschechischer Symbolik – in ein von den Organisationsvertretern flankierendes Gruppenbild hat Implikationen für das Identitätslernen der Organisation: Erstens wird jeweils situationsbezogen ein organisationales Selbstverständnis wiederholt zur Aufführung gebracht und damit verinnerlicht und bestätigt, zweitens verbindet sich dies mit einer doppelten Dokumentationsfunktion:

1. In der ersten Szene, genauer in der Anordnung der Photographierten in eine Gruppe und in den jeweiligen Positionierungen der Organisationsvertreter,

68 In diesem Zusammenhang geht es vor allem um ein methodisches Praxiswissen, das Andreas Reckwitz (2008, S. 118) als „script-förmig“ bezeichnet hat. Hiervon unterscheidet dieser zwei weitere Elemente des Praxiswissens: das verstehende und das motivational-emotionale Wissen.

kommt ein spezifisches Organisations-Umwelt-Verhältnis zum Ausdruck: So wird gelungene Grenzüberschreitung verbunden mit der Präsentation eines Förderverhältnisses zwischen dem *Zentrum KULT* (als Förderer) und den PreisträgerInnen (als Geförderte), aus dem „der Nachwuchs" nun aufgrund seiner Auszeichnung oder bestandenen Prüfung entlassen wird. So erinnert die beschriebene Szenerie an Photographien von Jahrgangsabschlüssen, die Zeugnisübergaben oder Ähnliches dokumentieren. Die Anordnung der zweiten Szene wirkt weniger formell. Die Organisationsvertreter stehen zwischen den politischen Repräsentanten und das Arrangement wirkt vielmehr so, als wären die zusammenstehenden Akteure ohnehin zusammengestanden und haben sich lediglich von einer gemeinsamen Unterhaltung kurz umgedreht, um photographiert zu werden. Hier präsentiert sich die Organisation im Sinne ihrer Vernetzungsfunktion. Das Arrangement vermittelt den Eindruck, dass das *Zentrum KULT* im persönlichen Kontakt mit Politik und Kunst steht.

2. Das formelle Arrangement von Deutschen und Tschechen in Verbindung mit Pokalen und den Pokalvergebern sowie das legere Arrangement von Organisationsvertretern und Politikern wird visuell fixiert, abgespeichert und damit wieder abrufbar gemacht. Die Objektivation der Inszenierung in Form von Photographien durch die Presse ist dabei erstens als Teil der Öffentlichkeitsarbeit zu sehen. Denn das dokumentierte Arrangement, das die grenzüberschreitende Aktivität des *Zentrum KULT* und die Förderaktivität bzw. das Networking demonstriert, wird auf diese Weise über den engen Kreis der Anwesenden hinaus einer regionalen Öffentlichkeit aufgeführt. Zweitens dient sie der Speicherung von Vorgängen und wichtigen Ereignissen und kann im Sinne der Anlage eines kanonisierten Wissensbestands als organisationale Gedächtnisarbeit beschrieben werden (vgl. Nonaka und Takeuchi 1997; Probst et al. 1997).[69] Die auf diese Weise angelegten Photographien füllen nicht nur eine üppige Datenbank, sondern dienen der Organisation auch im Alltag als Anker und Referenzpunkt der eigenen Praxis.

Letzteres wird deutlicher, wenn man sich die im Kontext des praktischen Vollzugs des Musters entstandenen Photographien unter dem artefaktanalytischen Gesichtspunkt der Logik ihrer Verwendung anschaut (vgl. Abschnitt 4.2). Die Verwendung der Photographien als Teil der organisationalen Öffentlichkeitsarbeit

69 Das Speichern und der Transfer von Wissen wird im organisationstheoretischen Diskurs seit Mitte der 1990er Jahre als moderenes Wissensmanagement diskutiert. Für den organisationspädagogischen Bereich sind hinsichtlich der Frage nach erfahrungsorientierten Lernprozessen auf Arbeiten von Claudia Fahrenwald (2009, 2011) und hinsichtlich des Zusammenhangs von Organisationskultur und Gedächtnisarbeit auf die Dissertationschrift von Anja Mensching (2008) hinzuweisen.

erfolgt zunächst in journalistischer Hinsicht. Der Blick in das Zeitungsartikelarchiv der Organisation macht deutlich, dass Berichte, die vom Zentrum selbst verfasst worden sind – solche sind immer mit dem Kürzel *vbb* gekennzeichnet und damit leicht identifizierbar –, oftmals ein Gruppenphoto mit „wichtigen Personen" zeigen. In den regionalen Zeitungen erscheint im Kontext der Berichterstattung über die Ausstellungseröffnung und das Sommerfest ein mit *vbb* gekennzeichneter Artikel, der nicht Bilder der Ausstellung, sondern jenes „Photo mit politischen Repräsentanten" zeigt (KULT D 02). Die organisationseigene journalistische Berichterstattung konzentriert sich hier – dies ist zumindest für die visuellen Anteile des Zeitungsbeitrags zu konstatieren – weniger auf die Vermittlung von Inhalten als vielmehr auf die Veranschaulichung und Demonstration der regional-politischen Einbindung des *Zentrum KULT* gegenüber einer – bei dieser Veranstaltung ausgeschlossenen – breiteren Öffentlichkeit. Diese Form der Verwendung folgt in dem Ziel des Bewerbens eigener Tätigkeit mitunter der ökonomischen und politischen Logik, die eigene Arbeit im Sinne eines Nachweises zu legitimieren. Interessant erscheint neben dieser expliziten und naheliegenden Verwendungsform der Photographien eine Vergegenwärtigungsfunktion derselben. Schon bei einem meiner ersten Streifzüge durch die Räumlichkeiten der Einrichtung mache ich im Großraumbüro der Einrichtung – zugleich Informationszentrum für BesucherInnen – eine Entdeckung, die sich in eine mittelbare Beziehung zur beschriebenen Szene setzen lässt (vgl. Abschnitt 5.3). Wie oben bereits ausführlicher beschrieben, ist der Raum mit zahlreichem Informationsmaterial zu deutschen und tschechischen Sehenswürdigkeiten und deutsch-tschechischen Veranstaltungen ausgestattet. An jener Wand, die sowohl für alle Hinausgehenden als auch von den Arbeitsplätzen gut sichtbar ist, entdecke ich mehrere Photocollagen mit dem Titel *Impressionen* aus den Jahren 2007 und 2008. Eine ganze Reihe von Photographien haben zu den beobachteten Szenen der Gruppenphotos große Ähnlichkeiten in Komposition des Bilds und Position und Haltung des Leiters. Sie zeigen Preisträger aus früheren Preisverleihungen. Das Ausstellen dieser Auswahl unter der Überschrift *Impressionen* an einem Ort, der jeden Tag mehrmals von allen Mitarbeitenden passiert wird und beinahe selbstläufig ins Blickfeld gerät – und, von der Perspektive der Arbeitsplätze betrachtet, ständig im möglichen Blickfeld bleibt – ist für die alltägliche Identitätspraxis und die Herausbildung des beschriebenen Praxismusters ähnlich bedeutsam wie die offizielle Verwendung. Durch die Präsenz der Bilder und die dort fixierte Praxis des Arrangierens wird einerseits die eigene Funktion und Leistung abgebildet und vergewissert, andererseits das beschriebene Muster ständig vergegenwärtigt. In Form einer Erinnerungsspur (vgl. Giddens 1997, S. 69) materialisiert sich hier das *Praxismuster des Arrangierens zum Zweck der Dokumentation* in den Photographien.

Deren besondere Positionierung im Raum wirkt möglicherweise als Referenzpunkt und als Vorbild für die Praxis. (vgl. Abschnitt 2.2.1)

Zur Validierung der Wirkungsmächtigkeit dieses Praxismuster und seiner Implikation für das organisationale Lernen sowie zur Präzisierung seiner Anatomie kann eine weitere Szene herangezogen werden. Der Ausgangspunkt dieser Szene ist der Gebrauch eines weiteren und nicht unwesentlichen Mitspielers des Praxismusters: jenes Medium, durch welches das Arrangement dokumentiert wird, die Photokamera. Die hauseigene Photokamera befindet sich an einem sicheren Ort im Großraumbüro. Alle Mitarbeitenden wissen um die Regeln des Gebrauchs. Je nach Verteilung der Aufgaben im Rahmen von Veranstaltungen wird die Kamera von den Mitarbeitenden genutzt, um Schnappschüsse zu machen, beschriebene Arrangements abzulichten und sich allzeit bereit zu halten, kleine Gruppenphotos zu arrangieren und zu photographieren.

Eine Szene, in der das Praxismuster und seine Implikationen für das organisationale Lernen auf eine andere Weise sichtbar werden, ereignet sich im Rahmen des ersten episodischen Interview mit dem Leiter (vgl. Abschnitt 5.2):

Szene *„Is der Akku leer"*

Als PETR den Raum Betritt, in dem ich gemeinsam mit meinem Kollegen Matthias Klemm seit etwa 90 Minuten ein narratives Interview mit ERWIN führe, endet dieses abrupt. Beim Anblick PETRs unterbricht der Leiter seine Erzählung und gibt seinem Mitarbeiter die Anweisung, ein Photo von ihm und den „Forschern" zu machen. Nach etwa fünf Minuten erscheint PETR erneut, nun mit einer Kamera. Der Leiter unterbricht seine in der Zwischenzeit wieder aufgenommene Erzählung erneut, rückt etwas vom Tisch ab und bittet auch uns um eine seitlichere Positionierung, die uns einen Blick Richtung Kamera ermöglicht. Als wir uns entsprechend der Anweisung ERWINs ein Stück zurückgesetzt haben und seitlich Richtung PETR schauen, entwickelt sich folgender Dialog, dessen genaue Wiedergabe aufgrund der laufenden Aufzeichnung möglich ist. PETR legt den Photoapparat an und möchte abdrücken, dann stellt er fest:

PETR: Äh is der Akku leer (.) bei? uns?

Er hält die Kamera verwundert vor sich und scheint diese nochmals aus und an zu schalten. ERWIN ist sichtlich irritiert und fragt verwundert

ERWIN: Was?
PETR: Is der Akku leer?

ERWIN deutet auf die Kamera und kommentiert die Feststellung PETRs. Als PETR wieder im Begriff ist, die Kamera anzulegen, gibt ERWIN weitere Kommentare ab. Er erklärt das PETR falsch stehe und die Kamera anders halten müsse.

ERWIN: Äh de:r (.) da muss mer immer den Akku äh (.) äh machst Du des gscheit? @(.)@ ähm dass du ja: Du musst Dich so stelln dass Du alle drauf krieg- wenn dus wenn

PETR: └ es sind aber alle drauf

MELANIE: Nja Du kannst net alle ham Du Du hast (.) äh d- äh Du musst Dich mehr in die Mitte. Ja (..) ä::hm und ja, dass ma halt so a bissl gstafflt sind genau

Nachdem PETR das erste Bild auf der Kamera betrachtet, fragt er **(KULT SB 01)**

PETR: └ okay (6) noch mal? oder

ERWIN: Ja kannst gleich noch eins machn ja (11) Hast uns? okay (.) dann hängts bitte glei den Akku dran **(KULT I 01)**.

Offensichtlich räumt ERWIN dem Gespräch mit den „Forschern" eine repräsentative Bedeutung ein, denn die Anweisung, die Interviewkonstellation zu photographieren, erfolgt bei erster Gelegenheit eines Zugriffs auf einen Mitarbeitenden. In der fragenden Feststellung PETRs, ob der Akku der Kamera leer sei, in der überraschenden Reaktion ERWINs sowie in der Wiederholung dieser Feststellung und schließlich in der strengen Aussage „da muss mer immer den Akku" kommt eine Irritation zum Ausdruck. Dass der mögliche Funktionsausfall der Kamera nicht nur überrascht, sondern unvorhergesehen geschieht, möglicherweise sogar die Missachtung einer impliziten Organisationsregel darstellt, wird in dieser und in der die kurze Szene abschließenden Bemerkung „hängst bitte glei den Akku dran" fassbar. Zu berücksichtigen ist dabei auch, dass ERWIN der drohende Ausfall der Kamera aufgrund unserer Anwesenheit auffällt und möglicherweise auch unangenehm ist. Die Erstellung des Bilds folgt der Logik oben beschriebener Szenen, vollzieht sich jedoch explizit in Form von Anweisungen und eines Mäkelns. ERWIN sorgt für die Positionierung der Photographierten und – möglicherweise aufgrund des durch die Kamerairritation ausgelösten reflexiven Zugriffs auf den Verlauf – gibt explizite Anweisungen zur richtigen Verwendung der Kamera und zur Technik des Photographierens. An dieser mich nachhaltig beeindruckenden und in Folge für die Praxis des Photographierens sensibilisierenden Szene werden wichtige Regeln und Aspekte des zugrunde liegenden Praxiswissens des beschriebenen Musters erkennbar: *1. die Kamera muss immer aufgeladen und einsatzbereit sein; 2. auf dem Photo müssen alle drauf sein; 3. das zu photographierende Arrangement muss gestaffelt positioniert sein; 4. man macht besser zwei Photographien als nur eine.* Explizit wird dieses Wissen möglicherweise vor dem Hintergrund der Irritation durch die drohende Funktionsuntüchtigkeit der Kamera, die eine Reflexion routinierter Praxis zur Folge hat. Denkbar ist auch, dass in der Explikation des Praxiswissens, in Form von Anweisungen und Aufforderungen an PETR, selbiges überprüft oder übertragen wird. In jedem Fall explizieren sich hier, durch eine Irritation ausgelöst, verkörperlichte Gewohnheiten, die überindividuell als ein Arrangieren zum Zweck der Dokumentation aufgeführt werden können oder müssen. Das hier erkennbare Praxismuster bestätigt sich als essentieller Bestandteil der organisationalen Identitätspraxis des *Zentrum KULT.*

5.5 Grenzüberschreitung im Medium der Gastlichkeit und Gastwirtschaftlichkeit

Zum Abschluss seiner Begrüßungsrede kündigt Landrat LEIDINGER an, dass „selbstverständlich für das leibliche Wohl auch gesorgt ist" und dass im Anschluss an die Ausstellungseröffnung im oberen Stockwerk beim Verzehr verschiedener bayerischer und böhmischer Spezialitäten noch Gelegenheit zum Austausch besteht. Zustimmendes Gemurmel antwortet ihm aus dem Publikum. Der Redner bedankt sich bei den Schmugglerwirten [ein Zusammenschluss lokaler Gastronomen] für die Verköstigung. Es folgt Applaus und der Landrat verlässt die Bühne. **(KULT SB 02)**

An dieser kurzen Sequenz der Eröffnung des Sommerfests durch den Kuratoriumsvorsitzenden lässt sich exemplarisch andeuten, welche Rolle das gemeinsame Einnehmen von Speisen und Getränken im Rahmen der KULT-Veranstaltungen einnimmt. Das explizite Ankündigen einer Verköstigung als wesentlicher Programmpunkt und das Versichern, dass „für das leibliche Wohl gesorgt" ist, entspricht der prinzipiell gastronomischen Rahmung von Veranstaltungen des *Zentrum KULT.* So hat sich in allen ethnographischen Teilnahmen an unterschiedlichen Veranstaltungen gezeigt, dass das gemeinsame Einnehmen von regionalen (bayerischen und böhmischen) Speisen und Getränken integraler Bestandteil eines Veranstaltungsverlaufs ist und dass dies in der Regel in den die Veranstaltung eröffnenden Grußworten auch angekündigt wird. Mit der die Veranstaltungen abschließenden und abrundenden gemeinsamen Einnahme von Speisen und Getränken verbindet sich nahezu immer ein gastronomischer Einsatz der Mitarbeitenden. Diese stehen teils hinter dem Buffet und geben Essen und Trinken aus oder servieren, tragen gebrauchtes Geschirr ab, schenken nach und sind dabei immer höflich und zu einem Small-Talk mit den Gästen bereit. Die Regelhaftigkeit der gastronomischen Rahmung von Veranstaltungen und die damit verbundene gastronomische Servicepraxis der Mitarbeitenden des *Zentrum KULT* lässt in Bezug auf das Interesse an der organisationalen Identitätspraxis der Grenzüberschreitung drei Fragen in den Vordergrund treten: Welche Rolle spielt die gastronomische Versorgung von Gästen im Kontext grenzüberschreitender Veranstaltungsprogrammatik für das Selbstverständnis des *Zentrum KULT*? Welche organisationskulturelle Praxis oder organisationale Strategie der Gastlichkeit verbindet sich damit und zu welchem Zweck tut sie das?

In den in Folge dargestellten Szenen, Analysen von Besprechungsmitschnitten und Dokumenten zeigen sich bezüglich der Ankündigung, Vorbereitung und Durchführung sowie Nachbereitung von Veranstaltungen organisationsspezifische Praktiken der gastronomischen Rahmung von Veranstaltungen. Die Bedeutung des gastronomischen Moments findet sich zunächst auf einer semantischen Ebene, in der schriftlichen Ankündigung der Veranstaltungen. Hier sind neben einer hohen Anzahl gastronomischer Veranstaltungsthemen vor allem inhaltliche Verweise auf Verköstigungen als fixe Programmpunkte auffallend (Abschnitt 5.5.1). In den Vorbereitungen zum Festbankett der Preisverleihung *Wegbereiter 2010 | Průkopníci 2010* und in deren Durchführung zeigt sich in der Aufführung der Organisation als „Restaurant" ein spezifisches *Praxismuster der Sorge fürs leibliche Wohl*, welches als gast(freundschaft)liches und exklusives Prinzip der Grenzüberschreitung fungiert (Abschnitt 5.5.2). Trotz kritischer Reflexion durch die Mitarbeitenden zeichnet sich dieses Muster durch eine hohe Geschlossenheit seiner Wiederholung aus. Im Kontext der Repräsentation von Grenzüberschreitung und Zentrumsfunktion erscheint Gastlichkeit als oberstes Prinzip. In der Planungsbesprechung und in der konkreten Durchführung des im Kontext des Mitteicher Stadtfests stattfindenden Barbetriebs im *Zentrum KULT* kann eine reflexive Bearbeitung des Prinzips der Gastlichkeit und seine situative Abwandlung in eine kontextbezogene *Praxisstrategie der Gastwirtschaftlichkeit* nachvollzogen werden (Abschnitt 5.5.3). Zugleich wird im Rahmen dieser nicht-organisationsoriginären Veranstaltung ein Raum geschaffen, in dem die Gastlichkeit in ihrer repräsentativen Funktion und in ihrem exklusiven Charakter bestätigt.

5.5.1 Zur Bedeutung des Essens und Trinkens im Rahmen von Veranstaltungen

In einer statistischen Befragung des öffentlichen Veranstaltungsprogramm für das Jahr 2010/2011, wie es aus monatlichen Rundmails (KULT D 07) des *Zentrum KULT* hervorgeht, fällt die Häufigkeit von Veranstaltungen auf, die bereits im Titel thematisch mit dem Thema *Essen* und/oder *Trinken* verbunden sind sowie die hohe

Anzahl von Veranstaltungen, bei denen (dies geht aus den jeweiligen Kurzbeschreibungen hervor) ein *„gemeinsames Essen"*, ein *„Buffet"* oder ein *„Einkehren"* als Programmpunkt des Veranstaltungsverlaufs angekündigt wird. Deutlich wird dies in einer dokumentenanalytischen Betrachtung der Programmkündigung:

Zu Beginn eines jeden Monats versendet das *Zentrum KULT* eine Rundmail, in der über anstehende Veranstaltungen informiert und freundlich eingeladen wird. Die monatlichen Mails informieren in kurzen Zusammenfassungen und Inhaltsangaben über Veranstaltungen und Termine im laufenden Monat und kündigen weitere Termine für den Folgemonat an. Entsprechend des jeweiligen Datums der Versendung haben die Rundmails etwa den Betreff „KULT – Rundmail Februar/März". Mittels einer dokumentenanalytische Betrachtung (vgl. Wolff 2010b) der Rundmails für den Zeitraum vom Februar 2010 bis Januar 2011 kann die Gesamtanzahl von Veranstaltungen, deren Dauer und Orte registriert sowie eine Clusterung in Veranstaltungsformate vorgenommen werden. Dabei interessiert in der Betrachtung der in den Rundmails genannten Veranstaltungen zum einen die explizite Verbindung des Veranstaltungsnamens mit dem Thema Essen, Trinken, Gastronomie. Zum anderen fokussiert die Dokumentanalyse auf den Inhalt der Kurzbeschreibungen und der dortigen Ankündigung von „Essen und Trinken" als Programmpunkt. Eine Durchzählung der Veranstaltungen, deren Sortierung in Veranstaltungsformate sowie die Filterung der in den Rundmails angekündigten Veranstaltungen ergibt folgendes Bild (vgl. Tab. 2):

Tabelle 2 Zentrum Kult – Programmanalyse (eigene Darstellung)

Veranstaltungsformat	**Durchschnittliche Veranstaltungsdauer**	**Häufigkeit des Veranstaltungsformats innerhalb eines Jahres**		**Veranstaltungsthematik ‚grenzüberschreitendes Essen und Trinken'**	**‚Essen und Trinken' als angekündigter Programmpunkt**
		im eigenen Haus	extern		
Ausstellungen	3-4 Wochen	11	7	2	
Rahmenprogramm zu Ausstellungen im eigenen Haus (Vernissage, Finissage, Begleitveranstaltungen etc)	1 Abend	11	7	2	4
Kulturtouren von BY nach CZ	1 Tag		8	2	6
Konzerte	1 Abend				
Foren/Podiumsdiskussionen	1 Abend	3			
Sprachkurse/Fortbildungen	2 Tage	7			1
Filmvorführungen	1 Abend	7			
Stammtische	1 Abend	12		12	12
Schauspiel	1 Abend		1		

Veranstaltungsformat	**Durchschnittliche Veranstaltungsdauer**	**Häufigkeit des Veranstaltungsformats innerhalb eines Jahres**		**Veranstaltungsthematik ‚grenzüberschreitendes Essen und Trinken'**	**‚Essen und Trinken' als angekündigter Programmpunkt**
		im eigenen Haus	extern		
Musik- und Biernacht	Abend + Nacht	2		2	2
Tag der offenen Tür	1 Tag	1			1
Schmierkuchenwettbewerb	1 Tag	1		1	1
Repräsentationsball	1 Abend		1		1
Volkstanznacht	1 Abend	1			1
Weihnachtsmarkt	1 Tag	1			
Kulturtreff	1 Tag	1			
Spiel- und Erlebnistag	1 Tag	1			1
Waldadvent	1 Tag		1		1
Literaturtreff	1 Abend	2			
		61	**25**		
		86		**21**	**31**

Zunächst lässt sich feststellen, dass im Zeitraum vom Februar 2010 bis Januar 2011 fast ein Drittel des Programms, genau 61 von 86 Veranstaltungen, im eigenen Haus oder in unmittelbarer Umgebung des Hauses stattgefunden haben. Etwa ein Viertel, genau 21 der 86 Veranstaltungen im Jahr, haben explizit etwas mit dem Thema Bier, Bierverzehr oder kulinarischen Spezialitäten des Grenzraums zu tun. Hierunter fallen etwa Ausstellungen und Vorträge zum Thema Bier, Kochwettbewerbe oder Stammtischveranstaltungen. Bei insgesamt 31 Veranstaltungen wird explizit ein *„Einkehren"*, ein *„gemeinsames Abendessen"* oder das „*Reichen von Getränken und Spezialitäten*" in Aussicht gestellt. Da sich während der Teilnahme an diversen Veranstaltungen des *Zentrum KULT* gezeigt hat, dass auch bei solchen Formaten, in denen kein kulinarischer Teil programmatisch angekündigt wurde, für Essen und Trinken gesorgt ist, kann die tatsächliche Anzahl jener Veranstaltungen, bei denen ein gastronomischer Service tatsächlich eine Rolle spielt, höher geschätzt werden.

Diese statistischen Werte weisen darauf hin, dass die Verköstigung und die Sorge *„um das leibliche Wohl"* von TeilnehmerInnen und Gästen eine häufiges und wiederkehrendes Element in der grenzüberschreitenden Programmatik der Organisation KULT darstellt. Nun ist eine solch aufzählende Betrachtung der dokumentierten Programmatik „als Beleg für einen Vorgang" (Wolff 2010b, S. 502) kaum ausreichend, soll aber als „institutionalisierte Spur" (ebd., S. 503) interessieren und als Folie dienen, die tatsächliche Praxis der Veranstaltungsdurchführung unter dem Gesichtspunkt der gastronomischen Rahmung grenzüberschreitender Verständigung genauer zu analysieren.

5.5.2 „Wir sind ein Restaurant". Die gastfreundschaftliche Sorge um das leibliche Wohl

Im Rahmen der Vorbereitungen zur Preisverleihung (vgl. Abschnitt 5.4.1) sind die Mitarbeitenden unter anderem mit der Frage beschäftigt, wie der gastronomische Service zum abschließenden festlichen Abendessen bewerkstelligt werden soll. Das Essen wird geliefert und in der hauseigenen Bar von dem bestellten Cateringservice auch zubereitet und garniert, die Bedienung der Gäste im Saal jedoch soll durch die Mitarbeitenden des KULT – ausgenommen PETR, der in seiner Funktion als Repräsentant mit an der Tafel sitzt – und einigen ehrenamtlichen Helfern erfolgen. In einer informellen Besprechung wird die Service-Aufgabe der Mitarbeitenden mit ERWIN diskutiert und diesbezüglich vom Leiter eine Entscheidung getroffen:

Szenenfolge *„Wir sind ein Restaurant"*

Als ich das Büro betrete, sind alle Mitarbeitende anwesend und in eine informell wirkende Besprechung vertieft. ERWIN steht leicht am vorderen Schreibtisch angelehnt, PETR steht hinter seinem Stuhl, abgestützt auf der Lehne. JASMIN sitzt an ihrem Schreibtisch und spielt mit einem Stift, MELANIE und ZUZANA sitzen auf ihren Stühlen dem Geschehen zugewandt. Das Gespräch dreht sich um das Abendessen und um die Modalitäten der Bewirtung und des Services für das Festbankett. JASMIN macht einen genervten Eindruck und trägt gerade ihre Sorgen vor, dass es bei der Vielzahl der Getränke ein Problem beim Ausschenken geben wird und dass sowieso keiner von ihnen Erfahrung mit der Bewirtung habe. Sie findet es nicht praktikabel, dass drei verschiedene Weine ausgeschenkt werden sollen: „Man ist dann die ganze Zeit am Rennen, weil der eine weißen Wein will und der andere roten und man nicht alle Flaschen immer dabei hat". ERWIN erklärt, dass es üblich sei, jeweils mit einem Rotwein und einem Weißwein durch die Reihen zu gehen. Er macht es andeutungsweise vor und äußert: „ich seh dann da kein Problem". PETR und MELANIE sitzen auf ihren Stühlen und folgen dem Gespräch schweigend. JASMIN entgegnet etwas ungehalten: „Wir sind doch kein Restaurant". ERWIN richtet sich auf, blickt JASMIN direkt an und entgegnet mit Nachdruck in der Stimme: „Doch genau das sind wir morgen, ein Restaurant". Bestimmt schaut er dann in die Runde. Als Auftrag formuliert wiederholt er „morgen sind wir genau das, ein Restaurant" und unterstreicht das Gesagte, indem er mit den Händen Richtung Keller deutet. Alle schweigen. Mit einem aufmunternden „das kriegt ihr schon hin", nimmt ERWIN einen Stapel Papier aus dem Drucker und verlässt dann das Büro. Alle drehen sich wieder zum Schreibtisch, JASMIN hackt schweigend etwas in ihre Tastatur, ihr Gesicht ist etwas gerötet und sie wirkt genervt. PETR setzt sich kommentarlos auf seinen Platz. **(KULT SB 07)**

Die kreisförmige Konstellation des Zueinander-Hinwendens vom Arbeitsplatz aus und das kurze Innehalten laufender Arbeitstätigkeit konstituiert eine informelle Besprechungssituation. Hierbei handelt es sich um eine wiederkehrende Praxis der Bearbeitung aktueller Fragen, denn das Zueinander-Drehen – begünstigt durch die Sitzordnung der Mitarbeitenden im Großraumbüro – wiederholt sich in ähnlicher Form bei anderen Anlässen und ist für alle Beteiligten eine eingeübte und bekannte Praxis (vgl. Göhlich et al. 2012; siehe auch Abschnitt 5.6.2). Den aktiven Part dieser Besprechungssequenz übernehmen ERWIN und JASMIN, während der Rest passiv und beobachtend partizipiert. Gegenstand der Besprechung ist der – schon vorher im Kreis der Mitarbeitenden diskutierte – Zweifel, ob die Mitarbeitenden mit der Aufgabe der Bewirtung zurecht kommen. Exemplarisch wird dies von JASMIN am Ausschank der Weine infrage gestellt. Das Problem wird von ERWIN, auch durch ein angedeutetes körperliches Vormachen der Leichtigkeit zwei Flaschen Wein in je einer Hand zu transportieren, herabgespielt. Es scheint, als ob die schnelle Bearbeitung dieser Frage JASMIN dazu drängt, das eigentliche Dilemma direkter anzusprechen. Die murrende Bemerkung, dass das *Zentrum KULT* doch kein Restaurant sei, markiert den Beginn des dramaturgischen Höhepunkts der Szene und gleichzeitig das Ende der Besprechung und Diskussion. Die körperliche Veränderung der sitzenden oder sich anlehnenden Kreisformation durch das Aufstehen und Vortreten von ERWIN markiert Macht und Entscheidungsbefugnis. Er bestimmt die Funktion des *Zentrum KULT* für den morgigen Abend als Restaurant und gleichsam einer Versicherung dieser Funktionsbestimmung reformuliert er Gesagtes in einen Auftrag. Der im Hinausgehen fallen gelassene Zusatz „das kriegt ihr schon hin“ bringt diesbezüglich eine Erwartungshaltung zum Ausdruck, aber auch ein Vertrauen in seine Mitarbeitenden mit der hier expliziten Lernaufforderung, einen Umgang zu finden. Neben einer statusbezogenen Differenz zeigt sich hier in einer gendersensiblen Perspektive,[70] dass Entscheidungen von dem Leiter getroffen werden und sich auf die Performanz der MitarbeiterInnen und des Praktikanten, der als einzige männliche Servicekraft in Erscheinung treten wird, beziehen. Zwar

70 Das Verhältnis von Macht und Geschlecht in Organisationen steht im Mittelpunkt der organisationsethnographischen Arbeit von Richter (2007). In machtkritischer Perspektive werden hier Entscheidungsprozesse der Geschäftsführung in ihrer Abhängigkeit zur Reproduktion der Hierarchisierung des Geschlechterverhältnisses rekonstruiert und die strukturelle Benachteiligung von weiblichen Arbeitskräften herausgestellt. Eine machtkritische Forschungsperspektive auf das Verhältnis von Organisation und Geschlecht hat im organisationsanthropologischen Diskurs des anglo- amerikanischen Raums lange Tradition. Zu nennen sind hier der Mitte der 1990er Jahre von Susan Wright editierte Sammelband „Anthropology of Organiszations“ (Wright 1994) sowie neuere Studien im Kontext der Diskussion um eine „Ethnography of Organization“ (Ouroussoff 2001).

ist an dieser Stelle auch noch PETR im Kreis der Adressaten, ist aber nicht direkt gemeint, da dieser sich zum Zeitpunkt der Servicearbeit auf Seiten der Bedienten befinden wird. Wie sich später noch zeigt, spielt PETR dennoch eine entscheidende Rolle in der Vorbereitung der Servicepraxis. In der Rolle eines *Coachs* reproduziert er das bereits oben angedeutete organisationsspezifische hierarchie- und geschlechterbezogene Lehr-Lernverhältnis (vgl. Abschnitt 5.4.3). In obiger Szenensequenz deutet sich in mehrfacher Hinsicht an, wie ein Miteinander-Arbeiten in der Organisation *Zentrum KULT* emergiert und in welcher hierarchischen Ordnung es sich konstituiert. Die Formalität und Modalität des Bearbeitens drängender Fragen in der raumbezogenen und körperlichen Formierung zu einem Besprechungskreis verweist auf ein Muster der Praxis, wie die mit sehr unterschiedlichen Aufgaben beschäftigten und oftmals herumlaufenden Mitarbeitenden Gemeinsamkeit herstellen (vgl. Abschnitt 5.6.2). Die Szene zeigt zudem, dass diese Zusammenkunft genutzt wird, um Entscheidungs- und Deutungsmacht und damit die hierarchische Ordnung der Organisation aufzuführen. Dies wird erkennbar, fokussiert man die Rolle von ERWIN im szenischen Verlauf. Zunächst geht der Leiter auf die Frage ein und versucht sich andeutungsweise an einer pragmatischen Lösung des Problems zu beteiligen. Das Infragestellen seiner Entscheidung ändert den Modus der Präsentation von Führungsarbeit dahingehend, dass er – körperlich die kreisförmige Besprechungskonstellation aufbrechend und in die Mitte tretend – seine Entscheidung der gastronomischen Bewirtung mit der Deutungshoheit verbindet, was die Organisation für eine Funktion hat. Darin transportiert sich die Botschaft, dass zeitweise das *Zentrum KULT* als Restaurant fungiert und damit die Mitarbeitenden als Restaurantangestellte desselben tätig werden müssen. Hierarchie und Entscheidungsmacht werden körperlich-räumlich dargestellt und zugleich verbal in einen Arbeitsauftrag und eine Erwartungshaltung überführt. Hier vergegenwärtigt sich allen Anwesenden eine organisationale Identitätspraxis. Die Funktion der Organisation bestimmt nicht nur der Leiter, sondern die Funktionsbestimmung verbindet sich auch mit einer Aufforderung, eine entsprechende Repräsentationspraxis aufzuführen bzw. zu erarbeiten. Wie sich die Funktionsbestimmung in Folge dieser Szene zu einem Praxismuster organisationaler Identität formiert, soll in der nun zu zeigenden Bearbeitung des Auftrags durch die Mitarbeitenden fokussiert werden.

Zu einem späteren Zeitpunkt in den Vorbereitungsarbeiten zur Preisverleihung wird die Frage des gastronomischen Services und der damit verknüpfte Auftrag, sich bei der Veranstaltung als Restaurant zu repräsentieren, aufgegriffen und von den Mitarbeitenden kollektiv bearbeitet. Dieses passiert in mehreren kleinen Szenen, die auf die oben dargestellte Szene inhaltlich und körperlich-materiell Bezug nehmen und die noch zu zeigende Szenerie der Durchführung des Services antizipieren (vgl. Abschnitt 5.6.3). In ihrer mittelbaren Szenenfolge kann hierbei ein spezifischer Modus organisationaler Identitätsarbeit erkennbar gemacht werden.

Am Nachmittag vor der Preisverleihung treffen sich alle Mitarbeitenden in der Kellerbar des KULT-Gebäudes. Hier stehen bereits Kisten mit Getränken, Gedecke und Servietten:

PETR, JASMIN und MELANIE stehen einander zugewandt hinter der Bar und diskutieren darüber, wie man Wein serviert. PETR hält zwei Flaschen Wein in den Händen und demonstriert gerade, wie seiner Ansicht nach die Flaschen beim Laufen gehalten werden können. ZUZANA steht vor der Bar und versucht währenddessen eine rote Serviette an den Hals einer weiteren Weinflasche zu binden. Nachdem ZUZANA die Serviette um den Hals der Flasche gebunden hat, tritt sie einen Schritt zurück und betrachtet die Flasche, dann nimmt sie diese in die Hand und mimt ein Einschenken. Dabei fällt die Serviette runter. Alle anderen, die ihren Fokus mittlerweile auf ZUZANA gerichtet haben, lachen und JASMIN bemerkt: „das sieht zwar gut aus, ist aber total unpraktikabel…man müsste es mit Papierservietten probieren." In gespielter Wut schmeißt ZUZANA die Serviette auf den Tresen und wendet sich der Dreiergruppe zu. Nun richtet sich der Fokus der Aufmerksamkeit wieder auf PETR. Dieser setzt seine Übung fort und zeigt, wie man zwei Flaschen gleichzeitig halten und bei Bedarf auch einschenken kann. Dabei nimmt er eine seitwärtsstehende Stellung ein und hält die eine Flasche an seinen Oberkörper, während er mit der zweiten andeutet, wie man eingießt. Alle schauen konzentriert auf die Bewegung des Einschenkens. JASMIN deutet dann auf die Flasche, mit der PETR gerade das Einschenken demonstriert und erklärt, dass man die Flasche beim Hochnehmen immer drehen muss, damit „keine Tropfen runter fallen". PETR greift dies scherzhaft auf. Er zuckt mit der einschenkenden Armbewegung und entschuldigt sich bei einem imaginären Gast. Die kleine Improvisation wird vom Lachen der zuschauenden Kolleginnen begleitet. **(KULT SB 07)**

In dieser Szene üben die Mitarbeitenden – dieselbe Formation wie in der oben dargestellten Kurzbesprechung – und beschäftigen sich mit der ihnen in Aussicht gestellten Service-Aufgabe. In einer experimentierenden Weise stehen zunächst zwei Elemente des Servierens im Vordergrund. In einem inhaltlichen Bezug zu der in der Besprechung thematisierten Frage und in einem materiellen Bezug zu der von ERWIN angedeuteten Praxis des Ausschenkens wird stellvertretend von PETR das Handhaben von zwei Flaschen vorgemacht und anschließend kommentiert. Die Sequenz wird für einen Moment von ZUZANAS spielerischem Versuch der Verzierung eines Flaschenhalses der Fokus genommen. Das Misslingen des Versuchs wird ironisch kommentiert und trägt zur Erheiterung des Zusammenseins bei. In der von den Anwesenden nun wieder auf PETR übergehenden Fokussierung wird die Praxis des Ausschenkens zunächst konzentriert zu Ende geführt, endet dann aber – die lustige Stimmung aufgreifend – ebenfalls in einer spielerischen Improvisation eines möglichen peinlichen Zwischenfalls. Die Praxis des Servierens wird nach Vorgabe des Leiters experimentell erschlossen, zugleich werden mögliche Schwierigkeiten oder gar Zwischenfälle antizipiert und kollektiv humorvoll bearbeitet. Dabei sind die von PETR übernommene Rolle des Vorbilds und die damit verbundene Verkörperung eines Wissens, wie man richtig serviert, sowie die ironisierenden und persiflierenden Haltungen der Kolleginnen auch hinsichtlich einer wechselseitig erzeugten Geschlechterdifferenz interessant. Die scheinbar naive Frage, warum PETR, der anscheinend weiß, wie es geht, nicht selbst bedient, sondern später im öffentlichen Raum an der Tafel sitzt und bedient wird, eröffnet einen reflexiven Zugang zur Rolle der Reproduktion von Geschlechterdifferenz und geschlechtsspezifischen Zuständigkeiten für die organisationsspezifische öffentliche Repräsentation (vgl. Löw 2001, S. 246 ff.).[71] Diese hier auffallende Verknüpfung von Geschlecht und Status, wie sie im Hinblick auf die Produktion von Hierarchien und im Hinblick auf die organisationale Repräsentationspraktiken noch ausführlicher besprochen werden (vgl. auch Abschnitt 5.6.2), lässt wiederholt die spezifische Konstitution von Lehr-Lernverhältnissen erkennbar werden. Das Praxiswissen bezüglich der *richtigen* Repräsentationspraxis liegt bei den männlichen Akteuren (zugleich in Leitungsfunktion) bzw. wird dieses Praxiswissen durch diese generiert. Zentral erscheint in dieser ersten Phase der Bearbeitung einer praktischen Übersetzungsanforderung ein übender Modus, der zum einem im geschützten Rahmen stattfindet und zum anderen spielerische Elemente mit konzentrierten Versuchen der Arbeit an Haltung und Servicepraxis verbindet. Offenbar gibt diese Praxis Raum und Rahmen, Machtdifferenzen zu markieren und zu bearbeiten. So zeigen sich in der performativ-mimetischen Praxis des Einübens und des dabei Spielens fallspezifische Modi des Einräumens und Ironisierens von Differenzen im Spiel und im Unterschied zum Alltag und zur Öffentlichkeit. Wesentlich erscheint dieser Zusammenhang der Vorbereitung einer Praxis öffentlicher Repräsentation im geschützten Raum (vgl. Goffman 1959/2003) auch für die Betrachtung weiterer Szenen und die Analyse der gesamten Szenenfolge im Hinblick auf die kontextbezogene Produktion und Bearbeitung organisationsspezifischer Differenzen.

---

71 Ausgehend von einer Besprechung unterschiedlicher Studien zu Aktionsradien und räumlichen Aneignungspraxen von Jugendlichen in städtischen Räumen, weist Martina Löw in ihren raumsoziologischen Überlegungen darauf hin, dass in öffentlichen Räumen noch immer traditionelle geschlechtsspezifische Differenzen aufgeführt werden. Dies kommt vor allem in der „symbolischen Verknüpfung von öffentlichen Räumen mit Männlichkeit" (Löw 2001, S. 248) zum Ausdruck.

PETR steht immer noch in der mimenden Haltung des Kellners, als sich ZUZANA zwei Flaschen aus dem auf dem Tresen stehenden Weinkarton nimmt, um das von PETR Vorgemachte nachzuahmen. Sie hält die Flaschen in beiden Händen, verdreht dann die Augen und tut so, als würden sie die Flaschen nach unten ziehen. Dabei meckert sie, dass das viel zu schwer ist. Die Stimmung wird albern. ZUZANA richtet sich wieder auf und mimt komisch nach, wie man mit den schweren Flaschen durch die Reihen läuft. Ihr Gang, bei dem sie tief in die Knie geht, erinnert an einen Cowboy mit zwei Revolvern. MELANIE und JASMIN müssen sich vor Lachen mittlerweile am Tresen abstützen. MELANIE nimmt nun ihrerseits zwei Flaschen und bestätigt, dass diese sehr schwer sind. PETR nimmt MELANIE die beiden Flaschen aus der Hand und entgegnet: „des bassd scho". Dann wiederholt er in einem ernsteren Tonfall, dass es wichtig sei, gleichzeitig in der einen Hand weißen und in der anderen Hand roten Wein zu servieren. Die alberne Stimmung verfliegt und es bildet sich ein Kreis um PETR, der nunmehr konzentriert nochmal demonstriert, wie man es machen kann. JASMIN führt immer wieder Argumente auf, warum es unmöglich ist, mit zwei Flaschen gleichzeitig durch die viel zu engen Reihen zu gehen. Daraufhin macht PETR den Vorschlag, das Einschenken an den aufgebauten Tischen imSaal auszuprobieren. **(KULT SB 07)**

Der Vorschlag von PETR wird aufgegriffen und von ZUZANA nachgemacht. Allerdings in einer solch spielerischen Übertreibung, dass sich die Stimmung ins Alberne verschiebt. Die Bearbeitung des Auftrags vollzieht sich im Anschluss an die Pose des Verschüttens zunehmend als komischer und ironisierender Vorgang. Der Bruch dieses albernen Posierens wird von PETR herbeigeführt, der körperlich und fast im Wortlaut die mahnende Haltung ERWINs vertritt. Von einem auf den anderen Moment ist die machtvolle Intervention des Leiters im Raum präsent und es kehrt wieder konzentrierte Ernsthaftigkeit ein. Die körperliche Andeutung von ERWINs Haltung durch PETR und seine ähnliche Wortwahl wirkt als Erinnerung an die vom Leiter artikulierte Lernaufforderung als Restaurant zu funktionieren disziplinierend. Nicht nur bezüglich der Ko-Präsenz von ERWINs Entscheidung spielt PETR eine zentrale pädagogische Rolle im Rahmen dieser kollektiven Bearbeitung der Servierfrage (vgl. Boreham 2008; Wenger 2009; siehe auch Abschnitt 2.2.2). Er macht Vorschläge, zeigt und fordert auf, nachzuahmen. Aufkommende Skepsis bearbeitet er im Sinne einer spontanen Didaktik als Vorschlag, die vorgemachte Tätigkeit am späteren Ort des Geschehens zu erproben.

Im Saal angekommen stellt sich PETR hinter einen Stuhl in der ersten Tischreihe und macht ohne Flaschen in den Händen vor, wie man einschenkt. Dabei stellt er sich erst gerade hinter den Stuhl, dann streckt er seinen rechten Arm zwischen zwei

Stühlen Richtung Glas und mimt ein Einschenken. In einschenkender Haltung dreht er sich zu den seitlich von ihm stehenden Kolleginnen um und ergänzt, dass man aufpassen muss, niemanden anzustoßen. MELANIE und JASMIN nehmen die mitgebrachten Flaschen, entsprechend der von PETR gezeigten Haltung, in die Hand und ahmen PETRs Vorgehen nach. Nun beobachtet PETR und stellt nach erfolgter Wiederholung fest, dass doch genug Platz da sei. JASMIN bemerkt zweifelnd: „ja aber wenn da jemand sitzt, dann sieht des wieder anders aus“. Daraufhin wird der ganze Vorgang nochmal wiederholt. Diesmal sitzen ZUZANA und PETR nebeneinander und MELANIE und JASMIN servieren andeutungsweise Wein. Nach einigen Minuten der Diskussion und Zusammenfassung, auf was nun alles zu achten sei, kommt die Frage auf, wie man eigentlich heiße Teller serviert. Diese Frage diskutierend begeben sich alle wieder in den Gewölbekeller. **(KULT SB 07)**

Die im Gewölbekeller erarbeitete Haltung und Tätigkeitsform des Servierens wird auf den Ort des Geschehens übertragen und dort wiederholt. Die Ausführung dieser Tätigkeitsform erfolgt als ein Einüben einer adäquaten Haltung durch alle Beteiligten. So nehmen diese das Vorbild PETR wahr und vollziehen daran orientiert die Tätigkeit des Servierens in gezeigter Haltung nach und gleichen sie schließlich miteinander ab. Dieser ganze Vorgang wird sodann nochmal in einem erschwerten, der tatsächlichen Situation noch mehr entsprechenden Szenario wiederholt. Der gesamte Prozess der Bearbeitung der Servierfrage – vom Aufgreifen der Andeutung einer körperlichen-angemessenen und pragmatischen Haltung, wie sie ERWIN erkennen lässt, über das Experimentieren mit den Gegenständen im ‚versteckten' Raum und über die im Experiment erfolgte Einübung bis hin zum Nachvollziehen und Abgleichen der erlernten Tätigkeitsform – charakterisiert sich als ein Können-Lernen, das kollektiv und zweckbezogen erfolgt. Für diesen Vorgang der gemeinschaftlichen Bearbeitung von arbeitsweltlichen Ansprüchen und Anforderungen kann auf Etienne Wengers Konzept der *Communities of Practice* verwiesen werden (vgl. Wenger 2009). So heißt es:

> "Workers organize their lives with their immediate colleagues [...] to get their jobs done. In doing so, they develop or preserve as of themselves they can live with, have some fun, and fulfill the requirements of their employers [...]" (ebd., S. 221).

Im Fall der geschilderten Szenenfolge wird der Bestimmung der Organisationsfunktion als Restaurant und dem damit einhergehenden Auftrag, sich gemäß dieser Funktion vorzubereiten und aufzutreten, kollektiv entsprochen. In Auseinandersetzung mit den relevanten Gegenständen und dem Ort des Geschehens werden (teils in spielerischer Art und Weise) Haltungen entwickelt, sich vorgemacht, nachvollzogen und wiederholt und auf diese Weise als Haltung verinnerlicht.

Vor dem Hintergrund der gemeinsamen Anstrengungen, der holprigen Versuche, der lauten Zweifel und widerständigen Haltungen bezüglich des Arbeitsauftrags überrascht mich der Abend. Hierzu folgende Notizen meiner Eindrücke:

Als alle Gäste nach dem Abschlussphoto wieder Platz genommen haben, beginnt die Musik zu spielen. Kurze Zeit später betreten die Mitarbeitenden ZUZANA, JASMIN, MELANIE, der Praktikant und zwei weitere ehrenamtliche Helferinnen den Saal. Sie sind in schwarz und weiß gekleidet, die fünf weiblichen Servicekräfte haben ihre Haare hochgesteckt. Jeder trägt zwei Flaschen Wein. In besprochener Aufteilung begeben sie sich in die Tischreihen und bieten Getränke an und servieren bei Bedarf. Vor dem Hintergrund des widerständigen Kommentars „wir sind kein Restaurant" und der holprigen Praxis des Servierens in den Szenen im Keller überrascht mich das nun gekonnte Auftreten der Mitarbeitenden als Servicekräfte. Wider meiner Erwartung gibt es keine Pannen oder peinlichen Zwischenfälle. Das sichere Auftreten, das gekonnt wirkende Servieren, das sich oftmals in einem persönlichen Kontakt mit den Gästen und kurzen unaufdringlichen Witzeleien vollzieht, und die zuvorkommende Bedienung möchte ich gar als fürsorglich beschreiben. Auch die Abstimmung der Mitarbeitenden untereinander – der Hinweis auf ein leeres Glas am Nebentisch etwa – erfolgt durch unauffällige Handzeichen und in gegenseitiger Unterstützung. **(KULT SB 07)**

Überlegungen des frühen Erving Goffman scheinen hier passend. Denn in Bezug auf die Praxis der Selbstdarstellung pointierte er (Goffman 1959/2003, S. 99ff.) den Zusammenhang von Vorder- und Hinterbühne und stellte fest, dass die Vorderbühne eine Region ist, „in [der] eine bestimmte Vorstellung im Gang ist" und im Gang gehalten werden muss, dass auf der Hinterbühne hingegen „Handlung stattfindet, die zwar auf die Darstellung bezogen ist" (ebd., S. 123), zur Vorstellung auf der Vorderbühne aber in einem Widerspruch steht oder stehen kann. So ist die Hinterbühne ein Ort der Kontrolle, der Erholung und der Bearbeitung von Differenzen, kurz ein Ort, sich gegen organisationsinterne wie -externe „deterministische Ansprüche abzupuffern" (ebd., S. 106). Die skeptische und problembezogene Bearbeitung der Servierfrage und der Widerstand bezüglich der Funktionsbestimmung ‚Restaurant' in Ambivalenz zur gekonnten Fürsorglichkeit im öffentlichen Raum erscheinen vor diesem Hintergrund als doppelter Modus der Selbstdarstellung: Im öffentlichen Raum wird das *Servieren-Können* und die Funktion ‚Restaurant' aufgeführt und damit die Fürsorglichkeit der Organisation im Umgang mit Gästen und TeilnehmerInnen vergegenwärtigt. Im Vorfeld werden im geschützten Raum in der Thematisierung und Bearbeitung von Widerständen Unmut und Unsicherheit sowie organisationale Differenzen reproduziert und in diesem Fall gefestigt. Dieser Vorgang erfolgt in kollektiver Anstrengung als Übersetzung einer strukturellen Entscheidung in eine der organisationalen Funktion als Restaurant entsprechenden Praxis (vgl. Göhlich 2005, S. 17). Somit kann hier von einem organisationalen Lernprozess gesprochen werden, in dessen Zuge die gemeinschaftliche Bearbeitung einer Aufgabe in eine überindividuelle Haltung überführt bzw. eine bekannte überindividuelle Haltung entlang der Auseinandersetzung reproduziert wird.

Das Praxismuster der Sorge um das leibliche Wohl

Das oben dargestellte eingeübte Auftreten in Verknüpfung mit Gastfreundlichkeit und eingespielter Koordination ist nicht allein Ergebnis der beschriebenen Szenenfolge, sondern verweist auf eine dichtere und sich wiederholende Praxis des gastronomischen Umgangs mit Gästen als *Sorge um das leibliche Wohl*. Berücksichtigt man die Tatsache, dass sich diese Praxis an verschiedenen Stellen in ähnlicher Form wiederholt, erscheint die zuvor geschilderte Szenenfolge nun in einem anderen Licht und kann im Hinblick auf die Praxis der Identität der Organisation unter zwei Gesichtspunkten interpretiert werden. So ist die kollektiv-mimetische Bearbeitung der Frage des guten Servierens, in Chronologie obiger Darstellung, als Tradierung des in repräsentativen Zusammenhängen bekannten und gekonnten organisationalen *Praxismusters der Sorge um das leibliche Wohl der Gäste* eine Perspektive der Analyse. Als Wiederholung und aufführende Vergegenwärtigung des Gekonnten wird dabei ein wichtiger Aspekt der organisationspezifischen Praxis der Repräsentation als Restaurant erkennbar, der auf die performative Dimension organisationalen Lernens verweist. Die für mich als Beobachter überraschende Wendung in der letzten Szene rückt auch die Frage nach chronologisch Früherem und die ebenfalls erkennbare Praxis der Bearbeitung von etablierten Strukturen und Hierarchien ins Blickfeld der Analyse (vgl. Göhlich 2009a). In dieser zweiten Sichtweise wäre das kollektive Können-Lernen als Üben (vgl. Göhlich und Zirfas 2007)einer Haltung nur hintergründig. Vordergründig erscheint die gemeinsame Bearbeitung der Servierfrage dann als Stellvertreter für die Bearbeitung eines Identitätskonflikts – im Sinne der (Re-)Produktion von organisationsspezifischen intersektionellen Hierarchisierungen. In der Aufführung von Hierarchie und Entscheidungsmacht durch ERWINs Bestimmung der Organisationsfunktion ‚Restaurant' als Reaktion auf Skepsis und in der anschließend spielerischen und ‚geschützten' Bearbeitung dieser hierarchischen Strukturen im Kreise der Mitarbeitenden wird nicht nur die Hierarchie und damit die Funktion bestätigt, sondern auch eine Praxis des Teamworks vergegenwärtigt. In einer Art

'Schutzraum' werden in gemeinsamer Repräsentation von Organisationsfunktion und Stilen des Miteinanders (etwa das hierarchie- und geschlechterbezogene Lehr-Lernverhältnis) bekannte Muster der Praxis wiederholt, bearbeitet, erinnert und bewahrt. Die tatsächliche Durchführung des gastronomischen Services in der zuletzt dargestellten Szene greift auf diese kollektiv erarbeitete Haltung zurück, aber auch auf systematisch Früheres (vgl. Göhlich 2009, S. 32ff.). So liegt dem gekonnten Servieren und der Inszenierung als Restaurant auch ein performatives und erfahrungsbezogenes Wissen zugrunde, das in ähnlichen Situationen erzeugt wurde und in dieser aktuellen Aufführung als Bekräftigung verkörperlichter Gewohnheiten und somit als Tradierung und Transformation eines gekonnten organisationalen Musters wirkt.[72] Diesem Muster liegt entsprechend des sich in der Praxis auf Vorder- und Hinterbühne erzeugten doppelten Modus der Selbstdarstellung eine Praxis der Rollendistanz zugrunde. So wird die in der Aussage „wir sind doch kein Restaurant" zum Ausdruck gebrachte Widerständigkeit nicht aufgelöst, sondern im Gegenteil auf der Hinterbühne sogar vergewissert und ironisiert, in der Übernahme der Rolle der Bedienung im öffentlichen Raum aber zugleich signalisiert und präsentiert, dass diese Funktion und Rolle des fürsorglichen Umgangs mit Gästen erfüllt und aufgeführt werden kann. Die Sorge um das leibliche Wohl kann als ein organisationales Praxismuster der Gasfreundschaft bezeichnet werden, das wiederkehrend im Kontext verschiedener Veranstaltungen auftaucht und mittels welchem die Organisation ihrem programmatischen Anspruch der Grenzüberschreitung zu entsprechen versucht.[73] In seiner verbindlichen und sich tradierenden Form wirkt das Muster nicht nur in Zusammenhängen, in denen ausgewählte Gäste und Repräsentanten aus Wirtschaft und Politik zugegen sind und sich die Organisation in ihrer Funktion als Zentrum der Grenzüberschreitung legitimiert (vgl. Abschnitt 5.4), sondern mithilfe dieser musterförmigen Praxis wird auch der interkulturelle Anspruch der Grenzüberschreitung bearbeitet. Das In-Empfang-Nehmen von Gästen, die Bereitstellung eines Gastraums und eines Spektakels (in diesem Fall die Preisverleihung) sowie das im selben Raum erfolgende gemeinsame Gastmahl als Gabe (vgl. Göhlich und Zirfas 2008; Wulf 2008) erscheinen als Aspekte eines organisationsspezifischen Umgangs mit dem Fremden. Dies impliziert eine Akzeptanz kultureller Differenz. So werden kultu-

72 In Anlehnung an Cloos' empirische Rekonstruktion von Organisationskultur kann hier an die für die Herstellung von Routinen bedeutsame „Habitualisierung von Gewohnheiten" und zugrunde liegende Aushandlungsprozesse erinnert werden (Cloos 2008a, S. 298f; vgl. Abschnitt 2.1.3).

73 Göhlich und Zirfas (2008, S. 82) sehen in Konzeptionen der Gastfreundschaft heuristisches Potential um etwa Fragen nach Begegnungen mit dem Fremden und nach kulturellen Grenzen zu analysieren.

relle Differenzen für den Moment überwunden, denn als Gäste am Tisch sind alle gleich. Im Fall des *Zentrum KULT* geht mit der gastfreundschaftlichen Bearbeitung kultureller Differenzen allerdings eine Markierung geschlechtsspezifischer Differenzen einher. Nicht der eigentliche Gastgeber bedient und „gibt", sondern dessen Mitarbeiterinnen. Entsprechend des „Gesetz[es] der Gastfreundschaft" (Derrida 1997, S. 61) wird mittels des Praxismusters der Sorge für das leibliche Wohl eine spezifische Sprache der Gastfreundschaft gefunden (vgl. Göhlich und Zirfas 2008). Diese zeichnet sich – als wesentlicher Aspekt des Umgangs mit dem Fremden – über eine zeitweilige geschlechtsspezifische Reproduktion tradierter Rollenvorstellungen aus und wird zugleich über eine zeitlich-räumliche Organisation der Begegnung limitiert (vgl. auch Abschnitt 5.6.1).

5.5.3 „Eine Becherovka-Tränke". Von Gastlichkeit und Gastwirtschaftlichkeit

Wurde im vorangegangenen Abschnitt die Bedeutung des Prinzips der Gastlichkeit im Umgang mit „wichtigen Personen" besprochen, so steht nun eine Abänderung dieses Praxismusters im Fokus der Betrachtung. Im Fall *Zentrum KULT* wird nicht jedem Gast eine fürsorgliche Betreuung zuteil. Als ein Exempel der Modifikation der Praxis der Gastlichkeit kann der jährliche Barbetrieb des *Zentrum KULT* im Rahmen des Mitteicher Stadtfests[74] herangezogen werden. Bevor die Praxis der Gastwirtschaftlichkeit in ihrem Vollzug betrachtet wird, soll ein Blick auf eine Besprechung zur Planung des Barbetriebs geworfen werden, in dessen Zuge die Modifikation des Praxismusters der Sorge um das leibliche Wohl ausgehandelt wird (vgl. Schwartzman 1993; vgl. auch Abschnitt 2.1.2).

Die Planung des Barbetriebs

Die folgende Passagen (KULT M 01) sind Teil der Programmplanung des zweiten Halbjahrs 2009 sowie des Jahrs 2010, die im Juni 2009 stattfindet, etwa drei Wo-

---

74 Das Teichfest ist das größte Mitteicher Stadtfest. Jährlich ist der eintägige Festbetrieb der Höhepunkt des Sommers. Man sagt, 10 000 Menschen besuchen diese Tage die Stadt. Viele der sonst leerstehenden Fremdenzimmer sind nun gebucht (vgl. Abschnitt 5.2). Entlang der Teich- und Bachufer sind acht Bühnen und zahlreiche andere Stände und kleine Märkte aufgebaut. Das Teichfest ist keine organisationseigene Veranstaltung des *Zentrum KULT*. Dieses ist aber in den Festbetrieb eingebunden und spielt eine zentrale Rolle. Die Platzierung des KULT-Gebäudes ist räumlich und infrastrukturell zentral. Viele Wege des Festivalgeländes kreuzen sich hier. Das *Zentrum KULT* beteiligt sich an dem Festivalgeschehen als Festival-Informationsort und mit einer Cocktailbar.

chen vor dem Teichfest. Die Besprechung findet im großen Seminarraum statt. An zwei in ein rechteckiges Format zusammengeschobenen Tischen sitzen ERWIN an der Stirnseite, rechts davon MELANIE, PETR und ich, links davon JASMIN, die Praktikantin und die Freiwillige. ERWIN hat einen DIN A3 großen Jahreskalender vor sich liegen, der mit vielen Farben markiert ist. Allen Mitarbeitenden wurde von PETR eine von ihm im Vorfeld erstellte Excel-Tabelle ausgedruckt. In den folgenden Passagen wird das Thema Teichfest zum Gegenstand der Planungsdiskussion. Die Besprechung des anstehenden Teichfests bzw. der Organisation der Beteiligung des *Zentrum KULT* erfolgt auch über eine restrospektive Bearbeitung der Erfahrungen aus dem Vorjahr. Wurde das Thema bereits zu einem früheren Zeitpunkt der Besprechung angesprochen und zeitweilig durch Fragen anderer Veranstaltungsprobleme überlagert, kommt ERWIN nun auf das Teichfest zurück:

ERWIN:	also da::nn äh sam- äh der sonntag (.) also ab achzen uhr bar (.) undn (.) äh üb liche (.) Form. //Mhm// Äh heraußn Stehtisch::e wenns passd (.) u::nd ansonsdn (2) ähm **ja** (.) jasmin had gfragd wie de:s äh (.) mid unserm (.) äh <u>Spinnennetz</u> künstler //Ja// is also:, gud ähm (1) ich hab gsagd äh nachm sommerfest, hammer wieda <u>zeid</u> (.) ich schau mal dass i: (.) mid ihm äh: nomall mich verständige (.) äh ob da kurzfrisdich was: (.) <u>dengbar</u> wärä.//Mhm/ Baumgardner heißd der. (2) glaub ich gell?
JASMIN:	Mhm, na Baumgä:rdner
ERWIN:	Baumgärdner? **(KULT M 01).**

ERWIN greift einen vorher bereits gesponnenen Gesprächsfaden wieder auf, indem er mit einer zeitlich-thematischen Angabe das Thema Bar im Rahmen des Teichfests einführt. Mit kurzen Verweisen benennt er wesentliche Organisationspunkte, rahmt diese als „üblich“ und schlägt damit implizit vor, dass eine tiefergehende Besprechung dieser Punkte nicht notwendig sei. Mit den Stichworten Bar und Stehtische verbinden sich für alle Beteiligten offensichtlich klare Vorstellungen oder Aufgaben. So wird beides zunächst nicht näher besprochen. Ausführlicher wird hingegen der von JASMIN bereits im Vorfeld dieser Besprechung ins Spiel gebrachte und von ERWIN vertagte Frage nach dem Spinnennetzkünstler Raum gegeben. Die Attribuierung „unserm“ legt die Vermutung nahe, dass es sich um einen bereits bekannten und erprobten Künstler handelt. Dabei reicht auch hier das Stichwort „<u>Spinnennetz</u>künstler“[75] allen Beteiligten als Information aus, eine nähere

75 Bei dem Spinnennetzkünstler handelt es sich um einen regionalen Künstler, der die Fassade des KULT-Gebäudes mit roten, weißen und blauen Tüchern spinnennetzartig verkleidet hat.

Erläuterung erfolgt nicht. In der hier erkennbaren Organisation der Bearbeitung der Frage nach einer Einbindung eines externen Künstlers in Vorbereitungsarbeiten, die – wie aus dem Gesagten hervorgeht – zunächst von JASMIN eingebracht und von ERWIN vertagt wurde und nun von Letzterem wieder aufgegriffen wird, zeigt sich ein spezifischer Modus hierarchiebezogenen Miteinander-Arbeitens. Ähnlich der Entscheidung über die Funktion der Organisation bezüglich bestimmter Veranstaltungsformate (vgl. Abschnitt 5.5.2) liegt auch diese Entscheidung, wann welcher Punkt organisiert wird bzw. wie Prioritäten in der Veranstaltungsplanung gesetzt werden, beim Leiter, obgleich dieser im Gegensatz zu JASMIN nicht über das notwendige alltagspraktische Wissen verfügt. Dies zeigt sich etwa in der Halbkenntnis des Künstlernamens. Er versichert sich nach dem Namen des Künstlers, wird hier von JASMIN korrigiert. Nach einer kurzen Pause wirft MELANIE eine Frage bezüglich der Getränke auf:

MELANIE: Und was wir an geträ:nkn: (.) letzdes Jahr hattn ham wir das irgndwo? //PETR: Ja//
PETRA: Ja (.) des müssd mer, des müssd mer habm
ERWIN: └ Da müssd sa hal da müssd so a Ding gebm ja
JASMIN: └ wir ham a so ne Lisde ja, //P: Ja – J: Ja ja// mach ma wieda die gleichn Cocktails odder?
PETR: Könn ( ) wir ( ) uns ( ) wieda ( ) neue ( )
ERWIN: └ Ja gud i mein (.) äh die Frage is ob ma Caipirinha oder mach me:r( )
MELANIE: └ ( ) alles midge**brachd** (.) so: ( ) cocktail ( )
JASMIN: └ also **caipirinha** will i auf jedn Fall machn. //P: Ja M: Ja// Weil der is gange::n
MELANIE: └ Ja/ der wär hald wirglich ( ) //P: Mhm// betong müss mer auch machen des müss man irgndwie (1) @zwei@ zum Preis von eim: oda so
└ ((Gemurmel))
PETR: └ Ja, wenn wir wenn wir schon (.)
ERWIN: └ Bedong den mussd hald wieder verkaufn, äh (2)
PETR: weil wir so viel Becharovka da habm
ERWIN: schon ( ) klar ( )@(.)@
PETR: wir müssn den Bechkarovka
JASMIN: └ Aba die meisdn sin wirglich wegn Caipirinha a: komm.
ERWIN: vielleichd einä: (.) eine (.) du **ja**

	@l)@
PETR:	Die san wega uns komma. Und ne? **(KULT M 01).**

Bei der diese Passage einleitenden Frage MELANIEs wird zunächst nicht klar, ob sie nach Restbeständen an Getränken fragt oder auf etwas anderes hinaus möchte. Im ergänzenden Beitrag von PETR, dass „mer **des** habm müsst“ und in der Bestätigung durch ERWIN, dass es so ein „ding“ geben müsste, wird klar, dass sich alle Beteiligten auf ein informationsbeinhaltendes gegenständliches Drittes beziehen.[76] Dabei wissen scheinbar alle, worum es geht, ohne es benennen zu müssen. Diese selbstverständliche Bezugnahme, für die zunächst keinerlei explizite Benennung notwendig ist, deutet auf eine routinierte Praxis der Verwendung des „Ding“ und auf eine tradierte und sich wiederholende Praxis der Organisation von Bewirtung hin. Erst der Beitrag von JASMIN klärt, dass es um die Cocktailliste des letzten Jahrs geht und verbindet dies mit der rhetorischen Frage, ob wieder die gleichen Getränke angeboten werden sollen. Nun entbrennt eine Diskussion darum, welche Getränke die Bar verkauft. Der Vorschlag PETRs, dass hier neue Sachen überlegt werden können, wird von der lauten Frage, ob Caipirinha oder ein anderer Cocktail gemacht werden soll, übergangen. JASMIN plädiert nachhaltig für den Caipirinha mit der Begründung, dass sich dieser sehr gut verkauft hat. Eine hier erkennbare ökonomische Logik der Gewinnmaximierung wird verstärkt durch die folgende Ergänzung MELANIEs, dass der Cocktail Beton (Becharovka und Tonic Water) angeboten werden *muss*. Die Begründung hierfür wird von ihr selbst nur mit dem Hinweis, dass man zwei zum Preis für einen verkaufen sollte, angedeutet und erst von PETR mit dem Hinweis auf viel Restbestand konkretisiert. Hier wird die Wahl des Coktails Beton nicht mit der Verwendung des tschechischen Schnapses Becharovka begründet – was im Zusammenhang mit der Installation einer deutsch-tschechischen Coktailbar zu vermuten wäre – sondern mit einer Umsatzproblematik. Der ohnehin marginale grenzüberschreitende Aspekt der bisherigen Coktailliste wird auf diese Weise noch weiter marginalisiert. ERWIN setzt mit einem Vorschlag zum Umgang mit dem Restbestand an Becherovka an, der zunächst von JASMIN mit der Erläuterung, dass Gäste nur wegen dem Caipirinha kommen und dem Zusatz von PETR, dass Gäste nur wegen ihnen selbst kommen, unterbrochen. ERWIN verliert seinen Satzfaden nicht und vollendet:

ERWIN:	einä becharovka-tränkä (.) äh verstehsd wosd (.) äh: also so a äh
PETR:	Ja/

76 Für die Bedeutung von Artefakten in der Konstitution sozialer Praktiken bzw. organisationaler Praktiken vgl. Reckwitz 2008 sowie Abschnitt 2.2 und Abschnitt 4.2.

ERWIN: äh so eine dränkä machsd und dann (.) großä strohhalme @(3)@ und da können dann, //PETR: Ja// rauszuzln wie bei: (.) äh: wie bei sangria

PETR: └ nauszuzln
└ @(3)@(3)

MELANIE: brauchd ma noch jemandn der dann die alkoholleichn von unserm geländä trägd //J: Mhm//

ERWIN: └ Des is jez, äh: @gleich@ die **Überschrifd** für äh die wissnschafdliche arbeid @(2)@
(1) ähm ja also:des denk ich,

PETR: └ ja, da lassn wir uns was einfalln **(KULT M 01).**

ERWINs Vorschlag ist ironisch und skizziert eine mögliche Umgangsweise mit dem Restbestand an tschechischem Schnaps. Mit dem Wort „zuzeln" – ein bayerisches Dialektwort für den Vorgang des Herauslutschens von Weißwürsten aus ihrer Pelle – und in Verbindung mit der Tradition des Sangriatrinkens wird ein Bild eines bayerischen Becharovka-Saufgelages imaginiert, das bei den Beteiligten für Lachen sorgt und von MELANIE mit einer Anmerkung zur Entsorgung der Alkoholleichen kommentiert wird. Die ironische Zuspitzung der Getränkefrage mag einerseits auf Bewirtungserfahrungen aus Vorjahren zurückgehen, andererseits wird hier auch die eigene Bewirtungsaufgabe ironisiert und in der Beschreibung möglicher Gastpraxis auch mögliche Konsequenzen, die mit der Funktion als Barbetreiber einhergehen, antizipiert. In der heiteren Stimmung nimmt ERWIN Bezug auf meine Anwesenheit und schlägt dies als Titel der „wissenschaftliche[n] Arbeit" vor. Auffällig ist an dieser Stelle die Rolle des tschechischen Repräsentanten, der die scherzhafte Bearbeitung des Getränkerestbestands beendet, indem er die Lösung vertagt und mit der Markierung „Wir" zu seiner Aufgabe bzw. zur Aufgabe der Mitarbeitenden macht. Möglicherweise ist die Ironisierung des Umgangs mit dem einzigen tschechischen Detail in der Barplanung Grund für den Abbruch der scherzhaften Bearbeitung. Nur andeutungsweise kann hier die Funktion PETRs als Wächter des grenzüberschreitenden Aspekts angedeutet werden. Sie tritt im Rahmen der Organisation von Besprechungen jedoch häufiger auf (vgl. Abschnitt 5.6.4):

ERWIN: └ ja, ich dä:d aba sangn ma, ma darf hal ned

MELANIE: └ alkoholn midgebrachd

ERWIN: zu vie:l machn weil (.) was die leud (.) ä::h

MELANIE: └ ja muss ma mal kuckn was einfach is

ERWIN: ja und (.) äh also drei vier Sachn weil wennsd da zehn sachn machsd da d:: brauchsd so viel

JASMIN: └ Des reichd. //P: Hm, ja// weil es gibd so viele Pausn ( ) noch und

ERWIN: äh so viel äh: zeuch //P: Ja – M: Mhm// und a: (.) kaufsd ein und und gehd eh nix also da mussd äh ä bissl ä bissl stromlinienförmich arbeidn und //M: Hmhm// des langd (.) verstehsd (2) ja **(KULT M 01).**

ERWIN bestätigt den eigens von PETR formulierten Auftrag an sich und seine Kolleginnen und führt dann weiter aus, dass nicht zu viele Cocktails angeboten werden sollen, sondern man sich auf drei bis vier Angebote beschränken muss. ERWIN lässt sich durch ein Parallelgespräch nicht beirren und schließt seine Ausführungen mit dem Auftrag, „stromlininenförmich" zu arbeiten. Dieser Hinweis auf eine möglichst reibungslose und auf wenig Widerstand bedachte Form des Arbeitens korrespondiert mit der durchaus auf Effizienz und Gewinn orientierten Diskussion um die Auswahl der anzubietenden Cocktails. Neben der Effizienz beinhaltet der Auftrag, „stromlininenförmich" zu arbeiten, einen Hinweis auf eine möglichst optimale Verlaufsform. Hierbei spielen grenzüberschreitende Aspekte nur eine marginale Rolle – etwa in der Wiederverwendung eines Restbestands an tschechischem Alkohol. Der Auftrag, in dieser Form zu arbeiten, kann so auch als Reduktion von Grenzkomplexität zugunsten einer Optimierung des Umsatzes und einer Effizienzsteigerung verstanden werden. An den mit einem klaren Arbeitsauftrag gerahmten Abschnitt zur Diskussion der Getränkefrage schließt sich nun eine Diskussion zur Frage der Arbeitsteilung im Barbetrieb an.

MELANIE └ u:nd (.) ja personalmä:ßich?

ERWIN: mei äh du: äh ähm (.) die Bar is undn ähm hinta der Bar (.)mehr als drei Leud ham eh kein Platz

PETR: └ Aba dass ma uns hald bissl (.) abwechseln vielleichd nichd //J: Ja://

JASMIN: └ absprechn ja

PETR: weil. im letzdn Jahr wars nichd der Fall (.)da warn die

JASMIN: └ Mh, die ( ) warn ( ) also ( )

PETR: Ehrnamdlichn zwar da aba, letztendlich

JASMIN: └ Die sin nich gekomm. **(KULT M 01).**

MELANIE eröffnet mit einer knappen Frage das nächste Thema Personal und Arbeitsplanung. Mit dem dem Hinweis auf Ort und Lage sowie auf die maximale Kapazitätsgrenze versucht ERWIN, das Thema sogleich wieder zu beenden. Seitens der Mitarbeitenden wird nun kollektiv die bisherige Praxis der Arbeitsverteilung als fragwürdig thematisiert und mit einem Vorschlag der Änderung („bissl (.)

abwechsln", „absprechn") verbunden. Die hier zum Ausdruck kommende Unzufriedenheit wird in der Vergegenwärtigung des Verlaufs im letzten Jahr deutlich. ERWIN akzeptiert diesen Hinweis, schränkt aber dann ein:

ERWIN:	└ Aba weißd (.) äh abwechsln also da muss i sangn äh abwechsln is da::nn letzdendlich a: ned äh so brofessionell weil äh ich muss sangn, wenn i jez a Bar hab, //P: Mhm// äh und die Bar is von von achzen Uhr bis (.) vierazwanzich Uhr: (.) äh geöffned, dann bin i hald (.) eimfach äh: sechs Stundn hinta der **Bar** und äh
JASMIN:	└ okay i war aba letzdes Jahr aba midm ( ) bis um drei undn. Letztdn
ERWIN:	└ Hae? (2) ja okay äh: is
JASMIN:	└ Ja: ( ) letzd ( ) Jahr ( ) wars ( ) ja ( ) scho ( ) ( )
ERWIN:	scho gla::r=aba äh weißd die (.) äh die Abwechslerei //P: Hmhm// is: is so: (.) äh also da sag i lieb::a ähm (.) gud ma kann (.) äh i äh des des is irgndw::ie äh imma so a Problem weißd ne der eine geh:d (.) gehd er, wann kommd er kummd de:r und und //P: Hm// (.) des is
MELANIE:	└ Ja aba wema des genau vorher fesdlegn
JASMIN:	└ ja ebm //M: Ja// deswegn jaabsprechn von da bis da
ERWIN:	└ Also ich hab kei Proble:m damid ähm äh wenns ihr des //J: Und// we::il ich versteh scho dass ma: a mal rumschaun will: //J: Genau ja// und so weida ja. aba äh vom Brinzib he:r is: is so ne Ba:r is eimfach (.) Gud/ äh **(KULT M 01).**

Das von den Mitarbeitenden als bedeutsam markierte Abwechseln wird von ERWIN als unprofessionell gerahmt („abwechsln is da::nn letzdendlich ned äh so professionell") und verbunden mit der professionsethischen Sichtweise eines Barbetreibers („wenn i jez a Bar hab"), der hinter seiner Bar steht, solange diese geöffnet hat. In der Folge ergibt sich zwischen ERWIN und den Mitarbeitenden eine dialogförmige Rede und Gegenrede, die allerdings vernachlässigt, dass ERWIN als Barbetreiber entgegen seiner Aussage gar nicht hinter der Bar stehen soll. Zunächst wird von JASMIN das gegebene Beispiel falsifiziert, indem sie in Bezug auf Erfahrungen aus dem letzten Jahr konkretisiert, dass der Barbetrieb viel länger gelaufen sei als geplant. Es bleibt zunächst bei einer uneinsichtigen Reaktion von ERWIN. Denn die „Abwechslerei" wird in einem weiteren Beispiel als unprofessionell markiert. Das Nicht-Wissen, wer wann arbeitet, und Probleme der Abstimmung werden genannt. Darauf reagiert MELANIE mit dem Vorschlag eines genauen Plans und JASMIN wiederholt ihre bereits vorhin eingebrachte Konkretisierung des Abwechselns durch Absprache. In der weiteren Reaktion wirkt ERWIN prinzipiell einsichtig und erklärt sich den Grund für die „Abwechslerei" damit, dass alle mal auf das Fest gehen wollen. Diese Erklärung verknüpft sich mit seiner zu Beginn dieser Passage erkennbaren professionsethischen Vorstellung verbindlicher und verlässlicher Arbeitserledigung.[77] Er verbindet diese Einsicht mit dem folgenden Vorschlag:

ERWIN: ma kann natürlich jez äh vielleichd folgndes machn des hängd jez vom Wetter ab ähm. Ob ma dann (.) Bar herausn machd ne? (1) Verstehsd? Also ich mein wenn wenn jez wenn jez äh:m, wenn des Wetter passd //M: Hmhm// dann sprichd ja im Brinzib nix dagegn dass ma: (.) dass ma da: (.) am Hauseck äh die Bar machd weil dann hald die Leute a eher äh bis da in Keller a finden (.) äh is immer

PETR: └ Gud für uns is des hald komforta:bler

ERWIN: └ bissl im im Keller

JASMIN: └ Für uns is, einfacha daruntn in der Küche da hamma unsre (Kühlung) und da is ( ) was

ERWIN: └ De Ke- äh: der hasd ( ) alle ( )

PETR: └ weil da hasd alles

ERWIN: is scho kla:r //P: Ja// vom Handling he:r, is es äh (1) aba ma könnd ja auch zum Beispie:l (1) ähm pf ja

MELANIE: an Tisch mid Becharovka draußn @hinstelln@ //P: Ja hmhm//

ERWIN: so a Bev- Becharovka *Ba:r* äh: a spezielle verstehsd? also ich mein **(KULT M 01).**

ERWIN konkretisiert seine arbeitsethische Positionierung gegen die „Abwechslerei" hinter der Bar in dem Vorschlag, die Bar außerhalb des Gebäudes einzurichten. Vordergründig erscheint dieser Vorschlag nicht als Reaktion auf Positionen seiner Mitarbeitenden, sondern als Argument der besseren Erreichbarkeit der Bar durch Gäste. Auf einer impliziten Ebene zeigt sich bei diesem Vorschlag die Idee, dass die Mitarbeitenden das Treiben des Fests mitbekommen und dennoch ständig hinter der Bar arbeiten können. PETR argumentiert nun gegen den Vorschlag und für den Keller, da hier die technischen Bedingungen gegeben sind. Dieses Gegenargument erhält Unterstützung von JASMIN. ERWIN sieht ein und sucht dennoch sofort nach einem weiteren Argument, dass er von MELANIE zugespielt bekommt. Die Installation eines zusätzlichen Becharovka-Tisches außerhalb. Diese Idee wird als speziell gerahmt und schließt an das Problem des Restbestands an tschechischen Alkoholika an.

77 Hier kann an die in Abschnitt 2.1 angesprochene weiterbestehende Wirksamkeit der anthropologischen Prämisse des Homo Oeconomicus erinnert werden (Ernst 2010).

PETR: obm (.) am Turm //M: Hm//
ERWIN am Turm (.) äh mid
JASMIN: └ und wie komm die dann wieder runter?
PETR: he e ja // alle: @(2)@// dann nichd mehr unser Problem ja
ERWIN: Äh äh, **ja** (1) gud a Segd äh also i weiß ja ned was die Stadt jez bla:nd am Sonntag //P: Hmhm// is da Konferenz. (1) Äh obs am Turm wiedda äh den Flyguy hiestelln //P: Ja// (.) mein die die Id:ee mid am Turm ähm äh ne Sekd äh Ba:r hamma ja //P: Ja ja// scho ofd kabd ne? Also des: des wär zum Beispiel wo: äh was wo i sag, des: könnd äh (.) durchaus attragti:v sein.
PETR: └ Gell? (2) wenns Wedter passd dann
ERWIN: └ also wenns, da kamma ja spontan endscheidn
PETR: └ Ja freillich
ERWIN: also des wä:r //P: Ja// zum Beispiel: meines Erachdns a:
PETR: └ des wär kei großer Aufwand (gell)? **(KULT M 01).**

PETR konkretisiert die Idee eines Becharovka-Tisches mit dem Vorschlag seiner Verortung auf dem begehbaren Turm des Gebäudes. Dieser Vorschlag und der Zusatz von JASMIN lösen die Assoziation aus, dass die Gäste dann nicht mehr runterkommen. PETR markiert dies als deren Problem. Die sich durch diesen Vorschlag erheiternde Stimmung wird von ERWINs Intervention gedrosselt. Er schlägt vor, auf dem Turm einen Sektausschank zu organisieren, macht dieses jedoch abhängig von der Stadtfestkonferenz, ob der Turm für etwas anderes gebraucht wird. Die Idee einer Sektbar wird von ERWIN als Vergegenwärtigung einer früheren Idee und als attraktiv markiert. In kurzfristiger Abhängigkeit vom Wetter – in letzter Instanz wird die Verantwortung der Entscheidung verschoben – und mit dem Hinweis, dass dies kein großer Aufwand ist, wird beschlossen die Sektbar zu installieren. Das eigentliche Topos der Auseinandersetzung, die Frage nach einer abgesprochenen Abwechslung, verliert sich in einer Diskussion um eine weitere gastliche Aktivität im Rahmen des Teichfests. Es kommt vorerst nicht zu einer Lösung des Personalproblems, vielmehr verschiebt sich der Fokus und eine weitere Aufgabe kommt hinzu: die Organisation einer Sektbar. Die Planung des Barbetriebs endet dann mit folgender Feststellung ERWINs:

ERWIN: a: gar ka schlechde: (.) //P: Hm// Idee. //P: Ja// also immer vorausgesetzd der (.)der Flyguy is ned obm (.) und ähm un des Wetter passd. //P: Ja// also we ma a siehd das dass ned regned warum ned (.) also //P: Hm// des is a attragti:ver Blatz

	(3) okay guad. Also (.) die Einteilung mach mer dann, äh: we ma (.) (also) wer is am Seefesd da:? Alle oder?
PETR:	Alle (.) ja.
ERWIN:	Ja gud dann hamma ja: ich mein (.) da: we ma jez äh fümfe (.) verstehsd Martina is bestimmd a: da. //P: Mhm// sechse (.) also da: äh ä da braich i, im Brinzip, ähm da kann i wenn i mid der ( ) dann arbeid aufd- a auf die ka ma sich dann verlassn //P: Hm// weil auf die Baumann kannsd di ned verlassn. Da schwirrd dann irgnd a Landrad@(2)@ wi::dda ( ) durch die Gegnd na: (.) äh is äh is äh (.)
MELANIE:	└ wieda aus
ERWIN:	is bei dem am Rockzipfl verstehsd @(6)@ also: (.) oder? //P: Ja// also ich denk des is
JASMIN:	└ @ ich weiß es doch@
ERWIN :	des is okay oder? **(KULT M 01).**

Zunächst fasst ERWIN noch einmal bisherige Überlegungen zusammen, rahmt die Sektbar als gute Idee und beschließt deren Durchführung unter Vorbehalt der städtischen Entscheidung und einer schlechten Wetterlage. Dann kommt er auf die Frage der Arbeitsteilung zurück und verbindet diese mit Frage nach Anwesenheiten. Die bisherige Diskussion der Arbeitsteilung erreicht ihren Höhepunkt in der Aufzählung der Mitarbeitenden und der Vorsitzenden und deren Attribuierung als verlässlich und in der Fremdbeschreibung einer Ehrenamtlichen als unzuverlässig und windig. Implizit kommt ERWIN hiermit auf das Thema Verbindlichkeit und Verlässlichkeit in der Arbeitserledigung zurück. Die Frage des Abwechselns während des Barbetriebs kann demnach nur erfolgen, solange verbindliche Arbeitserledigung gewährleistet ist. Explizit wird in der Ausführung ERWINs, welche sieben Personen für die Tätigkeit infrage kommen.

Die Besprechung des Barbetriebs kann in drei Phasen unterteilt werden: In einer kurzen ersten Phase werden allgemeine und als üblich gekennzeichnete Organisationspunkte reformuliert. Diese bedürfen keiner weiteren Klärung. In der zweiten Phase wird entlang der Frage, welche alkoholischen Getränke an der Bar ausgeschenkt werden sollen, die Vorbereitungsarbeiten und das Motiv des Barbetriebs einer ökonomischen Logik angepasst. Ohnehin marginale grenzüberschreitende Aspekte werden hierbei ironisiert. In der dritten Phase wird die Frage der Arbeitsteilung kontrovers diskutiert. Die von Mitarbeitenden eingebrachte Kritik am Modus des bisherigen Barbetriebs wird in langer Rede und Gegenrede und letztlich über die Hineinnahme neuer Betätigungsformen im Rahmen des Stadtfests bearbeitet. Eine besondere Spezifik der Gastlichkeit, die Gastwirtschaftlichkeit und eine damit verbundene Bearbeitung bestehender Routinen der organisationalen Service-Praxis können konkretisiert werden.

Praxisstrategie der Gastwirtschaftlichkeit. Zur Modifikation des Praxismusters der Sorge um das leibliche Wohl

In der Besprechung der Frage, wie mit den Stadtfestbesuchern umgegangen werden soll, wird das Praxismuster der Sorge um das leibliche Wohl als gängige Praxis des Umgangs mit Gästen reflexiv eingeholt und bezüglich der anstehenden Aufgabe infrage gestellt. Konkret wird dies durch den Vorschlag, die bisher einseitige und nur die Mitarbeitende des *Zentrum KULT* belastende Bararbeit auch auf Ehrenamtliche und Vereinsmitglieder des KULT e.V. zu übertragen. Vorgeschlagen wird ein *Abwechseln durch Absprache*, das nicht zuletzt durch die weniger starke Repräsentativität der Aufgabe begründet wird. In der starken Gegenrede des Leiters wird das alte Muster als berechtigt verteidigt. Argumente dafür sind Professionalität, Verbindlichkeit und Verlässlichkeit sowie die Bezugnahme auf das Selbstverständnis als Bar. Ähnlich wie im Rahmen der Preisverleihung und der dortigen Bestimmung der Organisationsfunktion als Restaurant wird eine Selbstbeschreibung in gastronomischer Funktion explizit (vgl. Abschnitt 5.5.2). Während die Szenenfolge „wir sind ein Restaurant" mit einer Repräsentation von Weisungsbefugnis einhergeht und einem unmissverständlichen Arbeitsauftrag verbunden wird, ist in dieser Besprechung die Aufforderung an die Mitarbeitende, als Servicekräfte zu fungieren, weniger wirksam. Ein möglicher Grund mag der spezielle Veranstaltungskontext sein, der eine Repräsentation des organisationalen Selbstverständnisses aus Perspektive des Leiters nicht in dem Maße notwendig werden lässt, wie in organisationseigenen Veranstaltungsverläufen üblich. Vor dem Hintergrund der Einbindung in eine von anderer Stelle verantworteten kommerziellen Veranstaltung ist hier in Bezug auf die organisationseigene Praxis der Gastlichkeit die nachbarschaftliche Parität und grenzüberschreitende Verständigung nicht entscheidend. Im Vordergrund stehen die ökonomischen Prinzipien des Gewinns und des effizienten Verbrauchs: eine Praxis der Gastwirtschaftlichkeit. Vielleicht gerade weil der Barbetrieb im Rahmen des Mitteicher Stadtfests keine originäre Idee des *Zentrum KULT* und somit auch nicht Teil der grenzüberschreitenden Programmatik ist, erscheint das oben wirksame Praxismuster *Sorge um das leibliche Wohl* irritierbar und damit riskierbar: Die eingespielte und eingeforderte Funktion der Mitarbeitenden als Servicekräfte wird hier verändert. Dies geschieht durch eine Veränderung des bisherigen und üblichen Barbetriebs in Form der Nennung verlässlicher ehrenamtlicher Mithelfer, die die Mitarbeitenden ablösen sollen. Entwickelt wird ein Umgang mit weniger bedeutsamen Gästen, der als eine Praxisstrategie der Gastwirtschaftlichkeit bezeichnet werden kann. Das Prinzip der Gastlichkeit bezieht sich in diesem speziellen Fall nicht auf die Gäste im Kontext deutsch-tschechischer Begegnung („wichtige Personen“ und TeilnehmerInnen von Veranstaltungen), sondern auf möglichst viele Gäste. Es kommerzialisiert sich. Im Vordergrund steht nicht das sonst so zentrale Topos der Gastfreundschaft (vgl. Abschnitt 5.5.2), sondern eine Effizienz bei der Vorbereitung des Barbetriebs und ebenso gewinnorientierter Verkauf im Kontext eines viel besuchten Stadtfests. Die Bewirtung der Gäste und die damit verbundene Kundenorientierung („Caipirinha ist am besten gegangen“) vollzieht sich nicht primär unter Gesichtspunkten deutsch-tschechischer Verständigung (wobei dies hintergründig weiterhin eine Rolle spielt), sondern unter Gesichtspunkten des Konsums. So erfolgt die Planung der Bar unter gastwirtschaftlichen Gesichtspunkten, wenngleich das Praxismuster der gastfreundschaftlichen Sorge weiterhin wirkt. Dies zeigt sich in der Erfindung eines exklusiven Sektempfangs auf dem Turm des KULT-Gebäudes. Entsprechend des organisationalen Prinzips der Gastlichkeit gegenüber wichtigen Personen und Multiplikatoren der deutsch-tschechischen Begegnungsarbeit wird hier eine Nische erzeugt, in der sich die für das *Zentrum KULT* wichtige Repräsentation von Grenzüberschreitung abspielt und die Kontinuität der gastfreundschaftlichen Beziehungen zu Ausgewählten gewährleistet (vgl. Wulf 2008, S. 76). Denn anders als im öffentlichen Raum des Barbetriebs verbindet sich dieser Raum der Gastfreundschaft mit dem Praxismuster der Sorge um das leibliche Wohl der deutsch-tschechischen Gäste und „wichtiger Personen“ (vgl. Abschnitt 5.5.2). Die Etablierung der Praxisstrategie der Gastwirtschaftlichkeit sowie das Überdauern des Praxismusters der Sorge für das leibliche Wohl in dem nicht genuin grenzüberschreitenden Kontext des Stadtfest, kann in folgenden Beschreibungen dargestellt werden.

Szenenfolge *Der Barbetrieb*

Vor dem Hintergrund der in den Passagen der Vorbesprechung des Barbetriebs erkennbaren Entwürfe des Miteinander-Arbeitens (vgl. auch Abschnitt 2.2.1) können nun, in einer szenischen Beschreibung der Barpraxis, die Annahme einer gast*wirtschaft*lichen Praxisstrategie als Sonderform des Prinzips der Gastlichkeit und die kontextbezogene Veränderung des Praxismusters *Sorge um das leibliche Wohl* verdeutlicht werden. Der in der Besprechung so umstrittene Punkt der Arbeitsteilung im Rahmen des Barbetriebs wurde im Vorfeld in eine Vereinbarung mit Ehrenamtlichen überführt, dass die Mitarbeitenden bis 22 Uhr arbeiten und danach die vier Ehrenamtlichen den Barbetrieb übernehmen.

Es ist Viertel vor Zehn. Die Bar ist sehr voll und der Umsatz an alkoholischen Getränken hoch. Ich stehe am Tresen und trinke einen „Beton“. Er schmeckt eigenartig lecker. JASMIN und IVANKA stehen an der Arbeitsplatte und schneiden Limetten.

PETR nimmt an der Bar eine Bestellung auf und geht in das Kühlhaus. MELANIE räumt die Spülmaschine leer. Nachdem MELANIE die Spülmaschine wieder angestellt hat, beugt sie sich zum Tresen vor und fragt auf deutsch, wer dran kommt. Ein Herr direkt am Tresen hebt die Hand und sagt etwas auf tschechisch. Sofort wechselt MELANIE die Sprache und erklärt ihm die Karte. Als sich der tschechische Herr für einen Caipirinha entschieden hat, dreht sich MELANIE um und bemerkt in dem Moment, dass die Ehrenamtlichen den Raum betreten. Sie tippt JASMIN an die Schulter und nickt Richtung Tür. JASMIN winkt den Ehrenamtlichen zu. Daraufhin kommen alle Ehrenamtliche hinter den Tresen, GERDA ist unter ihnen. IVANKA tritt auf GERDA zu und erklärt ihr in unmittelbarer Reihenfolge die Kasse, welche Gläser für welche Cocktails verwendet werden und wo sich Zutaten befinden. Dabei deutet sie auf die Arbeitsplatte und macht einen Schrank auf, in dem Kühlgetränke stehen. Dann deutet sie auf die Knöpfe der Spülmaschine und erklärt noch etwas. Mittlerweile haben JASMIN und MELANIE die anderen Ehrenamtlichen eingeführt. Die Übergabe des Arbeitsauftrags erfolgt fließend. Nach und nach verlassen die Mitarbeitenden den Raum. Es ist kurz vor Zehn, ich gehe auf den Vorplatz. **(KULT SB 05)**

Im Gegensatz zur Servicepraxis im Rahmen organisationseigener Veranstaltungen, die dort fürsorglich erfolgt und sich oftmals mit kurzen Zwiegesprächen nach Befindlichkeit und Small-Talk verbindet, erinnert die hier beschriebene Praxis des Bedienens an eine, wie man sie aus Gastro-Betrieben kennt. Menschen stehen an der Bar, geben Bestellungen auf und zahlen nach Erhalt des bestellten Getränks. Es finden kaum Wortwechsel statt, die über das originäre Verhältnis zwischen Kunde und Verkäufer hinausgehen. Nur im sprachlichen Modus, in der problemlosen Zweisprachigkeit der Bedienung scheint kurz der Moment der Grenzüberschreitung auf und es zeigt sich die sprachlich-grenzüberschreitende Expertise der Mitarbeitenden, die auch bei repräsentativen Anlässen eine wichtige Funktion in der gastlichen Sorge um das leibliche Wohl einnimmt. In diesem Kontext der gast*wirtschaft*lichen Betreuung von Gästen, die auf Umsatz, nicht auf die gastfreundschaftliche Sorge um das leibliche Wohl und nicht auf Repräsentation von Grenzüberschreitung oder Zentrumsfunktion abzielt, wird das organisationale Praxismuster, dass Mitarbeitende als Serviceangestellte fungieren, gebrochen. Problemlos erfolgt eine geplante Übergabe an Ehrenamtliche. ERWIN, der in der Planungsbesprechung viele Argumente gegen ein Abwechseln im Barbetrieb vorgebracht hat, ist während dieser Übergabe nicht zugegen. Im Kontext nicht originärer Organisationsprogrammatik wird ein eingespieltes und gewohntes – von den Mitarbeitenden oftmals als lästig empfundenes – Muster des Umgangs mit Gästen veränderbar. Allerdings handelt es sich hier nicht um eine dauerhafte Modifikation der musterförmigen Praxis der Sorge um das leibliche Wohl, wohl aber um eine situative Abwandlung: Die Praxis des gastwirtschaftlichen Servierens folgt vordergründig nicht den Regeln der Gastfreundschaft und ist zudem oder gerade deswegen nicht an die Mitarbeitenden des *Zentrum KULT* gebunden, sondern erscheint als übertragbare Aufgabe und wird durch ein *Abwechseln durch Absprache* organisiert. Die situative Abwandlung des an Mitarbeitende gebundene Praxismusters *Sorge für das leibliche Wohl* wird in eine Praxisstrategie des gastwirtschaftlichen Servierens modalisiert, welches eine Abwechseln durch Absprache ermöglicht. Diese situative Abwandlung des Praxismusters gelingt aufgrund der veränderten Kontextbedingungen: Die Bar ist keine organisationseigene Veranstaltung, sondern Teil eines größeren Festes; die BesucherInnen sind hier nicht fremde Gäste, die nach Regeln der Gastfreundschaft begrüßt werden, sondern KundInnen, die bezahlen; die Bar steht nicht im Fokus der Öffentlichkeit und so erfolgt diesbezüglich weder eine photographische Dokumentation noch eine Publikation des Geschehens (vgl. Abschnitt 5.4.3). Trotz der eingeforderten Reproduktion gewohnter Service-Professionalität setzen sich die Mitarbeitenden mit ihrem Model des *Abwechselns durch Absprache* durch. Auch wenn es sich um einen besonderen Kontext handelt, wird dennoch das bekannte und gekonnte Muster riskiert und verhandelbar. Der Bedeutung relativer Geschlossenheit der Wiederholung von bewährter Praxis, wie sie in der Besprechung durch ERWIN repräsentiert wird, wird in der Praxis das Gelingen einer Offenheit für neue Regelungen entgegengesetzt (vgl. Reckwitz 2008). Das Potential einer grundsätzlicheren Veränderung organisationaler Praxis bzw. das Entstehen anderer Verhandlungsspielräume ist prinzipiell gegeben. So ist auch die im Abschnitt zuvor gezeigte Szenenfolge „wir sind ein Restaurant" in diesem Zusammenhang zu sehen. Chronologisch erfolgte diese nach dem hier beschriebenen Barbetrieb und wird mit dem Versuch der Verweigerung „wir sind doch kein Restaurant" eingeleitet. Letztlich setzt sich hier das altbewährte Muster durch. Doch der reflexive Zugriff, das Wissen um potentielle Veränderbarkeit und die oben gezeigte spielerische und ironische Bearbeitung dieses Musters auf der Hinterbühne hat ihren Ursprung in Situationen wie diesen, in denen altbewährte Muster infrage gestellt und – sei es auch nur für den Moment – erfolgreich aufgebrochen und verhandelt werden. Man kann nicht davon sprechen, dass diese Situation ein neue Praxis der Gastlichkeit generiert, wohl aber die bekannte differenziert. So ist im Kontext geringer Bezugnahme auf den Organisationszweck (Organisation von Grenzüberschreitung) und der Organisationsfunktion (Zentrum der Grenzüberschreitung) die Praxis des Umgangs mit Gästen eine gastwirtschaftliche, die nicht der bewährten Musterförmigkeit gastlicher Sorge um das leibliche Wohl folgt. Man kann von einer Differenzierung des Prinzips der Gastlichkeit sprechen, da das bewährte Muster nicht aufgegeben wird, sondern kontextbezogen eine Variation erfährt. Die Elemente der gastfreundschaftlichen Sorge um das leibliche Wohl und der Repräsentation exklusiver Gaben an „wichtige Personen“ im Kontext der Veranstaltung bleiben aber erhalten. In Form eines versteckten Raums schafft das *Zentrum KULT* mit der Installation einer Sektbar einen Ort für die Wiederholung dieser erprobten Repräsentation von Grenzüberschreitung als Gastfreundschaft. Hierzu folgende Beobachtungen:

JASMIN kommt hinter die Bar. Etwas seitlich stellt sie ein kleines Kästchen aus Pappe ab. Aus dem Kästchen holt sie einen Stapel etwa DIN A8-große Kärtchen hervor, der mit einem roten Gummiband zusammengehalten wird. JASMIN zählt die Kärtchen und unterbricht sich dabei hin und wieder, um etwas zu notieren. Anschließend sortiert Sie die Kärtchen in bestimmter Reihenfolge in einen kleinen Kasten und legt Zettel und Papier dazu. MELANIE, die gerade nichts zu tun hat, kommt hinzu und schaut ihr über die Schulter. JASMIN erklärt ihr, dass dies die Turmkarten sind und auf dem Papier verzeichnet ist, wie viele bereits an „wichtige Personen“ (Auserwählte und Stadtobere) vergeben wurden. Sie deutet auf das Papier und ergänzt, dass diese Anzahl an Karten noch verkauft werden kann. Sie zeigt auf einen anderen Zettel und erklärt, dass einige Personen Karten reserviert, aber noch nicht bezahlt haben. Sie schlägt vor, dass dieser Zettel weitergeführt werden soll, um den Überblick über die Turmgäste zu behalten. MELANIE nickt und sie beschließen, auch die anderen über diesen Zettelkasten zu informieren, damit nichts durcheinander kommt. Beiden wenden sich wieder anderen Bartätigkeiten zu.

Ab halb Zehn begeben sich nach und nach kleinere Gruppen tschechischer Gäste, anwesende Regionalpolitiker und Stadtobere, Mitglieder des Vereins und auch ein paar mir Unbekannte in das KULT-Gebäude und Richtung Turmterrasse. Auch ERWIN geleitet seine Frau sowie einige andere gut gekleidete Personen, die mit ihm an einem Tisch saßen, in das Gebäude. ERWIN kommt noch zweimal heraus und scheint nach jemandem Ausschau zu halten. Jemand transportiert Sektflaschen und Gläser zum Turm. Kurz darauf beginnt über dem See eine Feuerwerkshow. **(KULT SB 05)**

In diesen Szenen zeigen sich Teile der praktischen Umsetzung der in der Besprechung beschlossenen Einrichtung einer Sektbar auf dem Turm. Die Installation eines Sektempfangs während des Feuerwerks wird von einer Mitarbeitenden in Akribie vorbereitet. Das dabei erkennbare Konzept der Reglementierung und des Verkaufs von Restkarten wird abgestimmt und an alle anderen Mitarbeitenden weitergegeben. Bei den Kärtchen, die JASMIN sortiert, handelt es sich um Eintrittskarten zum Turm. Für fünf Euro Spende können exklusive Turmkarten erstanden werden. Mit diesen Turmkarten darf man sich während des großen Feuerwerks auf dem Turm aufhalten und bekommt noch ein Glas Sekt gratis. Die Aufschrift auf den Eintrittskarten lautet „KULT-TURM | KULT-VEZ mit exklusiver Sicht auf das Feuerwerk | s exkluzivnim vyhledem na ohnostroj". Exklusiv wird dieser Turmbesuch in zweierlei Hinsicht. Zum einen passen nur einige wenige Personen auf den schmalen Balkon des Gebäudeturms, zum anderen wird diese Einladung an keiner Stelle offiziell gemacht. Die Tatsache, dass bereits eine Großzahl an Turmkarten vorab an „wichtige Personen" vergeben wurden und dass kein Hinweis auf den Kauf dieser Karten zu finden ist, unterstreicht die Praxis reglementierter Exklusivität. Es wird ein Raum geschaffen, in dem sich das *Zentrum KULT* in seiner Fürsorglichkeit grenzüberschreitender KooperationspartnerInnen und Stakeholder gegenüber und in seinem Anspruch, *Zentrum zu sein,* repräsentiert. Letztlich verlassen jene Personen den Vorplatz und begeben sich auf den Turm, die auch in anderen organisationseigenen Veranstaltungsabläufen Akteure der Repräsentation von Grenzüberschreitung und Zentrumsfunktion sind. So hat sich das Zentrum mit der Bar als einen *gastwirtschaftlichen* Ort für alle in das Festtreiben integriert und wird gleichwohl mit dem Turmereignis seinem Anspruch der Repräsentation von Grenzüberschreitung gerecht, in dem es einen besonderen Raum für die *gastliche* Sorge um tschechische Gäste, Vereinsmitglieder, KooperationspartnerInnen und Stakeholder schafft und damit Exklusivität inszeniert. Die exklusive Einladung auf den Turm und der Turmaufenthalt während des Feuerwerks machen deutlich, dass das Prinzip der Gastlichkeit in Abhängigkeit der Gäste variiert. In dieser räumlich-praktischen Trennung von *Gästen als KundInnen* und *Gästen als FreundInnen* und der damit einhergehenden Differenzierung der organisationalen Praxis der Gastwirtschaftlichkeit bzw. Gastfreundschaft repräsentiert sich die Grenzüberschreitung als exklusive Aufgabe – als eine einem elitären Kreis von Auserwählten zugefallenes Privileg.

5.6 Genial geplant und perfekt improvisiert.[78] Zur Organisation deutsch-tschechischer Verständigung

Aus der Selbstbeschreibung des *Zentrum KULT* geht hervor, dass sich das zentrale Anliegen einer grenzüberschreitenden Vernetzung kultureller Aktivitäten mit der Durchführung eines breiten Spektrums inhaltlicher Programmpunkte verbindet (vgl. Abschnitt 5.2.1). Der Aufbau und die Pflege eines grenzüberschreitenden

78 Der Titel dieses Abschnitts ist als Anspielung auf die Beliebigkeit der kulturstandardisierten Zuschreibung von Deutsch-Sein bzw. Tschechisch-Sein zu verstehen, wie sie in der Monographie „Perfekt geplant und genial improvisiert" von Monika Schroll-Machl und Ivan Novy (2008) konzeptionalisiert wird (zur Kritik an den Kulturstandards vgl. auch Abschnitt 3.2 sowie Abschnitt 6.6.2.2).

Kulturnetzwerks verknüpft sich hierbei nicht nur mit der Realisierung eines vielseitigen und (weiterbildenden) deutsch-tschechischen Kulturprogramms, sondern gründet sich ausdrücklich auch auf der Gewährleistung sprachlicher Verständigung (Zweisprachigkeit), auf der Bereitstellung von Infrastruktur („Präsentations- und Dialogforum") und auf der Idee, grenzüberschreitende Kooperationen und Vernetzungsaktivitäten zu fördern. Als Organisation (inter)kultureller Bildung und grenzüberschreitenden Kulturmanagements besteht ein selbstbenannter Vermittlungs- und Förderauftrag. In der Realisierung dieses Auftrags zeigen sich organisationsspezifische Praxisstrategien und Praxismuster der Organisation grenzüberschreitender Verständigung. In Beschreibungen der Vorbereitungsarbeit und der Durchführung von Veranstaltungen, in Analysen von Besprechungen der Programmplanung sowie unter Hinzunahme einer Erzählung und einer Selbstbeschreibung auf der Homepage können hinsichtlich der praktischen Organisation grenzüberschreitender Verständigung mehrere Aspekte benannt werden. Als Modi der Kooperation charakterisieren sich einerseits andauernde Bemühungen zur strukturellen und thematischen *Integration* der tschechischen Seite, andererseits Anstrengungen zur Festigung und Fortführung grenzüberschreitender und sprachlicher Verständigung und Vernetzung.

- *Organisation und Sicherstellung von Teilnahme tschechischer Personen*: Die Akquisition tschechischer TeilnehmerInnen und die infrastrukturelle Ermöglichung ihrer Teilnahme an Veranstaltungen ist mit der Herausforderung konfrontiert, dass das *Zentrum KULT* auf der deutschen Seite der Grenze liegt und von der tschechischen Seite aus schwer erreichbar ist (zur Nicht-Lage der Organisation vgl. Abschnitt 5.3). Ein wesentliches Detail der Organisation grenzüberschreitender Programmatik ist die Installation einer organisationseigenen Buslinie, die für Veranstaltungen im *Zentrum KULT* tschechische Teilnehmende von *Český Pramen* nach Mitteich chauffiert. Die Sicherstellung von Teilnehmenden ist auch vor dem Hintergrund der organisationalen Inszenierung als Zentrum der Grenzüberschreitung bedeutsam. Denn zur Legitimation als deutsch-tschechisches Kulturzentrum ist die Repräsentation einer heterogenen TeilnehmerInnenstruktur essentiell (Abschnitt 5.6.1).
- *Gewährleistung sprachlicher Verständigung*: Die Verständigung im Kontext von offiziellen Veranstaltungen, etwa bei Empfängen, Vernissagen und Preisverleihungen, bei denen Grußworte gesprochen und kurze Reden gehalten werden, wird in der Regel in Form konsekutiven Dolmetschens organisiert. Im Rahmen von weiterbildenden Veranstaltungen, etwa Lesungen, Diskussionsrunden und Vorträgen (in denen die Kontinuität des Sprechens oder schneller Sprecherwechsel nicht durch Pausen konsekutiven Übersetzens unterbrochen werden sollen) greift

man auf die hauseigene Simultandolmetschanlage zurück. Die Teilnehmenden sind dann im Besitz von Translatoren, über die sie die Simultanübersetzung mitverfolgen können. Für die Organisation sprachlicher Verständigung setzt sich vor allem das Organisationsmitglied PETR ein, der als Repräsentant der Region *Český Pramen* in besonderer Weise dafür Sorge trägt, dass der grenzüberschreitende Charakter von Veranstaltungen gewährleistet wird. Oftmals übernimmt dieser nicht nur die Funktion des konsekutiven Dolmetschers (vgl. Abschnitt 5.4.1), sondern erscheint in besonderer Weise bemüht, Probleme der Organisation sprachlicher Übersetzung zu lösen (Abschnitt 5.6.2).

- *Interaktionsplanung*: Ein weiterer Aspekt der Organisation grenzüberschreitender Verständigung, die einerseits im Sinne der Ermöglichung sprachlicher Verständigung und andererseits im Sinne der Vernetzungsarbeit erfolgt, ist die sorgfältige Planung und Antizipation von Kommunikationsmöglichkeit und -gelegenheit. Dies zeigt sich etwa im akribischen Arrangement von Sitzordnungen, welche unter Gesichtspunkten der sprachlichen Verständigung vor allem aber unter dem Gesichtspunkt der Ermöglichung von Kooperationsgesprächen und Kontaktaufbau erfolgen (Abschnitt 5.6.3).
- *Grenzraum- und grenzthemenbezogene Programmerstellung:* Der grenzüberschreitende Vermittlungs- und Förderauftrag des *Zentrum KULT* legitimiert sich neben einer deutsch-tschechischen Teilnehmendenstruktur vor allem durch Veranstaltungsthemen mit regionalem Grenzraum- und Lebensweltbezug. Im Verlauf der Jahresplanung für das Jahr 2010 werden verschiedene Veranstaltungen konzipiert. Dabei folgt die Planung von Veranstaltungen zum einem einer Logik der Verwendung von Semantiken der Grenzüberschreitung, zum anderen greift sie lokale Traditionen und aktuelle Themen der Region auf. Ein dritter nicht unwesentlicher Aspekt der Programmerstellung sind dabei die Vorlieben der „wichtigen Personen" (Abschnitt 5.6.4).

Entsprechend dieser vier Modi sollen im Folgenden Praxisstrategien und Praxismuster der organisationalen Praxis der Organisation grenzüberschreitender Verständigung verdeutlicht werden. Es geht mir einerseits darum, die jeweiligen spezifischen Kooperationsmodi der Umsetzung des Vermittlungs- und Förderauftrags – die Akquisition, die Gewährleistung der Vermittlung, die strukturelle Interaktionsplanung, die Programmerstellung und die Vernetzungsarbeit – darzulegen, andererseits darum, die damit verbundene Praxis der organisationalen Identitätsarbeit herauszuarbeiten.

5.6.1 Der KULT-Bus. Zur Organisation von Gastbesuchen

> wir haben uns von Anfang an immer bemüht auch tschechisches Publikum bei unsern Veranstaltungen zu haben wa:s nicht so leicht war //I: Hm// (1) vor alln Ding deswe:gen (.) das wenn man kein Auto hat kommt man nach Mitteich einfach nicht ne (1) da ist kei: Bus:: oder Zugverbindung leider nicht da und (1) es ist uns gelungen, im Septemer 2007 (1) ein **Bus**unternehmen in *Český Pramen*, zu finden der einmal im Monat (.) Kulturinteressierte aus Tschechien nach Mitteich bringt (2) Und (3) des war, uns natürlich ganz, ganz wichtich, und des hat uns sehr gefreut dass des (1) Busunternehmen bereit war (1) des zu machn, zudem noch, zu einem sehr günstigen Preis (.) die machns des kostet, Siebzig Kronen also einfach 35 Kronen das ist wirklich auch für die Tschechen wie geschenkt. (1) äh insofern (.) habn wir mindestens einmal im Monat (.) wirklich gemischtes Publikum von beiden Seiten (1) dann (1) und wir habn bereits auch in Tschechien (.) unser Stammpublikum. Also des is auch für mich persönlich natürlich ganz ganz wichtich dass des (.) gelungen is, dass des geklappt hat weil, es war nicht' einfach, es hat ne Zeit lang gedauert bis ich (1) ne Firma n Busunternehm- gefundn hab äh, die bereit wärn (2) so was zu machen. **(KULT I 02).**

Eine die organisationale Praxis der Organisation und Planung grenzüberschreitender Verständigung konstituierende Frage ergibt sich aus der programmatischen Ausrichtung, grenzüberschreitende Veranstaltungen für Publikum beiderseits der Grenze anzubieten: Wie kann eine stabile deutsch-tschechische TeilnehmerInnen- und BesucherInnenstruktur gewährleistet werden? Dass das *Zentrum KULT* lokal verwurzelt ist und sich in unmittelbarer Umgebung ein bayerisches Stammpublikum erworben hat, dürfte aus den bisherigen Analysen deutlich hervorgegangen sein. Auch ein touristisches Laufpublikum ist durch die Integration des Tourismusbüros in das Gebäude des Zentrums gesichert (vgl. Abschnitt 5.3). Wie aber kann der Besuch und die Teilnahme der tschechischen Seite an dem „vielseitigen Kulturprogramm" der Einrichtung organisiert werden? Dass dies organisiert werden muss und sich mit planerischer Anstrengung verbindet, verdeutlicht die obige Erzählung von PETR („von Anfang an, immer bemüht"; „es war nicht' einfach, es hat ne Zeit lang gedauert"). Als zentrales Problem wird dabei die geographische und infrastrukturelle Nicht-Lage der Organisation markiert (vgl. Abschnitt 5.3). Das Problem der Nicht-Erreichbarkeit wird durch eine wichtige Kooperation mit einem Busunternehmen kompensiert. So wird die für eine grenzüberschreitende Organisation entscheidende Repräsentation von Heterogenität und Gemischtheit „mindestens einmal im Monat" gewährleistet. Die durch eine Kooperation ermöglichte vereinfachte Verbindung und Zugansgmöglichkeit zum *Zentrum KULT* und die damit einhergehende Sicherstellung tschechischen Publikums wird als „ganz ganz wichtig" markiert. Auch die persönliche Bedeutung der Installation einer beständigen Verbindungslinie für PETR verdeutlicht sich sowie sein Einsatz diesbezüglich („bis ich + ne Firma, n Busunternehm, gefundn hab"). Hier zeigt sich einmal mehr die Funktion PETRs als treibende Kraft der Organisation von Grenzüberschreitung. So fungiert er nicht nur als Mahner, der immer wieder grenzüberschreitende Perspektiven einfordert, wie es noch im Verlauf der Programmerstellung deutlich werden wird (vgl. Abschnitt 5.6.4), sondern er übernimmt auch Verantwortung für die Ermöglichung praktischer Begegnung. Vor dem Hintergrund, dass PETR Abgesandter der Region *Český Pramen* ist und den tschechischen Kooperationspartner im *Zentrum KULT* repräsentiert, ist dieser Einsatz, vielleicht sogar Auftrag, verständlich. Betont wird, dass die Installation eines Busses „auch" ein tschechisches Stammpublikum ermöglicht hat. Dies scheint, so ließe sich das „auch" in PETRs Erzählung interpretieren, als Gegengewicht zu einem bayerischen Stammpublikum bedeutsam. Die explizite Erklärung PETRs, dass die direkte Verbindung aufgrund günstiger Konditionen ein Stammpublikum in *Český Pramen* generiert, dethematisiert, dass der gesamte tschechische Grenzraum – den das Zentrum zu repräsentieren sich zur Aufgabe gemacht hat – auf eine einzige Stadt und eine einzige Verbindungsmöglichkeit reduziert wird. Auf der Suche nach der spezifischen Praxis der Einbindung des KULT-Busses in die Organisation von Veranstaltungen begegnet mir zunächst eine Information und ein Bild auf der Homepage der Organisation:

Busbewerbung auf Homepage

Im Online-Veranstaltungsprogramm der Organisation ist bei Veranstaltungen mit Einsatz des Busses immer ein Passus der Veranstaltungsankündigung beigefügt, der über Abfahrtszeit, Abfahrtsort, Preis und Nummern zur Ticketreservierung informiert. Der KULT-Bus wird auf der Homepage und hier als vierter Punkt nach Allgemeinen Informationen zur Organisation, Ansprechpartnern und Öffnungszeiten aufgeführt. Neben einer künstlerischen Collage eines Busses, dessen Interpretation weiter unten erfolgen soll, wird die Busverbindung mit folgenden Worten propagiert: „Kult-Bus von *Český Pramen* nach Mitteich und zurück". Zunächst ist von Interesse, dass die Überschrift den Leser nicht darüber informiert, warum er in den Bus steigen sollte. So wird nicht eine Teilnahmemöglichkeit an einer Veranstaltung thematisiert, sondern zunächst die Möglichkeit eines Hin-Kommens und vor allem auch die Garantie eines wieder Zurück-Kommens betont. Weiter heißt es: „Für Kulturinteressierte aus *Český Pramen* bietet der Kulturbus die Möglichkeit, regelmäßig an Veranstaltungen im *Zentrum KULT* teilzunehmen." Hier erfolgt nun die Nennung des veranstaltungsbezogenen Zwecks, der Grund, warum sich der Lesende für die Teilnahme an einer Busfahrt interessieren könnte. Darunter wird der Kooperationspartner genannt, ein *Český Pramener* Busunternehmen, und abschließend folgt der Satz: „Kulturinteressierte kommen so bequem und zu einem günstigen Preis zu kulturellen Veranstaltungen von *Český Pramen* aus nach Mitteich. Der Kulturbus fährt nach Ende der Veranstaltung wieder zurück nach *Český Pramen.*" In einer wiederholenden Zusammenfassung wird die Teilnahme als günstig und bequem und mit wiederholter Garantie auf Rückfahrt beworben.

Bild „Bus auf Flaggen"

Abb. 4 Zentrum KULT – Bild Busbewerbung (Quelle anonymisiert)

Design und Machart: Das Bild (KULT AB 02, vgl. Abb. 4), das links neben dem zitierten Text angebracht ist, besteht aus drei Komponenten. Es zeigt die Nationalflagge der Tschechischen Republik und rechtsbündig davon die Nationalflagge Deutschlands in gleicher Größe. Im Oberen Viertel der Flaggensymbolik, mittig dazwischen und die Begrenzung der Fahnen um mehr als die Hälfte der eigenen Größe überragend ist ein roter Bus gemalt. Der gemalte Bus ist ein eigenes Bildelement, das vermutlich per bildbearbeitender Software mittig zwischen die Fahnen gesetzt wurde. Die einzelnen Bildelemente sind rechteckigen Formats und gleicher Größe. Die Farben der abgebildeten Flaggen entsprechen den Nationalfarben, die Farbe des Busses ist dunkelrot. In Betrachtung der Bildkomposition hebt sich die Linie zwischen den bündig nebeneinander stehenden Flaggen als deutliche Markierung ab. Sie markiert eine Grenze, die durch die unterschiedlichen Farben der Flaggen betont wird. Hier zeigt sich ein Nebeneinander und eine dadurch entstehende Grenzlinie. Das dritte Bildelement überdeckt das obere Viertel der Linie und jeweils ein Stück der Landesflaggen. Der der darauf abgebildete Bus unterstreicht den überbrückende Charakter dieses Bildelements. Als bewegliches Vehikel impliziert das Bild des Busses temporäre Überbrückung, denn dass dieser sich bewegt wird angedeutet durch den im Bus sitzenden Fahrer. Zudem ist die Fahrtrichtung des Busses von Interesse. Entgegen der Aussagen PETRs, dass der KULT-Bus Personen aus Tschechien nach Deutschland fährt und in Korrespondenz mit der Betonung der Rückfahrtsgarantie im Beschreibungstext, ist die Implikation der Fahrtrichtung je nach Lesart eindeutig: von Deutschland weg oder zurück nach Tschechien.

Produktionskontext: Entstanden ist das Bild aus der Feder eines tschechischen Künstlers, der in seiner damaligen Funktion als Kulturreferent der Stadt *Český Pramen* maßgeblich an der Kooperation mit dem *Zentrum KULT* und auch an der Entsendung des Repräsentanten betiligt war. Er gehört zu den „wichtigen Personen" und zum „tschechischen Stammpublikum". Das beschriebene Bild ist eigens für das *Zentrum KULT* und die Veranschaulichung des KULT-Busses entworfen. In seiner Machart erinnert es sehr stark an eine kürzlich von ihm veröffentlichte Kollektion, die unter dem Titel „Gute Nachbarschaft"[79] das deutsch-tschechische Verhältnis in Symbolen und Bildern, Comiczeichnungen und farblichen Arrangements abbildet.

Verwendung: Die Verwendung des Bilds erfolgt als Veranschaulichung des KULT-Busses. Es transportiert in der parallelen Anordnung der Flaggen eine Grenzmarkierung, deren Überschreitung durch einen Bus ermöglicht wird. Der Bus (ursprüngliches Wort Omnibus) impliziert dabei eine Offenheit für alle, an einer Fahrt von Deutschland nach Tschechien teilzunehmen.

Gemeinsam mit meinem Kollegen Thomas Höhne nehme ich an einer KULT-Busfahrt, wie sie bezüglich des Mitteicher Stadtfests und der hier vom *Zentrum KULT* veranstalteten deutsch- tschechischen Bar (vgl. Abschnitt 5.5.3) organisiert wird, teil.

Szene Busfahrt zum Teichfest[80]

Angekündigt wird die Busfahrt über die organisatonseigene Homepage und in regionalen Zeitungen, wie etwa dem konstenlosen Regionalblatt „7 Sedmička" der Region *Český Pramen*, das von der populären Tageszeitung Mlada Fronta dnes herausgegeben wird. Bemerkenswert ist, dass die zeitgleiche Ausgabe des Regionalblatts „7 Sedmička" der Region Klatau, die geographisch näher an Mitteich liegt, keine Informationen zum Teichfest und der Möglichkeit eine Kulturbusfahrt beinhaltet. Die Tatsache der lokal eingeschränkten Bewerbung der Busfahrt un-

79 Hierbei handelt es sich um ein künstlerisches Projekt, das in keiner mir bekannten Verwandtschaft steht zu dem gleichnamigen Forschungsprojekt „Gute Nachbarschaft", welches vom Lehrstuhl Regionalentwicklung und Raumordnung der TU Kaiserslautern im Zeitraum von 2002 bis 2008 durchgeführt wurde und sich mit der Entwicklung von best-practice Modellen grenzüberschreitender Kooperation beschäftigt hat (vgl. Stech 2002; Troeger-Weiss 2006; vgl. auch Abschnitt 1.1).

80 Für die folgende Beschreibung greife ich auf Notizen und Recherchen zurück, die ich gemeinsam mit meinem Kollegen Thomas Höhne im Zuge einer „Ethnographie der Busfahrt" und seiner Nachbereitung erstellt habe. An dieser Stelle möchte ich mich für die gemeinsame Forschungszeit sowie für seine Unterstützung in Form von kritischen Kommentaren und Hinweisen, die der Erstellung dieser Arbeit sehr dienlich waren, herzlich bedanken.

terstützt die Annahme, dass es sich bei der Busfahrt weniger um eine Zugangsmöglichkeit des tschechischen Grenzraums, also weniger um eine Verbindung der Grenzregionen und um eine bayrisch-böhmische Initiative handelt, als vielmehr um eine Mitteich-*Český Pramen*-Initiative, die den infrastrukturell stärksten Ort der tschechischen Grenzregionen mit dem *Zentrum KULT* verbindet. Angesichts der Tatsache, dass das Kulturprogramm in *Český Pramen* das einer Großstadt ist, könnte man erwarten, dass die Businitiative Personen aus Mitteich nach *Český Pramen* bringt. Dass dies gerade andersherum verläuft, bringt einmal mehr das zentralistische Selbstverständnis der Organisation zum Ausdruck. Das Selbstverständnis des *Zentrum KULT* als Partner auf Augenhöhe und als Pendant zur Grenzraummetropole *Český Pramen*, zeigt sich oftmals in den Bemühungen des Vergleichs kultureller Aktivitäten.[81]

Die Abfahrt des Busses von einem zentral gelegenen Platz in *Český Pramen* ist für vier Uhr angekündigt. Dies verwundert angesichts der frühzeitigen Festeröffnung, welche bereits am Vormittag stattfindet, korrespondiert aber mit der Bareröffnung im *Zentrum KULT*, die auf sechs Uhr abends angesetzt ist. Insgesamt finden sich ab halb vier ca. 60 Personen am Abfahrtsplatz ein. Die Teilnehmenden an der Busfahrt setzen sich aus Studierenden, Rentnern und vielen „wichtigen Personen" (Regionalpolitiker, Photografen und Reporter) zusammen. Viele der Mitfahrenden kommen in kleinen Gruppen. Abgesehen von der Fahrkarte, die eine Fahrt von *Český Pramen* ins *Zentrum KULT* bescheinigt, weist nichts auf den Zielort hin. Weder steht dieser an irgendeiner Stelle des Busses noch wird in dem Bus über Zielort und das zu besuchende Fest informiert. Eine ehemalige Praktikantin des *Zentrum KULT* organisiert den Einstieg, die Verteilung auf den zweiten wesentlich

81 Als Hinweis für dieses Selbstverständnis und die damit einhergehende Zuschreibung gleicher grenzraumkultureller Bedeutsamkeit kann ein Ausschnitt einer Eröffnungsrede zur Ausstellung „Buntes auf der Strasse" dienen, in der ERWIN nach der Erwähnung, dass diese Ausstellung von *Český Pramen* nach Mitteich ins *Zentrum KULT* gewandert ist, folgende Anekdote zum Besten gibt:
*diese Arbeiten Buntes auf der Strasse ähm (3) führen zu Diskussionen in Český Pramen? (Übersetzung) bei denen die vorbeigehen (Übersetzung) und natürlich auch bei denen die am KULT vorbeigehen? (Übersetzung)(4)'**Ihr** hab't ja wieder schöne Bilder draußen hängen hat diese Woche jemand zu mir gesagt (Übersetzung) und welches Bild gefällt Dir am besten (Übersetzung) ja da wärn einige dabei, hatse gsagt @(3)@* **(KULT M 02).**
Verglichen wird der Standort Mitteich mit einer Hauptstraße in *Český Pramen*. Damit schreibt ERWIN dem *Zentrum KULT* eine hohe Außenwirksamkeit zu. Sein Beleg hierfür macht jedoch klar, dass dieser Vergleich hinkt und zugleich anmaßend erscheinen muss, denn in *Český Pramen* wäre ein ähnlicher Dialog strukturell und personell unwahrscheinlich.

kleineren Bus, zählt abschließend alle Mitfahrenden und setzt sich letztlich selbst als Passagierin in den Bus. Folgende Szene schildert unsere Ankunft in Mitteich:

Nachdem der Zielpunkt der Busfahrt, ein Norma-Parkplatz am Rande der Stadt Mitteich, erreicht ist und der Bus nach einiger Rangierarbeit die Türen öffnet, verkündet die Ex-Praktikantin laut, dass alle zusammen zum Festivaleingang gehen. Als alle Insassen ausgestiegen sind und sich über den Parkplatz verstreuen, verschafft sich die Ex-Praktikantin wiederholt Aufmerksamkeit, in dem sie durch trichterförmig an den Mund gelegte Hände laut etwas ruft. Daniel Aichinger (ein tschechischsprachiger Projektmitarbeiter, der uns auf dieser Fahrt begleitet) übersetzt uns sinngemäß das Gesagte: „Alle sollen zusammen zum Teichfest gehen und der Treffpunkt zur Rückfahrt sei hier auf dem Parkplatz nach dem Feuerwerk". Geschlossen geht die Gruppe im „Gänsemarsch" in Zweier- und Dreierreihen vom Parkplatz auf die Hauptstraße, die in das Zentrum und zum Teichfest führt. Der gemeinsame Spaziergang zum Eingang des Teichfests dauert etwa zehn Minuten. Durch den Zaun am Kassenhäuschen nehmen die ehemalige Praktikantin und der auf der anderen Seite bereits wartende PETR Kontakt auf. Nach kurzem Gespräch, bei dem PETR immer wieder freundliche Grußworte an erkannte Gesichter aus der Busgruppe ruft, geht dieser zum Kassenhäuschen. Für die Gäste aus Český Pramen wird neben der bestehenden Schlange eine zweite Schlange gebildet. Hinter der Abzäunung sammeln sich jene, die die Kasse passiert haben und werden von PETR begrüßt. Als alle Drinnen sind, wird die Gruppe geschlossen von PETR zum Zentrum KULT geführt. Dort angekommen werden an die Gäste Programmblätter mit Bühnenverteilung auf dem Gelände (ausschließlich in Deutsch beschriftet) und einer tschechischen Übersetzung an der Rückseite verteilt. Die meisten gehen ins Gebäude, andere verteilen sich auf dem Vorplatz. **(KULT SB 04)**

Anders als bei organisationseigenen Veranstaltungen kann der Bus aufgrund der kompletten Sperrung des Innenstadtbereichs nicht direkt bis zum *Zentrum KULT* fahren, sondern parkt am Stadtrand. Bevor man sich gemeinsam auf unbekanntes Terrain begibt – so wirkt der geschlossene Spaziergang auf mich wie ein Erkundungsspaziergang einer TouristInnengruppe –, wird die Abfahrt durch eine ehemalige Mitarbeiterin des Zentrums organisiert. Ihr Auftritt erinnert bei Abfahrt und Ankunft des Busses an die Funktion einer Reiseleiterin, die kurz vor dem Beginn einer Besichtigung die Abfahrtszeit verkündet. Auch die Ankunft am Festeingang scheint planmäßig zu verlaufen. Die Businsassen werden nach kurzer Übergabe zwischen ehemaliger Mitarbeiterin und PETR durch Letzteren persönlich begrüßt und bekommen ein Geleit zum *Zentrum KULT*. Erst nachdem für ausreichend Orientierungswissen gesorgt ist, werden die Gäste sich selbst überlassen. Die hier erkennbare Praxis des In-Empfang-Nehmens, des Geleitens, des Versorgens mit Information in Kombination mit der bereits während der Ankunft gründlich geregelten Abreise entspricht der prinzipiellen Praxis der Gastlichkeit der Organisation (vgl. Abschnitt 5.5). Nur unter dem Gesichtspunkt der geregelten Abreise – die mit der in der Ankündigung betonten Rückfahrtsgarantie korrespondiert – ist die/der BesucherIn Gast. Denn das Gast-Sein impliziert immer ein zeitlich-befristetes Bleiben (vgl. Bahr 2009; Göhlich und Zirfas 2008; Wulf 2008). Und in der Chronologie des Geschehens scheint der durch die Abreise vereinbarte befristete Aufenthalt Voraussetzung für alles Weitere zu sein. Die Sorge um den Gast ist im Fall des KULT-Busses eine Doppelte. Sie zeigt sich in der Organisation und Bemühung der Ermöglichung einer Anreise und in der Sicherstellung einer Abreise. Letztere erst lässt das Prinzip der Gastlichkeit wirksam werden.

Die Praxisstrategie der Organisation und Sicherstellung tschechischer BesucherInnen

Der Bus, so kann für diesen Abschnitt geschlussfolgert werden, ist ein explizites Medium der *strategischen Organisation und Gewährleistung von tschechischen Besuchern*. Die Bereitstellung einer temporären Infrastruktur und die Durchführung der Busfahrt verbindet sich mit der für die Organisation wichtigen Vorstellung der – zeitlich limitierten – interkulturellen Begegnung als Gastfreundschaft. Mit dem Bus wird nicht nur ein Werkzeug geschaffen, Gäste aus *Český Pramen* zum *Zentrum KULT* zu chauffieren, sondern diese auch wieder zurückzubringen. Die Installation einer Busfahrt für die tschechischen Stammgäste, die sich im Fall *Zentrum KULT* immer mit einer freundschaftlichen Praxis verbindet (Empfang, Gaben, Gastmahl; vgl. Abschnitt 5.4.1 und Abschnitt 5.5) folgt dem „klassischen Topos christlicher Gastfreundschaft, [...] dem compelle intrare" (vgl. Göhlich und Zirfas 2008, S. 83). Demnach werden die Gäste mittels der Installation eines Busses nicht nur eingeladen und aufgefordert, sondern geradezu gezwungen sich an den Tisch der Gastgeber zu begeben. Im Anschluss an die Überlegungen des Literaturwissenschaftlers Georg Mein kann hingegen andererseits die Sicherstellung der Abreise der Gäste als eine Maßnahme interpretiert werden, die verhindert, dass der Gast zum Parasit wird, der es sich bequem machen und sich auf Dauer einnisten könnte (vgl. Mein 2009, S. 76). So bleiben die BesucherInnen aus Tschechien – abgesehen vom ständigen Repräsentanten – im deutsch-tschechischen *Zentrum KULT* Gäste. Als solche sind sie willkommen und werden umsorgt. Die Installation des Busses kann unter diesen Gesichtspunkten auch als Strukturmoment der Gestaltung grenzüberschreitender (interkultureller) Verständigung gesehen werden. Die Organisation der Anreise und Abreise tschechischer BesucherInnen und die damit verbundene Konstruktion der BesucherInnen als Gäste erscheint als eine explizite Praxisstrategie interkultureller Begegnung und verbindet sich mit dem gastfreundschaftlichen Praxismuster *der Sorge um das Wohl der Gäste* (Empfang, Orientierung, leibliches Wohl) bzw. konstituiert sich letzteres nicht zuletzt im Kontext dieser organisationalen Praxisstrategie der Organisation grenzüberschreitender Begegnung (vgl. Abschnitt 5.5).

5.6.2 „Das ist dann wie Rotkäppchen"[82]

Ein KULT-Bus fährt auch zu der in jedem Quartal des laufenden Programmjahrs veranstalteten Talkrunde, die sich in der Regel thematisch an laufenden Ausstellungen oder anderen aktuellen Projekten im Haus orientiert. Diskutanten sind hier Persönlichkeiten aus Kultur und Politik beider Länder. Die Gäste von deutscher Seite kommen aus den umliegenden Dörfern und Städtchen, von tschechischer Seite werden „wichtige Personen" und andere InteressentInnen, Schulklassen und Gruppen aus *Český Pramen* erwartet. Für die Talkrunde zum Thema Charta 77 anlässlich des Jahrestags der Charta sind deutsche und tschechische Intellektuelle – letztere sind Mitunterzeichner der Charta – als Diskutanten geladen. Die Vorbereitungen zu dieser Veranstaltung laufen den ganzen Tag und alle Mitarbeitenden sind in unterschiedlicher Weise eingebunden. Einladungslisten werden geprüft und ergänzt, der Raum wird bestuhlt und geschmückt und die dort installierte Dolmetschanlage getestet. Im Brennpunkt der Vorbereitungen steht vordergründig die Frage, wie mit der hohen Besucheranzahl umgegangen werden soll. Die übliche Anzahl von vierzig Gästen (man sagt mir, dass bezogen auf diese Veranstaltung die Zahl selten höher ist) wird um mehr als das Doppelte überschritten. Die von JASMIN verwaltete Einladungsliste zählt bereits am Mittag knapp hundert angemeldete Gäste, spontan Hinzukommende noch nicht mitberechnet. Besorgt ist man diesbezüglich aufgrund der ungeklärten Frage, wie bei dieser Anzahl von Gästen eine sprachliche Verständigung gewährleistet werden kann. So sehen sich die Mitarbeitenden dem Problem gegenüber gestellt, dass für die Simultandolmetschanlage nur 50 Kopfhörer und Translatoren im Hause sind. Von den 100 angemeldeten Gästen kommen 70 extra für diesen Abend aus *Český Pramen* angereist, darunter eine Schulklasse. Das Problem, das alle Mitarbeitenden immer wieder beschäftigt, ist die Frage, wie sichergestellt werden kann, dass die Anreisenden aus Tschechien einen Translator und einen Kopfhörer bekommen und so der Veranstaltung auch

82 Das diesem Abschnitt zugrunde liegende Beobachtungsmaterial ist auch Gegenstand des Artikels „Szenen und Muster. Zur pädagogischen Ethnographie von Organisationen im Kontext der Grenzüberschreitung", den ich gemeinsam mit Michael Göhlich und Thomas Höhne verfasst habe (vgl. Göhlich et al. 2012, S. 153ff.).

inhaltlich folgen können. Zwischen Tür und Angel wird dieses Problem vor allem von PETR immer wieder zum Thema gemacht, ohne zu einer zufriedenstellenden Lösung zu kommen. Diese findet sich etwa drei Stunden vor Veranstaltungsbeginn im Rahmen einer spontanen Besprechung.

Szene *„Das ist dann wie Rotkäppchen"*

Als ich das Büro wieder betrete, sitzen PETR, MELANIE und KATINKA von ihren Arbeitsplätzen aus auf eine Weise einander zugewandt, dass zwischen den Schreibtischen im Durchgangsbereich des Großraumbüros kein Durchkommen ist. Beim Betreten des warmen Büroraums höre ich PETR bedauern, dass weniger Translatoren zur Verfügung stehen, als Gäste kommen. Die anderen schauen zu Boden und schweigen, MELANIE dreht sich leicht in ihrem Stuhl und kaut auf den Lippen. Vom Treppenhaus ertönt laut JASMINs Stimme. Es klingt wie eine Frage. Keiner der Drei reagiert. PETR schaut kurz Richtung Tür, er sitzt locker in seinem Stuhl und spielt mit einer leeren Kaffeetasse. Dann holt er tief Luft, schaut zu Melanie und dann zu KATINKA und sagt, dass in jedem Fall dafür Sorge getragen werden muss, dass von den siebzig Gästen aus Český Pramen alle einen Translator haben. Er unterstreicht das Gesagte, indem er mit dem Finger auf die Lehne seines Stuhls klopft. MELANIE nickt zustimmend, bemerkt aber, dass von insgesamt etwa 100 Leuten alle nur die Hälfte des Gesagten verstehen werden. Sie schlägt vor, die Kopfhörer am Eingangsbereich zu verteilen. PETR unterbricht Sie mit einer Handbewegung Richtung Decke und fällt ihr ins Wort, indem er etwas auf Tschechisch sagt, woraufhin MELANIE auf Tschechisch antwortet. Offensichtlich ist man sich nicht einig über das Verfahren. PETR schlägt vor, die Türen des Raums so lange geschlossen zu halten, bis die tschechischen Gäste auch alle im KULT angekommen sind. MELANIE findet dies nicht sinnvoll, da sonst alle den Raum erst kurz vor Beginn betreten und die Vorab-Präsentation zur Charta 77 umsonst wäre. KATINKA rutscht mit ihrem Stuhl ein Stück nach vorne und mischt sich in das Gespräch ein. Sie macht den Vorschlag (auf Tschechisch), dass man die Kopfhörer in den großen Körben sammeln könnte, die unten stehen – dabei zeigt sie Richtung Tür – und sie erst dann verteilt werden, wenn alle sitzen. Daraufhin setzt sich PETR ruckartig aufrecht, deutet mit der rechten Hand auf KATINKA und sagt auf Deutsch: „Das ist es, so machen wir's – das ist dann wie Rotkäppchen". Dabei mimt er mit dem rechten Arm ein Korbtragen nach und macht ein „betröppeltes" Gesicht. MELANIE und KATINKA lachen währenddessen und werfen sich amüsierte Blicke zu. MELANIE, KATINKA und PETR einigen sich auf das konkrete Vorgehen. PETR sitzt nach vorne gebeugt auf seine Knie gestützt. KATINKA und MELANIE lehnen in ihren Stühlen und schauen auf PETR. Die Entscheidung der Besprechung (auf Tschechisch) lautet, dass die Türen des Raums ab halb sieben Uhr abends geöffnet werden, die vorderen Bereiche aber für die beiden tschechischen Schulklassen reserviert werden sollen. Die Kopfhörer inklusive der Translatoren sollen von den beiden „Mädels" erst verteilt werden, wenn alle sitzen. Jeweils zwei Personen müssen sich einen Translator bzw. einen Kopfhörer teilen. JASMIN kommt in den Raum, bleibt kurz bei der zusammensitzenden Gruppe stehen und schaut mit gespieltem Unverständnis auf die Besprechungssituation. PETR steht auf und wiederholt JASMIN anblickend die Entscheidung der Kurzbesprechung. JASMIN nickt und setzt sich auf ihren Platz. PETR tut es ihr gleich, indem er seinen Stuhl zur Arbeitsfläche dreht und sich hinsetzt. MELANIE und KATINKA drehen sich auf ihren Stühlen wieder zurück zu ihren Schreibtischen. **(KULT SB 06)**

In dieser Szene handelt es sich um eine Teambesprechung anlässlich der aufgrund der hohen Besucherzahl virulent gewordenen Frage, wie die sprachliche Verständigung, genauer die simultane Übersetzung der abendlichen Podiumsdiskussion gewährleistet werden soll. Zunächst zeigt sich hier (wiederholt) ein musterförmiger Modus des spontanen Besprechens, der zunächst in den Blick genommen werden soll.

Praxismuster der (sprachlich) hybriden Besprechung

Ähnlich wie in der Szene „Wir sind ein Restaurant" (vgl. Abschnitt 5.5.2) ergibt sich die Form und Modalität des Bearbeitens einer drängenden Frage in der raumbezogenen und körperlichen Formierung zu einem Besprechungskreis. Alle Beteiligten sitzen während der Besprechung auf ihren Arbeitsstühlen und da sich das Ende der Szene eindeutig durch das Voneinander-Wegdrehen hin zu ihren Schreibtischen ergibt, kann angenommen werden, dass sich die Szene durch das Zueinander-Hindrehen konstituiert hat, wenngleich sie in der Beschreibung durch meinen Eintritt beginnt (vgl. Göhlich et al. 2012, S. 164). In der Szene zeigen sich verschiedene Implikationen dieses – im Kontext der Arbeit in Großraumbüros sicherlich naheliegenden und in ähnlicher Form auch in anderen Organisationen gängigen – Musters der Besprechungspraxis, die das Praxismuster vor dem Hintergrund des Umgangs mit aus der Grenzüberschreitung resultierenden Übersetzungsanforderungen als organisationsspezifisch charakterisieren lässt. Eine solche Übersetzungsimplikation wird gegen Ende der Szene durch den Eintritt der Mitarbeiterin JASMIN erkennbar. Das Hinzukommen von JASMIN und das Zurückdrehen der Arbeitsplätze in die normale Stellung verändert die Konstellation der Teambesprechung und verbindet sich mit einer deutschsprachigen Zusammenfassung bzw. Mitteilung des Ergebnisses der informellen Besprechung durch PETR gegenüber JASMIN. Dies ist kein einmaliger Vorgang gegenüber einem zufälligerweise zuvor nicht anwesenden Organisationsmitglied, sondern eine wiederkehrende Kooperationsweise, mit der der programmatische Anspruch der Organisation, zweisprachig zu sein, immer wieder notdürftig bearbeitet wird (vgl. Göhlich et al 2012, S. 165).

Während MELANIE wie die beiden tschechischen Organisationsmitglieder PETR und KATINKA sowohl deutsch als auch tschechisch spricht, spricht JASMIN nur deutsch, an sprachlich-hybriden informellen Besprechungen kann sie nicht als echtes Mitglied teilnehmen. Eine zweite Implikation der Übersetzungsdimension zeigt sich im mehrfachen Sprachwechsel zwischen Deutsch und Tschechisch, in der informellen Besprechung zwischen PETR, KATINKA und MELANIE. Dieser ist besonders interessant, da er nicht unbedingt notwendig wäre. Grundsätzlich könnten sich die drei auch die ganze Zeit in Tschechisch verständigen. Dass sie in informellen Besprechungen zu dritt immer wieder die Sprache wechseln, mag zum einen die Beziehungsebene intimer und freundschaftlicher gestalten, hat aber vermutlich auch mit der Aufgabe der Organisation zu tun (vgl.ebd., S. 164). Schließlich geht es der Organisation um interkulturelle Grenzüberschreitung und Verständigung. Das hier beschriebene Muster verdeutlicht zunächst einen routinisierten und bekannten Modus des Miteinander-Arbeitens. Zugleich verbindet sich mit diesem Muster eine spezifische Praxis der organisationsinternen Bearbeitung von Übersetzungsnotwendigkeiten. In dem sprachlich-hybriden Setting der Besprechung wird deutlich, dass der programmatische Anspruch der Zweisprachigkeit, wie er im Kontext von Veranstaltungen eingefordert wird, auch im alltäglichen Miteinander wirkt und dass sich die organisationskulturelle Praxis in Richtung Bilingualität bewegt. Die Mitteilung einer Zusammenfassung der Besprechung an andere Organisationsmitglieder in deren Muttersprache, die an zweisprachigen Teambesprechungen nicht partizipieren können, durch bilinguale Mitarbeitende macht jedoch auch klar, dass diese Bewegung schwer fällt und immer wieder im Modus des Dolmetschens, des Nachreichens und des Zusammenfassens von Informationen übersetzerisch bearbeitet werden muss.

Praxismuster der kreativen Vergegenwärtigung kultureller Gemeinsamkeiten

Ein weiteres Praxismuster organisationaler Übersetzungsarbeit zeigt sich bezüglich der Problemlösung der in der Besprechung diskutierten Frage. Ausgangspunkt der Besprechung ist die Tatsache, dass nicht genügend Kopfhörer und Translatoren zur Verfügung stehen, dass aber alle nicht-bilingualen TeilnehmerInnen mit Translatoren und Kopfhörern versorgt werden sollen. Insbesondere für die von tschechischer Seite anreisenden TeilnehmerInnen soll ein sprachliches Verstehen sichergestellt werden. Vor diesem Hintergrund beginnt die Besprechung mit allgemeiner Ratlosigkeit und der Wiederholung der Dringlichkeit einer Lösung des Verständigungsproblems. Ein Vorschlag von MELANIE erwägt die Möglichkeit, die Kopfhörer am Eingangsbereich zu verteilen. Die unmittelbare Antwort von PETR erfolgt auf Tschechisch. Dies kann zum einen als Ausdruck problemlosen Sprachwechsels dieser Besprechungskonstellation gesehen werden, zum anderen markiert dieser Sprachwechsel aber auch den Einstieg von KATINKA in das Gespräch, die zwar problemlos einer deutschen Besprechung folgen kann, sich aber häufiger und „lieber" in ihrer Muttersprache einbringt. PETR antwortet zunächst sinngemäß (eine genauere Wiedergabe ist mir nicht möglich, da meine Tschechischkenntnisse nicht ausreichen, um im Geschehen Gesagtes notieren zu können), dass eine Verteilung an der Tür erfolgen kann und diese solange geschlossen bleibt. MELANIE erwidert – den Sprachwechsel akzeptierend – dass dann aber der eigentliche Plan, bei Ankunft der Gäste ein Video zu Charta 77 laufen zu lassen, nicht mehr sinnvoll erscheint. Der nun durch Wechsel in den sprachlichen Modus des Tschechischen möglich gewordene Vorschlag von KATINKA, die Kopfhörer erst auszugeben, wenn alle Sitzen und dabei dafür zu sorgen, dass immer zwei Personen sich einen Kopfhörer teilen, wird von PETR mimisch und gestisch aufgegriffen. Im theatralen Modus des Mimens, wie eine Verteilung der Kopfhörer vor sich gehen kann, wird gleichsam ein *modus operandi* antizipiert, den später KATINKA und MELANIE, die die Kopfhörer verteilen, aufgreifen. Der Rückgriff auf die Märchenfigur des Rotkäppchens und das damit verbundene theatrale Kurzspiel verdichtet die bisher vornehmlich auf Sprache fokussierte Interaktion zu einem im Raum sichtbaren und spürbaren dramaturgischen Höhepunkt. Dieser besteht in der körperlichen Präsentation des besprochenen Problems und seiner Lösung. Diese Art der Aufführung stellt eine weitere Übersetzungsdimension dar. So wird eine in einer Diskussion zunächst sprachlich herbeigeführte Lösung in einen möglichen *modus operandi* übersetzt (der später in ähnlicher Weise so auch umgesetzt wird). Dieser Übersetzungsvorgang als Präsentation vermittelt sich nicht nur durch seine nonverbalen Anteile qualitativ anders als die sprachliche Formulierung der Lösung, sondern zeichnet sich im Rückgriff auf ein grenzübergreifend bekanntes Märchen auch als eine Vergegenwärtigung kultureller Gemeinsamkeit aus. Diese Orientierung an kulturell grenzüberschreitend bekannten Figuren oder Themen ist kein einmaliger Vorgang, sondern ein für die Konzeption und Durchführung von Veranstaltungen wiederkehrender Modus der Bearbeitung kultureller Übersetzungsanforderungen (vgl. Abschnitt 3.3). Mittels der Figur des Rotkäppchens wird hier nicht nur ein fürsorglicher Moment – denn das Mädchen führt Gaben im Korb mit sich – allen Beteiligten als Vorbild vorgestellt, sondern auch die ebenfalls der Figur des Rotkäppchen implizite Bedrohung durch den Wolf. Dieser wird zwar nicht personifiziert, eine mögliche Bedrohung besteht aber darin, dass zu viele Gäste kommen. Die Lösung der in diesem Fall problematischen Organisation grenzüberschreitender Verständigung orientiert sich damit spielerisch an einer Märchenfigur. Sie hält den Anspruch der interkulturell-pädagogischen Gastfreundschaft im Sinne einer Gabe (vgl. Göhlich und Zirfas 2008), BesucherInnen und TeilnehmerInnen – die als

„Wölfe“ auch zur Bedrohung werden können – Aufnahme und Partizpationsmöglichkeit zu signalisieren, aufrecht. Neben dem Problem der begrenzten technischen Ressourcen wird auch eine ethisch-normative Seite sichtbar. Der Kopfhörer und der dazugehörende Translatorapparat sind erstens Bedingung einer echten Teilnahme, die das sprachliche Nicht-Verstehen technisch-formal überwindet und damit Partizipation überhaupt erst ermöglicht (vgl. Mecheril 2004). Zweitens erscheinen sie auch als „Gabe“ der Gastlichkeit (vgl. Wulf 2008). In diesem Sinne korrespondiert die Bereitstellung von Verständigung als Gabe von Technik durch ein fürsorgliches Mädchen mit der als organisationales Praxismuster identifizierten *Sorge um das leibliche Wohl* von Gästen und der organisationsspezifischen Orientierung an der Repräsentation von Geschlechterdifferenz (vgl. Abschnitt 5.5.2 und 5.6.4). Denn wie in den Szenen der Einübung von weiblicher Fürsorge- und Servicepraxis ist auch hier PETR in der Funktion des Vorbilds in der Rolle desjenigen, der die Lösung praktisch vormacht, in der öffentlichen Durchführung jedoch nicht als „Rotkäppchen“ in Erscheinung tritt, sondern dies durch die Praktikantin KATINKA und die Mitarbeiterin MELANIE erledigt wird.

5.6.3 „Placement“. Zur Praxis des Organisierens deutsch-tschechischer Verständigung

Der im vorangegangenen Abschnitt erkennbar gewordene Modus der Antizipation bezüglich möglicher Probleme im Rahmen von grenzüberschreitenden Begegnungen wird in einer weiteren Facette auch in Szenen erkennbar, die Vorbereitungsarbeiten der Preisverleihung (vgl. Abschnitt 5.4) beschreiben: es handelt sich um einen technokratischen Modus der Antizipation von gelingender grenzüberschreitender Verständigung. In großer Sorgfalt und Gründlichkeit wird in der Generierung einer Sitzordnung ein Rahmen grenzüberschreitender Verständigung vorbereitet, der Zufälliges oder Spontanes zugunsten einer klaren und zentrierten Ordnung der Kommunikation (vgl. Goffman 1971) und des In-Kontakt-Tretens der Gäste zu vermeiden sucht.

Szenefolge *„Placement“*

Die Gestaltung des Saals, in dem die Preisverleihung stattfinden soll, das Arrangement der Tische und der Bühne, die Aufteilung des Raums und nicht zuletzt die Sitzordnung wird von allen Mitarbeitenden in großer Konzentration vorgenommen. Nachdem der Saal in seiner Grundstruktur entworfen und die Tische weitgehend geschmückt sind, befassen sich PETR und JASMIN mit der seit Tagen häufig diskutierten Frage der richtigen Sitzordnung. Das „Placement“, wie es JASMIN nennt, dauert eigener Aussage zur Folge Stunden und steht ihr sichtlich bevor. Seit Tagen ist sie mehr oder weniger ausschließlich mit diesem Thema beschäftigt, hat mehrere Listen mit den Namen der Gäste und der Begleitpersonen angefertigt, diese immer wieder überprüft und ergänzt, mit Sitzordnungen vergangener Preisverleihungen verglichen und ein Dokument erstellt, in dem sie handschriftlich die Sitzordnung notieren und konzipieren kann. Folgende Szenen ereignen sich über einen Zeitraum von drei Stunden und bilden aufgrund der gegenstandsbezogenen Ausrichtung und ihrer räumlich-zeitlichen Kontinuität einen inhaltlichen Zusammenhang.

Auf einem der langen Tische, die im Zentrum des Saals aufgebaut sind (vgl. auch Abb. 2), breiten PETR und JASMIN Kärtchen aus, auf denen die Namen der Gäste stehen und die als Platzkarten dienen sollen. Als alle Namenskarten aufgestellt sind, beginnen beide diese zu sortieren. Einem Vorschlag von PETR folgend, werden drei Schildergruppen gebildet: Die „Preisträger", die „Laudatoren" und die „wichtigen Personen". Versunken im Sortieren bemerken beide das Hinzukommen von ERWIN erst, als dieser über Schulter von PETR blickend fragt, ob alles läuft und hinzufügt: „da siehsd ja nix bei demer Licht". Rhetorisch fragt er die beiden, ob sie mehr Licht benötigen, während er bereits das schummrige Licht des Saals an einem hinter einer Stellwand versteckten Schaltkasten hochdimmt. Nachdem er das Licht angeschaltet hat, geht er wieder zum Tisch mit den Namenskarten, schaut schweigend auf das Arrangement. PETR und JASMIN haben im Sortiervorgang innegehalten und blicken zu ERWIN, als ob sie Anweisungen erwarten. Dieser nickt zustimmend, dann zeigt er auf zwei Namen (einen deutschen Namen aus der Gruppe „wichtige Personen" und einen tschechischen Namen aus der Gruppe „Laudatoren") und erklärt zu PETR gewandt, dass diese unbedingt zusammensitzen müssen, da er vernommen habe, dass beide auf der Suche nach Kooperationspartnern sind. Dann dreht er sich abrupt um und kündigt beim Hinausgehen an, dass nach Erledigung der Aufgabe „die ganze Firma" oben im Dachraum Brotzeit macht. **(KULT SB 08)**

In dieser Szene beginnen die beiden Mitarbeitenden PETR und JASMIN mit der Organisation der Sitzordnung. Entsprechend des Vorschlags von PETR werden die Namensschilder zunächst funktional und statusbezogen geordnet. Funktional ist die Systematisierung der Namenskarten, weil eine Trennung von Laudatoren und Preisträgern der Aufgaben und Funktionen am Veranstaltungsabend entsprechen, statusbezogen, weil eine Gruppe „wichtige Personen" extra sortiert wird. Offensichtlich ist beiden jeder Gast bekannt und klar, wer von den Gästen zu welcher Gruppe gehört. Denn der Vorgang erfolgt schweigend und ohne verbale Abstimmung. Das Hinzukommen von ERWIN wird zunächst nicht bemerkt. Im wahrsten Sinne des Wortes schaut dieser seinen beiden Mitarbeitern über die

Schulter und unterbricht deren Arbeitsvorgang, in dem er das schummrige Licht im Raum thematisiert und heller stellt. Die Form unangekündigter Arbeitskontrolle verbindet sich mit einer Sorge für bessere Arbeitsbedingungen. Beides sind klassische (pädagogische) Führungsaufgaben (vgl. Sausele-Bayer 2011)[83], wobei in diesem Fall letzteres die intendierte Kontrollpraxis ERWINs kaschiert. Denn das Erhellen des Raums dient nicht nur den Mitarbeitenden, sondern auch einer besseren Kontrollmöglichkeit. Bei nun angeschaltetem Licht tritt ERWIN erneut zum Tisch und prüft die bisherige Arbeit eingehend. Eine nickende Bestätigung des sortierenden Vorgehens verbindet sich mit der für die Folge bedeutsamen Anmerkung, dass zwei Personen aus Kooperationsgründen zusammensitzen sollten. Dies bringt die erste Systematisierung durcheinander, da es sich um zwei Personen aus unterschiedlichen Gruppen handelt. Auch wenn dieser Anmerkung zunächst keine weitere Beachtung geschenkt wird, deutet sich schon an, was später entscheidendes Kriterium der Sitzordnung werden soll. Noch vor anderen Aspekten konstituiert sich die Sitzordnung vor allem unter Gesichtspunkten der Ermöglichung und Förderung von Vernetzung und Kooperation.

Als ERWIN den Raum verlässt, macht JASMIN den Vorschlag, auch eine Gruppe „ehemalige Preisträger" zu bilden, die, wie im letzten Jahr, auch gemeinsam an einem Tisch sitzen sollen. PETR findet die Idee gut und ergänzt, dass man auch für die Presse einen eigenen Tisch einrichten könnte. Es werden nun insgesamt fünf Personengruppen gebildet. Hin und wieder hält einer der beiden dem anderen eine Karte hin, fragt nach Herkunft oder Funktion der Person. Dann beraten sie sich und helfen sich gegebenenfalls gegenseitig auf die Sprünge. Die Gruppierung der Namenschilder erfolgt bedachtsam und immer wieder treten beide einen Schritt zurück und betrachten das Sortierte von der Ferne, ganz so, als ob sie die Namen dann besser im Blick haben. Neben den diesjährigen „Preisträgern", den „Laudatoren" und den „wichtigen Personen" gibt es nun auch eine Gruppe „Presse" und eine Gruppe „ehemalige Preisträger". Als die Gruppen deutlich voneinander getrennt auf dem Tisch aufgestellt werden, ergibt sich ein Häufchen weiterer Namenskarten. Nach kurzer schweigender Betrachtung und dem zögerlichen und erfolglosen Versuch von PETR, ein oder zwei Namen dieser Gruppe bestehenden Gruppen zuzuordnen, schlägt JASMIN vor: „Die da nennen ma Sonstige". **(KULT SB 08)**

83 In einer qualitativ-empirischen Unternehmensanalyse arbeitet Ines Sausele-Bayer (2011, S. 95ff.) die Vorgänge der Kontrolle und der Unterstützung als zwei wesentliche Merkmale der Personalentwicklung als pädagogische Praxis heraus.

Die Differenzierung der bestehenden drei Gruppen in insgesamt 6 Gruppen folgt – abgesehen von dem übrig gebliebenen Häufchen „Sonstige“ – weiterhin unter funktionalen Gesichtspunkten. So soll ein Alumnikreis für sich sitzen und auch die Presse, die an dem Abend für die Organisation wichtige Berichts- und Dokumentationsfunktionen einnimmt, wird als eigene Gruppen sortiert. Durch diese Form der Systematisierung verschaffen sich PETR und JASMIN eine Übersicht über die kommenden Gäste. Die Differenzierung in fünf Funktionsgruppen korrespondiert mit der konkreten Durchführung der Veranstaltung. Denn diese konstituiert sich im Ablauf als geregeltes Wechselspiel dieser benannten Kollektive (vgl. Abschnitt 5.4.1).

Der Modus des Sortierens erfolgt interaktiver als zu Beginn. JASMIN und PETR tauschen sich aus und ihre Arbeit erinnert stark an ein künstlerisches Arrangieren. Mit großer Bedächtigkeit und Sorgfalt werden die Namensschilder verrutscht, wieder zurückgestellt und Grüppchen gebildet. Dieser Vorgang erinnert an malende Künstler, die immer Abstand von ihrem Kunstwerk nehmen, es schweigend betrachten, um dann erneut den Pinsel zu führen. Der bedachtsame und Künstlergestus mimende Sortiervorgang hat eine bedeutsame Implikation: Er rahmt die Organisation von Sitzordnung zum Zweck der Organisation grenzüberschreitender Verständigung als künstlerischen Vorgang. So wird ein Bild erzeugt und konstruiert, das die Botschaft transportiert oder transportieren soll, das grenzüberschreitender Verständigung einer statisch-strikten Ordnung bedarf. Möglicherweise kommt hier – gerade auch aufgrund der kollektiven Bearbeitung des Sortierens – ein organisationales Selbstverständnis zum Ausdruck: So wird der Anspruch der Vermittlung und Förderung von Grenzüberschreitung verbunden mit einer Konstruktionen einer Kommunikationsordnung. Diese wird kreiert und ertüftelt, gebastelt und arrangiert und repräsentiert letztendlich ein Bild gelungener Grenzüberschreitung (vgl. Praxismuster des Arrangierens von Repräsentationen der Grenzüberschreitung, Abschnitt 5.4.2) bzw. das organisationale Können, Grenzüberschreitung unter Beachtung mehrerer Gesichtspunkte zu organisieren. Dies kann im weiteren Verlauf verdeutlicht werden.

JASMIN dauert das Sortieren, in dem PETR aufzugehen scheint, zu lange, genervt klopft sie mit ihrer Liste auf den Tisch und fordert, nun mit der Verteilung der Namensschilder und der Sitzordnung zu beginnen. „Das dauert nämlich Stunden“, seufzt sie. In ihrer Hand hält sie eine Liste mit allen Gästen, aus der auch hervorgeht, wer welche Begleitperson angemeldet hat. PETR nickt ihr zu und nimmt zwei Namenskarten in die Hand. Bevor er diesen an eine Sitzplatz stellt, bemerkt er: „Wir müssen darauf achten, dass an jedem Tisch genügend Zweisprachige sitzen“. Etwas verunsichert betrachtet JASMIN die sortierten Gruppen und stellt fest, dass dann

„des mit den Grüppchen nicht mehr so gut funktioniert". Dabei deutet sie auf einen seitlichen Tisch und sagt, dass hier letztes Jahr die Preisträger saßen. Daraufhin beginnt eine Diskussion über die Tischzuteilung. PETR entscheidet, die jeweils ersten Reihen der seitlich stehenden Tischfolgen als Preisträgertische zu reservieren, dahinter einen Tisch mit ehemaligen Preisträgern zu machen und nun die Sitzordnung so zu organisieren, dass gleichviel Tschechen und Deutsche an den Tischen sitzen, es aber auch genügend Bilinguale gibt, die gegebenenfalls übersetzen können. JASMIN stöhnt „Na dann, viel Spaß" und verdreht die Augen. PETR geht darauf nicht ein, nimmt stattdessen den Stapel der Preisträger- Namensschilder und stellt diese auf die beiden angekündigten Tischreihen. Während sie die Karten auf dem Tisch hin und her schieben – immer darauf achtend, dass Verständigung möglich bleibt – bemerkt JASMIN, dass auch noch darauf geachtet werden muss, dass die Preisträger neben oder gegenüber ihrer Begleitperson sitzen. PETR hält inne, nickt kurz und beginnt ohne weiter aufzublicken wieder von vorne mit der Platzzuordnung. **(KULT SB 08)**

Mit der genervten Aufforderung JASMINs, nun endlich die Platzzuteilungen anzugehen, schreitet das „Placement" in seine zweite Phase. Praktisch mit Beginn der Platzzuteilung werden zwei weitere Kriterien der Organisation der Sitzordnung ins Spiel gebracht: die Gleichverteilung von Deutschen, Tschechen und Zweisprachigen, um Austausch bzw. Verständigung zu gewährleisten, sowie die zu beachtende Zusammengehörigkeit von Gästen und ihren Begleitpersonen. Ausgehend von der funktionalen und auf Repräsentation ausgerichteten Systematisierung wird die Platzzuteilung nun im Hinblick auf Zusammengehörigkeit und Zweisprachigkeit in eine konkrete Sitzordnung umgesetzt. Wie auch bei anderen Veranstaltungen ist es PETR, der in seiner Funktion als Repräsentant der tschechischen Seite im KULT diese Übersetzungsdimension im Blick hält. Trotz der zunehmend genervten Kollegin werden die Namenskarten solange sortiert, bis eine Verständigung zwischen Deutschen und Tschechen formal gesichert scheint.

Nachdem sie an drei Tischen die Namenskarten entsprechend der Kriterien sprachlicher Verständigung und persönlicher Zusammengehörigkeit aufgestellt haben, hält PETR zwei Namensschilder betrachtend inne, geht ein paar Schritte zurück und schaut auf bereits fertige Sitzordnungen. JASMIN fragt ihn ungeduldig, was nun sei und PETR erwidert mit einem Schmunzeln: „wir müssen auch darauf achten, wie die einzelnen Personen thematisch zueinander passen". JASMIN beisst auf ihren Stift, nickt aber zustimmend und schaut dann fragend zu PETR. Während dieser ein paar Namensschilder von der Gruppe „wichtige Personen" und „Sonstige" zusammensammelt, schlägt er, mit dem Kopf in einer der hinteren Tischreihen nickend, vor: „Wir machen hier den Kultur- und Schuletisch". Noch während JASMIN die

Namenskarten in eine Sitzordnung bringt, ergänzt PETR, dass auch darauf geachtet werden müsste, dass an den Tischen Frauen und Männer immer gleichermaßen vertreten sein sollten. **(KULT SB 08)**

Im Vorgang der Platzzuteilung werden PETR weitere Kriterien der Organisation der Sitzordnung gewahr. Zunächst weist er daraufhin, dass eine thematische Passung an den Tischen wichtig ist. Diese Bemerkung entspricht der eingangs implizit von ERWIN angekündigten Beachtung der Vernetzung und Kooperation von Gästen. An diesem Punkt bricht die ursprüngliche Systematisierung der funktional und statusbezogenen Gruppenbildung auf. PETR kreiert einen thematischen Tisch und sortiert dort jene Gäste hin, die sich thematisch in ähnlichen Bereichen bewegen und sich somit vernetzen könnten. In der Folge entsteht noch ein weiterer thematischer Tisch: Kirche und Geschichte. In dieser Phase des *Placement* wird ein bisher nicht direkt beachtetes Kriterium neues Ordnungsprinzip. Die thematische Passung der Gäste und die damit einhergehende Förderung und Unterstützung von Kooperationen durch Sitzordnung ergänzt die bisherige Systematisierung und bricht diese in gewisser Weise auf. Zwar bestehen am Ende auch noch Tischgruppen, die der ersten funktionalen und statusbezogenen Differenzierung entsprechen. So sind die beiden seitlichen Tische in der ersten Reihe für Preisträger reserviert, der hinterste Tisch für die Presse und die beiden mittleren Tische für wichtige Personen. Der Alumnitisch jedoch löst sich auf und es entstehen an vier Tischen Sitzordnungen, die in erster Linie dem Ordnungsprinzip möglicher Kooperationsgespräche folgen und dem Kriterium der sprachlichen Verständigung. An diesen Tischen sitzen sowohl ehemalige Preisträger, wichtige Personen als auch „Sonstige".

Nach einiger Zeit sind alle Tische bis auf die beiden mittleren mit einer Sitzordnung versehen. PETR und JASMIN stehen nun an den beiden zentralen Tischreihen und betrachten die Namenskarten der noch übrig gebliebenen „wichtigen Personen" und „Sonstigen". PETR schlägt vor, die Personen nach dem Grad ihrer Bedeutung und ihres politischen Gewichts vorne beginnend hinzusetzen. Diesen Vorschlag aufgreifend beginnen sie mit dem Landrat und dem Bischof. Auch hier antizipiert PETR immer wieder laut, wer sich mit wem am besten unterhalten sollte und unterhalten kann. Dabei spricht er die Namen laut vor sich hin und überlegt, ob diese oder jene tschechische Person des Deutschen mächtig ist. Der erste der mittleren Tische ist gerade fertig, als ERWIN den Raum betritt und sich in üblicher Weise erkundigt, ob alles passe. Er stellt sich zu PETR und dieser beginnt sofort, ihm die Tischordnungen vorzustellen, geht mit ihm Reihe für Reihe durch, erklärt, warum sie diese Sitzordnung gewählt haben. Dabei begründet er die Sitzordnung in erster Linie damit, dass es letztes Jahr auch so war und dass die Leute thematisch gut zusammen passen.

ERWIN nickt bestätigend. Zwei Namenskarten der hinteren Tische nimmt ERWIN kommentarlos auf und drückt sie JASMIN in die Hand. Ein paar sekundenlang später fügt er hinzu: „Die beiden müssen beim Herrn XY sitzen…Dann müssen wir halt von da drüben jemand rüberholen". Nachdem der Tisch mit den „wichtigen Personen" zuletzt betrachtet worden ist, kündigt ERWIN an, dass er sich die Tische in der Mitte morgen nochmal in Ruhe anschaut und dass jetzt alle Brotzeit machen. **(KULT SB 08)**

Die Platzzuteilung der beiden zentralen Tische, die sich schon durch deren Positionierung in direkter Front zur Bühne von den restlichen Tischreihen abheben, erfolgt am Schluss. Hier sitzen die „wichtigen Personen" aus Politik, Kultur und Wirtschaft. Der von PETR vorgeschlagene Modus der Verteilung nach politischem Gewicht macht die repräsentative Bedeutung dieser Tischreihen deutlich. So sitzen dem Geschehen immer nahe und quasi auf der verlängerten Bühne jene Personen, deren Rang oder deren Funktion im Orchester der zusammenkommenden Akteure als besonders bedeutsam erachtet wird. Anders als bei den anderen Tischen spielt hier weniger die Sorge um sprachliche Verständigung oder Geschlechterbalance eine Rolle als vielmehr die würdige Positionierung der geladenen „wichtigen Personen". Dies wird auch durch ERWIN unterstrichen, der der Aufgabenerledigung und dem Ordnungsprinzip nach eingehender Kontrolle prinzipiell zustimmt, aber ankündigt, die Sitzordnung der mittleren Tische selber zu übernehmen.

Praxisstrategie der sorgfältigen Planung und Antizipation interkultureller Verständigung

Unter dem Gesichtspunkt der Organisation interkultureller Verständigung erscheint die Vorbereitung der Preisverleihung als minutiöse und sorgfältige Planung der Anordnung und Zusammenführung der Gäste sowie als kunstfertige Konstruktion einer Kommunikationsordnung grenzüberschreitender Verständigung. So wird die Erstellung der Sitzordnung zum zentralen Gegenstand der Veranstaltungsvorbereitungen und das Ordnungsprinzip entsprechend des interkulturellen Anspruchs der Organisation, Verständigung zu fördern und Vernetzung zu ermöglichen, gewählt. Mit Goffman gesprochen wird ein Rahmen zentrierter Interaktion geschaffen, dessen Organisation nicht dem Zufall überlassen wird, sondern im Vorfeld mögliche Brennpunkte gemeinsamer Aufmerksamkeit antizipiert (Goffman 1971). So wird die Preisverleihung als sozialer Anlass konzipiert, die einen strukturellen sozialen Kontext liefert und im Sinne einer „kommunikativen-Verkehrsordnung" (ebd., S. 53), die auf Sozialität bedacht nur bestimmte Interaktionsordnungen zulässt bzw. nahe legt und inhaltliche Fragen nachrangig berücksichtigt. Neben der Gewährleistung sprachlicher Verständigung sind vor allem vernetzungsstrategische Überlegungen hinsichtlich der thematischen Nähe und möglicher Kooperationsrelevanzen

Prinzipien der kommunikativen Ordnung des sozialen Anlasses *Preisverleihung*, die ihren Ausdruck in der diesen Prinzipien folgenden Erstellung einer Sitzordnung findet. Der *modus operandi* einer gründlichen Antizipation möglicher und interessanter Verständigungsräume oder einer Verständigungsordnung setzt nicht nur ein gutes Kennen der kommenden Gäste voraus, sondern impliziert auch den Anspruch der Lenkung und Kontrolle grenzüberschreitender Aktivitäten, wie er auch in der Grundidee der Preisverleihungsveranstaltung zum Ausdruck kommt: auszuzeichnen, was grenzübergreifend gut und nachahmenswert ist. Die Praxis der Organisation grenzüberschreitender Verständigung möchte ich als eine Praxisstrategie *der sorgfältigen Antizipation* möglicher und von der Organisation erwünschter Kooperationen im Modus des „Nichts dem Zufall überlassen" bezeichnen. In der Praxis des Arrangierens einer Sitzordnung lässt sich eine Verbindung zum Praxismuster des Arrangierens von Repräsentationen der Grenzüberschreitung (vgl. Abschnitt 5.4.2) erkennen. Die Wirksamkeit dieses Musters, das über die Positionierung und Synthese von Symbolen, Artefakten und Akteuren repräsentative Räume und szenische Arrangements (gelungener) Grenzüberschreitung kreeiert, bestätigt sich auch in diesem Zusammenhang. Allerdings erfolgt die Erstellung einer Sitzordnung im Unterschied zur habitualisierten Praxis des Arrangierens von Repräsentationen als expliziter und in Absichten und Zielen allen Beteiligten reflexiv einholbarer Vorgang. Dass es sich bei der *sorgfältigen Planung und Antizipation interkultureller Verständigung* um eine Praxisstrategie der Organisation handelt, zeigt sich etwa auch in der Tatsache, dass mit der Bezeichnung *Placement* ein allen bekannter Vorgang betitelt wird und alle wissen, worum es sich handelt. Dies wird einerseits in den Aussagen der Mitarbeitenden deutlich, die erkennen lassen, dass das nun Folgende bekannt ist („das dauert nämlich Stunden") und andererseits durch den Bezug auf Dokumente aus dem Vorjahr. Hier werden bestimmte Ordnungsprinzipien der Planung interkulturellen Verstehens wieder aufgegriffen (Mecheril 2004 sowie Abschnitt 3.2), in Erinnerung gerufen und tradiert. Nicht zuletzt dadurch erzeugt und bestätigt sich der Anspruch und das organisationale Selbstverständnis der Förderung- und Lenkungsfunktion grenzüberschreitender Aktivitäten. Man könnte darin sogar eine vereinnahmende und kontrollierende Strategie ausmachen, die nicht nur bestehende Aktivitäten – wie etwa im Rahmen der Preisverleihung – bewertet, sondern auch Aktivitäten initiieren und entstehende Aktivitäten begleiten (oder kontrollieren) will. Zum anderen bewahrt sich damit der organisationseigene Modus, wie grenzüberschreitende Verständigung organisiert wird: im Hinblick auf kooperative Relevanz und auf Repräsentation von Status und politischem Gewicht. Als Funktion bewahrende und den Organisationszweck entsprechende Praxisstrategie des Organisierens grenzüberschreitender Verständigung verweist das sorgfältige Antizipieren somit auch auf die organisationale

Praxis der Identität. In Bezug auf die Prinzipien und Strukturen der Organisation von grenzüberschreitender Verständigung bleibt die organisationale Praxis als relativ geschlossene Wiederholung bestehen und erlaubt kaum Zufälliges oder Unvorhergesehenes und hat damit wenig Potential zur Veränderung.

5.6.4 Programmplanung ohne Grenzen

Neben der praktischen und strukturellen veranstaltungsbezogenen Organisation grenzüberschreitender Verständigung ist auch die Ebene der Praxis der Programmerstellung von Interesse. In diesem Abschnitt sollen zwei Passagen der Jahresplanungsbesprechung unter dem Gesichtspunkt der Planung und Konzeption grenzüberschreitender Veranstaltungen ins Blickfeld rücken. Neben der Frage, wie eine grenzüberschreitende Programmatik organisationsspezifisch hergestellt wird, genauer wie Veranstaltungsthemen gefunden und unter welchen Kriterien sie generiert werden, interessiert hier die Frage, welche organisationalen Orientierungsmuster rekonstruiert werden können, die Praxis der Organisation anleiten bzw. bedingen (vgl. Dohmke 2006 und Abschnitt 4.3). So wird bei der Analyse der folgenden Passagen auch immer wieder ein Blick auf bisher herausgearbeitete Praxisstrategien und Praxismuster notwendig werden. Beide hier analysierten Passagen entspringen derselben Besprechung, wie die in Abschnitt 5.5.3 analysierten Passagen zur Planung des Barbetriebs. Während die Planung des Barbetriebs aus aktuellem Anlass der eigentlichen Jahresplanung – denn diese war Gegenstand der angeordneten Besprechung – vorangestellt wurde, beziehen sich die Diskussionen der nun entnommenen Passagen inhaltlich auf Veranstaltungen, die erst einige Monate später stattfinden sollen. Folglich geht es hierbei nicht nur um konkrete Organisations- und Planungsfragen, sondern vor allem um eine Themensuche für das kommende Veranstaltungsjahr. Sehr bedeutsam ist der Umstand (dies habe ich erst ein paar Wochen später in einem Tür-und-Angel-Gespräch mit einer Mitarbeiterin erfahren), dass es sich bei dem ausführlichen Format der diesjährigen Jahresplanung, die als alle Mitarbeitenden beteiligende Besprechung erfolgte, um ein bisher nie dagewesenes Ereignis handelt. Der Aussage der Mitarbeiterin zufolge wurden bis dato die Jahresplanung en passant in kurzen Besprechungen und hauptsächlich in Absprache zwischen ERWIN und PETR erstellt. Die Tatsache, dass just zur Zeit meiner beginnenden Forschungstätigkeit ein neues Format der Besprechung gewählt wird, mag Zufall sein. Vor dem Hintergrund bisheriger Analyse könnte dies aber auch als Bestätigung des organisationalen Praxismusters des Arrangierens von Repräsentationen der Grenzüberschreitung gesehen werden. So wäre an dieser Stelle die von van Maanen angemahnte Sensibilität für die organisationale Logik der Konstruktion von *presentational data* zu erinnern (van Maanen 1979, vgl. Abschnitt 2.1.2). Als *presentational datas* können etwa Aussagen, Darstellungen oder Repräsentationen gelten, die für den Moment der Darstellung und in zweckvoller Absicht hergestellt werden um ein idealisiertes Bild der eigenen Praxis zu vermitteln.[84] Diese Überlegungen berücksichtigend liegt nun im Folgenden der Fokus nicht auf der Frage, ob es sich bei diesem Format der Besprechung um eine tradierte Form organisationaler Praxis handelt, sondern auf der Frage, welche Orientierungsmuster sich in der (möglicherweise fingierten) Besprechung zeigen. Am Besprechungstisch sitzen alle Mitarbeitenden, der Leiter sowie mein Kollege Christoph Marx und ich. Nachdem sich die Besprechung chronologisch und monatsweise anhand eines allen vorliegenden Programmentwurfs durch das Programmjahr 2010 gearbeitet hat, steht nun die Planung der Sommerausstellung an.

Schokolade *ohne Grenzen*

ERWIN:	└ was hammern da für Ideen äh für die ((Wispern, Papierrascheln)) Sommerausstellung
PETR:	ja da hab i no nix
ERWIN:	└ ja hamma hald no nix (1) //M: Hm// was äh mir ham doch äh in dn letzdn Jahrn, verschiedne Ideen khabd die ma dann widder verworfm ham //P: Hm// (1) ähm habds ihr Ideen ihr zwei ((mich und meinem Kollegen Christoph Marx adressierend)) @(2)@ (4) //NE: Nee// äh was spektakuläres müss mer da machen (.) irgndwie äh:m einfach ähm äh irgndwas irgndwas wos KULT; ja son (.) irgnd so an: Hingucker find ich //P: Hmhm// ähm (.)
JASMIN:	nja Hingucker müss mer was mid Frau:n machn.
ERWIN:	Bidde?
JASMIN:	Da müss mer was mid **Frau:n** machen (.) Modnschau
MELANIE:	@doch@ Modnschau
ERWIN:	Mid Fraun?
JASMIN:	Dann wirds immer n Hinkucker (.) //M: Äh// warn ja letzdes Jahr dann ja begeisderd von der Modnschau
ERWIN:	von der Modnschau
JASMIN:	└ (so) leichd begleide und ( ) so
MELANIE:	└ Genau oder so
ERWIN:	└ Mode ohne Grenzn. **(KULT M 01).**

84 Kühl beschreibt diesen Aspekt organisationaler Praxis mit der Kategorie der „Schauseite“ (vgl. Kühl 2011, S. 136)

Anders als bei Einstiegen vorangegangener Planungsabschnitte wird hier von ERWIN kein Thema gesetzt, sondern mit einer offenen und an das „wir" adressierten Frage begonnen. Die selbstbezogene Erwiderung PETRs („da hab i no nix") und die wiederholte Markierung ERWINs der Frage als kollektive Aufgabe, leitet einen kollegialen Modus der Besprechung ein. Im Folgenden sucht nun ERWIN als Moderator des Gesprächs nach einem Rahmen der Ideenfindung. Ein Vorschlag zur Vergegenwärtigung aufgeschriebener Ideen aus dem Vorjahr wird ebenso wie auch der Versuch, uns als Forscher miteinzubeziehen, ignoriert bzw. abgelehnt. Schließlich wird mit dem Vorschlag, etwas „spektakuläres" zu machen und nach einem „Hingucker" zu suchen, implizit ein erstes Kriterium der Themenfindung zur Konzeption einer grenzüberschreitenden Veranstaltung benannt. Nur angedeutet wird dabei, dass dieser „Hingucker" vor allem organisations- und selbstdarstellungsbezogen gedacht wird („irgendwas wos *KULT*"). Die Nennung eines Suchkriteriums für eine Veranstaltungsidee wird erfahrungsbezogen mit dem Vorschlag, das Thema auf Frauen und Mode zu konzentrieren, präzisiert. Im Anschluss an aus dem Vorjahr stammende Erfahrungen wird von den Mitarbeiterinnen JASMIN und MELANIE das Thema Frau und Mode als „Hingucker" markiert. Über die Präzisierung „leicht bekleidet" wird das mögliche Thema der Veranstaltung geschlechtsspezifisch konkretisiert. Das Thema Mode und leicht bekleidete Frauen wird als grenzüberschreitendes Veranstaltungsthema verhandelt. Der Fokus in der Wahl eines deutsch-tschechischen Themas liegt hier nicht in der Konstruktion ethnischer Differenz, sondern in der Herstellung einer Geschlechterdifferenz und im Aufgreifen des lebensweltlich als relevant markierten Themas *Frau und Mode*. Der abschließende Kommentar „Mode *ohne Grenzen*" kann diesbezüglich als ironisches Wortspiel gesehen werden, zugleich ist der Zusatz „ohne Grenzen" ein sich in der Programmatik der Organisation konsequent wiederholender semantischer Titelzusatz und damit ein Hinweis auf ein weiteres Kriterium der Themenfindung: Der Titel der Veranstaltung muss etwas mit Grenzüberschreitung zu tun haben.

MELANIE: └ was mid Tanz //M: Ja ja//
JASMIN: └ Bade (.) Modn, ja
PETR: └ so was ja, so @(.)@
ERWIN: tschechische Bademodn.
@(2)@
JASMIN: oder irgndwas mid, Schockolade also, Schokolade ohne Grenzn und dann n Modnschau mid so Schockoladnmodls //P: Mhm// gibds
ERWIN: Also äh: wie: so?
MELANIE: └ ( ) präsentiern könn?

ERWIN: └ äh es gibd diesn äh es gibd diesn Schockolade- äh Schockoladnbrunnen ja (.) kennsd du des? //alle: Hm, mhm //

JASMIN: └ Ja ja irgndwas mid Schockolade (1) ja, genau, mhm, und es gibd ja auch viele die machen ebm aus Schockolade so Mode

ERWIN: wo bragdisch äh: Schockolade ärhitzd wird //P: Mhm// und die die plätscherd da rundter und dann kannsd //P: Ja ja// Fruchd neihaldn, ja? (1) Und, und dann machsd edz an Schockoladebrunnen und dann stellsd dich dann drunter oder wie? **(KULT M 01).**

Das Veranstaltungsthema Frauen und Mode wird mit weiteren Vorschlägen vertieft. Der von ERWIN vorgenommene Einschub „tschechische Bademoden" berücksichtigt nicht nur beide von ihm benannten Kriterien der Themenfindung – „Hingucker" und Grenzüberschreitung –, er bindet die Themensuche auch wieder an eine ethnische Differenzierung. Zunächst zusammenhangslos erscheinend wird von JASMIN die Idee „Schokolade" eingebracht und sogleich gemäß der verpflichtenden Semantik als „Schokolade ohne Grenzn" präzisiert. Bezug nimmt sie dabei nach wie vor auf das Thema Mode und schlägt, als Erweiterung der Idee einer Modenschau, „schokoladenmodls" vor. Nach kurzer Verwirrung wird die Idee ironisierend aufgegriffen. ERWIN vergegenwärtigt das Bild eines plätschernden Schokoladenbrunnens, wie er zur Schokolierung von Früchten bei Desserts Verwendung findet. Die Verbindung von Frauenmodels und plätschernden Schokoladendesserts rückt die Veranstaltungsplanung endgültig von der kurzzeitig auf ethnische Differenzen abhebende Fokussierung hin zur Relevanz des geschlechtsbezogenen „Hinguckers". Der Vorgang der Themenfindung orientiert sich an den benannten Kriterien und erfolgt als kreativer Prozess der Formulierung von Ideen und deren Ironisierung. In der Art und Weise der veranstaltungsbezogenen Bearbeitung von offenen Fragen – in diesem Fall die Suche nach einem Veranstaltungsthema, im Fall der Planung der KULT-Bar der Umgang mit Alkoholika – zeigt sich eine organisationsspezifische Musterförmigkeit des Besprechens. So verläuft hier wie dort der Vorgang der Bearbeitung virulenter Fragen als kreativer, ironisierender und durch viele Redewechsel gekennzeichneter Prozess: Alle Ideen sind erlaubt, werden mit Thema Grenze verbunden, werden metaphorisch überzeichnet und alle sind beteiligt. Charakteristisch hierfür ist auch, dass eine oder einer der Beteiligten das alberne Kreieren von Ideen und Veranstaltungsformaten wieder beendet. Doch zunächst wird die Idee der schokolierten Models weiter ausgeführt.

JASMIN: └ **Nee** des gibd wirgliche Mode (.) aus Schockolade

ERWIN: └ Mode aus Schockolade

JASMIN: └ Ja des machn Kondito:rn und
MELANIE: └ und die schmilzd dann nich?
JASMIN: Nee::
PETR: wirglich nich
ERWIN: └ was die die hasd am Körper?
JASMIN: die is am Körper genau: (.) und Besucher könn se dann essn. Also nich ganz @(2)@
PETR: (Echd) ja?
JASMIN: Ja doch, //P: Aha// noch nich gesehn? //P: ja – E: °nee°//
JASMIN: └ Ich kann ja mal paar Photos zeign.
MELANIE: └ Aba dann könnd ma wenigsdns dann unsre' //P: (richtig)// Schockoladnwerbe mittl verteiln.
JASMIN: └ Ja genau
PETR: └ des wär was für uns
JASMIN: ja des wär mal was: (.) ganz anderes
PETR: für unsre (.) Stammgäsdä **(KULT M 01).**

Die zunehmend albern verlaufende Verhandlung des Veranstaltungsthemas gewinnt durch das Beharren JASMINs auf dessen Realisierungsmöglichkeit („es gibd wirgliche Mode (.) aus Schockolade“) und durch die konkretisierenden Ergänzungen aufgrund der Fragen der Anderen wieder an Ernsthaftigkeit. Die Zuspitzung des Themas Mode bzw. Schokolade ohne Grenzen erfolgt durch die Explikation, dass es sich um Schokoladenhüllen handelt, die die BesucherInnen essen können. Als Beweis für diese Kunstform bietet JASMIN den teils ungläubigen KollegInnen Photos an. Durch die Bezugnahme auf hauseigene Werbemittel aus Schokolade, die bei dieser Gelegenheit gut zu verteilen wären, wird dem Vorschlag organisationsbezogenes Realisierungspotential zugeschrieben und er erfährt prinzipiell Zustimmung von den Mitarbeitenden. JASMIN unterstreicht dies explizit mit einem Verweis auf „uns“ und die Ernsthaftigkeit dieser Idee, indem sie indirekt auf das zuerst genannte Kriterium der Themenfindung „Hingucker“ und „spektakuläres“ verweist („des wär mal was: (.) ganz anderes“). Die Generierung eines Veranstaltungsthemas zur Sommerausstellung verlässt an dieser Stelle den Bezug zur national-kulturellen Grenzthematik. Bezogen auf die Markierung von Geschlechterdifferenzen bleibt die Grenzthematik allerdings implizit erhalten und wird sexistisch verschärft. So ist die Grenze aus Schokolade, verläuft zwischen weiblichem Körper und Außenwelt und verbindet sich mit einer Vorstellung kulturübergreifenden Genusses. Welches, so kann der letzte Einwurf dieser Passage durch PETR interpretiert werden, den

Stammgästen gefallen würde. Kriterien dieser Art der Entscheidungsfindung wären damit neben „Hingucker" auch „Stammgäste". Die Logik der Bestimmung einer Veranstaltungsthematik konstruiert nicht nationalkulturelle Differenzen und leitet daraus Bearbeitungsnotwendigkeiten ab, sie folgt auch nicht künstlerischer Universalität, sondern sie konstruiert in der Verbindung von weiblichem Körper und Gaumengenüssen eine Grenzthematik, die sich entsprechend der ökonomischen Logik des „Sex sells" analysieren lässt:

JASMIN: aba dann ham wa (.) nur die Begleidveranstaltung und das Highlight aba (.) die Ausstellung is dann ((Hintergrundgeräusche)) die Frage muss ma dann auch stellen
?: ( )
JASMIN: ja doch so Kondito:rnschulä:: und so i- so //E: nee mh// die machn doch (.) so.
ERWIN: └ also
JASMIN: Kunsdfigurn' aus Schockolade
PETR: └ also des: zu wenich grenzüberschretnd dann
ERWIN: ja, also da
JASMIN: └ gibds: bei euch ned?
PETR: ja gibds schon
@(3)@
PETR: aba, Schockola:de
ERWIN: └ Also was äh:äh, ich schreib a mall ich schreib a mall
MELANIE: └ (bei) (uns) Marzipan'figurn hinstelln
JASMIN: └ @gibds auch welche@
PETR: └ (gabs mal)
ERWIN: noch mal auf
MELANIE: süßes ohne Grenzn /E:Was/
PETR: (ich hatte) harte Zeitn auch
ERWIN: └ was äh: (ned) schlechd is is ähm: des Thema: Majonettn ähm aufzugreifn (.) **(KULT M 01).**

Die summierende Feststellung MELANIEs verweist auf zweierlei: Sie zeigt erneut die Ernsthaftigkeit des Veranstaltungsthemas an und sie markiert damit das Schokoladenevent als eigentliches Highlight. Sie konstatiert auch, dass die ursprüngliche Ausgangsfrage nach dem Thema der Sommerausstellung an diesem Punkt noch ungeklärt ist. An der bisherigen Thematik festhaltend schlägt JASMIN diesbezüglich vor, Kunstfiguren aus Schokolade auszustellen. Durch eine explizite Bezugnahme PETRs auf das hier unterbelichtete Thema der Grenzüberschreitung, dem impliziten

Verweis auf das zweite Kriterium der Themenfindung und auf den organisationalen Auftrag per se erfährt die Verhandlung des Themas für die Sommerausstellung an dieser Stelle einen Bruch. In der Folge verliert sich das Thema Schokolade in einem Geplänkel der Mitarbeitenden untereinander entlang der ironischen Anspielung JASMINs auf PETRs Einwand, dass es in Tschechien wohl keine Schokolade gäbe („Gibbsd: bei euch ned?"). Diese Markierung des „Wir" und „Ihr" sowie die folgende ethnische Differenzierung verläuft biographiebezogen und als organisationsinterne Auseinandersetzung und hat dabei eine besondere Implikation, die die Grenze auf gewisse Weise komplexer macht. MELANIE, die ursprünglich aus dem Osten Deutschlands kommt, löst die Deutsch-Tschechisch-Markierung von JASMIN auf, in dem sie diese in eine Ost/West oder Marzipan/Schokolade-Differenz überführt. Unvermittelt bringt ERWIN, der zuvor in verschiedenen Redeansätzen unterbrochen wurde, das Thema zu Ende und leitet über zum Vorschlag, die Ausstellung mit dem Thema Marionetten zu machen. Auch bezüglich dieses Themas wird kein Beschluss gefasst. Im weiteren Verlauf einigt man sich darauf, die Themensuche zu verschieben.

Orientierungsmuster: Bedeutung der Reproduktion geschlechtsspezifischer Differenzen

Die Suche nach einem Thema für die zentrale Veranstaltung *Sommerausstellung* verläuft als eine dialogische Verhandlung und als kreativer Prozess lauten Denkens, der sich mit Ironisierung und Übertreibung verbindet. Ähnlich wie in der Diskussion um die Gestaltung des Barbetriebs (vgl. Abschnitt 5.5.3) oder in der kreativen Bearbeitung des Dolmetschproblems über die Figur des Rotkäppchens (vgl. Abschnitt 5.6.2) ist auch hier der Suche nach einer Antwort auf eine virulente Frage (in diesem Fall die Suche nach einem Veranstaltungshema) viel kreativer Raum gegeben. Der Besprechungsverlauf – die Selbstverständlichkeit der Elaboration eines zunächst abwegig erscheinenden Themas („Mode" und „Schokolade") durch die Mitarbeitenden, die Ironisierung der Diskussion über die Imagination eines übertriebenen Bilds durch den Leiter („Schokoladenbrunnen") und letztlich der durch PETRs Frage nach Grenzüberschreitung gesetzte selektierende Filter – gleicht in seiner Modalität und Prozessualität dem Diskussionverlauf bezüglich der Frage nach dem Umgang mit dem Restbestand an Becharovka, wie er in Abschnitt 5.5.3 dargelegt wurde. Auch wenn diese Überlegungen nicht Einzug in das tatsächliche Programm der Organisation erhalten, so wird hier doch ein Orientierungsmuster der organisationalen Akteure hinsichtlich der Erstellung grenzüberschreitender Programmatik erkennbar: Die Kriterien der Entscheidungsfindung korrespondieren in gewisser Weise mit der Bedeutung der Repräsentation von Geschlechterdifferenz, wie sie sich in der Szene „das ist dann wie Rotkäppchen" (Abschnitt 5.6.2) und in der Szenenfolge „Wir sind ein Restaurant“ (Abschnitt 5.5.2) gezeigt haben. Denn das zunächst genannte Kriterium der Themenfindung „Hingucker“ impliziert in gewisser Weise das Thema *Frauen*. So ist die folgende Bezugnahme auf das Thema Mode in Verbindung mit dem Thema Frau sicherlich durch dieses erste Kriterium begünstigt. Das zweite Kriterium, das durchaus als Erstes zu erwarten gewesen wäre, ist das der Grenzüberschreitung. Seriös wird dies erst zum Ende durch PETR ins Spiel gebracht und hier aber über das Klischee der Ost-West-Differenz sogleich wieder marginalisiert. Die erste Erwähnung des Kriteriums erfolgt bereits als Marginalisierung des nationalkulturellen Grenzthemas. In der Kombination mit dem Thema Mode wird hier – einer gängigen Praxis der Verwendung von Grenzsemantiken folgend – der Zusatz *ohne Grenzen* beigefügt. Dies ist zwar ein Verweis auf die notwendige Repräsentation von Grenzüberschreitung im kulturell-grenzübeschreitenden Veranstaltungsprogramm, in erster Linie wird hier aber die Sexualisierung des Themas vorangetrieben. Denn im Kontext des Gesagten impliziert Mode ohne Grenzen auch das Hüllenlose, eine körperbezogene Grenzüberschreitung. So korrespondiert letztlich auch das dritte Kriterium – das dies was für „für unsre (.) Stammgäsdä“ wäre – mit der organisationsspezifischen Bedeutung einer Konstruktion von Geschlechterdifferenz und deren Repräsentation (vgl. West und Zimmerman 1987).[85] Die Bedienung der Bedürfnisse der Stammgäste (= „wichtige Personen“) spielt für die Programmerstellung eine wesentliche Rolle. Wiederum ist es der sinnliche Genuss, der als ausschlaggebend und werbewirksam genannt wird. Die Sorge für das leibliche Wohl wirkt über das praktische Bereitstellen von Essen und Trinken hinaus, es beeinflusst in hohem Maße die Diskussion zur Programmerstellung. In Betrachtung dieser Kriterien kann der Verhandlungsverlauf zur Bestimmung eines Veranstaltungsthemas als ein Wechselspiel zwischen Erzeugung von ethnischer Differenz und Geschlechterdifferenz angesehen werden. Die zunehmende Dethematisierung und zum Ende sogar Marginalisierung national-kultureller Differenz zu Gunsten einer Betonung der Geschlechterdifferenz impliziert zweierlei: Erstens zeigt sich hier die Dominanz einer ökonomischen Logik. Nicht vordergründig deutsch-tschechisch muss das Thema sein, sondern ein „Hingucker“, der sich gut verkauft (ähnlich wie der Caipirinha sich besser verkauft als Beton, vgl. Abschnitt 5.5.3). Es zeigt sich damit

85 Die soziale und interaktive Konstruktion von Geschlecht und eine oftmals damit einhergehende Repräsentation einer traditionellen Geschlechterordnung wird im Terminus „Doing Gender“ (West/Zimmerman 1987) deutlich zum Ausdruck gebracht. Das Doing Gender wirkt nicht nur als gesellschaftliche Praxis, sondern entfaltet seine normierende Kraft auch in Organisationen. Dies zeigt sich etwa in den frühen Arbeiten von Gertraude Krell (1984, 1997). Hier wird die Reproduktion von Geschlechterdifferenzen in Unternehmen im Kontext von Personalführung untersucht.

zweitens ein Stil interkulturell-grenzüberschreitender Verständigung, der nicht national-kulturelle oder ethnische Differenzen thematisiert, sondern interaktiv eine als grenzüberschreitend relevant angenommene Geschlechterdifferenz fabriziert (vgl. Butler 1991, S. 200). Grenzüberschreitung findet demnach nicht als Bearbeitung von Fremdheit oder Alterität statt, sondern erfolgt in Form der Konstruktion eines gemeinsamen Dritten bzw. einer anderen Differenzthematik. Als imaginär und implizit kann diese konstruierte lebensweltliche Grenzenlosigkeit bezeichnet werden, da auf der Ebene der Präsentation und des öffentlichen Auftretens nationalkulturelle Differenzen in großer Deutlichkeit markiert werden. Dies kann mit Blick auf die Beschreibungen öffentlicher Auftritte (vgl. etwa die Inszenierung der Preisverleihung in Abschnitt 5.4.1) und auch mit Blick auf die tatsächliche Wahl des Sommeraustellungsthemas bestätigt werden. Dies lautet gemäß der Ankündigung im offiziellen Programm: „Kulturelle Schmuckstücke in Bayern und Böhmen".

Die KULTurtour

Dass für die Programmerstellung neben der Konstruktion und Bearbeitung von Geschlechterdifferenz auch die – im obigen Beispiel nur hintergründige – Konstruktion nationalkultureller und ethnischer Differenzen bedeutsam ist, kann an einem weiteren Ausschnitt desselben Gesprächs gezeigt werden. Hier verbindet sich die Bestimmung eines Veranstaltungsthemas und -ablaufs mit Modi der Vergegenwärtigung gemeinsamer Geschichte, der Vergegenwärtigung der Zentrumsfunktion und des Aufgreifens und Reproduzierens kultureller Klischees. Gezeigt werden kann an folgendem Passus, dass das *Praxismuster der Sorge um das leibliche Wohl* (vgl. Abschnitt 5.5.2) der Gäste auch in den organisationalen Orientierungen der Planung und Organisation grenzüberschreitender Verständigung verankert ist.

Das Oberthema des Abschnitts, aus dem folgende Passagen entnommen sind, ist die Organisation einer Kulturtour zur Gedenkstätte Flossenbürg und das ehemalige sudetendeutsche Dorf Plöß. Die Praktikantin ELIŠKA, die dieses Event in der Planung verantwortet, berichtet über ihre Vorbereitung. Dabei erfährt sie Unterstützung von PETR, der an der Konzeption offensichtlich beteiligt war. Sie schlagen vor, die Kulturtour mithilfe des Busunternehmens, welches auch die Busfahrten zum *Zentrum KULT* übernimmt (vgl. Abschnitt 5.6.1), zu organisieren. Die Idee lautet, die Kulturtour in *Český Pramen* zu starten. Der erste Programmpunkt soll eine tschechischsprachige Führung in der Gedenkstätte Flossenbürg des ehemaligen Konzentrationslagers sein. Nach einem Zwischenstopp im *Zentrum KULT* soll dann das verschwundene Dorf Plöß besucht werden, bevor die Kulturtour wieder in *Český Pramen* endet. Der Vorschlag wird gemeinsam mit ERWIN zeitlich durchgerechnet. Dann macht ERWIN folgenden Vorschlag:

ERWIN: └ a na ja ad- andre Alternative wär Flossnbürg mid Weidn zu verbindn(.) verstehsd i mein //P: Mhm// äh:m
PETR: └ a war auch a Möglichkeid
ERWIN: └ wei:l (.) Weidn is hald
PETR: └ ein da was:
ERWIN: └ für Tschechn dann
PETR: die Überlegung war die hald Fos- Flossnbürg da hasd n zweid Wäldkrieg in Plöss (.) hasd auch n zweidn Wäldkrieg aus ner (.) bissl andern Perspektive wieda **(KULT M 01).**

Dem Vorschlag ERWINs, den Besuch der Gedenkstätte entgegen der Idee von ELIŠKA und PETR nicht mit einem Besuch im *Zentrum KULT*, sondern mit einem Aufenthalt in (dem nahe der Gedenkstätte gelegenen Städtchens) Weiden zu verbinden, wird zunächst als eine Möglichkeit verhandelt. Die ansetzende Begründung ERWINs lässt vermuten, dass dieser Weiden als attraktiver für die tschechischen Gäste einschätzt. Die Explikation der bisherigen Idee durch PETR macht nun deutlich, dass dieser eine pädagogische Perspektive zugrunde liegt, und dass sie sich mit einer Bestätigung des organisationalen Selbstbilds verbindet. So wird der Besuch in der Gedenkstätte des ehemaligen Konzentrationslagers und der Besuch des verschwundenen Dorfs Plöß als Vergegenwärtigung zweier Perspektiven der gemeinsamen Geschichte gerahmt. Möglicherweise wird hier ein Anspruch ganzheitlicher Geschichtsaufarbeitung thematisiert. Auffallend ist dabei, dass die Thematik der Aussiedlung der Sudetendeutschen aus Böhmen ein gleichrangiger historischer Stellenwert („Flossnbürg da hasd n zweidn Wäldkrieg in Plöss, hasd auch n zweidn Wäldkrieg") zukommt, wie der Thematik der systematischen Vernichtung und Auslöschung von Juden, Dissidenten und anderen NS-Regimeopfern. In der gleichwertigen Repräsentation des Themas verdeutlicht sich eine in der bayerischen Grenzregion zum Teil stark reaktionäre Einstellung bezüglich des Themas Sudetenland.[86] Gleichsam als Vermittlungsort dieser – in

86 So zeigt sich auch im Zuge anderer Veranstaltungen, dass reaktionäre Positionen Rahmen und Raum finden, im *Zentrum KULT* artikuliert zu werden. Erkennbar wird dies etwa in einer 2011 eröffnete Ausstellung zum Thema „VERLORENE HEIMAT!? ZTRACENÝ DOMOV ?!". Das *Zentrum KULT* versteht sich vornehmlich als neutrales Präsentationsforum, in dem alle Meinungen artikuliert werden können und setzt den Fokus nicht auf eine politische Positionierung in der historischen Debatte, sondern stärker auf die Außenwirkung der Veranstaltung. Somit erfolgt die Repräsentation des vom bayerischen Staat unterstützten sudetendeutschen Standpunktes auch aus regionalpolitisch-strategischen Gründen der Legitimation. – Die Bearbeitung der historischen Entwicklung des Grenzraums fällt im gesellschaftlichen Diskurs sehr unterschiedlich aus. Während in Tschechien ein zum Teil sehr progressive und kritisch-

den beiden Ausflugszielen repräsentierten – historischen Sichtweisen, wird das *Zentrum KULT* vorgeschlagen:

PETR: und dann hasd in där Midde des *Zentrum KULT* (.) als: zukunfdsorientierdes (.)
ERWIN: └ Ja ich ich ich ich
PETR: orientierde Einrichdung ja
ERWIN: └ ja: is scho gla::r ich mein (.) vom Prinzib her äh is es hald dann scho sehr pädagogisch ne? //P: Ja – Eliska: Hm// also (.) also i: die Frage is edz die: ob ich jez sag äh äh also es (.) äh Konzendradionslager in (.) Flossnbürg is hald a schwere Kosd (.) jez mall (.) äh und ob ma: ob edz dann: ähm äh ne also vo- äh von (.) vom Publikum **he:r** ob ma dann ned sagd na gudd, da:, da hab i dann no Weidn no: als Endspannungsfaktor //P: Hmhmhmhm// **(KULT M 01).**

In der Konzeption der Kulturtour liegt der Fokus auf der Rolle des *Zentrum KULT*, das als dritter Zwischenort für die gemeinsame Zukunft steht (vgl. Bhaba 2011 und Abschnitt 3.3). Die Vergegenwärtigung gemeinsamer Geschichte in Verbindung mit einer wiederum gleichwertig erfolgenden Vergegenwärtigung gemeinsamer Zukunft bringt den selbsternannten Anspruch plakativ zum Ausdruck, Zentrum der Grenzüberschreitung zu sein. So verwundert auch nicht die Entgegnung ERWINs und dessen bewertende Rahmung der Idee als zu „pädagogisch". Mit der Begründung, dass die Gedenkstätte eine „harte Kost" ist, plädiert er für seinen Alternativvorschlag und vollendet nun seine anfänglich ins Stocken geratene Argumentation, in dem er einen Besuch in Weiden als Entspannungsfaktor rahmt.

ELIŠKA: ja aigndlich //E: Äh// auch sum ainkaufn die Tschächn sind @(3)@
ERWIN: └ Ja ich sag ja: des i mein des wär
PETR: └ da könners, ja gud zum Einkaufn könnens selber fahrn //M: Ja// dann, denk ich
ELIŠKA: └ Ja klar aba wenn die die Möglichkaid hädtn
?: └ ( ) °mussd hier was habm°

reflexive Auseinandersetzung mit der deutsch-tschechischen Grenzraumgeschichte erfolgt (vgl. Antikomplex 2007), werden auf deutscher und vor allem auf bayerischer Seite revisionistische Standpunkte eingenommen und „die Erinnerung an die Vertreibung stets für politische oder materielle Ansprüche instrumentalisiert" (Hehn 2002). Zur Kritik reaktionärer Erinnerungsabwehr sudetendeutscher Verbände, vgl Hehn 2007; Höhne und Niklas 2012.

ERWIN: Ja gud ich sag nur //P: Ja// äh:
?: └ Komm (.) hasd du:s auch gäsdärn gäsähn nee die sind (.) glaich
PETR: ja äh hasd scho hasd scho rechd (.)ja
?: in EDEKA gägang: (.) kainä Ahnung so: ain, oder Norma oda so was
PETR: └ Hmm gibs ja (.) gibs hal drübm ned, //M: Ja// so
ERWIN: Nja ich sag nur äh es is, es is zu überlegn also ich, //J: @Bananen (gekaufd)@// ich freu mir dass i wieda mall Grubpm im Zentrum ham aba, //P: Ja// verstehsd ähm, äh es is es is: zü, äh is zu überleng
PETR: └ Ja ja sicher **(KULT M 01).**

Der Vorschlag von ERWIN wird durch das Aufgreifen des Klischees („zum Einkaufn die Tschächn"), dass neuerdings Tschechen in Großsupermärkten in Deutschland einkaufen, konkretisiert. Die Bestätigung des Klischees wird von PETR implizit mit der Feststellung beantwortet, dass es nicht Aufgabe des *Zentrum KULT* ist, *Butterfahrten für Tschechen* zu veranstalten. Seine Position als Bewahrer der grenzüberschreitenden Topoi wird im Folgenden untergraben und nicht zuletzt wird durch eine erfahrungsbezogene Explikation einer Beobachtung das Klischee exemplarisch belegt („hasd du:s auch gäsdärn gäsähn nee die sind, glaich [in Edeka gegang"). PETR ist einsichtig und bestätigt nun das Klischee. Der Beitrag von ERWIN erläutert PETR vermittelnd, dass seine Idee nicht schlecht und gegen BesucherInnen im *Zentrum KULT* nichts einzuwenden ist. Implizit wird damit die eigentliche Funktion des *Zentrum KULT* und das richtige Denken des Mitarbeitenden bestätigt, zugleich wird, bezogen auf die konkrete Veranstaltungsplanung, einem Aufenthalt in Weiden zur Entspannung und zur Einkaufsgelegenheit zugestimmt.

Orientierungsmuster: Vergegenwärtigung gemeinsamer Geschichte

In Betrachtung dieser Passagen zeigt sich zum einen, dass die Herstellung national-kultureller Differenzen etwa in der Vergegenwärtigung der Geschichtsorte und des damit verbundenen historischen Diskurses eine bedeutsame Orientierung für die inhaltliche Planung von Veranstaltungen ist. Ähnlich wie in der Besprechung des Ausstellungsthemas kann konstatiert werden, dass es sich hierbei um ein Orientierungsmuster der Organisation handelt, das mit der konkreten Praxis der Einrichtung korrespondiert. So liegt etwa dem spielerischen Aufgreifen einer Märchenfigur als Praxismuster der Vergegenwärtigung kultureller Gemeinsamkeiten im Rahmen einer spontanen Besprechung (vgl. Abschnitt 5.6.2) eben solche Orientierung der Vergegenwärtigung von Gemeinsamen zugrunde. In der Betrachtung der Passagen zur Planung der Kulturtour zeigt sich zum anderen aber auch eine Orientierung der Vergegenwärtigung von Differenten. So ist die Orientierung an ethnischen Differenzen, etwa die Konstruktion des Klischees des Bananen-kaufenden Tschechen, zwar ein Aspekt der Programmerstellung, verankert sich aber nicht in der Praxis der Organisation. Markierungen kultureller Differenzen und Grenzen im Fall *Zentrum KULT* erfolgen in der Regel über eine konsequente materielle und räumliche Darstellung des „Deutschen" und des „Tschechischen" in Sprache, Symbolen und Positionierungen, nicht aber über die Reproduktion kultureller Klischees (vgl. Schroll-Machl und Novy 2008). Die Sorge um das Wohl der Gäste hingegen wirkt auch an dieser Stelle. So erscheint eine Integration von Entspannung und Konsum bedeutsamer als ein stringent pädagogisches Konzept und das Selbstverständnis der Einrichtung in ihrer Vermittlungs- und Förderaufgabe kann vor allem hinsichtlich der fürsorglichen Bedienung und der Entsprechung vielseitigen Genusses konkretisiert werden.

5.7 Praxisstrategien und Praxismuster der Organisation *Zentrum KULT*

In einer abschließenden und resümierenden Betrachtung soll die fallspezifische organisationale Identitätspraxis des *Zentrum KULT* aufgezeigt werden. Kulturelle, sprachliche und (infra)strukturelle Übersetzungsanforderungen resultieren aus dem Anspruch der Organisation, kulturelles Zentrum der Grenzüberschreitung zu sein, aus der konstitutiven Projektförmigkeit der Organisation sowie aus der infrastrukturellen Nicht-Lage der Organisation.

a. *Zentrumsanspruch*: Das *Zentrum KULT* hat den Anspruch und den Auftrag, als kulturelles Zentrum der Grenzüberschreitung zu fungieren. Diesem organisationalen Selbstverständnis entspricht eine kulturelle und pädagogische Programmatik, deren Zielsetzungen von der Ermöglichung und Unterstützung grenzüberschreitender Vernetzung und Begegnung einzelner Akteure und Gruppen bis hin zu einer Imageverbesserung der bayerischen und tschechischen Nachbarregionen reicht. Bilingualität, Repräsentation deutscher und tschechischer Bedarfe, Vernetzungsangebote und die Gewährleistung infrastruktureller Erreichbarkeit sind nur einige der aus diesen Zielsetzungen resultierenden Anforderungen, die das *Zentrum KULT* in seiner alltäglichen Praxis zu bearbeiten hat. Die größte Anforderung besteht darin, dem selbsternannten Zentrumsanspruch nicht nur programmatisch gerecht zu werden, sondern diesen einer vielseitigen Öffentlichkeit gegenüber zu legitimieren (vgl. Abschnitt 5.2.1, Abschnitt 5.3 und Abschnitt 5.4).

b. *Projektförmigkeit*: Das *Zentrum KULT* weist zwar einen eindeutigen Organisationscharakter auf, dieser ist aber durch einige Besonderheiten gekennzeichnet. Erstens besteht für die Einrichtung eine offene bzw. ungewisse Zukunft, da sie über zeitlich begrenzte Fördertöpfe der EU finanziert wird. Als projektförmige Organisation *auf Zeit* sieht sich die Organisation periodisch mit der Refinanzierungsfrage konfrontiert. Zum zweiten handelt es sich beim *Zentrum KULT* um eine Organisation, die erkennbar eine symbolische und praktische Einheit bildet, die aber keine einheitliche Mitgliedschaftsregelung für die Mitarbeitenden besitzt. So sind die deutschen Mitarbeitenden vertraglich an den Trägerverein gebunden und werden über dortige Projektmittel finanziert, der Repräsentant hingegen ist abgesandter Angestellter der Region *Český Pramen*. Vor diesem Hintergrund werden vor allem Bemühungen der symbolischen und praktischen Herstellung einer grenzüberschreitend organisationalen Einheit virulent (vgl. Abschnitt 5.2.3 und Abschnitt 5.5.2).
c. *Grenzlage und grenzregionaler Fokus:* Die Tatsache der monolokalen Verortung der Organisation auf der deutschen Seite der Grenze in Verbindung mit der (für die tschechische Seite) infrastrukturell schwierigen Erreichbarkeit erfordert eine Praxis der paritätischen Einbindung beider Seiten und ein hohes Maß an Legitimationsarbeit (vgl. Abschnitt 5.4 und Abschnitt 5.6.1). Hierfür spielt die programmatische Fokussierung auf grenzraumkulturelle Bedarfe und die Einbindung folkloristischer Themen mit hohem Identifikationspotential bei der Bevölkerung beiderseits der Grenzen eine wichtige Rolle (vgl. Abschnitt 5.6.4).

Bezüglich dieser Aspekte können *vier organisationale Praxisstrategien* und *fünf organisationale Praxismuster* der Präsentation und Repräsentation als *Grenzüberschreitung-Könnende Organisation* herausgearbeitet werden, die sich in ihrer Verbindung zu einer spezifischen Identitätspraxis der Organisation formieren:

Praxisstrategie der Präsentation von Binationalität und Bilingualität (vgl. Abschnitt 5.4.1): Die häufige Verwendung von deutschen und tschechischen Symbolen sowie deren paritätische Installation im Raum, die simulacrische Anordnung von Sprache sowie die Vergegenwärtigung gemeinsamer Traditionen in Gegenständen und im Gebäude der Organisation (vgl. Abschnitt 5.3) lässt sich als explizite und an eine vielseitige Öffentlichkeit gerichtete Strategie der Präsentation von Binationalität und Bilingualität begreifen. Diese zeigt sich vor allem bei gemeinsamen Auftritten, bei denen sich die Organisation als deutsch-tschechische Einrichtung präsentiert und inszeniert. Allerdings wird dabei von einer statisch-strikten Ordnung der Übersetzungsrichtung vom Deutschen ins Tschechische ausgegangen, die eine hegemoniale Verhältnisbestimmung impliziert. Mittels der Praxisstrategie der Präsentation von

Binationalität und Bilingualität bearbeitet die Organisation ihren Anspruch der grenzüberschreitenden deutsch- tschechischen Verständigung.

Praxismuster der (sprachlich) hybriden Besprechung (vgl. Abschnitt 5.6.2): Im Kontext spontaner organisationsinterner Besprechungen wirkt ein Praxismuster, das sich – entgegen der sprachlichen Asymmetrie im öffentlichen Raum – durch mehrere Sprachwechsel auszeichnet. Das sprachlich hybride Setting der informellen Besprechung zeigt an, dass der programmatische Anspruch der Zweisprachigkeit, wie er im Kontext von Veranstaltungen eingefordert wird, auch im alltäglichen Miteinander wirkt und dass sich die organisationskulturelle Praxis hier in Richtung Bilingualität bewegt. Die zuvor benannte Strategie wirkt diesem Praxismuster entgegen und macht deutlich, dass die Schritte gleichberechtigter Bilingualität schwer fallen.

Praxismuster des Arrangierens von Repräsentationen der Grenzüberschreitung (vgl. Abschnitt 5.4.2): Im Kontext öffentlicher Auftritte wirkt das veranstaltungunsgbezogene Praxismuster des Arrangierens von Repräsentationen der Grenzüberschreitung. Bezüglich des Ablaufs von Veranstaltungen und der hierbei häufigen Platzierung von Arrangements der Repräsentation gelungener Grenzüberschreitung existiert eine rituelle Ordnung von Auftritt, Abtritt, Bühnenpositionierung, Rede und medialer Dokumentation, die die organisationalen Akteure habitualisiert haben. Dieses Muster, durch das sich eine spezifische Veranstaltungspraxis formiert, impliziert auch den Vorgang einer nach außen gerichteten Legitimation des organisationalen Selbstverständnisses als Zentrum und Förderer der Grenzüberschreitung sowie einer nach innen gerichteten Vergegenwärtigung im Sinne der Vergewisserung *Zentrum zu sein* und als *Förderer handeln zu können*.

Praxismuster des Arrangierens zum Zweck der Dokumentation (vgl. Abschnitt 5.4.3): Der Aspekt der Vergegenwärtigung verdeutlicht sich auch im Vorgang des Arrangierens von deutsch-tschechischen Räumen, Dingen und Personen in Verbindung mit deren photographischen Dokumentation. Das Praxismuster Arrangieren zum Zweck der Dokumentation vollzieht sich als ein praktischer Vorgang und in der Anwendung eines Praxiswissens um den richtigen Modus des Arrangierens von Gruppenbildern und um den richtigen Gebrauch der hauseigenen Kamera. Es wirkt als verkörperlichte Gewohnheit und transportiert sich – das Praxismuster selbst tradierend – im Mit- und Nachvollzug durch die organisationalen Akteure. Durch den Vollzug des Praxismusters entstandene Produkte (Photographien) verankern selbiges materiell und visuell im organisationalen Alltag und erscheinen somit neben der hauseigenen Kamera als dinghafte Mitspieler dieses Praxismusters.

Organisationales Identitätslernen findet hier als Tradierung einer musterförmigen (Re-)Präsentationspraxis statt, die dem Zwang zur Legitimation im Modus der photographischen Dokumentation als Nachweis und Öffentlichkeitsarbeit einerseits und dem Drang der Vergegenwärtigung der eigenen Funktionen als Förderer und Zentrum im Modus der photographischen Dokumentation als Routinisierung andererseits zu entsprechen versucht. Das Arrangieren zu Dokumentationszwecken erfolgt im Sinne der Betonung interkulturellen Verstehens als Markierung der Abgeschlossenheit grenzüberschreitender Verständigung und ignoriert damit bestehende Differenzen und damit einhergehendes Lernpotential eines kulturellen Nicht-Verstehens.

Praxismuster der Sorge um das leibliche Wohl (vgl. Abschnitt 5.5.1 und 5.5.2): Die Repräsentation interkulturellen Verstehens konkretisiert sich in dem gastfreundschaftlichen Umgang mit tschechischen Besuchern und „wichtigen Personen". Diesbezüglich kann von einem Praxismuster der Sorge für das leibliche Wohl der Gäste gesprochen werden. Es handelt sich hierbei um einen wiederkehrenden und von den Mitarbeitenden gekonnten *modus operandi* der öffentlichen Präsentation und internen Repräsentation von Gastlichkeit. Als Prinzip grenzüberschreitender Arbeit und Programmatik wirkt das Muster der Sorge um das leibliche Wohl der Gäste in der Gabe von Speis und Trank und in der Fürsorglichkeit des Umgangs mit Gästen. Es repräsentiert einen Stil interkultureller Verständigung, der organisationseigenen Regeln der Gastfreundschaft folgt: Das Empfangen der Gäste, die Gabe von Speise und Trank, das Bedienen und das sich hiermit verbindende fürsorgliche Moment der Erkundigung nach dem Befinden der Gäste. Der Gast wird in seiner Rolle und Funktion als Fremder, dem gemäß der Pflicht zur Gastfreundschaft außerordentlich viel Aufmerksamkeit zuteil wird, bestätigt, zugleich wird in dieser gastfreundlichen Beherbergung auch sein Bleiben zeitlich befristet. Denn dass dies kein fortwährender Modus der Betreuung ist, sondern nur für den Moment des Besuchs gilt und diese Gültigkeit nur solange besteht, wie der Besuch ein Besuch bleibt, geht beispielsweise aus dem Kontext der Installation einer Buslinie (vgl. Abschnitt 5.6.1) deutlich hervor. Zentraler Bestandteil dieses Praxismusters ist die Orientierung der organisationalen Akteure an einer Reproduktion von Geschlechterdifferenz (vgl. auch Abschnitt 5.4). So übernehmen die weiblichen Mitarbeitenden die Funktion der Sorge für den Gast und auch die Suche nach Veranstaltungsthemen berücksichtigt die patriarchale Orientierung an klassischen Geschlechterrollen (vgl. Abschnitt 5.6.4).

Praxisstrategie der Gastwirtschaftlichkeit (vgl. Abschnitt 5.5.3): In einem Zusammenhang, der weniger Repräsentativität erfordert und bei dem die Exklusivität des Umgangs mit ausgewählten Gästen hintergründig bleibt, wird eine Strategie der Gastwirtschaftlichkeit entwickelt und umgesetzt, die nicht die Sorge um das leibliche Wohl der Gäste, sondern die Effizienz und Effektivität der Bewirtung in den Vordergrund stellt. Die Praxisstrategie der Gastwirtschaftlichkeit verbindet sich mit einer kontextbezogenen Differenzierung der musterförmigen Praxis der Gastfreundschaft in einen gastwirtschaftlichen Umgang mit Besuchern. Dieser ist nicht auf die Mitarbeitenden festgeschrieben, sondern kann auch von ehrenamtlichen Helfern vollzogen werden.

Praxisstrategie der sorgfältigen Planung und Antizipation interkultureller Verständigung (vgl. Abschnitt 5.6.3): Um dem Anspruch interkultureller Verständigung im Rahmen von Veranstaltungen zu entsprechen, zeichnet sich die Veranstaltungsvorbereitung durch eine minutiöse und detaillierte Erstellung einer Interaktionsordnung aus. In diesem Zusammenhang kann von einer strategischen Praxis der Planung und Antizipation interkultureller Verständigung gesprochen werden. Dass es sich hierbei um eine Praxisstrategie der Organisation handelt, zeigt sich darin, dass die Praxis der Veranstaltungsvorbereitung einem klaren und bekannten Ablauf folgt. In der Tradierung dieser Praxisstrategie bestätigt sich der Anspruch und das organisationale Selbstverständnis der Förderungs- und Lenkungsfunktion grenzüberschreitender Aktivitäten. Als die organisationale Funktion bewahrende und den Organisationszweck entsprechende Praxisstrategie der Vorbereitung und Planung grenzüberschreitender Verständigung verweist das sorgfältige Antizipieren somit auch auf die organisationale Praxis der Identität.

Praxisstrategie der Organisation und Sicherstellung von tschechischen Gästen (vgl. Abschnitt 5.6.1): Die Installation eines Bustransfers von einer tschechischen Großstadt zu Veranstaltungen des *Zentrum KULT* ist eine aufgrund der infrastrukturellen Nicht-Lage der Organisation eingesetzte Strategie zur Gewährleistung eines gemischten Publikums und zur Generierung tschechischer Stammgäste. Als Strukturmoment der Gestaltung grenzüberschreitender (interkultureller) Verständigung verbindet sich diese Strategie mit der sorgfältigen Planung von Anreise und Abreise tschechischer BesucherInnen und der damit verbundenen Konstruktion der BesucherInnen als Gäste. So korrespondiert diese organisationale Praxisstrategie der Akquisition und Konstruktion von Gästen sowohl mit der strategischen Praxis der sorgfältigen Planung und Antizipation als auch mit dem Praxismuster der Sorge um das Wohl der Gäste.

Praxismuster der kreativen Vergegenwärtigung (vgl. Abschnitt 5.6.2 und 5.6.4): In der Bewältigung alltäglicher kultureller und sprachlicher Übersetzungsanforderungen wirkt ein Praxismuster der kreativen Vergegenwärtigung. Während der im alltäglichen Arbeiten spontan auftretenden Probleme vollzieht sich das Praxismuster beispielsweise in der performativen Bezugnahme auf eine beiderseits der Grenze bekannte Märchenfigur. Mittels dieser wird eine Haltung und Technik im Umgang mit organisatorischen und sprachlichen Schwierigkeiten gefunden. Interessant ist dabei, dass – ähnlich wie schon beim Praxismuster der Sorge um das leibliche Wohl angedeutet – die Relevanz einer Markierung der Geschlechterdifferenz eine entscheidende Rolle spielt. Dass sich die kreative Vergegenwärtigung grenzüberschreitender Gemeinsamkeit mit der Reproduktion einer traditionell bewährten Geschlechterdifferenz verbinden, zeigt sich etwa auch im Rahmen von Besprechungen. Im Verlauf des organisierten Planens und Diskutierens des Jahresprogramms spielen das Imaginieren und Ironisieren von möglichen Veranstaltungsthemen und von virulenten Fragen der Organisation grenzüberschreitender Verständigung eine bedeutende Rolle. Die Lösung von kulturellen und strukturellen Übersetzungsanforderungen gelingt durch die kreative Vergegenwärtigung gemeinsamer Traditionen sowie lebensweltlicher Themen und nicht zuletzt durch die Konstruktion von Geschlechterdifferenz. Bezüglich der Konstruktion von Geschlechterdifferenz hat sich in Korrespondenz mit in der alltäglichen Praxis vollzogenen Praxismustern (kreative Vergegenwärtigung und Sorge um das leibliche Wohl) ein *Orientierungsmuster der Besprechungspraxis gezeigt, das sich in seiner Wirkung und Logik folgendermaßen beschreiben lässt:* National-kulturelle Differenzen werden über eine Betonung der Geschlechterdifferenz bearbeitet, zum Teil sogar dethematisiert oder marginalisiert. In Bezug auf das Organisieren (und wie die Praxis zeigt auch hinsichtlich des tatsächlichen Vollzugs) interkulturell-grenzüberschreitender Verständigung verschiebt sich der Fokus von national-kulturellen oder ethnischen Differenzen hin zu einer plakativen Betonung einer lebensweltlich relevanten Geschlechterdifferenz. Ein Lernen der Organisation besteht folglich nicht zuletzt darin, dass mittels des Praxismusters der kreativen Vergegenwärtigung und des zugrunde liegenden Orientierungsmusters das Repertoire zur Lösung von kulturellen Übersetzungsschwierigkeiten erweitert wird.

Mittels dieser Praxisstrategien und Praxismuster formiert sich die organisationale Identität der Einrichtung *Zentrum KULT* als eine Praxis der Darstellung und Vergegenwärtigung der selbsternannten Zentrumsfunktion, als eine Praxis der Darstellung und Vergegenwärtigung von Binationalität und Bilingualität sowie als Markierung und Herstellung von national-kulturellen und ethnischen Grenzen und der diesbezüglichen Darstellung und Vergegenwärtigung eines organisationalen Wissens und Könnens der Grenzüberschreitung. Dabei erscheint von besonderem Interesse, dass Praxisstrategien vornehmlich auf eine nach außen gerichtete organisationale

Selbstdarstellung im Sinne der Legitimation, Werbung und Akquisition (z.B die Praxisstrategie der Repräsentation von Binationalität und Bilingualität) und Praxismuster vornehmlich auf eine nach innen gerichtete Praxis der organisationalen Vergegenwärtigung im Sinne der Selbstvergewisserung (z.B das Praxismuster des Arrangierens zum Zweck der Dokumentation) verweisen. Sich hier andeutende Phänomene gelten in ähnlicher Weise für den im folgenden bearbeiteten Fall und werden als Kategorien des Darstellungszwangs und des Repräsentationsdrangs im Ergebnisteil vorliegender Arbeit ausführlich zu diskutieren sein (vgl. Abschnitt 8.1).

6 Grenzspieler. Eine deutsch-tschechische Einrichtung der schulischen und außerschulischen Jugendarbeit

Bei der nun zu betrachtenden Organisation handelt es sich um ein Kontaktzentrum zur Förderung des deutsch-tschechischen Jugendaustauschs mit zwei Standorten, auf deutscher Seite in Sonnenberg und auf tschechischer Seite in Český Pramen. Bei den genannten Städten (deren Namen anonymisiert sind) handelt es sich um in Städtepartnerschaft verbundene Regionshauptstädte des deutsch-tschechischen Grenzraums. Im Folgenden spreche ich von der Organisation als *Kontaktzentrum TRETBOOT*.[87] Mit der Wahl des Anonymus *TRETBOOT* wird versucht, der Bedeutung des Originalnamens zu entsprechen. Die Wahl einer ausschließlich deutschsprachigen Anonymisierung – die auch auf die eigene Betroffenheit sprachlicher Übersetzungsanforderung verweist – begründet sich zum einem mit der erfolglosen Suche nach einem der eigentlichen Bedeutung entsprechenden Anonymus in einer lingua franca, zum anderen in der Absicht, einen Begriff zu wählen, der die Bedeutung des Originalnamens transportiert: So handelt es sich bei einem *TRETBOOT* – ähnlich dem im Originalnamen bezeichneten Gegenstand – um ein Fahrzeug, dessen maximale Leistung und optimale Steuerung dann gewährleistet sind, wenn die beiden teilhabenden Personen im gleichen Takt treten und nur eine von beiden Personen die Steuerung innehat.

Der ausführlichen Falldarstellung der Organisation *Kontaktzentrum TRETBOOT* sollen einige fallspezifische Annahmen vorangestellt werden. So sind im organisationsethnographischen Forschungsprozess drei Phänomene besonders hervorgetreten, die die Darstellung der Analysen und Ergebnisse strukturiert: *Erstens* existieren in der Organisation *Kontaktzentrum TRETBOOT* hinsichtlich des organisationalen Selbstverständnisses und bezüglich der Praxis organisationaler Selbstdarstellung bürospezifische Differenzen, die in Form formaler bzw. pragmatischer Orientierung in der Herstellung und Bearbeitung von alltäglichen

87 Alle Namen und Bezeichnungen von Personen, Abteilungen etc. sowie von Produkten sind anonymisiert.

Übersetzungsanforderungen entgegen gesetzt wirken und zugleich ein Lernfeld für das kooperative Miteinander erzeugen. Hier zeigt sich etwa, dass sich autoritäre Führungsstile und basisdemokratische Formen des Miteinanders nicht ausschließen, sondern ein ertragreiches Spannungsfeld sein können. Ein *zweites* Phänomen ist bezüglich des organisationskulturellen Miteinanders, in Bezug auf die Praxis der Selbstdarstellung sowie im Hinblick auf die pädagogische Organisation und Unterstützung deutsch-tschechischer Begegnung auszumachen. In vielen Bereichen der Organisation wirkt hier das Spielen oder das Spielerische als zentraler *modus operandi* des Miteinander-Arbeitens. So entwickelt und verwendet die Organisation eine spielerische Methode der sprachlichen Verständigung und Kulturbegegnung, produziert diesbezüglich Spiele und auch die Kooperationspraxis ist durchzogen von spielerischen Elementen. Von Interesse wird es auch sein, das sich konstituierende Spannungsverhältnis zwischen statusbezogener autoritärer Entscheidungsmacht, basisdemokratischer Praktiken des Miteinanders und spielerischer Interaktionspraxis genauer in den Blick zu nehmen. *Drittens* kann einleitend auf das Phänomen aufmerksam gemacht werden, dass Praktiken der Legitimation sowie der Selbstvergewisserung eine *Grenzüberschreitung-Könnende Organisation* zu sein stets darum bemüht sind, eine programmatisch angelegte Parallelität und Parität herzustellen.

Die ethnographische Fallanalyse des *Kontaktzentrum TRETBOOT* beginnt mit einer Schilderung meines Zugangs zur Organisation (Abschnitt 6.1). Entlang von Selbst- und Fremdbeschreibungen, wie sie aus verschiedenen Dokumenten und aus zwei narrativ-episodischen Interviews mit den beiden Leitern der Büros hervorgehen, wird sodann ein kurzes Porträt der Organisation gezeichnet (Abschnitt 6.2). Hier werden die in der ersten Annahme geschilderten Diskrepanzen einer pragmatischen und formalen Orientierung bereits erkennbar. Im dritten Abschnitt wird die organisationsspezifische Praxis der multilokalen Verortung im Grenzraum bzw. die Verortung als grenzüberschreitend-agierende Organisation rekonstruiert (Abschnitt 6.3). Dem bürospezifischen Differenzverhältnis zugrunde liegende oder entspringende Praxisstrategien und Praxismuster der Identitätspraxis können dann hinsichtlich der Organisation interner Verständigung, wie sie im Kontext der jährlichen Jahresklausur erfolgt, verdeutlicht werden (Abschnitt 6.4). Ein sich hier zu erkennen gebendes Prinzip des Spielerischen und damit verbundene Muster kooperativen Kreierens wirken auch in Bezug auf die Herstellung von organisationseigenen Produkten. Die Produktion von Artefakten, die mehr oder weniger explizit als Medien der Darstellung Verwendung finden, sollen im Fokus der Aufmerksamkeit des fünften Abschnitts stehen (Abschnitt 6.5). Den umfangreichsten Teil der Falldarstellung nimmt abschließend die Analyse der Konzeption des Produkts *Sprachspaß* und eine dichte Beschreibung dessen Verwendung als Medium der Selbstdarstellung ein (Abschnitt 6.6). Hier kann nicht nur eine organisationsspezifische kooperative Praxis der Kreation bestätigt, sondern auch eine weitere Facette der Kooperationspraxis rekonstruiert werden, wie sie sich entlang des oben genannten Spannungsverhältnisses von statusbezogener Autorität und spielerischer Interaktion entwickelt.

6.1 Der ethnographische Zugang zum Kontaktzentrum *TRETBOOT*

Ähnlich wie im Fall *Zentrum KULT* geht mein erster Kontakt mit dem *Kontaktzentrum TRETBOOT* auf meine Beschäftigung als Theaterpädagoge zurück. Im Jahr 2006 suchte ich nach Möglichkeiten einer finanziellen Förderung eines von mir verantworteten deutsch-tschechischen Theaterprojekts. In diesem Zusammenhang begegnete ich der Arbeit des *Kontaktzentrum TRETBOOT* als ein nach finanziellen Mitteln suchender Multiplikator deutsch- tschechischer Jugendarbeit. Näheren Kontakt hatte ich hier mit einem Mitarbeiter des deutschen Büros.

Auch wenn zum Zeitpunkt der Kontaktaufnahme mit dem *Kontaktzentrum TRETBOOT* zum Zweck der Erschließung selbiger Organisation für unser interdisziplinäres Forschungsprojekt schon mehrere Jahre kein Kontakt mehr bestand, wurde ich aufgrund meiner Vorkenntnisse damit beauftragt, den Kontakt zum *Kontaktzentrum TRETBOOT* herzustellen. In Rücksprache mit meinen Kollegen entschied ich mich gegen eine *türöffnerstrategische* Einbindung (vgl. Bachmann 2009) des mir bekannten Mitarbeiters und für den offiziellen Weg in Form einer schriftlichen Anfrage bei den beiden Leitern. Dies erschien mir auch aufgrund der doppelten Leitungsstruktur der Organisation notwendig, da eine Kontaktaufnahme mit dem deutschen Mitarbeiter zunächst nur den deutschen Teil der Organisation und damit nur ein *Machtzentrum* berücksichtigt hätte (vgl. Wolff 2010a). Mithilfe einer tschechischsprachigen studentischen Mitarbeiterin formulierte ich in einem zweisprachigen Brief unser Forschungsinteresse und das Design unseres Projekts und verband dies mit der Anfrage, ob eine Kooperation zu Forschungszwecken möglich sei, und mit der Bitte, unser Forschungsprojekt in einem persönlichen Gespräch vorstellen zu können. Nur wenige Tage später erreichte mich ein Anruf vom Leiter des deutschen Büros der Organisation. In einem kurzen Telefongespräch zeigte sich dieser sehr interessiert und lud uns – auch im Namen seines tschechischen Kollegen – nach *Český Pramen* zu einer im Juli dort stattfindenden Besprechungsrunde ein.

Am vereinbarten Termin besuchten meine Kollegen und ich das tschechische Büro des *Kontaktzentrum TRETBOOT* in Český Pramen. Nach einer etwa einstündigen Vorstellung und Besprechung unseres Anliegens, bei dem vor allem die Frage unseres methodischen Vorgehens und des Umgangs mit erhobenen Daten im Zentrum standen, stimmten die Leiter einer Beteiligung an unserem Forschungsprojekt zu. Dieses taten sie nicht ohne vorherige Absprache mit zwei am Gespräch beteiligten MitarbeiterInnen. Hinsichtlich der Tatsache, dass nicht die beiden Leiter alleine mit uns sprachen, dass die Entscheidung einer Zustimmung zu unserer Anfrage in Rücksprache mit Mitarbeitenden erfolgte, dass jeweils zwei Personen aus dem Büro *Český Pramen* und zwei aus dem Büro Sonnenberg anwesend waren, notierte ich als einen meiner ersten Eindrücke, dass „TRETBOOT möglicherweise sehr auf paritätische und ausgeglichene Repräsentation bedacht" ist. Ein ebenfalls eindrückliches Erlebnis dieser Besprechung bestand darin, dass der Leiter des deutschen Büros (und nur dieser) uns explizit darum bat, eine Liste geplanter Erhebungen zu erstellen und unsere Forschungsaufenthalte mit ihm im Vorfeld abzuklären. Eine solche Liste erstellte ich den folgenden Wochen und schickte sie an den Leiter des deutschen Büros, der mir dann in einem folgenden Gespräch zusicherte, dass wir mit allen Mitarbeitenden sprechen können und „fast überall" dabei sein dürfen. Der dominante Auftritt des deutschen Leiters in Diskrepanz zur Zurückhaltung des tschechischen Leiters und die Bedeutung von parallelem und paritätischem Auftreten als falleigene Logiken deuten sich an dieser Stelle bereits an und sollen in weiteren Analysen Berücksichtigung finden.

Drei Wochen nach dem Erstgespräch erfolgte der erste Erhebungsaufenthalt. Als fünfköpfiges Forschungsteam reisten wir für eine dreitägige Teilnahme zur jährlich stattfindenden und im Vorfeld als sehr bedeutsam markierten Jahresklausur nach Au, in den bayerischen Wald. Da am ersten Klausurnachmittag „heikle Themen" besprochen wurden, durften wir erst am Abend anreisen. Diese anfängliche Unsicherheit unserer Forschungsarbeit gegenüber wich mit der Zeit. Schon im Rahmen der folgenden Feldaufenthalte war ein Beisein meiner Person und auch das Mitschneiden von heiklen Gesprächen möglich und wurde mir gegenüber von keiner Seite als bedenklich kommuniziert. Begünstigt wurde diese zunehmende Offenheit durch unsere vorab angekündigten Bewegungen im Feld und durch die regelmäßigen Rücksprachen mit dem Leiter des deutschen Büros, wann, wo und in welcher Form wir Daten erheben wollten. Die anfängliche Unsicherheit der Mitarbeitenden unserer Tätigkeit gegenüber wurde sehr humorvoll bearbeitet.[88] So begrüßte uns auf der genannten Jahresklausur ein Mitarbeiter (es lag bereits ein

---

88 Wolff hat darauf hingewiesen, dass Organisationen ein großes Repertoire an Strategien des Umgangs mit dem *Fremdkörper* ForscherIn ausbilden bzw. besitzen (Wolff 2010a, S. 343). Mit Blick auf die humorvolle Bearbeitung meiner Anwesenheit im Feld können diesen vornehmlich als Vermeidungsstrategien verstandenen Reaktionen auch die Ironisierung der Forschungsarbeit als eine weitere Strategie hinzugefügt werden. Fragen des richtigen Zugangs zum Feld werden im Diskurs der erziehungswissenschaftlichen

wenig Schnee und war sehr kalt) mit „Ah, die Polarforscher“ und gab uns damit einen Spitznamen, den wir die gesamte Erhebung über beibehielten. Während der Pausen zwischen langen Sitzungen, die wir mitschneiden durften, sprachen uns Mitarbeitende tschechische Zungenbrecher auf das Band und wünschten uns „viel Spaß beim transkribieren“. Die humorvolle und spielerischer Bearbeitung unserer Anwesenheit als Forscher bestand von Anfang an und schürte von Beginn mein Interesse an der Rolle und Funktion des *Spielerischen* für das organisationale Miteinander. Ein diesbezüglich charakteristisches, mich zu Beginn überraschendes und in Folge meine organisationsethnographische Ausrichtung fokussierendes Vorkommnis ereignete sich am ersten Abend der erwähnten Jahresklausur. Nach Beendigung der Arbeit wurde in Windeseile der bis dato als Besprechungs- und Arbeitsplatz genutzte Seminarraum in einen gemütlichen Spielraum verwandelt. Den Abend lang spielten alle Mitarbeitenden in kleinen oder großen Gruppen verschiedenste Spiele, unterhielten sich bei Bier und Chips oder hörten Musik (vgl. Abschnitt 6.4.3). Die sehr integrative Funktion des Miteinander-Spielens erfuhr ich am eigenen Leib (vgl. Cloos 2008b), denn wie selbstverständlich wurde ich Teil dieser *Spielgemeinschaft*, spielte, redete und trank mit. – Entlang des Spielens und des Spielerischen als wiederkehrende Momente der organisationalen Praxis, wie sie mir zu Beginn und immer wieder in den unterschiedlichsten und unerwartetsten Momenten begegneten, entwickelte sich neben der Fokussierung auf die Diskrepanz von Pragmatik und Formalität und auf die prinzipielle Einhaltung und Herstellung von Parität und Parallelität eine dritte zentrale Analyseperspektive des Falls.

Wie schon in der vorangegangenen Fallanalyse soll auch hier eine tabellarische Aufstellung (vgl. Tab. 3) der Erhebungszeiträume und erhobenen Materialien die Nachvollziehbarkeit meiner Bewegung im Feld gewährleisten. Aus der Aufstellung geht auch hervor, dass ich beinahe alle Aufenthalte im Feld nicht alleine, sondern gemeinsam mit meinem Kollegen Thomas Höhne bewerkstelligte. Dies hat sich in vielerlei Hinsicht als sehr vorteilhaft erwiesen: Gemeinsame Reflexionen und dadurch ermöglichte Verdichtungen der Beschreibungen, der Austausch von aufgelesenen Dokumenten und Artefakten, der zweifache Blick, der so manchen blinden Fleck der eigenen Sichtweise erhellte und nicht zuletzt das Erkennen eigener Übersetzungsverhältnisse können hier genannt werden.

Ethnographie ausführlich diskutiert (vgl. exemplarisch Closs und Thole 2006; Bollig 2010).

Tabelle 3 Chronologische Darstellung der ethnographischer Aufenthalte im Kontaktzentrum *TRETBOOT*[89]

Feldaufenthalt (Dauer, Ort, teilnehmende Forscher)	**Anlass und Kontext des ethnographischen Feldaufenthalts**	**Ethnographische Datenerhebungen und -funde** (Szenen, Artefakte, Mitschnitte, Dokumente und Interviews)	**Ort der Darstellung und Analyse in vorliegender Arbeit**
September 2009 Český Pramen, TRETBOOT Český Pramen Nicolas Engel, Thomas Höhne, Christoph Marx, Matthias Klemm	Erster Besuch: Informelle Forschungsvereinbarung und erste Eindrücke	*Notizen*	Abschnitt 6.1
20.10-22.09.2009 Au, Tagungshaus Nicolas Engel, Thomas Höhne, Christoph Marx, Kristina Chmelar, Zuzana Janousckova	Teilnehmende Beobachtung und beobachtende Teilnahme (an) der Jahresklausur 2009	**TRET SB 01:** Szenenbeschreibung *Kreisspiel*	Abschnitt 6.4.3
		TRET SB 02: Szenenbeschreibung *„In der Kneipe"*	Abschnitt 6.6.3.1
14.12.09 Sonnenberg, TRETBOOT Sonnenberg Nicolas Engel, Thomas Höhne, Christoph Marx	Teilnehmende Beobachtung der Runda	**TRET RB 01:** Raumbeschreibung *Kooperationsraum ‚Runda'*	Abschnitt 6.3.1
		TRET SB 03: Szenenbeschreibung *Schleudersitz*	Abschnitt 6.4.3
	Recherche im Archiv	**TRET D 01:** Dokument *Homepage*	Abschnitt 6.2.1
		TRET D 02: Dokument *Flyer ‚Kontaktzentrum'*	Abschnitt 6.2.1
		TRET D03: Dokument *Absichtserklärung*	Abschnitt 6.2.2
		TRET D 04: Dokument *Flyer Sprachspaß*	Abschnitt 6.6.1 und 6.6.2.2
		TRET D 05: Dokument *Organigramm*	Abschnitt 6.2.3
		TRET AB 01: Artefaktbeschreibung *MeXeso*	Abschnitt 6.5

89 Die erhobenen Daten werden hier in der Chronologie ihrer Erhebung aufgeführt (für eine alpha-numerische Gliederung nach Datensorten vgl. Übersicht erhobener Daten) und mit einem Kürzel versehen, das auch in der weiteren Falldarstellung Verwendung findet: Das Kürzel TRET steht für *Kontaktzentrum TRETBOOT*, SB für Szenenbeschreibung, AB für Artefaktbeschreibung, RB für Raumbeschreibung, M für Mitschnitt, I für Interview und D für Dokument. Wenn Beschreibungen (z.B TRET AB 01) bei mehreren Feldaufenthalten entstanden sind, dann erscheint dieses Kürzel entsprechend öfter in der tabellarischen Darstellung.

Mitte April 2010 Český Pramen und Sonnenberg Nicolas Engel, Kristina Chmelar, Matthias Klemm, Christoph Marx	Gemeinsame ‚Erstgespräche'	**TRET I 01:** Episodisch-narratives Interview mit *Leiter TRETBOOT Sonnenberg*	Abschnitt 6.2 und 6.5
		TRET I 02: Episodisch-narratives Interview mit *Leiter TRETBOOT Český Pramen*	Abschnitt 6.2 und 6.6.2.2
10.06.2010 Prag, deutsche Botschaft Nicolas Engel, Thomas Höhne, Christoph Marx	Teilnehmende Beobachtung der 10-Jahresfeier *Grenzenlose Praktika*	**TRET SB 04:** Szenenbeschreibung *Sprachspaß*	Abschnitt 6.6.3.2
		TRET SB 05: Szenenbeschreibung *MeXeso-Kauf*	Abschnitt 6.5.
10.6 – 14.6.10 Terezin Nicolas Engel, Thomas Höhne	Teilnehmende Beobachtung des Seminars „ Erinnerungsarbeit"	**TRET RB 02:** Raumbeschreibung *Dialograum Seminar I*	Abschnitt 6.3.2
1.7 Sonnenberg, Kontaktzentrum TRETBOOT Nicolas Engel, Christoph Marx	Interview	**TRET I 03:** Episodisch-narratives Interview mit Mitarbeiter SEPP	Abschnitt 6.5, 6.6.2.1 und 6.6.3.1
		TRET AB 01: Artefaktbeschreibung *MeXeso*	Abschnitt 6.5
6.10. – 7.10.2010 ???, Tagungshotel Nicolas Engel, Thomas Höhne,	Teilnehmende Beobachtung des Evaluationsseminar *Grenzenlose Praktika*	**TRET RB 03:** Raumbeschreibung *Dialograum Seminar II*	Abschnitt 6.3.2
25.10 – 27.10.2010 Burg Eck, Jugendherberge Nicolas Engel, Thomas Höhne, Kristina Chmelar	Teilnehmende Beobachtung und beobachtende Teilnahme (an) der Jahresklausur 2010	**TRET RB 04:** Raumbeschreibung *Kooperationsraum Jahresklausur*	Abschnitt 6.3.1
		TRET D 06: Dokument *Konzeption Sprachspaß*	Abschnitt 6.5, 6.6.1, 6.6.2.1 und 6.6.2.2
		TRET SB 06: Szenenbeschreibung *Grundlegende Charakteristika Sprachspaß*	Abschnitt 6.6.2.2
		TRET SB 07: Szenenbeschreibung *„Wer bin ich"*	Abschnitt 6.4.3
		TRET SB 08: Szenenbeschreibung *SMART*	Abschnitt 6.4.1
		TRET SB 09: Szenenbeschreibung *Kleingruppenarbeit*	Abschnitt 6.4.2
		TRET SB 10: Szenenbeschreibung *„Chef-Runde"*	Abschnitt 6.4.2
		TRET M 01: Mitschnitt Besprechung *‚Konzeption Sprachspaß'*	Abschnitt 6.6.2.2
		TRET M 02: Mitschnitt *Jahresplanung 2011*	Abschnitt 6.4.1 und 6.4.2
		TRET M 03: Mitschnitt *Entscheidungsgespräche Grenzenlose Praktika*	Abschnitt 6.4.2

6.2 Ein Kurzporträt der Organisation Kontaktzentrum *TRETBOOT*

Im Folgenden wird das *Kontaktzentrum TRETBOOT* porträtiert. Zunächst soll anhand einiger Selbstbeschreibungen, wie sie in Flyern zu finden sind und wie sie aus Erzählungen[90] der Leiter hervorgehen, die Koexistenz zweier unterschiedlicher Selbstbilder der Organisation aufgezeigt werden (Abschnitt 6.2.1). Eine kurze Darstellung der Entstehungsgeschichte der Organisation zeigt, dass diese aufs Engste verknüpft ist mit einem politischen Gestaltungswillen zur europäischen Einigung (Abschnitt 6.2.2). In Abschnitt 6.2.3 werden die für die Organisation charakteristische Parallelität und Parität auch in der Arbeitsstruktur erkennbar. Abschließend werden die im Folgenden handelnden Akteure (Abschnitt 6.2.4) vorgestellt.

6.2.1 „Dass wir wirklich als TRETBOOT funktionieren". Zur organisationalen Selbstbeschreibung

In den Selbstdarstellungen des *Kontaktzentrum TRETBOOT* fällt auf, dass die Organisation Bilingualität an keiner Stelle explizit als Charakteristikum oder Expertise benennt, alle Darstellungen aber konsequent bilingual sind.[91] Der in allen Dokumenten praktizierten paritätischen Bilingualität, die nicht nur in einer Übersetzung von Texten der einen Sprache in Texte der anderen Sprache besteht, sondern sich vor allem in dem Versuch der jeweils parallelen sinn- und bedeutungsähnlichen Generierung von Texten zeigt, soll in der Rekonstruktion des Selbstbilds, wie es aus Selbstbeschreibungen (Flyern und Homepages) und Erzählungen der beiden Leiter hervorgeht, auch deswegen besondere Beachtung geschenkt werden, da sich hieran ein jeweils bürospezifischer Unterschied im Selbstverständnis des Kontaktzentrums andeutet. Denn in Betrachtung der vielseitigen und vielerorts publizierten Aussagen zum organisationalen Selbstverständnis muss die Frage, ob es sich beim *Kontaktzentrum TRETBOOT* um **eine** Organisation handelt, vorerst offen bleiben. Aus den Beschreibungen sowohl der tschechischen als auch der deutschen Homepage (TRET D 01) geht hervor, dass es sich um **zwei** Kontaktstellen bzw. „Büros" handelt, die

90 Siehe Fußnote 52.

91 Die Herstellung von Bilingualität in Organisationen der Grenzüberschreitung bzw. die Konstruktion von grenzüberschreitender Verständigung wurde vom linguistischen Teilprojekt des einleitend erwähnten Forschungsverbunds untersucht (vgl. Nekula et al. 2009; Nekula und Marx 2011; Marx 2012).

a. einen Standort in Sonnenberg auf deutscher Seite bzw. Český Pramen auf tschechischer Seite haben.
b. jeweils in eine unterschiedliche Prinzipalstruktur eingebunden sind. Die Kontaktstelle auf deutscher Seite ist institutionell an das Bundesministerium für Familie, Senioren, Frauen und Jugend gekoppelt, die Kontaktstelle auf tschechischer Seite wird getragen von der Westböhmischen Universität.
c. auf jeweils unterschiedliche Weise grundfinanziert werden. Die Kontaktstelle Sonnenberg wird zu 60 % aus Mitteln des Bundes, zu 30 % aus Mitteln des Landes Bayern und zu 10 % aus Mitteln des Landes Sachsen, die Kontaktstelle Český Pramen wird zu 100 % aus Mitteln des tschechischen Ministeriums für Schule, Sport und Jugend finanziert.

Vor diesem Hintergrund erscheint die auf der deutschen Homepage und ebenfalls in deutscher Version auf der tschechischen Homepage publizierte Selbstbeschreibung zentral. Dort heißt es „*TRETBOOT* sind zwei Büros. Eines in Deutschland und eines in Tschechien. Die beiden Kontaktzentren verfolgen [...] ein gemeinsames Ziel: [...]" (TRET D 01). Auf einem gemeinsamen zehnseitigen Faltflyer (TRET D 02) stellt sich das Kontaktzentrum dementsprechend vor. Auf jeweils fünf Seiten finden sich in deutscher Sprache unter dem Titel *TRETBOOT Sonnenberg* und in tschechischer Sprache unter dem Titel *TRETBOOT Český Pramen* zwei Darstellungen des *Kontaktzentrum TRETBOOT*. Bei den Beschreibungen handelt es sich um jeweils eigenständige Texte, nicht um Textübersetzungen. Dies zeigt sich im Aufbau der Beschreibungen, wie z.B. in der Verwendung unterschiedlicher Semantiken. Gleichwohl informieren die Texte über die gleiche Sache. Die Beschreibungsformen wechseln zwischen solchen, die *TRETBOOT* im Allgemeinen charakterisieren, und solchen, die die Besonderheiten der jeweiligen Büros hervorheben. Eine explizite Nennung der unterschiedlich lokalisierten Büros erfolgt in der tschechischen Version ausschließlich in der Beschreibung der unterschiedlichen Trägerschaft und Finanzierung, in der deutschen Version ist dies uneinheitlich. So beginnt die deutschsprachige Version mit einer Selbstbeschreibung von *TRETBOOT Sonnenberg* als „bundesweit zentrale Fachstelle für den Jugend- und Schüleraustausch mit Tschechien" (TRET D 02). Hier wird nicht nur das Format Kontaktzentrum in Kompetenz und Zuständigkeit konkretisiert, sondern eine deutsche Büro-Perspektive des Selbstverständnisses („bundesweit", „mit Tschechien") erkennbar. In der tschechischen Version wird im ersten Satz die Organisationsform des Kontaktzentrum TRETBOOT nicht näher bestimmt, sondern sogleich die zentrale Tätigkeit benannt:

> „Koordinační centrum česko-německých výměn mládeže TRETBOOT zprostředkovává a podporuje spolupráci mládeže z Česka a Německa – Das Kontaktzentrum tschechisch-deutscher Jugendaustausch – TRETBOOT vermittelt und unterstützt die Zusammenarbeit der Jugend aus Tschechien und Deutschland" **(TRET D 02).**

Im Vordergrund der tschechischen Selbstbeschreibung stehen konkrete Tätigkeiten und Ziele, die in der deutschen Version erst im zweiten und dritten Absatz des Flyers benannt werden. Die Beschreibung der Aufgaben hingegen ist identisch, nur die Reihenfolge unterscheidet sich: So betonen beide Selbstbeschreibungen unterschiedliche Formen der Unterstützung und Beratung von Multiplikatoren und Jugendlichen über Vermittlung von Fachwissen und Informationen über das Nachbarland und damit zentrale pädagogische Aufgaben der Beratung und Weiterbildung.[92] Unterschiedlich werden die einzelnen Aufgabenbereiche priorisiert. Während die deutsche Version die „Finanzielle Förderung" als erstes nennt und „Seminare und Fortbildungen" als letzten Punkt aufführt, setzt die tschechische Seite vice versa „Semináře a vzdělávání – Seminare und Bildung" an erste Stelle und „Financování – Finanzierung" an die letzte. Zudem werden beiderseits „Informace a poradenství – Information und Beratung" und „Kontaktvermittlung – Zprostředkování partnerství" als zweiter und dritter Punkt genannt (TRET D 02). Als übergeordnetes Ziel formulieren beide Versionen des Flyers zum einen die Verbesserung des nachbarschaftlichen Verhältnisses und zum anderen die Förderung der Mobilität junger Menschen. In der Verbindung eines zentralen Motivs der Jugendarbeit (vgl. Wisser 2006) mit einem stark an die politischen und gesellschaftlichen Zielformulierungen der EU angelehnten Motive der europäischen Bürgerschaft (vgl. hierzu auch Delory-Momberger et al. 2011) und Völkerverständigung zeigt sich das zentrale organisationale Selbstverständnis als grenzüberschreitende Einrichtung zur Förderung von Jugendaustausch.[93] Der kurze Blick auf die teils unterschiedlichen Selbstbeschreibungen der Organisation

92 In der tschechischen Version heißt es: „pomáhá a radí zájemcům o sousednízemi z řad mladých lidí, vedoucích mládeže a pedagogů – berät und hilft Interessenten aus den Reihen junger Leute, Jugendlicher und Pädagogen hinsichtlich des Nachbarlandes", *übersetzt von K. Chemelar.* In der deutschen Version hingegen heißt es: „unterstützt Multiplikator/- innen der Jugendarbeit [...] Jugendlichen mit Interesse am Nachbarland" **(TRET D 02).**

93 Im Beschluss Nr. 1719/2006/EG des Europäischen Parlaments und des Europäischen Rates vom 15.November 2006 wird in der Einführung des Programms „Jugend in Aktion" die Grundlage zur Institutionalisierung der Förderung grenzüberschreitenden Jugendaustauschs gelegt. Explizit heißt es dort „die **Aktion Jugend für Europa** zielt vor allem darauf ab, den Jugendaustausch zu fördern, um die Mobilität junger Menschen zu verbessern und das Gefühl, europäische Bürger zu sein, zu stärken" (ebd.: Herv.i.O.).

auf Homepages und Flyer macht also deutlich, dass es sich um ein – mit zwei Büros ausgestattetes – Kontaktzentrum handelt, dass grenzüberschreitend agiert und den deutsch-tschechischen Jugendaustausch fördert und vertieft. Mit der ziel- und tätigkeitsbezogenen Korrespondenz und Verzahnung der beiden Büros geht eine jeweils unterschiedliche An- und Einbindung der Büros in das strukturelle Umfeld der Organisation einher.

Trotz der einheitlichen Darstellungsform und Nennung gemeinsamer Ziele und Aufgaben wird bezüglich der Betonung unterschiedlicher Trägerschaft und Finanzierung sowie bezüglich der betonten bundesdeutschen Verantwortung in deutschen Selbstbeschreibungen die Frage nach der Organisationsart nicht einheitlich beantwortet. In Ausschnitten zweier episodisch-narrativer Interviews, die mit den beiden Leitern der Büros zu Beginn der Erhebungen geführt wurden, wird die Annahme, dass unterschiedliche Organisationsverständnisse wirken, deutlich. In den Erzählungen markieren beide Leiter die unterschiedliche administrative Aufhängung und Finanzierung der Büros. Der daraus resultierende büro-strukturelle Unterschied, der sich deutscherseits etwa in der Betonung der finanziellen Förderung als Hauptaufgabe zeigt, geht zurück auf eine national unterschiedliche Auslegung der Aufgaben, die das Kontaktzentrum zu bewerkstelligen hat. Die Förderung des deutschen Büros durch das deutsche Bundesministerium und die dortige Verankerung evozieren ein Selbstverständnis als eine in Regierungsabhängigkeit stehende Einrichtung: „wir sind aber ne Bundeseinrichtung" (TRET I 01). Dies bestätigend beschreibt auch der Leiter des tschechischen Büros das deutsche Büro als

> (2) Institution mit allem drum und dran. Sie haben Finanzmittel (.) die sie umverteilen umverteilen, sie werden vom Bundesministerium wahrgenommen, werden (1) gemessen nach dem Umfang der Verteilung der Finanzmittel **(TRET I 02).**[94]

Sich davon abgrenzend („nie haben wir uns als Institution wahrgenommen", TRET I 02) markiert er die tschechische Büroidentität „im Grunde als eine gemeinnützige Anstalt, wie eine Bürgervereinigung" (TRET I 02). Hier zeigen sich sehr unterschiedliche Auffassungen. Während das deutsche Büro sich institutionellen Charakter

---

94 Im Original: *(2) instituce se vším všudy. Oni mají finanční prostředky (.) které přerozdělávají přerozdělovávají jsou vnímany ministe spolkovým ministerstvem, jsou (1) jim měřena podle rozdě roz podle objemu rozdělení finančních prostředků.* Das Interview mit dem Leiter des tschechischen Büros wurde in tschechischer Sprache geführt. Die in diesem Dokument verwendeten Interviewpassagen wurden im Rahmen des Forschungsverbundprojekts von einer externen Stelle vertextlicht. Die Textpassagen übersetzte Kristina Chmelar. Im Fließtext wird nur die überstezte Version zitiert. Der Orginaltext befindet sich jeweils in der Fußnote.

und Regierungs(zuge)hörigkeit zuschreibt und zugeschrieben bekommt (darüber besteht offensichtlich Einvernehmen), versteht sich das Büro in Tschechien als eine Nicht-Regierungsorganisation (NGO), die nicht „Ministeriumsinstitution" wahrgenommen werden will, sondern daran gemessen werden möchte, wie flexibel und offen konkrete Hilfe und Beratung für „die Menschen" (TRET I 02) angeboten wird. Trotz dieser Markierung der Unterschiede in der Bürophilosophie wird in den Erzählungen des tschechischen Leiters ein Bild des *Kontaktzentrum TRETBOOT* als organisationale Ganzheit deutlich:

> über alle Unterschiede oder Unterschiedlichkeiten so oder nehmen wir TRETBOOT als eine Organisation wahr. Wir sind *TRETBOOT.* [...] Es gibt keinen Bereich, den wir getrennt voneinander machen oder es gibt Bereiche, die wir getrennt verwalten. *TRETBOOT Sonnenberg* Verwaltung wir zum Beispiel wir zum Beispiel orientieren uns auf Freiwilligendienste, aber auch diese Bereiche, über die sind wir- informieren wir uns ununterbrochen gegenseitig, fragen nach den Erfahrungen ähm und ergänzen uns gegenseitig in bestimmter Weise. Also eine der Sachen ist einfach, dass wir wirklich als *TRETBOOT* funktionieren (.) und das als eine Ganzheit **(TRET I 02).**[95]

Im Gegensatz zu dieser Beschreibung von *TRETBOOT* als ganzheitlicher Funktionszusammenhang entwirft der deutsche Leiter im Zuge einer Erläuterung zur Sprachverwendung innerhalb des Kontaktzentrums ein Selbstbild von zwei Organisationen. So konstatiert er

> *TRETBOOT* gibt's nicht als Gesamtorganisation, es gibt die zwei Organisationen. Und in der Zusammenarbeit haben die zwei Organisationen grundsätzlich zwei Sprachen (.) nämlich äh Tschechisch und Deutsch (2) **(TRET I 01).**

Die Betonung der Existenz von zwei Organisationen und der möglichen Verwendung zweier Sprachen in der Zusammenarbeit markiert nicht nur eine institutionelle Differenz, sondern verbindet diese Differenzierung mit kultureller Zugehörigkeit. Diese Auffassung zur Existenz von *zwei* Organisationen korrespondiert mit dem Selbstverständnis von *TRETBOOT Sonnenberg* als deutsche Bundeseinrichtung und mit der organisationsstrukturellen Unterscheidung in „Institution" und „gemein-

95 i.O.: *Přes všechny třeba rozdíly nebo rozdílnosti tak neb vnímáme TRETBOOT jako jednu organizaci. My jsme TRETBOOT. [...] Neexistuje oblast, kterou bysme dělali odděleně nebo existujou oblasti které děláme odděleně. TRETBOOT Sonnenberg spravování my třeba my třeba se orientujeme na dobrovolné služby ale i tyto oblasti o nich jsme neustále navzájem se informujem, ptáme se na zkušenosti ehm a doplňujem se určitým způsobem. Takže jakoby jedna z těch věcí je prostě že opravdu fungujeme jako TRETBOOT (.) a to jako celek*

nützige Anstalt". In einer institutionellen Sichtweise hat dies seine Richtigkeit. Denn sowohl die unterschiedliche Trägerschaft als auch die unterschiedliche Finanzierungsstruktur implizieren unterschiedliche Satzungen und damit unterschiedlich geregelte Zugehörigkeiten. Das vom tschechischen Leiter zum Ausdruck gebrachte Selbstverständnis der Büros *als* TRETBOOT („wirklich als *TRETBOOT* funktionieren") wird hingegen praktisch begründet, indem auf die informelle Praxis des gemeinsamen Arbeitens hingewiesen wird. In dieser instrumentellen Sichtweise wird ein Selbstbild des *Kontaktzentrum TRETBOOT* als ein kooperatives Miteinander („informieren wir uns ununterbrochen gegenseitig, fragen nach den Erfahrungen ähm und ergänzen uns gegenseitig") erkennbar.[96] Der Gegensatz zwischen einer institutionellen Sichtweise, die das *Kontaktzentrum TRETBOOT* als zwei Organisationen definiert, sowie einer instrumentellen Sichtweise, die *Kontaktzentrum TRETBOOT* als einen in „Ganzheit" funktionierenden Praxiszusammenhang sieht, deutet möglicherweise auf unterschiedliche Erfahrungen und Erwartungen hin. Bei genauerer Betrachtung ist dies aber kein sich ausschließender Gegensatz. Vielmehr zeigt sich hier ein für organisationales Lernen produktives Spannungsfeld zweier Sichtweisen, die eine strukturelle Einheit riskieren und damit Raum für Heterogenität schaffen. Die Existenz unterschiedlicher Sichtweisen auf das Kontaktzentrum, in seinem institutionellen Funktionszusammenhang einerseits und seinem praktischen Funktionszusammenhang andererseits, kann für die Organisation als exemplarisch gelten. So werden die Frage, in welcher Form diese Sichtweisen in der organisationalen Praxis wirken und inwiefern sich hier grundlegend ein organisationaler Modus der Artikulationsfreiheit zeigt, im Weiteren zu fokussieren sein. Vor dem Hintergrund der Existenz verschiedener Organisationsverständnisse soll nun folgende Sprachregelung gelten: Die Termini *TRETBOOT Sonnenberg* und *TRETBOOT Český Pramen* entsprechen einer Unterscheidung in zwei Organisationen oder Kontaktstellen, die Bezeichnung *Kontaktzentrum TRETBOOT* weist auf die wahrgenommene Ganzheit bzw. den Kooperationszusammenhang beider Kontaktstellen hin.

96 Zur Unterscheidung zwischen einer institutionellen und instrumentellen Sichtweise auf Organisationen vgl. Schreyögg 2008, S. 5ff. Demnach wird unter Organisation in instrumenteller Sichtweise der Gestaltungsprozess des Organisierens verstanden, in institutioneller Sichtweise hingegen wird Organisation als ein durch zweckvolles, hierarchisches und Zugehörigkeit regelndes System verstanden. In strukturationstheoretischer Perspektive auf Organisation als institutionalisierter Praxiszusammenhang ist die Verbindung beider Perspektiven relevant (vgl. Abschnitt 2.2.1).

6.2.2 Im Auftrag „von oben". Zur organisationalen Entstehungsgeschichte

Der beschriebenen Verwobenheit der beiden Kontaktstellen in eine jeweils länderspezifische, institutionelle Prinzipalstruktur liegt ein ministerialer Auftrag zugrunde. In Form einer Absichtserklärung zwischen dem Bundesministerium für Familie, Senioren, Frauen und Jugend auf deutscher und dem Ministerium für Schulwesen, Jugend und Sport auf tschechischer Seite zur „Errichtung von Kontaktstellen für den deutsch-tschechischen Jugendaustausch" (TRET D 03) wird 1996 der Grundstein für das heutige *Kontaktzentrum TRETBOOT* und seine beiden Standorte in Sonnenberg und Český Pramen gelegt.[97] Die gemeinsame Erklärung skizziert Ziele und das Aufgabenspektrum, die strukturelle Ausgestaltung der Kontaktstellen sowie deren Finanzierung und bildet damit die rechtliche Grundlage des Programms. Aufbauend auf einem seit 1990 bestehenden Vertrag zwischen der Bundesrepublik Deutschland und der Tschechischen und Slowakischen Förderativen Republik über Zusammenarbeit und Austausch der Jugend soll die Einrichtung entsprechender Kontaktstellen den Jugendaustausch „ausweiten" und „intensivieren" (TRET D 03). Als allgemeine Aufgabe formuliert die Erklärung die Förderung „allseitiger Verbindungen und freundschaftlicher Beziehungen zwischen jungen Menschen in beiden Staaten" (TRET D 03) sowie die Beratung und Unterstützung anderer Stellen bei der Durchführung deutsch-tschechischer Jugendaustauschprojekte. Diesen Aufgaben folgt eine Liste detailliertere Ziele, die sich allesamt in den Selbstbeschreibungen der Organisation wiederfinden (vgl. Abschnitt 6.1.1). Bezüglich der Kooperation der beiden Kontaktstellen wird explizit eingefordert, „so eng wie möglich zusammen[zu]arbeiten", „Aktivitäten aufeinander ab[zu]stimmen" und „gemeinsame Initiativen [zu] entwickeln" (TRET D 03). Des Weiteren regelt die Absichtserklärung die administrative Angliederung an und Kontrolle durch die zuständigen Ministerien, beschließt die Standortfrage der Kontaktstellen, die Mitarbeiterstruktur sowie die Gewährleistung der Personal- und Sachkosten.

---

97 Im Unterschied zur Einrichtung Deutsch-Französisches Jugendwerk (DFJW), deren Gründung zwar auch auf einem ähnlichen Abkommen der jeweiligen Landesregierungen zurück geht, handelt es es sich bei dem *Kontaktzentrum TRETBOOT* nicht um eine internationale Organisation mit eigenem Etat (dies ist bei DFJW der Fall), sondern um Abteilungen der jeweils zuständigen Ministerien (vgl. DFJW). In diesem Zusammenhang sind auf umfangreiche Studien im DFJW und des dort organisierten grenzüberschreitenden deutsch-französischen Austausch (vgl.Weigand und Hess 2007) sowie auf durch das DFJW unterstützte Studien zum deutsch-französischen Austausch (vgl. Hess und Wulf 1999; Delory-Momberger et al. 2011) hinzuweisen.

Die Entstehung und Ausgestaltung des *Kontaktzentrum TRETBOOT* in den Folgejahren erfolgt auf Grundlage der Absichtserklärung. Die anfängliche Anzahl der Planstellen verdoppelt sich, es kommen Projektstellen hinzu und es entstehen parallele büro- und grenzüberschreitende Teamzusammenhänge (ausführlich Abschnitt 6.2.3), mit denen bis zum heutigen Tag eine abwechslungsreiche Leitungsgeschichte einhergeht. Den Erzählungen des heutigen Leiters von *TRETBOOT Český Pramen*, der zu Beginn Zivildienstleistender und bis 2004 pädagogischer Mitarbeiter im *Außerschulischen Bereich* von *TRETBOOT Český Pramen* war, lässt sich die Entwicklung des *Kontaktzentrum TRETBOOT* anhand von Leitungswechseln in drei Phasen unterteilen: 1997 bis 2004, 2004 bis 2006 und 2006 bis heute.

In der Zeit von *1997 bis 2004* befindet sich das *Kontaktzentrum TRETBOOT* in der Aufbauphase. Die Motivation und Arbeitshaltung der beiden Büros wird vom heutigen Leiter des *TRETBOOT Český Pramen* folgendermaßen beschrieben und unterschieden:

> damals hat auf der deutschen Seite eigentlich Herr Dr. Leit *TRETBOOT Sonnenberg* geleitet [...] (.) ehm dort hat sich eindeutig gezeigt, dass im Grunde sie [die ehemalige Leiterin von TRETBOOT *Český Pramen*, N.E.] als Hochschul- ehm (2) als Lehrerin oder eigentlich arbeitete sie an der Hochschule, unterrichtete Deutsch, nichtsdestotrotz hatte sie keine allzu großen Erfahrungen mit der tschechisch-deutschen Zusammenarbeit junger Leute, also was eigentlich die zweite Seite, Leit als Leiter des *TRETBOOT Sonnenberg*, hatte, also ist es dort sehr oft dazu gekommen, dass auf der deutschen Seite mehr Erfahrungen, Motivation überwogen haben und mehr, also viele Aktivitäten gerade von der deutschen Seite kamen **(TRET I 02).**[98]

Markiert werden sehr unterschiedliche Haltungen und Herangehensweisen. Die qualitativen Unterschiede in der grenzüberschreitenden Aktivität der beiden Büros werden dabei mit mangelnder Erfahrung in der deutsch-tschechischen Zusammenarbeit, der Teilnahmslosigkeit auf tschechischer Seite und mit einem Erfahrungsvorsprung und mehr Motivation auf deutscher Seite begründet.

Die Zeit von *2004 bis 2006* ist geprägt von Rücktritten. Die Situation ändert sich 2004 zunächst mit dem Rücktritt der damaligen Leiterin des tschechischen Büros und dem Antritt des heutigen Leiters. Die nun einsetzende Phase wird hier

---

98 i.O.: *tehdy na německé straně vlastně vedl TRETBOOT Sonnenberg pan Dr. ten Leik [...] ehmm tam se jednoznačně ukazovalo to, že v podstatě ona jakožto byla sice vysokoškolská ehmm ++ jako učitelka nebo vlastně pracovala na Vysoké škole vyučovala německý jazyk nicméně neměla příliš praktických zkušeností s česko-německou spoluprací mladých lidí takže což vlastně druhá strana Leik jako ředitel TRETBOOT Sonnenberg měl, takže tam docházelo velmi často ktomu že na německé straně bylo větší převaha zkušeností motivace a více jakoby hodně aktivit přicházelo právě z německé strany*

als konzentrierte Arbeit am Profil des tschechischen Büros beschrieben („unsere eigene Vision oder unser eigenes Ziel finden“, TRET I 02). Mit dem fast zeitgleichen Rücktritt des Leiters des *TRETBOOT Sonnenberg* beginnt für die deutsche Seite eine „Interimszeit“, wie es ein Mitarbeiter mir gegenüber in einem Tür-und-Angel-Gespräch bezeichnet. Der Leiter von *TRETBOOT Český Pramen* erzählt dazu folgendes:

> dort ist es ferner dazu gekommen (.) dass in *TRETBOOT Sonnenberg* so ein Auswahlverfahren ausgeschrieben wurde (.) das ein Mensch für sich entschieden hat der absolut abweichende Vorstellungen über (1) die Leitung, über *TRETBOOT* hatte. Er hat überhaupt er hat sich danach, in den folgenden drei Jahren, bemüht, die Sachen zu applizieren, die für den tschechisch-deutschen Bereich und auf der deutschen Seite nicht zu applizieren waren und hat auf der deutschen Seite vieles schrecklich kaputt gemacht. Das was Herr Leit während zwei Jahren aufgebaut hat, war im Grunde auf dem Nullpunkt. Also hat es lange gedauert, ehe es im Grunde gelungen war, ihn in gewisser Weise seines Amtes zu entheben, weil die Leitung, die Diskussion, die Kommunikation absolut nicht funktioniert hat **(TRET I 02).**[99]

Die Leitungsarbeit auf deutscher Seite wird für diese Zeit als bisher Erreichtes vernichtend und unzweckmäßig erinnert. Die scharfe und negative Bewertung der damaligen Leitung wird von allen damals schon aktiven Mitarbeitenden geteilt und sogar so sehr verurteilt, dass beim Auswahlverfahren des heutigen Leiters mangelnde Tschechischkenntnisse zugunsten von Führungsqualität in Kauf genommen wurden. So formuliert der Leiter von *TRETBOOT Český Pramen,*

> nach den Erfahrungen mit seinem Vorgänger, der gut Tschechisch, aber nicht leiten konnte, habe ich gesagt, lieber soll er leiten können und kein Tschechisch können **(TRET I 02).**[100]

Mit dem Antritt des neuen Leiters von *TRETBOOT Sonnenberg*, der durch seine vorige Tätigkeit als Landesvorstand der Trägerorganisation das *Kontaktzentrum TRETBOOT* bereits kannte, ändert sich die Situation grundlegend und dies in

99 i.O.: *tam došlo navíc k tomu (.) že v TRETBOOTu Sonnenberg tak s bylo teda vypsáno výběrové řízení které vyhrál člověk který měl naprosto odlišné představy od (1) od vedení od TRETBOOTu on vůbec snažil se aplikovat potom v následujících třech letech se snažil aplikovat věci které byly neaplikovatelné na česko-německou oblast a na německý straně toho strašně zničil. To co vybudoval pan Leit tak během dvou let bylo v podstatě na nule. Takže trvalo dlouho než se v podstatě podařilo ho svým způsobem odstranit protože to vedení ta diskuze ta komunikace naprosto nefungovala*

100 i.O.: *podle zkuseností s jeho předchůdcem, který uměl dobře česky, ale ne dobře vést, jsem řekl, raději ať umí vést a ať neumí česky*

zweierlei Hinsicht: Zum einen gewinnt das *Kontaktzentrum TRETBOOT* als Gesamtorganisation wieder eine Ausgeglichenheit. So geht mit der Erzählung über den Arbeitsantritt des aktuellen deutschen Leiters einerseits die Betonung der so wiederhergestellten Ausgewogenheit der beiden Büros aufgrund der Leitungskompetenz einher, andererseits markiert dessen Einstieg auch eine Änderung der bisherigen Sprachverwendung, wie mir im Verlauf meiner Aufenthalte von verschiedenen Seiten erzählt wurde. Da dieser kein Tschechisch spricht, wird mit seinem Antritt Deutsch zur häufiger verwendeten Organisationssprache.

So scheinen sich organisationsgeschichtlich die leitungsbedingten unterschiedlichen Macht- und Aktivitätsverteilung erst mit der Neuordnung der Leitungsfragen 2004 und vor allem 2006 aus- bzw. anzugleichen. Die in der Absichtserklärung eingeforderte „enge Zusammenarbeit und Abstimmung" wird dieser Darstellung zufolge neuerdings in eine zunehmend gleichberechtigte und partnerschaftliche Struktur des *Kontaktzentrum TRETBOOT* überführt. Diese soll im folgenden Abschnitt vorgestellt werden.

6.2.3 Parallel und Paritätisch. Zur Organisationsstruktur

Entsprechend der in der Absichtserklärung angelegten strukturellen Ausgestaltung des Kontaktzentrums in zwei Kontaktstellen (Büros) mit jeweils einer Leitungsposition und etwa der gleichen Anzahl an Plan- und Projektstellen kann die Organisationsstruktur als parallel und paritätisch beschrieben werden. So wird auch in den Erzählungen der beiden Leiter aus der jeweils institutionellen bzw. instrumentellen Sichtweise das *Kontaktzentrum TRETBOOT* als eng aufeinander abgestimmter Arbeitszusammenhang erkennbar. Die Rede des Leiters von *TRETBOOT Sonnenberg* „von zwei gleichberechtigten Partnern" (TRET I 01) unterstreicht dessen Auffassung des Arbeitszusammenhangs als Kooperation zweier Organisationen und konkretisiert diese Kooperation mit den Worten, dass die Partner

> äh im Prinzip ähm ich sag jetzt mal (2) grob; geschätzt zwischen (1) äh achzig und neunzig <u>Prozent</u> der Tätigkeit äh <u>parallel</u> machen **(TRET I 01)**.

Der grundsätzlich parallele Aufbau der beiden Teams begründet auch die pragmatische Sichtweise des tschechischen Leiters auf das *Kontaktzentrum TRETBOOT* als „Ganzheit". So heißt es im Anschluss an seine Ausführungen zum organisationalen Selbstverständnis, dass die Organisation als TRETBOOT funktioniert (vgl. Abschnitt 6.2.1):

> also selbstverständlich auf der Ebene gerade der Mitarbeiter, der Kollegen, die meistens oder die Mehrheit der Kollegen hat ihren Partnerkollegen in *TRETBOOT Sonnenberg* oder in *TRETBOOT Český Pramen* **(TRET I 02).**[101]

Bezogen auf die Arbeit des Kontaktzentrums wird hier auf explizit-theoretisierender Ebene der Name zum Programm. *TRETBOOT* wird zum Funktionswort, zur Metapher eines kooperativen Miteinanders. Der als „parallel", „partnerschaftlich" und *TRETBOOT*-artig funktionierende Arbeits- bzw. Kooperationszusammenhang findet im gemeinsamen Organigramm folgende Darstellung (TRET D 05, Abb. 5):

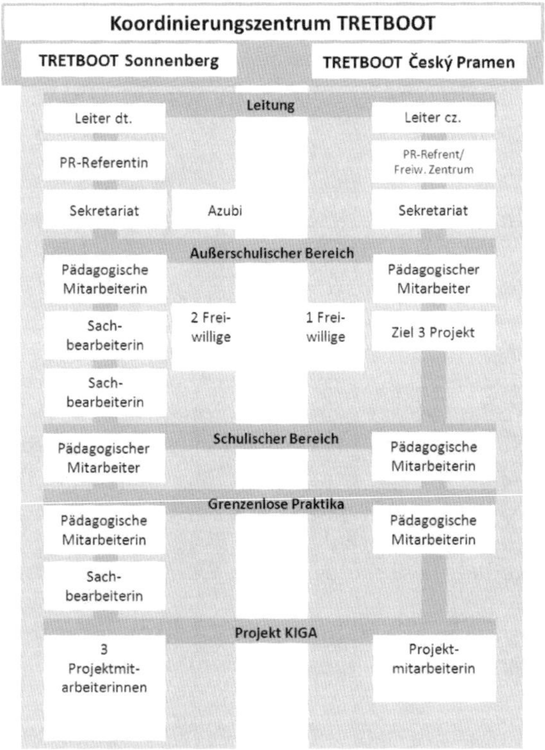

Abb. 5 Organigramm Kontaktzentrum TRETBOOT (mod. nach TRET D 05)

101 i.O.: *tak samozřejmě jako na úrovni právě pracovníků kolegů kteří většinou nebo většina kolegů má svého partnerského kolegu v TRETBOOTu Sonnenberg nebo v TRETBOOTu Český Pramen*

Die Parallelität und paritätische Besetzung der Teams zeigt sich entlang der Arbeits- und Funktionsbereiche Leitung – den beiden Leitern unterstehen jeweils ein/e MitarbeiterIn der Öffentlichkeitsarbeit und eine Sekretärin, wobei die PR-Stelle bei *TRETBOOT Český Pramen* zugleich die Koordination des Freiwilligenzentrums umfasst – sowie hinsichtlich der pädagogischen Mitarbeit im *Schulischen* und *Außerschulischen Bereich* und im Bereich *Grenzenlose Praktika*. Hier sind jeweils eine Person auf tschechischer Seite bzw. auf deutscher Seite mit der gleichen Funktion und Aufgabe betraut und stehen in direktem Kontakt zueinander. Die Verantwortung für Inhalte und Konzeptionen von Seminaren tragen beide pädagogischen Mitarbeitenden gleichermaßen. Hinzu kommen auf deutscher Seite zwei Sachbearbeitungsstellen, die dem *Außerschulischen Bereich* bzw. dem Bereich *Grenzenlose Praktika* zugeordnet und für die finanzielle Förderung außerschulischer Aktivitäten zuständig sind, sowie zwei freiwillige Mitarbeitende. Im Büro *TRETBOOT Český Pramen* steht demgegenüber nur eine Freiwillige. Die Freiwilligen-Stellen werden jedes Jahr neu besetzt. Die entsprechenden Mitarbeitenden betreuen eine von der Organisation entwickelte Internetplattform für Jugendliche. Im tschechischen Büro existiert des Weiteren eine Ziel-3-Projektstelle, die auf deutscher Seite kein Äquivalent hat. Ein von beiden Büros organisiertes Projekt im frühkindlichen Förderbereich wird auf deutscher Seite von drei Personen, auf tschechischer Seite von einer Person betreut. In Anlehnung an die Darstellungen verschiedener Organisationsformen bei Georg Schreyögg kann die Aufbauorganisation des *Kontaktzentrum TRETBOOT* als nahezu reine Matrixorganisation bezeichnet werden (vgl. Schreyögg 2012), die sich in einer dualen Struktur, „in der gleichberechtigten Gegenüberstellung von zwei Autoritäts- und Entscheidungslinien verwirklicht" (ebd., S. 52). Die mit dieser Form der Aufbauorganisation oftmals einhergehende Problematik der Verzögerung der Entscheidungsfindung (ebd., S. 54) wird sich auch in diesem Fall zeigen (vgl. hierzu Abschnitt 6.6.2.2).

6.2.4 Die Akteure der Organisation Kontaktzentrum *TRETBOOT*

Vor dem Hintergrund dieses Organigramms sollen die in folgenden Analysen wiederholt auftauchenden Mitarbeitenden in ihrer Funktion und Tätigkeit näher vorgestellt werden:[102]

102 Die Großschrift der anonymisierten Vornamen bzw. Nachnamen bringt die Anredeform zum Ausdruck, die in der Kommunikation mit mir verwendet wurde. D und CZ zeigt die Staatszugehörigkeit, dt und cz die Sprachkenntnis an.

Kontaktstelle *TRETBOOT Sonnenberg*:

Richard TRAUTNER	*seit 2006 Leiter des deutschen Büros, zuvor Landevorsitzender des regionalen Jugendrings, zugleich Träger von TRETBOOT [D; dt]*
JOSEF (SEPP)	*seit 1997 pädagogischer Mitarbeiter im Schulischen Bereich, zuvor Deutschlehrer an der Westböhmischen Universität, „Vater des Sprachspaß'" [D; dt,cz]*
NELE	*seit 2006 pädagogische Mitarbeiterin im außerschulischen Bereich [D; dt]*
MARTINA	*pädagogische Mitarbeiterin im Bereich grenzenlose Praktika [CZ; dt,cz]*
LENKA	*Sachbearbeiterin für finanzielle Förderung im außer-Schulischen Bereich und im Bereich grenzenlose Pratika [CZ,D; cz,dt]*
KERSTIN	*Mitarbeiterin im Projekt KIGA [D; dt]*
RENATA	*Mitarbeiterin im Projekt KIGA [CZ; dt,cz]*

Kontaktstelle *TRETBOOT Český Pramen*:

LUKÁŠ	*seit 2004 Leiter des tschechischen Büros, zuvor Zivildienstleistender und pädagogischer Mitarbeiter im Außerschulischen Bereich bei TRETBOOT Český Pramen [CZ, cz,dt]*
VÁCLAV	*pädagogischer Mitarbeiter im Außerschulischen Bereich und Betreuung Internetportal hallo.info [CZ; cz,dt]*
ELIŠKA	*pädagogische Mitarbeiterin im Schulischen Bereich, verantwortet den Bereich Sprachspaß [CZ; cz,dt]*
PAVLÍNA	*bis 2009 pädagogische Mitarbeiterin im Bereich Grenzenlose Praktika [CZ; cz,dt]*

JITKA *seit 2010 pädagogische Mitarbeiterin im Bereich Grenzenlose Praktika [CZ; cz,dt]*

ALENA *freiberufliche Sprachanimateurin, arbeitet für TRETBOOT als Koordinatorin und Referentin der Sprachanimationsausbildung und gelegentlich als Dolmescherin; „Mutter des Sprachspaß"" [CZ; cz,dt]*

6.3 Multilokale Verortung und Raumbau. Zur Produktion und Konfiguration von Räumen der Grenzüberschreitung

In den organisationalen Selbstbeschreibungen (vgl. Abschnitt 6.2.1) des *Kontaktzentrum TRETBOOT* ist dessen grenzraumbezogene und multilokale Verortung angedeutet: Es handelt sich um zwei Büros (in ständiger Kooperation), die jeweils in einer partnerschaftlich-verbundenen Regionshauptstadt Deutschlands und Tschechiens grenznah lokalisiert sind und republikweit agieren. Neben Grenznähe, regionaler Eingebundenheit und ständiger national-grenzüberschreitender Bezugnahme der beiden Büros in programmatischer Hinsicht ist vor allem auch der Hinweis auf das Wirkungs- und Aktionsfeld der Organisation von Relevanz. So kann in Betrachtung der Aktivitäten des *Kontaktzentrum TRETBOOT* festgehalten werden, dass erstens Veranstaltungen der Fort- und Weiterbildung an zahlreichen Orten und nicht nur im deutsch-tschechischen Grenzgebiet angeboten werden und stattfinden und dass zweitens das Weiterbildungs- und Förderangebot InteressentInnen aus allen Teilen beider Länder adressiert und auch überregional angenommen wird. Bezüglich dieser Einschätzung sollen spezifische Praktiken der Raumproduktionen des *Kontaktzentrum TRETBOOT* in den Blick genommen werden. In den folgenden Beschreibungen und Analysen wird dabei zwischen organisationsinternen und öffentlichen Räumen unterschieden. So interessieren einerseits organisationsinterne Räume der Kooperation zwischen den Kontaktstellen (Abschnitt 6.3.1) und andererseits Räume nach außen gerichteter Darstellung (z.B. Räume der Seminararbeit, vgl. Abschnitt 6.3.2).[103] Zwei fallbezogene Thesen und

103 Wenn hier zwischen *internen* und *öffentlichen* Räumen differenziert wird, geschieht dies in der Absicht unterschiedliche von der Organisation hergestellte Arenen der Identitätspraxis analytisch zu trennen. Auch wenn dies an eine seit der römischen Antike bestehenden Differenzierung zwischen Haushalt (Privat) und Politik (Öffentlichkeit) erinnert (vgl. Arendt 2006), wird nicht davon ausgegangen, dass diese Räume für sich bestehen, sondern in Wechselwirkung zueinander. Zweitens wird davon ausgegangen,

einige raumtheoretische Fragen geben dabei einen Analyserahmen vor. Die *erste These* lautet, dass das *Kontaktzentrum TRETBOOT* pädagogisch-motiviert paritätische Räume der grenzüberschreitenden Begegnung multilokal produziert und konfiguriert, die den Prinzipien der Bilingualität und der Kreisförmigkeit folgen. Die *zweite These* konkretisiert, dass dabei bestehende Räume im Sinne des Organisationszwecks zu Räumen der Grenzüberschreitung umgebaut werden. Demnach interessieren die Fragen: Welche Art von bestehenden Räumen werden genutzt? Wie werden diese im Sinne der pädagogisch-motivierten Grenzüberschreitung umgestaltet oder neukonfiguriert? Welche spezifische Praxis der Platzierung von Dingen, Handelnden und Grenzen wird dabei vorgenommen? Und schließlich: Wie (re)präsentiert sich das *Kontaktzentrum TRETBOOT* in und mittels der hergestellten Kooperations- und Dialogräume?

6.3.1 Kooperationsräume. Raumproduktionen des Miteinander-Arbeitens

Die im Organisationsauftrag angelegte ständige Kooperation[104] der beiden Büros zeigt sich mitunter in einer spezifischen Besprechungsstruktur, die sich durch regelmäßig wiederkehrende Treffen charakterisiert. Einmal im Jahr gehen beide Büros gemeinsam in Klausur (vgl. Abschnitt 6.4). Hier werden im Wechsel von Kleingruppenarbeit und Plenumsbesprechung das Jahresprogramm erarbeitet und wesentliche Themen diskutiert. Das erste Raumbeispiel bezieht sich auf eine im Plenum stattfindende Besprechung auf der Jahresklausur 2010. Das zweite Raumbeispiel veranschaulicht die Herstellung einer Besprechungsrunde im Büro Sonnenberg, wie sie zweimonatlich und in örtlicher Abwechselung der beiden Standorte stattfindet.

Zunächst möchte ich die hergestellte Raumordnung einer Besprechung im Rahmen der Jahresklausur 2010 näher betrachten. Anlass und Gegenstand der Besprechung ist die *Konzeption Sprachspaß*, einer von der Organisation eingesetzten Methode zur Unterstützung grenzüberschreitender Verständigung. Gegenstand und Verlauf dieser Besprechung werden in Abschnitt 2.6.2 ausführlicher beschrieben. Hier geht es um den Ort der Verhandlung und um die Frage, wie diesbezüglich das

---

dass Öffentlichkeit und Privatheit eine Sache des Tuns ist und sich private Räume schnell in öffentliche verwandeln können und vice versa (vgl. Schroer 2006, S. 232f.).

104 Es sei nochmals daran erinnert, dass unter Kooperation nicht zwangsläufig ein Vorgang konsensueller Vergemeinschaftung verstanden wird, sondern die in der Formulierung Ko-operation liegende Implikation von Macht- und Hierarchieverhältnissen stets mitgedacht wird (vgl. Abschnitt 2.2.1 sowie Türk 1995).

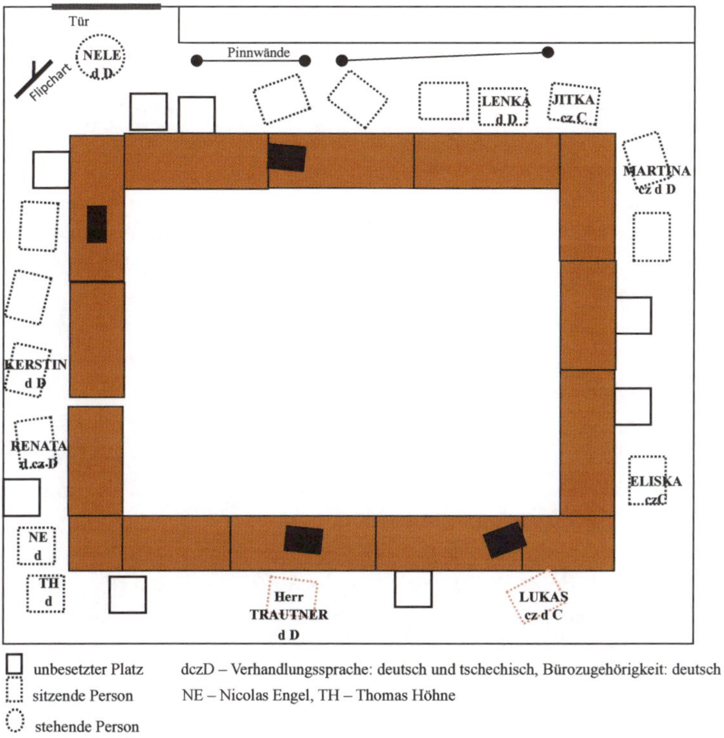

Abb. 6 *Kontaktzentrum TRETBOOT* – Kooperationsraum Jahresklausur (eigene Skizze)

Räumliche einer Besprechung hergestellt wird. Die Jahresklausur 2010 findet auf Burg Eckstein, einer evangelischen Jugendbildungsstätte, statt. Dort hat sich das *Kontaktzentrum TRETBOOT* für einige Tage eingemietet und nutzt bestehende Seminar- und Gruppenräume.

Als ich den Besprechungsraum (vgl. Abb. 6) betrete, in dem laut Tagesplan die „Diskussion über künftige Konzeption, Struktur und Zuständigkeiten (des Produkts Sprachspaß, N.E.)" stattfinden soll, treffe ich die Mitarbeiterin NELE an. Sie ist damit beschäftigt einen Flipchart aufzubauen und Stifte und Zettel auf dem danebenstehenden Tisch zu sortieren. Sie erklärt mir, dass sie gleich die Moderation des Gespräches übernehmen wird, und dass sie dafür noch einiges vorbereiten muss, ich aber gerne schon reinkommen darf. Der Raum ist niedrig, an zwei Seiten befinden sich Fenster.

Keines der Fenster ist offen, die Luft ist verbraucht. Etwa fünfzehn längliche Tische sind zu einem Quadrat zusammengestellt worden. An jeder der vier Seiten stehen etwa gleich viel Stühle, insgesamt 25. Auf der der Tür gegenüberliegenden Tischreihe liegen mehrere Papier- und Ordnerstapel. Das ausgebreitete Material belegt auch die Tischfläche der Plätze in direkter Nachbarschaft. Ich setze mich an eine der Ecken des Tischquadrats. Von hier aus habe ich sowohl die Tür und das aufgebaute Flipchart als auch die beiden bereits besetzten Plätze im Blick. Nun trudeln nach und nach die Mitarbeitenden – einige mit Kaffeetassen – ein und suchen sich Sitzplätze. Neben mich setzt sich eine Gruppe Mitarbeiterinnen des Arbeitsbereichs KIGA. Sie haben Mappen im Arm und breiten diese sogleich vor sich aus und setzen eine offensichtlich schon vor der Tür geführte Konversation fort. Inhaltlich geht es in dieser Diskussion schon um das Thema Sprachspaß. Andere sitzen gelangweilt auf ihren Stühlen oder lesen schweigend in Papieren, tippen etwas in ihre Notebooks. In den folgenden Minuten füllt sich der Raum und beinahe alle Stühle an drei Seiten der großen quadratischen Tischkonstellation werden besetzt. An jener Tischreihe, auf der schon bei meiner Ankunft Material und Notebook aufgebaut waren, sitzen nun die beiden Leiter Herr TRAUTNER und LUKÁŠ. Auch wenn die Anordnung der Tische ein Quadrat vorgibt und an allen Seiten Stühle gleichmäßig verteilt sind, ergibt sich durch die entstehende Sitzordnung eine ungleich verteilte Platzierung. An der Seite, an der die beiden Leiter sitzen, nimmt niemand Platz. Einige der Anwesenden wirken auf mich sehr arbeitsfreudig und geschäftig, auch aufgeregt. So werden an manchen Stellen eifrig Papier und Notizbücher bedient, mit Markern und Stiften noch in den – allen Mitarbeitenden zuvor zugegangenen – Entwurfsfassungen gearbeitet. Andere sitzen eher gelangweilt und starren in den Raum. Die Letztgenannten – etwa die Hälfte der Anwesenden – sind froh, als Herr TRAUTNER noch vor dem richtigen Beginn der Diskussion die Teilnahme an dieser Besprechung freistellt. Unmittelbar verlassen einige Mitarbeitende schnell und leise den Besprechungsraum. Fünfzehn Personen verbleiben im Raum, die entstandenen Leerplätze ändern die Verteilung. Die durch die bisherige Sitzordnung entstandene U-Förmigkeit, an dessen offener Seite die Leiter saßen, besteht nun nicht mehr eindeutig, sondern die anwesenden Personen sitzen einander gut sichtbar verteilt. **(TRET RB 04)**

Die Beschreibung des Besprechungsorts, seiner Gestaltung und seiner Konstitution lassen einige Aspekte einer räumlich-praktischen Organisation der Besprechung erkennen: Die Sitz- und Tischordnung ist prinzipiell symmetrisch angelegt. Der Aufbau eines Flipcharts und ebenso die vis-à-vis mit Ordnern und zwei Notebooks besetzte Seite des Tischquadrats, welche bei einer ansonsten scheinbar strukturlosen Platzsuche der Mitarbeitenden nicht angesteuert wird, deuten eine räumliche Ordnung an. Während durch die Installation eines Flipcharts ein Bezugspunkt der folgenden Besprechung materiell vorgegeben wird, ergibt sich die frontale Positionierung der Leiter durch die Praxis des Sich-Platzierens der eintretenden Mitarbeitenden – gleichwohl wird die Hervorhebung dieser Sitzseite durch die Anordnung einer Vielzahl an Dingen (Notebook, Ordner, Papierstapel etc.) angedeutet und gewissermaßen als besetzt markiert. Die vorgegebene symmetrische Gestaltung des Raums wird folglich durch den praktischen Vollzug der Sitzplatzauswahl und durch das Hinsetzen der Mitarbeitenden in eine U-Form aufgebrochen. Die prominente, symbolisch-materiell bereits vorher festgelegte Positionierung der beiden Leiter wird dadurch berücksichtigt und noch stärker hervorgehoben. In Betrachtung dieser Vorgänge kann konstatiert werden, dass es mehrere hergestellte „Vorne" im Raum gibt: Die Seite der Leiter (die Sitzordnung erinnert an klassische Seminarsettings, in denen Referenten oder Lehrkräfte frontale Ausrichtungen nur andeutungsweise aufheben), das dazu diametral positionierte Flipchart und auch die durch die Sitzordnung ermöglichte Bezugnahme zueinander (so treffen sich alle Blicke – würde man diese mit Linien andeuten – in der Mitte des Raumes). Die Anordnung der Mitarbeitenden und Leiter in dieser Sitzordnung erlaubt und fördert diverse Bezugnahmen. Dies zeigt sich mit Beginn der Diskussion, die sich zunächst als ein Gegeneinander, Miteinander und Zueinander quer durch den Raum konstituiert (vgl. Abschnitt 6.6.2.2). Durch die Zurückhaltung der Moderatorin und der Leiter wird dieser Modus ermöglicht. Die Positionierung des Flipcharts vis-à-vis der Leiter sowie deren immer noch prominente Stellung legen eine Diskussionsordnung nahe, die im Folgenden den Besprechungsmodus ebenso beeinflussen. Von Interesse erscheint auch die Tatsache, dass alle Mitarbeitenden den zu besprechenden Konzeptentwurf in ausgedruckter Fassung mitbringen und vor sich auf den Tisch legen. In materialisierter Form wird auf diese Weise der Besprechungsraum bezüglich Anlass und Gegenstand der Besprechung konkretisiert. Dieser ist in deutscher Sprache verfasst. Trotz einer höheren Beteiligung tschechischer Muttersprachler verbleibt die Verhandlungssprache im Deutschen.

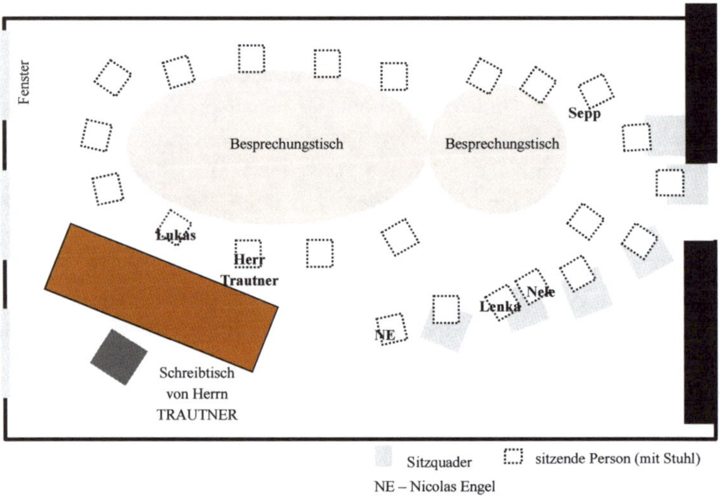

Abb. 7 *Kontaktzentrum TRETBOOT* - Kooperationsraum Runda (eigene Skizze)

In monatlicher Regelmäßigkeit treffen sich alle Mitarbeitenden beider Büros zu zweitägigen Besprechungsrunden, die abwechselnd in den Räumen von *TRETBOOT Sonnenberg* bzw. *TRETBOOT Český Pramen* stattfinden. Hier wird in großer Runde und in standardisierter Weise berichtet, informiert und es werden allgemeine Punkte diskutiert. Folgende Szene beschreibt die Herstellung einer solchen Besprechungsrunde, die in diesem Fall in Sonnenberg, im Büro von Herrn TRAUTNER (vgl. Abb. 7), abgehalten wird:

Nachdem Herr TRAUTNER laut den Beginn der Besprechung angekündigt hat, füllt sich dessen Büro allmählich. Einige der insgesamt 22 anwesenden Mitarbeitenden sitzen schon auf Stühlen, die um den - zur Einrichtung des Büros gehörenden - ovalen Besprechungstisch angeordnet sind. Man gibt die Information nach draußen, dass nicht genügend Stühle da sind. Von meinem Platz aus sehe ich, wie NELE, zwei Praktikantinnen und SEPP große Sitzquader unter dem Buffettisch im Vorraum hervorholen und Anstalten machen, diese in den Raum hineinzuschieben. Im Eingangsbereich wird es nun eng. Hier stehen an die acht MitarbeiterInnen. Herr TRAUTNTER, der bereits vor ausgebreiteten Papieren an der Längsseite des ovalen Tisches sitzt, schaut dem Treiben zu und schlägt dann vor, zunächst die im Raum vorhandenen Stühle zu besetzen. Diese Aufforderung wird von VÁCLAV wiederholt, der Sie in Richtung Tür weitergibt. Von dort aus kommt die Antwort, dass man sich setzen solle. Drei Mitarbeiterinnen schlängeln sich an den bereits Sitzenden vorbei und besetzen die hinteren, noch freien Stühle. In dem im Türbereich entstandenen Freiraum schiebt NELE sogleich einen Sitzquader hinein. Aus dem Flur ertönt SEPPs Stimme:„Vorsicht!" Dann erscheinen vier Tischbeine im Eingangsbereich. SEPP fädelt einen kleinen runden Tisch durch die Tür und stellt diesen als Verlängerung an den ovalen Tisch. Während SEPPs Tischmanöver, steigt LENKA vorsichtig über die bereits stehenden Sitzquader mit den Worten: „Da geh ich mal lieber aus dem Weg". Seitwärts schiebt Sie sich an mir vorbei, dabei macht Sie ein gespielt-gestresstes Gesicht, lächelt und geht hinter den Schreibtisch von Herrn TRAUTNER. Dort setzt sie sich auf den ledernen Drehstuhl und lehnt sich mit Schwung nach hinten. [...] Nach wenigen Minuten steht sie wieder auf und klettert mit einem „da hinten sieht man nix" nach vorne. [...]. NELE rutscht ein Stück und bietet ihr eine Ecke des Sitzquaders an. Dabei merkt sie, dass sie die offenstehende Tür am Sitzen hindert. Sie steht auf und möchte die Tür zu machen. Herr TRAUTNER schaut in die Richtung und ruft NELE zu, dass die Tür offenbleiben muss, sonst werde die Luft nicht reichen. Mit einem Lächeln fügt er hinzu, dass man die Tür am Besten aushängen müsse. SEPP, der sich kurz vorher neben Herrn TRAUTNER gesetzt hat, schaut irritiert auf, dann begibt er sich zur Tür und hängt diese aus. Dabei grinst er in meine Richtung, sagt laut: „Wir ham heut eh' Tag der offenen Tür". Dann verschwindet er mitsamt der Tür. Dieser Kommentar führt zu allgemeinem Gelächter. Herr TRAUTNER beginnt die Anwesenden zu zählen, dann schaut er in Richtung LUKÁŠ, nickt diesem kurz zu und beginnt mit der Eröffnung der sogenannten Runda auf Deutsch. Die gesamte Besprechung, die entlang einer allen Anwesenden vorliegenden TOP-Liste strukturiert ist, erfolgt in deutscher Sprache. **(TRET RB 01)**

Ein bestehender Büroraum, der zwar mit Besprechungstisch und einigen Stühlen ausgestattet ist, wird entsprechend der Notwendigkeit, dass 22 Personen Platz finden sollen, umgestaltet: Ein weiterer Tisch, Stühle, quaderartige Sitzgelegenheiten werden in den Raum gestellt, die Tür wird aus Platzgründen ausgehängt und entfernt. Dieser Vorgang der Umgestaltung eines Büros zum Zweck einer gemeinsamen Besprechung erfolgt als kollaborativer Vorgang (vgl. Boreham 2008), bei dem einige körperlich-praktisch den Raum umgestalten, andere dieses Vorgehen kommentieren und mit Vorschlägen zur Sitzordnung begleiten. Der Vorgang des Umbaus geht einher mit der Deinstallation bestehender Raumgrenzen (Aushängen der Tür) und mit der Installation weiterer Sitzgelegenheiten und Gegenstände. Parallel zu dieser Neukonfiguration des Raums verlaufen Suchbewegungen zur richtigen Platzierung, die letztlich eine kreisförmige Anordnung der Anwesenden herstellen. So wird das Platzieren von LENKA auf dem Drehstuhl, der außerhalb des entstehenden Besprechungsraums liegt, von ihr selbst als Deplatzierung erlebt.[105] Die stattdessen erfolgte Repositionierung in der entstehenden Kreisförmigkeit, nimmt auch ein enges Zusammensitzen in Kauf. Bedeutsam erscheint – ganz ähnlich wie in vorangegangener Szene – , dass aus einer nur vage vorgegebenen Anordnung von Sitzgelegenheiten und keiner vorgegebenen Sitzordnung eine kreisförmige Konstellation entsteht.

Praxismuster der Herstellung eines kreisförmigen Kooperationsraums

Vor dem Hintergrund der sich in den Szenen wiederholenden Modalität der kollaborativen Anordnung von Dingen und Menschen (vgl. Löw 2001) zum Zweck der Konfiguration eines paritätischen Besprechungsraums kann von einem organisationsspezifischen Praxismuster der *Herstellung eines kreisförmigen Kooperationsraums* gesprochen werden. Das Praxismuster folgt dabei der Regelmäßigkeit, dass sich erstens *alle so setzen, dass alle einander sehen können* und zweitens, dass die Anordnung von Dingen und Personen einen polyzentrischen Raum konstituiert. So können die Anstrengungen der Neukonfiguration des Büroraumes (in der zweiten Szene) bzw. die Installation mehrere „Vorne" anhand der Positionierung von Dingen (in der ersten Szene) als Maßnahmen gesehen werden, die räumlichen Voraussetzungen für eine kreisförmige Besprechung zu schaffen. Im Fall der Besprechung im Rahmen der Jahresklausur ist bereits durch die quadratische Anordnung eine symmetrische Platzierung räumlich angedeutet, im Fall der Besprechung wird der Raum grundlegender umgestaltet. Als ein weiterer Aspekt der Produktion von Kooperationsräumen erscheint die Platzierung von mitgebrachten Dingen, die zum einen eine kreisförmige und dialogische Raumordnung begünstigen und zum anderen den Raum als Besprechungsraum konkretisieren. Illustrieren lässt sich dies auch an den materiellen Vorlagen, die den Mitarbeitenden – in beiden Szenen – offensichtlich im Vorfeld zugegangen sind und die sie mitbringen. Einerseits wird dadurch der Anlass der Raumumgestaltung untermalt (man trifft sich, um etwas zu besprechen, zu dem alle etwas sagen können, weil sie es gelesen haben und deswegen ist eine kreisförmige Anordnung am günstigsten), andererseits wird dadurch die Umfunktionierung des Büroraums in einen Kooperationsraum materialisiert und sichtbar. Ebenfalls identisch ist in beiden Beispielen die Herstellung eines monolingualen Kooperationsraums durch die deutschsprachige Verständigung und die Verwendung deutschsprachiger Vorlagen. Bei der Betrachtung der Raumproduktion hinsichtlich organisationsinterner Verständigung kann abschließend festgehalten werden: Die Installation räumlicher Gegebenheiten (respektive deren

---

105 Zur Interpretation dieser Szene in macht- und differenzsensibler Perspektive auf das Miteinander-Arbeiten, siehe Abschnitt 6.4.3 (Szene *Schleudersitz*)

Deinstallation) erfolgt prinzipiell polyzentrisch als praktische Suchbewegung zur eigenen Platzierung, als kollaborativer Vorgang, als Positionierung von Materialien als gemeinsame Bezugspunkte der Kooperation sowie in Herstellung einer Kreisordnung. Dass die Besprechung monolingual verläuft, verweist auf einen Widerspruch zum konsequenten Prinzip der Präsentation von Bilingualität. Dieser Aspekt soll in der weiteren Analyse noch Berücksichtigung finden.

6.3.2 Dialogräume. Raumproduktionen der Vermittlung

In diesem Abschnitt sollen zwei Raumproduktionen im Kontext der Seminararbeit in den Blick genommen werden. In beiden Fällen handelt es sich um öffentliche Veranstaltungskontexte der Weiter- oder Fortbildung. Die Darstellung der beiden Raumproduktionen wird in unmittelbarer Reihenfolge vorgenommen, eine analytische Verdichtung erfolgt dann in vergleichender Perspektive am Ende dieses Abschnitts.

Der *Schulische Arbeitsbereich* bietet ein viertägiges Seminar zur grenzüberschreitenden Erinnerungsarbeit an. Der Ort der Veranstaltung ist eine Bildungsstätte in der tschechischen Kleinstadt Terezín[106], die etwas nördlich von Prag liegt (s. Abb. 8).

Das Seminar findet im dritten Stock der Bildungsstätte statt, in einem großen Multifunktionsraum unter dem Dachstuhl des Gebäudes (vgl. Abb. 8). Wir [mein Kollege Thomas Höhne und ich] betreten den Raum mit leichter Verspätung. Die Teilnehmenden des Seminars sitzen bereits an einem aus Tischen zusammengeschobenen Rechteck. Es sind etwa 20 Personen anwesend. Alle haben Mappen und Stifte vor sich auf dem Tisch liegen, einige tragen Kopfhörer, bei anderen hängt der Kopfhörer um den Hals. In der Mitte des Raums hängt eine Projektionsfläche von der Decke. Sie trennt den hinteren Teil (ich erkenne eine Bühne und mehrere dort gelagerte Stühle) des Raums ab. Auf der Leinwand ist eine Folie sichtbar. Dort steht TRETBOOT, darunter „Koordinační centrum česko-nemeckých výmen mládeže und Kontaktzentrum Deutsch-Tschechischer Jugendaustausch". Thomas und ich suchen

106 Die unter dem Namen Theresienstadt Ende des 18. Jahrhunderts als Festung zur Abwehr preußischer Überfälle vom österreichischen Kaiser gegründete Kleinstadt, diente zwischen den Jahren 1941 und 1945 dem NS-Regime als jüdisches Ghetto, in dem viele Juden und vor allem jüdische Kinder auf dem Weg nach Ausschwitz zwischendeponiert wurden. Theresienstadt ist erhalten geblieben und wurde nach dem Zweiten Weltkrieg von der tschechischen Zivilbevölkerung wiederbesiedelt. Heute hat Terezín ca. 2000 Einwohner. Das Seminar findet im Bildungszentrum der Gedenkstätte Terezín statt. Dieses ist im ehemaligen Kavalleriegebäude der Befestigungsanlage untergebracht.

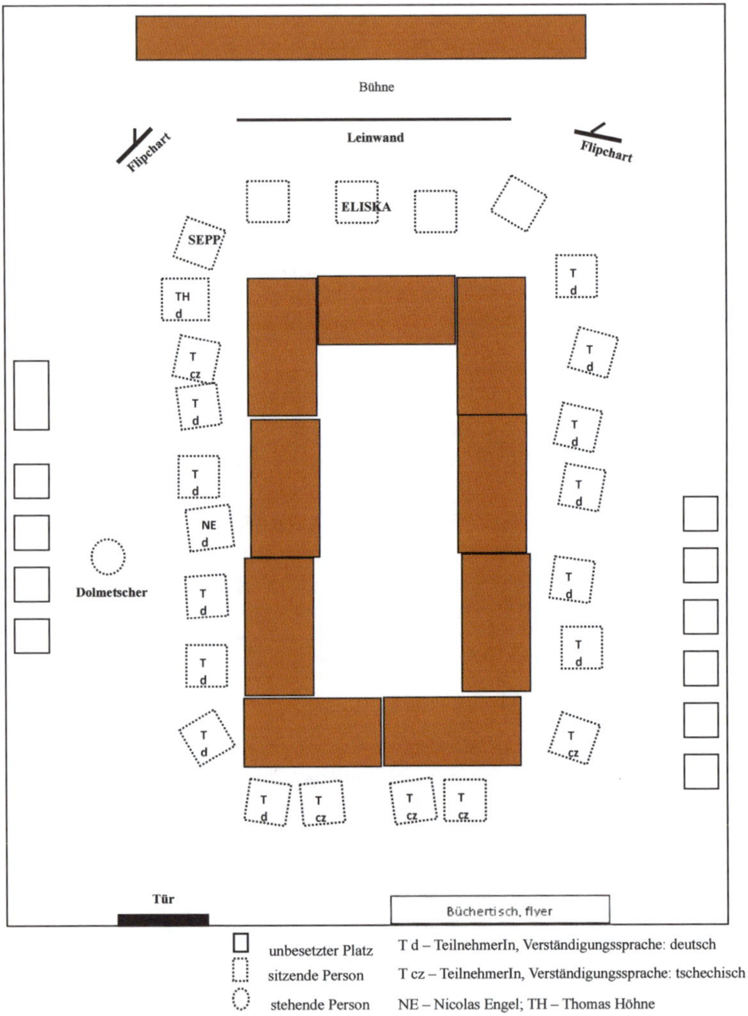

Abb. 8 *Kontaktzentrum TRETBOOT* – Dialograum Seminar I (eigene Skizze)

uns die letzten zwei freigebliebenen Plätze und setzen uns. Meine linke Nachbarin, eine deutsche Lehrerin mittleren Alters, nimmt ihren Kopfhörer ab und flüstert mir zu, dass gerade erst begonnen wurde. An der Stirnseite des Rechtecks, hinter der die

Projektionsfläche hängt, sitzen ELIŠKA und etwas daneben SEPP. ELIŠKA ist gerade dabei, das Seminar zu eröffnen. Sie spricht Tschechisch. Die einzige stehende und leicht auf- und abwandelnde Person ist ein Dolmetscher, der simultan das von ELIŠKA Gesagte auf Deutsch ins Mikrofon spricht. Ich besorge mir einen Kopfhörer und kann nun der Einführung folgen. ELIŠKA erklärt ein paar organisatorische Dinge. So weist sie daraufhin, dass das gesamte Seminar simultan gedolmetscht wird und die Regel lautet: „Jede und jeder spricht in seiner/ihrer Muttersprache". Abschließend deutet sie auf den Informationstisch neben der Eingangstür und erläutert, dass hier viele Informationen und Publikationen von TRETBOOT zu finden und auch zu bestellen sind. Der Informationstisch ist voller Material und Flyer, darüber hängen zwei physische Landkarten: Je eine von Deutschland und von Tschechien, auf beiden Karten sind angrenzende Staaten auch noch zu sehen. **(TRET RB 02)**

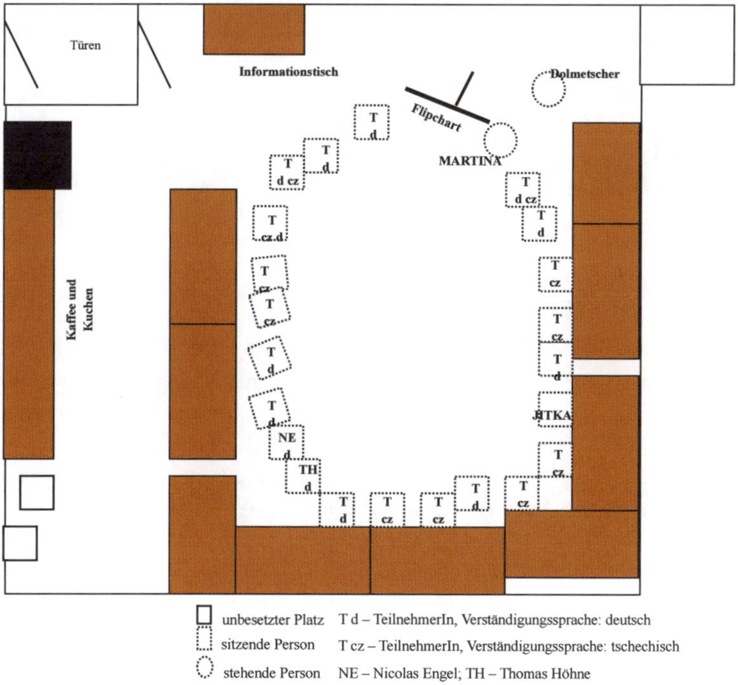

Abb. 9 Kontaktzentrum TRETBOOT – Dialograum Seminar II (eigene Skizze)

Ähnliche Raumkonstellationen begegnen mir bei allen Seminarveranstaltungen, an denen ich teilgenommen habe. So sind die Räume immer mit einem bilingualen Informationstisch und einer Dolmetschanlage ausgestattet, die Anordnung der handelnden Akteure ist immer kreisförmig oder zumindest so organisiert, dass alle einander sehen können, an einer Stelle im Raum hängen physische Landkarten von Deutschland und Tschechien. Ohne eine weiter detaillierte Raumbeschreibung zu geben, kann die charakteristische Raumkonstellation exemplarisch anhand einer weiteren Visualisierung eines Seminarraums veranschaulicht werden (vgl. Abb. 9). Hier handelt es sich um ein Seminar zur Evaluation laufender Kooperationen zwischen Ausbildungsbetrieben und Berufsschulen durch den Arbeitsbereich *Grenzenlose Praktika* (TRET RB 03).

Praxismuster der Produktion von Räumen des grenzüberschreitenden Dialogs

In Betrachtung dieser Raumkonstellationen wird zunächst (ähnlich wie beim Abschnitt zu den Kooperationsräumen) erkennbar, dass gegebene Raumordnungen für eigene Zwecke adaptiv transformiert werden. Das Interieur wird teilweise genutzt, teilweise entfernt oder zweckentfremdet. Als Aspekte eines Musters der Praxis der Produktion von Räumen des grenzüberschreitenden Dialogs zeigen sich in beiden Beispielen erstens die materiell-sprachliche Installation von Bilingualität im Raum (a) und zweitens die symbolisch-praktische Konfiguration des Raums in eine Kreisförmigkeit (b):

a. Die Herstellung eines bilingualen Raums erfolgt zunächst durch die Repräsentation eines bilingualen Teams, sodann durch die Installation einer portablen Dolmetschanlage und durch die funktionale Platzierung eines simultan übersetzenden Dolmetschers. Schließlich erfolgt die bilinguale Raumproduktion entlang einer Regelung der Kommunikationsweise. In beiden Fällen gilt das Prinzip, dass alle konsequent in der jeweiligen Muttersprache sprechen sollen. Eine Ausnahme besteht beim Team. Hier gilt die Regel, dass die Sprache der Referenten je nach Bürozugehörigkeit Deutsch oder Tschechisch ist. Untermalt wird die Bilingualität des Raums materiell durch parallel angeordnete Schriftzüge in Deutsch und Tschechisch, etwa auf Präsentationen oder Flipcharts, durch Seminarmappen in beiden Sprachversionen und durch den bilingualen Informationstisch (vgl. Nekula und Marx 2011).
b. Ähnlich wie bei organisationsinternen Besprechungen wird auch im öffentlichen Kontext der Weiterbildung eine grundsätzlich kreisförmige Konzeption des Raums vorgenommen, die dialogisch-partizipativen Prinzipien folgt. Zwar in jeweils unterschiedlicher Facon, doch in beiden Fällen wird den Räumen

unter Platzierung mitgebrachter Artefakte und bestehender Gegenstände eine Ordnung auferlegt, die gewährleistet, dass alle einander sehen und dass der Raum – etwa durch die Installation von Präsentationsflächen oder Materialtischen – dezentralisiert wird. Repräsentieren sich in der Kreisförmigkeit einerseits gleichberechtigte Anteilnahme und flache Hierarchien – was gerade im Hinblick auf den Anspruch der Parität unter allen Beteiligten naheliegend erscheint, bedeutet dies andererseits auch die Unmöglichkeit sich dem Geschehen zu entziehen. Somit impliziert die praktizierte Kreisförmigkeit möglicherweise auch ein panoptisches Moment, dass die (Selbst)Kontrollmöglichkeit der Beteiligung und Mitarbeit erhöht.[107] Insofern ist der Kreis als Strukturmoment der organisationalen Praxis nicht nur hinsichtlich seiner dialogisch-partizipativen Funktion, sondern auch im Hinblick auf seine Verwendung als Instrument der Arbeitskontrolle zu untersuchen.

In organisationspädagogischer Perspektive auf die Identität der Organisation ist von Interesse, dass die musterförmige Praxis der Produktion von Räumen des grenzüberschreitenden Dialogs Funktionen der organisationalen Selbstdarstellung und Repräsentation erfüllt. So korrespondiert die Produktion von Räumen des Dialogs a) mit einer symbolisch-materiellen Repräsentation von *TRETBOOT* als *Grenzüberschreitung-Könnende und -Vermittelnde Organisation* und verläuft b) als Definition und Vergegenwärtigung des Wirkungs- und Aktionsfelds.

a. Die Umgestaltung bestehender Räume in spezifische grenzüberschreitende Vermittlungsräume geht einher mit der symbolischen Platzierung der Organisation *TRETBOOT* als einladenden oder veranstaltenden, die Raumproduktion verursachenden Akteur. Dies geschieht jedoch unaufdringlich und nur zu Beginn der Veranstaltung etwa in Form der medialen Präsentation von Logo und Organisationszweck auf Leinwänden oder über die Anbringung von Logos als Wegweiser oder vorübergehenden Ortsmarkierungen. Letzteres meint, dass jegliche Installationen wieder deinstallierbar sind und (den jeweiligen Raum nicht auf Dauer, sondern) nur für den Moment der Raumnutzung zum eigenen Zweck der Grenzüberschreitung verwenden. Dies zeigt sich etwa auch in der Bereitstellung von Materialien, die die Organisation *TRETBOOT* repräsentieren

107 Mit Panoptikum beschreibt der französische Soziologe Michel Foucault das Prinzip des Überwachens, welches nicht nur durch den Überwacher erfolgt, sondern aufgrund des Wissens um die Möglichkeit der Überwachung des Überwachten von diesem „zum Prinzip seiner eigenen Unterwerfung" (Foucault 1994, S. 260) gemacht wird. Somit besteht die soziale Kontrolle vor allem in einer Selbstkontrolle (für den Bereich Schule vgl. hierzu Pongratz 2004).

und nachvollziehbar machen, was und wie die Organisation arbeitet. In ähnlicher Weise funktionieren die Informationstische vorübergehend. Für die Dauer ihres Bestehens wirken sie aber als Werbeportal und zu Legitimationszwecken.

b. Der musterförmigen Praxis der Installation und Deinstallation von organisationalen Räumen der Grenzüberschreitung (Herstellung von Kreisförmigkeit, Herstellung von Bilingualität) liegen verschiedene Materialitäten (Publikationen, Flyer, portable Dolmetschanlage etc.) zugrunde. Die Portabilität und Beweglichkeit dieser Materialien erlauben es, die spezifischen Räume der Vermittlung vielerorts zu reproduzieren. Genutzt werden dabei nicht nur Raumangebote im unmittelbaren Grenzraum, sondern auch thematisch-relevante Orte außerhalb des eigentlichen Grenzgebiets werden besucht und für die Dauer des Seminars zu Räumen deutsch-tschechischer Grenzüberschreitung konfiguriert (etwa Terezín). Dies und eine überregionale Nachfrage und Bedarfslage ermöglichen eine multilokale Verortung. Dass deutsch-tschechische Grenzüberschreitung nicht geographisch regional lokalisiert sein muss, sondern sich republikweit verorten lässt, zeigt sich etwa auch in der Symbolisierung des Aktionsfelds über das Anbringen der Landkarten. Hiermit wird nicht nur allen BetrachterInnen eine Definition des Wirkungsfelds der Organisation *TRETBOOT* veranschaulicht, sondern die Organisation vergegenwärtigt sich damit auch – bezogen auf den überregionalen Auftrag – das zu bedienende Aktionsfeld.[108] Es zeigt sich hieran einerseits eine organisationsspezifische Praxis der Herstellung und Bearbeitung von Grenzen. Die Aufhebung der regionalen Grenzraummarkierung erfolgt dabei als pädagogisch-motivierte Verschiebung der Aufgabe, an und mit deutsch-tschechischer Grenzüberschreitung zu arbeiten, von einer regionalen in eine überregionale Betroffenheit, und entspricht zudem dem bundesstaatlichen Auftrag, überregional zu agieren. Andererseits wird in der Repräsentation des Aktionsfelds anhand von geographischen Karten die organisationsspezifische Idee der Verräumlichung von Grenzen manifest und an nationalkulturelle Raumvorstellungen gebunden (vgl. Glasze und Thielmann 2006 sowie Abschnitt 3.1).

In der exemplarischen Veranschaulichung der Praxis der Raumproduktion zeigt sich eine spezifische Praxis der Verortung, die nicht zentralistisch, sondern ganz im Gegensatz dazu vielerorts agiert und bereits fabrizierte Räume der Vermittlung

---

108 Im Kontext eines *Spatial Turns* in den Sozialwissenschaften werden karthographische Raumrepräsentationen als Vorgänge des Mapping untersucht (vgl. Bachmann-Medick 2007, S. 299f). Sensibilisiert wird dabei für die „symbolischen und vor allem subjektiven Aufladungen kartographischer Bezugspunkte“ (ebd.), für die Wirksamkeit von *mental maps* und damit verbundenen Bezugnahmen auf gesellschaftlich, politisch oder wirtschaftlich konstruierte Raumbilder.

(Seminarhäuser, Konferenzräume in Hotels etc.) über eine sprachliche und praktische Herstellung von kultureller Parität und Kreisförmigkeit neu konfiguriert. Weniger bedeutsam ist hierbei die Produktion von architektonischen oder verdinglichten Materialisierungen auf Dauer, als vielmehr eine raumtransformierende Praxis, die bestehende Dinge im Raum, eigene Artefakte und Objekte sowie räumliche Ordnungen und handelnde Personen in einen Vermittlungsraum überführt. Das Aufbrechen von Raumstrukturen durch die Formation von kreisförmigen Ordnungen, die Installation konsequenter Bilingualität (jeder spricht in seiner Muttersprache, Installation einer Dolmetschanlage) und die deutsch-tschechische paritätische Besetzung von Teams und Seminargruppen wiederholen sich in unterschiedlichen Kontexten. Dabei existieren implizite Regeln des Raumbaus, die mimetisch habitualisiert als eine musterförmige Praxis beschrieben werden können. In Verbindung mit einer materiellen Verräumlichung des Wirkungsfeldes verweist dieses Praxismuster auf die Tradierung einer Praxis organisationaler Selbstdarstellung. Organisationales Identitätslernen lässt sich hier organisationspädagogisch als implizite Praxis der Verräumlichung identifizieren, die übliche oder vorgesehene materielle Ordnungen von Platzierung und Platzierenden aufbricht und zum Zweck der eigenen Vorstellung von Grenzüberschreitung und zum Zweck der Definition und Vergegenwärtigung eines organisationalen Wirkungsfelds neu konfiguriert und zugleich ein nationalkulturelles Raumverständnis repräsentiert. Letzteres kann unter Beachtung der nationalstaatlichen Trägerschaft der Einrichtung auch als Vorgang der Legitimation den Prinzipalen gegenüber verstanden werden.

6.4 Zur Formalität und Informalität grenzüberschreitender Kooperation

Im Unterschied zu den regelmäßigen – beinahe monatlichen – Besprechungsrunden, die im Wechsel an beiden Bürostandorten stattfinden, begibt man sich zur Planung des inhaltlichen Programms für das Folgejahr einmal jährlich an einen dritten Ort im Grenzraum. Für einen klausurartigen Rückzug aus dem alltäglichen Arbeitsleben, der sich üblicherweise über drei Tage erstreckt und an dem alle Mitarbeitenden beider Büros teilnehmen, sucht man sich entlegene Bildungsstätten. Hier werden mehrere Räume je nach Format des Miteinander-Agierens in Besprechungsorte verwandelt (vgl. Abschnitt 6.3.1). Traditionell beginnt die sogenannte „Jahresklausur" des *Kontaktzentrum TRETBOOT* mit einer Besprechungsrunde und anschließender Kleingruppenarbeit in den jeweiligen Arbeitsbereichen. Hier wird entsprechend der monatlichen Treffen das laufende Geschäft betrieben und offene Fragen und Themen anstehender Seminare besprochen. Am zweiten und dritten

Tag werden im Wechsel von Plenumssitzungen, Kleingruppenarbeit und entweder sogenannten „Chef-Runden" oder „Entscheidungsgesprächen" allgemeine und konzeptionelle Fragen diskutiert sowie das inhaltliche Programm des Folgejahrs erarbeitet, durchgesprochen und schließlich dokumentiert. Für die Klausurzeit sind auch die gemeinsamen abendlichen Zusammenkünfte charakteristisch. Nach dem Abendessen wird in der Regel nicht weiter gearbeitet, man spielt Spiele, schaut gemeinsam einen Film oder trifft sich in geselligen Runden. Hierfür werden die am Tag genutzten Arbeitsräume gemütlich umgestaltet. Folgender Abschnitt fokussiert die verschiedenen Praxiszusammenhänge der Jahresplanung, denen unterschiedliche Praktiken des Miteinander-Arbeitens zugrunde liegen, die durch mehr oder weniger explizite Strukturen gerahmt sind und die sich durch eine spezifische räumlich-materielle Konstellation der Anwesenden zueinander und gegenüber den benutzten Materialien kennzeichnet. In einem groben Unterscheidungsversuch können Arrangements der Besprechung unterschieden werden von Arrangements des sozialen Miteinanders. Diese Differenzierung entspricht dem differierenden Grad an expliziter, den Beteiligten bewusster und bekannter Formalität. So handelt es sich bei Arrangements der Besprechung um Gesprächsformate, die sich über bekannte und gepflegte Strukturmomente auszeichnen, etwa einer bekannten Verlaufsform folgen (materialisiert in Form von TOP-Liste) und sich im Hinblick auf ein bekanntes Resultatdesign (Fixierung der Ergebnisse auf Moderationskarten) entwickeln. Darunter fallen die sogenannten Kleingruppen, die Besprechungsrunden im Plenum sowie die „Entscheidungsgespräche". Die abendlichen Zusammenkünfte zum gemeinsamen Spielen hingegen, die zwar auch aufgrund ihrer Regelmäßigkeit und institutionalisierten Form formale Strukturmomente aufweisen, zeichnen sich, im Gegensatz zu den durch in Raum, Zeit und Inhalt formalisierten Arrangements, durch eine informelle Aushandlungspraxis bezüglich Raumbau, zeitlichem Verlauf und Kommunikationsstil aus und verlaufen in unregelmäßigen Konstellationen und spontanen Bezugnahmen.[109] Im Folgenden möchte ich in anhand von dichten Beschreibungen und anhand der Analyse von Teilen mitgeschnittener Besprechungen die formellen Formate Plenum, Kleingruppenarbeit, „Entscheidungsgespräche" sowie das informelle Arrangement der Spielabende als Strukturmomente der Praxis der Jahresplanung in den Blick nehmen. Dabei sollen drei Aspekte im Vordergrund stehen: 1. *Die Implementierung einer Strategie zur Zielfindung*: In der die Jahres-

109 Die Bedeutung formeller und informeller Abläufe in Organisationen, deren Bedingungen, deren Wechselspiel und Wirksamkeit wird im organisationstheoretischen Diskurs vielerorts betont (für die systemtheoretische Perspektive vgl. Kühl 2011, für die strukturationstheoretische Perspektive vgl. Ortmann et al. 1997, Ortmann 2003, für die methodologische Diskussion vgl. Bate 1997, van Maanen 2001, siehe auch Abschnitt 2.1.2).

planung 2010 eröffnenden Plenumssitzung wird – dezidiert als Weiterentwicklung vorangegangener Jahresplanungen angekündigt – eine Strategie zur Zielfindung und -vereinbarung implementiert. Dies kann als Organisationsentwicklungsmaßnahme und im Hinblick auf die Praxis der Kleingruppenarbeit als Bemühung der Formalisierung bisheriger Praxis rekonstruiert werden (Abschnitt 6.4.1). 2. *Umsetzung der neuen Strategie zur Zielfindung*: Anhand der Kleingruppenarbeit und des Entscheidungsgesprächs des Arbeitsbereichs *Grenzenlose Praktika* als zwei in Form und Modus differierende Vorgänge der organisationalen Besprechung kann die Umsetzung der implementierten Strategie nachvollzogen werden (Abschnitt 6.4.2). 3. *Das Miteinander-Spielen:* Im Rahmen von Spielabenden, die als informelle Teile des Programms der Jahresklausur angekündigt sind, konstituiert sich das *Kontaktzentrum TRETBOOT* als Spielgemeinschaft, in der sich ein organisationskulturelles Praxismuster des Miteinanders und der Herstellung und Bearbeitung von sprachlichen und kulturellen Differenzen zeigt. Diesbezüglich kann in Abschnitt 6.4.3 herausgearbeitet werden, dass das Spielen als Ort der Erprobung von Praktiken des Miteinanders zugleich Bedeutung für die organisationale Arbeits- und Lebenswelt außerhalb des Spiels erlangt (vgl. Wulf 2005; Gebauer 1997).

6.4.1 „Auch strategisch und nicht nur so paradiesisch an die Jahresplanung herangehen"

Die Jahresplanung für das Jahr 2011 wird im Plenum und mit einer einleitenden Rede von Herrn TRAUTNER eröffnet. Alle Mitarbeitenden haben sich im Besprechungsraum eingefunden und sitzen etwa gleich verteilt an den vier Seiten des großen Tischquadrats (vgl. Abschnitt 6.3.1). Im Mittelpunkt der einleitenden Worte von Herrn TRAUTNER steht die Feststellung – die zugleich als Aufruf auffordert –, „auch strategisch und nicht nur paradiesisch an die Jahresplanung" (TRET M 02) heranzugehen. Zwar lobt er die bisherige Praxis der Planung in Kleingruppen, die die Partizipation aller Mitarbeitenden an der Jahresplanung gewährleistet hat. In Abgrenzung zu dieser sollen die Kleingruppen aber zukünftig nicht nur Veranstaltungen für das nächste Jahr an einer „bunten Wand" zusammentragen, sondern auch eine Bestimmung von kurz- und mittelfristigen Zielen vornehmen, durch die die einzelnen Arbeitsbereiche weiterentwickelt werden können. So heißt es:

> wir kommen auch nicht drum rum dass wir ähm (.) das, was wir tun ja (.) wie soll man sagen **strategisch** diskutieren oder dass wir nicht nur so vor uns hinarbeiten, sondern uns überlegen (.) für jeden Arbeitsbereich aber auch für *TRETBOOT* insgesamt wie

> ähm gestalten? wir unsere Arbeit oder was sind unsere kurzen und mittelfristigen Ziele. **(TRET M 02).**

Die bisherige Praxis tendenziell abwertend wird hier eine Praxis der Planung eingefordert, die die zukünftige Gestalt nicht nur der einzelnen Arbeitsbereiche, sondern auch der ganzen Organisation berücksichtigt. Die Erfordernisse für eine solche perspektivische Erweiterung der Planungspraxis ergeben sich aus Sicht des Leiters aufgrund sich verändernder Umweltbedingungen und durch eine dadurch virulent werdende Identitätsfrage (TRET M 02): *Erstens* besteht bezüglich des Stichworts „*TRETBOOT* 2015" eine Berichtspflicht einem Lenkungsausschuß des Landes gegenüber. *Zweitens* steht die EU-Förderperiode kurz vor dem Ende. *Drittens* existiert auf deutscher Seite aufgrund bundespolitischer Entwicklungen Mittelknappheit. *Viertens* ist in allen Arbeitsbereichen ein Zuwachs an diversen Kooperationsformen zu verzeichnen und damit einhergehend ein Zuwachs an Abstimmungsbedarf. Schließlich besteht aus Sicht der Leitung *fünftens* die Notwendigkeit, „dass wir uns als Kontaktzentrum positionieren" (TRET M 02). Während die Punkte 1 bis 3 als Bedingungen für eine mehr strategische Planung vor allem ökonomisch motiviert sind und einem Legitimations- bzw. Refinanzierungszwang geschuldet sind (vgl. Ortmann 2010), erscheinen die Punkte 4 und 5 unter Identitätsgesichtspunkten von besonderem Interesse. Hinsichtlich des Zuwachses an Kooperationen im Rahmen von Projekten und Seminarbetrieb wird ein Bedarf an verlässlicher und mittelfristiger Zielbestimmung erkannt. Die Notwendigkeit der „Positionierung" als Kontaktzentrum konkretisiert sich als durch Wettbewerb notwendige Abgrenzung von anderen Jugendarbeitsorganisationen und als Teilhabe an der „deutsch-tschechischen Szene" und verbindet sich mit der expliziten Frage: „Wo wollen wir überhaupt hin?"

> Ich wollte jetzt in dieser kurzen Einleitung nur mal drauf hinweisen (.) dass wir durchaus ähm (.) ganz viele (.) unterschiedliche (.) Punkte ähm (.) im Kopf haben oder eigentlich wissen, wo wir was tun müssen und dass wir vielleicht bei der Jahresplanung dieses Mal ähm (.) nicht anfangen (.) wir wir machen Seminar ein, zwei und drei an (.) in dem und dem Monat und das eine in Tschechien und das andere in Deutschland (.) sondern erst nochmal **über**legen, wo wollen wir überhaupt hin? **(TRET M 02).**

Eine mehr strategische Ausrichtung der Jahresplanung erfordert so eine Weiterentwicklung bisheriger Praxis, die sich in der Vergangenheit auf eine inhaltsbezogene Veranstaltungsplanung beschränkt hat, hin zu einer reflexiven Planungspraxis, die auch die Positionierung und zukünftige Ausrichtung der Gesamtorganisation in den Blick nimmt. Aus organisationspädagogischer Sicht kann hier im Anschluss an Harald Geißler der Beginn eines strategischen Lernens der Organisation im Sinne der „Erschließung alternativer Optionen" der Planungspraxis identifiziert werden (vgl. Geißler 2000, S. 51). In einer erfahrungsbezogenen Abgrenzung zur bisherigen Praxis der Jahresplanung und vor dem Hintergrund sich wandelnder ökonomischer Umweltbedingungen und identitätspolitischer Notwendigkeiten der Abgrenzung zu anderen Organisationen und der Verortung in der „deutsch-tschechischen Szene" verbindet sich das Plädoyer für ein *Mehr an Strategie* mit einer didaktisch angeleiteten Organisationsentwicklungsmaßnahme. Dies kann im Folgenden verdeutlicht werden.

Praxisstrategie SMART

Über kurz- und mittelfristige Zielfindung und Zielbestimmung sollen zum einen die Arbeitsbereiche weiterentwickelt und zum anderen die grundsätzliche Ausrichtung der Organisation bearbeitet werden. Konkretisierung findet diese Neuausrichtung der Jahresplanung in deren Kopplung mit einem gängigen Instrument des Projekt- und Qualitätsmanagements. Zur Vorbereitung der Kleingruppenarbeit stellt die Mitarbeiterin NELE das Zielbestimmungs-Modell SMART vor:

NELE steht zwischen einem Flipchart und mehreren, in einer Reihe aufgebauten Stellwänden, als sie von Herrn TRAUTNER die Moderation und die Aufgabe übertragen bekommt, die Neuausrichtung der Jahresplanung methodisch zu rahmen. Zunächst erläutert NELE, dass diesmal nicht nur eine Pinnwand mit Veranstaltungen im zeitlichen Verlauf des nächsten Jahrs entstehen soll, sondern dass die Jahresplanung „etwas umfangreicher" ausfallen wird. So soll es Platz für kurz- und mittelfristige Ziele geben und für Schritte, wie diese Ziele erreicht werden können. Während sie das sagt, deutet sie auf vorbereitete Stellwände, die eine Seite des Raums säumen und auf denen die Ziele und Umsetzungsvorschläge der einzelnen Arbeitsbereiche angebracht werden sollen. In einer kurzen Definition bestimmt NELE Ziele als „so'n Zustand, den wir anstreben" und konkretisiert: „des heisst ähm, wir überlegen uns was, wie's s'ein s'ollte, gleichzeitig gehen wir damit aber auch so ne Verpflichtung ein, n'ämlich wir unternehmen genau diese Schritte, um dahin zu kommen". In die Runde der sitzenden Mitarbeitenden schauend, fragt sie dann in rhetorischer Art: „Wie finde ich jetzt mein Ziel?" Während sie sich zur Flipchart dreht und das obere Blatt der Flipchart nach hinten schlägt, stellt sie fest:"Wie ich jetzt gelernt habe, müssen Ziele smart sein". Auf der nächsten Seite steht in großen Buchstaben S M A R T von oben nach unten geschrieben. **(TRET SB 08)**

Die Implementation der von Herrn TRAUTNER erläuterten strategischen Neuausrichtung der Jahresplanung wird durch die Vorstellung eines methodischen

Verfahrens der Zielfindung durch eine Mitarbeiterin, die offensichtlich im Vorfeld damit beauftragt war, das Konzept SMART[110] vorzubereiten, initiiert. Die Erläuterung der erweiterten Jahresplanung erfolgt zunächst über den Hinweis auf eine vergrößerte Fläche für die „umfangreichere" Planung, auf der nicht nur Veranstaltungsthemen, sondern auch allgemeine Ziele und Wege der Zielerreichbarkeit dokumentiert werden können. So materialisieren sich die von Herrn TRAUTNER und NELE angekündigten Änderungen der Planungspraxis durch die vorherige Positionierung von ausreichend Stellwänden im Raum. Im Fokus gemeinsamer Aufmerksamkeit steht dann das Flipchart, genauer die Buchstabenreihenfolge S M A R T. Gemeinsam wird in Form brainstorming-artiger Vorschläge erörtert, was mit „smarten Zielen" gemeint sein könnte. Hierfür werden aus der Runde der Mitarbeitenden Vorschläge eingebracht, die von NELE aufgegriffen und spezifiziert werden. So dokumentiert sich auf der Flipchart S für spezifisch und selbst-initiierbar und M für messbar. Eine Mitarbeiterin, die in der Nähe von NELE sitzt, macht leise einen Vorschlag für den Buchstaben A. Darauf erwidert NELE:

NELE:	Ja, wir <u>hams</u> hier aber auf @Deutsch@. Der Vorschlag war achievable, also @(3)@
MARTINA:	└ Akzeptabel.
NELE:	<u>hier</u> wurden grade zwei andere vorgeschlagen. Genau (.) akzeptabel und attraktiv (.) erreichbar ist sicher auch nicht <u>schlecht</u>
LENKA:	└ Für wen akzeptabel
	@(2)@
VÁCLAV:	für den hier drin, die <u>grad</u> Chef sind, oder?
NELE:	└ Für die Chefs, <u>dies</u> dann absegnen
	@(.)@
VÁCLAV:	Genau.
NELE:	irgendwie? ne Idee für R? ((Gemurmel der weiblichen Teilnehmer)) (3) und für T
JITKA:	Termingelenkt.
NELE:	Genau (.) kennen wir alle (.) ohne Deadline läuft nix

110 Das Konzept SMART stammt ursprünglich aus den englischsprachigen Managementwissenschaften. In einem Aufsatz von George T. Doran (1981) mit Titel „There's a S.M.A.R.T. Way to write managements goals and objectives" wird mit dem Acronym SMART (Specific Measurable Assignable Realistic Time-Related) ein Verfahren der Zielbestimmung vorgeschlagen. Vor allem in der Organisations- und Arbeitspsychologie (vgl. Locke und Latham 1990) sowie in ‚How-To' Publikationen zum Thema Organisationsentwicklung und Coaching findet dieses Konzept häufig Erwähnung (vgl. exemplarisch Birgmeier 2009).

VÁCLAV: °so, dann mal auf Tschechisch°
?: mit welchem Buchstaben denn?
NELE: das ist ganz einfach nur das T glaube ich (2) Gibts denn vielleicht einen Vorschlag?
MARTINA: nee.
NELE: *Gibts* nicht. Gibts Fragen z::u Zie:len? Z:u dem was (.) jetzt in den Kleingruppen ansteht **(TRET M 02).**

Der Vorschlag einer Mitarbeiterin für A das englische „achievable" (= erreichbar) einzusetzen, wird von NELE nicht zugelassen, indem sie markiert, dass im Deutschen verblieben werden soll. Inhaltlich wird zwar eine Passung des Vorschlags erkannt, aber die darauffolgenden Vorschläge „akzeptabel" und „attraktiv" bevorzugt. Die Frage von LENKA, für wen die Ziele akzeptabel sein sollen, sensibilisiert die Diskussion für die auf Strategie und Zielerreichung ausgerichtete Neuerung der zugrunde liegenden Top-Down-Struktur. Explizit wird dies in der Antwort von VÁCLAV. Akzeptabel müssen die Ziele demnach für die Leitungsebene sein, wobei VÁCLAV diese entpersonalisiert. Implizit wird hier zum einen auf die grundsätzliche Hierarchieordnung des SMART-Konzepts verwiesen und auf eine mögliche Entsprechung der Planung, dieses zu implementieren, mit einer intendierten Festigung von Hierarchie (etwa in Form von Arbeitskontrolle) verwiesen. Zum anderen wird in der Sentenz auch die Vergänglichkeit der Leitungsposition thematisiert und damit möglicherweise auf den häufigen Leitungswechsel im Büro *TRETBOOT Sonnenberg* angespielt (vgl. Abschnitt 6.2.2). Die Tatsache, dass diese (ironische) Bearbeitung der Neuerung von lang gedienten Mitarbeitenden vorgenommen wird, die die bisherige Praxis gut kennen und mitentwickelt haben, mag folglich Ausdruck des Unbehagens darüber sein, dass durch die Implementation des Konzepts SMART die Überprüfbarkeit und damit auch die Kontrolle über die Arbeitsbereiche erhöht und deren Selbstständigkeit beschnitten wird. Zumindest wird dadurch ein Aspekt erkennbar, der von Herrn TRAUTNER in seiner Begründung der Neuerung der Jahresplanungspraxis nicht expliziert wurde: die Erhöhung der Arbeitskontrolle. NELE greift die ironische Bearbeitung auf und konkretisiert in einer Repersonalisierung („die Chefs") diese zugrunde liegende Kontrollpraxis („absegnen"). Mit der Frage nach Möglichkeiten für den Buchstaben R wird eine vertiefende Diskussion verhindert. Nachdem für R „realistisch" und T „termingelenkt" weitere Spezifikationen von Zielen vorgenommen worden sind, schlägt VÁCLAV vor, das Ganze nochmal auf Tschechisch zu machen. Kritisiert wird hier möglicherweise nicht nur die Vernachlässigung der tschechischen Sprache – dies wird ja explizit markiert –, sondern auch die strukturelle Benachteiligung des tschechischen Büros, das bei der Implementation einer Neuerung, die das ganze Kontaktzentrum betrifft, keine erkennbare Rolle spielt. Die deutschseitige Dominanz, die hier in der Verwendung der Sprache und in der Rollenverteilung deutlich zutage tritt, korrespondiert mit der im Rahmen der Debatte um die *Konzeption Sprachspaß* angedeutete, gegenläufige Orientierung der beiden Büros. Während das deutsche Büro – an dieser Szene deutlich erkennbar – eine Formalisierung der Besprechungs- und Kooperationspraxis vorantreibt und eine damit einhergehende strukturelle Vernachlässigung durch Einbindung der tschechischen Seite zwar thematisiert, aber hingenommen wird, unterstreicht das tschechische Büro durch diese Haltung – dies wird sich infolge noch zeigen – eine pragmatische Orientierung bezüglich des Miteinander-Arbeitens. Es deutet sich hier ein organisationales Praxismuster der Grenzüberschreitung an, dessen Parameter einerseits eine sprachliche Dominanz des Deutschen (bedingt durch die geringen Tschechischkenntnisse des deutschen Leiters), andererseits ein bürospezifisches Differenzverhältnis (repräsentative und formale Orientierung im Büro Sonnenberg, pragmatische Orientierung im Büro Český Pramen) sind und das sich durch die fortwährende Koexistenz beider Orientierungen als charakteristisches Praxismuster des Miteinander-Arbeitens auszeichnet (ausführlicher vgl. Abschnitt 6.6.2.2).

6.4.2 Die Kleingruppenarbeit und das „Entscheidungsgespräch"

Die Planung des inhaltlichen Programms und der mittelfristigen Zielbestimmung erfolgt in zwei unterschiedlichen Formaten der Besprechung. In der Kleingruppenarbeit finden sich die jeweiligen Arbeitsbereiche zusammen und diskutieren Inhalte und Ziele, die dann in sogenannten „Chef-Runden" oder „Entscheidungsgesprächen" der Leitungsebene vorgestellt, durch diese kontrolliert, modifiziert und abgenickt werden. Die Besprechungsformate sind stabile Strukturmomente der Kooperation, wiederholen sie sich doch im Rahmen der monatlichen Besprechungsrunden und jährlichen Jahresklausuren in nur geringer Varianz. In einem direkten Vergleich differieren diese Arrangements der Besprechung in Form und Modus und veranschaulichen im Zusammenspiel einen organisationsspezifischen Entscheidungsfindungsprozess. Anhand zweier Szenen soll dieser exemplarisch am Arbeitsbereich *Grenzenlose Praktika* aufgezeigt werden:

Szene Kleingruppenarbeit

Es ist kurz vor drei, die Kaffeepause ist noch in vollem Gange. Am Buffettisch und im Raum verteilt stehen viele Grüppchen und unterhalten sich laut und lebhaft. LENKA, JITKA und MARTINA sind dabei, einen seitlich an die Wand gestellten Tisch so in den Raum zu schieben, dass Stühle darum herum stehen können. Nachdem LENKA ihr Notebook dort aufgebaut hat und MARTINA und JITKA noch Mappen und Papiere auf dem Tisch sortieren, holt LENKA sich noch eine Tasse Kaffee und stellt eine Packung Kekse in die Mitte des Tisches. Sie setzt sich auf ihren Platz an der Stirnseite des Tisches, klappt ihr Notebook zu und schaut dann erwartungsvoll zu MARTINA. MARTINA und JITKA sitzen sich an der Längsseite des Tisches gegenüber und sortieren weiter, meine Position ist etwas abgerückt vom Tisch an der anderen Stirnseite. Während MARTINA einen bestimmten Zettel zu suchen scheint, schlägt sie vor, zuerst das durchzugehen, was schon da ist. LENKA greift diesen lauten Gedanken auf und konkretisiert: „Dann stellt mir doch das vor und ich stell blöde Fragen". MARTINA und JITKA scheinen einverstanden. Mit einem befriedigenden Nicken zieht MARTINA dann den gesuchten Zettel aus einem Stoß Papier hervor und möchte gerade anfangen etwas zu erläutern, als VÁCLAV seitlich an den Tisch herantritt und die Kekspackung klaut. LENKA winkt verständnisvoll und bricht eine kurze freundschaftliche „Kappelei" über Keksansprüche ab, indem sie laut fragt „Gehört das jetzt hierher?" und sodann ihren Verfahrensvorschlag, an MARTINA und JITKA gerichtet etwas präziser wiederholt. Während sich VÁCLAV zu einer immer noch Pause machenden Gruppe begibt, sagt LENKA: „Also wir können ja so machen, dass ihr mir das immer kurz und knackig erzählt und ich dann sage, was ich davon halte oder nicht". MARTINA nickt und beginnt daraufhin mit der allgemeinen Feststellung, dass ihrer Meinung nach noch mehr geworben werden muss, als dies in den letzten Jahren der Fall war. „Das ist Ziel, ne?", bohrt LENKA nach und erhält als Antwort von JITKA ein Kopfnicken. MARTINA erwidert zögerlich: „Ja, das könnte man als eins der Ziele formulieren". Mit einer Handbewegung hält LENKA MARTINA in der weiteren Rede auf und schlägt vor, dass man die Ziele ja gleich parallel zur inhaltlichen Besprechung aufschreiben könne, um sich doppelte Arbeit zu sparen. Sie erklärt sich bereit, die Ziel-Protokollierung zu erledigen. Im Verlauf der gesamten Besprechung zeigen sich immer wieder ähnliche Abläufe. Während die beiden pädagogischen Mitarbeiterinnen MARTINA und JITKA verschiedene – vermutlich im Vorfeld schon abgestimmte – Seminarthemen und Veranstaltungsformate vorstellen und diskutieren, kommt LENKA die Funktion zu, das Gespräch zu strukturieren. Dies tut sie, indem sie immer wieder Standpunkte kritisch hinterfragt, längere Diskussionen paraphrasiert und vor allem regelmäßig auf die Vorgabe aufmerksam macht, dass mittelfristige Ziele gefunden und bestimmt werden müssen. Deutlich wird dies im Rahmen der zu bearbeitenden Frage, ob und wie Materialien, die für den Bereich Grenzenlose Praktika Werbung machen sollen oder die in den Vorbereitungstagen zum Grenzenlose Praktika von Sprachanimateu-

ren[111] *genutzt bzw. hergestellt werden können. Der Vorschlag lautet letztlich, dass die Produktion von Werbematerial mittelfristig erfolgen soll und dass für das kommende Jahr Finanzen bereitgestellt werden sollen, um ein Seminar zu veranstalten, in dem neue Spiele oder Lernlisten mit branchenspezifischem Vokabular entwickelt werden können.* **(TRET SB 09)**

Inhaltlich und modal erscheinen an dieser Szene dreierlei Aspekte interessant:[112] Erstens zeigt sich hier, wie auf spezifische Weise ein Besprechungsort der Kleingruppenarbeit hergestellt wird, der sich zweitens mit einer Aushandlung der Rollenverteilung und der Implementation der im Plenum beschlossenen Neuerung (SMART) verbindet. Drittens verläuft die Planung von Zielen und Inhalten sehr autonom. Die Einrichtung des Besprechungsorts erfolgt als teilweise Umgestaltung eines Pausenraums, in der Markierung des Orts als Besprechungsort, durch das Ausbreiten von Arbeitsunterlagen und in der kreisförmigen Positionierung der Beteiligten zueinander. Aus dem Pausengeschehen heraus, dieses zum Teil integrierend (Keckspackung, Kaffeetassen) und sich zum Teil davon abgrenzend (Markierung des Besprechungsbeginns Dritten gegenüber), entsteht der Arbeitszusammenhang der Kleingruppenarbeit *Grenzenlose Praktika.* In Korrespondenz mit der Positionierung der beteiligten Personen und der benutzten Materialien am Tisch verteilen sich die Funktionen der Gruppenarbeit. So wird eingangs eine Trennung von inhaltlicher Diskussion und metareflexiver Nachfrage durch Absprache angelegt. Während sich die beiden pädagogischen Mitarbeiterinnen gegenübersitzen und eine inhaltliche Diskussion in ständigem Bezug zu Notizen aus den vor ihnen ausgebreiteten

---

111 Personen, die mit der *Methode Sprachspaß* arbeiten, werden im Folgenden als Sprachanimateure bezeichnet.

112 Dass sich in dieser Runde trotz der Beteiligung von zwei tschechischen Muttersprachlerinnen (und auch LENKA spricht fließend Tschechisch) auf Deutsch verständigt wird, schien mir zunächst in Rücksichtnahme auf mich zu passieren. Meine diesbezügliche Bitte – die ich im Vorfeld dieser Szene an die Mitarbeiterinnen richtete –, nicht auf mich Rücksicht zu nehmen, sondern sich in der üblichen Weise zu verständigen, irritierte. Denn – ihrer Aussage zufolge – verständigen sie sich in dieser Konstellation oftmals auf Deutsch und seltener auf Tschechisch. Warum dies so ist, lässt sich nur mutmaßen: Eine Möglichkeit ist, dass sich die Kleingruppe deswegen in deutscher Sprache verständigt, da infolge die Ergebnisse des Gesprächs auch in Deutsch kommuniziert werden müssen. Denkbar ist auch, dass die Auswahl der Verständigungssprache nicht entsprechend sprachlicher Herkunft getroffen wird, sondern bezüglich Bürozugehörigkeit. Da LENKA und MARTINA beide im deutschen Büro arbeiten, hätte diese Seite eine Mehrheit. Sicher ist hingegen, dass nur durch meine Anwesenheit eine routinierte Praxis reflexiv bearbeitet wird, sodass angenommen werden muss, dass die Mitarbeiterinnen in dieser Situation besonders darauf geachtet haben, nicht ins Tschechische überzugehen.

Arbeitsunterlagen führen, hat die Verwaltungsmitarbeiterin an der Stirnseite des Tisches eine das Gespräch strukturierende und moderierende Funktion, die sich vor allem bezüglich der durch sie wiederholt hergestellten Bezugnahme zum im Plenum formulierten Arbeitsauftrag auszeichnet. So kann der explizite Vorschlag von LENKA zur Form der Planung („und ich sage, was ich davon halte") als spielerische Simulation und Erprobung des durch das Konzept SMART etablierten Autoritätsverhältnisses gedeutet werden. Unterstrichen wird die kontrollierende und metareflexive Funktion von LENKA durch das Notebook, das die Funktion einer prüfenden und kritischen Instanz noch unterstreicht. So kommt dieses dann ins Spiel, wenn Fragen der Finanzierung auftauchen oder wenn bereits formulierte und mitprotokollierte Zielbestimmungen erinnert werden müssen. In gewisser Weise erfolgt bereits hier, in der Verteilung der Funktionen der körperlich-räumlichen Konstellation, eine Simulation des Entscheidungsgesprächs, auf das sich vorbereitet wird. So wird die auf diese Weise entwickelte Programmatik und Zielbestimmung wenig später im Entscheidungsgespräch den Leitern präsentiert.

Szenenfolge „Chef-Runde"

Die Chef-Runden finden hinter verschlossener Tür in jenem Raum statt, in dem auch die Plenumssitzungen abgehalten werden. Dort ist dem Tisch, an dem die beiden Leiter sitzen, ein gleich langer Tisch gegenübergestellt. Zwischen dem Tisch, an dem die Leiter sitzen, und dem Tisch, an dem der jeweilige Arbeitsbereich Platz nehmen soll, besteht ein Lücke von ca. einem Meter. Nachdem die Mitarbeiterinnen und ich den Raum betreten haben, deutet LENKA sogleich auf die Tischkonstellation und fragt herausfordernd in Richtung von Herrn TRAUTNER: „Wer hat das den so gemacht?" Herr TRAUTNER schmunzelt und rechtfertigt sich gespielt, dass er auch nicht weiß, wer das gemacht hat. LENKA legt ihr Notebook auf einen hinteren Tisch, bittet JITKA, die ihre Unterlagen bereits auf den Tisch gelegt hat, diese nochmal hochzunehmen und schiebt dann mit den Worten „diese Anklagebank hier" den Tisch mit Schwung an den Tisch der beiden Leiter, sodass es kracht. Mit einem gespielt unterwürfigen Gesicht sagt LENKA dann zu Herrn TRAUTNER gewandt: „Ich kann mich auch hinknien, wenn sie möchten". Sie lacht dabei. Nachdem sich MARTINA, JITKA und LENKA an die neu positionierte Tischkonstellation gesetzt haben, beginnen JITKA und MARTINA mit der Vorstellung der Inhalte und Ziele. Diese wird regelmäßig durch Nachfragen der Leiter unterbrochen, in der Regel, um Zielbestimmungen zu konkretisieren oder die Finanzierung der Planung zu prüfen. **(TRET SB 10)**

Das Entscheidungsgespräch konstituiert sich räumlich durch eine Abgeschiedenheit und Eingeschlossenheit sowie durch eine spezifische Konstellation des Besprechungsorts über die Anordnung von Leitung und dem jeweiligen Arbeitsbereich zueinander. Diese materialisiert sich in einer Tischformation, die allerdings nicht statisch ist und damit keine unbedingte Voraussetzung des Gesprächsformats darstellt. Die Änderung der Tischanordnung, die mit einer ironischen Bearbeitung von Machtverhältnissen einhergeht, führt zu einer Platzierung aller Beteiligten an einem Tisch (vgl. Abschnitt 6.3.1). Eine vorher entstandene räumlich-materielle Trennung von Leitung und Arbeitsbereich wird damit abgeschwächt. Erkennbar ist hier eine prinzipielle Offenheit der Platzierung und des Platzierens zueinander, allerdings innerhalb eines statischen Rahmens: So werden zwar die unmittelbaren dinghaften Mitspieler (Tische, Stühle) der Besprechung verändert, der grundsätzliche Rahmen der Eingeschlossenheit, der Abgeschiedenheit und des Gegenüber-Sitzens jedoch unverändert akzeptiert. Letztere Aspekte fabrizieren einerseits einen Schutzraum, in dem – ganz im Gegensatz zur Kleingruppenarbeit, die sich im offenen Raum konstituiert – ein Sprechen ohne Zuhörerschaft und ohne Störung garantiert ist, andererseits konstituiert sich auch eine Art Prüfungsraum. Der geregelte Zutritt, die begrenzte Beteiligung und die klare funktionsbezogene Trennung der Beteiligten via Platzierung und Anordnung begünstigt einen Berichts- und Kontrollcharakter des Gesprächs (vgl. Foucault 1994 und Abschnitt 6.3.2). Dies zeigt sich in folgender Szene/Gesprächssequenz:

MARTINA berichtet von der Idee, ein Seminar zur Materialherstellung für Sprachanimateure durchzuführen und erwähnt dabei auch, dass es Terminkollisionen mit dem Schulischen Bereich gab, der auch ein ähnliches Seminar plant. Diese Information liegt den Leitern nicht vor und führt zu großem Unmut vor allem bei Herrn TRAUTNER. Dessen wiederholte Feststellung, dass er über Vorgänge und Planungen bei TRETBOOT nicht informiert ist, evoziert Rechtfertigungs- und Erklärungsversuche der Mitarbeitenden, die in diesem Fall stellvertretend – da sich der Vorwurf über Nicht-Information ja eigentlich an einen anderen Arbeitsbereich richtet – nach einer Erklärung suchen. Als Gründe für die mangelnde In-Kenntnis-Setzung werden fehlerhafte Mailweiterleitungen, und als dies von Herrn TRAUTNER ausgeschlossen wird, die Kostenlosigkeit der Veranstaltung erwogen. LUKÁŠ ist während dieser Debatte darum bemüht, zu konkretisieren, um welches Seminar es eigentlich geht. **(TRET SB 10)**

MARTINA: Hätt ich nich sagen sollen dass es (.) °schon Überlegungen° gab (.) die wollen nächstes Jahr so ein <u>Treffen</u> machen aber das hat jetzt mit der <u>Material</u>erstellung gar nichts zu tun.

TRAUTNER: Äh=äh wir haben hier, wir wir sind hier das *Kontaktzentrum* Deutsch-tschechischer Jugendaustausch (1) von zwei Seiten. (.) und nich öh öh hier (.) öh gibt`s nen <u>offiziellen</u> Rahmen und dann gibt`s noch welche die machen was

anders, das gibt`s nich. (2) ((atmet durch die Nase)) Also auch wenn`s nichts kostet, die also die öh was sie in ihrer Freizeit machen ist mir egal aber **wenn wenn** *TRETBOOT* irgendwas veranstaltet ((holt tief Luft)), dann müssen wir zwei des wissen. Das kann man nicht dann hinterher sagen **ah ja?** hätt uns nichts gekostet das is (.) das geht nich. Also weil **dann** wenn jemand, **wenn jemand Fragen stellt** **(1)** dann stehn auf einmal nur wir da (.) das kenn ich also da hab ich schon entsprechende Erfahrungen gemacht (.) °Das is° (.) **unglaublich**

LENKA: └ Aber anscheinend (.) öh ist das schon vorher geklärt worden. °weil jetz nur dieser eine Termin drin steht° (.) deswegen is das jetzt glaub ich öh °gar net relevant°.

LUKÁŠ: Öh nur **bitte** (.) drauf achten (.) diese Arbeitstreffen vom äh äh wenn wir mehrere Treffen pro Jahr machen (.) haben wir die Erfahrung gemacht dass sich zu (.) zu dem nur **zu einem** die melden //JITKA: mhm// also dass die einfach nie wieder **kommen** (.) das haben die schon mal erlebt? (.) //LENKA: mhm// dass die das öh **abgeblasen** haben weil sich niemand mehr gemeldet hat.(.) //LENKA: mhm// weil die schon (.) **vor** einem Monat ein Treffen gehabt haben also (.) //LENKA: ja// bitte wirklich Mitsprache im Bereich das **absprechen**. (.) Da da wenn wir was einplanen (.) **stets** planen, und dann war`s **nicht** (.) das aber is das °Schlimmste°. //LENKA: mhm// **(TRET M 03)**

Der Versuch von MARTINA, die Diskussion um die als mangelhaft markierte Informationsarbeit eines anderen Arbeitsbereichs zu beenden, erfolgt in Form selbstbezogener Kritik, das Thema überhaupt angesprochen zu haben, und in Form einer Erinnerung an das eigentlich zu bearbeitende Thema. Dies wird durch Herrn TRAUTNER verhindert, der in einer Reformulierung des organisationalen Selbstverständnisses den offiziellen und formalen Rahmen der Planungsarbeit und Entscheidungsfindung markiert und damit auch das Einhalten organisationaler Hierarchien und somit auch implizit eine Gleichheit einfordert, die insbesondere für repräsentative Situationen relevant ist. In einer grundsätzlichen Erneuerung des Anspruchs, den formalen Rahmen der Entscheidungsfindung und die Informationspflicht der Leitungsebene über alle Aktivitäten einzuhalten, wird auch die Vorstellung erkennbar, wie Kooperation *zwischen* „zwei Seiten" zu funktionieren hat. Implizit werden hier selbstvergewissernd der Rahmen und die Regeln der Kooperation und diesbezüglich die formale Notwendigkeit der Einbeziehung der Leitungsebene in Erinnerung gerufen (vgl. Schwartzman 1993; Dohmke 2006 sowie Abschnitt 4.3). Diese Intervention, die letztlich Kontrollverlust und Nicht-Wissen über Ziele und Planungen der Arbeitsbereiche thematisiert, kann auch in Bezug zu der oben analysierten Implementation des SMART-Konzepts gesehen werden. Denn dieses hat zweifelsohne die Funktion, die weitgehend autonome Planungsarbeit der Kleingruppen für die Leitungsebene transparent, nachvollziehbar und vor allem auch kontrollierbar zu machen.[113] Dass die Intervention Herrn TRAUTNERs in der Folge von einer Mitarbeiterin als irrelevant markiert wird, macht einerseits deutlich, dass adressatenbezogen die richtige Platzierung der Intervention infrage gestellt wird. Denn die Reformulierung von hierarchiebezogenen Kooperationsregeln richtet sich an andere bzw. an alle und erfolgt in diesem Sinne stellvertretend. Andererseits zeigt sich, dass die Intervention und deren Platzierung grundsätzlich als Ausdruck des top-down implementierten strategischen Organisationslernens gesehen werden kann. Erneuert wird hier der Bedarf nach mehr Zielvereinbarung. Der Erneuerung der formal-legitimatorischen Rahmung der Planungsarbeit stellt LUKÁŠ eine pragmatische gegenüber. Erfahrungsbezogen wird die Notwendigkeit der Absprachen und Informationsarbeit mit der Gefahr der Doppelung von Seminaren begründet und mit der Aufforderung verbunden, sich untereinander – dies bezieht sich vor allem auf die Arbeitsbereiche – abzusprechen. Während Herr TRAUTNERs Intervention die Perspektive einer hierarchiebezogenen Planungsarbeit einbringt, stärkt LUKÁŠ die bestehende Praxis der Planungsautonomie und argumentiert hierbei pragmatisch. Zum Ausdruck kommen einmal mehr die unterschiedlichen Orientierungen der beiden Büros bzw. unterschiedlich präferierte Stile des Miteinander-Arbeitens. Ähnlich wie im Kontext der Erstellung der *Konzeption Sprachspaß* stehen sich eine formal-hierarchisierende Orientierung (repräsentiert durch das deutsche Büro) und eine pragmatische Orientierung (repräsentiert durch das tschechische Büro) gegenüber (vgl. Abschnitt 6.6.2.2). Aus organisationspädagogischer Sicht impliziert dieses Differenzverhältnis eine doppelte Bedeutung für die organisationale Identitätspraxis. Während eine Betonung der Notwendigkeit, Praktiken der Kooperation zu formalisieren, mit strategischen Überlegungen einer auch ökonomisch günstigen Positionierung und Selbstdarstellung einhergeht, erhält die pragmatische Orientierung bestehende Praktiken des Miteinanders und verhindert deren Überformalisierung. So ist das grenzüberschreitende Identitätslernen der Organisation *TRETBOOT* an dieser Stelle als ein Vorgang zu beschreiben, der sich aufspannt zwischen bürospezifischen Orientierungen und Interessen, die insofern als kulturelle Praktiken identifiziert werden können, als sie in Abhängigkeit zu dem jeweils nationalstrukturell-bedingten und historisch-gewordenen organisationalen Selbstverständnisses gesehen werden können. Dass es sich hierbei nicht um eine Deutung im Sinne der Kulturstandards handelt (vgl. Thomas 1996; Schroll-Machl

113 Hier wird der organisationale Modus restriktiver Herrschaft in Rahmen von Kooperationen deutlich (vgl. Türk 1995 sowie Abschnitt 2.2.1)

und Novy 2008) – denn die Differenzen begründen sich nicht mentalitäts-, sondern praxisbezogen – wird noch auszuführen sein (vgl. Abschnitt 6.6.2.2).

6.4.3 Spielen als organisationskultureller Modus des Miteinanders

Als wichtiger Bestandteil der Jahresklausur erscheint der informelle Teil des Programms, das abendliche Zusammensitzen und Spielen, Filme gucken und Rundlauf-Spielen an Tischtennisplatten in Kellerräumen. Dies alles erinnert mich an Aufenthalte in Jugendherbergen während meiner Schulzeit. Als bunter Abend oder Spieleabend oder Abend zur freien Verfügung nach einem langen Tagesprogramm angekündigt, waren dies – meiner Erinnerung zufolge – wesentliche Höhepunkte einer Schullandheimreise. Zurückversetzt in dieses Gefühl sehe ich mich bei meinen Aufenthalten im Rahmen der Jahresklausuren im Herbst 2009 und 2010. Nach einem straffen Tagesprogramm werden die Abende genutzt, um zu spielen. Dass das informelle Beisammensein eine bedeutende Rolle einnimmt, zeigt sich in dessen Darstellung im Klausurprogramm. Auf der Jahresklausur 2009 ist der Programmpunkt „Abendgestaltung ab 20:00" handschriftlich an der Tür des großen Besprechungsraums angekündigt, im vorab versendeten Klausurprogramm 2010 ist die Abendgestaltung ohne Zeitangabe mit aufgenommen. In beiden Fällen werden abends – etwas später als angekündigt – die Besprechungsräume in wenigen Minuten in ein gemütliches Chaos verwandelt. Die Verwandlung der Raumatmosphäre von Arbeit zu Freizeit erfolgt als kooperativer Vorgang, bei dem alle mithelfen und jede/r Beteiligte zu wissen scheint, was gemacht werden muss, was es noch braucht, wer in welcher Frage angerufen werden kann. – Im Folgenden möchte ich zwei Szenen darstellen, die ich im Kontext des abendlichen Beisammenseins dieser Jahresklausur und der Jahresklausur im darauffolgenden Jahr miterlebt habe und die für die im Weiteren auszuführende Spielpraxis des Falls relevant sind.

Szene *Kreisspiel* (Jahresklausur 2009)

Als ich den Besprechungsraum wieder betrete, sind mehrere Personen damit beschäftigt, Tische weg zu schieben und Stühle neu anzuordnen. Man baut einen Kreis, so scheint es. Auf den an den Rand geschobenen Tischen liegen allerlei Spiele, Chips und Schokoladen. Aus einem Notebook, an dem kleine Aktivboxen angeschlossen sind, tönt tschechische Popmusik. Keine Minute vergeht, ehe ich aufgefordert werde, einen Tisch mit an den Rand zu stellen. Alles wuselt und die gerade noch spürbare Erlahmung und Ermüdung aller Beteiligten nach langen Besprechungsrunden scheint wie weggeblasen. Einige Personen sitzen in kleinen Gruppengesprächen vertieft und lassen Chipstüten kreisen, eine Mitarbeiterin ruft laut durch den Raum, ob jemand das Papier und die Stifte weggelegt hat. Ich setze mich auf einen der freien Stühle des entstehenden Stuhlkreises. Zwei Mitarbeiterinnen sind gerade damit beschäftigt, den Stuhlkreis fertig zu bauen – sorgsam und sehr bedacht auf seine geometrische Machart. Rechts neben mir sitzen ELIŠKA und Herr TRAUTNER, beide schauen dem Treiben amüsiert zu und teilen sich eine Tafel Schokolade, links neben mir sitzt RENATA. Ich will sie gerade fragen, was hier vor sich geht, als mir NELE zwei DIN A4-Papiere in die Hand drückt und mich auffordert, diese in kleine Stücke zu reißen. Mit dieser Tätigkeit sind fast alle im Kreis beschäftigt. Der so entstehende Berg leerer Zettel wird dann von NELE in einem Hut eingesammelt. Nachdem alle leeren Zettel eingesammelt sind, geht sie den Kreis erneut ab – dieser hat sich mittlerweile gefüllt, nur noch wenige sitzen außerhalb des Stuhlkreises – und jede und jeder im Kreis Sitzende bekommt fünf Zettel, mit der Aufforderung, bekannte deutsche oder tschechische Namen von Künstlern, Politikern etc. aufzuschreiben. VÁCLAV betont wiederholt, dass es Namen sein sollten, die sowohl Deutsche als auch Tschechen kennen. Er gibt ein Beispiel: „Karel Gott“. Drei seiner Kolleginnen stöhnen laut auf und eine ruft: „Na danke, den habe ich gerade aufgeschrieben“. VÁCLAV ermahnt im Scherz, dass sie sich etwas Originelleres einfallen lassen soll. Laut und wieder an alle gerichtet, fordert er auf, insgesamt fünf Namen aufzuschreiben und alle Zettel zweimal zu falten. **(TRET SB 01)**

An den Vorbereitungen des Spiels sind alle beteiligt. Der Aufbau des Kreises, das Verteilen von Aufgaben und deren Erledigung erfolgen in großer Selbstverständlichkeit und bedürfen wenig Aufforderung. In dieser Phase der Spielvorbereitung erfüllen NELE und VÁCLAV eine besondere Funktion. Sie organisieren die Vorbereitung, verteilen Aufgaben und erklären, fordern auf mitzumachen und machen vor. So könnte man ihre Rollen in dieser Szene als Spielführer beschreiben, die sich in dieser Phase der Spielvorbereitung vom Rest der Gruppe aufgrund eines Wissensvorsprungs bezüglich der Spielregeln abheben. Die Anordnung der Beteiligten in einem Kreis, die einen Umbau des Raums erforderlich macht, konstituiert einen gemeinsamen Brennpunkt des Interesses. Zugleich grenzt sich der Kreis als Spielort von der restlichen Raumumwelt ab; wenngleich diese nicht ausgeschlossen wird, wie sich im weiteren Verlauf der Szene zeigen wird. In der Herstellung eines kreisförmigen Spielorts im Raum, die an das Praxiswissen der Installation von Dialogräumen anschließt (vgl. Abschnitt 6.3.2), beginnt sich eine (Spiel)Gemeinschaft (vgl. Huizinga 1956/2009)[114] zu konstituieren, die sich um einen Mittelpunkt

114 In seiner berühmten kulturhistorischen und kulturanthropologischen Betrachtung des Spiels, welches als grundlegendes Element der Kultur analysiert wird, formuliert

versammelt oder diesen durch ihre Zusammenkunft definiert. In der kreisförmigen Anordnung werden alltägliche Hierarchien im Hinblick auf die Sitzordnung (bzw. gegenstandsbezogen durch Spielführer) entkräftet.

Die Mütze wird im Kreis herumgereicht. Ohne weitere Erklärungen wird diese weitergegeben und nacheinander legen alle ihre Zettel hinein. Als die Mütze bei VÁCLAV ankommt, steht dieser auf und guckt in die Runde. Er vergewissert sich, ob alle ihre Zettel in die Mütze geworfen haben. Dann setzt er sich auf die vordere Kante seines Stuhls. Mit leicht nach vorne in die Kreismitte gebeugtem Oberkörper beginnt er das Spiel zu erklären. Die Spielidee lautet: Ein Einzelner muss seiner Gruppe die Namen aus dem Hut erklären. Dann nennt er drei wichtige Regeln, was beim Erklären des Worts nicht gemacht werden darf und zählt dabei mit seinen Fingern mit: „Man darf nicht ‚Ja' sagen, keine Eigennamen verwenden und man darf nur einmal den Zettel wechseln, wenn man den Namen nicht kennt". Er macht eine Pause. Jemand fragt etwas auf Tschechisch und VÁCLAV wendet sich direkt an die fragende Person und antwortet auf Tschechisch. Dabei wird er von LENKA unterstützt, die auch etwas auf Tschechisch erklärt. Als diese Sache geklärt ist, wendet er sich wieder zur Kreismitte und fährt in seiner Erklärung fort. **(TRET SB 01)**

Bezüglich der weiteren Organisation des Spiels fällt auf, dass die Verständigung über Vorbereitungen und Regeln und auch der Spielverlauf vornehmlich in deutscher Sprache erfolgen. Sprache wird dabei – im Gegensatz zu den stärker formalisierten Arrangements des Miteinander-Arbeitens – nicht als Verständigungsproblem thematisiert. Ein Grund für die Dominanz der deutschen Sprache sind – wie in allen Situationen, in denen alle Mitarbeitenden zusammenkommen – die eingeschränkten tschechischsprachigen Kenntnisse bei Herrn TRAUTNER und NELE. Zudem bin auch ich Teil der Spielgemeinschaft und alle Beteiligten wissen, dass meine Tschechischkenntnisse ebenfalls nicht ausreichen, allen Erläuterungen zu folgen. So kann vermutet werden, dass es bei der Sprachwahl im Fall TRETBOOT eine Orientierung an der Minderheit gibt, die zugleich eine statusbezogene Orientierung ist. Mit der Erklärung der Regeln beginnt eine zweite Phase der Spielvorbereitung, in der sich

Johan Huizinga einen Gedanke, der auch für vorliegende Analyse von Prozessen organisationalen Lernens Relevanz hat. Bezüglich der Regelhaftigkeit des Spielerischen heißt es: „Die Spielgemeinschaft hat allgemein die Neigung, eine dauernde zu werden, auch nachdem das Spiel abgelaufen ist" (Huizinga1956/2009, S. 21). Das Gefühl, etwas Besonderes zu sein, das sich aufgrund der Spielregeln und der Spielpraxis allgemeinen Normen entzieht, ein nur Eingeweihten bekanntes Geheimnis in sich trägt, markiert in diesem Sinne Grenzen und wirkt nach innen stabilisierend und nach außen abgrenzend.

die Spielgemeinschaft formal konstituiert (vgl. ebd.). Bezugspunkt gemeinsamer Aufmerksamkeit sind nun die Worte des Spielführers VÁCLAV.

Noch im Erläutern tritt VÁCLAV in den Kreis hinein und beendet seine Ausführungen mit dem Hinweis, dass zwei Gruppen gegeneinander spielen. Mit einer Handbewegung deutet er eine imaginäre Linie an. Die Trennung des Kreises macht er zwischen jeweils zwei Personen fest, korrigiert sich dann aber, indem er feststellt, dass die Gruppen in puncto Geschlecht gemischter sein sollten. Er steht auf und geht einen Schritt in Richtung Kreismitte. Mit der Hand zeigt er auf zwei weiter rechts sitzende Personen und zieht die imaginäre Linie erneut. Auf diese Weise entstehen zwei Gruppen. Die angedeutete Trennungslinie, die zwischen jeweils zwei nebeneinander sitzenden Personen verläuft, wird von diesen verdeutlicht, indem beide ein Stück mit ihrem Stuhl vom anderen abrücken. VÁCLAV geht zu seinem Platz zurück und beendet die Erklärung des Spiels mit der Nennung zweier weiterer Regeln. Er hält seine Uhr hoch und sagt, dass die Mütze mit den Zetteln jeweils nach spätestens zwei Minuten wechselt oder wenn die/der Erklärende ein falsches Wort benutzt. Er schaut zu seiner Gruppe und sagt, dass die nicht-erklärende Gruppe immer sehr genau aufpassen muss, ob Fehler gemacht werden. Ein tschechischer Zwischenruf – der sich erkundigt, warum VÁCLAV den letzten Tipp nur seiner Gruppe gegeben hat – führt zu lautem Gelächter. Das Spiel ist nun erklärt und alle machen sich startbereit, als mein Kollege Thomas den Raum betritt und neugierig in die Kreisrunde schaut. Die ihm am nächsten sitzende Person rückt mit dem Stuhl nach hinten und macht damit einen Sitzplatz frei. VÁCLAV sieht Thomas und winkt ihm auffordernd zu, sich dazuzusetzen. Er geht ein paar Schritte auf ihn zu und erklärt das Spiel noch einmal in Kurzversion. **(TRET SB 01)**

Spielt die sprachliche Differenz und deren Bearbeitung keine explizite Rolle, werden hingegen andere Differenzen – geschlechtliche und kulturelle – in der Vorbereitung des Spiels thematisiert. So erfolgt die Einteilung in Gruppen – als Bedingung für das Funktionieren des Spiels – im Hinblick auf die Verteilung von Männern und Frauen, nicht etwa von Deutschen und Tschechen oder im Hinblick auf die Bürozugehörigkeit. Diese spielt überhaupt keine erkennbare Rolle. Im Hinblick auf die Frage, inwieweit hier eine ausdrückliche Organisation grenzüberschreitender Verständigung vorgenommen wird, kann nur der Hinwies von VÁCLAV genannt werden, der dafür sorgt, dass die aufgeschriebenen Namen sowohl die von Deutschen wie von Tschechen sind als auch Namen, die beiderseits bekannt sind. Hier ließe sich fragen, welche Bedeutung diese subtile Regelung interkultureller Gleichberechtigung hat und was damit an empfundenen oder strukturellen Ungleichheiten bearbeitet werden soll. Neben diesem Spezifikum der Spielorganisation ist der

Umgang mit dem Auftauchen meines Kollegen Thomas Höhne von Interesse. Die selbstverständliche Öffnung des Kreises und die praktische Hereinnahme des Neuen durch Stühle-Rücken und einladendes Winken, die direkt adressierte Erklärung des Spiels repräsentiert eine Praxis der Integration und Zughörigkeit. Der Kreis symbolisiert ein geschlossenes, aber selbst im Augenblick des Spielbeginns kein ausschließendes Moment.

Dann beginnt das Spiel. Meine Gruppe hat den Hut mit den Zetteln. NELE zieht einen Zettel und beginnt mit der Erklärung. Alle aus der Gruppe werfen verschiedene Vorschläge ein, welche Person gemeint sein könnte. Die tickende Uhr und das hohe Tempo der Erklärung von NELE bringt Bewegung in die spielende Gruppe. Stühle werden verrückt, man beugt sich vor, rudert mit den Armen und feuert NELE an, schneller zu machen, den Zettel wegzulegen oder einen Neuen zu nehmen. Nach dem fünften Treffer piept die Uhr. Viele klatschen Beifall, Herr TRAUTNER hält den Daumen nach oben. Währenddessen springt VÁCLAV auf, holt sich die Mütze und bringt sie einer seiner Mitspielerinnnen. Dabei erklärt er, dass man sich selber darum kümmern muss, dass die Mütze schnell weiter gereicht wird. Diese beginnt den ersten Zettel zu erklären, der prompt richtig erraten wird. Daraufhin sagt sie „ja" und Herr TRAUTNER ruft laut: „ja gesagt". Alle lachen und die Betroffene erwidert laut: „Scheiße – war ja klar, dass Sie mich genau beobachten". Nun springt NELE auf, holt sich die Mütze und gibt sie an die ihr nächstsitzende Person ihrer Gruppe weiter. Das Spiel geht in dieser Weise etwa 30 Minuten, bis alle Zettel aufgebraucht sind. Als die Mütze leer ist, verfallen viele sofort in Zweiergespräche, erzählen sich die Highlights des Spiels nochmals oder diskutieren Regeländerungen. Einige beginnen mit dem Auszählen der gewonnenen Zettel. Der Kreis löst sich jedoch schnell auf. Eine Gruppe von vier Leuten verlässt den Raum. Einige gehen zum Tisch, wo Snacks und Schokolade liegen. Andere stöbern auf dem Spieletisch. Keiner scheint sich dafür zu interessieren, welche Gruppe gewonnen hat. **(TRET SB 01)**

Der Beginn des Spiels durch NELE und auch der moderative und erläuternde Eingriff von VÁCLAV, wie man sich den Hut möglichst rasch holt, gewährleistet den reibungslosen Spielbeginn und -verlauf. So werden der Spielgemeinschaft die Regeln in der Praxis vorgemacht, das zuvor Verbalisierte im Tun wiederholt. Interessant erscheint dies insofern, als die Regeln nicht nur im Hören verinnerlicht werden, sondern durch das Aufführen der Praxis durch die Spielführer auch beobachtet, miterlebt und damit leichter nachvollziehbar werden. Der Spielbeginn ist somit neben der gemeinsamen Vorbereitung und Anordnung im Kreis und der Erläuterung von Regeln der dritte zentrale Moment der Konstitution der Spielgemeinschaft. In allen drei Phasen kommt den Spielführern – qua Wissen und Können um die richtige

Anwendung des Spiels – eine bedeutende, rahmende und initiierende Rolle zu. Die Spielgemeinschaft und deren Sinn konstituieren sich aufgrund von Impulsen durch die Spielführer, über ein Mitmachen – etwa in der Hereinnahme und Teilnahme an den Vorbereitungen, über eine Belehrung und Diskussion der Spielregeln sowie durch ein Miterleben und Nachvollziehen der Spielpraxis. Im Sinne eines *Lernens im Spiel* (Scheuerl 1962) erlangt dieser Vorgang für die Herausbildung von Mustern des Miteinander-Arbeitens besondere Bedeutung.[115] Inwiefern das Spiel ein Ort der Erprobung eines Umgangs mit Differenzen ist, die in Form von Praxismustern in organisationalen Alltag überführt werden, kann anhand weiterer Spielszenen verdeutlicht werden.

Folgende Szene geht zurück auf die Jahresklausur 2010, die ähnlich wie die im Jahr zuvor organisiert ist und auch in einer Jugendbildungsstätte stattfindet. Es ist abends, etwa 21:00 Uhr.

Szenen *„Wer bin ich"* (Jahresklausur 2010)

Als ich den Besprechungsraum betrete, ist dieser kaum wiederzuerkennen. Das große Tischquadrat hat sich zu mehreren kleinen Sitzgruppen aufgelöst. Auf den Tischen liegen allerlei Snacks, es gibt Getränke und im Hintergrund läuft Musik. An verschiedenen Stellen im Raum haben sich kleine Gruppen in Konversationen und zum Spielen zusammengefunden. Ich setzte mich zu einer kreisförmig-angeordneten Gruppe von neun Personen. Man sitzt um zwei locker zusammengeschobene Tische herum und ist gerade dabei, Zettel zu verteilen. LENKA begrüßt mich mit einer winkenden Handbewegung und den Worten: „Der Forscher möchte auch spielen". Von mehreren Seiten zugleich wird mir erklärt, welches Spiel gespielt werden soll. Ich kenne es unter dem Namen „wer bin ich". Auf Zetteln notiert jede und jeder Beteiligte einen deutschen oder tschechischen Namen eines Prominenten so, dass die anderen ihn nicht sehen können. Die Spielvorbereitung wird sehr ernstgenommen. LENKA kommentiert den Vorgang. Sie stupst ihre Nachbarin an, sie solle nicht so lange überlegen und dann sagt sie zu Herrn TRAUTNER gewandt: „Ich habe den richtigen Namen für Sie". Sie lächelt herausfordernd. Herr TRAUTNER – nun von allen beobachtet – reagiert ohne von seinem Zettel aufzuschauen und erwidert: „Ham sie wohl ihren Namen aufgeschrieben". In gespielter Beleidigung wirft sich LENKA

115 Das *Lernen im Spiel* beschreibt Hans Scheuerl als ein Vorgang, in dem Spielpraxis und -fertigkeiten vertieft und erweitert werden, die auch für die Welt außerhalb des Spiels Bedeutung erlangen (vgl. Scheuerl 1962, S. 179ff.). Für das Verhältnis von Lernen und Spiel spricht Scheuerl zudem von zwei weiteren Erscheinungsformen: Das *Spielen-Lernen* wird als Weg der Entdeckung beschrieben, in dem Spieltätigkeiten und -fertigkeiten gelernt werden. Das *spielende Lernen* verweist darauf, dass auch das Lernen selbst spielhaft oder spielerisch sein kann.

in ihren Stuhl: „Das hätten Sie wohl gerne". Als alle fertig sind, reicht LENKA eine Mütze herum und die Zettel werden dort hineingelegt. LENKA schüttelt die Mütze übertrieben stark und legt sie dann in die Tischmitte. Wir ziehen einen Zettel und sollen diesen nun – ohne ihn anzuschauen – auf unserer Stirn anbringen. Hierfür hat MARTINA schon eine ganze Reihe Klebestreifen geschnitten und verteilt diese nun. Man hilft sich gegenseitig die Zettel anzubringen und dabei wird viel gelacht. Nun sitzen alle mit einem Zettel auf der Stirn im Kreis. Meine Nachbarin ist Heidi Klum. Mir gegenüber sitzen Angela Merkel, Antonin Dvořák und Karel von Schwarzenberg, Madonna und eine Mitarbeiterin hat den Namen der langjährigen Sekretärin auf der Stirn, die nicht auf der Klausur dabei ist und kurz vor dem Ruhestand steht. Herr TRAUTNER ist Keith Richards. Nun beginnt LENKA eine Frage zu stellen: „Bin ich eine Frau". Aus mehreren Mündern tönt ein lautes „Nein". Sie schrullt die Lippen und kommentiert in Richtung Herrn TRAUTNER: „Das freut Sie, ne". Von nun an geht es reihum. Eine Frage, die mit Ja beantwortet wird, erlaubt eine weitere Frage, ein Nein beendet die Fragemöglichkeit für diese Runde. So dauert das Spiel etwa 20 Minuten und wird begleitet von vielen Spitzen und Gelächter. Als alle fertig sind, werden die Papiere auf den Tisch geknüllt und es wird sofort überlegt, was man noch spielen könnte. **(TRET SB 07)**

Ähnlich der ersten Szene zeigt sich auch hier eine große Ernsthaftigkeit in der Spielvorbereitung und ebenfalls lässt sich eine Phase der Konstitution als Spielgemeinschaft erkennen, die prinzipiell offen und integrativ erscheint. Mit dem Beginn der Spielkonstituierung – der Anordnung im Kreis und der Verteilung von Aufgaben – beginnt auch eine ironische Bearbeitung der hierarchischen Ordnung. Der Eindruck, dass Erfahrungen aus dem organisationalen Alltag mit hineingenommen, jedoch auf neue Weise, d.h. in spielspezifischen Strukturen thematisiert werden, verstärkt sich. So sind auch in dieser zweiten Szene – im *Kreis* – alle gleich, folgen denselben Regeln und im Spielspaß werden im Alltag gültige Positionen dekonstruiert und diskutiert. Der neckische Angriff auf die Leitungshaltung und darin liegende Kritik wird ironisch pariert und erscheint bereits als Teil des Spiels. Im (Spiel)Rahmen des *bloß so tun* oder des *bloß zum Spaß* (Huizinga 1956/2009, S. 16) ist diese Form der Explikation alltäglicher Erfahrungen von Ungleichheit, Differenz oder Unstimmigkeiten möglich, die sich (womöglich im organisationalen Alltag als bedrohlich empfunden) im Rahmen einer Spielgemeinschaft in Gleichheit thematisieren und bearbeiten lassen. Auf die paradoxale Struktur des Wirklich-Unwirklichen im Spiel weist Bateson (1985, S. 249ff.) hin, wenn er vom metakommunikativen Rahmen des Spiels spricht. Alle im Rahmen des Spiels getroffenen Aussagen sind demnach unwahr, zugleich sind aber die „Handlungen des

Spielens auf Handlungen des *Nicht-Spielens* bezogen" (ebd., S. 245). Demzufolge ist das Spiel damit ein wichtiges Konstitutionsprinzip für Kommunikation.

Praxismuster des gemeinsamen Spielens

In der sich wiederholenden Praxis der Herstellung von Spielgemeinschaften, denen bereits in der zeitlichen Planung der Klausur Raum gegeben wird, und mit der als kooperative Anstrengung ein Umbau räumlicher Gegebenheiten einhergeht, tradiert sich ein Praxismuster des sozialen Miteinanders. Das gemeinsame Spielen – das sich in der Regel kreisförmig konstituiert und damit die immer wiederkehrenden Momente der Parität und Partizipation reproduziert – ist wesentlicher Bestandteil der organisationalen Praxis. Dabei ist von Bedeutung, dass die wiederkehrende Konstitution von Spielgemeinschaften – also die Pflege des Musters – allen Mitarbeitenden obliegt. Es gibt nicht feste Spielführer, keine Spielvorgaben, allein die Raumvorbereitung erscheint als stabiles Strukturmoment. Wie der Raum Abendgestaltung spielerisch genutzt wird, wird dabei nicht im Vorfeld festgelegt. Aus organisationspädagogischer Sicht ist das Praxismuster des gemeinschaftlichen Spielens und der Konstitution von Spielorten hinsichtlich seiner Vergegenwärtigungs- und Differenzbearbeitungsfunktion von Interesse. In der wiederholten Aufführung des Agierens als Spielgemeinschaft und dem Befolgen von bestimmten Regeln reproduziert sich das organisationsspezifische Prinzip der Parität und Kreisförmigkeit und damit ein Wissen und Können, wie jenseits des alltäglichen Arbeitens ein *Wir-Gefühl* erzeugt werden kann. Die praktizierende Spielgemeinschaft fabriziert im Spielort zugleich einen geschützten Raum, in dem Differenzen des Alltäglichen bearbeitet werden können. Dies erlauben die Spielregeln des „als ob", die, anders als logische, rationale Zugänge zur Sozialität von intersektioneller und interkultureller Begegnung, Differenzen bearbeitbar erscheinen lassen. Im Sinne eines organisationalen Lernens im Spiel werden hier generierte Muster der Spielpraxis und -fertigkeit vertieft, erweitert und erlangen auch Bedeutung für die organisationale Arbeitswelt außerhalb des Spiels (vgl. Bateson 1985; ausführlich auch in Gebauer und Wulf 1998, S. 194ff.). Die Möglichkeit diese spielerischen Muster der Bearbeitung organisationaler Themen und Grenzen (etwa bezüglich bestehender Dienst- und Machtverhältnisse in Kombination mit geschlechterrollenbezogenen bzw. interkulturellen Differenzen) nicht nur im Spiel nachzuvollziehen, sondern auch in den organisationalen Alltag (wenn auch weniger stark) zu übertragen und dort aufzuführen, verweist auf einen organisationsspezifischen Vorgang der Transformation. Diesbezüglich kann etwa an die im Rahmen des Entscheidungsgesprächs vollzogenen ironischen *Machtspielchen*[116] zwischen LENKA und Herrn TRAUTNER erinnert werden (vgl. Abschnitt 6.4.2). Zu Beginn eines formalen Besprechungsarrangements wird hier die räumliche Anordnung ironisierend und in Rückgriff auf erprobte *Kappeleien* im Spiel (siehe eben dargestellte Szene) als Abbildung eines Machtgefälles bearbeitet. Noch deutlicher wird das Verhältnis von Spiel, organisationaler Arbeitswelt und zugrunde liegender Transformation einer musterförmigen Praxis des Spielens an folgender Szene, die Teil der in Abschnitt 6.3.1 beschriebenen Produktion eines Kooperationsraums im Rahmen einer Besprechungsrunde ist. Die Besprechungsrunde findet mit allen Mitarbeitenden im Bürozimmer von Herrn TRAUTNER statt. Dieses wird umgebaut und einige Mitarbeitenden suchen nach passenden Sitzgelegenheiten. Folgende Szene ereignet sich (vgl. auch Abb. 7):

Szene *Schleudersitz*

[...] LENKA stakst vorsichtig über die bereits stehenden Sitzquader mit den Worten: „Da geh ich mal lieber aus dem Weg." Seitwärts schiebt Sie sich an mir vorbei, dabei macht Sie ein gespielt-gestresstes Gesicht, lächelt und geht hinter den Schreibtisch von Herrn TRAUTNER. Dort setzt sie sich auf den ledernen Drehstuhl und lehnt sich mit Schwung nach hinten. Daraufhin beugt sie sich mit einem unzufriedenen Gesichtsausdruck nach unten und sucht nach einem Hebel. Als sie diesen findet und betätigt, fährt der Stuhl Richtung Boden. Das macht eine lautes Pffff -Geräusch. Viele Augen richten sich auf sie, einige lachen. LENKA steht murmelnd auf, schiebt sich wieder nach vorne und setzt sich neben NELE [...]. Herr TRAUTNER schaut LENKA zu, wie sie zum Sitzquader klettert und als diese sitzt, fragt er an LENKA gewandt: „Wenn's zu eng sein sollte, können Sie sich auch auf meinen Stuhl setzen". Er deutet mit einem ironischen Kopfnicken auf den eben von LENKA verlassenen Lederdrehstuhl. Viele der Anwesenden lachen. LENKA erwidert mit gespielter Auflehnung, da könne man nicht bequem sitzen, das sei „wie nen Schleudersitz". Das Lachen der Zuhörer wird lauter. Herr TRAUTNER grinst, schaut auf sein Blatt, als überlege er zu antworten, und sagt dann: „Dazu sage ich jetzt mal nichts". Als er wieder aufsieht, hat er einen neutraleren Gesichtsausdruck, die Mitarbeitenden werden leise und er beginnt mit der Eröffnung der Besprechungsrunde. **(TRET SB 03)**

---

116 Bate betont diesebzüglich die Notwendigkeit eines organisationsanthropologischen Interesses an organisationalen Spielen „with management" (Bate 1997, S. 1158), in denen formelle Machtverhältnisse bearbeitet werden und sich informelle Machtverhältnisse zeigen und konstituieren (für eine organisationstheoretische Auseinandersetzung mit den Kategorien der Macht und des Spiels bezüglich der Struktur kollektiver Zwänge vgl. auch Crozier und Friedberg 1979)

In der ironischen und subtilen Bearbeitung der hierarchischen Ordnung im Rahmen beider Arrangements der Besprechung reproduziert sich die Praxis der Bearbeitung von Differenzen, wie sie sich im Rahmen des *gemeinsamen Spielens* gezeigt hat. So scheint es, dass hier im alltäglichen Miteinander für eine kurze Sequenz der formale Rahmen verlassen wird und in einer spielerischen Mini-Szene Hierarchien und Ungleichheiten thematisiert werden können. In der Problematisierung der Führungsposition als Schleudersitz wird aber nicht nur eine ironische Bearbeitung von Machtverhältnissen möglich, sondern – im Spiel und mit nachträglicher Erlaubnis – kann LENKA auch die schwierige Seite dieser Position körperlich erfahren. Vor diesem Hintergrund erscheinen die Spielorte und die damit verbundene Differenzbearbeitungsfunktion nicht nur als mögliche Räume der Bearbeitung von Differenzen und Unstimmigkeiten, sondern auch als Orte, an denen ein Umgang damit erprobt und wiederum im Alltag aufgeführt und nachvollzogen werden kann. Es lassen sich einige modale Aspekte der musterförmigen Praxis des gemeinsamen Spielens zusammenfassen: 1. Das gemeinsame Spielen erfolgt regelmäßig an hierfür geschaffenen Spielorten; 2. Es gibt keine festen Spielführer, prinzipiell können alle den Vorschlag machen eine Spielgemeinschaft zu gründen; 2. Im Spiel sind alle gleich, alltägliche Hierarchien werden außer Kraft gesetzt; 3. Mit Spiel wird ein metakommunikativer Rahmen geschaffen, in dem alltägliche Themen bearbeitbar erscheinen; 4. Das gemeinsame Spielen ist zugleich ein Erproben neuer Haltungen und Praktiken der Differenzbearbeitung, die in die Welt der alltäglichen Arbeit transformiert werden.

Im wiederholten Vollzug des Praxismusters des gemeinsamen Spielens wirken Vorgänge der Tradierung und Transformation (vgl. Abschnitt 8.3). Tradiert wird nicht nur das Spielen als Bestandteil organisationaler Praxis der Kooperation.[117] Auch die Praxis der Reproduktion der Mitarbeitenden als Spielgemeinschaft selbst wird tradiert. Die offiziellen und teilweise für den deutsch-tschechischen Kontext angepassten Spielregeln evozieren dabei ein Gefühl des Miteinanders, das sich eben aufgrund der Spielregeln und der Spielpraxis allgemeinen und üblichen Normen entzieht und einen Rahmen schafft, der für den Moment des Spielens gilt, dessen spezifischer Regelhaftigkeit sich alle unterwerfen und der auch formale Regelungen von Hierarchie außer Kraft setzt. Die Übertragung dieses Könnens in den Alltag und die damit verbundene Möglichkeit, Differenzen und Grenzen nicht nur im spielerischen Rahmen, sondern auch unmittelbar in der Situation (im Aufgreifen des spielerischen Musters) bearbeiten zu können, verweist dabei auf einen transformativen

117 Auf die organisationskulturelle Bedeutung spielerischer Arrangements für die organisationale Reproduktion und Bearbeitung einer spezifischen Kooperationspraxis hat auch Mensching (2008) in ihrer Studie zur Polizeikultur ausführlich hingewiesen.

Vorgang. In der Übertragung eines im Spiel erarbeiteten Musters in die Alltagspraxis wird letztere weiterentwickelt. Organisationskulturell erfüllt das *Praxismuster des gemeinsamen Spielens* bezüglich seiner tradierenden und transformierenden Kraft als Ort der Bearbeitung von Grenzen und als Medium von Grenzüberschreitung mindestens zwei Funktionen: Zum Ausdruck kommt hier *erstens* eine spezifische Form der Organisation der Grenzüberschreitung – oder der Organisation von Grenzen der Grenzüberschreitung. Im Rahmen des Spielens ist die Verhandlung der Spielsprache nicht oder zumindest nicht explizit Thema[118], die Organisation der kulturellen Grenzüberschreitung hingegen wird deutlich erkennbar. Bei beiden Spielen handelt es sich um international bekannte Gruppenspiele, die in diesem Kontext deutsch-tschechisch modifiziert werden, in dem explizit aufgefordert wird, sowohl deutsche als auch tschechische Berühmtheiten aufzuschreiben – und zwar mit der Einschränkung, dass diese über die Grenzen hinaus bekannt sein sollen. Wird die Grenze auf sprachlicher Ebene dethematisiert, so tritt sie kulturell in den Vordergrund. Was mag die explizite Einforderung, historische und kulturelle Berühmtheiten beiderseits der Grenze im Spiel zu beachten, bedeuten? Vor dem Hintergrund der sprachlichen Dominanz des Deutschen verweist dies auf die reflexive Einholung der Gefahr einer Vernachlässigung der tschechischen Seite. In diesem Sinne markiert die explizite Einforderung der Beachtung beider Kulturen durch die Zuordnung bestimmter Berühmtheiten Grenzen, die wiederum im Spiel durch das Erkennen- oder Erklären-Können prinzipiell überschreitbar werden. Somit fungiert das Spiel auch als Medium der Repräsentation von Grenze und der Vergewisserung, diese überschreiten zu können. Zudem ist der strukturellen Benachteiligung der tschechischen Seite aufgrund der Dominanz der deutschen Sprache als Verständigungsmedium entgegenzusetzen, dass im Spiel beide Kulturgeschichten gleichermaßen gewusst und gekonnt werden. In der Repräsentation der Organisation als kultursensible Spielgemeinschaft vergegenwärtigt sich nicht nur eine zentrale Praxis organisationskulturellen Miteinanders, sondern damit wird *zweitens* auch ein Rahmen geschaffen, als Organisation zu lernen. Wie oben bereits angedeutet kommt dabei dem Lernen im Spiel für die Welt außerhalb des Spiels Bedeutung zu (vgl. Scheuerl 1962). Denn mittels des *Praxismusters des gemeinsa-*

118 Dass die sprachliche Verständigung in großen Runden durchgängig auf Deutsch erfolgt, hängt damit zusammen, dass zwei Akteure des deutschen Büros kein Tschechisch sprechen. Da alle anderen bilingual sind, fällt dies nicht weiter auf. Es bedarf aus der Sicht der Organisation keiner konsekutiven Übersetzung, wenn sich in deutscher Sprache verständigt wird. Während in Kleingruppen und in Zweiergesprächen problemlos zwischen beiden Sprachen gewechselt wird und keine explizite Organisation der Verständigung erkennbar ist, markiert die Zusammenkunft in großen Runden die Grenzen der (sprachlichen) Grenzüberschreitung.

men Spielens werden spielerisch und kooperativ Haltungen und Möglichkeiten der Grenzbearbeitung und -markierung entwickelt, überschritten und neu erfunden sowie Expertisen im Umgang mit Hierarchien und diversen Übersetzungsanforderungen ausgebildet, die auch das alltägliche Miteinander festigen oder verändern (vgl. Gebauer 1997; Gebauer und Wulf 1998).

6.5 Kooperative Kreation. Zur Identitätsfunktion eines organisationseigenen Produkts

Ein besonderes Spezifikum der Organisation *TRETBOOT* ist die umfangreiche, arbeitsintensive und kostspielige Produktion von Materialien. Es existieren eine Vielzahl an Flyern und anderen Werbematerialien, Informationsbroschüren verschiedenen Formats sowie für die grenzüberschreitende Begegnungsarbeit eigens hergestellte Spiele. Alle Produkte werden in gemeinsamer Anstrengung der beiden Büros bzw. stellvertretend von MitarbeiterInnen des jeweiligen Arbeitsbereichs, für den das Produkt hergestellt wird, vorgenommen. Die Produkte werden konsequent in einem Corporate Design entworfen, dessen Machart in spezifischer Weise das organisationale Selbstverständnis repräsentiert. Exemplarisch sollen im Folgenden ein von der Organisation entwickeltes Spiel näher betrachtet werden, das im Hinblick auf organisationsspezifische Praxisstrategien und Praxismuster der Präsentationspraxis in seiner Machart, Genese und Funktion analysiert wird. Bezüglich der Entstehung und Verwendung des Spiels können eine *Praxisstrategie der Präsentation von grenzüberschreitender Expertise* sowie ein *organisationales Praxismuster der kooperativen Kreation* von Produkten angedeutet werden. Im interdependenten Vollzug dieser organisationalen Praktiken zeigt sich eine spezifische Form organisationalen Identitätslernens.

Im Kontext verschiedener Forschungsaufenthalte stieß ich des Öfteren auf ein Lege- und Merkspiel, das mir von der Leitungsebene als *„eigenes Produkt"* vorgestellt wurde. Die Tatsache, dass es sich hierbei um eine organisationseigene Produktion handelt, und der bereits auf den ersten Blick erkennbare Hybridname sowie eine Reihe von verwendungsbezogenen Unklarheiten machten für mich das Artefakt als Medium möglicher Übersetzungs- und Lernprozesse der Organisation interessant. Vor dem Hintergrund der Beschreibung seines Designs und Aufbaus, darin erkennbarer Grenzmarkierungen und -überschreitungen und auf Grundlage der Rekonstruktion der Produktgenese sowie der Analysen seiner Funktion und

Verwendung als dinghafter Mitspieler organisationaler Praxis kann das Spiel als Medium und Resultat organisationaler Identitätsarbeit rekonstruiert werden.[119]

Design und Machart: Das deutsch-tschechische Lege- und Merkspiel trägt den Namen MeXeso. Es ist in einer kleinen quadratischen Schachtel aus stabilem Papier verpackt. In verschlossenem Zustand hat das Spiel etwa die Größe von quadratischen Notizzetteln und lässt sich praktisch verstauen. Unter dem abnehmbaren Deckel befinden sich 32 Spielkarten. Identisch dem Originalspiel Memory®, welches dem Spiel MeXeso als Vorbild dient, ist auf jeweils zwei Kärtchen derselbe Gegenstand abgebildet. Anders als beim Originalspiel stehen auf den jeweils zusammengehörigen Kärtchen die Bezeichnungen des Abgebildeten einmal auf Deutsch und einmal auf Tschechisch. Als didaktisches Material für den Arbeitsbereich Grenzenlose Praktika konzipiert, bilden die Spielkarten berufsspezifisches Vokabular und entsprechende Gegenstände visuell ab. Auf der Rückseite der einzelnen Karten befindet sich das Logo der Organisation, das mittig aufgedruckt und eingebettet ist in viele schräg – von links unten nach rechts oben – verlaufende Schriftzüge. Letztere bestehen aus dem Namen der Organisation sowie einem konkretisierenden Zusatz, der die koordinierende Aufgabe der Organisation betont. MeXeso gibt es in dreifacher Ausfertigung zu drei verschiedenen Berufssparten: Gastronomie, Holzverarbeitung und Krankenpflege. Auf der Oberfläche des Deckels ist der Schriftzug MeXeso und – exemplarisch an einer Ausfertigung verdeutlicht – in deutscher und tschechischer Sprache Gastronomie/gastronomie zu lesen. Links oben in der Ecke und vor weißem Hintergrund ist das Logo der Organisation abgebildet. Der Großteil der Oberfläche wird von einer Bildcollage bedeckt, die in kleinen quadratischen Bildern neben einer Servicekraft, die gerade Teller in einen Gastraum bringt, ein Weinglas, den Teil einer Blumenvase und eine Pfanne auf einem Gasherd zeigt. Die Anordnung der kleinen quadratischen Bilder – von denen zwei kein Bild zeigen und als „noch nicht umgedreht" erscheinen – verweist auf die Funktion des Spiels. Vor dem Hintergrund der visuellen Andeutung des Spiels klärt sich die Bedeutung des ungewöhnlichen Spielnamens MeXeso. Dieser ist in großen Lettern auf dem Deckel und mit dem Zusatz „das deutsch-tschechische Gedächtnisspiel" bzw. „česko-německé pexeso" an den Seiten des Deckels angebracht. Der Schriftzug MeXeso auf der Oberfläche des Spieldeckels ist größer als alle anderen Schriftzüge und in roter Farbe. Das X im Namen ist wiederum sehr viel größer als die restlichen Buchstaben des Spielnamens und graphisch in 80 kleinen roten Punkten dargestellt. Bei dem Spielnamen MeXeso handelt es sich um einen sprachlichen Hy-

119 Dieses Kapitel basiert zu Teilen auf einer kürzeren Version der Analyse des Artefakts *MeXeso*, die unter bildungstheoretischen Gesichtspunkten in einem Beitrag von mir vorgenommen wurde (Engel 2012a).

brid, das – im Original – aus einer tschechischen Silbe und zwei englischsprachigen Silben besteht. Der Name des Spiels ist eine Wortneuschöpfung, die aber vom Klang und Schriftbild sofort deutlich macht, um was für eine Sorte Spiel es sich handelt. **(TRET AB 01)**

Die auffälligste Markierung im Design des Spiels ist der sprachliche Hybridname desselben. In Kombination mit der ebenfalls auf dem Deckel angebrachten Bildcollage in einem Memoryspiel-Design erschließt sich die Funktion des Spiels rasch. In der Begriffsschöpfung des Spielnamens, der in Anlehnung an den international bekannten Memory-Begriff und in Teilverwendung des tschechischen Worts für Gedächtnisspiel ein didaktisches Material des sprachlichen Austausches benennt, deutet sich eine kreative Praxis sprachlicher Übersetzungsarbeit an. So lässt sich der Neologismus als Beispiel für die häufige Verwendung einer „third language" – so auch im Original des Organisationsnamens – anführen, mit der der Versuch einhergeht, sprachliche Differenzen über ein „gemeinsames Drittes" zu bearbeiten.[120] Die Herstellung von Gemeinsamkeit zeigt sich auch im Design des Schriftzugs *MeXeso* selbst. Auffällig ist hier die Prominenz und die sich vom restlichen Schriftzug unterscheidende Machart des X. Für sich betrachtet, stellt dabei das X zwei gleichlange Linien dar, die sich in einem Punkt nicht nur kreuzen, sondern aufgrund der punktierten graphischen Darstellung ineinander übergehen. Oftmals als Symbol des Durchstreichens und des Verbots verwendet, könnte das punktierte X hier stärker eine Symbolik des Ineinanderfließens oder der *gemeinsamen Mitte* betonen. In dieser Interpretationsweise korrespondiert die Hervorhebung des X mit der kreativen Schöpfung des Begriffs *MeXeso* als *gemeinsamer Mitte* und verweist nicht nur auf eine sprachlich-kreative Überschreitung oder Auflösung von Grenzen, sondern deutet möglicherweise auch auf eine kreative Kooperationspraxis hin: das Finden einer *gemeinsamen Mitte*. So kann angenommen werden, dass sich im Spielnamen nicht nur explizit eine sprachliche Übersetzungsleistung präsentiert, sondern sich implizit auch eine Praxis des organisationalen Könnens andeutet, wie

120 In Anschluss an Homi K. Bhabas (2011) Kategorie des *Dritten Raums*, mithilfe der „unsere Auffassung von der historischen Identität von Kultur als einer homogenisierenden und vereinheitlichenden Kraft […] zu Recht infrage gestellt wird" (ebd., S. 56), wird mit dem Terminus „Third Language" auf die sprachliche Produktion eines Hybrids als ein Dazwischentreten zwischen oder Aufbrechen von binären Logiken verwiesen. Der Schriftsteller Zafer Şenocak (1992) hat mittels diesem Ausdruck das Unbehagen der zweiten und dritten Generation türkischer Immigranten in Deutschland zum Ausdruck gebracht. In einem Essay mit dem Titel „Dialog über die dritte Sprache. Deutsche, Türken und ihre Zukunft" präzisiert er die „dritte Sprache" als „eine Bastardsprache, die Missverständnisse in Komik verwandelt und Angst in Verständnis" (ebd., S. 89).

die Organisation mit Übersetzungsanforderungen einer pädagogisch-programmatischen Grenzüberschreitung umgeht.

Durch den zweisprachigen Untertitel, durch die zweisprachige Darlegung des Zusatzes zum Organisationsnamen sowie durch die Spielkarten und die jeweils deutsche und tschechische Bezeichnung des Bilds wird die Hybridisierung der Sprache jedoch gebrochen und eine sprachliche Differenzlinie deutlich gemacht. Einer Vermengung des Deutschen und des Tschechischen im Namen des Spiels wird damit eine klare Markierung der Differenz entgegengesetzt. So sind die einzelnen Karten nicht mit Neologismen beschrieben, sondern mit den grammatikalisch richtigen deutschen bzw. tschechischen Begriffen. Auch die symmetrische Darstellung des Organisationsnamens auf der Rückseite des Spiels und auf den Rückseiten der jeweiligen Spielkarten markiert eine Grenze. Diese ist nicht nur sprachlich zu verstehen. Die spiegelgleichen Anordnungen des Organisationsnamens in beiden Sprachen korrespondieren auch mit der grundsätzlich parallelen Organisationsstruktur (zwei eigenständige Büros, deutsch-tschechische Teams, vgl. Abschnitt 6.2.3) sowie mit der gleichberechtigten und analogen Darstellung in allen schriftlichen Berichten und Broschüren (vgl. Abschnitt 6.6.1). Hinsichtlich der Betrachtung des Aufbaus und des Designs des Artefakts lässt sich zusammenfassen: Über die Anordnung der Karten und jeweiligen deutschen und tschechischen Begriffe, über die Anordnung der spiegelgleichen Schriftzüge werden sprachliche und strukturelle Grenzen markiert, damit hergestellt und zugleich überschritten. Vergegenwärtigt und präsentiert werden dabei eine organisationsspezifische Kompetenz des spielerischen Umgangs mit sprachlichen Verständigungsproblemen sowie ein Muster kreativ-kooperativer Grenzüberschreitung. Die Parallelität der Sprache (vgl. Marx und Nekula 2011) im Spiel selbst kann als Grenze kreativer Sprachverständigung verstanden werden, die implizit auf die didaktische Funktion des Spiels hinweist.

Zur Entstehungsgeschichte: Die hier beschriebene Version des *MeXeso* wurde als didaktisches Material für den Austausch von Berufsschülern entwickelt. Wie es dazu kam, schildert der Mitarbeitende SEPP folgendermaßen:

> a:lso des erste *MeXeso* des hab ich zu Haus des aufm Balkon gema::lt (.) NELE und ich (.) und dann <u>laminie:rt</u> (.) hinten *TRETBOOT*logo drauf: (.) äh (.) kostet ein *MeXeso* vielleicht insgesamt ein Euro. //NE: Hm// Des heißt mit <u>Germanismen</u> einfach Germanismen und <u>Bilder</u> (1) des war der Ursprungs<u>gedanke</u> den <u>ich</u> gehabt hab (.) dass ma so was ma<u>chen</u> low <u>Budget</u> dass ma sichs runterladen kann als <u>Download</u> dass es wirglich jeda großflächig benutzen kann; *TRETBOOT*logo schön präsent aufm Bild mit drau:f (.) aber so weit sind wir nicht gekommen ? weil Richard gemeint hat nee des muss schon qualitativ hochwertig <u>sein</u> //N.E.: Hmhm// (1) na hat die MARTINA

> gesagt grenzenlose Praktika=des machen wir (.) zu den drei Gebie:ten (.) Krankenpflege Holzverarbeitung und Gastronomie **(TRET I 03).**

Dieser Erzählung zufolge ist der „Ursprungsgedanke", ein kostengünstiges, online zu erwerbendes und repräsentatives, den Standards organisationaler Selbstdarstellung („TRETBOOT-Logo schön präsent") entsprechendes Lernspiel mit „Germanismen und Bildern" zu entwickeln, nicht in die Tat umgesetzt worden. Die Leitungsebene hat bei diesem Vorhaben interveniert und den Anspruch formuliert aus dieser Idee ein „qualitativ-hochwertiges" Produkt zu machen. Dieses Format der Produktion wurde dann von einer Mitarbeiterin aus dem Arbeitsbereich *Grenzenlose Praktika* umgesetzt. Entgegen der Idee von Sepp „was fürs Volk zu machen als Werbeträger", dass man herunterladen kann, wurde ein Material geschaffen, das „man sich bestellen muss" und das in der Produktion wesentlich teurer ist als im Verkauf. Hier wird SEPPs kritische Einstellung einer statusbezogenen Entscheidungskultur gegenüber erkennbar, die seiner pragmatischen Orientierung entgegensteht. Interessant ist dies insofern, als diese Orientierung nicht der formal-hierarchisierenden Orientierung des deutschen Leiters entspricht, sondern sich stärker an Sichtweisen anschließt, die auf tschechischer Büroseite bestehen. Auch hier lässt sich am Kulturstandardmodell Kritik üben. Denn die Diskrepanz zwischen Pragmatik und Formalität (vgl. Schroll-Machl und Novy 2008) lässt sich aufgrund der Tatsache, dass SEPP kein Tscheche ist, nicht mittels einer kulturessentialisierenden Perspektive erklären, die Tschechen eine prinzipielle „Abwertung von Strukturen" und Deutschen eine „Aufwertung von Strukturen" (ebd., S. 40ff.; zur Kritik vgl. auch Göhlich et al. 2011) als Aspekte der nationalkulturellen Mentalität attribuiert. Bezüglich der Umsetzung der statusbezogenen Entscheidung, das deutsch-tschechische Lege- und Merkspiel als hochwertiges Verkaufsprodukt zu entwickeln, erzählt Herr TRAUTNER von folgender Ausgangslage:

> Memory [...] das hat sich Ravensburger schützen lassen //C.M.: mhm// das ist zwar n englisches Wort aber das ist geschützt also //C.M.: mhm// mit dem Memory °mit dem R° dahinter also durften wirs nicht Memory nennen (.) Pexeso das tschechische Wort dafür hätte hier aber niemand verstanden (.) jetzt hammer versucht wie kann mer des hinkriegen und wir saßen mal hier und ham das Problem gewälzt wie mach mer jetzt des wie machen **(TRET I 01).**

Bei der Namensgebung stand die Herstellung des Lege- und Merkspiels von Beginn an vor juristischen und sprachlichen Schwierigkeiten. Juristisch war es schwierig, weil die Organisation den englischsprachigen – und damit für Tschechen wie Deutsche verständlichen – Begriff des Originals nicht verwenden konnte, da dieser von einem deutschen Brett- und Denkspiel-Hersteller geschützt ist. Sprachlich war es schwierig, weil dieses juristische Problem dazu führte, dass man ein in Deutschland wie in Tschechien verständliches Wort finden musste. Denn das tschechische Wort für das Spiel ist zwar nicht geschützt und prinzipiell verwendbar, wird aber auf deutscher Seite nicht verstanden. Diesbezüglich wird zweierlei erkennbar: Erstens bestätigt sich eine grundlegende Orientierung an der Herstellung von Parität, denn der Begriff muss beiderseits verstanden werden. Zweitens deutet sich an, inwiefern sich die Produktionslogik an einer Verkaufsstrategie orientiert. Die Lösung langer Diskussionen, bei denen man „das Problem hin und hergewälzt hat", bestand darin, „aus zwei Wörtern eines zu machen" und dem Spiel den neologistischen Namen *MeXeso* zu geben.

Aus der Perspektive von SEPP lässt sich die Entstehungsgeschichte von *MeXeso* als eine Vermarktung einer „Balkonidee" zusammenfassen. Der ursprüngliche, darstellungs-motivierte Gedanke einer einfachen und kostengünstigen Produktion eines Spiels zum Zweck der Werbung für die Methode *Sprachspaß* sowie für die Organisation *Kontaktzentrum TRETBOOT* wird in den Auftrag einer teuren Produktion didaktischen Materials überführt. Die hier erkennbare funktionsbezogene Wandlung wird unten genauer zu betrachten sein. Identitätspraktisch von Interesse sind der Vorgang und die Bedingungen der Entwicklung eines sprachlichen Hybrids zur Benennung des Spiels. Ausgangspunkt der gemeinsamen Suche nach einem Spielnamen sind sprachliche und juristische Übersetzungsanforderungen, deren Bearbeitung in der Fabrikation eines Neologismus' münden. Dieser schließt an traditionell-verwendete Begriffe zur Beschreibung eines allseits bekannten Spiels an und vereint zwei Sprachen in einem Begriff. Reproduziert wird hierbei, wie oben gezeigt, ein *modus operandi* der Verwendung, genauer der Herstellung einer *third language*. So korrespondiert die Entstehung des Hybridnamens mit der Genealogie anderer organisationsspezifischer Bezeichnungen für organisationsinterne Vorgänge und Programme (z.B. „Runda", vgl. Abschnitt 6.3.1). Neben der kooperativen Kreation eines Spielnamens und der darinliegenden Repräsentation eines organisationsspezifischen *Könnens* im Umgang mit sprachlichen und juristischen Übersetzungsanforderungen wird auch ein weiterer Aspekt interessant: Der Name und das Spiel an und für sich vergegenwärtigen kulturelle Gemeinsamkeiten. Denn das Spielprinzip wird als ein grenzübergreifend bekanntes und international unter diesem Namen auch verwendetes Lernspiel vorausgesetzt. So wird die Grenzüberschreitung nicht nur durch einen kreativen Umgang mit sprachlichen Differenzen markiert, sondern auch in der *Bewusstmachung und Bewahrung* kultureller Gemeinsamkeiten, die zu einer Identifikation mit dem Spiel als „gemeinsames Produkt" beiträgt. In organisationspädagogischer Perspektive lässt sich der entstehungsgeschichtliche Vorgang der Begriffsfindung und der hier zugrundeliegende *modus operandi* einer third-language-Kreation, der sich kooperativ – in Hereinnahme sowohl deutscher also auch tschechischer Elemente – vollzieht, als eine kulturelle Übersetzungsarbeit an der organisationalen Identität kennzeichnen. Diese reproduziert dabei nicht binäre Kulturlogiken, sondern unterläuft selbige in der Herstellung eines *gemeinsamen Dritten* kreativ (vgl. Buden 2008 sowie Abschnitt 3.3).

Gebrauch und Funktion: Der Anlass der Erstellung von *MeXesos* und ihre zugedachte Funktion dokumentieren sich in der *Konzeption Sprachspaß* (vgl. Abschnitt 6.6). Als didaktisches Material des Arbeitsbereichs *Grenzenlose Praktika* „wurde das Lern- und Gedächtnisspiel *MeXeso* zum spielerischen Erlernen des benötigten Fachwortschatzes für die o.g. Branchen [diese sind: Gastronomie, Holzbearbeitung, Krankenpflege, NE] erstellt" (TRET D 06). In Unterhaltungen mit MitarbeiterInnen erfahre ich, dass sich die Verwendung des Spiels als didaktisches Material nicht bewährt hat. Dies zeigt sich vor allem auch in diversen Seminarkontexten, in denen das *MeXeso* nur beiläufig als didaktisches Material vorgestellt und zum Verkauf angeboten wird, aber nie didaktische Anwendung findet. Man ist sich einig, dass dieses Spiel eine gute Werbung ist, dass es aber didaktischen Ansprüchen der *Konzeption Sprachspaß* nicht genügt. Der Mitarbeiter SEPP begründet dies folgendermaßen:

> für **mich** is der Lerneffekt nicht gegeben äh (.) es sind die: (.) Arti:kel nicht gekennzeichnet (.) und weiter und der Wie:dererkennungswert fehlt mir bei dem Legespiel. //N.E.: Mhm// (1) mein (.) was hast jez davon wenn du jetzt weißt (.) dass Hammer Kladivo heißt. °merkt sich kein Schwein° **(TRET I 03).**

Während er dies vor allem für die *Konzeption Sprachspaß* im Allgemeinen gültig macht, schränkt er seine Kritik insofern ein, als dass er ergänzt: „für grenzenlose Berufspraktika da machts Sinn." Eine Sprachanimateurin, die im Bereich *Grenzenlose Praktika* Sprachspaß anbietet, widerlegt dies aber. Sie begründet die Nicht-Verwendung des Spiels damit, dass sie in Praktikumseinführungen ungerne mit vorgefertigtem Material arbeitet und *„lieber einen Hammer nimmt und dort ein PostIt drauf klebt, wo Kladivo draufsteht"*. Ihrer Einschätzung nach wollen die PraktikantInnen nicht am Tisch sitzen und Memory-Spielen, sondern mit den Gegenständen und der Arbeitsumwelt in Kontakt kommen. Dass die offizielle didaktische Funktion nicht erfüllt wird und *MeXesos* stattdessen vor allem als Werbeträger genutzt werden, verdeutlicht sich mir im Rahmen der Teilnahme an der Jahresfeier des Programms *Grenzenlose Praktika*.

Szene *MeXeso-Kauf*

Ich entdecke das Spiel im Vorraum des Festsaals. Es liegt auf einem großen, mit einem roten Samttuch bedeckten Tisch gut sichtbar neben Flyern und anderem Druckwerk. Ein Preisetikett infomiert: 10 €/250 KČ. Zunächst hat es keine sichtbare Funktion außer der eines Anschauungsmaterials. Nach dem offiziellen Teil der Feier gehe ich in den Vorraum zurück, stelle mich an den Tisch und stöbere in dort liegenden Broschüren. Eine Mitarbeiterin steht in meiner Nähe und sortiert und stellt die von Besuchern durcheinandergebrachte ursprüngliche Ordnung wieder her. Währenddessen nähern sich zwei Besucherinnen in einer Weise dem Tisch, als ob die eine der anderen etwas Interessantes zeigen möchte. Sie nimmt eines der Exemplare des Lege- und Merkspiels und zeigt dies ihrer Begleiterin. Die Mitarbeiterin kommt hinzu und erklärt das Spiel, indem sie es auspackt, die einzelnen Karten zeigt und kurze Erläuterungen dazu gibt. Die beiden Besucherinnen kaufen das Spiel nach erfolgter Demonstration. Gegen Ende der Feierlichkeit, bei der Verabschiedung eines tschechischen Repräsentanten oder Kooperationspartners, wird diesem das Spiel als Geschenk mitgegeben. **(TRET SB 05)**

Vor diesem Hintergrund kann zunächst eine Veränderung der Verwendung des Spiels verdeutlicht werden. Die ursprünglich angedachte didaktische Funktion des Spiels wandelt sich in eine präsentative Funktion. Das Spiel fungiert mehr als Produkt zum Verkauf und als „Visitenkarte" denn als Material zur Anleitung von sprachlichem Austausch. Die Nicht-Verwendung des Legespiels als didaktisches Material und seine Umfunktionierung als „Visitenkarte" können dabei als Resultate organisationaler Praxis der Spielverwendung gesehen werden. Dabei ist die zugrunde liegende organisationale Entscheidung der Verwendungsweise des Spiels keine offizielle und auch keine, der eine reflexive Bearbeitung des Gebrauchs (z.B. Besprechung) vorausging, sondern eine Entscheidung, die sich aufgrund der Verwendung selbst ergeben hat. Die Praxis der Verwendung des Spiels wider seiner ursprünglich zugedachten Funktion wird aber in einem Gespräch von Mitarbeitenden und Leitern, welches im Kontext der Jahresplanung für den Arbeitsbereich *Grenzenlose Praktika* stattfindet, reflexiv eingeholt und bearbeitet. Folgender Besprechungsausschnitt macht deutlich, dass die Nicht-Verwendung des Spiels als didaktisches Material aus Leitungssicht problematisch ist und dass diesbezüglich vor allem die Funktionslosigkeit einer organisationseigenen Produktion mit finanziellen Folgen droht. Im sogenannten Entscheidungsgespräch, in dem die Mitarbeitenden des Arbeitsbereichs *Grenzenlose Praktika* den Leitern gegenüber den Entwurf einer Jahresplanung präsentieren und rechtfertigen (vgl. auch Abschnitt 6.4.2), berichtet MARTINA von einem geplanten Seminar mit ausgebildeten Sprachanimateuren, in dem bereichsspezifisches Arbeitsmaterial entwickelt werden soll. Der von den

Mitarbeitenden vorgebrachte Besprechungspunkt ist schon abgeschlossen, als Herr TRAUTNER nochmals auf das Thema Materialien zu sprechen kommt:

TRAUTNER: ((schnalzt mit der Zunge) Ich hab noch ne andere Frage (.) /MARTINA: mhm/ öhm (.) wir ham ja so (2) recht teures kostspieliges Material produziern lassen für *Sprachspaß* (1) bei den *grenzenlose Praktika* (.) eingekauft und ham **festgestellt** dass es öhm (.) **überhaupt** (.) nicht eingesetzt wird (1) also? oder nur ganz minimal (.) wir ham fast nichts davon losgebracht (.) das is stapelt sich alles bei **uns** (.) die Sprachanimateure setzen es gar nicht ein? /MARTINA: die/ obwohl sie Sonderpreise dafür öh bekommen und eigentlich nichts zahlen müssen weil alles wir selber zahlen (.) es gibt **keinerlei Werbung** dafür (.) ich öh würd gern wissen? (.) wie wir diesen Zustand verändern wollen nächstes Jahr? (4) ((Rascheln mit Papier. Klacken mit Stiften))

MARTINA: Also es gab eben diese Überlegung dass sie das er**werben** wenn sie in dem Bereich öhm (.) das Praktikum machen das haben einige aber wirklich nur wenige genutzt (.) also sollen sie sagen die nutzen das gar nicht ein ( ) das( )

TRAUTNER: **Elf** (2) es sind von drei verschiedenen (.) drei verschiedene öh *MeXeso*s gibt und davon sind **insgesamt** 11 Stück (.) also von insgesamt (.) wieviel sind`s? 200 (.) 200 **300**

MARTINA: °500° insgesamt (.) 300

TRAUTNER: └ ja von 500 sind 11 (.) öh für die Sprach=an die Sprachanimateure gegangen. wenn man`s in Prozent ausdrückt (.) isses nich sehr viel.

MARTINA: ((Räuspern)) Ja da lag`s hier das is?

TRAUTNER: └ mhm es sind ( ) es is im Prinzip ne ne, öh ne Fehlinvestition /B4: mhm/ von Mitteln würd ich sagen zum jetzigen Zeitpunkt ((holt durch die Nase Luft)) (.) und wir machen grad die nächsten? (.) und da würd ich **gern wissen** wie mer im nächsten Jahr dran (.) öh drüber nachdenk dass ma das dann auch **ein**setzt (.) /MARTINA: mhm/ (1) was da für (.) Dinge zu gibt. //MARTINA: mhm// (5) **(TRET M 03).**

An das von den Mitarbeitenden eingebrachte Thema neuer Materialentwicklung für den Arbeitsbereich *Grenzenlose Praktika* schließt Herr TRAUTNER eine Rekapitulation der Genese des Produkts *MeXeso* und eine Reflexion der Wirtschaftlichkeit seiner Verwendung an („wir ham ja so, recht teures kostspieliges Material produzieren lassen"). Einen hohen Bestand an *MeXeso*-Sets („stapelt sich alles bei uns") führt Herr TRAUTNER auf einen mangelnden Erwerb und Einsatz des Spiels durch Sprachanimateure und auf eine mangelnde „Werbung dafür" zurück. Als unvorteilhaft wird das damit verbundene „Draufzahl-Geschäft" markiert („weil alles wir selber zahlen"). Eine vornehmlich unter wirtschaftlichen Gesichtspunkten geäußerten Kritik – die Kritik an der Nicht-Verwendung des Spiels als didaktisches Material wird zunächst nur verdeckt formuliert – mündet in der Frage nach einem zukünftigen Umgang damit. Der Erklärungsversuch von MARTINA bezieht sich somit auch nicht auf die Feststellung, dass das *MeXeso* nicht zum Einsatz kommt, sondern bestätigt die Kritik („wirklich nur wenig genutzt") und wird dann von Herrn TRAUTNER unterbrochen. Dieser elaboriert nun unter Bezug auf Zahlen die Sichtweise einer Fehlinvestition (in die Produktion) und erneuert die Aufforderung, aktiv zu werden. Vor dem Hintergrund der Vermeidung eines Verlustgeschäfts wird nun die ursprüngliche Funktion und Verwendungsweise des Spiels explizit eingefordert („dass ma das dann auch einsetzt").

Nachdem ein Vorschlag von MARTINA, den Sprachanimateuren *MeXeso*-Sets zu schenken, nicht die Frage der Verwendungstauglichkeit bearbeitet, sondern als Lösungsvorschlag für eine Entledigung des hohen Bestands gedeutet werden kann, wird dies von Herrn TRAUTNER als versteckte Wegwerfstrategie ausgeschlossen. LENKA mischt sich ins Gespräch ein:

LENKA:	└ also ne Fehlinvestition würd ich das jetz auf keinen Fall bezeichnen (.) das <u>is</u> ein Fehlweiterleitunginformation öh (.)
TRAUTNER:	**ja** aber da muss ich mir überlegen wie (.) wie kriegt man das bewegt. da <u>würd ich drum</u> bitten dass mer da vielleicht noch mal was (.) //LENKA: mhm//nach<u>legt</u> und das dann nochmal im (.) Dezember bespricht. //MARTINA: ja// (3)
LENKA:	sollt man sich ja eher auch mit der <u>Werbung</u> mehr beschäftigen **(TRET M 03).**

Die Kritik an der Wirtschaftlichkeit der Verwendung des Spiels aufgreifend, wird die Perspektive der Fehlinvestition abgeschwächt. In einer Rahmung des Problems als „Fehlweiterleitungsinformation" wird implizit auf die schlechte Werbeaktivität in Seminaren verwiesen. Aber erst die erneute Aufforderung Herrn TRAUTNERs, Wege zu finden, diese Problematik zu klären, mündet in der expliziten Feststellung, dass „man sich ja eher auch mit der <u>Werbung</u> beschäftigen" sollte. So scheint erst das explizite Eingeständnis der Mitarbeitenden nicht ausreichend geworben zu haben, dem kritischen Einwurf Herrn TRAUTNERs Genüge zu tun. Eine Werbestrategie und auch die Frage, wie der Einsatz von Spielen als didaktisches Material vorbereitet werden kann, wird verschoben. Am Beispiel dieser Besprechung, die zeitlich gesehen nach meinen Beobachtungen und Gesprächen zur Verwendung des Spiels erfolgte, zeigt sich ein reflexiver Zugriff auf die organisationale Praxis der Nicht-Verwendung des Spiels als didaktisches Material. Die eingeforderte Rückkehr zur ursprünglich angedachten didaktischen Funktion wird dabei nicht pädagogisch begründet – was vermutlich zu einer interessanten Verhandlung geführt hätte –, sondern wirtschaftlich und zweckbezogen. Dieser Argumentation – anders als bei pädagogisch-motivierten – können die Mitarbeitenden nichts entgegen halten. Hier kündigt sich ein Vorgang der Rückführung des Spiels zu seiner ursprünglichen Funktion an, der sich nicht aus der Praxis der Verwendung ergibt oder erschließt, sondern top-down unter Berufung auf die Wirtschaftlichkeit und Zweckbezogenheit der Produktion eingefordert wird.

In organisationspädagogischer Betrachtung der Machart, der Entstehungsgeschichte und der Funktionstransformation des Spiels *MeXeso* können zusammenfassend mehrere Aspekte der Identitätspraxis identifiziert werden: eine Praxisstrategie der Präsentation und Repräsentation als *Grenzüberschreitung-Könnende Organisation*, ein Praxismuster des grenzüberschreitend-kooperativen Kreierens und ein doppeltes Wechselspiel zwischen operativem Anpassungs- und normativen Identitätslernen:

Praxisstrategie der Präsentation grenzüberschreitender Expertise

Der parelle-paritätische Aufbau und das kreative Design des Lege- und Merkspiels *MeXeso* repräsentiert die Organisation nicht nur als bilinguale, sondern auch als eine, die mit sprachlichen und kulturellen Übersetzungsanforderungen kreativ umgehen kann. Der sprachliche Hybridname präsentiert nach außen – und mit Bezug auf den Entstehungszusammenhang vergegenwärtigt oder vergewissert nach innen – eine bestimmte Art und Weise (ein Wissen und Können), wie man sich als grenzüberschreitende Organisation darstellt und versteht. Mittels der Materialisierung dieses Selbstverständnisses in einem Spiel bewirbt sich die *Organisation als Grenzüberschreitung-Könnende*. Der Funktion des Spiels als Werbemedium liegt somit eine explizite Strategie der Präsentation grenzüberschreitender Expertise zugrunde.

Praxismuster der kooperativen Kreation

Der Prozess der Gestaltung des Produkts erfolgt als ein musterförmiger Vorgang der kooperativen Kreation. Der Vorgang der Kreation des Produkts, zugrunde liegende Vergegenwärtigung kultureller Gemeinsamkeiten und Differenzen sowie die kreative Begriffsschöpfung in einer *third-language* erfolgt nicht einmalig, sondern korrespondiert mit anderen organisationseigenen Produktentwicklungen und Begriffsschöpfungen und kann auch deswegen als musterförmig bezeichnet werden. Das entstandene Artefakt erscheint als materieller Ausdruck eines organisationalen Selbstverständnisses und einer Expertise zur kooperativen Kreation und wirkt somit als Referenzpunkt für die Fortführung, das Wiederholen und das Aufgreifen dieses Musters. Funktional ist dieses Praxismuster im Hinblick auf die dadurch erfolgende

Vergegenwärtigung der Organisation, einen eigenen kooperativ-kreativen Umgang mit sprachlichen und kulturellen Übersetzungsanforderungen zu haben sowie im Hinblick auf die praktisch-materielle Abbildung der grundsätzlich spiegelgleichen und paritätischen Organisationsstruktur.

Wechselspiel zwischen operativem Anpassungs- und normativem Identitätslernen

Drittens kann die Verwendung und Funktionstransformation des Lernspiels als ein organisationaler (Identitäts-)Lernprozess rekonstruiert werden. An dieser Stelle kann auf die begriffliche Differenzierung organisationalen Lernens von Geißler Bezug genommen werden (Geißler 2000). Dieser unterscheidet Vorgänge zweckrationalen Anpassungs- und strategischen Erschließungslernens von solchen, die normativ wertrationale Aspekte implizieren. Letztere bezeichnet er als Vorgänge normativen Identitätslernens der Organisation (vgl. ebd., S. 51 und ausführlicher in Abschnitt 8.2). Der Anlass organisationalen Lernens ist die gemeinsame Idee der Entwicklung eines Lernspiels als didaktisches Material. Die Bedingungen sind verschiedene Übersetzungsanforderungen (juristisch/sprachlich/kulturell) bezüglich der Produktion und der Suche nach der *richtigen* Funktion des Artefakts. Während sich die erste Umfunktionierung des Spiels als praxis- und erfahrungsbezogene Suche der Mitarbeitenden nach einer angemessenen Anwendung des Spiels auszeichnet, verbindet sich die reflexive Einholung dieser inoffiziellen Praxis und die ökonomisch-begründete Erfordernis der Refunktionalisierung des Spiels mit einer expliziten top-down- Entscheidung. So ergibt sich die erste Änderung der Funktion – als Erschließungslernen alternativer Optionen (vgl. Geißler 2000, S. 51) – aus der organisationalen Praxis der Verwendung selbst. Organisational wird dieser Lernprozess durch das individuelle und kollektive Aufgreifen und nachvollziehen dieser Praxis (vgl. Göhlich 2007a, s.o). Die Intervention der Leitungsebene und deren explizite Entscheidung, die ursprüngliche Funktion und damit verbundene Verwendungsweise des Spiels als didaktisches Material wiederherzustellen, kann als Beginn eines strategischen Reorganisationsprozesses verstanden werden. Dieser wird vor dem Hintergrund ökonomischer Argumentation als ein operatives Anpassungslernen eingefordert. Bezüglich der Produktion und Reproduktion einer organisationalen Praxis der Artefaktverwendung können in diesem Beispiel die selbstreferentiellen und top-down eingeforderten Prozesse des gemeinsamen Lernens als konkurrierende Formen der Übersetzungsarbeit beschrieben werden. Das Identitätslernen der Organisation *Kontaktzentrum TRETBOOT* erfolgt somit reflexiv, wird dialogisch ausgehandelt und wirkt ggf. transformativ. So könnte die Prognose gewagt werden: Als strategisches Identitätslernen vollzieht sich dieser Vorgang, wenn sich die explizit eingeforderte Zweckbezogenheit durchsetzt, als ein musterförmiges Identitätslernen, wenn sich die Suche nach der Funktion nicht nur ziel- oder zweckbezogen orientiert, sondern den im Vorgang der tatsächlichen Artefaktverwendung entstandenen normativen Orientierungen folgt.

6.6 „Etwas Spielerisches mit Sprache machen". Das (didaktische) Prinzip der Organisation grenzüberschreitender Verständigung

Die bisher erkennbar gewordenen Phänomene einer Divergenz bürospezifischer Selbstverständnisse, einer büroübergeifenden (zum Teil kreativen) Praxis der (Re)Präsentation von Parität und Parallelität und einer die Organisation kulturell konstituierenden spielerischen Interaktionspraxis können im folgenden Abschnitt verdichtet und ihrer strategischen bzw. musterförmigen Wirksamkeit differenziert werden. Der Gegenstand folgender Darstellungen ist die Konzeption der *Methode deutsch-tschechischer Sprachspaß*. Es handelt sich dabei um ein organisationseigenes Produkt, welches zum Zweck der Organisation und Unterstützung grenzüberschreitender Kulturbegegnungen entwickelt wurde. Bei der *Konzeption Sprachspaß* von einem organisationalen Produkt zu sprechen begründet sich durch das spezifische Interesse an selbiger. So soll diese vordergründig nicht entsprechend ihrer inhaltlichen und kognitiven Logik, sondern bezüglich ihrer Materialität analysiert werden. Als organisationsspezifisches Produkt kann diese in Bezug auf ihren *Inhalt* und ihre *Struktur*, ihre *Genese* und *Funktion* artefaktanalytisch untersucht werden (vgl. Froschauer 2009; siehe auch Abschnitt 4.2). Hierfür werden verschiedene materielle Objektivierungen der theoretischen Konzeption – wie sich diese pars pro toto in Flyern und Konzepttexten und deren Verhandlung und Herstellung in Bildern und in der Seminarpraxis materialisieren – in den Blick genommen. Dieser methodische Zugriff entspricht nicht nur der Epistemologie ethnographischer Forschung, sondern begründet sich auch durch die Tatsache, dass der *deutsch-tschechische Sprachspaß* nicht als einheitlich fixiertes Programm existiert, sondern vielmehr als ein Arbeitskonzept, das sich in verschiedenen Darstellungen, etwa in Flyern, Konzeptpapieren und Ausbildungsskripten sowie in Form akteursgebundenen Wissens und Könnens speichert, zeigt und vermittelt. Dieser Entwurfsstatus des Konzepts *Sprachspaß* erklärt auch, warum im Folgenden nicht von einem Konzept, sondern von der *Konzeption Sprachspaß* gesprochen wird.

Im Hinblick auf Inhalt und Struktur wird zunächst der offizielle Flyer *Sprachspaß* und der aktuelle schriftliche Konzeptentwurf der Methode *Sprachspaß* einer deskriptiven Betrachtung unterzogen (Abschnitt 6.6.1) Hieran lassen sich verschiedene konzeptionelle Unklarheiten und Divergenzen bezüglich der Funktion und

Verwendung der Methode erkennen, die dann im weiteren Gang der Analysen fokussiert werden sollen. Unter Hinzunahme einer Episode aus einem Interview mit SEPP, dem „Vater des *Sprachspaß*'", und anhand verschiedener Darstellungen der Produktgenese, wie sie in Publikationen (Abschnitt 6.6.2.1) geschildert wird, sowie anhand der Analyse der mitgeschnittenen Besprechung des aktuellen Konzeptentwurfs (Abschnitt 6.6.2.2) kann die *Konzeption Sprachspaß* als Verhandlung und andauernde Suche nach einer organisationsspezifischen Praxis der „spielerischen" Grenzüberschreitung rekonstruiert werden. Bei der Produktgenese zeigt sich zum einen eine Praxisstrategie der Adaption bestehender Konzepte der Sprachanimation. Zum anderen kann anhand der Produktionsverhandlung gezeigt werden, dass sich die Koexistenz bürospezifischer Orientierungen im Rahmen der Kooperation (vgl. Abschnitt 6.2.1 und 6.4.2) zu einem organisationalen Praxismuster der internen Verständigung formiert. Abschließend werden in verschiedenen Szenen der *Sprachspaß*praxis die Funktion und Verwendungsweise der Methode beschrieben: Der Chronologie meines ethnographischen Forschungsprozesses folgend werden hierbei Szenen im Blickpunkt stehen, in denen *Sprachspaß* als Medium der Akquise (Abschnitt 6.6.3.1) und als Medium der Darstellung organisationsspezifischer Expertise (Abschnitt 6.6.3.2) wirkt. In einem Fall interessiert dabei ein akteurbezogenes, aber organisational tradiertes Praxismuster spielerischer Öffentlichkeitsarbeit, im anderem Fall eine Praxisstrategie der Repräsentation kreativer Expertise der Grenzüberschreitung.

6.6.1 Verstehen oder Nicht-Verstehen. Zur Idee und Machart von Sprachspaß

Das Design, der Inhalt und die Struktur des organisationsspezifischen Produkts *Konzeption deutsch-tschechischer Sprachspaß* soll in diesem Abschnitt stellvertretend anhand von zwei Dokumenten rekonstruiert werden. Die Auswahl des offiziellen Flyers (TRET D 04) und der Konzeptentwurf vom Herbst 2010 (TRET D 06) begründet sich damit, dass diese beiden Objekte in ganz unterschiedlicher Weise hohe Relevanz für die alltägliche organisationale Praxis haben.[121] Der Flyer

121 Dorothy E. Smith hat die Bedeutung von Textdokumenten für ethnographische Forschung in der Figur des „active text" (Smith 2005, S. 102) zum Ausdruck gebracht. In konversationsanalytischer Tradition bestimmt sie im Rahmen einer „Institutional Ethnography" Textdokumente „as being active" (ebd.) und verweist damit auf den aktiven, die institutionelle Lebenswelt strukturierenden Charakter von Dokumenten, die sich in diesem Sinne als die organisationale Praxis mit-konstituierende Artefakte untersuchen lassen (vgl. Wolff 2010b und Abschnitt 4.2).

ist einer der prominentesten öffentlichen Dokumentationen und das am häufigsten publizierte und verteilte Präsentationsmedium des Produkts. Der Konzeptentwurf vom Herbst 2010 hingegen ist zum Zeitpunkt meiner Erhebungen die aktuellste Zusammenführung bestehender Artikulationen und bestehenden Wissens über das Produkt und darüber hinaus Brennpunkt einer Verhandlung über die weitere Produktgenese (vgl. Abschnitt 6.6.2.2). Im Folgenden soll nun dargestellt werden, was sich hinter *Sprachspaß* inhaltlich und konzeptionell verbirgt und was damit beabsichtigt wird. Hierbei können einige Widersprüche aufgezeigt werden, deren Bearbeitung die Produktgenese wesentlich charakterisiert.

Zunächst soll der Flyer in den Blickpunkt der Aufmerksamkeit gerückt werden: Der im Corporate Design der Organisation angelegte Faltflyer, von zwei Seiten je nach Sprachwunsch handhabbar (und damit deutsch-tschechische Parität und Parallelität repräsentierend), informiert allgemein über die *Methode Sprachspaß*, Einsatzmöglichkeiten, Ausbildung und Materialien und nennt als Ansprechmöglichkeit auf deutscher Seite einen pädagogischen Mitarbeiter, der in anderen Zusammenhängen oftmals als „Vater des Sprachspaß'" vorgestellt wird (vgl. Abschnitt 6.6.2.1). In der tschechischen Version wird kein Name, sondern nur eine allgemeine Emailadresse aufgeführt.

Flyer (dt.Version): *Dass der Sprachspaß'als kreative Methode des Sprachkontakts und Sprachlernens entwickelt wurde, weil gerade im Kontext internationaler Jugendarbeit Kommunikation prekär ist und erleichtert werden muss, wird zentral herausgehoben. In eindeutiger Abgrenzung von klassischen Unterrichtsmethoden wird der Modus der Methode zur Erleichterung des Sprachkontakts als ein „spielerischer" und einer der körperlich-aktiven Teilnahme beschrieben. Diese kreativen didaktischen Implikationen versprechen die Förderung gruppendynamischer Prozesse und individueller Kompetenzen im Umgang mit der fremden Sprache. Als logische Konsequenz dieses kreativen Konzepts werden der kommunikationsfördernde und sprachaktivierende Charakter hervorgehoben. Für grenzüberschreitende Verständigung wird eine kreative Methode für notwendig erachtet, die nicht wie klassische Didaktiken „perfekt beibringen" wollen, sondern spielerisch „näher bringen" können. Im Vordergrund steht nicht der grammatikalisch richtige Lernerfolg, sondern vielmehr der Moment der Grenzüberschreitung selbst. Das hier erkennbare Ziel korrespondiert mit dem Organisationszweck der Unterstützung und Weiterbildung von am Nachbarland Interessierten.* **(TRET D 04)**

Flyer (cz. Version): *Der Sprachspaß wird als ein Beitrag des Kontaktzentrum TRETBOOT zur Unterstützung der für grenzüberschreitende Jugendarbeit zentralen „vzájemná komunikace – gegenseitigen Kommunikation" vorgestellt und in Abgrenzung von klassischen Schulungsmethoden als kreative Schulungsmethode bezeichnet, die sowohl Anfänger (Umgang mit Sprachbarrieren) als auch Fortgeschrittene (Abbau von Sprachhemmungen) unterstützt. Neben der Unterstützungsfunktion bezüglich des Umgangs mit einer Fremdsprache findet vor allem eine Integrationsfunktion Betonung: Der Fokus liegt auf der Selbsttätigkeit der TeilnehmerInnen und auf dem interaktiven Kontakt zwischen diesen und den Sprachanimateuren. Diesbezüglich finden „hry – Spielen", „pohyb – Bewegung" und „slov podobných v obou jazycích – sich in beiden Sprachen ähnelnde Wörter" als methodische Möglichkeiten Erwähnung. Ein pädagogisches Ziel wird im allgemeinen Teil der Sprachspaßvorstellung nicht explizit erwähnt.* **(TRET D 04)**

Während beide Versionen betonen, dass *Sprachspaß* Verständigung grenzüberschreitender Jugendarbeit unterstützen will und dass es sich um „keine klassische Unterrichtsmethode" (dt. Flyer) – „Jazyková animace není klasická výuková metoda" (cz. Flyer, übersetzt: *Sprachspaß* ist keine klassische Schulungsmethode) handelt, zeigen sich hinsichtlich der Konkretisierung, was demgegenüber *Sprachspaß* ist und leisten kann, unterschiedliche Sichtweisen. Im Anschluss an die Abgrenzung von klassischen Unterrichtsmethoden spezifiziert der deutschsprachige Teil des Flyers *Sprachspaß* als eine Methode,

> „welche Grammatik und Aussprache (nicht) perfekt ‚beibringen' will [...]. Ziel ist anfangs vielmehr, die neue Sprache auch spielerisch ‚näherzubringen'" **(TRET D 04).**

In der tschechischen Version des Flyers heißt es hingegen

> „Využívá hry, pohyb, slov podobných v obou jazycích, účastníci se tedy skutečně (inter)aktivně zapojují do jazykové animace – Sie nutzt Spiele, Bewegung, sich in beiden Sprachen ähnelnde Wörter, die Teilnehmer binden sich selbst also tatsächlich (inter-)aktiv in den *Sprachspaß* ein." **(TRET D 04).**

Während die deutsche Version des Flyertexts das Ziel pointiert, liegt an äquivalenter Stelle in der tschechischen Version die Betonung auf der Interaktion und der Selbsttätigkeit der TeilnehmerInnen; Spiele, Bewegung und sich ähnelnde Wörter erscheinen als methodisches Repertoire der Animation. Eine terminologische Präzisierung, wie im deutschsprachigen Teil des Flyers – hier wird durch Anführungszeichen das pädagogische Ziel von *Sprachspaß* „spielerisch ‚näherbringen'" hervorgehoben und explizit von „perfektem ‚[B]eibringen'" abgrenzt – zeigt sich folglich im tschechischsprachigen Teil nicht.

Konzeptentwurf (liegt nur in deutscher Fassung vor): *Im einleitenden Kapitel des Konzeptentwurfs erscheint Sprachspaß als vielfältiges methodisches Repertoire, das unterhaltsam und unkonventionell das Erlernen der Grundlage einer Fremdsprache ermöglicht, bereits erworbene Kenntnisse vertieft und interkulturelle Verständigung fördert. Der Grundsatz, nicht beizubringen, sondern näher zubringen, wird nicht nur in Bezug zur Sprache, sondern auch im Sinne der Kulturvermittlung verstanden und kann je nach gewünschter Fokussierung als kreative Methode die sprachliche oder kulturelle Verständigung schwerpunktmäßig bearbeiten. Als charakteristisch gilt der spielerische Zugang, der ständig-interaktiv, dialogisch, eigeninitiativ und kreativ attribuiert und den Abbau von Sprachhemmungen und die Vermittlung elementarer kultureller Gemeinsamkeiten und Unterschiede verspricht. Diese Ziele konkretisieren sich organisationsspezifisch über allgemeine Ziele von Sprachspaß, wie sie von einem binationalen Jugendwerk entwickelt wurden, hinaus als Kulturentdeckung und Vermittlung von themenspezifischen Vokabular und alltagsrelevanter Sprachpraxis. Dabei gilt es, den Lernerfolg zu optimieren und zu motivieren. Hierfür wird – wie auch bei klassischen Lernprozessen – eine offene Haltung der Lernenden vorausgesetzt, die im Fall der Methode Sprachspaß über eine langsame Hinführung an die fremde Sprache und über die Integration von Techniken der Theater- und Erlebnispädagogik gefördert werden kann. Neben dem hier erkennbaren Modus des Spielerischen werden weitere Modi (in der Konzeption als zehn Grundprinzipien bezeichnet) zur Grundlage einer Sprachspaßdidaktik: „Sprachhemmungen abbauen", „Nur das Wichtigste vermitteln", „Auf Perfektion verzichten", „Vorwissen aktivieren", „Landeskunde und Kultur einbauen", „Spielerisch lernen", „Alle Sinne einbeziehen", „Neugier wecken", „Eigeninitiative aktivieren", „Kreativität fördern". In diesen Grundprinzipien wiederholen sich Ziele oder Bedingungen der Konzeption Sprachspaß und werden zu Techniken der pädagogischen Organisation und Unterstützung grenzüberschreitender Verständigung stilisiert.* **(TRET D 06)**

Im Konzeptentwurf vom Herbst 2010 wird der „Deutsch-Tschechische *Sprachspaß* bei *TRETBOOT*" (TRET D 06) als spielerische Methode der Erleichterung des „gegenseitigen Verstehens" und „der Überwindung von Sprachbarrieren" (TRET D 06) vorgestellt. Bezugnehmend auf das EU-Programm für lebenslanges Lernen besteht das Hauptziel der *Methode Sprachspaß* darin, das Sprachenlernen und die Sprachenvielfalt über die „Entwicklung […] von Methoden zur Motivierung von Sprachenlernenden und zur Verbesserung Ihrer Sprachlernfähigkeiten" (TRET D 06) zu fördern. Entsprechend der Einstellung des deutschen Büros, eine fremde Sprache nicht beibringen, sondern näherbringen zu wollen, wird das Konzept in seinen Grundprinzipien und Zielen, in seiner Didaktik, in seinen Anwendungsgebieten sowie im Hinblick auf eine Professionsbeschreibung des/der SprachanimateurIn und in eigens entwickelten Materialien vorgestellt. Deutlicher als die Betrachtung des Flyers geht aus dem Inhalt der Konzeption eine hohe Erwartung an die *Methode Sprachspaß* hervor, die nicht nur als kreative Methode des Sprachlernens erscheint, sondern den Anspruch formuliert, einer mit der Grenzüberschreitung einhergehenden umfassenden Komplexität gerecht zu werden. Denn es geht hier nicht nur darum, sprachliche Fertigkeiten zu erwerben, auch die Kulturvermittlung oder -entdeckung wird zum zentralen Gegenstand von *Sprachspaß*. Der Anspruch, nicht nur Sprache und nicht nur über Sprache vermittelte kulturelle Gemeinsamkeiten und Unterschiede, sondern interkulturelle Begegnung von Sprachvermittlung gesondert und spielerisch zu unterstützen, lässt das Konzept sehr viel grundsätzlicher erscheinen. So geht es im Sinne der Förderung und Unterstützung grenzüberschreitender Verständigung nicht nur um sprachliche, sondern auch um interkulturelle Kompetenz und in Betrachtung der anderen Prinzipien auch um Sozialkompetenz im Allgemeinen. Mit Blick auf den Anlass und Gegenstand der Produktentwicklung erscheint die Grenzüberschreitung hier komplexer und nicht nur auf Sprache bezogen. Denn neben der Sprachvermittlung soll dezidiert auch Kulturentdeckung ermöglicht werden. Im Gegensatz zur Konzeptdarstellung im Flyer wird in der *Konzeption Sprachspaß* diese als Methode der Grenzüberschreitung nicht auf Umgang mit Sprache beschränkt, sondern als ein Vorgang des Entdeckens kultureller Unterschiede und Gemeinsamkeiten, des Vermittelns landeskundlicher Fakten und des Aktivierens interkultureller Kompetenz verstanden. Im Vergleich zum im Flyer erkennbaren Programm zeigt sich neben dieser Unklarheit über den Gegenstand – Sprache oder Kultur oder beides – auch ein Widerspruch auf didaktischer Ebene, der in der Betonung der Bedeutung eines Lernerfolgs in der Konzeption kulminiert. Macht der Flyer explizit, dass es nicht um Lernerfolg in Abgrenzung zu klassischen Unterrichtssettings geht, bildet in der Konzeption gerade der Vergleich mit dem klassischen Unterricht die Argumentationsfigur um auch eine spielerische Wissensvermittlung am Lernerfolg zu orientieren. Gewinnt man in der Analyse des Flyertexts den Eindruck, es handle sich um eine kreative Methode eines spielerischen Umgangs mit einem sprachlichen Nicht-Verstehen (vgl. Mecheril 2004 sowie Abschnitt 3.2), so steht dem bei der Betrachtung der Konzeption ein Eindruck gegenüber, dass es explizit um ein erfolgreiches „gegenseitiges Verstehen“, um ein „Erlernen der Grundlagen“ und einen Lernerfolg gehen soll (TRET D 06).

Die Betrachtung des Designs und des Inhalts des Produkts *Konzeption Sprachspaß* deutet auf einige interessante Aspekte hin, die die weitere analytische Deskription und Rekonstruktion des Produkts fokussieren sollen: Hinsichtlich des Flyers lassen sich unterschiedliche Fokussierungen der beiden Büros erkennen. Im deutschsprachigen Flyer wird erstens das Ziel der *Methode Sprachspaß* konkret benannt und eine Definition gegeben, im tschechischsprachigen Flyer wird demgegenüber nicht ein methodisches Ziel konkretisiert, sondern die Attraktivität für Rezipienten hervorgehoben. Zweitens wird deutlich, dass zu unterscheiden ist zwischen Artikulationen, die sich wie im Fall des Flyers an die Öffentlichkeit richten, und Artikulationen bezüglich einer andauernden internen Konzeptionsdebatte, wie im Fall des Konzeptentwurfs. Hier zeigen sich bei der Frage nach der *Sprachspaß*didaktik (näherbringen oder beibringen) und bei der Frage nach dem *Sprachspaß*ziel (Sprachvermittlung oder Kulturvermittlung oder beides) Widersprüche, die in der Rekonstruktion der Produktgenese in den Blick genommen werden sollen. Es stellt sich die Frage, wie die Organisation mit der Existenz unterschiedlicher teils publizierter Auffassungen darüber, wie *Sprachspaß* funktioniert und was sie leisten kann, umgeht. Bezüglich der Planung und Vermittlung kultureller und/oder sprachlicher grenzüberschreitender Verständigung ist drittens die Frage von Interesse, wie sich die Bedeutsamkeit des Prinzips der spielerischen Offenbarung einfacherer Zugänge zur anderen Sprache oder Kultur in der *Sprachspaß*praxis zeigt und inwiefern diese dem explizit artikulierten Ziel, ein *Einander-Verstehen* zu fördern, entspricht?

6.6.2 Sprachvermittlung oder Kulturvermittlung? Zur Produktgenese des Konzepts *Sprachspaß*

Die Genese des Konzepts *Sprachspaß* soll in zwei Schritten veranschaulicht werden. Zunächst geht es darum, die *Konzeption deutsch-tschechischer Sprachspaß* in ihrem ideengeschichtlich Zusammenhang zu rekonstruieren (Abschnitt 6.6.2.1). Eine Betrachtung des entsprechenden Kapitels des Konzeptentwurfs zur Geschichte von *Sprachspaß* (TRET D 06) sowie der Entstehungserzählung von SEPP (TRET I 03) verdeutlicht zwei unterschiedliche Aspekte oder Sichtweisen: Die Entstehung der *Konzeption Sprachspaß* ist demnach einerseits strategische Adaption und Weiterentwicklung der deutsch-französischen Sprachanimation und andererseits kreative Entwicklung der organisationseigenen Idee, „etwas spielerisches mit Sprache zu machen“. In einem zweiten Abschnitt wird die fortlaufende Genese des Produkts *Konzeption deutsch- tschechischer Sprachspaß* in den Blick genommen. Die Erstellung eines einheitlichen Konzepts und damit verbunden die Zertifizierung der Ausbildung sind andauernde Vorgänge, die im Rahmen der Jahresklausur 2010 in einer gemeinsamen Debatte über Ziele, Möglichkeiten und Wirkungen von *Sprachspaß* kulminieren (Abschnitt 6.6.2.2). In der Besprechung zeigen sich zwei Orientierungsmuster. Im Anschluss an die früheren Erkenntnisse einer bürobezogenen Differenz des organisationalen Selbstverständnisses (vgl. Abschnitt 6.2.2) kann die Koexistenz einer moderativ-partizpativen sowie einer formal-legitimatorischen und an einer ökonomisch-motivierten Praxis der Repräsentation interessierten Orientierung herausgearbeitet werden, die eine spezifische Praxis der organisationalen Besprechung begründet.

6.6.2.1 „Irgendwie Spaß mit Sprache". Strategische Adaption und kreative Erfindung

Der Entstehungszusammenhang der *Konzeption deutsch-tschechischer Sprachspaß* lässt sich als ein strategischer Vorgang adaptiver Transformation bezeichnen. Eine bestehende, in anderen bilingualen Zusammenhängen erprobte Innovation der Sprachvermittlung wird auf den Kontext der Unterstützung deutsch-tschechischer grenzüberschreitender Verständigung übertragen und spezifiziert. In dem entsprechenden Kapitel des Konzeptentwurfs wird zunächst markiert, dass die Idee und der Aufbau von *Sprachspaß* „zweifelsohne" (TRET D 06) auf das deutsch-französische Jugendwerk zurückzuführen ist. Basierend auf Forschungsstudien zu Kommunikationsstrategien von Jugendlichen in der binationalen Begegnung und auf Praxiserfahrungen der Sprachvermittlung entwickelt das Jugendwerk Mitte der 1990er Jahre das Konzept der Sprachanimation (vgl. Bailly 1995; OFAJ/DFJW 2009). Bezüglich der hier zugrunde liegenden und von „*TRETBOOT* adaptierten" Ziele der Förderung des Spracherwerbs, des Abbaus von Sprachhemmungen und der Systematisierung von Erlerntem „verfolgt [*TRETBOOT*, N.E.] im deutsch-tschechischen Kontext weitere spezifische Ziele" (TRET D 06). Als programmatische Neuerung und Zielergänzung der deutsch-tschechischen Version der Sprachanimation wird die „Entdeckung und Vermittlung kultureller Gemeinsamkeiten und Unterschiede", die „Vermittlung eines themenspezifischen Wortschatzes" sowie die „Bewerbung des Konzepts *Sprachspaß* zur Erweiterung seines Einsatzgebietes" genannt. Vor diesem entstehungsgeschichtlichen Hintergrund erweitert das *Kontaktzentrum TRETBOOT* sein methodisches Repertoire und seine Programmatik im Sinne einer Adaption, die allerdings nicht als bloße Übertragung, sondern als kontextspezifische Anpassung und Erweiterung beschrieben wird.

Praxisstrategie der adaptiven Transformation

Die Übernahme der Konzeption Sprachanimation aus der deutsch-französischen Begegnungsarbeit kann hinsichtlich ihrer kontextspezifischen Weiterentwicklung als eine Strategie der adaptiven Transformation bezeichnet werden. So korrespondiert die Neuerung, dass nicht nur Sprache, sondern auch Kultur vermittelt wird, mit dem bereits in der Absichtserklärung erkennbaren Auftrag der Pflege und Förderung des friedlichen und freundschaftlichen nachbarschaftlichen Verhältnisses (vgl. Abschnitt 6.2.2). Entsprechend der in den Zielbeschreibungen des Konzeptentwurfs vordergründigen Artikulation des Ziels der Information über „interkulturelle Kommunikation und Landeskunde“ (TRET D 06), kann die Erweiterung der Förderung sprachlicher Verständigung um die Förderung kultureller Verständigung als ein Vorgang strategischer Anpassung verstanden werden. Ähnliches kann bezüglich der zweiten Neuerung gelten. Auch hier wird – der eigenen Programm- und Organisationsstruktur entsprechend – *Sprachspaß* als themenspezifische Sprachvermittlung konkretisiert. Die Transformation des Konzepts folgt dem Anspruch der organisationseigenen Programmatik, für unterschiedliche schulische und außerschulische Berufsfelder adäquate Seminar- und Beratungsinhalte zu präsentieren. Die dritte Neuerung, die *Sprachspaß* als Medium der (Eigen)Werbung konzipiert, bringt einen weiteren Aspekt zum Vorschein: Diesbezüglich hat die Praxisstrategie der adaptiven Transformation die Funktion prospektiver Selbsterhaltung, die auf Expansion abzielt. Dass mit *Sprachspaß* für *Sprachspaß* als geeignete Methode geworben werden soll, ist nicht nur für das Konzept persistenzförderlich, sondern zudem eine explizite Marketingstrategie, die der Organisation KundInnen bzw. TeilnehmerInnen für Seminare und die Fortbildung zum Sprachanimateur sichern soll. Die Praxisstrategie der adaptiven Transformation impliziert einen organisationalen Lernvorgang, der an Erkenntnisse der Umwelt anknüpft, diese aber nicht bloß kopiert, sondern kontextbezogen transformiert. Im Sinne einer „adaption of goals“ (Cyert/March 1963, S. 123; vgl. auch March/Olsen 1975, S. 157) verbindet sich dieser organisationale Lernvorgang nicht nur mit Anreizen aus der Umwelt, sondern auch mit eigenen Erfahrungen.[122] Dies zeigt sich in folgenden Ausführungen zur Entstehungsgeschichte, die den organisationseigenen Anteil an der adaptiven Transformation nachvollziehbar werden lässt:

Der offiziellen oder offiziell werdenden Version der Entstehung des deutsch-tschechischen *Sprachspaß*‘, wie sie im Konzeptentwurf als Teil und Produkt des Diskurses um grenzüberschreitende Verständigungsarbeit vorgestellt wird, steht eine Entstehungserzählung gegenüber, die andere Aspekte in den Vordergrund stellt und darauf hindeutet, dass der Entstehung der *Methode Sprachspaß* auch implizite Lernprozesse zugrunde lagen. Den Erzählungen des pädagogischen Mitarbeiters SEPP zufolge ist die Idee von *Sprachspaß*, „etwas spielerisches mit Sprache zu machen“, aus einer Notwendigkeit heraus entstanden:

122 Vorgänge der Anpassung an sich immer schneller wandelnde Umweltbedingungen wurden schon in frühen organisationstheoretischen Texten als organisationales Lernen beschrieben (vgl. Cyert und March 1963; March und Olsen 1975). Eine neuere Besprechung des Zusammenhangs von Adaption und organisationalem Lernen nimmt der Sammelband „Adaption und Lernen in und von Organisationen“ (vgl. Florian und Hillebrandt 2004) vor. Für den organisationspädagogischen Diskurs ist hier an Geißler zu erinnern, der bezüglich des zweckrationalen Organisationslernens von einem Vorgang des *operativen Anpassungslernens* spricht (Geißler 2000, S. 51).

> Am (.) meim e::rsdn Arbeidstach war der zweite Juli siemunneunzich (.) da Konrad mich gefragd könntst du nich Spra:chanimation machn. und am vie:rtn Juli (.) zwei Tagä später is Seminar in Meißn (.) sag ich klar (.) mach ich gernä (1) sagd er ey **subpa** sag ich Konrad mussd mir nur sagn was des is (.) ha da weiß ich au nich so genau: aba die Franzo:sn machn so was irgnwie Spaß mid Sprachä sag ich ja okay mach ich. (1) Hab ich diesn den Texd da geschriebm Keine Angsd vor där tschechischn Schrifd (.) der is seiddem unväränderd (.) wird bei sähr viel Volgshochschuln und Unis verwendäd (.) is ja (echd) ganz ned is in einign Lehrbüchärn auch drin, und seitdem hab ich ja die Sprachn, Animation weita endwickld **(TRET I 03).**

Die Entwicklung der *Methode deutsch-tschechischer Sprachspaß* erscheint hier als Impuls der ersten Stunde von *TRETBOOT* und als spontaner Auftrag des früheren Leiters von *TRETBOOT Sonnenberg* an seinen ersten Mitarbeiter SEPP. Zwar wird auch hier der Bezug zu dem bestehenden Konzept der deutsch-französischen Sprachanimation hergestellt, vordergründig geht es in dieser Sequenz aber um die organisationseigene Leistung. Ausgangspunkt der Konzeptentwicklung ist somit nicht eine gründliche Adaption, sondern vielmehr ein assoziatives Anschließen an ein bestehendes Konzept („irgnwie Spaß mid Sprachä“). Die Entwicklung der Idee, „was spielerisches mit Sprache zu machen“ (TRET I 03), hin zu einem organisationseigenen Konzept der grenzüberschreitenden Verständigung begründet SEPP durch einen intensiven Einsatz derselben in der Seminararbeit, in deren Folge er immer öfter als Sprachanimateur angefragt wurde. Exemplarisch verweist er auf einen von ihm verfassten *Sprachspaß*text (mit dem Titel: „KAJNE ANGST FOR DER ČECHYŠN ŠRYFT“), der oftmals zitiert wurde und mittlerweile curricularer Bestandteil vieler Volkshochschulkurse ist und in Lehrbücher aufgenommen wurde. Die vermehrte Nachfrage der *Sprachspaß*methode begründet seinen Erzählungen zufolge dann die Entwicklung weiterer Spiele und Materialien und schließlich die Konzeption einer Basisschulung, die seit 2003 als jährliche Ausbildung zum Sprachanimateur angeboten wird. Seit mehreren Jahren fungiert *Sprachspaß* als didaktische Einheit zum Kennenlernen und als „Werbung für die tschechische Sprache“ (TRET I 03) und sie ist fest in das Weiterbildungsprogramm des *Kontaktzentrum TRETBOOT* integriert. Die Genese der *Methode Sprachspaß* aus Sicht des „Experten“ erscheint vordergründig nicht als ein adaptives Kopieren, sondern vielmehr als ein kreatives Erfinden – als das Spielen mit Sprache, das immer mehr Nachfrage erfährt. Vordergründig erscheint hier die Entwicklung von *Sprachspaß* also als ein Vorgang, der sich im Kontext bestehender und entwickelter organisationaler Ressourcen und vor dem Hintergrund eines wachsenden Bedarfs vollzieht. Die „Idee“ markiert den Anfangspunkt der Konzeptentstehung und wird aufgrund der bilingualen Expertise des Mitarbeiters SEPP umsetzbar. Dessen produktives und materialproduzierendes Arbeiten macht die Methode deutsch-tschechischer

Sprachspaß bekannt und bildet wiederum Grundlage für den zweiten Entwicklungsfaktor: die steigende Nachfrage. Als im Wechselspiel von Angebot und Nachfrage beschriebener Vorgang der Entstehung wird hier die adaptive Transformation als Erweiterung des methodischen Repertoires und der Programmatik als organisationseigene Leistung und als ein Vorgang beschrieben, der auf eine Vielzahl von internen Praktiken und Verhandlungen der Konzepterstellung verweist (vgl. Praxismuster der kooperativen Kreation in Abschnitt 6.5).

6.6.2.2 Zur Konzeption von *Sprachspaß*

Wo ich den Eindruck habe, dass wir oft mit einigen Sachen ehm ehm flexibler und quasi ein bisschen freier umgehen, während es auf der deutschen Seite quasi präziser sein muss, insti- institu- institutionalisierter quasi, dass es die Form der Institution oder dieses des Offiziellen haben muss [...] Ein konkretes Beispiel ist das Beispiel *Sprachspaß*. [...] Das ist jetzt absolut ein Thema bei uns, [...] einfach ein Punkt, über den wir ständig diskutieren. *Sprachspaß* muss ((Klappern von Geschirr)) irgendwie gefasst werden, d.h., dass es dazu kommt, dass wir *Sprachspaß* gehabt haben, wir Sprachanimatoren ausgebildet haben ehm die sind von uns weggegangen, haben sich von TRETBOOT gelöst und damit verdienen und verdienen einfach Geld, was wir also ein bisschen verhindern möchten. Und wir haben gesagt, wir brauchen eine gewisse Zertifizierung und so eine brauchen wir, damit *Sprachspaß* das Gütesiegel der Methoden hat, die *TRETBOOT* entwickelt hat und immer in irgendeiner Weise auf *TRETBOOT* verwiesen ist. Wir haben gesagt, gut, wir haben vereinheitlicht, was wir wollten. ELIŠKA hat sich draufgestürzt, hat genau das auf ein paar Seiten entwickelt, was wir benötigten. Ich glaube, sie hat das sehr gut praktisch beschrieben. [...] *TRETBOOT Sonnenberg [...] ehm, im Grunde* Richard Trautner hat das angeschaut und gesagt: Aber ich will ein pädagogisches Konzept von *Sprachspaß*. Ein pädagogisches Konzept von *Sprachspaß* hat niemand jemals ent- entwickelt (**TRET I 02**).[123]

---

123 i.O.: *kdy já mám dojem, že my často s některými věcmi ehm ehm zacházíme flexibilněji a jakoby volněji trošku, kdežto na německé straně to musí bejt jakoby precišnější insti institu institucionálnější jakoby že to musí mít tu formu té instituce nebo toho těch oficialit [...] Konkrétní příklad je příklad jazykové animace [...] To je naprosto teď u nás téma [...] prostě bod nad kterým neustále diskutujem. Jazyková animace potřebuje ((drnčení nádobí)) nějakým způsobem uchopit, to znamená že dochází k tomu, že my jsme měli jazykovou animaci vyškolili sme jazykový animátoři ehm ty odešli od nás odpoutali se od TRETBOOTu a už s tim vydělavájí a vydělávají si normálně peníze čemuž jako bysme chtěli trošinku zabránit. A řikali jsme potřebujeme určitou certifikaci a takovou potřebuje aby jazyková animace měla ten punc metody kterou vyvinul TRETBOOT a vždy na TRETBOOT bylo nějakým způsobem odkazováno. Řekli dobře ujednotili jsme si co sme chtěli. ELIŠKA se na to vrhla vytvořila přesně to co jsme potřebovali v několika*

In diesem Ausschnitt aus dem episodisch-narrativen Interview mit dem Leiter von *TRETBOOT Český Pramen* markiert dieser den Vorgang der Konzeption von *Sprachspaß* als unabgeschlossenen und ständigen Diskussionsgegenstand innerhalb des *Kontaktzentrum TRETBOOT.* Die Beständigkeit der Diskussion über die richtige Verfasstheit eines solchen Konzepts wird entsprechend der unterschiedlichen Selbstbeschreibungen (vgl. Abschnitt 6.2.1) mit kulturalisierenden Zuschreibungen des Arbeitsstils verknüpft. *TRETBOOT Český Pramen* wird dabei ein grundsätzlich flexibler und freier Stil zugewiesen, der sich in einer pragmatischen Arbeit an einem Konzept zeigt („ELIŠKA hat sich draufgestürzt, hat genau das auf ein paar Seiten entwickelt, was wir benötigten. Ich glaube, sie hat das sehr gut praktisch beschrieben"). *TRETBOOT Sonnenberg* wird hingegen eine korrekte und förmliche Arbeitshaltung attestiert, die sich in dem Anspruch einer gründlichen Ausarbeitung des Konzepts *Sprachspaß* äußert.[124] Das sich daraus ergebende Grunddilemma besteht darin, dass *TRETBOOT Český Pramen* eine praktische Sache benötigt, die eine Zertifikation und damit Sicherung des Copyright der *Methode Sprachspaß* ermöglicht, und dass *TRETBOOT Sonnenberg* hingegen verstärkt an einer gründlichen pädagogischen Konzeption der Methode interessiert ist. Diese Differenz pragmatischer und formeller Interessen an der Konzepterstellung korrespondiert mit den empirischen Hinweisen aus der Betrachtung des Flyers. Hier konnte in der Art und Weise der unterschiedlichen Veranschaulichung der *Methode Sprachspaß* ein bürospezifisches Differenzverhältnis angedeutet werden. Während die deutsche Seite in Wortwahl und textuellem Design terminologisch-didaktisch pädagogische Zielen und Motive präzisiert, formuliert der tschechischsprachige Teil praxisbezogen-veranschaulichend ohne explizit pädagogische Motive zu nennen (vgl. Abschnitt 6.6.1). Die Feststellung von LUKÁŠ, dass niemand ein pädagogisches

---

stránkách to myslim si že to velmi dobře prakticky popsala [...] TRETBOOT Sonneberg [...] ehm v podstatě Thomas Rudner se na to podíval a říkal: Ale já chci pedagogický koncept jazykové animace. Pedagogický koncept jazykové animace nikdo nikdy nevy- nevytvořil

124 Die Selbst- bzw. Fremdbeschreibung des tschechischen bzw. deutschen Büros durch den tschechischen Leiter erinnert an das von Schroll-Machl und Novy (2008) herausgearbeitete Kulturstandardpaar „Abwertung von Strukturen versus Aufwertung von Strukturen" (ebd., S. 40). Während die Abwertung von Strukturen als tschechischer Mentalitätsaspekt ausgewiesen wird, wird die Aufwertung von Strukturen zur deutschen Eigenschaft erklärt. Die Aussage muss aber im Kontext des Interviews gesehen werden, in dem der Leiter zuvor auf die unterschiedliche institutionelle Einbettung der Büros zu sprechen kommt und diesbezüglich die unterschiedlichen formalen Anforderungen an die beiden Büros erläutert (vgl. Abschnitt 6.2.1). Die Reproduktion eines Kulturstandards ist aber an dieser Stelle sicherlich nicht von der Hand zu weisen. Dies hat möglicherweise seinen Grund darin, dass die Organisation sich mit den Kulturstandards nach Schroll-Machl und Novy intensiv auseinandergesetzt hat.

Konzept geschaffen hat, äußert sich inhaltlich vor allem in zweifacher Hinsicht. Unklar ist etwa die Frage, was Ziele und damit verbunden auch die methodischen Grundsätze von *Sprachspaß* sein können oder müssen. Wie in Abschnitt 6.6.1 dargestellt, zeigt sich dieser Widerspruch in Publikationen und Flyern. Hier wird *Sprachspaß* einmal als „kreative Methode des Sprachkontakts" (TRET D 04) und in eindeutiger „Abgrenzung zu klassischen Unterrichtsmethoden" (TRET D 04) konzipiert. An anderer Stelle wird *Sprachspaß* – zwar auch spielerisch – explizit als „Methode des Erlernens der Grundlage einer Fremdsprache" (TRET D 06) vorgestellt und an die Kategorie des „Lernerfolgs" gekoppelt – etwa als methodische Ergänzung des Schulunterrichts. Unklar bleibt in den bisherigen Produktbeschreibungen auch, ob die *Methode Sprachspaß* nur Sprache vermittelt oder aber auch als Methode des Kulturkontakts konzipiert ist oder sein sollte. Als Aspekt der Genese des organisationseigenen Produkts *Konzeption deutsch-tschechischer Sprachspaß* soll der unabgeschlossene Prozess der Verhandlung nun anhand der Beschreibung und Analyse der Besprechungspraxis dieser Widersprüche veranschaulicht werden. Gegenstand der Besprechung ist der aktuelle Konzeptentwurf von *Sprachspaß* aus dem Herbst 2010. An der Entscheidung, welche Form das zu veröffentlichende Konzept annimmt und welche Inhalte es wie präsentieren soll, werden alle Mitarbeitende beteiligt. Eine Beschreibung des Besprechungorts und des sich hier konstituierenden Kooperationsraums erfolgte bereits in Abschnitt 6.3.1 (vgl. auch Abb.6). In Betrachtung des Verlaufs und der Dramaturgie dieser produktbezogenen Besprechung soll sodann fokussiert werden, wie die Organisation die bereits oben anhand der Produktbeschreibungen erkennbar gewordenen konzeptionellen Widersprüche (näherbringen oder beibringen; Sprachvermittlung oder Kulturvermittlung, vgl. Abschnitt 6.6.1) und bürospezifischen Differenzverhältnisse bearbeitet. Der Gegenstand der Besprechung ist die aktuelle Fassung des Konzeptentwurfs. Die im folgenden analysierten Ausschnitte der Besprechung beziehen sich auf das Kapitel „Grundlegende Charakteristik von *Sprachspaß*" (TRET D 06).

Szene „Grundlegende Charakteristik von *Sprachspaß*"

Nach einem chaotischen Einstieg bemüht sich NELE, die Diskussion am Gegenstand Konzeptentwurf auszurichten. Das Flipchart dient ihr dabei als Strukturierungshilfe. Die Aufforderung, sich zu melden und etwas zu vorliegendem Entwurf beizutragen, verbindet sie mit dem Vorschlag eines chronologischen Vorgehens. Sie steht dabei am Flipchart und liest nun die Überschrift des ersten Kapitels „Grundlegende Charakteristik von Sprachspaß" vor. Dann schaut sie in die Runde und ihr Blick bleibt bei RENATA hängen, die sich räuspert und, auf ihre Unterlagen fixiert, zu Bedenken gibt, dass die Formulierung „Methode zum Erlernen der Grundlage der Fremdsprache" möglicherweise zu viel verspricht. NELE schreibt den von RENATA eingebrachten Kritikpunkt sogleich an die Flipchart, während Letztere ihre Bedenken ausführt **(TRET SB 06)**:

RENATA: das ist zu viel @ge'@**wollt** (.) würd ich sagen (.) man kann dadurch nicht die Grundlage einer Fremdsprache erlernen durch *Sprachspaß* ? (.) das bezweifle ich ganz stark (.) und würde sa::gen vielleicht zum Einstieg (.) eine unterhaltsame Methode zum **Einstieg** in das Erlernen einer Fremdsprache wen wir schon **überhaupt** vom Erlernen sprechen wollen. Vielleicht noch schwacher °formu°=lieren. **(TRET M 01).**

Für die Bearbeitung des Entwurfs der *Konzeption Sprachspaß* wird von NELE ein Modus der Besprechung vorgeschlagen, der kapitelweise ein chronologisches Vorgehen vorsieht und der durch Wortmeldungen unterbrochen werden kann. Sie kündigt an, dass solange weitergemacht wird, bis sich jemand meldet und ordnet damit einen hierarchiebezogenen Besprechungsmodus an. Indem die erste Wortmeldung von RENATA gegenstandsbezogen diesen Vorschlag aufgreift, wird der vorgeschlagene Modus der Besprechungsorganisation akzeptiert und ein konkreter Absatz des allen Anwesenden vorliegenden Konzeptionsentwurfs als Brennpunkt gemeinsamer Aufmerksamkeit markiert. RENATA hinterfragt die inhaltliche Aussage, ob es sich bei *Sprachspaß* um eine *„Methode zum Erlernen der Grundlage einer Fremdsprache"* handelt. Sie schlägt stattdessen eine andere Formulierung vor, die eine Alternative zum Erlernen bietet. In Form einer ans Plenum gerichteten Frage, ob überhaupt von Erlernen gesprochen werden soll, übernimmt sie die Besprechungsorganisation und fordert implizit zu Stellungnahmen auf. Erkennbar wird, dass hier der hierarchiebezogene Modus der Besprechung nicht personell festgelegt ist. Die für die Moderation vorgesehene Mitarbeiterin NELE lässt dies geschehen. Das Aufdecken eines in der Formulierung „Methode zum Erlernen der Grundlage einer Fremdsprache" liegenden Widerspruchs wird zunächst nicht mit einer widersprüchlichen Formulierung an anderer Stelle, sondern mit einer alltags- und erfahrungsbezogenen Argumentation verbunden, in der sich die persönliche Sichtweise der Sprecherin RENATA zeigt. Sie schlägt die Formulierung *„unterhaltsame Methode zum Einstieg in das Erlernen einer Fremdsprache"* vor und verbindet dies mit der Frage, ob man überhaupt vom Erlernen sprechen soll. Der Wir-Bezug in der grundsätzlichen Frage impliziert einen repräsentativen Moment: Die Frage, wofür stehen wir, kann als der Beginn einer ‚gemeinsamen Suche' interpretiert werden, die auf der Ebene von Formulierungen angesiedelt ist. In dieser Sequenz wird eine – sich zu späteren Zeitpunkten der Besprechung wiederholende – Praxis der Besprechungsorganisation erkennbar, in der ein Gesprächsrahmen von einer Mitarbeiterin moderativ vorgeschlagen wird, die Moderation des Themas aber changiert.

Die Einwände und weiteren Beiträge erfolgen spontan ohne Wortmeldung und es entwickelt sich eine dialogartige Konversation, deren Selbstläufigkeit ein Aufgreifen bekannter Diskussionsregeln und ein Nachvollziehen gewohnter Abläufe vermuten lässt. Die entstehende Diskussion spannt sich zunehmend zwischen vier Mitarbeiterinnen auf, die nun in ständigem Blickkontakt sind und körperlich einander zugewandt den Fokus der Besprechung im sich entstehenden Dialog markieren. Die restlichen Anwesenden fungieren als interessierte Zuschauer der Diskussion. Einige schreiben mit. In der Diskussion werden immer wieder Stellen aus dem Entwurfstext zitiert. Und auch auf Formulierungen anderer Texte, die zwar keinem vorliegen, aber alle Anwesenden zu kennen scheinen, wird verwiesen. **(TRET SB 06)**

MARTINA: **Aber** das ist doch ein Zitat? (.) das da nicht zum Spaß da drinsteht. Also später wird's, wird's auch **be**tont. (.) dass das mit dem
RENATA: └ Also wenn das der **Satz** ist (.) mit dem wir *Sprachspaß* erklären (.) dann verwirren wir oder informieren **völlig falsch** <u>gleich im ersten Satz</u>.
LENKA: └Ja dann müssen wir des <u>ganz</u> **ändern**.
RENATA: └ Dann würde Zitat <u>nicht</u> dort stehen (.) **weil** das stimmt einfach nicht.
LENKA: └ Das wäre was **anderes** (.) ja. (7)
RENATA: <u>Dann</u> vielleicht dieses Zitat **nehmen** (.) des nicht als Zitat <u>an</u>führen sondern mit dem Text <u>arbeiten</u> (.) dann machen wir das halt <u>einfacher</u> (.) aber anders formulieren und nicht dieses Ziel nennen (.) °des stimmt als Ziel (.) nicht°. Also vielleicht nochmal die **Frage** (.) wollt Ihr vom <u>Er</u>lernen überhaupt sprechen? Wollen wir vom Erlernen überhaupt sprechen? **(TRET M 01).**

In dieser Sequenz wird in zwei unterschiedlichen Weisen auf die auffordernde Frage zur praxisbezogenen Reformulierung reagiert. Zunächst versucht MARTINA mit einem Verweis auf eine andere Textstelle, die bestehende Formulierung zu rechtfertigen. Erst die wiederholte Markierung durch RENATA, dass dieses Zitat verwirrt (Empfängerperspektive) und falsch informiert (Senderperspektive), die direkte Relationierung von Zitat und allgemeinem Ziel der Methode und die Wiederholung ihrer Frage leiten zur eigentlichen Bearbeitung des Inhalts über. In der doppelten Ausführung der Frage, die zunächst den Rest der Gruppe oder „die Anderen" adressiert und sodann mit einem Wir-Bezug korrigiert wird, deutet sich eine Unsicherheit bezüglich der eigentlichen Zuständigkeit an und erneuert in Korrektur die gemeinsame Verantwortung. Deutlicher als in der Sequenz zuvor erhält die Frage hier einen Aufforderungscharakter, Stellung zu nehmen.

RENATA: Wenn wir halt mit dem Satz **arbeiten** eine unterhaltsame Methode zum
LENKA: └ Heranführen?
TRAUTNER: └ Zum Kennenlernen ist des dann.
RENATA: └ Kennenlernen. (6) ich fand das Wort **Einstieg** auch gut? (.) aber Kennenlernen ist vielleicht besser.
└((reges Gemurmel))
KERSTIN: └ja Näherbringen.
└((Gemurmel auf Tschechisch)
RENATA: °Also das wurde ja gesagt (.) Also zum Beispiel das find ich nicht schlecht (.) aber wir können dann darüber noch nachdenken?°
MARTINA: └°Ja.°
TRAUTNER: °Na da hast Du jetzt den Heimvorteil°.
RENATA: Kennenlernen **poznávání se** (.)
└((Gemurmel auf Tschechisch und Deutsch))
RENATA: Näherbringen und so kommt dann im zweiten Absatz (.) das wird da dann nochmal anders beschrieben. **(TRET M 01).**

RENATA übernimmt endgültig die Moderatorinnenrolle, indem sie, ausgehend von ihrer eigenen Frage, das Zitat als eine Art Lückentext vorträgt und damit konfrontativ die Beteiligten der Besprechung auffordert, Vorschläge zu machen. Die verschiedenen nun vorgeschlagenen brainstorm-artigen Formulierungen „Heranführen“, „Kennenlernen“ und „Näherbringen“ kommen von unterschiedlicher Seite und werden von RENATA konkludierend aufgegriffen. Dabei scheint die Suche nach einer passenden Formulierung der grundlegenden Charakteristik ausschließlich text- und kaum praxis- oder erfahrungsbezogen zu erfolgen. In der Nennung des tschechischen Worts „poznávání se“ für Kennenlernen wird für einen Augenblick das deutsch- tschechische Moment des Gegenstands und die damit verbundene sprachliche Übersetzungsdimension erkennbar. Allerdings verbleibt eine sprachliche Übersetzungsarbeit auf der Ebene einer schnellen Überprüfung der Übersetzbarkeit des Begriffs Kennenlernen. Begründet wird die Wahl des Begriffs „Kennenlernen“ nicht über eine deutsch-tschechische Passung, aber auch nicht didaktisch, weil „Kennenlernen“ eine stärkere Aktivität der *Sprachspaß*teilnehmerInnen impliziert als „Näherbringen“ oder „Heranführen“ (diese würden mehr die Aktivität des Vermittelnden akzentuieren), sondern textbezogen, weil es besser klingt als das Wort *Einstieg* und weil die Formulierung *Näherbringen* bereits im zweiten Absatz etwas anderes beschreibt. Vorläufig scheint man sich auf die Formulierung „*Kennenlernen*" zu einigen, wobei die Möglichkeit der zeitlichen Verschiebung eine endgültige Einigung oder Entscheidung aufspart („wir können dann darüber noch nachdenken").

Mehrere Minuten lang macht es den Eindruck, dass die Diskussion als Suche nach einer methodisch-didaktischen Formulierung jenen pädagogischen Mitarbeiterinnen überlassen wird, die offensichtlich mit Sprachspaß auch praktische Erfahrungen verbinden. Eine plötzliche Einmischung von Herr TRAUTNER erfolgt unerwartet und wirkt irritierend. Dieser legt geräuschvoll seine Hände auf den Tisch, schaut abwechselnd von RENATA zu MARTINA, dann kurz zu seinem Leiterkollegen neben ihm und unterbricht die Diskussion mit den Worten: „Kann ich jetzt mal ne saudumme Frage stellen". Der Klang und die Lautstärke der Stimme, das plötzliche Eingreifen verändert die Situation gänzlich. Schien der Gegenstand bisher inmitten des Raums zu sein, so liegt er nun auf Herrn TRAUTNERs Tisch. „Kann es sein", fährt er fort, „dass wir vom gleichen Gegenstand unterschiedliche Vorstellungen haben". Nach einer kurzen Pause, in der seine Worte die schlechte Luft des Raums zu durchschneiden scheinen und die er nutzt, um mit seinem Stuhl nach vorne zu rutschen und ein lautes räusperndes Geräusch zu machen, sodass sich alle anwesenden Blicke auf ihn fokussieren, warnt er mahnend: **(TRET SB 06)**

TRAUTNER: wenn wir jetzt (.) also wir legen jetzt grad' fest (.) ohne dass der hier zitierte Autor anwesend ist?'oder jemand von diesem Autorenkollektiv? (.) wo immerhin die Koordinatorin von *Sprachspaß* dabei ist und der zuständige Kollege aus der tschechischen Zeitung? ((räuspert sich)) Wir **kicken** denen dann grade jetzt die Definition von *Sprachspaß* raus (.)
?: └ mhm
TRAUTNER: in einer Publikation steht äh von ähm (.) beiden *TRETBOOT* büros. Viel Spaß heißt sie und wird gut verkauft. (.) und sie wird gern genommen und jetzt sagen wir gerade das stimmt nicht was da steht?
KERSTIN: └ **Aber** das steht ja im zweiten Absatz.
TRAUTNER: └ Moment, Moment. Da Das
KERSTIN: └ ja ja
TRAUTNER: └ ist jetzt nicht nur ne Frage von **Formulierung** (.) um die es hier geht.
KERSTIN: ja ja ja
TRAUTNER: └ ich würde des gerne nochmal vielleicht an anderer Stelle jetzt nicht hier an dem Text (.) aber ich würde das gerne nochmal aufgreifen zu nem späteren

> Zeitpunkt.(.) Ich glaube da müssen wir uns nochmal drüber verständigen **was** wir da überhaupt **tun**? **(TRET M 01).**

Die bisher rein gegenstandsbezogene Diskussion am Text wird durch ein differenzmarkierendes Infragestellen der gegenseitigen Verständigung in dieser Sache und der gemeinsamen Vorstellung vom Gegenstand unterbrochen. Herr TRAUTNER übernimmt die Besprechungsorganisation und -leitung, bricht gegenstandsbezogen-erklärende Turnversuche ab und elaboriert oppositionell eine institutionelle Perspektive. Metaphorisch einen Vorgang des Fußballspielens aufgreifend, weist er darauf hin, dass gerade eine Definition „raus gekickt" wird, die in einer von den beiden *TRETBOOT*-Büros publizierten Broschüre steht und damit offiziell, sichtbar und konsumerprobt ist. Zudem erinnert er daran, dass deren Urheber in dieser Besprechung nicht anwesend sind. Zwar bezieht sich der Einwand auf die zuvor gegenstandsbezogene Diskussion, verlässt aber die Ebene einer textbezogenen Suche nach einer Formulierung. Über ein Ins-Spiel-Bringen seiner und einer abwesenden Autorität fordert er eine grundsätzliche Diskussion über Verfahren der Programmgestaltung und der Praxis organisationaler Selbstdarstellung ein. Denn die Rede von Herrn TRAUTNER argumentiert im Sinne einer konformen Präsentationspraxis der Organisation aus einer Außensicht. So weist er daraufhin, dass im Fall einer grundsätzlichen Änderung der Formulierungen bezüglich der allgemeinen Charakteristik einer bestehenden Definition von *Sprachspaß*, wie sie in einer von beiden Büros entwickelten Broschüre publiziert ist, widersprochen wird.

Im weiteren Verlauf versuchen die Mitarbeitenden zunächst das Dilemma der Formulierung als Missverständnis zu rahmen. Der fundamentale Widerspruch der ersten Sätze in der Konzeption werden als „bisschen unglücklich" bezeichnet. Die Diskussion gerät ins Stocken. Alle blicken auf den vor sich liegenden Konzeptentwurf. In die Stille hinein fragt LUKÁŠ, der im Gegensatz zur Intervention von Herrn TRAUTNER nüchtern und zurückhaltend wirkt, nach der tschechischen Übersetzung der diskutierten Formulierung in bisherigen Publikationen. Seine Wirkung ist ebenso irritierend. Es entstehen Gemurmel und Zweiergespräche. **(TRET SB 06)**

LUKÁŠ: Weiß vielleicht jemand wie das mit Viel Spaß auf tschechisch vermutlich ist?
└((Gemurmel))
NELE: Wir ham's jetzt glaube ich nicht da.
RENATA: └Alles online, ich hab' mich noch nicht eingeloggt kann man das nicht <u>nach</u>schauen?
TRAUTNER: └ Steht des online?
└((Gemurmel))

LUKÁŠ: Ja doch wir können das. Ich brauch ne ( ) dann kann ich des herunterladen (.) von unserem Server.
NELE: Ich denk' wir ham jetzt demnächst eh irgendwie Kaffeepause (.)
RENATA: └ Ja.
TRAUTNER: └ Die ist jetzt schon.
NELE: da irgendwie klären und halt einfach jetzt ohne dass wir da jetzt die Formulierung finden? sondern festhalten (.) dass wir da nochmal (6) **(TRET M 01).**

Bezugnehmend auf die von Herrn TRAUTNER angesprochene Publikation mischt sich zum ersten Mal LUKÁŠ in die Diskussion ein, indem er verbunden mit der Frage nach der Formulierung der Charakteristik von *Sprachspaß* in Tschechischen explizit die Dimension sprachlicher Übersetzung markiert. Der Umgang mit dieser weiteren grundsätzlicheren Anfrage besteht in dem Versuch der Verschiebung. Da die Broschüre niemandem vorliegt, soll das Dokument in der Pause heruntergeladen werden. Der Versuch einer integrierenden Besprechungsorganisation, die die gegenstandsbezogene Ebene der Formulierungsfrage und die formal-legitimatorische Ebene der institutionellen Kontextualisierung zusammenbringt, wird nicht akzeptiert und die Bearbeitung der Ebene der professionellen Verständigung über Grundsätzliches ignoriert. Vielmehr zeigt sich hier ein Modus, der den Einbezug der Übersetzungsebene tschechischer Formulierungen trivialisiert und auf Pausengespräche vertagt. Die Bestrebung eines in diesem Sinne konkludierenden Abschlusses der gegenstandsbezogenen Diskussion – eine treffende Formulierung weiterhin offen zu lassen – wird von Herrn TRAUTNER unterbrochen.

TRAUTNER: Also ich will will <u>schon</u> danach nochmal **wissen** (.) ham, ham wir da n' grundsätzliches Problem
└ ja ja ((Gemurmel und Flüstern))
TRAUTNER: oder geht's da um Schlamperei auf Deutsch g'sagt.
RENATA: Und wenn dann solche Fehler unterlaufen (.) finde ich den Vorschlag nicht schlecht (.) uns zu nem späteren Zeitpunkt in der Runde wo Sepp <u>dabei</u> ist nochmal zu unterhalten **wie** °kommt es dazu°?
LENKA: Also (1) ich (.) denke (.) dass das wirklich (.) ein **Missverständnis** ist (.) dass es nicht ein grundsätzliches Verstehproblem ist (.) Weil ich weiß <u>dass</u> er auch in der letzten Zeit oder seit Jahren **immer wieder** betont <u>Annäherung</u> an die Sprache <u>nicht</u> Erlernen.
TRAUTNER: Ja ähm aber ähm es ist **Fakt** ((klopft auf den Tisch)) dass wir ne Publikation <u>vertreiben</u> wo das <u>Gegenteil drinsteht</u> (.) <u>das</u> geht **nicht**. Also (.) entweder (.) müssen wir da drüber diskutieren oder das Ding wird eingestampft wenn das

fertig ist also das sehe ich ganz praktisch. Wir können ja nicht n Konzept auf die Website stellen ähm wo drinsteht was *Sprachspaß* ist und gleichzeitig ver= äh verticken wir ne **Bro**schüre wo eigentlich was anderes drinsteht. Das geht eigentlich nicht.

((Kaffee ist fertig, 20 Sek. Gespräch mit Personal der Tagungsstätte))

TRAUTNER: Jetzt schreiben wir Kennenlernen, oder? (5)

RENATA: Ist okay des war der erste Absatz.

└ ((Alle schmunzeln)) **(TRET M 01).**

Der Unterbrechung des Konklusionsversuchs folgt wiederum ein Wechsel in den formal-legitimatorischen Modus, der darstellungs- und verständigungsbezogen die Formen des internen Miteinander-Arbeitens und der Außendarstellung fokussiert. Auf die Frage, ob es sich um ein „grundsätzliches Problem" handelt oder um eine „Schlamperei", wird in den unmittelbar folgenden Beiträgen zunächst bestätigt, dass eine intensivere Besprechung zu einem späteren Zeitpunkt sinnvoll wäre. Sodann wird wiederum elaboriert, dass es sich um ein Missverständnis und um kein Verstehensproblem handelt. Herr TRAUTNER konkludiert die Besprechung, indem er zunächst aus formal-legitimatorischer Sichtweise die institutionelle Perspektive differenziert und die bereits vorher angesprochene Problematik ausführt. Diesbezüglich kündigt er eine Entscheidung an, die in jedem Fall die Konformität der Darstellung des Konzepts *Sprachspaß* der Öffentlichkeit gegenüber gewährleisten wird. Unterbrochen durch das Auftauchen einer Servicekraft stellt er nach einer kurzen Pause die rhetorische Frage „Jetzt schreiben wir Kennenlernen, oder?". Die Formulierungsfrage wird fast beiläufig entschieden. Eine kurze Bestätigung durch RENATA beendet die Formulierungsdiskussion.

Moderiert-partizipativ *versus* Formal-legitimatorisch. Orientierungsmuster der Besprechungspraxis

Ausgangspunkt der beschriebenen und in Auszügen analysierten Besprechung ist die Widersprüchlichkeit didaktischer Grundsätze, wie sie in der Betrachtung des Konzeptentwurfs und des Flyers *Sprachspaß* gezeigt werden konnten (vgl. Abschnitt 6.6.1). Die Lösung dieses Widerspruchs wird als Organisationsaufgabe und zu bewältigende Übersetzungsarbeit erkannt. Während zunächst eine textbezogene Begriffsarbeit als grenzüberschreitend kooperativer Vorgang der Suche nach einem passenden deutschen Terminus und zumindest ansatzweise in der Überprüfung der jeweils tschechischen Bedeutung des Terminus erfolgt, wird sodann eine institutionelle – die kulturell-sprachliche Dimension der Übersetzungsarbeit tendenziell ausschließende – Perspektive auf die Wirkmächtigkeit von Veränderungen für die organisationale Praxis der Selbstdarstellung als Reflexionsrahmung vorgegeben und zum Kriterium der Entscheidung gemacht. Das Ergebnis ist letztlich eine vorläufige Reformulierung des Texts, die einen weiteren Bearbeitungszyklus (mit den Verantwortlichen) vorsieht und eine endgültige Entscheidung aufschiebt. Die Besprechung vollzieht sich als gegenstandsbezogene Erarbeitung einer Vorentscheidung. Folgt man den Überlegungen von Dohmke, die Besprechungen als organisationale Entscheidungskommunikation (vgl. Dohmke 2006 sowie Abschnitt 4.3) bestimmt, können die Unabgeschlossenheit des Konzeptionsprozesses und der Bedarf des deutschen Büros an Regelungen als Ausgangspunkt der Entscheidungsfindung definiert werden (vgl. Dohmke 2006, S. 234f.). Diese erfolgt als kooperative Suche nach einer Lösung einer als Formulierungsunklarheit gerahmten Problematik entlang eines gemeinsamen Tertiums. Bezüglich der Entscheidungskommunikation bestimmt zunächst das Orientierungsmuster moderiert-partizipativer Aushandlung die Besprechungspraxis, die im „Raum" verbleibt und sich in allen Anwesenden einsehbare Satzstücke vertieft und potentiell eine Beteiligung nicht nur ermöglicht, sondern einfordert. Die Gelegenheit der Vorbereitung auf die Diskussion anhand des zuvor allen zugegangenen Konzepts, die am Text orientierte Übersetzungsarbeit und die sich bottom-up konstituierende Aufforderung an der Diskussion teilzuhaben, sowie auch das Dokumentieren von Diskussionsbeiträgen am Flipchart sind als wiederkehrende Elemente dieses Orientierungsmusters zu benennen. Eine Änderung der Besprechungspraxis erfolgt durch intervenierende Verweise der – bisher unbeteiligten – Leitungsebene auf bestehende Zielbeschreibungen und auf sprachliche Übersetzungsnotwendigkeiten. Die Intervention und deren Auswirkung auf die Konstitution der Besprechung korrespondiert mit der Konfiguration des Besprechungsraums, in der neben einem moderativ-partizipativen und kreisförmigen auch ein auf die frontale Position der Leitung fokussiertes Besprechungssetting angelegt ist (vgl. Abschnitt 6.3.1). Mit der Veränderung des räumlichen Settings von einer Kreis- zu einer Bühnenstruktur geht eine Auflösung der partizipativen Referenznahme der Mitarbeitenden untereinander mit einer Bezugnahme auf außerhalb des Raums liegende nicht sichtbare Gegenstände und Positionen einher. Die inhaltlich formal-legitimatorische Intervention rahmt die bisher textbezogene Entscheidungsfindung als grundsätzlich. Die Perspektive bestehender und der Öffentlichkeit gegenüber präsentierter organisationaler Ziel- und Zweckbeschreibungen bettet die Diskussion in einen legitimatorischen Zusammenhang. Kriterium der Entscheidung wird damit nicht nur eine programmatisch-umsetzbare und didaktisch-korrekte Formulierung, sondern der Erhalt der Konformität einer Außendarstellung. Der Lösungsversuch besteht darin, den internen Konflikt durch den Verweis auf eine bestehende und funktionierende Fassade zu reduzieren (vgl. Kühl 2011, S. 143). Die ebenfalls eingeforderte Berücksichtigung deutsch-tschechischer Passung und der damit einhergehende Versuch eines deutsch-tschechisch paritätischen Besprechungsverlaufs wird dadurch dethematisiert.

Mit der top-down eingeleiteten Veränderung des Besprechungsrahmens ändert sich die Praxis der Verhandlung grundlegend. Sie ist nun akteursbezogen und monologisch und wirkt dem vorangegangenen Muster entgegen. So werden Versuche einer Fortsetzung des bis dahin praktizierten dialogischen Miteinanders verhindert. Der dialogisch-partizipativen Suche nach einer pädagogisch-vertretbaren Formulierung als die unmittelbar gegenstandsbezogene Bearbeitung von Satzstücken und als nach innen gerichteter Vorgang der Vergewisserung und Vergegenwärtigung pädagogisch-didaktischer Grundsätze der Organisation grenzüberschreitender Verständigung werden formal-legitimatorische Argumentationsfiguren der Bewahrung einheitlicher Ziel- und Programmformulierungen entgegengesetzt. Der Anspruch und die Notwendigkeit einer einheitlichen Darstellungspraxis geben einen neuen Rahmen vor und verweisen auf einen Präsentationszwang der (Fach-) Öffentlichkeit gegenüber. In der hier erkennbaren Erarbeitung eines Umgangs der Organisationsmitglieder mit einer programmbezogenen Problemstellung zeigen sich in den zwei unterschiedlichen Orientierungsmustern der Kooperationspraxis doch Ähnlichkeiten. So folgen beide Muster einer repräsentativen Logik. Im ersten Muster geschieht dies implizit in der Verknüpfung der Beanstandung unklarer Formulierungen mit der wir-bezogenen Frage des Umgangs damit, im zweiten Muster erfolgt ein Identitätsbezug explizit in der Markierung einer bestehenden zu berücksichtigenden Außendarstellung. Bezüglich beider Muster deutet sich zudem an, dass für den Prozess der Reproduktion organisationaler Kooperation Hierarchien eine bedeutende Rolle spielen (vgl. Türk 1995 sowie Abschnitt 2.2.1). Während bei einer moderiert-partizipativen Besprechungsorganisation die Hierarchie in Form wechselnder Moderation Verhandlungssache ist, reproduziert die Besprechungsorganisation im Sinne der formal-legitimatorischen Orientierung das klassische Hierarchieverhältnis zwischen Vorgesetzten und Mitarbeitenden.

Im Kontext der Relevanz einer repräsentativen Rahmung der Besprechung lässt die Bearbeitung des Konzeptentwurfs auch einen spezifischen Umgang mit sprachlichen und kulturellen Übersetzungsanforderungen erkennen, die sich zuvorderst nicht über kulturelle als vielmehr über bürobezogene Differenzverhältnisse ergeben. Zunächst kann konstatiert werden, dass, obwohl deutlich mehr tschechische MuttersprachlerInnen an der Diskussion teilnehmen, sich die gesamte Besprechung entlang eines deutschsprachigen Texts und ausschließlich in deutscher Sprache vollzieht. Während im Vollzug des dialogischen Besprechungsmusters die Begriffssuche noch auf tschechische Übersetzbarkeit geprüft wird, wird im Rahmen des darstellungsbezogenen Musters die Einbeziehung der tschechischen Perspektive trivialisiert. Der Vorschlag des tschechischen Leiters, bei der Formulierung des Entwurfs bestehende tschechische Versionen zu berücksichtigen, wird nicht in den Prozess der Entscheidungsfindung aufgenommen – im Weiteren aber auch nicht vehement eingefordert. Die Übersetzung des Entwurfs in eine fertige Konzeption vernachlässigt ohne Zweifel die sprachliche Ebene und verbleibt im Deutschen. An dieser Stelle zeigt sich das im Flyertext und im Interview mit LUKÁŠ erkennbar gewordene bürospezifische Differenzverhältnis in der Praxis. Die Fertigstellung eines pädagogischen Konzepts wird maßgeblich von der deutschen Büroseite vorangetrieben. Die Diskussion um terminologische Platzierungen berücksichtigt dabei kaum die tschechische Seite sowie sich diese auch nicht nennenswert einbringt. So kann zwar konstatiert werden, dass der Umgang mit sprachlichen Übersetzungsanforderungen über eine Nicht-Verwendung tschechischer Schriftstücke erfolgt und damit einer zusätzlichen Problematik sprachlicher Verständigung und Übersetzung vorgebeugt wird, indem man im Deutschen verbleibt. Das entscheidende Übersetzungsverhältnis konstituiert sich jedoch nicht entlang kultureller oder sprachlicher Differenzen, sondern entlang einer Bürodifferenz und einem dort jeweils unterschiedlich hohen Interesse am Grad der Formalisierung des Konzepts *Sprachspaß*. Die formale Ausrichtung als deutsche Menatalität und die pragmatische Ausrichtung als tschechische Mentalität zu charakterisieren und darin ein kulturelles Differenzverhältnis zu sehen, würde zwar gängigen Kulturstandardisierungen entsprechen (vgl. Schroll-Machl und Novy 2008), trifft aber nicht zu. Denn an der Diskussion beteiligen sich deutlich mehr tschechische als deutsche Mitarbeitende, sodass das Differenzverhältnis weniger als kulturelles, sondern vielmehr als bürospezifisches identifiziert werden kann. Die sich hier konstituierende Differenz gründet auf einer stärker formalisierten Leitungspraxis im deutschen Büro und kann dabei vor allem auf die unterschiedliche institutionelle Einbettung der beiden Büros und auf die daraus resultierenden Büroselbstverständnisse (vgl. Abschnitt 6.2.1) und den unterschiedlichen Grad an eingeforderter Formalität durch Prinzipale zurückgeführt werden. So lässt sich die Differenz *Pragmatik versus Formalität* nicht mit einem grundsätzlichen Mentalitätsunterschied erklären, sondern beruht letztendlich auf büro-differenten Praktiken der Legitimation. Eine machtsensible Betrachtung des moderativ-partizipativen und des formal-legitimatorischen Praxismusters zeigt dennoch ein deutliches Hierarchieverhältnis an, welches sich in beiden Praxismustern durch deren repräsentative Rahmung der deutschen Büroseite und durch eine prinzipielle Vernachlässigung des pragmatischen Interesses der tschechischen Büroseite äußert.

Dass es sich bei der Verschränkung der moderiert-partizipativen und formal-legitimatorischen Orientierung um eine wiederkehrende Musterförmigkeit der Besprechungspraxis bzw. Entscheidungskommunikation handelt, lässt sich anhand der Bearbeitung des zweiten zentralen Widerspruchs – ob *Sprachspaß* Sprachvermittlung oder Kulturvermittlung leistet – bestätigen. Dieses Dilemma wird in derselben Diskussion zu einem späteren Zeitpunkt thematisiert:

RENATA: ähm (1) habt ihr etwas zum zweiten oder dritten Absatz? (2) beim vierten okay
KERSTIN: └ °vierter°
RENATA: vierter Absatz zweite Zeile äh Kultur. Ähm, da wird gleich ((liest vor)) *Sprachspaß* dient nicht nur der Vermittlung der Sprache, sondern auch der Kultur des Nachbarlandes (.) ich glaube hier beim=ersten Mal und dann immer wieder im fünften Absatz (.) zieht es sich ähm äh (.) durch die ähm durch das Papier durch das Dokument dass wir des nicht näher beschreiben (.) wir nennen immer wieder die Annährung an die Kultur ohne **ein** einziges konkretes Beispiel dafür zu nennen (.) was wir damit meinen und würde, vielleicht nicht in diesem Absatz, aber irgendwo muss man's erklären. °oder an einem Beispiel° nennen. Wenn wir des nicht allgemein definieren können, denn des ist wirklich schwierig glaub ich. Aber wir können es mit Beispielen einmal versuchen. Nicht hier, aber irgendwo in dem Dokument (2)
LENKA: nein.
ELIŠKA: °nee°
TRAUTNER: können wir nicht? wenn wir hier überhaupt keine Verständigung haben weder innerhalb der ähm, beiden Büros (.) °für Csky Pramen weiss ichs nicht ° noch zwischen beiden Büros was wir zum Beispiel unter interkulturellem Lernen unter interkultureller Kompetenz ja und oder was, was
RENATA: └ nochmal n=andren Begriff.
TRAUTNER: und (.) ja oder was wir unter, ähm,
RENATA: └ des war der dritte Begriff
TRAUTNER: äh des is mir jetzt egal (.) Kommunikation (.) interkulturelle Kommunikationen.
RENATA: └ genau Handlungskompetenz wurde bei *TRETBOOT* auch schon verwendet
TRAUTNER: └ **die Begriffe** werden synonym verw- ja synonym ist jetzt wahrscheinlich falsch (.) aber die werden beliebig verwendet ähm um was vermutetes in so nem Feld auszudrücken (.) es ist aber nicht klar was damit gemeint ist? (.) das ist ein Punkt der Definition eher °da möchte ich dann heute Nachmittag was dazu sagen° aber wenn wir hier ähm, wenn wir hier schon sind also wenn wir diesen Anspruch formulieren (.) übrigens schon wieder **Ver**mittlung der Sprache ähm (.) dass wir mit *Sprachspaß* die Kultur vermitteln (.) weiß ich nicht (.)ob wir da nicht ein bisschen zu hoch greift (.) also ähm (5) ich würde das infrage stellen **(TRET M 01).**

Nun in der Funktion der Moderatorin wird der nächste zu diskutierende Punkt von RENATA unter genauer Zeilenangabe ins Feld geführt. Sie bemängelt, dass hier von *Sprachspaß* als Kulturvermittlung gesprochen wird, dass sich dieses durch den gesamten Text zieht, aber an keiner Stelle beispielhaft veranschaulicht wird. In der Wiederholung der spezifischen Bezugnahme zum vorliegenden Gegenstand, in der wiederholten Aufführung eines hierarchiebezogenen Besprechungsmodus und in der wiederholt repräsentativen Rahmung der Diskussion („was wir damit meinen", „irgendwo muss man's erklären.") wirkt das Orientierungsmuster einer gegenstandsbezogen moderiert-partizipativen Praxis. Ein Perspektivenwechsel erfolgt hier wiederum durch die Intervention des Leiters, der mit der Behauptung, dass aufgrund von nicht vorhandener Verständigung zwischen beiden Büros bezüglich eines gemeinsamen Verständnisses von interkulturellem Lernen und interkultureller Kompetenz gar keine Bestimmung von „*Sprachspaß* als Kulturvermittlung" möglich ist, den unmittelbaren Gegenstandsbezug aufhebt und eine grundsätzliche Diskussionsnotwendigkeit thematisiert. In ähnlicher Form wie zuvor bewirkt die Intervention des Leiters den Abbruch bzw. die Verhinderung des moderiert-partizipativen Modus der Besprechung. Einer gegenstandsbezogenen Bearbeitung des thematisierten Widerspruchs, der in diesem Fall nicht durch Reformulierung, sondern über Veranschaulichung und Konkretisierung gelöst werden soll – so der Vorschlag der Mitarbeiterin –, wird eine Perspektive gegenüber gestellt, die von der Betrachtung des Gegenstands zwar inspiriert ist, aber losgelöst vom gemeinsamen Tertium der Besprechung grundsätzlich die gemeinsame Praxis grenzüberschreitender Kooperation infrage stellt. In Betrachtung dieser Sequenz bestätigt sich nicht nur die Wirkmächtigkeit zweier Orientierungsmuster für die Entscheidungskommunikation des *Kontaktzentrum TRETBOOT*, die – zwar in unterschiedlicher Weise – einer von deutscher Seite eingeforderten repräsentativen Logik folgen, sondern es bestätigt sich damit einhergehend auch, dass dies zu Lasten einer paritätisch-grenzüberschreitenden Kooperation geht. Denn die inhaltsbezogene Feststellung eines fehlenden einheitlichen Verständnisses von interkultureller Kommunikation bewahrheitet sich vor dem Hintergrund der oben gezeigten Trivialisierung sprachlicher und bürobezogener Übersetzungsverhältnisse in der Praxis der Kooperation selbst.

Unabgeschlossenheit als Anlass und Medium organisationalen Identitätslernens

Die Produktgenese der *Konzeption Sprachspaß* resümierend, kann konstatiert werden, dass die hier erfolgte Entscheidungskommunikation als ein beständig unabgeschlossener bzw. nur situativ abgeschlossener Vorgang verläuft. Die getroffenen Entscheidungen decken den unmittelbaren Bedarf an Regelungen, sind aber nicht endgültig. Vielmehr bilden sie Anknüpfungspunkte für weitere Besprechungen oder Entscheidungskommunikationen (vgl. Dohmke 2006, S. 237). So dient die Besprechung nicht nur der Produktion von Entscheidungen, sondern vor allem der Reproduktion einer organisationskulturellen Praxis der Entscheidung (vgl. Schwartzman 1993). Im Fall des *Kontaktzentrum TRETBOOT* gibt die Unabgeschlossenheit der Entscheidungskommunikation fortwährend Anlass an der organisationalen Identität zu arbeiten. In Bezug auf die Genese und Erarbeitung der *Konzeption deutsch-tschechischer Sprachspaß* formiert sich die organisationale Praxis der Identität im Wechselspiel partizipativer und formal-legimatorischer Orientierungen: Erstere folgt dabei einer erfahrungs- und praxisbezogenen Logik. Dies zeigt sich etwa in der adaptiven Kreation der Idee, „etwas spielerisches mit Sprache zu machen" sowie in dem moderiert-partizipativen Modus der Besprechung. Die zweite Orientierung folgt einer statusbezogenen Logik, die entsprechend einem formal-legitimatorischen Interesse eine Formalisierung der bisher kreativen und spielerischen Erarbeitung der *Konzeption Sprachspaß* mit einer ökonomisch motivierten Praxis der Repräsentation verbindet. So fungiert die *Konzeption Sprachspaß* als Gegenstand, an dem das organisationale Selbstverständnis bearbeitet wird. Sowohl die Diskrepanz unterschiedlicher Orientierungen in der Kooperation als auch die spielerische Interaktionspraxis gehen in diesen Vorgang ein. Die beständige Unabgeschlossenheit der Verständigung über das Produkt *Sprachspaß*, die darin hegemoniale Positionierung von *TRETBOOT Sonnenberg* sowie die Nichtbeteiligung von *TRETBOOT Český Pramen* an der Formalisierungsarbeit bergen allerdings die Gefahr einer sprachlich und bürobezogen einseitigen Bearbeitung artikulierter Perspektiven.

6.6.3 Verwendung und Verwendungskontexte der Methode *Sprachspaß*

Anhand von Szenen aus unterschiedlichen Veranstaltungskontexten kann gezeigt werden, dass die *Methode Sprachspaß* in einem Fall als Medium der Akquisition von SeminarteilnehmerInnen sowie als Medium der organisationalen Öffentlichkeitsarbeit (Abschnitt 6.6.3.1), im anderen Fall als Medium einer strategischen Praxis der Repräsentation des *Kontaktzentrum TRETBOOT* als *Grenzüberschreitung-Könnende Organisation* (Abschnitt 6.6.3.2) wirkt.

6.6.3.1 *Sprachspaß* als Werbung. Ein Praxismuster der sprachspielerischen Öffentlichkeitsarbeit

Als Medium der Selbstdarstellung und zur Bewerbung von Fortbildungsseminaren begegnet mir die *Sprachspaß*praxis im Kontext meiner Teilnahme an der Jahresklausur 2009, die in einer Jugendherberge im bayerischen Wald stattfindet (vgl. Abschnitt 6.4.3). Der Ort folgenden Geschehens ist „die Kneipe", eine kleine wirtshausmäßig eingerichtete Gaststube, die den BetreuerInnen von Jugendgruppen und Klassen für gewöhnlich als abendliches Refugium dient. In dieser schüler- und jugendfreien Zone darf geraucht und Akoholika getrunken werden. Von den Mitarbeitenden des *Kontaktzentrum TRETBOOT* wird diese Betreuerstube als „die Kneipe" bezeichnet. Während das abendliche Spielprogramm in den gemieteten Seminar- und Gruppenräumen stattfindet, treffen sich einige der MitarbeiterInnen immer wieder hier, sitzen zusammen und unterhalten sich bei einem Gläschen Bier. Während der Jahresklausur 2009 ist in derselben Jugendherberge eine bayerische Schulklasse untergebracht. Mehrere Lehrkräfte der Klasse versammeln sich nach 21:00 Uhr in der „Kneipe". SEPP sowie mein Kollege Christoph Marx und ich sind auch anwesend.

Szene *„In der Kneipe"*

Die „Kneipe" ist ein länglicher Raum, in dessen hinteren Teil eine Bar und Kühlschränke stehen. Neben einigen Barhockern, die wahllos im Raum herumstehen, gibt es im vorderen Bereich einen größeren Tisch. Das große gelbliche Licht einer mittig angebrachten Lampe, die Eckbank und die „typische" bayerische Gasthofbestuhlung verleihen dem Eck Stammtischatmosphäre. Der Raum ist in Rauch gehüllt und um den Tisch sitzen neben mir ein pädagogischer Mitarbeiter und eine pädagogische Mitarbeiterin von TRETBOOT, mein Kollege Christoph Marx und zwei Lehrkräfte der Schulklasse. Ich bin in eine Unterhaltung über dies und jenes mit meinem Kollegen und dem Mitarbeiter SEPP vertieft. Unser Gespräch wird durch das Aufgehen der Tür und die Ankunft eines etwas älteren Manns im Jogginganzug unterbrochen. „Bin i widder do" murmelt der Ankommende mit Blick auf den Tisch und zu SEPP gewandt. Ich vermute, dass SEPP und jener Mann [wie sich im Verlauf der folgenden Unterredung herausstellt, eine weitere Lehrkraft der Schulklasse] vor unserer Ankunft bereits hier saßen. SEPP erwidert die Ankunft des Mannes mit einem schelmischen Grinsen, unterbricht die Unterhaltung mit mir und scheint ganz auf den Lehrer fixiert. Dieser lässt sich auf einen der gepolsterten Stühle fallen und sucht mit den Augen den Tisch ab. Nach einem kurzen Moment des Zögerns greift er zu einem halbleeren Weizenglas, welches von einem TRETBOOT-Seminarflyer halb verdeckt ist: „Is des mois" fragt er unbestimmt. Er nimmt den Flyer und betrachtet ihn schweigend. Bevor er ihn richtig anschauen kann, platzt es aus SEPP heraus. Mit ausgestreckter Hand auf den Flyer deutend, ruft er über den Tisch: „I hobb dir amol an fleiär von uns mietbracht". SEPP, zuvor mit mir fast hochdeutsch gesprochen, fällt in tiefes Niederbayerisch und spricht den Lehrer direkt auf das im Flyer offensichtlich angekündigte Seminar an. Er fragt diesen, ob seine Schule eine tschechische Partnerschule hat. Als der Lehrer seinen Kopf schüttelt und seinen Blick wieder auf den Flyer in seinen Händen richtet, rückt SEPP sein Bier ein wenig zu Seite und stützt sich mit den Ellenbogen auf den Tisch. Er beugt sich nach vorne Richtung Lehrer und beginnt für das auf dem Flyer angekündigte Kontaktseminar zu werben. **(TRET SB 02)**

Zu Beginn dieser Szene wird zunächst erkennbar, wie der Mitarbeiter SEPP die zufällige Begegnung mit einem Lehrer nutzt, um informell für das *Kontaktzentrum TRETBOOT* zu werben. Über einen hintrappierten Flyer, der dem Gegenüber in die Hand fallen muss – will dieser sein Bier trinken – beginnt er ein Gespräch über die Arbeit von *TRETBOOT*. Die Praxis des In-Kontakt-Tretens bzw. -Bleibens (vermutlich hatten die beiden vor meiner Ankunft schon miteinander gesprochen) erfolgt über einen Gegenstand und über die Anpassung an den Dialekt des auserwählten Gegenüber. Bei dem Gegenstand handelt es sich um einen Seminarflyer des *Schulischen Bereichs*, in dem ein bald stattfindendes Kontaktseminar, ein Veranstaltungsformat für interessierte Schulen zum Aufbau einer Schulpartnerschaft, angekündigt wird. Der Flyer wird zunächst zweckentfremdet genutzt, um ein Bierglas zu verstecken. Die Suche des Lehrers nach seinem Getränk verbindet sich mit einer Fokussierung des Flyers. Interessant erscheint dies deshalb, weil der Mitarbeiter SEPP den Flyer nicht – wie man es bei diesem Medium erwarten würde – überreicht, sondern diesen „verspielt" nutzt und den eigentlichen Zweck des Zusammensitzens irritiert bzw. für eigene Interessen nutzt. Denn dies – und auch das Aufgreifen des niederbayerischen Dialekts – passt den Vorgang des Ins-Spiel-Bringens einer beruflichen Werbeangelegenheit an das Umfeld und die Stammtischatmosphäre an. Im Anschluss an Goffman ließe sich hier von einer bewussten Herbeiführung einer zentrierten Interaktion sprechen. Die Kontaktaufnahme erfolgt dabei nicht direkt, sondern als „Umgehung" (Goffman 1971, S. 136) über einen Gegenstand. Um ins Gespräch über ein nicht-übliches Stammtischthema zu kommen, wird ein Trick angewandt, der zwar einen Bruch der üblichen Kommunikationsregeln bedeutet, sich aber noch im Rahmen des Möglichen bewegt. Die grundsätzlichen Regeln des Zusammensitzens und Trinkens werden nicht infrage gestellt und auch die Anteilnahme aller Anwesenden bleibt gewährleistet. Der Gegenstand, an dem SEPP in Folge das Gespräch entfacht, ist ein Flyer, der ein Kontaktseminar ankündigt, an dem sich Schulen, die im Nachbarland ein Partnerschule suchen, anmelden können.

Anfänglich noch interessiert, dann zunehmend überfordert von all den Informationen wiegelt der Lehrer letztlich ab, in dem er auf seine Chefin verweist, die seines Erachtens kein Interesse hat und auch nicht Tschechisch spricht. Während er dies sagt, faltet er den Flyer und steckt diesen in die Seitentasche seiner Jogginghose. Er nimmt sein Weizenglas, prostet seinen beiden amüsiert wirkenden Kollegen zu und nimmt einen großen Schluck. Nach kurzer Pause des Schweigens fügt er nochmals hinzu, dass Tschechisch eine „sauschwäre Sproche" sei. Als hätte SEPP darauf gewartet, fragt er, scheinbar ohne auf das Argument des Lehrers einzugehen, welches Fernsehprogramm er auf Kanal Sieben eingespeichert hat. Der Lehrer antwortet verwundert, er hätte keinen Fernseher. Nach kurzem Überlegen sagt er dann: „Prosiebn!" SEPP klopft mit der flachen Hand auf den Tisch und gratuliert dem Lehrer zu seinem ersten tschechischen Wort: „Sie hoam grad tschechisch gsprucha – Prosim hoaßt Bitte". Der Lehrer schaut etwas verwirrt in die Runde und greift dann zu seinen Zigaretten. Seine Kollegen lachen und trinken. Dann fordert SEPP den Lehrer auf, die Worte „Ananas", „Tomate" und „Radi" [niederbayerisch für Rettich] hintereinander zu sagen. Der Lehrer lässt sich darauf ein und sagt laut: „AnanasTomateradi!" SEPP lehnt sich schnell vor und zurück und legt die flache Hand auf den Tisch und beglückwünscht den Lehrer abermals für seinen ersten tschechischen Satz. „A na nás to máte rádi", erklärt SEPP, heißt auf tschechisch: „Und an uns mögt ihr das." Dann erläutert er, das ist „Gemüsetschechisch". Der Tisch lacht. Auch der Lehrer wirkt nun sehr belustigt und interessiert, gibt jedoch zu bedenken, dass dies ja nicht ausreicht ,um mit einem Tschechen zu kommunizieren. Er erzählt von einem Beispiel eines tschechischen Austauschschülers, der kein Deutsch konnte und mit dem er sich nicht unterhalten konnte, obwohl er ihn sympathisch fand. SEPP erwidert, dass TRETBOOT genau dafür da ist, diese Probleme zu lösen. Dabei deutet er auf den Flyer. **(TRET SB 02)**

Das Abwiegeln des Lehrers und die Beendigung des Gesprächs mit dem Verweis auf fehlende Entscheidungskompetenz zeigt sich auch körperlich-räumlich: Der Lehrer faltet den Flyer, steckt diesen Weg und wendet sich seinen Kollegen zu. Der fast entschuldigende Hinweis auf die Komplexität der tschechischen Sprache markiert dann aber den Anfang des dramaturgischen Höhepunkts der Szene. SEPP verwickelt seinen Gegenüber in deutsch-tschechische *Sprachspaß*spiele. In einem Modus des Sprüche-Klopfens, der besser zur Kneipenfunktion des sozialen Zusammenseins passt – dies zeigt sich in der Verdichtung der Interaktion sowie auch in der zunehmenden Belustigung der Zuschauer –, dient *Sprachspaß* hier als Medium des Werbens. In der sprachspielerischen Verstrickung des Gegenübers wird jedoch auch erkennbar, auf welche Art *Sprachspaß* arbeitet. So könnten diese Wortspiele als Beispiel für das Ziel „Sprechhemungen abbauen" (TRET D 06; vgl.

Abschnitt 6.6.1) angeführt werden. Vordergründig findet *Sprachspaß* in diesem Kontext in einer selbstreferentiellen Werbefunktion Verwendung. Beworben wird die organisationseigene Expertise im Umgang mit der sprachlichen Komplexität. Die spielerische Interaktion mit Sprache ist – wie in Abschnitt 6.6.2 gezeigt – ein bewusster Umgang mit dem sprachlichen Nicht-Verstehen des Gegenübers, für das sich *TRETBOOT* Vermittlungskompetenz zuschreibt. In diesem Fall hat es die Funktion zu werben, aber auch im Spiel das Wissen und Können der Organisation zu zeigen, wie grenzüberschreitende Verständigung organisiert werden kann. Bei diesem Vorgang des Bewerbens handelt es sich um eine wiederkehrende Praxis, die sehr eng an die bilinguale Expertise des Mitarbeiters SEPP gebunden ist, die aber organisational wirkt. Dies kann an folgendem Befund konkretisiert werden:

Eine Episode aus dem Interview mit SEPP gibt eine Erzählung wieder, die als „Geschichte" in der Organisation kursiert und immer wieder erzählt wird. Sie bestätigt die sprachanimative Praxis der Verstrickung des Gegenübers zu Werbezwecken. Als materielle Erinnerungsspur für diese Organisationsgeschichte dient ein Photo auf der Innenseite eines häufig verkauften Sprachführers der Organisation. Auf dem Bild sind Herr TRAUTNER und die Kanzlerin der Bundesrepublik Deutschland vor dem Hintergrund eines Messebetriebs zu sehen. Um folgende Geschichte handelt es sich: Der Ausstellungsstand von *TRETBOOT* auf einer europaweiten Messe zur internationalen Jugendarbeit in Berlin wird von der Bundeskanzlerin besucht. Die Aufregung aller Beteiligten ist groß. Die Ankunft und der erste Teil des Besuchs der Bundeskanzlerin wird in den Erzählungen als sehr förmlich beschrieben. Als diese sich nach einigem „repräsentativen Geplauder" wieder verabschieden will, ereignet sich nach SEPPs Worten folgendes:

> sag ich [SEPP] Momend Frau, Merkel (.) noch ne Frage an sie: und sie drehd sich um (.) Herr TRAUTNER dreht sich auch zu um mir (.) sag ich? ja sie waren doch n halbes Jahr in Prag (.) da ich hab mal ne Aufgabä für sie: (.) hatten wir den Texd (.) keine Angst vor der tschchisn Schrifd? auf din a drei hochgezogn der hing bei uns die ganz Zeit am Stand (.) ob sie es mal vorlesen könnte. (.) und hinter ihr also einige tausend Leute (.) also weiß nich fünf sechs Kamerateams die ganzen Bodyguards und SEK und alles dabei [...] sie liest den Text vor (.) hab ich ihr gratuliert hab n Sprachführer geschenkt für die Mühe? **(TRET I 03).**

Der Höhepunkt der Erzählung ist dann, dass der wiederholte Versuch von Frau Merkel zu gehen von SEPP wiederum aufgehalten wird, indem er darum bittet, den kleinen Sprachführer für das deutsche Büro, für das tschechische Büro, für sich und schließlich auch für seine Frau zu unterzeichnen. Dieser Moment der Signierung und der lächelnden Angela Merkel ziert von da an als Photo die Innenseite des

Deckblatts neuerer Auflagen des Sprachführers. Ein Bild, das geradezu auffordert zu fragen, was es damit auf sich hat.

Weniger direkt und weniger aufdringlich als in der Kneipenszene zeigt sich auch hier eine Praxis der Selbstdarstellung, die die Kunst, mit der Sprache kreativ umzugehen, zum gemeinsamen Bezugspunkt der Aufmerksamkeit werden lässt. Sowohl bei der Szene als auch in der Episode handelt es sich vordergründig um das Praxismuster eines individuellen Akteurs. Die Tatsache aber, dass diese individuelle Praxis von einem Mitarbeiter Gegenstand von gerne erzählten Geschichten in der Organisation ist und in einem Photo an zentraler Stelle jederzeit sichtbar ist, verweist auf eine organisationale Relevanz. Insofern erscheint der individuelle Akteur als Agent organisationalen Lernens, indem die Organisation die individuelle Praxis zu Repräsentationszwecken nutzt und tradiert (vgl. Friedman 2001):[125] Bezüglich einer – vornehmlich an die Expertise eines Akteurs gebundenen – sprachspielerischen Praxis der Selbstdarstellung und des Bewerbens der Arbeit des *Kontaktzentrum TRETBOOT* werden materielle Erinnerungsspuren geschaffen, die Anlass zur Wiedergabe der Geschichte geben. Auf diese Weise wird die akteursbezogene Expertise honoriert, aber auch Bestandteil des organisationalen Gedächtnisses (vgl. Nonaka und Takeuchi 1997). So wirkt sie etwa als gemeinsamer Bezugspunkt der Selbstvergewisserung und der vielseitigen Einsetzbarkeit des Konzepts *Sprachspaß*. Aus organisationspädagogischer Perspektive ist nun von Interesse, dass die spezifisch spielerische Praxis eines Mitarbeitenden im Umgang mit Öffentlichkeit auf dieser Weise organisational tradiert wird. Insofern handelt es sich in der konkreten Aufführung von Sprachspielkompetenz nicht um ein organisationales Muster, wohl aber in seiner Verwendung und Verwertung. Die Materialisierung dieser Episode in einem Bild, das wiederholte Erzählen der Geschichte und die damit verbundene implizite Aufforderung und Erlaubnis an den Mitarbeiter, diesen Stil zu pflegen – wie stellvertretend an der Kneipenszene gezeigt werden konnte –, tradiert eine akteursbezogene Expertise organisational, in dem diese über Raum und Zeit hinweg objektiviert (Bild) und in die organisationale Praxis (Geschichte erzählen) eingebunden wird (vgl. Giddens 1997 sowie Abschnitt 2.2.1).

125 Letztlich handelt es sich bei der Vorstellung des lernenden organisationalen Akteurs, der seine Lernprozess und seine Lernleistung in den Dienst der Organisation stellt, um eine alte und oftmals bemühte organisationstheoretische Figur (vgl. Argyris und Schön 1999; March und Olsen 1975) Der Organisationswissenschaftler Victor Friedman (2001) hat in einem Aufsatz mit Titel „The individual as agent of Orgnizational Learning" gegenüber diesen Positionen eine kritische Perspektive eingenommen, die aufzeigt, dass Organisationen die Agenten ihres Lernens oftmals wenig wertschätzen und unterstützen.

6.6.3.2 *Sprachspaß* als Praxisstrategie zur Präsentation kreativer Grenzüberschreitung

Ein öffentlicher Anlass, auf dem die *Methode Sprachspaß* als organisationsspezifische Expertise der spielerischen Organisation grenzüberschreitender Verständigung präsentiert wird und mittels dieser Präsentation die Organisation ihr Selbstverständnis als *Grenzüberschreitung-Könnende Organisation* zum Ausdruck bringt, ist die 10-Jahresfeier des Programms *Grenzenlose Praktika*. Diese findet in der deutschen Botschaft in Prag statt und wichtige Personen aus Politik und Wirtschaft sind geladen. Nach einigen Eröffnungsworten, einer Laudatiorede und einer inhaltlichen Vorstellung des Arbeitsbereichs *Grenzenlose Praktika* wird, wie im Programm angekündigt, „*Deutsch-Tschechischer Sprachspaß* mit Alena Matusková" aufgeführt. Folgende Szenenfolge gibt diese wieder:

Szenenfolge Sprachspaß

Parallel zu den letzten Worten LUKÁŠ [dieser kündigte Sprachspaß als Programmpunkt an] erhebt sich ALENA in der hintersten Reihe. Sie hat eine Koffertasche in der Hand und steuert in gestelztem Gang auf dem Mittelkorridor nach vorne. Dabei schaut sie links und rechts ins Publikum und ruft: „ahoj – hallo – guten Tag – dobry den!" Ihr Auftritt wirkt clownsartig. ALENA stellt sich hinter das Mikrofon. Sie bemerkt, dass dieses zu hoch eingestellt ist und beginnt am Mikrofon rumzuwerkeln, dabei spricht sie deutsch und tschechisch, deutet auf das Mikrofon, blickt ins Plenum und artikuliert mit großen Lippenbewegungen das Wort „M-i-k-r-o-f-o-n" und ergänzt nach einer kurzen Pause, in dem sie ihren Blick fragend durch das Publikum schweifen lässt, dass das deutsch und tschechisch gleich ist. Mit einem aufgesetzten Lächeln bückt sie sich nun zu ihrer Tasche und holt eine Brille hervor, setzt sie sich auf und während sie mit beiden Händen auf ihre Brille deutet, artikuliert sie laut: „Brýle!" **(TRET SB 04)**

Die *Methode deutsch-tschechischer Sprachspaß* wird auf einer Bühne und mittels einer spielerischen Inszenierung des Umgangs mit deutsch-tschechischen Gegenständen und Vokabeln präsentiert. Zum einen wird in dieser Szene deutlich, dass auch die Praxis der Repräsentation auf dem spielerischen Prinzip basiert – dies soll gleich noch genauer fokussiert werden –, andererseits zeigt sich, wie *Sprachspaß* funktioniert. Der Auftritt von ALENA als clownsartige Inszenierung, das lustig-belehrende und immer wieder übertriebene Rollenspiel in Kontakt mit dem Publikum verbindet sich mit der spielerischen Präsentation von deutschen und tschechischen Worten und Übersetzungen. Hierfür werden zunächst durch eine schlichte Wiederholung der Worte auf Deutsch und Tschechisch, dann anhand des Gegenstands und schließlich in Kombination mit dem Aufzeigen von Buchstaben und Bildern den Zuschauern die Ähnlichkeiten deutscher und tschechischer Worte dargestellt. In starker Komplexitätsreduktion – so handelt es sich um einen kleinen Ausschnitt des Wortschatzes und Artikel werden nicht berücksichtigt – vermittelt sich hier, dass die beiden Sprachen viele semantische Ähnlichkeiten aufweisen. Die zentrale Arbeitsweise von *Sprachspaß* – den Sprachen in der spielerischen Interaktion zu begegnen – verdeutlicht sich in folgender Szene, die im Anschluss an obige Szene erfolgt:

ALENA kündigt ein Spiel an und ruft nach Freiwilligen. Es meldet sich keiner, sie guckt verwundert und enttäuscht, dann deutet sie in die dritte Reihe und ruft: „Da ein Freiwilliger". Sie geht ein paar Schritte auf den auserwählten Mann zu, reicht ihm die Hand und holt ihn in den Gang. Dann wendet sie sich wieder suchend den Publikumsreihen zu und wählt schnell fünf weitere Freiwillige aus, indem sie direkt auf die Leute zugeht und sie an der Hand nehmend oder durch eine Winkbewegung dazu auffordert, nach vorne zu gehen. Als letzte Person sucht ALENA mich aus. Alle Freiwilligen stehen nun vorne in einer Reihe. ALENA steht mit dem Rücken zum Publikum und erklärt uns, dass wir ein Spiel machen, bei dem wir einige wichtige Gegenstände kennenlernen werden. Sie benennt drei Gegenstände, die sie aus der Tasche geholt hat, mit ihrer deutschen und tschechischen Bezeichnung – „Schere – nůžky, Hammer – kladivo, Nadelkissen – jehelníček" und lässt uns alle Wörter laut wiederholen. Dann gibt sie Dreien von uns einen Gegenstand in die Hand. Ich habe die Schere in der Hand und das Spiel noch nicht verstanden, als sie uns auffordert, einen Kreis zu bilden. Als wir einen Kreis gebildet haben, sorgt ALENA dafür, dass immer abwechselnd eine Person mit Gegenstand neben einer Person ohne Gegenstand steht. Dann deutet sie auf die Personen ohne Gegenstände und teilt diesen immer den deutschen Begriff des beim rechten Nachbarn befindlichen Gegenstands zu. Auf diese Weise ergibt sich ein Kreis, in dem drei Personen einen Gegenstand in der Hand halten und drei Personen keinen und in dem den Personen mit Gegenstand der jeweils tschechische Begriff und den Personen ohne Gegenstand jeweils der deutsche Begriff des Gegenstands zugeteilt ist. Nachdem sie uns das Spiel erklärt hat, hält sie kurz inne, beugt sich dann zu ihrer Tasche und sucht etwas – einen kleinen Tennissoftball. Sie erklärt uns, dass es nun darum ginge, den Ball im Kreis herum einander zu zu werfen und immer das Wort des Werfenden in der anderen Sprache aufzunehmen und sein eigenes Wort bei der Weitergabe des Balls zu sagen. Unter dieser Vorgabe beginnen wir das Spiel, mein rechter Nebenmann wirft mir den Ball zu, indem er „Nadelkissen" sagt. Ich wiederhole auf tschechisch „jehelníček" und werfe meinem linken Nachbarn den Ball zu und rufe dabei: „Schere". **(TRET SB 04)**

Der spielerische Modus der Präsentation von *Sprachspaß* erweitert sich in dieser Szene grundlegend, da die Grenze zwischen Publikum und Bühne überschritten wird. Im Vordergrund steht nun nicht mehr das spielerische Vormachen, sondern das spielerische Mitwirken. *Sprachspaß* als Methode der grenzüberschreitenden Verständigung liegt grundsätzlich ein kreativer Umgang mit Grenzen zugrunde. Sowohl übliche Sprachgrenzen als auch relativ feste Raumgrenzen (Auditorium – Bühne) werden dekonstruiert und kreativ-spielerisch bearbeitet. Dabei können im Kontext dieser Veranstaltung die hier erkennbaren methodischen Prinzipien des spielerischen Aufbrechens binärer Logiken, auch hinsichtlich ihrer Relevanz für die Identitätspraxis des *Kontaktzentrum TRETBOOT,* befragt werden. So wird hier nicht nur eine organisationseigene Methode präsentiert, sondern auch ein organisationsspezifisches Wissen und Können aufgeführt. Durch die Integration dieser Einheit als „zentrale Methode" der Begegnungsarbeit in den Programmablauf der Feierlichkeiten zeigt sich die Organisation der Öffentlichkeit als eine, die grenzüberschreitende Verständigung kreativ organisiert. Im Vormachen und in der Möglichkeit einer Teilhabe an dieser kreativen Praxis der Grenzüberschreitung vergegenwärtigt sich das *Kontaktzentrum TRETBOOT* – und ebenso dem Umfeld – seine Expertise. In der Wiederholung der öffentlichen Aufführung des organisationalen Könnens tradiert sich eine Praxisstrategie der Präsentation kreativer Grenzüberschreitung.

6.7 Praxisstrategien und Praxismuster des *Kontaktzentrum TRETBOOT*

Im Fall des *Kontaktzentrum TRETBOOT* wird kulturelle, sprachliche und strukturelle Übersetzungsarbeit im Kontext eines bürospezifischen Differenzverhältnisses bezüglich des organisationalen Selbstverständnisses, im Kontext einer grenzmarkierenden und grenzüberwindenden spielerischen Praxis des Miteinanders sowie hinsichtlich der andauernden Bemühung zur Herstellung praktischer, symbolischer und räumlicher Parallelität und Parität notwendig. Im Hinblick auf die organisationale Identitätspraxis des *Kontaktzentrum TRETBOOT* können drei fallspezifische Bedingungen skizziert werden:

a. *Zwei Bürostandorte:* Eine erste fallspezifische Bedingung organisationalen Identitätslernens ergibt sich aus der Bilokalität der Organisation. Der doppelte Standort der Organisation und die jeweils eigene finanz- und trägerstrukturelle An- und Einbindung der beiden Büros in nationale Strukturen erklären nicht nur Unterschiede in Finanzierung und Aufgabengewichtung, sondern implizieren auch die Herausbildung unterschiedlicher organisationaler Selbstverständnisse (vgl. Abschnitt 6.2.1). Während sich *TRETBOOT Sonnenberg* als Regierungsorganisation versteht und die Multiplikatorenarbeit dementsprechend als Auftragsarbeit des Bundes erledigt, versteht sich *TRETBOOT Český Pramen* als gemeinnützige Organisation, die ihr Handeln am Wohl der Menschen ausrichtet. Begünstigt durch dieses strukturelle Differenzverhältnis wirken hinsichtlich der gesatzten „engen Kooperation" der beiden Büros unterschiedliche Orientierungen in der Praxis des alltäglichen Miteinander-Arbeitens. Eine formal-legitimatorische Orientierung des deutschen Büros, die auf Repräsentativität achtet, und eine pragmatische Orientierung des tschechischen Büros an Funktionalität sind dabei nicht kulturessentialitisch begründbar, sondern als Ergebnis nationalhistorisch gewachsener Strukturen und Praxen zu verstehen (vgl. Abschnitt 6.6.2).

b. *Bundes- bzw. republikweite Zuständigkeit*: Die ebenfalls im Gründungsmemorandum angelegte und in den Selbstbeschreibungen der Organisation oftmals reproduzierte überregionale Zuständigkeit markiert eine zweite Bedingung organisationalen Identitätslernens. Sie verweist auf eine multilokale und flexible Verortungspraxis der Organisation, die über Rekonfigurationen von Räumen zu eigenen Zwecken – etwa über die Installation von spezifischen Symboliken oder die Herstellung räumlicher Ordnungen – den Auftrag der Unterstützung deutsch- tschechischer Aktivitäten dem geographischen Grenzraum enthebt und exterritorialisiert (vgl. Abschnitt 6.3). Damit legitimiert die Organisation nicht nur ihren Auftrag, sondern demonstriert nach außen und vergegenwärtigt nach innen zugleich ihr Aktions- und Wirkungsfeld. In Verbindung mit dieser Verortungspraxis, die Räume nicht auf Dauer installiert, sondern *auf Zeit* umfunktioniert, ist auch eine Praxis der Konstitution von Besprechungs- und Vermittlungsorten zu sehen.

c. *Unterstützungsauftrag:* Der explizite Auftrag der Beratung und Förderung grenzüberschreitender Aktivitäten sowie der Weiterbildung bezüglich grenzüberschreitender Verständigung impliziert die Erwartung einer organisationalen Expertise der Grenzüberschreitung. Das Produzieren, Zeigen und Vermitteln dieser Expertise zum Zweck der Legitimation des organisationalen Auftrags und der organisationalen Funktion und der Akquisition von TeilnehmerInnen (vgl. Abschnitt 6.5 und 6.6.3) verbindet sich mit einer Praxis der Vergegenwärtigung und Vergewisserung, eine *Grenzüberschreitung-Könnende Organisation* zu sein (vgl. Abschnitt 6.4).

Im Kontext dieser Bedingungen können im Fall *Kontaktzentrum TRETBOOT* drei Praxisstrategien und sechs Praxismuster herausgearbeitet werden, die eine spezifische Identitätspraxis als grenzüberschreitende Einrichtung (re)produzieren. Diese sollen im Folgenden zusammengefasst werden:

Praxismuster der Produktion von Räumen des grenzüberschreitenden Dialogs (vgl. Abschnitt 6.3.2): Das Weiterbildungsangebot des *Kontaktzentrum TRETBOOT* wird nicht in einer eigenen Bildungsstätte umgesetzt. Hierfür werden bestehende Räume der Vermittlung (Seminarhäuser, Konferenzräume in Hotels etc.) angemietet und zu Räumen deutsch-tschechischer Grenzüberschreitung umkonfiguriert. Weniger bedeutsam ist hierbei die Produktion von architektonischen oder verdinglichten Materialisierungen auf Dauer, als vielmehr eine raumtransformierende Praxis, die bestehende Dinge im Raum, eigene Artefakte, Objekte und handelnde Personen auf bestimmte Weise platziert und den vorgefundenen Raum in einen deutsch-tschechischen Vermittlungsraum überführt. Dieser Praxis der Produktion von Dialogräumen liegt ein überindividuelles Praxismuster zugrunde. Ein zentrales Element dieses Musters ist die praktische Herstellung eines bilingualen Raums mittels der Installation einer portablen Dolmetschanlage sowie der Installation eines deutsch-tschechischen Informationstisches. Neben dieser sich in jedem Seminar wiederholenden Platzierung von Dingen ist als ein weiteres Element des Praxismusters die Herstellung einer kreisförmigen Sitzordnung zu nennen, anhand derer Partizipation und Dialog gewährleistet werden soll. Bezüglich des organisationalen Identitätslernens der Organisation ist dabei von Interesse, dass sich das Praxismuster der Produktion von Räumen des grenzüberschreitenden Dialogs mit einer symbolisch-materiellen Repräsentation von *TRETBOOT* als *Grenzüberschreitung-Könnende und -Vermittelnde Organisation* und mit einer Definition und Vergegenwärtigung des organisationalen Wirkungs- und Aktionsfelds verbindet.

Praxismuster der Herstellung eines kreisförmigen Kooperationsraums (vgl. Abschnitt 6.3.1): Ein bedeutsames und regelmäßig wiederkehrendes Moment der alltäglichen organisationalen Praxis des Miteinander-Arbeitens ist die Besprechung in großer Runde. Aufgrund organisationsstruktureller Gegebenheiten (zwei Bürostandorte, büroübergreifende-parallele Teamarbeit, vgl. Abschnitt 6.2 und 6.3) wird der Bedarf an Abstimmungs- und Entscheidungskommunikation über regelmäßige Besprechungen bearbeitet. Bezüglich der Organisation und Durchführung dieser Besprechungen zeigt sich eine musterförmige Praxis der Herstellung eines kreisförmigen Kooperationsraums. Der Raum der Besprechung wird in einem kollaborativen Vorgang so umgestaltet bzw. durch die Positionierung von Personen und Gegenständen so kreiert, dass eine Kreisförmigkeit garantiert ist. Das Praxismuster folgt dabei einer ausgeprägten Regelmäßigkeit: *Erstens setzen sich alle so, dass alle einander sehen können.* Dies wird nicht explizit eingefordert, sondern erfolgt als routinierter Vorgang. Zweitens konstituiert die routinenhafte Anordnung von Dingen und Personen einen polyzentrischen Raum. So gibt es mehrere mögliche Brennpunkte im Raum (gemeinsame Vorlage, Flipchart, wechselnde Moderation), auf die eine gemeinsame Aufmerksamkeit gelenkt werden kann.

Moderiert-partizipativ versus formal-legitimatorisch. Orientierungsmuster der Besprechungspraxis (vgl. Abschnitt 6.6.2.2): Die Analyse der Besprechungspraxis des *Kontaktzentrum TRETBOOT* verdeutlicht, dass sich die organisationale Entscheidungskommunikation entlang von zwei zentralen Orientierungen formiert. In Korrespondenz zur kreisförmigen Anordnung aller Beteiligten (s.o) wirkt zum einen ein moderiert-partizpatives Orientierungsmuster, dass sich in der Regel an einem gemeinsamen Gegenstand (Textvorlage) orientiert, sich bottom-up konstituiert und auf eine dialogischen Aushandlung ausgerichtet ist. Für die Entscheidungskommunikation ist zum anderen ein formal-legitimatorisches Orientierungsmuster bedeutsam, dass sich in der Regel top-down etabliert und auf formale (Zweck, Ziel) und legitimatorische Bedingungen (Konformiät, Repräsentativität) verweist. Während das Orientierungsmuster der moderiert-partizipativen Aushandlung einen gegenstandsbezogenen Fokus hat und eine dialogischen Lösung anstrebt, berücksichtigt das formal-legitimatorische Orientierungsmuster mögliche Konsequenzen der Entscheidungskommunikation und bettet diese in einen System-Umwelt-Zusammenhang. Beide Muster sind identitätsstiftend. Im ersten Muster wird eine nach innen gerichtete dialogische Kultur des Miteinander-Arbeitens reproduziert, im zweiten Muster die Notwendigkeit der Berücksichtigung einer konformen Außendarstellung vergegenwärtigt. Bei beiden Muster deutet sich zudem an, dass für den Prozess der Reproduktion organisationaler Praxis Hierarchien eine bedeutende Rolle spielen. Während bezüglich der moderiert-partizipativen Besprechungsorganisation die Hierarchie in Form wechselnder Moderation Verhandlungssache ist, reproduziert die Besprechungsorganisation im Sinne der formal-legitimatorischen Orientierung das klassische Hierarchieverhältnis zwischen Vorgesetzten und Mitarbeitenden. Im Hinblick auf die Praxis der organisationalen Identität ist von Interesse, dass sich im Wechselspiel dieser Orientierungen organisationskulturelle Routinen der Entscheidungskommunikation sowohl kreativ reproduzieren als auch stabilisieren können.

Praxisstrategie der (kreativen) Präsentation grenzüberschreitender Expertise (vgl. Abschnitt 6.6.3.2 und 6.5): In der Darstellung gegenüber einer vielseitigen Öffentlichkeit ist das *Kontaktzentrum TRETBOOT* stets um eine Darstellung ihrer grenzüberschreitenden Expertise bemüht. Die konsequente Präsentation als parallel und paritätisch agierende Organisation gründet auf der die Organisation konstituierenden Absichtserklärung der Prinzipale (vgl. Abschnitt 6.3). Bezogen auf die

Kooperation der Büros und deren Aufbauorganisation sowie hinsichtlich der programmatisch-grenzüberschreitenden Ausrichtung wird hier Parallelität und Parität eingefordert. Der diesen Prinzipien konsequent folgenden Darstellungspraxis liegt eine Strategie zugrunde, die als *Grenzkomplexität kreativ reduzierender Vorgang* beschrieben werden kann. Die Praxisstrategie vollzieht sich als intentionale und die Corporate Identity reproduzierende Präsentation grenzüberschreitender Expertise. Bei der Produktherstellung steht der Erhalt des Coporate Designs (Parallelität und Parität) sowie eine bezüglich der Selbstdarstellung wirkungsvolle Praxis der Komplexitätsreduktion im Vordergrund (vgl. Abschnitt 6.5). Während der Präsentation im Rahmen öffentlicher Veranstaltungen steht nicht die organisationale Selbstdarstellung in Form eines Corporate Designs im Vordergrund, sondern die Aufführung der praktischen Expertise im Umgang mit Herausforderungen der Grenzüberschreitung. Eine von der Organisation adaptierte und fortentwickelte Methode zur Unterstützung sprachlicher Verständigung wird genutzt, um die kreative und innovative Form der Auftragserledigung zu repräsentieren.

Praxismuster des gemeinsamen Spielens (vgl. Abschnitt 6.4.3): Das gemeinsame Spielen von Gesellschafts- und Gruppenspielen aller Art ist wesentlicher Bestandteil der organisationalen Praxis. Im Spielen bearbeitet und reproduziert die Organisation (organisations)kulturelle Differenzen. Beim gemeinsamen Spielen handelt sich um ein Muster der organisationalen Praxis, das regelmäßig an hierfür geschaffenen Spielorten vollzogen wird. Dabei gibt es keine festen Spielführer und alltägliche Hierarchien werden außer Kraft gesetzt. Für das organisationale Identitätslernens sind zwei Funktionen des Spielens bedeutsam: So fungiert das Spiel erstens als Medium der Repräsentation von kulturellen Grenzen und Differenzen und der Vergewisserung, diese überschreiten zu können. Die praktizierende Spielgemeinschaft fabriziert im Spielort somit einen geschützten Raum, in dem Differenzen des Alltäglichen bearbeitet werden können. Mit dem Spiel wird zweitens ein metakommunikativer Rahmen geschaffen, in dem alltägliche Themen nicht nur bearbeitbar erscheinen, sondern zugleich eine Erprobung des Umgangs mit diesen Differenzen erfolgen kann, die wiederum für das alltägliche Miteinander-Arbeiten außerhalb des Spielens Bedeutung erlangen. Die musterförmige Praxis des Spielens und des Spielerischen reicht über die organisationskulturelle Bedeutung für die Identität des *Kontaktzentrum TRETBOOT* hinaus. So dient das Spiel auch als Medium der Selbstdarstellung und Werbung (*siehe Praxismuster der sprach-spielerischen Öffentlichkeitsarbeit*; vgl. Abschnitt 6.6.3.1) und als Maßgabe bezüglich der Produktion von Material, welches didaktischen Ansprüchen einer spielerischen Begegnung von „Deutschen“ und „Tschechen“ gerecht zu werden versucht (siehe *Praxismuster der kooperativen Kreation).*

Praxismuster der kooperativen Kreation (vgl. Abschnitt 6.5): Das *Kontaktzentrum TRETBOOT* produziert eine Vielzahl an Materialien, die teils als Medien der Öffentlichkeitsarbeit dienen und teils als didaktisches Material für die Unterstützung von grenzüberschreitender Begegnung konzipiert werden. In der Herstellung dieser Produkte wirken musterförmige Vorgänge des kooperativen Kreierens. Das Entwickeln von gemeinsamen Produkten erfolgt als kollaborativer Vorgang und in Auseinandersetzung mit kulturellen, sprachlichen und strukturellen Übersetzungsanforderungen. Diese werden insofern kreativ bearbeitet, als dass dabei bekannte Differenzverhältnisse nicht reproduziert, sondern aufgebrochen werden. Dies zeigt sich etwa in der Entwicklung sprachlich-hybrider Bezeichnungen oder in unkonventionellen Darstellungsformen deutscher und tschechischer Texte (vgl. Abschnitt 6.6.1). In Korrespondenz zur Praxisstrategie der Präsentation von grenzüberschreitender Expertise werden dabei die Prinzipien der Parallelität und Parität reproduziert. Eine Besonderheit dieses Musters liegt darin, dass sich die Praxis des *kooperativen Kreierens* in Form einer *kooperativen Kreation* (z.B. das Produkt Spiel) objektiviert. Bezüglich der Auseinandersetzung um die richtige Verwendung dieser Kreationen können Vorgänge organisationalen Identitätslernens rekonstruiert werden.

Praxisstrategie der adaptiven Transformation (vgl. Abschnitt 6.6.2.1): Die *Methode deutsch-tschechischer Sprachspaß* ist das Kernstück der pädagogischen Programmatik des *Kontaktzentrum TRETBOOT*. Ursprünglich im deutsch-französischen Kontext entwickelt, wird die dort erprobte Innovation der Sprachvermittlung auf den Kontext der Unterstützung deutsch-tschechischer grenzüberschreitender Verständigung übertragen. Im Vorgang der Aneignung des deutsch-französischen Konzepts Sprachanimation und ihrer kontextspezifischen Weiterentwicklung durch das *Kontaktzentrum TRETBOOT* lässt sich eine organisationsspezifische Strategie der adaptiven Transformation aufzeigen. Hinsichtlich der Ziele und der grundlegenden Didaktik wird ein bestehendes Konzept nicht nur adaptiert, sondern durch die kreative Übertragung auf den deutsch-tschechischen Kontext durch einen Mitarbeiter der Organisation in vielen Aspekten modifiziert. Diesbezüglich ist vor allem hervorzuheben, dass die *Methode Sprachspaß* im Adaptionsvorgang auch als Medium der Werbung und Öffentlichkeitsarbeit konzipiert wird (siehe *Praxisstrategie der (kreativen) Präsentation grenzüberschreitender Expertise*). So hat die Strategie der adaptiven Transformation nicht nur die Funktion, das methodisch-didaktische Repertoire der Organisation zu erweitern, sondern auch die prospektive und legitimierende Funktion, ein Medium der Aussendarstellung zu generieren.

Praxismuster der sprach-spielerischen Öffentlichkeitsarbeit (vgl. Abschnitt 6.6.3.1): In Begegnung mit potentiellen Rezipienten des Weiterbildungsangebots oder mit bedeutsamen Repräsentanten aus Politik und Wirtschaft kommt die *Methode Sprachspaß* als Medium des Werbens zum Einsatz. Durch eine sprach-spielerische Verstrickung des Gegenübers wird für die Arbeit des *Kontaktzentrum TRETBOOT* geworben und zugleich die organisationseigene Expertise im Umgang mit sprachlicher Komplexität und der organisationale Unterstützungsauftrag aufgeführt. Bei der Praxis der sprach-spielerischen Öffentlichkeitsarbeit handelt es sich um eine wiederkehrende Praxis, die sehr eng an die bilinguale Expertise eines Mitarbeiters gebunden ist, die aber organisational wirkt. So wird die sprach-spielerische Praxis zwar nur durch einen Akteur vollzogen, dieser erscheint aber als Agent organisationalen Lernens, da die Organisation die individuelle Praxis zu Repräsentationszwecken nutzt und tradiert.

Praxisstrategie SMART (vgl. Abschnitt 6.4.1 und 6.4.2): Bei der Praxisstrategie SMART handelt es sich nicht um eine von der Organisation selbst entwickelte Strategie, sondern um eine gängige Methode der Zielplanung und Zielkontrolle aus dem Bereich des Qualitäts- und Projektmanagements. In einer erfahrungsbezogenen Abgrenzung zur bisherigen Praxis der Jahresplanung und vor dem Hintergrund der Feststellung sich wandelnder ökonomischer Umweltbedingungen und identitätspolitischer Notwendigkeiten der Abgrenzung zu anderen Organisationen wird SMART als reflexiv-strategisches Instrument der Zielplanung und -kontrolle implementiert. Diese top-down angeleitete Organisationsentwicklungsmaßnahme führt zu Irritationen und Auseinandersetzung mit bewährten und bisher bekannten Strategien der Jahresplanung. Bezüglich der Anwendung bzw. Umsetzung dieser Praxisstrategie zeigt sich ein Vorgang organisationalen Identitätslernens.

Im Wechselspiel der genannten Praxisstrategien und Praxismuster reproduziert sich die organisationale Identität der Einrichtung *Kontaktzentrum TRETBOOT* als eine kooperative Aushandlung der Darstellung und Vergegenwärtigung von Parallelität und Parität sowie als spielerische und kreative Konstruktion von national-kulturellen und sprachlichen Grenzen und Grenzüberschreitungen. Ähnlich wie bereits im Fall *Zentrum KULT* konstatiert, erscheint auch hier von besonderem Interesse, dass Praxisstrategien vornehmlich auf nach außen gerichtete Darstellungen eines grenzüberschreitenden Könnens im Sinne der Legitimation und des Erhalts einer konformen Außendarstellung abzielen (z.B. die Praxisstrategie der Repräsentation grenzüberschreitender Expertise). Praxismuster hingegen verweisen vornehmlich auf nach innen gerichtete (die organisationale Lebenswelt betreffende) Vorgänge der Vergegenwärtigung eines grenzüberschreitenden Könnens (z.B. das Praxismuster des gemeinsamen Spielens).

Teil III

Entwurf einer Theorie organisationalen Identitätslernens im Kontext der Grenzüberschreitung

Dieser Buchteil möchte in einer Zusammenführung und Verdichtung der empirischen Befunde die organisationspädagogische Perspektive auf die Herstellung und Bearbeitung organisationaler Praxen der Darstellung und Vergegenwärtigung im Kontext (national-)kultureller Grenzüberschreitung in eine gegenstandsbezogene Theorie organisationalen Identitätslernens überführen.

Im Anschluss an die praxistheoretische Figur des *Doing Identity* (IPSE 2010) soll zunächst präzisiert werden, wie in vorliegender Untersuchung an pädagogische Perspektiven auf Identitätslernen sowie an organisationswissenschaftliche Konzeptionen organisationaler Identität angeschlossen werden kann (Kapitel 7). In einem zweiten Schritt geht es mir darum, in praktischer und prozessualer Perspektive zu konkretisieren, welches Verständnis von organisationalem Identitätslernen sich auf Grundlage der organisationsethnographischen Forschungen ergibt. Entsprechend meiner ethnographischen Forschungsperspektive werden hier die Bedingungsstruktur sowie die Interaktions- und Verlaufsformen der Herstellung und Bearbeitung organisationaler Identität aufgezeigt (Kapitel 8). Der dritte Abschnitt bezieht die hier gewonnenen Erkenntnisse auf den Kontext der deutsch-tschechischen Grenzüberschreitung und führt in Bezugnahme auf die in den Fallanalysen herausgearbeiteten Praxisstrategien und Praxismuster die Heuristik einer Theorie organisationalen Identitätslernens mittels vier fallübergreifender Phänomene aus. Anhand der Wechselseitigkeit von organisationalen Praktiken der Grenzmarkierung und Grenzüberschreitung, der organisationalen Produktion von Grenzräumen, einem organisationsspezifischen Umgang mit Zeit- bzw. Endlichkeit sowie anhand unterschiedlicher Praktiken des interkulturellen Verstehens können der Vollzug und die Reproduktion von Praxisstrategien der Darstellung und Praxismustern der Vergegenwärtigung als selbige transformierende bzw. tradierende Vorgänge konkretisiert werden (Kapitel 9).

7 Identität und Identitätslernen

Wie in der Einleitung zu dieser Arbeit angedeutet, wird unter Identität nicht eine normative Einheit und ein System geteilter Werte verstanden, sondern Identität praxistheoretisch als Sache des Tuns (vgl. Hörning und Reuter 2004) aufgefasst. Somit folge ich der Diskursverschiebung im sozial- und kulturwissenschaftlichen Feld von einem vormals essentialistisch zu einem sozialkonstruktivistisch orientierten Identitätsverständnis, welches Identität als dezentrierte, pluralisierte und entgrenzte Praxis begreift (vgl. Eickelpasch und Rademacher 2004; Keupp 1997). Für eine praxistheoretische und sozialkonstruktivistische Auffassung von Identität kann exemplarisch der 2010 erschienene Band „Doing Identity in Luxembourg" (IPSE 2010) genannt werden. Der Projektverbund arbeitet hinsichtlich der Themen Sprache, Raum, Alltagskultur sowie Selbst- und Fremdbild subjektive Prozesse der Aneignung und institutionellen Zuschreibung heraus (vgl. Reckinger und Wille 2010, S. 21f.) und wirft damit ein neues Licht auf Identitätskonstruktionen unter globalisierten Bedingungen. In einer poststrukturalistischen Auffassung von Identität als alltägliche Identitätsarbeit liegt das Augenmerk hier auf dem „verwobenen Wechselspiel von internen Selbstverständnissen und -verhältnissen sowie externen Einwirkungen" (ebd., S. 20). In einem multimethodischen Zugriff auf die Alltagspraxis von Grenzgängern kommt das Projekt IPSE unter anderem zu dem Ergebnis, dass unter globalisierten Bedingungen und im Kontext der Grenzüberschreitung „zirkulierende Identitätsentwürfe und -angebote [...] in Form von Repräsentationen und Aushandlungen analysiert [...] intrinsisch dialogisch und politisch" (ebd.) verhandelt und konstruiert werden. Diese Ergebnisse korrespondieren mit meinen Analysen und können hinsichtlich der Erforschung der Produktion und Reproduktion grenzüberschreitender Organisationsidentitäten um theoretische Erkenntnisse der Mesoebene erweitert werden. Dies geschieht vor allem in Kapitel

8 und vor dem Hintergrund eines pädagogischen Verständnisses von Identität und Identitätslernen, welches zunächst vorgestellt werden soll.[126]

Aus pädagogischer Perspektive interessiert Identität als Praxis der Differenz. Denn virulent wird die Frage nach „der" Identität immer dann, wenn bspw. Traditionen aufgegeben werden oder verloren gehen, wenn Alteritäts- und Fremdheitserfahrungen gemacht werden oder dort, „wo Erfahrungen der Pluralität und Kontingenz um sich greifen" (Zirfas und Jörissen 2007, S. 12). Die hier erfolgenden Suchbewegungen nach Sinn und Identitätsgefühl können als sich ständig wiederholende performative Vorgänge der Bearbeitung und Anerkennung von Problemlagen, Differenzen und Kontingenzen einerseits, als Inszenierung und Darstellung der selbst- und weltbezüglichen Vermittlung andererseits verstanden werden. In Bezug auf die Kategorie der Differenz signalisiert der Begriff der Identität „die internen Unterschiede im Selbst wie die externen Differenzen zwischen sich und dem anderen" (Zirfas 2010, S. 12). In Anbetracht eines solchen doppelten Differenzverhältnisses wird eine ständige Leistung der Vermittlung notwendig. Vermittelt werden muss zwischen bewährten Mustern der Identifikation und neuen Erfahrungsformen, Eindrücken und Zukunftsentwürfen sowie bezüglich einer umweltbezogenen Selbstdarstellung im Sinne sozialer Integration (vgl. ebd.). Diese originär auf das Individuum bezogenen Überlegungen erlangen auch für eine pädagogische Betrachtung von Organisationen *als menschliche Sozialgebilde* (vgl. Göhlich 2013b) Bedeutung. So wirkt ein doppeltes Differenzverhältnis und die daraus resultierende Vermittlungsleistung auch in Bezug auf die organisationale Praxis organisationalen Miteinander-Arbeitens, die sich – wie noch auszuführen sein wird – einerseits als nach außen gerichtete Legitimation des kontinuierlichen Bestehens, anderseits als nach innen gerichteten Suche nach einem gemeinsamen Stil zeigt.

Einem Verständnis von Identität als Praxis der Differenz und Vermittlung können Überlegungen von Klaus Mollenhauer zugrunde gelegt werden. Für eine pädagogische Forschungsperspektive auf Identität kann dessen Feststellung, dass Identität in Bezug auf Fragen der Bildung und des Lernens „nur als Problem, nicht aber als Tatsache" (Mollenhauer 1985, S. 159) existiert, als paradigmatisch gelten. In seinem essayistischen Werk „Vergessene Zusammenhänge" – in dem Mollenhauer Aufgabe und Funktion der Bildung und des Lernens als ‚erzieherischen' Vorgang der Präsentation und Repräsentation von Lebenswirklichkeiten und den Bildungsverlauf als selbsttätige Bildsamkeit und Suchbewegung anhand zahlreicher historischer

126 Folgenden Ausführungen zum Identitätslernen liegen theoretische Überlegungen zugrunde, die sich originär auf das Individuum beziehen. Sie dienen vorliegender gegenstandsbezogenen Theorie als konzeptioneller Bezugsrahmen und werden im Sinne eines praxistheoretischen Verständnisses von Organisation als menschliche Sozialgebilde auf Anschlussfähigkeit geprüft (vgl. Abschnitt 2.2.1).

und ikonographischer Analysen ausweist – wird unter dem Titel „Schwierigkeiten mit Identität“ auch die Frage nach dem wirklichen *und* möglichen Selbst diskutiert (vgl. ebd., S. 155ff.). Wie der Titel des Kapitels schon ankündigt, wird die Kategorie der Identität vor dem Hintergrund einer als verworren konstatierten sozialwissenschaftlichen Diskussion problematisiert. „Mit Identität“, so entwirft Mollenhauer das Konzept als bildungstheoretische Problemstruktur „sollen höchstens solche Sachverhalte bezeichnet werden, die es mit dem Verhältnis des Menschen, der ich sagt, zu dem, was dieses Ich über sich aussagt zu tun haben“ (Mollenhauer 1985, S. 156; vgl. auch Klepacki 2010, S. 262 ff.). Im Verständnis von Mollenhauer gibt es „Identität [...] nur als Fiktion“, als riskanten und labilen Entwurf eines Selbstbilds oder einer Selbstdarstellung „und nicht als empirisch zu sichernden Sachverhalt“ (Mollenhauer 1985, S. 158). Labil und riskant ist Identität, da der Einzelne ständig und nur über die Reduktion der umweltlichen Komplexität die Fiktion seines Selbstbildes erhält und vermittelbar macht. Ausgehend von der Auffassung, dass sich Identität in einer relativen Differenz zwischen „dem, was empirisch der Fall ist, und dem, was möglich wäre“ (ebd.) erzeugt, können folgende Aspekte von Identität benannt werden, die auch Leopold Klepacki seinen Analysen zu Mollenhauers *Schwierigkeiten mit Identität*[127] zugrunde legt (vgl. Klepacki 2010, S. 265 ff.):

a. *Vereinfachung:* Um in der Vielfalt und Kontingenz möglicher Weltbezüge ein Identitätsgefühl, einen „einheitsstiftenden Sinn“ (Mollenhauer 1985, S. 158) zu erfahren, muss die Komplexität der Weltbezüge reduziert und vereinfacht werden, um sich selbst erfahr- und vermittelbar zu machen. An anderer Stelle beschreibt Mollenhauer diesen Vorgang der Reduktion von Komplexität, um Vermittelbarkeit zu gewährleisten, als Repräsentation (vgl. Mollenhauer 1985, S. 20).
b. *Darstellung:* Das Ergebnis dieser selbst- und weltbezogenen Vereinfachung als Lern- und Bildungsprozess ist ein Selbstbild (vgl. Klepacki 2010, S. 266), das dargestellt und vermittelt wird – jenen Vorgang bezeichnet Mollenhauer als Präsentation (Mollenhauer 1985, S. 20).

Das der Praxis einer Darstellung zugrunde liegende Verhältnis von Vereinfachung und Vermittlung kann vor dem Hintergrund der empirischen Befunde zur organisationalen Praxis der Identität auch für Organisationen Gültigkeit haben.

127 Mollenhauers Arbeiten zur Identitätsthematik resümierend, stellt Klepacki (2010) eindrücklich heraus, dass die Pädagogik das schwierige Thema *Identität* nicht umgehen kann, sondern sich in einer „Fokussierung problematischer Selbstverhältnisse“ (ebd., S. 273) als „Umgang mit dem Möglichen“ (ebd., S. 270) verstehen muss.

Ein wesentlicher Aspekt organisationaler Identitätspraxis ist die gemeinsame Anstrengung der Reduktion von Komplexität, um etwa den Zweck und das Ziel des Bestehens nach außen wie nach innen vermittelbar zu machen. Der sich für die Erzeugung von Identität bezüglich der Aspekte der Vereinfachung (Repräsentation) und Darstellung (Präsentation) ergebende konstitutive Zusammenhang der Vermittlung und Komplexitätsreduktion steht, entsprechend eines Zwangs zur Darstellung einerseits und des Anspruchs sich selbst gewahr zu werden andererseits, Pate für die Bedingungsstruktur organisationalen Identitätslernens (vgl. Abschnitt 8.1). – Die Lektüre Mollenhauers lässt zwei weitere Aspekte erkennbar werden:

c. *Labilität/Beweglichkeit:* Aufgrund einer Vielzahl an Möglichkeitshorizonten und umweltlicher Einflussnahmen ist die Darstellung und Vermittlung von Identität prinzipiell riskant und bedarf andauernder Veränderung und Umorganisation (vgl. Mollenhauer 1985, S. 158).
d. *Tradierung und Transformation*: Die zukunftsgerichtete fiktional-motivierte und erfahrungsbezogene Vereinfachung der Vielfalt um des Selbstdarstellungswillen nötigt gleichermaßen daran festzuhalten, Bewährtes zu bewahren und zugleich auf sich ändernde Sachverhalte zu reagieren und im Sinne eines offenen und riskanten Bewegens bestehende Selbstdarstellungen zu revidieren (vgl. Klepacki 2010, S. 266).

In diesen beiden Aspekten deutet sich an, in welches Verhältnis das Konzept der Übersetzung zu Identität und Lernen tritt. Tradierung und Transformation können hier Vorgänge der Vermittlung und Aneignung, der Bearbeitung und Konstruktion von Differenz beschreiben, die als labile und riskante Übersetzungsvorgänge konkretisiert werden können und auch für die Herstellung und Bearbeitung einer organisationalen Identitätspraxis gelten (vgl. Abschnitt 8.3 sowie Abschnitt 3.3).

Im Anschluss an pädagogisch-anthropologische Perspektiven auf Identität kann das Mollenhauersche Verständnis von Identität(-slernen) um performativ-mimetische Dimensionen von Identität erweitert werden. Mittels dieser lassen sich die oben begonnene Sammlung mit Bezug auf das Erkenntnisinteresse an Vorgängen des Identitätslernens im Kontext kultureller Grenzüberschreitung konkretisieren. In Abgrenzung zu normativen Konzepten der identitären Einheit interessiert Jörg Zirfas und Benjamin Jörissen Identität als performative Konstruktion (Zirfas und Jörissen 2007, S. 15). In diesem Verständnis ist Identität ein Zustand, der nicht verfügbar ist und immer wieder hergestellt werden muss (vgl. ebd.). Als selbst- wie weltbezogene Leistung der Vergegenwärtigung, Darstellung, Tradierung und Transformation von Sinn, Differenz und Kohärenz kann Identität damit als Medium und Resultat mimetischer Lernprozesse verstanden werden. Mit Mimesis werden Vorgänge der „kreative[n, EN] Aneignung sozialer Sinngehalte" (ebd., S. 61) gefasst. In einem Vorgang der Anähnlichung und des Nachvollziehens werden Haltungen, Gesten und Stile, Darstellungsweisen und Interaktionsregeln nicht bloß kopiert, sondern kreativ reproduziert. Mimetische Vorgänge beruhen dabei auf der Herstellung einer „Beziehung zu einer anderen Welt", zu Vorbildern und Dingen und konstituieren ein kreatives Aneignungs- und Vermittlungverhältnis (vgl. Wulf 2005, S. 8ff.). Haltungen, Gesten, Praktiken und Stile einer bestimmten symbolisch codierten Ordnung werden mimetisch, das heißt nachvollziehend und nachahmend, aufgegriffen und in einer anähnlichenden „Bewegung der Annäherung an Dinge und Menschen" (Gebauer und Wulf 1992, S. 435) in den Körper der Nachvollziehenden eingeschrieben. In Konkretisierung der pädagogischen Perspektive auf Identitätslernen als sich tradierende und transformierende Präsentation und Repräsentation von kulturellen Differenzen und Grenzen können in Anschluss an phänomenologische Überlegungen zu „Mimetischen Identitäten" von Zirfas und Jörissen (2007) vier weitere Aspekte eines Identitätslernens ausgewiesen werden, die sich in dieser Spezifizierung aufgrund der empirischen Befunde meiner Studie ergeben (vgl. auch die Thesen in Kapitel 9):

e. *Grenzmarkierungen/Grenzüberschreitungen:* Vorgänge der Nachahmung, des ludischen Nachvollziehens und kreativen Ausprobierens von Grenzen und Differenzen (vgl. Zirfas und Jörissen 2007: 62) verinnerlichen Grenzverläufe und überschreiten sie zugleich. So sind Grenzlinien kultureller und anderer Differenzen nicht a priori festgelegt, sondern müssen im Vorgang des körperlich-praktischen Nachvollziehens erst gestaltet werden. Dies impliziert die Möglichkeiten der Bestätigung, Neukartierung, Auflösung und Diffusion von Grenzen gleichermaßen. Für die Organisationen meines Samples ist die Interdependenz von Grenzmarkierung und Grenzüberschreitung bezüglich einer Praxis der Darstellung und Vermittlung grenzüberschreitender Expertise konstitutiv (vgl. Abschnitt 9.1).
f. *Entfremdung:* Durch mimetische Bearbeitung von Grenzverläufen und Differenzverhältnissen verändert und ergänzt sich der Bestand des praktischen Wissens der Inszenierung und Darstellung des Eigenen (vgl. Zirfas und Jörissen 2007, S. 63). So begünstigt jede Grenzüberschreitung und damit einhergehende Alteritätserfahrung im Sinne der Entfremdung und einer (aus Faszination am „Fremden" zuweilen beschwerlichen) Rückkehr aus der Entfremdung eine Distanzierung vom Bewährten. Altes, Gekonntes oder Gewusstes wird so zu einer Option neben Neuem, dessen Inkorporierung das Alte möglicherweise zurücklässt, riskiert oder neu rahmt (vgl. ebd., S. 64). In der Auseinandersetzung mit und in der Konstruktion von kulturellen Differenzen zeigen sich in

der organisationalen Praxis des Miteinander-Arbeitens sowohl Vorgänge, die bewährte Grenzen reproduzieren, als auch solche, die binäre Logiken unterlaufen. Dies kann vor allem im Hinblick auf unterschiedliche Formen des grenzüberschreitenden Verstehens gelten (vgl. Abschnitt 9.4).

g. *Reflexivität:* Das Aufbrechen und Riskieren von Selbstverständlichkeiten und die so erfolgte „Aneignung von Differenzen in mimetischen Bildungsprozessen impliziert zwar nicht ihre reflexiv-symbolische Verfügbarkeit", so doch die Verfestigung und Ausbildung von „Leerstellen der eigenen kulturellen Verortung" als „Disposition zur Fremderfahrung" (Zirfas und Jörissen 2007, S. 65). Wie schon bei Mollenhauer in der Feststellung der unbedingten Labilität und Beweglichkeit einer Praxis der Identität erkennbar, gibt auch hier die pädagogische Frage nach dem Verhältnis von Identität und Lernen die Antwort, dass Identitätslernen nicht das Erlernen einer Identität, sondern zuvorderst den Erhalt der Vielfalt an Möglichkeiten meint (vgl. Klepacki 2010, S. 271; vgl. auch Zirfas 2004). Eine reflexive und auf den Erhalt von Möglichkeiten abzielende Praxis organisationaler Identität kann sowohl hinsichtlich einer jeweils spezifischen Herausbildung eines Stils der Planung und eines Umgangs mit Endlichkeit (vgl. Abschnitt 9.3) als auch in Bezug auf organisationsspezifische Produktionspraktiken von Grenzräumen (vgl. Abschnitt 9.2) gezeigt werden.

h. *Differenz und Verdoppelung:* Ein wesentlicher vierter Aspekt – der quer zu den bisher genannten liegt – ist das performative Potential mimetischer Prozesse. Stile, Muster und Dispositionen werden in mimetischen Vorgängen der Identitätspraxis spielerisch zur Darstellung und Aufführung gebracht. Dabei unterscheidet sich das Aufgeführte vom Vorgängigen und markiert Veränderung im Sinne von Wandel und Entwicklung. Zugleich begünstigt die mimetische Darstellung „eine ästhetische Verdoppelung, die – wie in der Parodie – ein subversives Moment transportiert" (Zirfas und Jörissen 2007, S. 66). Die Darstellung und Konstruktion von Identität ist somit auch ein Vorgang der Identifikation, Distinktion, Ironisierung und Parodie (vgl. ebd.).

Vor dem Hintergrund dieser pädagogischen Aspekte eines Identitätslernens im Kontext kultureller Differenz erscheint Identität als Vermittlungs- und Differenzverhältnis und das Identitätslernen als mimetische Bearbeitung von Gegebenem und Möglichem. Dass diese Überlegungen organisationstheoretische Relevanz besitzen und für die nun folgende Heuristik einer Theorie organisationalen Identitätslernens im Kontext der Grenzüberschreitung Geltung beanspruchen können, wurde hier nur angedeutet und soll im Folgenden ausgeführt werden.

8 Organisationales Identitätslernen

Ausgangspunkt für die Untersuchung organisationalen Identitätslernens im Kontext der Grenzüberschreitung bildeten die Fragen, wie und unter welchen Bedingungen programmatisch-grenzüberschreitend ausgerichtete Organisationen eine spezifische Praxis der Identität herstellen, wie sie sich in Auseinandersetzung mit aus der Grenzüberschreitung resultierenden Differenzen als *Grenzüberschreitung-Könnende Organisationen* präsentieren und repräsentieren, genauer: wie Organisationen im Kontext nationaler und kultureller Grenzüberschreitungen Identität lernen. Als Resultat der entlang dieses Forschungsinteresses konzipierten organisationsethnographischen Studie kann der Entwurf einer gegenstandsbezogenen Theorie organisationalen Identitätslernens im Kontext der Grenzüberschreitung präsentiert werden. Dieser basiert auf drei relational-differenten Kategoriepaarungen, mittels derer sich die Bedingungsstruktur, die Interaktions- und Verlaufsformen organisationalen Identitätslernens erschließen lassen. Mit Bezugnahme auf die empirischen Untersuchungen im vorangegangenen Buchteil können – den Entwurf einer gegenstandsbezogenen Theorie eröffnend – die Kategorien des *Darstellungszwangs* und des *Repräsentationsdrangs* als Bedingungsstruktur organisationalen Identitätslernens herausgearbeitet werden (Abschnitt 8.1). Im Anschluss daran wird die Praxis organisationaler Identität als relationale Differenz von expliziten Praxisstrategien einer nach außen gerichteten Präsentation und alltäglichen und impliziten Praxismustern einer nach innen gerichteten Repräsentation (Vergegenwärtigung) ausgearbeitet (Abschnitt 8.2). Anhand der Konzepte der Transformation und Tradierung als Lerndimensionen organisationaler Identitätspraxis werden sodann mögliche Verlaufsformen der (Re)Produktion und der Darstellung organisationaler Identität entworfen (Abschnitt 8.3). In einer abschließenden Zusammenführung werden diese drei Kategorie- bzw. Konzeptpaarungen zu vier Dimensionen organisationalen Identitätslernens im Kontext der Grenzüberschreitung verdichtet (Abschnitt 8.4).

8.1 Darstellungszwang und Repräsentationsdrang

Die Untersuchung organisationaler Praktiken der Darstellung (Präsentation) und Vergegenwärtigung (Repräsentation) von zwei grenzüberschreitenden Einrichtungen basiert auf einer performativen Analyseeinstellung (vgl. Wulf und Zirfas 2007 sowie Abschnitt 4.1). Demnach sind Präsentation bzw. Darstellung und Repräsentation bzw. Vergegenwärtigung weder in einem ontologischem Sinne als Abbildungen der Wirklichkeit[128] noch primär hinsichtlich des in ihnen Präsentierten bzw. Repräsentierten (vgl. Wulf und Zirfas 2007, S. 9) von Interesse, sondern vornehmlich aufgrund ihrer „performativen Struktur" (ebd.). Im Fokus der organisationsethnographischen Analysen stehen organisationale Praktiken der Präsentation und Repräsentation von Grenzüberschreitung bzw. die organisationale Praxis des Umgangs mit Präsentationen und Repräsentationen des organisationalen programmatisch-grenzüberschreitenden Selbstverständnisses und Wirkens. Das heuristisches Verständnis von organisationaler Präsentation und Repräsentation kann im Anschluss an die oben dargelegten Überlegungen Mollenhauers verfeinert werden (vgl. Kapitel 7). Die organisationale Praxis der Präsentation kann demnach als praktische Aufführung und Darstellungsweise eines spezifischen organisationalen Wissens, Könnens oder eines bestimmten Stils im Umgang mit kulturellen Übersetzungsanforderungen verstanden werden, in der etwas mitgeteilt, vermittelt oder überliefert wird (vgl. Mollenhauer 1985, S. 22ff.). Eingedenk der Tatsache, dass Präsentationen immer auch etwas repräsentieren, lässt sich demgegenüber eine organisationale Praxis der Repräsentation unterscheiden. Auf einer impliziten Ebene sind diesbezüglich Repräsentationen Vorgänge der Vergegenwärtigung, des Wieder-Sichtbar-Machens und Wieder-Erlebbar-Machens eines organisationalen Wissens und Könnens im Umgang mit Übersetzungsherausforderungen.

In der Untersuchung der beiden grenzüberschreitenden Einrichtungen hat sich gezeigt, dass sich die Praxis der organisationalen Identität in einem Spannungsfeld zwischen sozialen, ökonomischen und politischen Ein- und Anpassungszwängen zur Produktion von Kontinuität und Kohärenz sowie einer andauernden Suche nach einem organisationalen Stil des Miteinander-Arbeitens formiert. Entsprechend bestehen *einerseits* Bemühungen einer vornehmlich nach außen gerichteten Dar-

128 Die Kritik an einem abbildungstheoretischen Verständnis von Repräsentation ist im wissenschaftstheoretischen Diskurs fundamental. Methodologisch wurde hinsichtlich des ethnographischen Schreibens über andere kulturelle Lebenswelten eine *Krise der Repräsentation* konstatiert (vgl. Kapitel 4). Aus dem Bereich der Philosophie sind die Arbeiten von Hans Jörg Sandkühler (2009, S. 56) zu nennen, die Repräsentation als erkenntnistheoretisches Problem diskutieren und diesbezüglich eine „Abbild-Konzeption" durch eine „Konstruktivitäts-Konzeption" ersetzen.

stellung (Präsentation) der Organisation als strukturelle und praktische Einheit des grenzüberschreitenden Miteinanders. Im Fall *Zentrum KULT* zeigt sich dies etwa in einer im öffentlichen Raum durchgängig auf Legitimation abzielenden Darstellungspraxis (vgl. Abschnitt 5.4.1, 5.5.2 und 5.6.4), die den eigenen Zentrumsanspruch untermauert und ein grenzüberschreitendes Wissen und Können inszeniert. Für den Fall *Kontaktzentrum TRETBOOT* kann exemplarisch auf die konsequente Präsentation von Parität und Parallelität bezüglich der Selbstdarstellungspraxis verwiesen werden (vgl. Abschnitt 6.2.3 und 6.5). In der alltäglichen kooperativen Praxis wirkt in diesem Fall zudem eine formal-legitimatorische Orientierung, die für alle nach außen gerichteten Vorgänge die Konformität der Außendarstellung einfordert (vgl. Abschnitt 6.6.2.2). Diese Anstrengungen und Praktiken sind im Kontext einer fortwährenden Refinanzierungs- bzw. Legitimationsnotwendigkeit gegenüber Prinzipalen und möglichen Förderern gleichermaßen zu verorten, wie sie auch als Produkt der marktwirtschaftlichen Logik des Werbens um KundInnen zu sehen sind.[129] Diese empirischen Befunde begründen im Anschluss an die heuristischen Überlegungen zum Begriff der Präsentation die Kategorie des *Darstellungszwangs*, die eine erste Bedingungsdimension organisationaler Identitätspraxis bezeichnet. *Andererseits* lassen sich in den untersuchten Organisationen Bemühungen der Vergegenwärtigung und Vergewisserung eines gemeinsamen grenzüberschreitenden Stils erkennen. Im Fall *Zentrum KULT* kann etwa die musterförmige Praxis der photographischen Dokumentation eigener grenzüberschreitender Leistungen und Errungenschaften (vgl. Abschnitt 5.4.3) sowie die Anstrengungen zur Reproduktion einer „richtigen" Form und Haltung grenzüberschreitender Verständigung (vgl. Abschnitt 5.5 und 5.6.3) vor diesem Hintergrund gesehen werden. Die Bedeutung der Vergegenwärtigung und der Selbstvergewisserung für die organisationale Identität zeigt sich beim *Kontaktzentrum TRETBOOT* zum einen im organisationskulturellen Modus des Spielerischen (vgl. Abschnitt 6.4.3 und 6.6.3), zum anderen in sich wiederholenden Vorgängen der kooperativen Kreation mittels derer sich die Organisation ihr eigenes Wissen und Können vor Augen führt und erhält (vgl. Abschnitt 6.5 und 6.6.2). Diese Praktiken erfolgen aufgrund eines vornehmlich nach innen gerichteten Bedarfs der Vergegenwärtigung als *Grenzüberschreitung-Könnende Organisation*. Der erfolgreiche Umgang mit kulturellen und strukturellen Übersetzungsanforderungen und dessen Reproduzierbarkeit hat vor allem Impli-

129 Anschlussfähig sind hier neuere organisationstheoretische Überlegungen von Kühl (2010) zur *Schauseite* von Organisationen sowie von Ortmann (2010) zum Verhältnis von Organisation und Legitimation. Beide Positionen werden im Folgenden noch zu berücksichtigen sein.

kationen für das organisationale Miteinander-Arbeiten und Miteinander-Leben.[130] In Anschluss an die heuristischen Überlegungen zum Begriff der Repräsentation kann diesbezüglich der *Repräsentationsdrang* als eine zweite Bedingungsdimension organisationaler Identitätspraxis identifiziert werden. Die sich als Spannungsfeld konstituierenden Kategorien *Darstellungszwang* und *Repräsentationsdrang* sollen im Folgenden konkretisiert werden:

Darstellungszwang

Die Kategorie des *Darstellungszwangs* verweist auf die Notwendigkeit einer vornehmlich nach außen gerichteten Selbstdarstellung der Organisation. Dabei kann die Annahme gelten, dass für programmatisch grenzübergreifend-ausgerichtete Organisationen eine andauernde Anstrengung erforderlich ist, sich einer diversen Öffentlichkeit gegenüber als *Grenzüberschreitung-Könnende Organisationen* zu präsentieren und sich als gelungene oder gelingende, unterstützenswerte oder berechtigte Unternehmung zu inszenieren. So kann für die untersuchten Organisationen gelten, dass eine Praxis der Präsentation erforderlich ist, die aufzeigt, dass nicht nur ein organisationsspezifisches Wissen und Können der Grenzüberschreitung besteht, sondern auch produziert und vermittelt werden kann. Eine diesem Darstellungszwang entsprechende Praxis grenzüberschreitender Organisationen, ihrer Programme und Praxis ist mehrschichtig (vgl. Tab. 4). Sie…

130 An dieser Stelle kann an die in Abschnitt 2.1.3 ausgeführten Überlegungen von Cloos (2008a) zur Herstellung und Veränderung eines organisationskulturellen Miteinanders erinnert werden. Organisationskultur wird hier als „Aushandlungsarena" (ebd., S. 298) organisationskultureller Praxis als „Herstellung von Differenz und Gemeinsamkeit" (ebd., S. 300) bestimmt.

Tabelle 4 Dimensionen des Darstellungszwangs (eigene Darstellung) [131]

...erfolgt...	...gegenüber...	...als...	...in/im/auf...
bilingual-grenzüberschreitend, konform zu EU-Förderprogrammen und zur EU-Policy, grenzregionalbezogen	GeldgeberInnen, Stakeholdern, KooperationspartnerInnen, einer deutschen und tschechischen Fachöffentlichkeit und einer deutschen und einer tschechischen Zielgruppe (KundInnen, KlientInnen, TeilnehmerInnen)	Legitimation, Akquisition, Vermittlung, Arbeit am Alleinstellungsmerkmal	Broschüren, Flyern, Publikationen, organisationseigenen Produkten, Internet, öffentlichen Veranstaltungen, feierlichen Anlässen.
Kontext	*Adressat*	*Modus*	*Medien*

Demnach sind die grenzüberschreitenden Organisationen in verschiedenen Kontexten (EU, regionaler Grenzraum) herausgefordert, unterschiedlichen Adressaten (zweisprachiges Klientel, Träger, Förderer etc.) und deren Bedarfen und Vorstellungen zu entsprechen. In einer ethnographischen Perspektive haben sich diesbezüglich unterschiedliche *modi operandi* der Selbstdarstellung und damit die Verwendung und Produktion unterschiedlicher Medien (z.B. Broschüren, Flyer, Spiele, aber auch öffentliche Veranstaltungsformate) gezeigt. Mögliche Ursachen, Bedingungen und Konsequenzen des *Darstellungszwangs* lassen sich in Bezug auf die empirische Untersuchung der Fälle entlang folgender Dimensionen konkretisieren:

Legitimation: Zunächst begründet sich der *Darstellungszwang* aufgrund einer Notwendigkeit, die – im Fall *Zentrum KULT* EU-geförderten und damit projektförmigen und in Dauer und in Mitteln begrenzten (vgl. Abschnitt 5.2.3) und im Fall *Kontaktzentrum TRETBOOT* ministeriell beauftragten (vgl. Abschnitt 6.2.2) – Aktivitäten der Organisationen Prinzipalen und Förderern gegenüber zu rechtfertigen. Die in Dauer und in Mitteln begrenzte (und oftmals Prinzipalen gegenüber berichtspflichtige) Aktivität hat zur Folge, dass sich die Organisationen auf besondere Weise einer Öffentlichkeit und Trägern gegenüber präsentieren

131 Die hier aufgezählten Modi des Darstellungszwangs (gleiches gilt für die Modi des Repräsentationsdrangs in Tab. 5) haben den Status von Subkategorien, die sich im Verlauf des *Sampling-Coding-Analysis* (Strauss 1998, eigene Herv.) ergeben haben und die Schlüsselkategorien der gegenstandsbezogenen Theorie organisationalen Identitätslernen – *Darstellungszwang* und *Repräsentationsdrang* – begründen. Sie werden hier verallgemeinernd benannt, kommen in der Praxis der untersuchten Organisationen in je fallspezifischer Art und Weise zum Ausdruck.

müssen. Die Notwendigkeit der Refinanzierung und der Legitimation von Zielen und Programmen verbindet sich mit einem andauernden Zwang, sich als *Grenzüberschreitung-Könnende Organisation* darzustellen (vgl. Ortmann 2010).[132] Dies erfolgt etwa über Praktiken der Inszenierung des grenzüberschreitenden Organisationszwecks und des organisationalen Selbstverständnisses (für das *Zentrum KULT* vgl. Abschnitt 5.4.1) oder über spielerische Aufführungen von Grenzmarkierungen und gelungener Grenzüberschreitung im Rahmen öffentlicher Veranstaltungen (für den Fall *Kontaktzentrum TRETBOOT* vgl. Abschnitt 6.6.3.2) sowie über mediale Präsentationen von Zielen und Wegen der grenzüberschreitenden Verständigung. Jeweils spezifische Formen der performativen Einbindung lokalhistorischer Gegebenheiten und regionaler Gruppierungen (Politik und Vereinswesen) deuten sich dabei als eine fallübergreifende Praxis an. Dies dient den Organisationen nicht nur zur Sicherung der strukturellen Unterstützung und zur Gewährleistung einer Refinanzierung, sondern auch gegenüber deutschen und tschechischen TeilnehmerInnen oder BesucherInnen besteht die Notwendigkeit, die grenzüberschreitende Expertise der Organisationen, grenzüberschreitendes Wissen und Können produzieren und vermitteln zu können, unter Beweis zu stellen. Anhand der Inszenierung des *Zentrum KULT* als Instanz der Verleihung von Preisen für gelungenes grenzüberschreitendes Arbeiten (vgl. Abschnitt 5.4.1 und 5.4.2) oder anhand der Bewerbung organisationsspezifischer Expertise und Programmatik mittels Techniken des *Sprachspaß*' im Fall *Kontaktzentrum TRETBOOT* (vgl. Abschnitt 6.6.3.1) kann dieser Zusammenhang deutlich gemacht werden.

Akquisition/Werben: Die Gewährleistung der Programmdurchführung ist in hohem Maße abhängig von den Fragen, wie beiderseits der Grenze fachlichen (oftmals sektorenspezifisch) und regionalen Bedarfen entsprochen wird und wie es gelingen kann, TeilnehmerInnen und BesucherInnen für Seminare, kulturelle Veranstaltungen etc. zu gewinnen. Bei der Durchführung von Programmen sind die Organisationen diesbezüglich oftmals angewiesen auf KooperationspartnerInnen. Eine Vernetzung mit anderen Akteuren des Grenzraums verbessert die Akquisebedingungen.[133] Dies zeigt sich mit Blick auf die empirischen Befunde etwa in der

---

132 Mit Rekurs auf Webers Position, dass Organisationen Legitimation qua Zweck und gesatzter Ordnung bedürfen, betont Ortmann (2010), dass Organisationen darüber hinaus auch passende Berechtigungen generieren bzw. fortwährend den Nachweis „zweckmäßiger Funktionserfüllung" (ebd., S. 187f.) erbringen müssen. Konkret benennt er diesbezüglich: „Zwecke und effizienter Mitteleinsatz ist das unabweisbare Legitimationserfordernis einer jeden Organisation" (ebd., S. 188).

133 Auf die Bedeutung der Akquisition von Wissen zur „Schließung von […] wettbewerbsrelevanten Wissenslücken" (Al-Laham 2003, S. 347) hat Andreas Al-Laham im

Kooperation des *Zentrum KULT* mit einem Busunternehmen, welches den Besuch tschechischer Gäste sichert bzw. überhaupt erst ermöglicht (vgl. Abschnitt 5.6.1). In diesem Sinne bezieht sich der organisationale *Darstellungszwang* auch auf die Frage, wie Programme und Ziele für TeilnehmerInnen und KooperationspartnerInnen attraktiv und erreichbar gemacht werden können. Im Fall *Kontaktzentrum TRETBOOT* wird die sprach-spielerische Expertise genutzt, um KundInnen zu gewinnen und Förderer von der Einzigartigkeit der Einrichtung zu überzeugen (vgl. Abschnitt 6.6.3).

Wettbewerb bzw. Wettbewerbslosigkeit: Eine durch offenen Wettbewerb geförderte und unter marktwirtschaftlichen Gesichtspunkten eingeforderte Konkurrenz besteht für die Organisationen vor allem hinsichtlich der Beantragung von Projektmitteln, die in der Regel aus begrenzten Fördertöpfen der EU zur Förderung regionaler Entwicklung stammen. Konstitutiv für den deutsch-tschechischen Grenzraum bzw. für die Organisationen meines Samples erscheint hingegen eine Art Wettbewerbslosigkeit zu sein. Denn es handelt sich bei beiden grenzüberschreitend-ausgerichteten Organisationen und Unternehmungen um solche, die gerade aufgrund ihrer besonderen Eigenart bestehen, gefördert oder initiiert werden. Die Praxis einer organisationalen Selbstdarstellung generiert sich so nicht nur in oder als Abgrenzung zu anderen Organisationen, sondern vor allem auch als Arbeit am Alleinstellungsmerkmal (vgl. Abschnitt 6.4.1). So weisen Praktiken der Inszenierung von grenzüberschreitenden Erfolgen und Visionen und die Materialisierung und Objektivation organisationaler Programmatiken und Ziele vor allem auf den Versuch hin, trotz bestehender Wettbewerbslosigkeit dauerhaft zu werden (vgl. Abschnitt 5.3).

Vermittlung: Quer liegend zu den oben genannten Dimensionen und in diesen bereits auch schon angedeutet, erscheint die Arbeit an der *Schauseite* der Organisation (vgl. Kühl 2011) in Form der Vermittlung von Inhalten, Zielen aber auch organisationsspezifischen Kompetenzen sowohl gegenüber MitarbeiterInnen als auch gegenüber KundInnen, TeilnehmerInnen und Prinzipalen zentral.[134] Dies gilt für die beiden dezidiert im pädagogischen bzw. kulturellen Auftrag agierenden Or-

Rahmen einer Praxiskonzeption eines strategischen Wissensmanagements hingewiesen. Demnach bezieht sich die Gewinnung von Wissen sowohl auf die Sicherung und Einbeziehung impliziten Wissens (Personen, Kooperationspartner) als auch expliziten Wissens (Produkte) (vgl. ebd.).

134 Kühl (2011, S. 138 ff.) bezeichnet mit *Schauseite* jene Ebene der Organisation, bezüglich welcher die Organisation stets darum bemüht ist, ein konsistentes Selbstbild aufrecht zu erhalten.

ganisationen im Besonderen. Aufgrund der programmatischen Konzeption besteht für beide Organisationen per se der Auftrag, grenzüberschreitendes Wissen oder auch Können zu vermitteln und Verständigung zu organisieren und zu fördern. So besteht in Bezug auf die Vermittlungsaufgabe bzw. in Bezug auf den Vermittlungsauftrag der Organisationen eine Notwendigkeit, grenzüberschreitendes Wissen und Können nicht nur zu produzieren, sondern erstens auch darzulegen, dass dieses Wissen und Können relevant ist, und zweitens aufzuzeigen, dass ausreichend fachliche und didaktische Vermittlungskompetenz vorhanden ist. Wie sich im Kontext des unterschiedlichen Umgangs mit kulturellen Differenzen gezeigt hat, kommen dabei sehr unterschiedliche Haltungen dem kulturell Differenten gegenüber zum Ausdruck bzw. finden unterschiedliche Technologien der Bearbeitung kultureller Differenzerfahrungen Anwendung (vgl. *Zentrum KULT* in Abschnitt 5.5 und 5.6.3; *Kontaktzentrum TRETBOOT* in Abschnitt 6.4.3 und 6.6.3).

Repräsentationsdrang

Vor dem Hintergrund der Annahme, dass in jeder Darstellung das Dargestellte sowie das hierdurch Vermittelte auch den Darstellenden vergegenwärtigt wird und der zweiten Annahme, dass jede Darstellung ihrerseits wiederum eine Repräsentation einer niemals in Ganzheit darstellbaren Komplexität ist (vgl. Mollenhauer 1985), verweist die Kategorie des *Repräsentationsdrangs* auf organisationale Praktiken einer (nicht ausschließlich aber) vornehmlich nach innen gerichteten Praxis der Vergegenwärtigung. In alltäglichen Situationen des Miteinader-Arbeitens wird – über Sprachspiele, über bestimmte Formen der Artefaktverwendung, über organisationskulturelle Praktiken der Selbstvergewisserung – symbolische und praktische Zugehörigkeit und Identifikation mit der grenzüberschreitenden Aufgabe nach innen aufgeführt, vergewissert und vergegenwärtigt. Eine diesem selbsterhaltenden Repräsentationsdrang entspringende Praxis erfolgt...

Tabelle 5 Dimensionen des Repräsentationsdrangs (eigene Darstellung)[135]

...bezüglich...	...als ein...	...von...	...in...
der organisationalen Akteure und des unmittelbaren Umfelds	Vergegenwärtigen, Vergewissern, Abbilden und Reduzieren	grenzüberschreitendem Wissen und Können	alltäglichen formellen und informellen Situationen des Miteinander-Arbeitens und -Lebens
AdressatInnen	***Modus***	***Ressource***	***Medien***

Demnach werden in organisationskulturellen Praktiken der Sinn und der Zweck des organisationalen Bestehens in unterschiedlichen *modi operandi* (Vergegenwärtigen etc.) und in Produktion und Reproduktion organisationaler Ressourcen hergestellt. Die organisationale Praxis im Kontext eines Repräsentationsdrangs verweist dabei auf Vorgänge der *Reduktion* von Komplexität, um das Dargestellte vermittelbar zu machen, auf (nicht zuletzt dadurch mögliche) Vorgänge der *Vergegenwärtigung/ Vergewisserung* bewährter und der *Antizipation* möglicher Praxis sowie auf Vorgänge der *materiellen Abbildung* eines organisationsspezifischen Wissens und Könnens der Grenzüberschreitung. Anhand dieser Dimensionen können Ursachen, Bedingungen und Konsequenzen des *Repräsentationsdrangs* konkretisiert werden:

Reduktion/Auswahl: Ein wesentliches Element der Praxis der Identität von grenzüberschreitend- agierenden Organisationen ist – wie auch in Bezug auf den Darstellungszwang erkennbar – eine Inszenierung als *Grenzüberschreitung-Könnende Organisation.* Den Praktiken organisationaler Selbstdarstellung liegen dabei Vorgänge der Reduktion organisationaler Komplexität zugrunde. Nicht die Gesamtheit der Organisation lässt sich zeigen, sondern nur Ausschnitte, die *pars pro toto* stehen. Um Einstellungen, Ziele, Programme, Organisationsphilosophien und Elemente der Organisation(skultur) darstellbar zu machen, wird eine – in der Herstellung durchaus umkämpfte und verhandelbare – Auswahl dessen notwendig, was die Organisationen nach außen darstellen sollen. Eine im Inneren der Organisation geführte Verhandlung darüber, was darstellbar ist und vermittelt werden soll, wird etwa bezüglich der Programmerstellung im *Zentrum KULT* erkennbar (vgl. Abschnitt 5.6.4). Noch deutlicher bringt dies die Produktgenese der *Konzeption Sprachspaß* beim *Kontaktzentrum TRETBOOT* zum Ausdruck (vgl. Abschnitt 6.6.2.2). Während die Komplexitätsreduktion zu Vermittlungszwecken jene Seite der Repräsentationspraxis andeutet, die in einem engen Verhältnis mit

135 siehe Fußnote 131.

einer expliziten Praxis der Selbstdarstellung zu sehen ist und damit auch der Logik eines Darstellungszwangs folgt, impliziert die Praxis der Auswahl des zu Präsentierenden auch einen weiteren Aspekt der Repräsentation: Die Vergegenwärtigung bzw. die Vergewisserung.

Vergegenwärtigung/Vergewisserung: Vorgänge der Reduktion von Komplexität ermöglichen oder verlangen eine Auseinandersetzung mit bewährten Praktiken und Regeln sowie Möglichem und noch nicht Erreichtem. Im Kontext der Reduktion von Grenzkomplexität werden organisationale Praktiken im Umgang mit Grenzüberschreitung vergegenwärtigt, mittels derer sich bestehende und frühere Praxis bewusst gemacht und wieder sichtbar und erlebbar wird.[136] Bezüglich der organisationalen Identitätspraxis kann das Vergegenwärtigen und Vergewissern bestimmter Errungenschaften, vollbrachter Leistungen, von Erfolgen, aber auch Misserfolgen als Voraussetzung des Lernens identifiziert werden. In Bezug auf das organisationsspezifische Repertoire grenzüberschreitenden Wissens und Könnens sowie grenzüberschreitender Stile lernt die Organisation im Sinne einer Vergegenwärtigung von Bewährtem, aber auch im Sinne einer Vergegenwärtigung von eigenen Möglichkeiten neues grenzüberschreitendes Wissen und Können kreieren zu können. Eine organisationale Praxis der Vergegenwärtigung bestehenden Wissens und Könnens zeigt sich im Fall *Zentrum KULT* durchgängig hinsichtlich der Praktiken des Objektivierens und Dokumentierens von deutsch-tschechischer Grenzüberschreitung (vgl. Abschnitt 5.3 und 5.4.3). Im Fall *Kontaktzentrum TRETBOOT* übernimmt diese Funktion das Miteinander-Spielen, mittels dessen sich zugleich – etwa in Form kreativer Kreationen von didaktischen Materialien – immer wieder das eigene Entwicklungs- und Kreationspotential vor Augen geführt wird (vgl. Abschnitt 6.4.3 und 6.5).

136 In „Realismus-kritischer Auffassung“ bestimmen die Philosophen Christoph Jamme und Hans Jörg Sandkühler (2003) Repräsentation als vom „Bewusstsein produzierte Vorstellung“ (ebd., S. 21) und weisen Vergegenwärtigung als eine mögliche Bedeutungsdimension von Repräsentation als „Reproduktion eines früheren mentalen Zustandes“ (ebd., S. 26) aus. An den darin liegenden Verweis auf Repräsentation als erfahrungsbezogenen und -konstituierenden Vorgang der Wiederaufnahme und Verdoppelung kann angeschlossen werden. Für die Analyse organisationaler Praktiken der Repräsentation geht das Verständnis allerdings über eine rein als mentalen Vorgang verstandene Repräsentation hinaus. Göhlich (2009a) hat darauf hingewiesen, dass organisationales Lernen im Medium der Erfahrung erfolgt. Demnach greift die organisationale Praxis „das lebensweltlich, unmittelbar praktisch mit [...] der besonderen Erfahrungssituation verbundene Vorwissen“ (ebd., S. 32f.; vgl. auch Abschnitt 8.2) auf und formiert sich zu Praxismustern, die von organisationalen Akteuren mimetisch habitualisiert werden.

Antizipation: Das sich Vor-Augen-Führen und Vergewissern bewährter und möglicher Praxis vollzieht sich nicht nur als ein Vergegenwärtigen von Vergangenem und Möglichem, sondern auch in der Antizipation von Zukünftigem. Explizite wie implizite Vorgänge der rückblickenden Reflexion zur Optimierung von künftigen Abläufen sowie Vorgänge der Antizipation zur Entwicklung von Visionen und zukünftigen Maßnahmen sind integrale Bestandteile organisationaler Identitätspraxis und verbinden sich oftmals mit einer strategischen „Erschließung alternativer Optionen" (vgl. Geißler 2000, S. 51) zukünftiger Wege, Ziele oder Themen. Ersteres zeigt sich etwa in der praktischen Organisation eines deutsch-tschechischen *Placements* im Rahmen der Preisverleihung im *Zentrum KULT* (vgl. Abschnitt 5.6.3), mittels derer in Anschluss an zurückliegende Ereignisse eine grenzüberschreitende kommunikative Ordnung antizipiert wird. Zweites wird in der als Visionssuche gerahmten Implementation des SMART-Konzepts zur Verbesserung der Jahresplanung im *Kontaktzentrum TRETBOOT* erkennbar, anhand derer eine antizipativ-reflexive Haltung der Mitarbeitenden strategisch eingefordert wird (vgl. Abschnitt 6.4.1).

Abbildung: Eine vierte Dimension des Repräsentationsdrangs kommt in einer Praxis der Vergegenwärtigung als materielle Abbildung zum Ausdruck.[137] So besteht für die Organisationen Anlass und Notwendigkeit, erworbenes, entwickeltes, geklautes oder kopiertes Wissen und Können zu organisieren und abzuspeichern, um es wieder verfügbar zu machen. Eine besondere Form des Abbildens zeigt sich in Bemühungen der Objektivation und Materialisierung organisationaler Ziele und Expertisen. Empirisch interessiert an den Bemühungen des Abbildens organisationaler Wirklichkeit deren konstruktiver Charakter. Im Fall *Zentrum KULT* wird dies eindrücklich in der Manifestation des organisationalen Zwecks, der organisationalen Funktion sowie in der Abbildung der von der Organisation als konstitutiv bezeichnenden Bilingualität im und am eigenen Gebäude sichtbar (vgl. Abschnitt 5.3). Bezüglich des *Kontaktzentrum TRETBOOT* kann ein materielles Abbilden in der konsequenten Praxis der Repräsentation von Parität und Parallelität durch organisationseigene Produktionen beobachtet werden (vgl. Abschnitt 6.5).

137 Wenn von Repräsentation als Praxis der Abbildung gesprochen wird, ist damit eine empirisch relevante Kategorie gemeint. Es sei nochmals darauf hingewiesen, das Repräsentation nicht abbildungstheoretisch als Wirklichkeitsreproduktion, sondern in einem konstruktivistischen Verständnis von Abbildung als *Repräsentation-als* interessiert (vgl. Freudenberger 2003, S. 73).

8.2 Praxisstrategien und Praxismuster

Die organisationalen Praktiken der Selbstdarstellung und Vergegenwärtigung, die sich im Kontext eines Darstellungszwangs und eines Repräsentationsdrangs als Vorgänge der Legitimation, der Akquisition, der Vermittlung sowie des Vergewisserns, der Antizipation und des Abbildens konkretisieren lassen, können bezüglich ihres Grads an Intentionalität, Reflexivität und Habitualisierung in Praxisstrategien und Praxismuster unterschieden werden.[138] Im Fall der hier untersuchten Organisationen sind organisationale Praxisstrategien der Selbstdarstellung mehrheitlich als Konsequenzen des Darstellungszwangs zu finden. In Form expliziter Darstellungsweisen und Artikulationen dienen Praxisstrategien zur Präsentation und Legitimation der Organisation als *Grenzüberschreitung-Könnende Organisation.* Bezüglich des Repräsentationsdrangs formieren sich vornehmlich organisationale Praxismuster der Identität, die den Stil des alltäglichen Miteinander-Arbeitens konstituieren und als emergente und praxisformende *modi operandi* der Herstellung und Bearbeitung organisationaler Differenz und Kohärenz wirken. Mit der Unterscheidung[139] in explizite Praxisstrategien und implizite Praxismuster als zwei Aspekte organisationaler Identität kann an die organisationstheoretischen Überlegungen zum Zusammenhang von Organisationsimage und Organisationskultur von Mary Jo Hatch und Majken Schultz (2000, 2002) angeschlossen werden. Ihrem *Modell der Dynamik organisationaler Identität* liegen erstens eine relationale Kontrastierung der Konzeptionen Corporate Identity und *Organizational Identity* und zweitens eine relationale Differenzierung der Konzepte *Image* und *Culture* zugrunde. Eine Unterscheidung zwischen *Corporate Identity* und *Organizational Identity* wird bezüglich der Kriterien Perspektiven, Rezipienten und Kommunikationskanäle (Hatch und Schultz 2000, S. 17f.) vorgenommen. *Corporate Identity* ist demnach ein Instrument der Unternehmensführung und wird als manageriale Aufgabe definiert, die zum Zweck der Bedürfnisbefriedigung und Interessenentsprechung externer

138 Vor dem Hintergrund der Tatsache, „dass mit „Habitus" und „Praktik" zwar praxistheoretische Begriffe für die Beschreibung und Analyse des individuellen Verhaltens und Handelns vorliegen" stellt Göhlich (2013a) fest, dass „für die für eine Organisation charakteristischen überindividuellen Interaktionsformen" (ebd.) keine eigenen Begriffe existieren. Diesbezüglich schlägt er den Begriff des Praxismusters vor (vgl. auch Göhlich 2007a, 2009a; Göhlich et al. 2012; Engel 2008, 2011, 2013a,b; siehe auch Abschnitt 2.2), der im Folgenden noch ausgeführt wird.

139 In methodologischer Perspektive ist diese Unterscheidung anschlussfähig an die Überlegungen van Maanens (1979), wenn er bezüglich organisationsethnographischer Befunde zwischen *operational datas* – Dokumente und Materialisierungen des alltäglichen Geschäfts – und *presentational datas* – verschönten Außendarstellungen – unterscheidet (ebd., S. 542 sowie Abschnitt 2.1.2)

KundInnen und Stakeholder strategisch und operativ entwickelt und eingesetzt wird (vgl. ebd.; vgl. auch Rometsch 2008, S. 84f.). *Organizational Identity* hingegen wird weiter gefasst. Diese ist nicht ohne weiteres fabrizierbar und beschränkt sich nicht auf das Management und dessen Entscheidung, sondern entsteht in Form impliziter Annahmen und geteilter Werte über die Organisation in der alltäglichen Praxis des Miteinander-Arbeitens aller Organisationsmitglieder. Die Autorinnen sprechen hinsichtlich der *Organizational Identity* von der Notwendigkeit einer „interpersonal interaction", im Gegensatz zu „expressions via communication channels that are mediated via television, [...] and internet" (Hatch und Schultz 2000, S. 19) im Fall der intentionalen Vermittlung und Darstellung einer Corporate Identity. Während die Unterscheidung in explizite Identitätsartikulationen und alltägliche Praktiken der Identität bereits in früheren Beiträgen zur Thematik *organisationale Identität vorgenommen* wird (vgl. Albert und Whetten 1985, für einen Überblick über Diskurs vgl. Rometsch 2008), ist es vor allem als Leistung von Hatch und Schultz anzuerkennen, dass beide Aspekte in einer relationalen Differenz zueinander gedacht werden können. Dies zeigt sich in der theoretischen Begründung dieser Kontrastierung mittels einer Bezugnahme

> "to the two other concepts to which identity has most often been related in both the theory and practice of organizing: the concept of image, which adresses the impressions and perceptions of the organization formed and held by external stakeholders; and the concept of culture, which refers to everyday organizational life as it is experienced by organizational members" (Hatch und Schultz 2000, S. 19f.).

Organisationale Identität konstituiert sich vor diesem Hintergrund zum einen in einem relationalen Differenzverhältnis interner, emergenter und impliziter organisationskultureller Praktiken des Alltäglichen sowie zum anderen in einer nach außen gerichteten und expliziten Anstrengung des Erhalts bestehender Bilder der Organisation. An anderer Stelle beschreiben die Autorinnen diesen Zusammenhang „as an ongoing conversation or dance between organizational culture and organizational images" (Hatch und Schultz 2002, S. 991). Während mit *Organizational Image* jene Seite angesprochen wird, die auf das Verhältnis zwischen präsentierten organisationalen Selbstbeschreibungen und Selbstdarstellungen und den darauf erfolgenden Reaktionen und Zuschreibungen der Umwelt verweist, wird der *Organizational Culture* bezüglich der Identitätsproduktion eine Wechselseitigkeit der Aufnahme und impliziten Bearbeitung dieser Reaktionen innerhalb der organisationalen Praxis und ihrer erneuten Veräußerung als Selbstbeschreibung zugrunde gelegt (vgl. Rometsch 2008, S. 110f.). Hinsichtlich der Frage „how internal and external definitions of organizational identity interact" (Hatch und Schultz

2002, S. 991) geben die Autorinnen in Bezugnahme zur Identitätstheorie George Herbert Meads Antwort, dass sich organisationale Identität als Wechselspiel zwischen „Me“ (im Sinne eines reflexiven Organisationsimage) und „I“ (im Sinne einer sich auf impliziten Annahmen und Werten gründenden Organisationskultur) konstituiert (vgl. Rometsch 2008, S. 111; Hatch und Schultz 2002, S. 994f.).[140] Der hier erkennbare relationale Charakter von *Image* und *Culture* korrespondiert mit der Kontrastierung in Corporate Identity als reflexiv-strategische Darstellung und Entsprechung externer Erwartungen und organisationale Identität als implizit geteilte und gemeinsam gelebte Organisationskultur. Die dynamische Figur eines wechselseitigen Verhältnisses von Umwelterwartungen bzw. -entsprechungen und Organisationskultur zur Konstitution organisationaler Identität soll in der relationalen Unterscheidung in Praxisstrategien und in Praxismuster, wie sie in vorliegender Arbeit vorgenommen wird, mitgeführt werden. Im Sinne einer relationalen Differenz ist die Unterscheidung zwischen Praxisstrategien und Praxismustern der organisationalen Identität keine absolute, sondern eine relative (vgl. Hatch und Schultz 2000, S. 20), die zwei sich bedingende und interdependente Aspekte organisationaler Identitätskonstitution bzw. Identitätskonstruktion betont. Auf Grundlage der empirischen Befunde der vorliegenden ethnographisch ausgerichteten und praxistheoretisch interessierten Studie muss die vornehmlich interaktionistische Perspektive von Hatch und Schultz allerdings um eine *Doing*-Perspektive auf die Wechselseitigkeit von Organisationskultur und Umwelt erweitert werden. Zum einen geraten dadurch nicht nur die expliziten Praxisstrategien der Darstellung und Visualisierung einer gemeinsamen Vorstellung von der Organisation in den Blick, sondern auch deren durchaus umkämpfte und riskante Produktions- und Reproduktionsverläufe sowie deren Fassadenhaftigkeit und Fiktionalität (vgl. Ortmann 2008, S. 235; vgl. auch Kühl 2011). Zum anderen wird sich damit – noch deutlicher als bei Hatch und Schultz der Fall – von Ansätzen abgegrenzt, die Organisationen eine „eigene Kultur“ attestieren (vgl. Dülfer 1991; Schein 2004). So wird angenommen, dass Praxisstrategien und Praxismuster nicht als zu trennende Bestandteile der Konzepte Organisationsimage bzw. Organisationskultur existieren, sondern als Medien und Resultate organisationaler Praxis wirken, die in ihrer jeweils

---

140 In Analogie zu „Me“, welches in der Mead‘schen Theorie als reflexives Ich dem „I“ als nicht-reflexivem Ich gegenübersteht, sprechen Hatch and Schultz (2002) von einem organisationalen „Me“, „when organizational members assume the images that the organization‘s others (e.g. its external stakeholders) form of the organization“ (ebd., S. 995). Im Anschluss an identitätstheoretische Position Meads und der eigenen Logik der relationalen Differenz von Culture und Image folgend, bestimmen die Autorinnen konsequenterweise „organizational culture is to organizational identity what the ‚I‘ is to individuel identity“ (ebd., S. 997).

spezifischen Modalität, Formalität und Prozessualität organisationale Identität herstellen und bearbeiten (vgl. Giddens 1997; Ortmann 1995; vgl auch Abschnitt 2.2.1). Die inhaltlich nun noch zu klärende Unterscheidung in Praxisstrategien und in Praxismuster als relational-differente organisationale Interaktionsformen folgt somit einerseits der Kontrastierungen von Hatch und Schultz und führt diese andererseits in performativ-praxistheoretischer Fokussierung auf die Herstellung und den praktischen Vollzug von organisationaler Identität weiter aus.

Praxisstrategie

Bemühungen von Organisationen hinsichtlich der Fabrikation und des Erhalts eines konsistenten und die Umwelterwartungen entsprechenden Selbstbilds liegen Interaktionsformen zugrunde, die als Praxisstrategien organisationaler Identität bezeichnet werden können. Eine strategische Identitätspraxis von Organisationen zeigt sich dabei nicht nur in der Darstellung und Vermittlung expliziter Identitätsartikulationen, sondern impliziert auch fortwährende Vorgänge des „Bilden und Bauen [...] Frisieren und Erheucheln" einer zweckvollen Außendarstellung (vgl. Ortmann 2008, S. 219). Wird die Interaktionsform der Praxisstrategie als reflexiv-intentionale Arbeit an der organisationalen Identität verstanden, so liegt zunächst der Verweis auf Konzeptionen der Corporate Identity (s.o) nahe. Im Sektor des Marketing und der Organisationsberatung sowie im betriebswirtschaftlichen Diskurs werden unter dem Label der Corporate Identity Konzepte der strategischen Entwicklung von organisationaler Selbstdarstellung und zweckrationalen Artikulationen von Unternehmensphilosophien diskutiert. Im Anschluss an Birgkit und Stadler kann die strategische Praxis organisationaler Identität als

> „geplante und operativ eingesetzte Selbstdarstellung und Verhaltensweise eines Unternehmens [...] nach innen und außen auf Basis einer festgelegten Unternehmensphilosophie, einer langfristigen Unternehmenszielsetzung und eines definierten (Soll)-Images [...]" (Birkigt/Stadler 1992, S. 18, zitiert nach Rometsch 2008, S. 54).

konkretisiert werden. Organisationsidentität erscheint demnach als Anstrengung der Erstellung eines kohärenten Erscheinungsbilds, um in marktwirtschaftlichen Logiken des Wettbewerbs mit Einzigartigkeit und Profilspezifik zu bestehen. Da die Corporate Identity in erster Linie die Umwelt der Organisation adressiert und nicht zuletzt zum Zweck der Legitimation über Ziele und Werte der Organisation informiert, können Vorgänge ihrer Stabilisierung und ihres *Frisierens* als zentral gelten. Die *Corporate Identity* einer Organisation unterliegt somit einer fortwährenden Bearbeitung im Alltäglichen. Als zu klärende Frage, „wer wir sind", „wofür wir stehen" oder „wohin wir wollen", wird sie vor allem in Umbruchsphasen und

Momenten der Rezension virulent (Rometsch 2008, S. 62; vgl. auch Hatch und Schultz 2002 und oben). Dieser Aspekt ist für die fallspezifische Betrachtung der beiden Organisationen der Grenzüberschreitung insofern von Relevanz, als diese als EU-geförderte Projektorganisation bzw. als Organisation im ministeriellen Auftrag im Kontext eines andauernden Bewährungs- bzw. Refinanzierungszwangs diese Identitätsfragen als Legitimationsfragen beantworten müssen. Die dort stattfindenden organisationalen Bemühungen der Erstellung einer nach außen gerichteten Corporate Identity in Form von Visualisierungen der Parität in Broschüren und Selbstbeschreibungen und in Form räumlich-artefaktischer Materialisierungen können als Praxisstrategien der Fabrikation von Identität zur Legitimationssicherung (vgl. Ortmann 2008, S. 235) und als Praxisstrategien der Aufrechterhaltung bzw. Verschönerung der organisationalen Fassade (vgl. Kühl 2011, S. 139) verstanden werden. Im Fall *Kontaktzentrum TRETBOOT* zeigt sich dies etwa bezüglich des erstellten Produkts *MeXeso*, in dessen Genese das Prinzip eines paritätisch deutsch-tschechischen Designs explizit reproduziert wird bzw. – als top-down formulierter Auftrag – reproduziert werden soll (vgl. Abschnitt 6.5). Für das *Zentrum KULT* können die Bemühungen der Objektivation der selbsternannten Zentrumsfunktion in Form von Artefakten und die damit verbundene Praxis des Dokumentierens erfolgreicher Grenzüberschreitung als strategische Arbeit an einem konsistenten Erscheinungsbild identifiziert werden (vgl. Abschnitt 5.3).

Praxisstrategien der Identität – so kann zusammengefasst werden – sind intentionale, zweckrationale und vornehmlich auf die Außenwirkung abzielende organisationale Interaktionsformen der Darstellung und Vermittlung einer Corporate Identity, die zum Zweck der Legitimation, der Akquisition und des Bestehens im Wettbewerb nicht zuletzt auch als *Frisieren* und *Verschönern* des konsistenten organisationalen Erscheinungsbilds erfolgen. Vorgänge der Herstellung und Bearbeitung dieser Praxisstrategien organisationaler Identität können als strategisches Identitätslernen der Organisation identifiziert werden. Im Anschluss an organisationspädagogische Konzeptionen des Organisationslernens kann das strategische Identitätslernen der Organisation erstens als Vorgang einer zweckrationalen Anpassung der Darstellungspraxis im Sinne einer Adaption von Umwelterwartungen, zweitens als strategische Erschließung neuer Möglichkeiten der Darstellung und drittens als kollaborative Bearbeitung und Suche nach einer konsistenten Außendarstellung erfolgen: 1. Im Kontext eines fortwährenden Darstellungs- und Legitimationszwangs (s.o.) verläuft strategisches Identitätslernen oftmals als ein „operatives Anpassungslernen" (Geißler 2000, S. 51) der Organisation. Geißlers Überlegungen zur Rationalitätssteigerung organisationalen Lernens folgend, vollzieht sich ein solch adaptives Organisationslernen in Bezugnahme auf bestehende Ziele und Strategien und wird „als ein Mittel zur Erreichung dieser […] konzipiert"

(Geißler 2000, S. 51). Das strategische Identitätslernen der Organisation besteht dann darin, dass bezüglich der Corporate Identity Anforderungen und Erwartungen der Umwelt aufgenommen und die Praxisstrategien der organisationalen Präsentation entsprechend angepasst werden. Im empirischen Material zeigt sich ein operatives Anpassungslernen im Fall *Kontaktzentrum TRETBOOT* hinsichtlich der *Praxisstrategie der adaptiven Transformation* (vgl. Abschnitt 6.6.2.1). In der Entwicklung der *Konzeption Sprachspaß* werden hier Ziele bestehender Programme adaptiert und an den Kontext der deutsch-tschechischen Grenzüberschreitung angepasst. Im Fall *Zentrum KULT* kann bezüglich der *Praxisstrategie der sorgfältigen Planung und Antizipation interkultureller Verständigung* ein adaptives – explizite Ziele und Funktionen der Organisation reproduzierendes – Identitätslernen konstatiert werden (vgl. Abschnitt 5.6.3) 2. Im Kontext sich ändernder Umweltbedingungen und vor dem Hintergrund ungewisser Zukunft wird strategisches Identitätslernen zudem oftmals „als Erschließung alternativer Optionen" (Geißler 2000, S. 51) konzipiert. Dies verweist darauf, dass strategisches Identitätslernens der Organisation sich nicht nur als zweckrationale Anpassung vollzieht, sondern auch als intentionale und didaktisch angeleitete Entwicklung oder Veränderung erfolgen kann. Mit Blick auf die empirischen Befunde kann für ein strategisches Identitätslernen als *Erschließung alternativer Optionen* exemplarisch an den Vorgang der Implementierung eines Planungskonzepts anlässlich einer expliziten Identitätsfrage im Fall des *Kontaktzentrum TRETBOOT* erinnert werden. Hier wird die Einführung der *Praxisstrategie SMART* zur Erhöhung der effektiven Zielfindung explizit mit der Feststellung verbunden, dass neue Ziele und alternative Themen generiert werden müssen (vgl. Abschnitt 6.4.1).[141] Im Fall *Zentrum KULT* kann die Entwicklung der *Praxisstrategie der Gastwirtschaftlichkeit*, die als Reaktion auf Umwelterwartungen eine bestehende Praxis der Gastlichkeit abändert, als strategische Erschließung neuer Möglichkeiten eines Umgangs mit Gästen gesehen werden (vgl. Abschnitt 5.5.3). 3. Letztlich zeigen sich Aspekte eines strategischen Identitätslernens der Organisation auch in Vorgängen des Zusammenführens und Dokumentierens verschiedener Wissensbestände innerhalb der Organisation (Berthoin Antal und Quack 2006, S. 17) sowie in kollaborativen Vorgängen organisationaler Untersuchungen (Argyris und Schön 1999; Boreham 2008, vgl. auch Abschnitt 2.2.2). Für das *Kontaktzentrum TRETBOOT* kann diesbezüglich auf die *Praxisstrategie der (kreativen) Repräsentation grenzüberschreitender Expertise* verwiesen werden.

---

141 Wird im Anschluss an die Überlegungen von Hatch und Schultz Corporate Identity vor allem als Aufgabe und Instrument der Unternehmensführung verstanden, so könnten Praxisstrategien der organisationalen Identität auch in einem Zusammenhang mit Ansätzen des strategischen (Wissens)Managements in Verbindung gebracht werden (vgl. Bleicher 1991; Prange 2002; Al-Laham 2003).

Diese wird als intentionale und das Corporate Design reproduzierende Präsentation grenzüberschreitender Expertise eingesetzt. Sie vollzieht sich als dialogische Auseinandersetzung über die richtige Außendarstellung und reproduziert dabei das Coporate Design (Parallelität und Parität) sowie eine bezüglich der Selbstdarstellung wirkungsvolle Praxis der Komplexitätsreduktion (vgl. Abschnitt 6.6.3.2).

Praxismuster

Neben reflexiven und zweckfunktionalen Praxisstrategien der organisationalen Präsentation sind in einer praxistheoretisch interessierten Betrachtung grenzüberschreitender Organisationsidentitäten auch die zugrunde liegenden Verhandlungen und Reproduktionsverläufe dieser Praxisstrategien sowie (und vor allem) die alltäglichen Vorgänge der Vergewisserung und Vergegenwärtigung eines spezifischen organisationalen Stils der Grenzüberschreitung als Ausdruck organisationaler Identität zu betrachten. Wie oben bereits ausgeführt, ist die reflexive und intendierte Darstellung eines gewollten und gewünschten Selbstbilds nur ein Aspekt der Praxis der organisationalen Identität. Sie vollzieht sich auch als selbst- wie weltbezogene Praxis der Vergegenwärtigung von Sinn, Differenz und Kohärenz (Kapitel 7). Damit ist nicht die kognitive Reproduktion gemeinsam geteilter und impliziter Grundannahmen (basic assumptions) über das Wesen der Organisation gemeint, sondern in erster Linie eine praktisch-körperliche Aufführung, Herstellung, Vermittlung und Bearbeitung eines spezifischen organisationalen Stils des Miteinader-Arbeitens. Folgt man den Überlegungen Göhlichs, formiert sich dieser spezifische Stil zu überindividuellen Praxismustern der Organisation (Göhlich 2007a, 2009a, 2011, 2013a, vgl. auch Engel 2006, 2008, 2013a,b; Göhlich et al. 2012), die zugleich Medium wie Resultat mimetischer Lernprozesse sind. Folgende Definition von Praxismuster wird vorgelegt:

> „Ein Praxismuster [...] ist ein sichtbares, wiederkehrendes, zeiträumlich begrenztes, für die Beteiligten selbstverständliches, organisationale Identität stiftendes, unter Beteiligung mehrerer Organisationsmitglieder erzeugtes bzw. aufgeführtes, formal weitgehend festgestelltes Kommunikations- bzw. Kooperationssegment, das in seinen Wiederholungen [...] als ein charakteristischer, die weitere Praxis prägender Modus der Praxis der betreffenden Organisation erscheint" (Göhlich 2013a).

Demzufolge sind Muster nicht mentale oder kognitive Programmierungen, sondern als Elemente organisationaler Praxis zu verstehen. Sie formieren sich wiederkehrend zu einem für die jeweilige Organisation charakteristischen Modus einer interaktiven und kollaborativen Praxis mehrerer organisationaler Akteure. Aufgrund ihres wiederholten Vollzugs in der alltäglichen Praxis übernehmen sie eine die Praxis der

Organisation prägende Funktion. Exemplarisch kann hier das Praxismuster der gastlichen Sorge um das leibliche Wohl des Zentrum KULT genannt werden. Dieses vollzieht sich als fürsorgliche Betreuung deutscher und tschechischer Gäste und als Vergegenwärtigung eines stillen Prinzips der Gastlichkeit. In seiner regelmäßigen Wiederholung stabilisiert und prägt dieses Praxismuster einen Stil der Organisation grenzüberschreitender Verständigung (vgl. Abschnitt 5.5.2). Auch wenn Praxismustern zweifelsohne ein hohe Stabilisierungsfunktion zugeschrieben werden kann, sind diese im wiederholten Mit- und Nachvollzug der organisationalen Akteure aber niemals ‚bloße' Reproduktionen, sondern prinzipiell veränderbar. An anderer Stelle verdeutlicht Göhlich den Begriff des Musters bezüglich eines organisationspädagogischen Verständnisses von organisationalem Lernen und konstatiert, dass sich „[d]ie Praxis einer Organisation […] zu (praktischen, wiederholt aufgeführten) Mustern" (Göhlich 2009a, S. 35) formiert und diese nicht in „duplizierender Wiederholung, sondern mimetisch" (ebd.) wirken. Demnach wird organisationales Lernen als „mustermimetischer Prozess" (ebd.) entworfen, in dem Routinen, Rituale und verkörperlichte Gewohnheiten einer Organisation gleichermaßen tradiert wie modifiziert werden können (vgl. Abschnitt 2.2.2). An diese Überlegungen zum Begriff des Praxismusters und seinen Implikationen hinsichtlich organisationalen Lernens soll angeschlossen werden. So können für den Kontext dieser Arbeit habitualisierte und routineförmige organisationsspezifische Modi der Bearbeitung, Überwindung oder Ignoranz (national-)kultureller, sprachlicher und struktureller Grenzen und Differenzen als Praxismuster gelten, die in ihrem wiederholten Vollzug einen organisationsspezifischen Stil grenzüberschreitenden Wissens und Könnens nicht nur festigen, sondern auch modifizieren. Für das *Kontaktzentrum TRETBOOT* lässt sich dies anhand des *Praxismusters der kooperativen Kreation* verdeutlichen. Das Entwickeln von gemeinsamen Produkten erfolgt wiederholt als kooperativer Vorgang und in kreativer Auseinandersetzung mit kulturellen, sprachlichen und strukturellen Übersetzungsanforderungen. Dabei werden bekannte Differenzverhältnisse nicht reproduziert, sondern aufgebrochen und modifiziert. Dies zeigt sich in der Entwicklung sprachlich-hybrider Bezeichnungen (Spiel *MeXeso*, vgl. Abschnitt 6.5) oder in unkonventionellen Darstellungsformen deutscher und tschechischer Texte (vgl. Abschnitt 6.6.1). Vor dem Hintergrund dieser und ähnlicher empirischer Befunde wird deutlich, dass sich die organisationale Identitätspraxis neben strategischen Praktiken auch in musterförmigen Praktiken konstituiert. In Erweiterung zur obigen Definition Göhlichs möchte ich akzentuieren, dass hier unter Praxismuster vornehmlich habitualisierte, routineförmige und rituelle (solange nicht intendiert) Vorgänge verstanden werden, die nicht reflexiv eingeholt werden können bzw. (noch) nicht formal festgelegt sind. So werden unter „festgestellten Kommunikations- und Kooperationssegmenten", im obigen Zitat als Charakteristika von Praxismustern aufgeführt, in vorliegender Arbeit Praxisstrategien bezeichnet, die sich – möglicherweise vormals als Praxismuster wirkend – gerade aufgrund ihrer Formalisierung und Zweckrationalisierung von diesen unterscheiden. Dass der Übergang von einem Praxismuster zu einer Praxisstrategie bzw. die reflexive und formalisierende Bearbeitung eines Praxismusters fließend verlaufen kann, zeigt sich empirisch bezüglich des Praxismusters der gastlichen Sorge im Fall *Zentrum KULT*. Als Reaktion auf umweltliche Veränderungen wird der habitualisierte gastliche Umgang mit Fremden reflektiert und kontextbezogen in eine Strategie der gastwirtschaftlichen Sorge überführt (vgl. Abschnitt 5.5.3). Im *Kontaktzentrum TRETBOOT* zeigt sich Ähnliches hinsichtlich einer strategischen Intervention des *Praxismusters kooperative Kreation* zum Zweck des Erhalts des Corporate Designs (vgl. Abschnitt 6.5). Dienen Praxisstrategien folglich der expliziten oftmals auf öffentliche Darstellung ausgerichteten Herstellung von Kontinuität und Kohärenz und unterliegen dabei einer funktionalen und zweckrationalen Logik, formen demgegenüber Praxismuster als latente Vorgänge den Stil des Miteinander-Arbeitens und -Lebens in Organisationen. Als Beitrag zur inhaltlichen Klärung von Praxismuster soll abschließend das dieser Interaktionsform zugrunde liegende performative Wissen und seine Relevanz im Hinblick auf das mustermimetische Organisationslernen thematisiert werden (vgl. Engel 2006; Sausele-Bayer 2011). In Analogie zu den praxistheoretischen Überlegungen Reckwitz', demnach einer sozialen Praktik als „Nexus wissensabhängiger Verhaltensroutinen" (Reckwitz 2008, S. 115) inkorporiertes Praxiswissen zugrunde liegt (vgl. Abschnitt 2.2.1), kann auch für Praxismuster als organisationale Interaktionsform ein zugrunde liegendes performativ-praktisches Wissen angenommen werden. Dies ist in zweifacher Hinsicht bedeutsam. Erstens hilft es einmal mehr die Unterscheidung zu Praxisstrategien vorzunehmen. Zwar liegt auch diesen ein Praxiswissen zugrunde, im Unterschied zu Praxismustern handelt es sich dabei aber um ein explizites und *verständigtes Wissen*. Zweitens kann dadurch klarer gesehen werden, was in einem mustermimetischen Vorgang organisationalen Lernens vermittelt bzw. angeeignet wird. So ist etwa der Erwerb oder die Übernahme eines die Praxis der Organisation charakterisierenden Modus durch organisationale Akteure oder die Vermittlung eines organisationalen Stils des Arbeitens als das Erlernen einer organisational situierten Praxis, als das Inkorporieren eines organisationsspezifischen methodischen Darstellungswissens um die Aufführung des Körpers oder um die richtige Verwendung relevanter Gegenstände zu verstehen (siehe auch Abschnitt 2.2.1).[142] Empirisch zeigt sich ein mustermime-

142 Die Bedeutung eines performativen bzw. praktisch-körperlichen Wissens für mimetisch wirksame Vorgänge der Aneignung und Vermittlung ist von Christoph Wulf und Gunther Gebauer (1992, 1998) ausführlich dargelegt worden.

tisches Organisationslernen des *Zentrum KULT* etwa im *Praxismuster des Arrangierens zu Dokumentationszwecken* (vgl. Abschnitt 5.4.3) und des *Kontaktzentrum TRETBOOT* im *Praxismuster des gemeinsamen Spielens* (vgl. Abschnitt 6.4.3). In der wiederholten Aufführung der Praxismuster lassen sich im kollektiven Vollzug desselben eine Tradierung (im Fall des Arrangierens) bzw. eine Transformation (im Fall des Spieles) des praktischen Musterwissens nachvollziehen.

8.3 Tradierung und Transformation

Bisherige Überlegungen zur Konstitution organisationaler Identität können folgendermaßen zusammengefasst werden: *Die Praxis organisationaler Identität basiert auf den als überindividuell zu charakterisierenden Interaktionsformen der Praxisstrategie und des Praxismusters und bedingt sich durch einen Darstellungszwang bzw. einen Repräsentationsdrang. Demnach werden Praxisstrategien organisationaler Identität im Kontext der Notwendigkeit, sich als „kompetente" Organisation einer vielseitigen Öffentlichkeit gegenüber zu präsentieren, entwickelt. Anwendung und Einsatz finden diese als reflexive und zweckrationale Vorgänge der Herstellung und Bearbeitung einer konsistenten organisationalen Präsentation (Darstellung und Vermittlung der Corporate Identity). Die alltägliche organisationsspezifische Praxis des Miteinader-Arbeitens und -Lebens formiert sich hingegen in von organisationalen Akteuren habitualisierten und routineförmigen Praxismustern. Im sich wiederholenden Vollzug wirken Praxismuster im Sinne einer nach innen gerichteten, die organisationale Lebenswelt betreffenden Repräsentation (Vergegenwärtigung und Vergewisserung) und prägen damit den Modus der Praxis einer Organisation, ihren spezifischen organisationalen Stil.* Die Vorgänge der Herstellung und Bearbeitung dieser Praxisstrategien und Praxismuster organisationaler Identität, genauer: die Erarbeitung und Vermittlung, Bekräftigung und Modifikation des hier zugrunde liegenden praktischen Wissens und Könnens, verweisen auf organisationales Identitätslernen. Für den Kontext der untersuchten grenzüberschreitend-agierenden Organisationen kann konkretisiert werden: Die Organisationen sind fortwährend damit beschäftigt, Praxisstrategien der organisationalen Präsentation sowie ein diesbezüglich *verständigtes Wissen und Können* und Praxismuster der organisationalen Repräsentation eines grenzüberschreitenden Miteinanders sowie ein zugrunde liegendes implizit-performatives Wissen zu produzieren, zu erhalten, zu sichern, zu erneuern, zu verändern oder anzupassen. Wie bereits im Anschluss an Mollenhauer im Abschnitt zu *Identität und Identitätslernen* angedeutet (vgl. Kapitel 7), können diese Vorgänge der Herstellung und Bearbeitung von organisationalen Wissens- und Könnensbeständen der Grenzüberschreitung die Praxis der Identität der Organisation festigen und stabilisieren (Tradierung) oder auch riskieren und modifizieren (Transformation). Im Kontext der grenzüberschreitenden Ausrichtung der Organisationen erfolgen tradierende bzw. transformierende Vorgänge organisationalen Identitätslernens in ständiger Auseinandersetzung mit aus der programmatischen Grenzüberschreitung resultierenden kulturellen, sprachlichen und strukturellen Übersetzungsanforderungen. Mithilfe des Übersetzungsbegriffs lassen sich diese Prozesse organisationalen Identitätslernens im Fall der Stabilisierung von Praxisstrategien und -mustern als Tradierung bzw. im Fall ihrer Modifikation als Transformation ausführen.

Wie im Methodenkapitel dieser Arbeit dargelegt, kann mittels einer organisationsethnographischen Analyseeinstellung des *border-thinking* im Anschluss an die Übersetzungsperspektive Budens Vorgänge der *interkulturellen Übersetzung* von Vorgängen der *kulturellen Übersetzung* bzw. *Hybridisierung* unterschieden werden (vgl. Abschnitt 3.3). In den ethnographischen Fallanalysen wurde dieser Perspektive folgend die organisationale Praxis der Herstellung und Bearbeitung einer grenzüberschreitenden Identität als relativ geschlossene Wiederholung binärer Logiken und bestehender Differenzen (interkulturelle Übersetzung) oder als ein Differenzen und binäre Logiken unterlaufender und hybridisiender Vorgang (kulturelle Übersetzung) beschrieben. Die Differenzierung Budens ist dabei nicht nur forschungsmethodisch von Relevanz, sondern lässt sich auch gegenstandstheoretisch wenden. Folgt man einer solchen Perspektivenverschiebung, dann entwickeln die Organisationen einerseits Praxisstrategien und Praxismuster, die erprobte Grenzüberschreitungen oder Grenzziehungen und zugrunde liegendes Wissen und Können reproduzieren und damit im Sinne einer relativ geschlossenen Wiederholung *interkulturell* übersetzen. Andererseits zeigen sich Praxisstrategien und -muster, die bewährte Grenzüberschreitungen unterlaufen und Räume schaffen, in denen Differenzen und Differenzverhältnisse verhandelbar werden und in denen Wissensbestände und ein Können der Grenzüberschreitung kreativ produziert werden. Im Sinne einer relativ geschlossenen Wiederholung von Praxisstrategien und -mustern organisationaler Identität erscheinen die nach außen gerichtete Präsentation sowie die vornehmlich nach innen gerichteten Vergegenwärtigung und Vergewisserung als *Grenzüberschreitung-Könnende Organisation* als sichernde, bewahrende und verstehende Herstellung und Bearbeitung erprobter Differenz- und Grenzkonstruktionen. Diese Vorgänge akzentuieren den Moment der Tradierung. Praxisstrategien und Praxismuster der Darstellung und Repräsentation (Vergegenwärtigung), die für Neues offen sind, das Bewährte oder Vorgegebene riskieren und in kreativer Reproduktion eine neue grenzüberschreitende Darstellungspraxis wagen, ein neues Wissen und Können der Grenzüberschreitung erzeugen oder einen neuen Stil des grenzüberschreitenden Miteinanders generieren, können als Transformationen bezeichnet werden. Die Vorgänge der Tradierung und der Transformation sind im Anschluss an das Konzept der (inter-)kulturellen Übersetzung als Verlaufsformen organisationalen Identitätslernens im Kontext der Grenzüberschreitung benannt und können bezüglich ihrer pädagogischen Implikationen näher erläutert werden:

Tradierung

Mit dem Begriff der Tradierung werden weitläufig Vorgänge der Übertragung und Überlieferung bezeichnet, die in Form möglichst geschlossener Reproduktion Gewohnheiten, Routinen, praktisches Wissen, Regeln des Miteinanders und Deutungsmuster bekräftigen und „auf diese Weise die Kontinuität von Vergangenheit, Gegenwart und Zukunft erzeugen" (Brüggen 2005, S. 1528). Friedhelm Brüggen differenziert die tradierende Weitergabe von Wissensbeständen und Können in bewusste und unbewusste Vorgänge (vgl. ebd.). Während sich die „unbewusste Traditionsvermittlung" in Anschluss an Weber als „traditionales Handeln" (ebd.) unbewusst, schematisch und unreflektiert vollzieht, „wird unter der bewussten Übernahme der Tradition die wissentliche und gewollte Unterordnung eigener Handlungsorientierungen und Entscheidungen und die Verbindlichkeit des Vorgegebenen verstanden" (ebd.). Vor dem Hintergrund bisheriger Überlegungen kann mittels dieser erziehungswissenschaftlichen Deutung und Differenzierung des Begriffs der Tradierung eine mögliche Verlaufsform organisationalen Identitätslernens konkretisiert werden. So wäre die bewusste und intendierte Stabilisierung organisationaler Darstellung (Corporate Identity) bzw. organisationalen Darstellungswissens als ein Vorgang strategischer Tradierung zu bestimmen. Empirisch zeigt sich dies in beiden untersuchten Fällen in Bezug auf die Praxis der Selbstdarstellung im Kontext öffentlicher Veranstaltungen. Sowohl die *Praxisstrategie der Präsentation von Binationalität und Bilingualität* des *Zentrum KULT* (vgl. Abschnitt 5.4.1) als auch die *Praxisstrategie der (kreativen) Präsentation grenzüberschreitender Expertise* des *Kontaktzentrum TRETBOOT* (vgl. Abschnitt 6.6.3.2) können als Darstellungen und Darstellungswissen tradierende Vorgänge identifiziert werden. Die unreflektierte und zyklische Weitergabe implizit praktischen Wissens organisationaler Selbstvergewisserung wäre demgegenüber ein Vorgang mustermimetischer Tradierung. Die Tradierung einer habitualisierten Interaktionsform ist im Fall *Zentrum KULT* bezüglich des *Praxismusters des Arrangierens zum Zweck der Dokumentation* erkennbar (vgl. Abschnitt 5.4.3). Trotz der zu Recht betonten „sozialkonservativen Tendenz" („Tradition" 2007) von Tradierungsvorgängen muss aber auch berücksichtigt werden, dass die Übertragung und Vermittlung von identitätsrelevanten Traditionen niemals reine Duplikation ist, sondern im Sinne einer Erzeugung von Kontinuität überlieferte Werte, Wissensbestände und Regeln etc. auch „immer neu durch Prozesse der Bewertung und Kritik im Wandel der Generationen […] verändert“ (ebd.) werden. Dies deutet auf Vorgänge der Transformation hin.

Transformation

Mit dem Begriff der Transformation werden häufig Prozesse der Umwandlung, Übertragung und Umformung beschrieben, die meist Vorgänge prinzipiell offener Reproduktion und Modifikation von sozialen Verhältnissen, Deutungs- und Handlungsmustern und Orientierungen oder die übertragende Anwendung von bereits erworbenen Wissen auf andere Bereiche bezeichnen (vgl. Göhlich 2009c). Im pädagogischen Diskurs zur Erwachsenenbildung wurde der Begriff der Transformation von Ortfried Schäffter diskutiert (Schäffter 2001a,b, vgl. auch Weber 2005). Bezüglich eines gesellschaftlich bedingten „Funktionswandels von Weiterbildung“ (Schäffter 2001a, S. 17) konstatiert Schäffter eine Relevanz „neuartiger Transformationsmuster“ (ebd.), die die Organisation lebensbegleitenden Lernens bedingen. Insgesamt benennt der Autor vier Modelle der Transformation, die sich in lineare bzw. in reflexive Transformationsmuster unterscheiden lassen (vgl. ebd., S. 29). Interessant ist an dieser Unterscheidung, dass lineare Transformationen zielbestimmt und planbar erfolgen, reflexive Transformationen hingegen als zieloffen und als Prozess „permanenter Selbstvergewisserung“ (ebd., S. 26) verlaufen. Bezüglich der Differenzierung in strategische (tendenziell zielbestimmte) und musterförmige (tendenziell zieloffene) Transformationen ist hieran anzuschließen. Problematisch erscheint allerdings, dass bei Schäffter grundsätzlich von einer „defizitären Mangellage“ (ebd.) ausgegangen wird, die im Sinne einer Didaktisierung der Transformationsmodelle Planungs- und Kontrollansprüche (vgl. ebd., S. 29f.) formuliert und damit die prinzipielle Offenheit von Transformationen pädagogisch zu überformen droht. Transformation interessiert in vorliegender Arbeit nicht als didaktische Herausforderung und nicht nur als didaktisch angeleiteter Modifikationsprozess, sondern vor allem im Hinblick auf seine Selbstorganisation und Selbstreferentialität. In diesem Sinne wird seit einiger Zeit das Konzept der Transformation in bildungstheoretischen Überlegungen bemüht. Hans-Christoph Koller versteht unter Bildung die Transformation „des Welt- und Selbstverhältnisses von Subjekten“ (Koller 2007, S. 70, vgl. auch Koller 2012) und fragt, „wie im Zuge von Transformationen *Neues* entsteht, wie also neue Grundfiguren des Welt- und Selbstverhältnisses hervorgebracht werden“ (Koller 2007, S. 70). Bezüglich der Suche nach Bedingungen und Verlaufsformen von transformatorischen Bildungsprozessen wird als Anlass der Transformation vor allem die Begegnung mit externen Ansprüchen und daraus resultierenden krisenartigen Erfahrungen betont (vgl. ebd., S. 71). Der Verlauf von Transformation ist demnach nicht eine „bloße Entfaltung innerer Kräfte“, sondern wird vor allem als „responsives Geschehen“ (ebd.) bestimmt, in dem

> „Grenzen einer gegebenen Ordnung nicht einfach bestätigt werden und in denen deshalb das die bisherige Ordnung störende Fremde einen Platz finden kann, ohne einfach subsumiert und in die bisherige Ordnung integriert“ (ebd., S. 77)

wird. Betrachtet man organisationales Lernens als transformierenden Vorgang organisationaler Selbst- und Weltverhältnisse und nimmt des Weiteren an, dass eine Selbstreferentialität organisationalen Lernens (die nicht zweckrationalen Logiken folgt) als Kriterium gilt, um von organisationaler Bildung zu sprechen[143], können mithilfe der bildungstheoretischen Überlegungen Kollers die Veränderungen organisationaler Praxisstrategien und Praxismuster grenzüberschreitender Darstellung und Vergegenwärtigung als organisationale Identitätstransformationsprozesse konkretisiert werden. Die Anlässe organisationalen Identitätslernens sind demnach (krisenartige) sprachliche und kulturelle Übersetzungsanforderungen und -zwänge aufgrund einer programmatisch-grenzüberschreitenden Ausrichtung der Organisation, die kollektiv im Namen der Organisation und für die Organisation bewältigt werden oder werden müssen (vgl. Geißler 2000, S. 45ff.). Selbstreferentielle Prozesse der gemeinsamen Bearbeitung und Erzeugung von Übersetzungsanforderungen und sich daraus ergebende Transformationen organisationaler Stile zeigen sich dabei in uneinheitlichen, missverständlichen, kooperierenden oder konkurrierenden Formen der Praxis der Darstellung und der Vergegenwärtigung der Organisation. Das Identitätslernen der Organisation im Kontext der Grenzüberschreitung kann so als ein Übersetzungsprozess verstanden werden, der reflexiv als strategische Transformation und bezüglich der Selbstorganisation organisationalen Lernens als mustermimetische Transformation erfolgt. Für eine mustermimetische Transformation bestehender Differenzverhältnisse kann im Fall *Kontaktzentrum TRETBOOT* exemplarisch auf das *Praxismuster der kooperativen Kreation* (vgl. Abschnitt 6.5), für eine strategische Transformation bestehender Zielformulierungen auf den Implementationsprozess der *Praxisstrategie SMART* (vgl. Abschnitt 6.4.1 und 6.4.2) verwiesen werden.

---

143 Eine ähnliche Auslegung von Bildung als *Deutero-Lernen* (Bateson 1985, eigene Herv.) ist – wenn auch nicht bezogen auf Organisation, sondern auf Fragen des menschlichen Lernens – Ausgangspunkt bildungstheoretischer Überlegungen bei Winfried Marotzki. In dessen Entwurf einer strukturalen Bildungstheorie reflektiert er eingangs das Verhältnis von Bildung und Lernen und konstatiert, dass Bildungsprozessen immer Lernen oder Lernhandlungen zugrunde liegen (vgl. Marotzki 1990, S. 32 ff.). Jene Lernprozesse, die entsprechend Batesons *Lernen II* den Rahmen von Vorgängen *des Lernen I* transformieren und damit die „Welt- und Selbstreferenzen qualitativ ändern“ (ebd., S. 52) werden als Bildungsprozesse bezeichnet (Für ausführlichere Überlegungen zum Verhältnis von Bildung und organisationales Lernen, vgl. Geißler 2000, Engel 2012a).

8.4 Organisationales Identitätslernen – ein heuristisches Modell

Vor dem Hintergrund bisheriger Überlegungen erscheint organisationales Identitätslernen als ein Vorgang der Herstellung und Bearbeitung einer spezifischen organisationalen Darstellungspraxis sowie eines spezifischen Stils organisationaler Repräsentationspraxis, der sich im Hinblick auf die Bedingungsstruktur, die Interaktionsform sowie die Verlaufsform als relationale Differenz von drei Kategoriepaarungen konstituiert: Die *Tradierung* bzw. *Transformation* der organisationalen Interaktionsform *Praxisstrategie* bzw. *Praxismuster* der Identität erfolgt im Spannungsfeld eines *Darstellungszwangs*, der auf die ständige Legitimations- und Vermittlungsnotwendigkeit von organisationalen Zwecken und Zielen verweist, und eines *Repräsentationsdrangs*, der den Bedarf an der Vergegenwärtigung und Selbstvergewisserung des organisationalen Stils der Grenzüberschreitung anzeigt (vgl. Abb. 10). Überführt man diese relationalen Differenzierungen in eine graphische Veranschaulichung, ergibt sich ein dreidimensional axiales Gebilde.

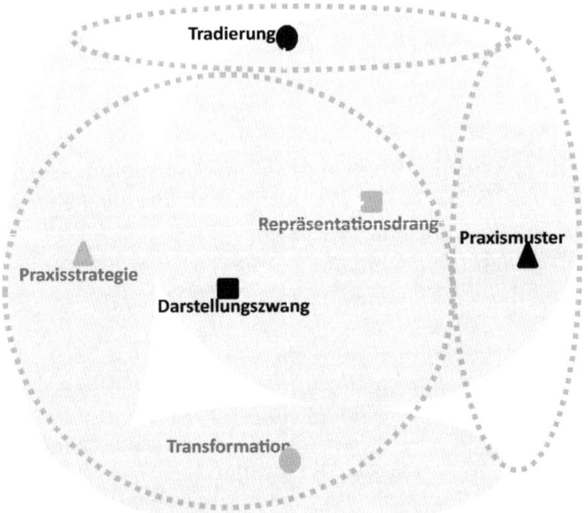

Abb. 10 Matrix organisationaler Identität (eigene Darstellung)

Die geometrische Darstellung ermöglicht, den relational-differenten Charakter der einzelnen Kategorienpaare und zugleich deren Zusammenwirken für die Konstitution organisationaler Identität zum Ausdruck zu bringen. Allerdings birgt die Visualisierung eines begrifflichen Konstrukts stets Reduktionsrisiken. So entspricht die durch die Würfelform vorgegebene Symmetrie und Abgeschlossenheit nicht der in Kapitel 7 entwickelten Auffassung von Identität als Praxis der Differenz. Die durch die diametrale Achsenanordnung der jeweiligen Kategorienpaare entstehende (und determinierende!) Fläche ist deshalb mit Symbolen (Dreieck, Kreis und Quadrat) gekennzeichnet, die die prinzipielle Flexibilität und Beweglichkeit der Kategorien zueinander zum Ausdruck bringen möchte.[144] Entscheidend sind – gleich welche geometrische Form durch die prinzipielle Beweglichkeit der Kategorien angenommen werden mag – die sich dynamisch gestaltenden Gegenübersetzungen (in Distanz und Nähe ebenfalls variierend) von Darstellungszwang und Repräsentationsdrang, Praxisstrategie und Praxismuster sowie Tradierung und Transformation, die ein Feld möglicher Brennpunkte organisationalen Identitätslernens erzeugen.

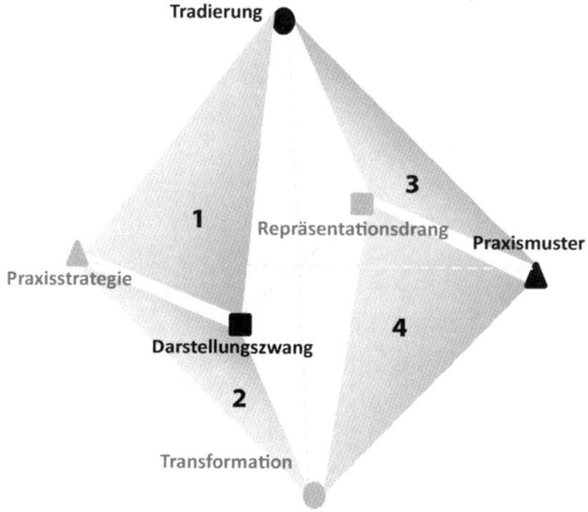

Abb. 11 Matrix organisationalen Identitätslernens (eigene Darstellung)

144 Um die Labilität und Beweglichkeit der relationalen Differenzierung von Bedingung, Interaktionsform und Verlaufsform darstellen zu können, bedürfte es an dieser Stelle einer animierten Darstellung. Insofern wird an die Einbildungskraft der LeserInnen appelliert, sich die Matrix als bewegliches, kontingentes und zerbrechliches Konstrukt vorzustellen.

Die in dieser Graphik mit den Ziffern 1 bis 4 nummerierten Flächen geben vier relevante Zusammenhänge organisationalen Identitätslernens zu erkennen. Von einer Vielzahl denkbarer Dimensionen organisationalen Identitätslernens, die sich im Spannungsfeld von Bedingungs-, Verlaufs- und Praxisdimension ergeben können, sind folgende in den organisationsethnographischen Fallstudien besonders hervorgetreten:

- *Strategische Identitätstradierung* (vgl. Abb. 11, Fläche 1): Die Übersetzung von organisationalen Traditionen (Gewohnheiten, Werte und Praxiswissen etc.) erfolgt als intendierte Stabilisierung von Wissensbeständen und Können und als zweckrationale Erzeugung von Kontinuität. Organisationales Identitätslernen verläuft als Herstellung und Bearbeitung expliziter Praxisstrategien der Selbstdarstellung im Kontext eines Darstellungszwangs und als ein die organisationale Darstellungspraxis sowie das organisationale Darstellungswissen und -können tradierender Vorgang.
- *Strategische Identitätstransformation* (vgl. Abb. 11, Fläche 2): Die Übersetzung von organisationalen Praxisstrategien der Selbstdarstellung und die Produktion von Darstellungswissen erfolgt als geplante und zielbezogene Umwandlung bzw. Anpassung. Organisationales Identitätslernen verläuft als Herstellung und Bearbeitung expliziter Praxisstrategien der Selbstdarstellung im Kontext eines Darstellungszwangs und als ein die organisationale Darstellungspraxis sowie das organisationale Darstellungswissen und -können transformierender Vorgang.
- *Mustermimetische Identitätstradierung* (vgl. Abb. 11, Fläche 3): Die Übersetzung von organisationalen Traditionen (Gewohnheiten, Werte und Praxiswissen etc.) ist reflexiv nicht oder nur selten einholbar und passiert im alltäglichen Fluss des Miteinander-Arbeitens in zyklisch wiederkehrenden mimetischen Vorgängen. Organisationales Identitätslernen verläuft als Herstellung und Bearbeitung latenter Praxismuster im Kontext eines Repräsentationsdrangs und als einen organisationalen Stil der Vergegenwärtigung und Vergewisserung von grenzüberschreitendem Wissen und Können tradierender Vorgang.
- *Mustermimetische Identitätstransformation* (vgl. Abb. 11, Fläche 4): Die alltägliche Übersetzung kultureller, aus der Grenzüberschreitung resultierender oder aufgrund der Grenzüberschreitung konstruierter Differenzen riskiert bewährte Routinen und Praktiken und schafft Raum für ein mustermimetisches Spiel mit Differenzen. Organisationales Identitätslernen verläuft als Herstellung und Bearbeitung latenter Praxismuster im Kontext eines Repräsentationsdrangs und als einen organisationalen Stil der Vergegenwärtigung und Vergewisserung von grenzüberschreitendem Wissen und Können transformierender Vorgang.

Die hier erkennbar werdenden vier Erscheinungsformen organisationalen Identitätslernens in ihrer die organisationale Identitätspraxis tradierenden bzw. transformierenden Wirkung zeigen sich im Kontext der deutsch-tschechischen Grenzüberschreitung in vier spezifischen Ausprägungen. Diese sollen in Bezugnahme auf die fallspezifischen Praxisstrategien und Praxismuster der organisationalen Identität im folgenden Abschnitt dargestellt werden.

Organisationales Identitätslernen im Kontext deutsch-tschechischer Grenzüberschreitung

9

Organisationen (ver-)folgen einen bestimmten Zweck und müssen diesen – sowie seine soziale, wirtschaftliche oder kulturelle Notwendigkeit – nach außen wie nach innen begründen und vermitteln. *Organisationen* sind soziale und kulturelle Praxiszusammenhänge, die in spezifischer Weise Zugehörigkeit regeln, die eine spezifische Struktur und Praxis des Miteinander-Arbeitens herstellen, aufführen und bearbeiten und sich nicht zuletzt auf diese Weise von anderen Organisationen unterscheiden. *Organisationen* produzieren Güter oder Dienstleistungen und müssen diese verkaufen bzw. dafür werben und KundInnen, TeilnehmerInnen, KlientInnen und auch Mitarbeitende von der Qualität der eigenen Expertise überzeugen. Können diese Aspekte als Verweise auf die Notwendigkeit einer andauernden Arbeit an einer vornehmlich nach außen gerichteten organisationalen Präsentation (Darstellung und Vermittlung einer Corporate Identity) sowie einer vornehmlich nach innen gerichteten organisationalen Repräsentation (Vergegenwärtigung eines organisationsspezifischen Stils des Miteinander-Arbeitens) Geltung für jede Organisation gleich welcher sektoraler Zuordnung beanspruchen, gewinnen sie für die Betrachtung der hier untersuchten Organisationen an Brisanz und Komplexität. Im Hinblick auf den Zweck des organisationalen Bestehens, auf die Regelung von Zugehörigkeit, auf die Herstellung und Bearbeitung eines Miteinander-Arbeitens und auch im Hinblick auf das Entwerfen, Bewerben und Verkaufen von organisationalen Produkten sehen sich die Einrichtungen mit einer Vielzahl an (national-)kulturellen, strukturellen und sprachlichen Übersetzungsanforderungen konfrontiert. Für die im vorangegangenen Abschnitt untersuchten grenzüberschreitenden Einrichtungen *Zentrum KULT* (Kapitel 5) und *Kontaktzentrum TRETBOOT* (Kapitel 6) können drei zentrale Übersetzungsanforderungen benannt werden:

1. Das *Organisieren von Zweisprachigkeit* sowohl hinsichtlich der Interaktionen der Organisationsmitglieder untereinander als auch im Hinblick auf nach außen

gerichtetes Agieren ist für die untersuchten Fälle konstitutiv. Aufgrund häufig mangelnder Tschechischkenntnisse deutscher Organisationsmitglieder und beinahe durchgängig guter Deutschkenntnisse tschechischer Organisationsmitglieder erfolgt die alltägliche Verständigung im Rahmen von Besprechungen und Meetings in deutscher Sprache. Bezüglich dieser „sprachlichen Asymmetrie" existieren – vor allem hinsichtlich einer bilingualen Umwelt – verschiedene Techniken der „sprachlichen Symmetrisierung" (Marx und Nekula 2014). Während Englisch oder Latein in beiden Fällen als Lingua Franca dienen (bspw. in den Organisationsnamen), wird eine sprachliche Symmetrisierung oftmals durch Zweisprachigkeit bzw. deren materielle und technische Repräsentation (in beiden untersuchten Fällen) oder durch sprachliche Hybridisierungen (im Fall *Kontaktzentrum TRETBOOT*) hergestellt.

2. Die Grenzregion, in denen sich die Organisationen verorten und agieren, hat eine wechselhafte *Grenzgeschichte*, bezüglich welcher sehr unterschiedliche nationale Sichtweisen existieren und wirken. Die in Form des Eisernen Vorhangs über Jahrzehnte existierende Systemgrenze hat nicht nur die Genese unterschiedlicher sozialer, kultureller und politischer Praktiken begünstigt, sondern auch stereotype Fremdbilder generiert. Der Umgang mit den bis heute wirksamen Bildern des (einst bedrohlichen) Fremden stellt eine wesentliche kulturelle Übersetzungsanforderung dar. Es bestehen aber nicht nur historisch gewachsene Bilder des kulturell fremden „Deutschen" bzw. „Tschechen", sondern diese werden – zum Teil sehr klischeehaft – in der Begegnung konstruiert. So sind sogenannte Kulturstandards, mittels derer eine tschechische bzw. deutsche Typologie erstellt wird (vgl. Schroll-Machl und Novy 2008), wirksam und oftmals Ausgangspunkt und Medium grenzüberschreitender *Kulturbegegnung*. Die Organisationen des Grenzraums sind entweder mit der Reproduktion solcher binären Logiken (v.a. *Zentrum KULT*) oder aber mit deren kritischen Bearbeitung (v.a. *Kontaktzentrum TRETBOOT*) beschäftigt.
3. Nicht zuletzt durch die historischen Bedingungen hervorgebracht, existieren differente nationale *Verwaltungsstrukturen*. Das Entsprechen-Müssen unterschiedlicher bürokratischer Anforderungen aufgrund unterschiedlicher bzw. doppelter Trägerschaften (im Fall *Kontaktzentrum TRETBOOT*) oder projektförmiger Finanzierungsmodelle (im Fall *Zentrum KULT*) verweisen auf strukturelle Übersetzungsanforderungen.

Vor dem Hintergrund der organisationsethnographischen Analyse des *Zentrum KULT* und des *Kontaktzentrum TRETBOOT* lassen sich bei der Herstellung und Bearbeitung organisationaler Identität im Kontext dieser (national-)kulturellen, sprachlichen und strukturellen Grenzüberschreitungen und Übersetzungsanforderungen vier Thesen formulieren:

1. *Mit der programmatischen Ausrichtung der Organisationen, sprachliche, kulturelle und nationale Grenzen zu überschreiten und im Sinne eines friedvollen Dialogs zu überwinden, geht eine Praxis der Markierung und Betonung von Grenzen und damit verbundenen Differenzen einher.*
2. *Vor dem Hintergrund der ‚Nicht-Lage' der Organisationen in einer politischen und wirtschaftlichen Peripherie und in beiderseits der Grenze infrastrukturell schwachen Regionen zeigt sich in allen Fällen eine jeweils spezifische Praxis der Ver-Ortung zur, auf der, nahe der oder betont ‚ohne' Grenze sowie eine Praxis der Raumproduktion, die das Wirkungsfeld zum Zweck des Fortbestands der Organisation arrangiert und legitimiert.*
3. *Die Projektförmigkeit und damit potentielle Endlichkeit bzw. fortwährende Refinanzierungsnotwendigkeit der untersuchten Organisationen begründen einen temporalen Selbstdarstellungszwang, der sich in der Herstellung organisationsspezifischer Strategien und Praktiken der Inszenierung und Objektivierung des Gewordenen im Hinblick auf das Zukünftige äußert.*
4. *In den untersuchten Organisationen zeigen sich unterschiedliche Modi der Herstellung und des Umgangs mit Differenzen bzw. kultureller Übersetzung, die – auf der einen Seite kulturelle Differenzen fundamentalisierend, auf der anderen Seite binäre Logiken unterlaufend – in spezifischen Formen des Organisierens grenzübergreifender Verständigung und schließlich grenzüberschreitend verfasster Organisationen münden.*

Diese Thesen können entlang des heuristischen Modells organisationalen Identitätslernens und anhand exemplarischer Rückgriffe auf das ethnographische Material veranschaulicht werden. Demnach vollzieht sich organisationales Identitätslernen im Kontext der Grenzüberschreitung als Vorgang der Grenzmarkierung und der Inszenierung erfolgreicher Grenzüberschreitung (Abschnitt 9.1), als Produktion von Grenzräumen und organisationaler Wirkungsfelder (Abschnitt 9.2), als Herausbildung eines temporalen Selbstdarstellungszwangs (Abschnitt 9.3) sowie in Form eines interkulturellen Verstehens von Grenzen bzw. eines kulturellen Grenzverstehens (Abschnitt 9.4).

9.1 Grenzmarkierungen und Grenzüberschreitungen

Mit der programmatischen Ausrichtung der Organisationen, sprachliche, kulturelle und nationale Grenzen zu überschreiten und im Sinne eines friedvollen Dialogs zu überwinden, geht eine Praxis der Markierung und Betonung von Grenzen und damit verbundenen Differenzen einher.

Kulturelle, nationale und sprachliche Grenzen bilden in mehrfacher Hinsicht den Referenzrahmen für das organisationale Identitätslernen. Sie sind nicht nur Anlass organisationalen Bestehens, nicht nur Medium einer pädagogisch bzw. kulturell motivierten Programmatik, sondern zugleich das Resultat der organisationalen Praxis der Grenzüberschreitung selbst (vgl. hierzu auch die raum- und kulturtheoretischen Überlegungen zu Grenze und Grenzüberschreitung in Abschnitt 3.1). In der organisationalen Aufführung der grenzüberschreitenden Expertise spielt neben einer Inszenierung als *Grenzüberschreitung-Könnende Organisationen* vor allem die Markierung von Grenzen eine zentrale Rolle. Bezüglich einer nach außen gerichteten Darstellung grenzüberschreitender Expertise und einer nach innen gerichteten Vergegenwärtigung selbiger steigert die Betonung der Existenz bzw. die Konstruktion kultureller und sprachlicher Grenzen erstens die vollbrachte Leistung der Grenzüberschreitung. Zweitens impliziert die Markierung von Grenzen die Notwendigkeit einer weiteren Bearbeitung derselben. Diese beiden Aspekte sind vor allem im Kontext eines fortwährenden Darstellungszwangs der Organisation zu sehen. So ist das Wechselspiel von gelungener Grenzüberschreitung und Grenzmarkierung in strategischer Hinsicht entscheidend für die Legitimationssicherung (vgl. Ortmann 2008, 2010) und die Persistenz (vgl. Göhlich et al. 2008) der Organisationen, die auf Refinanzierung bzw. Verlängerung des Auftrags angewiesen sind.

Das Wechselspiel von Grenzmarkierung und Grenzüberschreitung als Präsentation von Zweisprachigkeit kann im Fall *Zentrum KULT* zunächst am Gebäude der Organisation gezeigt werden. Hier materialisiert sich das Wechselspiel von Grenzüberschreitung und Grenzmarkierung in Form des Versuchs, die sprachliche Expertise in Kunstform zu objektivieren. In der dichten Beschreibung des KULT-Gebäudes wird deutlich, dass das dreistöckige Treppenhaus durchgängig und in enger Reihenfolge mit in die Wände eingravierten deutsch-tschechischen Vokabeln geschmückt ist (vgl. Abschnitt 5.3). Die hier erkennbar werdende Präsentation von deutsch-tschechischer Zweisprachigkeit (vgl. Nekula 2006; Nekula und Marx 2011) sowie die Präsentation eines auf Übersetzung angewiesenen Verhältnisses zwischen Deutsch und Tschechisch korrespondiert mit dem ausdrücklichen Zweck der Organisation, zwischen Bayern und Tschechien „Wege zu bereiten". Für Letzteres werden sprachliche und kulturelle Grenzen benötigt, um sie überschreiten zu können. Die Präsentation und Anbringung dieser Vokabeln fungiert folglich im Sinne einer strategischen Präsentation eines bilingualen Selbstverständnisses. Während sich an diesem Beispiel eine materielle Objektivierung der *Praxisstrategie der Präsentation von Binationalität und Bilingualität* zeigt, erfolgt im Rahmen öffentlicher Veranstaltungen ihre Aufführung (vgl. Abschnitt 5.4.1). In der Reproduktion dieser *Praxisstrategie* im Kontext öffentlicher Veranstaltungen wird ein organisationales Identitätslernen im Sinne einer *strategischen bzw. mustermimetischen Identitätstradierung* erkennbar: Bezüglich der Inszenierung einer jährlich stattfindenden Preisverleihung, auf der grenzüberschreitende Projekte und Aktivitäten durch das *Zentrum Kult* ausgezeichnet werden, präsentiert sich die Organisation in Form eines gemeinsamen Auftretens und einer grenzüberschreitenden Arbeitsaufteilung als *Grenzüberschreitung-Könnende Organisation*. Dabei wird die Binationalität der Mitarbeitenden und des Freundeskreises der Organisation erinnert und dementsprechend zweisprachig agiert. Da es sich hierbei um eine ähnlich bis identisch wiederkehrende, im Vorfeld abgesprochene und entsprechend räumlich und symbolisch inszenierte Präsentation grenzüberschreitender Gemeinsamkeit handelt, kann von einer Tradierung der *Praxisstrategie der Präsentation von Binationalität und Bilingualität* gesprochen werden. Im Rahmen dieser und anderer öffentlicher Veranstaltungen verbindet sich die bewusste Präsentation als grenzüberschreitende Organisation zudem mit einem von allen Organisationsmitgliedern habitualisierten Praxismuster. Es handelt sich um eine Praxis des Arrangierens von räumlich-körperlichen Konstellationen, in denen das *Zentrum KULT* in seiner Zentrums- und Förderfunktion sichtbar wird, und deren photographischen Dokumentation. In der Fallanalyse wurde herausgearbeitet (vgl. Abschnitt 5.4.2 und 5.4.3), dass es sich bei diesem praktisch wiederholenden Vorgang um ein *Praxismuster des Arrangierens zum Zweck der Dokumentation* handelt. Aus organisationspädagogischer Perspektive erfolgt organisationales Identitätslernen hier als Vorgang *mustermimetischer Identitätstradierung* im Modus des körperlich-praktischen Arrangierens und des photographischen Fixierens. Denn im gemeinsamen Vollzug des Arrangierens und Dokumentierens der selbsternannten Zentrumsfunktion wird das Praxismuster in seiner vergegenwärtigenden Funktion, Bewährtes zu bewahren, tradiert.

Für beide Fälle kann die Annahme gelten, dass sich bezüglich einer Inszenierungs- und Repräsentationsarbeit der Organisationen als *Grenzüberschreitung-Könnende Organisationen* paradoxerweise eine Praxis der Überschreitung, Verschiebung und Hybridisierung von Grenzen und binären Logiken mit einer Betonung, Markierung und Festschreibung nationaler Grenzen und nationalkultureller Differenzen verbindet. Als Voraussetzung des Fortbestands, als Legitimation der eigenen Arbeit sowie möglicher überregionaler Finanzierung müssen Grenzen, die es (weiterhin) zu überschreiten gilt, und Differenzen, deren Bearbeitung den Dialog oder das nachbarschaftliche Verhältnis noch intensivieren können, erzeugt und aufrecht erhalten werden. Gilt dies vor allem für die „Schauseite" (Kühl 2011) der Organisationen, zeigen sich andererseits im alltäglichen Miteinander-Arbeiten vielfältige Formen der Hybridisierung und des Unterlaufens kulturellen Identitätsdenkens.

Eine Praxis der Grenzverschiebung und Hybridisierung, die bewährte Grenzverläufe irritiert und kreativ bearbeitet, kann exemplarisch im Fall *Kontaktzentrum TRETBOOT* beobachtet werden. Bezüglich sprachlicher und kultureller Übersetzung im Sinne einer Hybridisierung von Grenzen wirken hier gleich mehrere Praxismuster. Das *Praxismuster der kooperativen Kreation* bezieht sich auf Vorgänge der Erstellung von organisationseigenen Produkten und Bezeichnungen von Gegenständen, an denen exemplarisch die Vergegenwärtigung einer organisationsspezifischen Expertise des spielerischen Umgangs mit sprachlichen und kulturellen Verständigungsproblemen verdeutlicht werden kann (vgl. Abschnitt 6.5). Bezeichnend für dieses Praxismuster ist die Produktion des hybriden Spielnamens *MeXeso* im Rahmen der kreativen Reproduktion und Übertragung eines international bekannten Spiels in den Kontext deutsch-tschechischer Grenzüberschreitung. Die Kreation von Bezeichnungen in einer „third language" ist dabei ein wiederkehrender und von der Organisation habitualisierter Vorgang der Bearbeitung von Differenz über die Herstellung eines *gemeinsamen Dritten*.[145] Das Erschaffen von gemeinsamen Produkten und Bezeichnungen, die als Artefakte oder Semantiken die organisationale Identität des Spielerischen vergegenwärtigen, erfolgt dabei kollaborativ. In ähnlicher Weise wirken das *Praxismuster des gemeinsamen Spielens* als Modus eines organisationalen Stils des Miteinander-Arbeitens (vgl. Abschnitt 6.4.3) sowie das *Praxismuster der sprach-spielerischen Öffentlichkeitsarbeit* zur informellen Bewerbung der organisationalen Expertise gegenüber Dritten (vgl. Abschnitt 6.6.3.1). Bekannte Grenzverläufe und Differenzen eines interkulturellen Übersetzens werden markiert, aber in einer spielerisch-informellen Ordnung aufgebrochen und riskiert. Da in diesen Praxismustern übliche und bewährte Übersetzungsverhältnisse durch neue und unbekannte ersetzt werden, kann bezüglich der kulturellen Grenzüberschreitung der Organisation von einer *mustermimetischen Identitätstransformation* gesprochen werden (vgl. auch Abschnitt 9.4).

---

145 Weitere Ausdrücke in einer „third Language" sind in diesem Fall das Wort „Runda" als Bezeichnung für das regelmäßige konferenzartige Zusammenkommen aller MitarbeiterInnen zur Besprechung alltäglicher Themen (vgl. Abschnitt 6.3.1) sowie das Original des Organisationsnamens in einer Lingua Franca.

9.2 Border-Spacing

Vor dem Hintergrund der ‚Nicht-Lage' der Organisationen in einer politischen und wirtschaftlichen Peripherie und in beiderseits der Grenze infrastrukturell schwachen Regionen zeigt sich in beiden Fällen eine jeweils spezifische Praxis der Ver-Ortung zur, auf der, nahe der oder betont ‚ohne' Grenze sowie eine Praxis der Raumproduktion, die das organisationale Wirkungsfeld in Bezug auf den Zweck des Bestehens installiert und legitimiert .

Die auf den Zweck und die Aufgabe der national-kulturellen Grenzüberschreitung bezogene Konfiguration und Produktion von *Grenz*Räumen geht einher mit Vorgängen der Auflösung, Verschiebung, Betonung, Markierung und Verschleierungen von anerkannten und bewährten Grenzraumkonstruktionen, institutionalisierten Grenzziehungen und national-kulturellen Symboliken und Praktiken der Grenzüberschreitung. Hier kann an raumsoziologische Überlegungen von Löw (2001) angeschlossen werden. Einem prozessualen Verständnis von Raum als „relationale (An)Ordnung sozialer Güter und Menschen (Lebewesen) an Orten" (ebd., S. 224) wird die Wechselseitigkeit der Vorgänge der „Syntheseleistung" und des „Spacings" (ebd., S. 158 ff.) betont. Mit *Spacing* werden Vorgänge der Positionierung und Platzierung von Materialitäten und Akteuren zueinander und die Kreation und Fabrikation von Gegenständlichem und Beziehungen bezeichnet. Diese Positionierungen und Platzierungen von Akteuren und Materialitäten werden aber erst „über Vorstellungs-, Wahrnehmungs- und Erinnerungsprozesse" (ebd., S. 159) der Beteiligten zu einem Raum zusammengeführt. Letzteres bezeichnet Löw als *Syntheseleistung*. Die Wechselwirkung von *Synthese* und *Spacing* als Aushandlungsprozess (ebd., S. 225, vgl. auch Lang 2007) der Positionierung und Platzierung kann anhand der Übersetzungsdimensionen der Tradierung und der Transformation als bekräftigende bzw. modifizierende organisationale Reproduktion von Grenzräumen konkretisiert werden. In einer Übersetzungsperspektive ist dann zu unterscheiden zwischen relativ geschlossenen Raum(re)produktionen, die im Sinne der Repetition bewährte Grenzraumkonzepte aufrechterhalten und bewahren, und offenen Grenzraum(re)produktionen, die gewohnte Grenzräume aufbrechen und in der Repositionierung und Replatzierung von Akteuren, Symbolen und Dingen *dritte Orte* schaffen (vgl. Abschnitt 3.3). Organisationale Praktiken der Grenzraumproduktion sollen in Anlehnung daran als Prozesse des *Border-Spacing* bezeichnet werden. Dabei ist der Grenzraum nicht als objektiv gegebene Materialität (vgl. Glasze und Mattissek 2012, S. 39ff.), sondern als Resultat und Medium organisationaler Identitätspraxis zu verstehen. In der Reproduktion von bestehenden sowie in der Konfiguration von neuen Raumkonzepten und Grenzziehungen zum Zweck organisationaler

Selbstdarstellung und Vergegenwärtigung erfolgt organisationales Identitätslernen als *Border-Spacing*. Organisationale Identität konstituiert und verändert sich demnach in der Produktion und Fabrikation von Grenzräumen als Verknüpfung von bestehenden Orten und Traditionen der Grenzmarkierung und Grenzüberschreitung, von nationalen und supranationalen Symbolen und Praktiken mit dem programmatisch-grenzüberschreitenden Organisationszweck. So präsentieren sich die Organisationen in eigenen Räumen der Grenzüberschreitung und die Räume wiederum repräsentieren das organisationale Wirken.

Im Fall *Zentrum KULT* erfolgt ein *Border-Spacing* im Sinne einer *strategischen Identitätstransformation* als regionalstrategische Verschiebung und materielle Objektivierung von Grenze zur Legitimierung eines organisationalen Wirkungsfelds und Selbstverständnisses: Die Präsentation des *Zentrum KULT* als bayerisch-tschechisches Zentrum im Organisationsnamen (genutzt werden hier lateinische Begriffe als lingua franca) und die Selbstbeschreibung – „Das *Zentrum KULT*– Kulturdrehscheibe zwischen Bayern und Böhmen" – verortet die Organisation in der Mitte des Grenzraums und impliziert eine Praxis der Raumkonstruktion von Zentrum und Peripherie, die den bestehenden Grenzraum aufbricht und eine andere Grenzraumordnung vorschlägt (vgl. Abschnitt 5.2.1). In Korrespondenz mit dem Organisationsnamen und der Selbstbeschreibung in Broschüren kommt das Selbstverständnis als Zentrum im Gebäude der Organisation materiell zum Ausdruck. Diesbezüglich kann etwa auf die begehbare ca. 40m² große Landkarte des Grenzraums verwiesen werden, welche als Boden des gebäudeeigenen Medienraumes installiert ist und die in Form einer Positionierung und Platzierung der Organisation an einem spezifischen geographischen Ort eine Praxis der Legitimation der selbsternannten Zentrumsfunktion dokumentiert (vgl. Abschnitt 5.3). Mit dieser Darstellung des Grenzraums wird dieser im Sinne eines *Border-Spacing* nicht nur definiert, sondern es wird auch eine Art Wirkungsraum oder Aktionsfeld demonstriert. Organisationspädagogisch formuliert, zeigt sich organisationales Identitätslernen in diesem Fall als explizite Strategie einer grenzraumtransformierenden Platzierung, die die tatsächliche periphere Lage über Zentrumsinszenierungen bearbeitet.

Als pädagogisch-motivierte Produktion von bilingualen Räumen des Dialogs und der grenzüberschreitenden Parität zeigt sich eine Praxis des *border-spacing* im Sinne einer *mustermimetischen Identitätstransformation* beim *Kontaktzentrum TRETBOOT:* Die Organisation agiert nicht zentralistisch, sondern ganz im Gegensatz dazu vielerorts und konfiguriert bereits fabrizierte Räume der Vermittlung (Seminarhäuser, Konferenzräume in Hotels etc.) über eine sprachliche und praktische Herstellung von kultureller Parität und Parallelität neu bzw. entsprechend dem organisationalen Zweck um. Weniger bedeutsam ist hierbei die Produktion von architektonischen oder verdinglichten Materialisierungen als vielmehr eine raumtransformierende Praxis, die bestehende Dinge im Raum, räumliche Ordnungen und handelnde Personen in einen Vermittlungsraum überführt. Das Aufbrechen von Raumstrukturen durch die Formation von demokratischen Ordnungen (Sitzkreise), die Installation konsequenter Bilingualität (jeder spricht in seiner Muttersprache, ggf. Installation einer Dolmetschanlage) vollzieht sich in organisationalen Praxismustern (vgl. Abschnitt 6.3.1 und 6.3.2). Organisationales Identitätslernen lässt sich organisationspädagogisch als implizite Praxis der Raumfabrikation identifizieren, die übliche oder vorgesehene Ordnungen von Platzierung und Platzierenden sowie Raumgrenzen aufbricht und in Verbindung mit eigenen Vorstellung von Grenzüberschreitung neu konfiguriert.

9.3 Temporale Grenzzwänge

Die Projektförmigkeit bzw. die fortwährende Refinanzierungsnotwendigkeit und damit potentielle Endlichkeit der untersuchten Organisationen begründen einen temporalen Selbstdarstellungszwang, der sich in der Herstellung organisationsspezifischer Strategien und Praktiken der Inszenierung und Objektivierung des Gewordenen im Hinblick auf das Zukünftige äußert.

Die untersuchten Organisationen stehen aufgrund ihrer programmatisch-grenzüberschreitenden Ausrichtung einerseits sowie aufgrund ihrer grenzräumlichen Verortung anderseits in einem dreifachen Bezug zu Zeitlichkeit. Als Organisationen der Grenzbearbeitung mit dezidiert kulturellem bzw. pädagogischem Auftrag sind sie *erstens* Teil einer komplexen und wechselhaften Grenzraumgeschichte und müssen sich bezüglich dieser „verhalten". So kommt den Organisationen mehr oder weniger explizit eine soziale und politische Funktion der Gedächtnisarbeit zu. Dies kommt vor allem in der veranstaltungsbezogenen Programmatik der Organisationen zum Ausdruck, die in Form von Seminaren, Diskussionsrunden oder Ausstellungen einen Umgang mit regionalhistorischen Themen und gemeinsamer Geschichte sucht und dabei auch verstärkt darauf bedacht ist, unterschiedliche Sichtweisen aufzunehmen und zu repräsentieren. Exemplarisch kann diesbezüglich – für das *Kontaktzentrum TRETBOOT* – auf die häufige Wahl der Themen „Judenvernichtung während des nationalsozialistischen Regimes" sowie des Themas „Antisemitismus im Grenzraum" bei der inhaltlichen Ausgestaltung von Fortbildungsseminaren für den *Schulischen* und *Außerschulischen Bereich* hingewiesen werden. Im *Zentrum KULT* werden im Rahmen von Ausstellungen und Podiumsdiskussionen auffallend oft die Themen „Sudetendeutsche" und „die Geschichte des Eisernen Vorhangs" bearbeitet. Im letztgenannten Fall vollzieht sich die Einbindung diverser historischer

Perspektiven nicht zuletzt in Form ökonomischen und politischen Kalküls. Die Integration regionalhistorischer Themen und Positionen kann zwar vornehmlich als Ausdruck eines *strategischen Identitätslernens* gesehen werden, da dies im Sinne einer Entsprechung politischer und sozialer Erwartungen aus dem Umfeld der Organisation bzw. als Erschließung neuer programmatischer Optionen erfolgt, verbindet sich aber auch mit einem mustermimetischen Vorgang der Tradierung eines organisationalen Stils. So kann in diesem Zusammenhang an das *Praxismuster der kreativen Vergegenwärtigung* des *Zentrum KULT* erinnert werden (vgl. Abschnitt 5.6.2 und 5.6.4), welches in Rückgriff auf lebensweltliche Themen diese nicht nur integriert, sondern in Ironisierung der umweltlichen Ansprüche Themen und sonstige Abhängigkeitsverhältnisse kreativ bearbeitet. Im Vollzug dieses Praxismusters erfolgt die Integration regionalhistorischer Themen in Abhängigkeit zu einflussreichen Lobbies (bspw. sudetendeutsche Vereinigungen), während sich die Organisation zugleich ihrer eigenen Expertise der kreativen Themensuche und der Bearbeitung umweltlicher Ansprüche vergewissert.

Eine dezidiert organisationale Gedächtnisarbeit, die sich auf das in und durch die Organisation hervorgebrachte Wissen und Können bezieht, vollzieht sich *zweitens* als Arbeit an einer organisationalen Erfolgsgeschichte und als Legitimation der organisationalen Existenz (vgl. Nonaka und Takeuchi 1997; Probst et al. 1997). Das Dokumentieren, Abbilden, Reproduzieren und Verwalten von Wissen und Können um Grenzüberschreitung erfolgt dabei weniger aufgrund eines Wettbewerbs, bei dem man sich gegen potentielle Konkurrenten durchsetzen muss, als vielmehr als Arbeit am Alleinstellungsmerkmal. Explizite Strategien der Selbstdarstellung und latente musterförmige Praktiken der Vergegenwärtigung implizieren aber nicht nur ein kollektives Erinnern von grenzüberschreitendem Wissen und Können, sondern sie verweisen auch bezüglich der praktischen Bemühungen des Abbildens und Verdinglichens auf einen spezifischen materiellen Umgang mit Zeitlichkeit. So ist die für den Fall *Zentrum KULT* konstitutive Projektförmigkeit und der durch die EU-Förderung auf Zeit wiederkehrende Refinanzierungszwang in einem Verhältnis zu sehen mit verstärkten Bestrebungen der Objektivation des organisationalen Selbstverständnisses und der organisationalen Funktion. Sowohl die in der Installation eines manifesten Gebäudes, in dem sich der programmatische Auftrag der Grenzüberschreitung und der organisationale Zweck, als Zentrum der Grenzüberschreitung zu fungieren, materialisiert, zum Ausdruck kommende Praxis der Speicherung von Erfolg (vgl. Abschnitt 5.3) als auch das organisationale *Praxismuster des Arrangierens zum Zweck der Dokumentation* können als Vorgänge mustermimetischen Identitätstradierung gesehen werden. Organisationale Gedächtnisarbeit erfolgt hier im Modus der Objektivation und Materialisierung als Stabilisierung und Bewahrung eines grenzüberschreitenden Wissens und Könnens (vgl. Abschnitt 5.4.3). Ähnliches gilt für den Fall *Kontaktzentrum TRETBOOT*. Hier wird aufgrund einer bundesstaatlichen Auftragslage in (un)regelmäßigen Intervallen die organisationale Identitätsfrage als existentielle Legitimationsfrage nach Gründen und Motiven weiterer finanzieller Förderung oder bundespolitischer Unterstützung virulent. Eine konsequente Bezugnahme auf die binationale Absichtserklärung zur Einrichtung eines Kontaktzentrums und damit verbundene Bemühung ihrer Entsprechung zeigen sich in einer strategischen Tradierung der Praxis der Präsentation von Parität und Parallelität (vgl. Abschnitt 6.2.3 und 6.5).

Neben der pädagogischen Funktion (Gedächtnisarbeit als sozialer und politischer Auftrag) und einer selbstbezogenen Funktion (organisationale Gedächtnisarbeit als Wissensmanagement) zeigt sich die Relevanz der Zeitlichkeit *drittens* in organisationsspezifischen Praktiken des Managements von Zeit in Bezug auf die (drohende) Endlichkeit der Unternehmung. Denn angesichts der zeitlich limitierten Förderperioden der EU (vgl. Abschnitt 3.1) und angesichts der finanziellen und strukturellen Abhängigkeit von politischen Entscheidungsträgern sehen sich die Organisationen der Anforderung ausgesetzt, unter Beweis zu stellen, dass die eigene Programmatik fortwährend förderwürdig ist. Als „Reflex auf die Endlichkeit" (Zirfas 1999, S. 71) des Bestehens aufgrund der projektförmigen Strukturen der Organisationen ergeben sich strategische Zwänge der Organisation von Zeit. Im Anschluss an Zirfas lässt sich in diesem Zusammenhang von der Herausbildung eines „temporalen Selbstzwangs" (Zirfas 2004, S. 68) der Organisationen sprechen, die im alltäglichen Miteinander-Arbeiten einen „Habitus der Planung und Vorsorge" hervorbringen, der allerdings „die Spielräume von Möglichkeiten zugunsten von Kausalitäten und Sicherheitsfaktoren unterbelichtet" (ebd.). Als Konsequenzen eines temporalen Darstellungszwangs entwickeln sich einerseits explizit-intentionale Strategien der Selbstdarstellung als effektive, zielgerichtete und prospektive Formen der Zeitorganisation bzw. des Zeitmanagements sowie andererseits routineförmige und von allen organisationalen Akteuren habitualisierte Praxismuster der Vergegenwärtigung eines grenzüberschreitenden Könnens als zyklisch wiederkehrende (rituelle) Formen der Bearbeitung von Endlichkeit. Während Muster damit einem Identitätsbedürfnis nach Ewigkeit entsprechen und hier zugrunde liegendes Tradierungspotential betont werden kann, sind organisationale Strategien als praktische Reaktion auf die reflexiv eingeholte Vergänglichkeit der Organisation zu verstehen.

Im *Zentrum KULT* zeigt sich die Bedeutung der zyklischen Wiederkehr vor allem als Bestehendes bewahrende und sichernde Vergegenwärtigung (*mustermimtische Identitätstradierung*). So ist stellvertretend das *Praxismuster der Sorge um das leibliche Wohl* zu nennen (vgl. Abschnitt 5.5.2). Als habitualisierter Umgang mit dem „kulturell Anderen" wird der Modus der Gastfreundschaft als organisationale Interaktionsform tradiert. Die Konstruktion der Umwelt als Gast verbindet sich mit einer Vergegenwärtigung der Rolle als Gastgeber. Damit ist nicht nur ein interkultureller Modus der Organisation grenzüberschreitender Verständigung geschaffen, sondern – gerade in Verbindung mit der Installation einer Buslinie zur Sicherstellung des Gastbesuchs – das Kommen der Gäste auch intervallisch eingefordert (vgl. Abschnitt 5.6.1). Diese und ähnliche Muster – so funktioniert auch das *Praxismuster der kreativen Vergegenwärtigung* als Wiederholung bewährter Formen der Organisation von Grenzüberschreitung (vgl. Abschnitt 5.6.4) – korrespondieren mit expliziten Strategien der Installation des Zentrumsanspruchs und können als Versuch gesehen werden, der Vergänglichkeit zu entrinnen (vgl. Abschnitt 5.3). Das *Praxismuster des Arrangierens deutsch-tschechischer Grenzüberschreitung zum Zweck der Dokumentation* (vgl. Abschnitt 5.4.3) sowie die verschiedenen Bemühungen der Materialisierung und Objektivierung des organisationalen Selbstverständnisses (Gebäude, vgl. Abschnitt 5.3; Pokal und Pokalverleihung, vgl. Abschnitt 5.4.2) können zudem als zyklisch angelegte Vergegenwärtigungen des Gewordenen und Erreichten im Hinblick auf das Zukünftige verstanden werden. Hier lassen sich ebenfalls Vorgänge einer *mustermimetischen Identitätstradierung* erkennen.

Als proaktive Reaktion auf die drohende Endlichkeit organisationalen Bestehens kann im Fall des *Kontaktzentrum TRETBOOT* eine *strategische Identitätstransformation* und im *Fall Zentrum KULT* eine *strategische Identitätstradierung* aufgezeigt werden. Eine organisationale Identitätstransformation kündigt sich im Fall *Kontaktzentrum TRETBOOT* hinsichtlich der *Praxisstrategie SMART* an. Die Reorganisation der Jahresplanung in Form einer Implementierung eines effektiveren Planungskonzepts, welches es ermöglichen soll, „auch strategisch und nicht nur so paradiesisch an die Jahresplanung heranzugehen" (vgl. Abschnitt 6.4.1), erfolgt als lineare und zukunftgerichtete Bearbeitung des organisationalen Selbstverständnisses. Die diesbezüglich formulierte Frage, „wo wollen wir überhaupt hin", begründet nicht nur die Maßnahme einer strategischen Entwicklung strukturell, sondern impliziert auch die zeitliche Dimension einer Orientierung an *Zukünftig-zu-Erreichenden*. Eine strategische Entwicklung wird gekoppelt mit einer Identitätsfrage und bildet so den Ausgangspunkt organisationalen Identitätslernens im Sinne einer *strategischen Identitätstransformation* als Umgang mit einem temporalen Selbstdarstellungszwang. Im Fall *Zentrum KULT* zeigt sich ein effektiver und prospektiver Umgang mit Zeitlichkeit in der *Praxisstrategie der sorgfältigen Planung und Antizipation interkultureller Verständigung* (vgl. Abschnitt 5.6.3). In einem sich wiederholenden Modus der genauen Planung vergangener Zukunft (Koselleck 1989) werden bewährte Formen der Begegnung erinnert, wiederholt und dadurch die Möglichkeit überraschender Verläufe reduziert. Charakteristisch ist hierfür die genaue und detaillierte Planung und Organisation von Veranstaltungen, denen etwa in Form von vorher ausgeklügelten Sitzordnungen und Verteilungsverfahren von Dolmetschgeräten eine „kommunikative Verkehrsordnung" (Goffman 1971, S. 53) zugrunde gelegt wird, die zentrale Prinzipien der grenzüberschreitend-programmatischen Ausrichtung der Organisation (sprachliche Verständigung, Vernetzung) gewährleisten soll. Grenzüberschreitende Verständigung basiert hier auf einer statisch-rigiden Ordnung und reflektiert selbige als planbares Vorgehen. Die strategische Sicherung sowie die Tradierung einer bewährten Form der Planung und Organisation grenzüberschreitender Verständigung kann als Reaktion auf die drohende Vergänglichkeit der Unternehmung verstanden werden. Denn ein Misslingen der Organisation von grenzüberschreitender Verständigung wäre für die Organisation – die in ihrer Funktion als Zentrum deutsch-tschechischer Grenzüberschreitung und als Kulturförderer deutsch-tschechischer Verständigung finanzielle Mittel erhält – existenzgefährdend.

Resümierend kann organisationales Identitätslernen in zeitlicher Dimensionen als kooperative Praxis eines Umgangs mit ungeklärten Zukunftsfragen einerseits und als Herausbildung eines prospektiven und genauen Modus der Planung von Grenzüberschreitung andererseits konkretisiert werden. In temporaler Hinsicht findet organisationales Identitätslernen hier vor dem Hintergrund strukturell angelegter Endlichkeit (Projektförmigkeit bzw. bundesstaatlicher Auftragslage) und einem daraus resultierenden temporalem Selbstdarstellungszwang in Strategien der Inszenierung und Objektivierung Ausdruck.

9.4 Grenzen verstehen und kulturelles Grenzverstehen

In den untersuchten Organisationen zeigen sich unterschiedliche Modi der Herstellung von und des Umgangs mit Differenzen bzw. kultureller Übersetzung, die – auf der einen Seite kulturelle Differenzen fundamentalisierend, auf der anderen Seite binäre Logiken unterlaufend – in spezifischen Formen des Organisierens grenzübergreifender Verständigung und schließlich grenzüberschreitend verfasster Organisationen münden.[146]

In der organisationalen Praxis der Identität spielen Hybridisierungen, das Erschaffen neuer Strukturen und Stile der Verständigung eine ebenso große Rolle, wie der Rückgriff auf „bewährte" standardisierte Modelle interkultureller Kommunikation

146 Diese These wurde unter Bezugnahme auf in dieser Arbeit nicht verwendeten empirischen Material auch an anderen Stellen ausgeführt (Engel 2014b; Engel und Göhlich 2013).

(vgl. Schroll-Machl und Novy 2008). Relativ-geschlossene Wiederholungen von „bewährten" Strategien lassen sich als ein interkulturelles Verstehen, die Offenheit gegenüber Neuem und das Riskieren bestehender Identität als ein kulturelles Nicht-Verstehen beschreiben (vgl. Mecheril 2004; vgl. Abschnitt 3.2). Als ein *Verstehen kultureller Grenze* können Vorgänge der relativ geschlossenen Reproduktion binärer Logiken identifiziert werden, die Ausgangspunkt der Grenzbearbeitung sind und ihr Resultat bleiben. Ein Verstehen der kulturellen Grenze impliziert ihre temporale Festschreibung und sucht nach einem Umgang mit der daraus resultierenden kulturellen Gegensätzlichkeit. Ein kulturelles *Grenzverstehen* nimmt hingegen seinen Ausgangspunkt an vielseitigen und widersprüchlichen Grenzziehungen, die kulturelle Differenzen erzeugen, und ersetzt eine binäres Identitätsdenken durch ein Grenzdenken (vgl. Buden 2008 sowie Mignolo 2000; Mezzadra und Neilson 2008; vgl. Abschnitt 3.3), welches die Produktion von Differenzen und Grenzen als Verhandlung begreift.

Die notwendige Bezugnahme grenzüberschreitend-agierender Organisationen auf Grenze bzw. die Erarbeitung eines organisationalen Grenzkonzepts kann im Fall *Zentrum KULT* vornehmlich als ein Vorgang des *Verstehens von Grenzen* beschrieben werden. Eine Dichotomisierung in „Deutsch-Tschechisch" ist Ausgangspunkt, Medium und Resultat organisationaler Identitätspraxis. Dies zeigt sich in der semantischen Verarbeitung der Grenzüberschreitung, etwa in der simulacrischen Anordnung deutsch-tschechischer Vokabeln am Bau (vgl. Abschnitt 5.3) sowie in der Markierung und Bekräftigung nationalkultureller Differenzen bei öffentlichen Aufführungen des grenzüberschreitenden Miteinander-Arbeitens (vgl. Abschnitt 5.4.1). So erfolgt keine Anerkennung von kulturellen Grenzen und Differenzen als Ausgangspunkt eines Verstehens- bzw. dialogischen Aushandlungsprozesses, sondern das Verstehen erschöpft sich in der Reproduktion der angenommenen Grenze und in der Betonung und Festschreibung der jeweiligen kulturellen Andersartigkeit. Bezeichnend hierfür ist im Fall *Zentrum KULT* auch die Konstruktion des tschechischen Besuchers als Gast und die damit verbundene interkulturelle Verständigung im Modus der Gastfreundschaft (vgl. Abschnitt 5.5.2). Während in diesen Beispielen einer *mustermimetischen und strategischen Identitätstradierung* im Sinne der Grenzmarkierung (vgl. Abschnitt 9.1) eine binäre Logik kulturellen Verstehens von Grenzen zugrunde liegt, zeigt das *Praxismuster der sprachlich-hybriden Besprechung* an, dass sich im informellen Bereich die Organisation Richtung kulturelles Grenzverstehen bewegt (vgl. Abschnitt 5.6.2). Im Kontext des alltäglichen Miteinander-Arbeitens setzt sich hier nicht eine dichotomisierende Logik interkulturellen Verstehens durch, sondern es entstehen kreative Formen der Verständigung. Bestandteil dieses Praxismusters sind spontane Sprachwechsel und die Integration performativer Vergegenwärtigungen grenzüberschreitender *Gemeinsamkeiten*. Dass dieses Praxismuster nur begrenze Wirkung entfaltet, liegt potentiell daran, dass innerhalb der Organisation eine sprachliche Asymmetrie besteht und nicht alle organisationalen Akteure an dieser Praxis partizipieren können. In der mit dem Praxismuster verbundenen Anstrengung, nicht-tschechisch sprechende Mitarbeitende zu integrieren, wird aber zugleich – wenn auch zurückhaltend – das Potential einer mimetischen Identitätstransformation erkennbar. Ein weiteres Beispiel für die fallspezifische Praxis interkulturellen Verstehens zeigt sich im Kontext der Organisation und Planung sowie Durchführung interkultureller Begegnungen, genauer: in der kreativen Vergegenwärtigung traditioneller Geschlechterrollen. Ein sich mustermimetisch tradierendes Orientierungsmuster zeigt sich hier in Bezug auf die Organisation interkulturell-grenzüberschreitender Verständigung (vgl. Abschnitt 5.5.2, 5.6.2 und 5.6.4). So gelingt die Lösung von kulturellen und strukturellen Übersetzungsanforderungen nicht nur durch die Vergegenwärtigung gemeinsamer Traditionen und lebensweltlicher Themen, sondern oftmals auch durch die Konstruktion von Geschlechterdifferenz. Ein Lernen der Organisation besteht nicht zuletzt darin, dass mittels des Praxismusters der kreativen Vergegenwärtigung und des zugrunde liegenden Orientierungsmuster das Repertoire zur Lösung von kulturellen Übersetzungsschwierigkeiten erweitert wird (vgl. Berthoin Antal und Friedman 2003). Allerdings erfolgt dies nicht in einer dialogischen Auseinandersetzung mit bestehenden Differenzverhältnissen, die zu einer Subversion binärer Logiken führt (vgl. Buden 2008), sondern in der Bewahrung bewährter (kultureller und geschlechterbezogener) Differenzen.

Im *Kontaktzentrum TRETBOOT* liegt den organisationsspezifischen Strategien und Mustern fast durchgehend die Logik eines *Grenzverstehens* zugrunde, das binäre Dichotomien zu Gunsten der Erzeugung diverser Differenzen aufbricht. Exemplarisch kann auf die Umsetzung der *Methode Sprachspaß* verwiesen werden. Im *Praxismuster der sprach-spielerischen Öffentlichkeitsarbeit* zeigt sich ein Umgang mit sprachlichen und kulturellen Übersetzungsanforderungen, der einem landeskundlichen und auch essentialistischen Kulturverständnis diametral entgegen steht (vgl. Abschnitt 6.6.3.1). Denn Ausgangspunkt der *Sprachspaß*praxis ist ein sprachliches Nicht-Verstehen, das von weiteren kulturellen Attribuierungen absieht und einen Umgang mit dem Nicht-Verstehen nicht über kulturelle Vereinnahmung, sondern über eine Bezugnahme auf gemeinsames Drittes erarbeitet. Bei dem hier zugrunde liegenden Prinzip des Spielerischen handelt es sich um ein grundsätzliches Prinzip der organisationalen Praxis der Grenzüberschreitung: um einen kooperativen Stil der spielerischen Herstellung und Bearbeitung von Differenzen, der sowohl in strategisch-erschließenden als auch in mustermimetischen Lernprozessen wirkt. Veranstaltungsbezogen gilt nicht die Maxime, dass etwas beigebracht bzw. ein bestimmtes Fremdbild vermittelt werden soll, organisationsintern werden

Differenzen nicht in ein harmonisches Einander-Verstehen überführt, sondern es werden sprachliche und kulturelle Übersetzungsanforderungen betont und diese auf mögliche kulturelle und berufsbezogene Differenzen und Gemeinsamkeiten bezogen, die in einem Modus des „spielerischen Näherbringens" bearbeitet werden. Dies gilt für die mustermimetische Herstellung eines Stils des Miteinander-Arbeitens genauso (vgl. Abschnitt 6.4.3) wie für die kooperative Produktion einer Didaktik zur Unterstützung grenzüberschreitender Verständigung (vgl. Abschnitt 6.6) und die strategische Implementation des Spielprinzips in Vorgänge der Produktion organisationseigener Güter (vgl. Abschnitt 6.5). Vor diesem Hintergrund wird bezüglich der Konstitution organisationaler Identität die Wirksamkeit einer intendierten sowie mimetischen Transformation von bewährten Strategien und Mustern interkultureller Verständigung erkennbar. Dass dies auch für das alltägliche Miteinander-Arbeiten gilt, kann bezüglich der Produktgenese der *Konzeption Sprachspaß* nachvollzogen werden (vgl. Abschnitt 6.6.2.2). Organisationales Identitätslernen erfolgt hier im Wechselspiel einer *strategischen* und *mustermimetischen Identitätstransformation*. Während der Anlass einer intendierten und geplanten gemeinsamen Suche nach der Funktion von *Sprachspaß* in Form einer Ausgangsfrage expliziert und damit auch der Horizont des Resultats der gemeinsamen Suche artikuliert wird – hier wird der Anspruch einer zunächst strategisch-erschließenden Transformation erkennbar –, erfolgt der Verlauf der Suche als eine dialogische Verhandlung differenter Kulturverständnisse. In Auseinandersetzung mit einer Unklarheit über die richtige Darstellung und über das gemeinsame Verständnis interkultureller Verständigung werden gewohnte und bewährte Orientierungsverhältnisse riskiert und es entsteht Raum für andere normative Orientierungen. Offen bleibt in diesem Prozess der Produktentwicklung allerdings, ob der damit verbundene organisationale Transformationsprozess im Sinne eines Lernens der Organisation tatsächlich erfolgt. Denn es wirken nicht nur Suchbewegungen nach neuer Orientierung, sondern auch – wie die expliziten Artikulationen im Rahmen der Besprechung zeigen – defensive Routinen, die das alte und bewährte Orientierungsverhältnis auch wieder herzustellen vermögen (vgl. ebd.).

In den fallspezifischen Praktiken des Umgangs mit kulturellen Differenzen und Grenzen werden Pole organisationalen Identitätslernens erkennbar (vgl. auch Engel und Göhlich 2013). Am einen Pol werden Differenzen betont, um sie dann mittels Simplifizierung harmonie-postulierend aufzuheben. Praktisch kulminiert diese Umgangsweise mit kultureller Differenz häufig in der Reproduktion deutsch-tschechischer oder geschlechtsbezogener Klischees. Dies ähnelt der auf den Kulturpsychologen Thomas (1996) zurückgehenden kulturvereinfachenden Konzeption der Kulturstandards, die von Schroll-Machl und Novy (2008) auf den deutsch-tschechischen Kontext übertragen wurde. Die Planung und Durchführung grenzüberschreitender Begegnung ermöglicht demnach eine schnelle und Komplexität reduzierende Kulturbegegnung, indem sie durch Essentialisierung das „Fremde" verstehbar machen. Dabei werden Differenzen gleichermaßen (managerial) eingeebnet wie (imaginär) bekräftigt bzw. (re-)konstruiert. Am anderen Pol werden Differenzen als Behauptungen und Fragen gewürdigt und mittels tastenden Kooperierens in Bezug auf ein möglicherweise gemeinsames Drittes anerkennend bearbeitet. Hier bestehen organisationale Bemühungen eines subversiven und kreativen Umgangs mit kulturellen Differenzen.

Vor dem Hintergrund der Bestimmung unterschiedlicher Pole des Umgangs mit kultureller Differenz lässt sich bezüglich des *Zentrum KULT* erkennen, was Gogolin und Krüger-Potratz (2006) als Fundamentalisierung von Verschiedenheit und Buden (2008) als interkulturelle Übersetzung kritisieren. Die Praxis des *Kontaktzentrum TRETBOOT* erinnert an das, was Mecheril (2004) als Gleichzeitigkeit von Verstehen und Nicht-Verstehen anmahnt und Buden als kulturelle Übersetzung beschreibt (vgl. Abschnitt 3.2 und 3.3).

9.5 Zusammenfassung

In den obigen Thesen und ihren Ausführungen wird deutlich, dass die grenzüberschreitenden Organisationen im Wechselspiel kultureller Grenzmarkierung und Grenzüberschreitung herausgefordert sind, *erstens* sich binational und grenzregional zu verorten und ein Wirkungsfeld für ihre programmatische Ausrichtung zu schaffen, *zweitens* ihrem supranationalen Auftrag der Grenzüberschreitung zu entsprechen und zugleich auf die Existenz kultureller Differenzen und Grenzen hinzuweisen sowie *drittens* eine eigene organisationale (Erfolgs)Geschichte zu schreiben, die sowohl grenzregionalen Interessen und Bedarfen gerecht wird als auch eine überregionale Förderung und Unterstützung legitimiert. Die organisationale Praxis der Identität konstituiert sich hier im Spannungsfeld eines vornehmlich nach außen gerichteten Darstellungszwangs der Vermittlung und Legitimation organisationaler Funktionen und Expertisen sowie eines vornehmlich nach innen gerichteten und die organisationale Lebenswelt betreffenden Repräsentationsdrangs. Dieser impliziert eine fortwährende Vergegenwärtigung und Vergewisserung des organisationsspezifischen Wissens und Könnens sowie eine Vergegenwärtigung der Expertise, grenzüberschreitendes Wissen und Können herstellen zu können. Zur Bewerkstelligung expliziter organisationaler Präsentationen (z.B. Corporate Identity) und bezüglich der Reproduktion und Aushandlung einer organisationalen Repräsentationspraxis entwickeln die Organisationen Praxisstrategien und Praxismuster. Dabei handelt es sich um praktische Vorgänge, die sich hinsichtlich des Grads ihrer reflexiven Bearbeitung unterscheiden. Praxisstrategien sind intentionale und reflexive Vorgänge der Problemlösung oder Prozesssteuerung. Diesen liegt ein methodisches Repertoire an Instrumenten und Technologien der Identitätspraxis sowie ein *verständigtes Darstellungswissen* zugrunde, mittels derer die organisationalen Aufgaben der grenzüberschreitenden Außendarstellung und ihrer Vorbereitung bewerkstelligt werden. Mit Praxismuster sind hingegen habitualisierte und weitgehend unbewusste Vorgänge gemeint, die von organisationalen Akteuren im alltäglichen Miteinander vollzogen werden. Es handelt sich um überindividuell habitualisierte Routinen und Praktiken, mittels derer ein performatives Wissen erzeugt wird und sich der grenzüberschreitende Stil der Organisation konstituiert. Praxisstrategien und Praxismuster konstruieren und bearbeiten explizite und implizite (kulturelle) Übersetzungsanforderungen und haben in diesem Zusammenhang eine bewahrende oder modifizierende Wirkung auf die organisationale Praxis der Identität. Die Bewahrung und Stabilisierung bzw. die Modifikation und Hybridisierung von Praxisstrategien und Praxismuster der organisationalen Identität werden als identitätstradierende bzw. identitätstransformierende Vorgänge verstanden. Den Entwurf einer gegenstandsbezogenen Theorie zusammenfassend, vollzieht sich organisationales Identitätslernen im Kontext der Grenzüberschreitung folgendermaßen (vgl. hierzu auch Abb. 11):

- Eine strategische Identitätstradierung der grenzüberschreitenden Organisation verläuft im Kontext eines Darstellungszwangs als Herstellung und Bearbeitung expliziter Praxisstrategien der Markierung von kulturellen Grenzen, des Erhalts bewährter Darstellungen der Grenzüberschreitung (Abschnitt 9.1) und der Reproduktion eines etablierten Modus interkultureller Verständigung (Abschnitt 9.3) sowie als Herstellung und Bearbeitung expliziter Praxisstrategien der Bekräftigung und teils Stilisierung nationalkultureller Differenzen (Abschnitt 9.4). Hier erfolgt die Übersetzung der Organisation einerseits als intendierte Stabilisierung eines praktischen grenzüberschreiten-den Wissens der organisationalen Darstellung und andererseits als zweckrationale Erzeugung von Kontinuität des grenzüberschreitenden Erscheinungsbilds der Organisation.
- Eine strategische Identitätstransformation der grenzüberschreitenden Organisation verläuft im Kontext eines Darstellungszwangs als Herstellung und Bearbeitung expliziter Praxisstrategien der legitimierenden Demonstration von Grenzraumverortung (Abschnitt 9.2) und des prospektiven Umgangs mit Endlichkeit und Vergänglichkeit (Abschnitt 9.3). Hier erfolgt die Übersetzung der Organisation als Produktion einer die grenzüberschreitende Existenz legitimierenden Darstellungspraxis bzw. als deren geplante und zielbezogene Umwandlung oder Anpassung.

- Eine mustermimetische Identitätstradierung der grenzüberschreitenden Organisation verläuft im Kontext eines Repräsentationsdrangs als Herstellung und Bearbeitung latenter Praxismuster der grenzüberschreitenden Gedächtnisarbeit (Abschnitt 9.1) und der Vergegenwärtigung bewährter Modi des Umgangs mit dem für die Grenzüberschreitung als konstitutiv gesehenen „kulturell Anderen" (Abschnitt 9.3 und 9.4). Die Übersetzung der Organisation erfolgt als eine zyklisch-wiederkehrende und relativ geschlossene Reproduktion eines bewährten und „erfolgreichen" Stils der Grenzüberschreitung.
- Eine mustermimetische Identitätstransformation der grenzüberschreitenden Organisation verläuft im Kontext eines Repräsentationsdrangs als Herstellung und Bearbeitung latenter Praxismuster der Hybridisierung üblicher Grenzverläufe und Übersetzungsverhältnisse und des kreativen Vergegenwärtigens von *anderen* Möglichkeiten der Grenzüberschreitung (Abschnitt 9.1) sowie als Herstellung und Bearbeitung latenter Praxismuster der Grenzordnungen aufbrechenden Raumfabrikation (Abschnitt 9.2) und der – bestehende Regeln des grenzüberschreitenden Miteinanders riskierenden – Suche nach einem Umgang mit dem kulturellen Nicht-Verstehen (Abschnitt 9.4). Die Übersetzung der Organisation erfolgt hier als bewährte Identitäten im mustermimetischen Spiel mit Differenzen riskierende Praxis (vgl. Göhlich 2009a, S. 34).

10 Die Übersetzung der Organisation. Zum Abschluss

Die vorgelegte Untersuchung von zwei deutsch-tschechischen programmatisch-grenzüberschreitend ausgerichteten Organisationen zielt auf eine gegenstandsbezogene Theorie organisationalen Identitätslernens im Kontext der Grenzüberschreitung ab. Sie verbindet die zentrale Forschungsfrage nach Bedingungen, Praktiken und Verläufen organisationalen Identitätslernens mit methodologischen Überlegungen zur ethnographischen Untersuchung des Gegenstands. Die Verschränkung eines gegenstandstheoretischen Erkenntnisinteresses mit einem methodologischen Erkenntnisinteresse kommt im Titel dieser Arbeit „Die Übersetzung der Organisation" zum Ausdruck. So weist dieser erstens auf eine kritisch zu befragende forschungsmethodische Haltung des ethnographischen Organisationsforschers als Übersetzer hin. Die Auseinandersetzung mit der Frage, was eine pädagogische Ethnographie von Organisationen im Kontext der Grenzüberschreitung ausmacht, führt zu einer Heuristik pädagogischer Organisationsethnographie, die hinsichtlich des spezifischen Forschungskontexts *Grenzüberschreitung* als eine translatorische Forschungsorientierung konzipiert wird (Buchteil I). In gegenstandstheoretischer Betrachtung impliziert der Titel zweitens die Grundthese einer gegenstandsbezogenen Theorie organisationalen Identitätslernens im Kontext der Grenzüberschreitung: Anhand der Ethnographie organisationaler Praxis der Identität von zwei grenzüberschreitenden Einrichtungen kann gezeigt werden (Buchteil II), dass sich das Identitätslernen der grenzüberschreitenden Organisationen als (kulturelle) Übersetzung vollzieht (Buchteil III).

Im Spiegel der theoretischen, methodologischen und empirischen Ergebnisse soll abschließend die (organisations-)pädagogische Relevanz des Konzepts der Übersetzung in dreifacher Ausdeutung – methodologisch, gegenstandstheoretisch, disziplinär – resümiert werden. Dabei gilt es auch, Anschlussmöglichkeiten und künftige Forschungsperspektiven aufzuzeigen:

Die *Übersetzung* der Organisation – methodologisch

„Quasi dasselbe mit anderen Worten", so betitelt Umberto Eco (2010) eines seiner Bücher über das Übersetzen. Angesprochen werden dabei zwar ausschließlich Bedingungen und Herausforderungen sprachlichen Übersetzens, die hierin liegende Bestimmung von Übersetzung als Vorgang der quasi-repräsentativen Übertragung kann aber auch für die ethnographische Praxis gelten. Den Prozess ethnographischen Forschens und Schreibens als Übersetzung zu kennzeichnen – dies erfolgt, wie gezeigt, als Reaktion auf die Krise der Repräsentation – sensibilisiert für den Konstruktionscharakter des Beschriebenen. Somit ist die ethnographische Praxis eine, die die erlebte und gesehene Praxis in Text übersetzt, sie nicht abbildet, sondern darüber erzählt. Das, was die Ethnographie dabei repräsentiert, kann somit als Übersetzung eines Phänomens oder Sachverhalts bezeichnet werden, der dem ethnographisch Forschenden selbst wiederum nur als Repräsentation zugänglich ist. Dies ist für den Gegenstand *Organisation* insbesondere von Interesse, da Organisationen im Kontext ökonomischer Logiken stets um eine *schöne* Repräsentation bemüht sind. Das was einem als Organisationsethnograph zunächst begegnet, muss zwar nicht zwangsläufig als *Lüge* (van Maanen 1979), aber doch als *aufgehübschte* Darstellung (vgl. Kühl 2011) reflektiert werden. Die Ethnographie von Organisationen als Übersetzung impliziert neben der Annahme, dass die ethnographische Repräsentation eine vom Forscher konstruierte und von der Organisation beeinflusste Erzählung über die Organisation ist, einige forschungspraktische bzw. methodologische Aspekte:

Eine translatorische Ethnographie von Organisationen sensibilisiert *erstens* für die für Organisationen konstitutive Verwertungslogik und für eine damit einhergehende Möglichkeit der Instrumentalisierung der Forschung durch die Organisation. Bemühungen von Organisationen, die Forschenden in organisationale Abläufe oder in die organisationale Praxis der Präsentation einzubinden, sind dabei einerseits forschungsmethodisch bedeutsam, da sich auf diese Weise eine praktische Durchdringung des Gegenstands und seiner Logik ermöglicht. Andererseits macht dies eine fortwährende Reflexion über Nähe und Distanz zum Gegenstand notwendig.

Ethnographie im Kontext (national-)kultureller Grenzüberschreitung als Übersetzung zu konzipieren ist *zweitens* aufgrund einer grundsätzlich nicht auflösbaren Asymmetrie ethnographischer Forschungspraxis erforderlich. So besteht in vorliegender Studie ein ungleiches Übersetzungsverhältnis in Bezug auf das „Deutsche" bzw. das „Tschechische". Die Praxis ethnographischer Teilnahme und Beschreibung als Übersetzung zu kennzeichnen, erlaubt es zum einen die eigene kulturelle Verortung, mögliche aber nicht leicht einholbare Vorannahmen und eine damit einhergehende Praxis der Differenz zu reflektieren. So ist in meinem Falle – so ungern es zugegeben werden will – mein Blick auf die Grenze zunächst ein „deutscher", eine durch deutschsprachige Diskurse über die Grenze und den Grenzraum beeinflusste Perspektive. Hierin liegende Vorurteile oder Klischees werden oft erst im Moment der Übersetzung erkennbar, verbinden sich aber mit der übersetzungstheoretischen Erkenntnis die *andere* Perspektive *so* nicht abbilden zu können. Möglich im Sinne der Übersetzung ist lediglich die Darstellung der Grenzen eigener Sichtweisen bzw. eine Konfrontation verschiedener Sichtweisen, allerdings ohne Anspruch auf harmonische Koordination. Zum anderen wird folglich mittels einer Übersetzungsperspektive der Konstruktionscharakter des Beschriebenen betont. Die ethnographische Übersetzung ist eben nicht Abbild, sondern immer Quasi-Repräsentation einer niemals vom subjektiven Empfinden und persönlichen Erfahren des Forschenden loszulösenden Wirklichkeit.

Der von den untersuchten Organisationen als Handlungsfeld ausgewiesene und programmatisch bearbeitete Kontext der deutsch-tschechischen Grenzüberschreitung liefert zudem ein *drittes* gegenstandsbezogenes Argument für die Konzeption von Organisationsethnographie als Übersetzung. Im Anschluss an poststrukturalistische und postkoloniale Positionen (vgl. Bhaba 2011; Buden 2008) wird das Konzept der Übersetzung als kultur-, macht- und differenzsensible Perspektive und Technik ethnographischer Praxis bedeutsam. Die Tatsache der programmatischen Grenzüberschreitung mit der faktisch auch immer eine Grenzmarkierung einhergeht, erfordert eine ethnographische Perspektive, die den Übersetzungscharakter des untersuchten Gegenstands (vgl. Bachmann-Medick 2004) berücksichtigt. Hier sensibilisiert Übersetzung als eine ethnographische Perspektive für unterschiedliche Modi des kulturellen Verstehens. So verlaufen etwa die Konstruktionen deutsch-tschechischer Grenzüberschreitung in unterschiedlicher Auseinandersetzung. Diese vollzieht sich teils als verstehende (symbolisch-gewaltvolle) Reproduktion binärer Dichotomien und damit den Prozess kultureller Grenzüberschreitung tendenziell abschließend, teils als dialogischer und riskanter Vorgang der Kreation von Differenzverhältnissen und damit kulturelle Grenzüberschreitung tendenziell aushaltend.

Viertens: Mittels der Übersetzungsperspektive fokussiert eine organisationsethnographische Praxis vornehmlich auf die Prozessualität und Performativität des Geschehens. Dabei handelt es sich um eine Perspektive, die der Rekonstruktion von Lernausgangspunkt und Lernresultat eine Beschreibungsform des organisationalen Lerngeschehens, ihrer widersprüchlichen und riskanten Praxis, zur Seite stellt. Diesbezüglich erfolgt in vorgelegter Studie eine dichte Übersetzung organisationaler Praxis in Szenen, die in ihrem temporalen und materiellen Zusammenhang sowie hinsichtlich ihrer Referentialität als organisationale Praxissequenzen festgehalten werden. Eine so erstellte Szenerie organisationaler Praxis erlaubt es, organisationale Muster und Strategien im praktischen Vollzug der Aufführung und Nachahmung, in der Auseinandersetzung mit den Dingen, die durch sie hervorgehen oder in die sich Muster einschreiben, herauszuarbeiten. So leistet die Konzeption einer pädagogischen Organisationsethnographie als *Die Übersetzung der Organisation* einen Beitrag zur Erweiterung des methodischen Repertoires pädagogischer Organisationsforschung (Göhlich 2005, S. 35) und insbesondere zur Erforschung organisationalen Lernens im Kontext interkultureller Herausforderungen. Dabei kann auf den Gewinn einer methodenpluralen Anlage des Designs hingewiesen werden. So hat sich in der organisationspädagogischen Rezeption der Artefaktanalyse (vgl. Froschauer 2009) beispielsweise gezeigt, dass alltägliche Dinge für die Genese und Reproduktion organisationaler Praxis eine bedeutende Rolle spielen. Welche organisationspädagogischen Implikationen das Artefakt als organisationaler Mitspieler hat, konnte an dieser Stelle nur andeutungsweise in seiner Funktion als materielle Repräsentation organisationaler Erfolge und als materialisierter Praxisanknüpfungspunkt gezeigt werden. Eine systematische Ausarbeitung der Funktion von Artefakten als Bedingung und Medium organisationalen Lernens wäre lohnenswert. Ähnliches kann für die hier verwendete Konzeption der Besprechungsanalyse gelten. Diese verknüpft sich – in Abgrenzung zum Format des Gesprächs und im Anschluss an methodologische Überlegungen der dokumentarischen Methode (vgl. Bohnsack 2003) – mit der Auffassung, dass es sich bei Besprechungen zum einen um zweckvolle Arrangements und zum anderen um Arenen organisationaler Stilbildung handelt. Besprechungen geben in Organisationen nicht nur den Rahmen für Entscheidungskommunikation (vgl. Dohmke 2006), sondern sind vor allem auch als ein Ort zu betrachten, an dem kooperative Orientierungen ausgebildet und reproduziert werden, die für den organisationalen Alltag eine formende Rolle spielen. Gerade eine Verschränkung der Besprechungsanalyse mit der dichten Übersetzung des organisationalen Miteinander-Arbeitens in Szenen ergibt eine interessante Analyseperspektive auf den Zusammenhang von Orientierungsmustern, die die Praxis anleiten, und Praxismustern, die Anlass zur Orientierung geben.

Die Übersetzung der *Organisation* – gegenstandstheoretisch

In dieser Lesart steht der Titel für ein Verständnis von Organisation als Praxiszusammenhang, der sich unentwegt in Übertragung, Umformung und Umwandlung befindet. In einer rekursiven Figur der Wechselseitigkeit von Formalität und Informalität (Ortmann 1995) reproduziert die Organisation explizite Praxisstrategien und habitualisierte Praxismuster, die als Resultat des alltäglichen Miteinander-Arbeitens zugleich immer wieder Praxisanknüpfungspunkte darstellen. Die Reproduktion der als überindividuelle organisationale Interaktionsformen zu präzisierenden Praxisstrategien und Praxismuster (vgl. Göhlich 2013a) erfolgt als eben diese

Praxisstrategien und Praxismuster bewahrender oder modifizierender Vorgang. Ausgehend von dieser Sichtweise gilt für den Entwurf einer Theorie organisationalen Identitätslernens im Kontext der Grenzüberschreitung folgende Grundthese: Die alltägliche oftmals explizite Arbeit der Organisation an ihrer Selbstdarstellung sowie ihre fortwährenden Prozesse der Vergegenwärtigung als *Grenzüberschreitung-Könnende Organisationen* vollzieht sich im Kontext eines nach außen gerichteten Darstellungszwangs und eines die organisationale Lebenswelt betreffenden Repräsentationsdrangs als organisationale Praxisstrategien und -muster der Identität tradierender oder transformierender Vorgang. Wenn in diesem Zusammenhang von Tradierung und Transformation gesprochen wird, so sind damit – aus übersetzungstheoretischer Perspektive auf organisationale Vorgänge der Reproduktion von Praxisstrategien und Praxismustern – zwei Verlaufsformen organisationalen Lernens bezeichnet (s.u.). Diese akzentuieren jeweils divergierende Praktiken des Umgangs mit diversen aus der Grenzüberschreitung resultierenden Anforderungen. Bei diesen Übersetzungsanforderungen, denen sich die Organisationen vornehmlich ausgesetzt sehen bzw. die durch sie selbst konstruiert werden, handelt es sich vornehmlich um sprachliche Verständigungsgrenzen, unterschiedliche kulturelle Praktiken und divergierende bürokratische Strukturen. Diesbezüglich erscheint von besonderem Interesse, dass sich die organisationale Praxis der Grenzüberschreitung mit einer Praxis der Markierung von Grenzen verbindet. Dieser Zusammenhang kann als ein grundlegendes Phänomen für die organisationale Praxis der Identität der untersuchten Einrichtungen gelten. So sind die Organisationen im Grenzraum nicht nur gemäß ihres Programms damit beschäftigt, Grenzen zu überwinden und zu überschreiten, sondern auch damit, selbige zu konstruieren oder festzuschreiben. Dies erfolgt aus Gründen der Legitimation. Legitimiert werden muss die Existenz der Organisation, die dann in Gefahr ist, wenn Grenzen abgebaut sind. Das Wechselspiel von Grenzüberschreitung und Grenzmarkierung betreiben die Organisationen in unterschiedlicher Weise. Spezifisch für den deutsch-tschechischen Grenzraum erscheint das Konzept der deutsch-tschechischen Kulturstandards. Dabei handelt sich um eine auf den Kulturpsychologen Thomas (1996) zurückgehende kulturerklärende und -vereinfachende Konzeption, die von Schroll-Machl und Novy (2008) auf den deutsch-tschechischen Kontext übertragen wurde. Die Popularität dieses Konzepts im Grenzraum zeigt sich nicht zuletzt in der hohen Rezeption desselben durch die in dieser Studie untersuchten grenzüberschreitend-agierenden Organisationen. Dies erscheint gerade vor dem Hintergrund der Wechselseitigkeit von Grenzüberschreitung und Grenzmarkierung interessant, da die Kulturstandards beides erlauben. Sie ermöglichen eine schnelle und Komplexität reduzierende Kulturbegegnung, indem sie durch Essentialisierung das „Fremde" verstehbar machen und gestatten im nächsten Moment den Hinweis auf bestehende Differenzen, die es noch zu bearbeiten gilt. Demgegenüber stehen – weitaus seltener – organisationale Bemühungen eines subversiven und kreativen Umgangs mit kulturellen Differenzen. Die damit einhergehende intensive Auseinandersetzung mit kulturellem Nicht-Verstehen (Mecheril 2004), die auch ein *Aushalten kultureller Differenzen* impliziert, ist vermutlich auch deshalb unattraktiver, weil sie – im Sinne einer legitimierenden Selbstdarstellung – schwieriger zu vermitteln ist. Dieser Zusammenhang kann auf Grundlage der empirischen Befunde für den Kontext der deutsch-tschechischen Grenzüberschreitung angenommen werden. Eine intensivere Auseinandersetzung mit der Frage, warum Kulturstandards für die grenzüberschreitend-agierenden Organisationen im deutsch-tschechischen Kontext ein hohe praktische Relevanz besitzen und ob dies möglicherweise auch in anderen Grenzkontexten der Fall ist, kann in dieser Arbeit nicht bearbeitet werden. Auf die Dringlichkeit einer weiteren empirischen und kritischen Auseinandersetzung mit diesem Phänomen hinzuweisen, erscheint mir jedoch sowohl aus organisationspädagogischer als auch aus interkulturell-pädagogischer Sicht essentiell.

In Bezug auf die Untersuchung des organisationalen Identitätslernens zweier deutsch-tschechischer Einrichtungen zeigen sich beide Formen der Auseinandersetzung mit (kulturellen) Differenzen. Dabei formiert sich die Identität der Organisationen als eine strategische oder mustermimetische Identitätstradierung, wenn bestehende Differenzen im Verstehen „ertränkt" und bewahrt werden, als strategische oder mustermimetische Identitätstransformation, wenn bestehende Differenzverhältnisse aufgebrochen und riskiert werden. Diese Vorgänge als Übersetzung zu kennzeichnen ermöglicht zum einen eine Unterscheidung in veränderungsträge Vorgänge der relativ geschlossenen Reproduktion binärer Logiken und in veränderungsoffene Vorgänge der Subversion binärer Dichotomien (s.o.), zum anderen wird auf diese Weise Organisation als sich fortwährend reproduzierender Praxiszusammenhang, als Übersetzungsprozess, verständlich. Hierbei ist auch die dem Übersetzungsverständnis implizit kritische Sichtweise auf Macht- und Abhängigkeitsverhältnisse relevant, die immer die Frage mitführt, wer an (kultureller) Übersetzung beteiligt ist und wer ausgeschlossen wird. Organisationspädagogisch sensibilisiert dies etwa für die Frage, wer organisationales Lernen initiiert, wer daran partizipiert und welche Konsequenzen (nicht nur positiver Art) das organisationale Lernen für die Mitglieder der Organisationen oder die organisationale Umwelt hat. Im Rahmen dieser Studie wird diese machttheoretische Akzentuierung des Übersetzungskonzepts in den Beschreibungen und Analysen berücksichtigt, findet jedoch keine systematische Entfaltung. Dieses wäre angesichts eines im deutschsprachigen Diskurses bisher weitestgehend vernachlässigten kritisch-organisationspädagogischen Blicks, der eine empirische Untersuchung organisationalen Lernens auch mit normativ-ethischen Fragen nach dem für den Menschen *Guten* verbindet (vgl. Göhlich 2007b), ein aus meiner Sicht künftig notwendiger Schritt. Anschluss dafür bietet nicht nur die Übersetzungsperspektive, sondern etwa auch der im internationalen Raum etablierte Diskurs der *critical management studies* (vgl. Alvesson et al. 2009; Alvesson und Willmott 2010; Hartz 2011).

An die oben formulierte Perspektive auf Organisation als praktische Herstellung einer überindividuellen Interaktionsgemeinschaft schließt sich ein letzter zentraler Aspekt der Übersetzungsperspektive an. Eine organisationstheoretische Rezeption des Konzepts der Übersetzung eignet sich hier zur Analyse projektförmiger und hybrider Organisationsmodelle – also solcher Organisationen, die im Sinne des Bürokratiemodells keine genuinen Organisationen sind, weil sie auf absehbare Zeit bestehen, keine gesatzte Ordnung oder keine klare Zugehörigkeitsregelung aufweisen. Wie im Fall der Kulturmanagement-Einrichtung handelt es sich dabei um organisationale Erscheinungsformen, die aufgrund ihrer Projektförmigkeit und damit potentiellen Endlichkeit einem ständigen Umformungsprozess ausgesetzt sind. Hier eröffnet sich möglicherweise ein interessantes Feld organisationspädagogischer Forschung. Die Existenz und Zunahme hybrider und oftmals kurzlebiger und riskanter Organisationsformen wird in den management studies seit geraumer Zeit diskutiert (vgl. Ciesielska 2010; Brandsen und Karré 2011). Auch die pädagogische Organisationsforschung ist herausgefordert, nicht mehr nur Organisationen im klassischen bürokratischen Sinne in den Blick zu nehmen, sondern auch ephemere Formen der Organisation, etwa soziale Bewegungen, (virtuelle) Netzwerke oder wie im vorliegenden Fall projektförmige Organisationen, als organisationale Interaktionsgemeinschaften zu untersuchen. Ein denkbarer Fokus könnte hier auf den spezifischen Bedingungen, Medien und Resultaten von Organisationswerdungsprozessen liegen bzw. auf jenen Zwängen die mit einer *Existenz auf Zeit* verbunden sind (Erhalt, Tradierung, Innovation).

Organisation **und** ***Übersetzung*** **– disziplinär**

Die Organisation als Gegenstand pädagogischen Sehens und Denkens interessiert nicht (nur) als Ort und Rahmen pädagogischer Prozesse, sondern als Subjekt selbiger. Im Vordergrund stehen damit nicht menschliche Akteure und ihr individuelles Lernen in Organisationen, sondern das ko-operative Zusammenspiel menschlicher und nicht-menschlicher Akteure als lernender Praxiszusammenhang. Organisationales Lernen, verstanden als die Veränderung dieses Praxiszusammenhangs, fordert die pädagogische Disziplin in mehrfacher Hinsicht heraus. Dem im erziehungswissenschaftlichen Diskurs bestehenden Vorbehalt, Organisationen als Akteure des Lernens und der Bildung anzuerkennen und zu untersuchen, mit dem Hinweis auf die „Entgrenzung des Pädagogischen" (Lüders et al. 1995) zu begegnen, reicht dabei alleine nicht aus. So gilt als *erste Herausforderung* organisationspädagogischer Forschung weiterhin, das theoretische Konzept organisationalen Lernens empirisch zu bearbeiten und zu begründen. Für eine gegenstandsbegründende Forschung scheint es ratsam, immer auch methodologische Überlegungen zur forschungsmethodischen Erschließung des Gegenstands mitzuführen. Eine gegenstandstheoretische Begründung organisationalen Lernens wird in vorgelegter Arbeit in Bezug auf den Kontext kultureller Grenzüberschreitung vorgenommen. Auf die Frage, wie organisationales Lernen im Kontext der Grenzüberschreitung beschrieben und rekonstruiert werden kann, werden mittels einer organisationsethnographischen Forschungsheuristik und mittels dem Entwurf einer gegenstandsbezogenen Theorie organisationalen Identitätslernens Antworten gegeben, die weiterer Forschung möglicherweise als Anregung oder auch als Stein des Anstoßes dienen mögen. Die Erweiterung der originären Fokussierung auf das menschliche Subjekt um eine Perspektive auf Organisationen bedarf – dies kann als *zweite Herausforderung* gelten – eines organisationspädagogischen Organisationsbegriffs. Eine gegenstandstheoretische Begründung der Organisation als Praxiszusammenhang erscheint als eine vielversprechende Möglichkeit. Die Attraktivität einer praxistheoretischen Auffassung des Gegenstands liegt in der Chance vielseitiger pädagogischer Rezeption. Denn sie schlägt eine Alternative zu der den Diskurs bisher bestimmenden systemtheoretischen Perspektive auf Organisationen vor und rückt damit den Fokus von System und Struktur auf Praxis (vgl. Ortmann et al. 1997). Organisationen erscheinen in dieser Sicht nicht länger als körperlose Strukturgebilde, sondern lassen sich durch die Inblicknahme der im Zusammenspiel von menschlichen und nicht-menschlichen Akteuren formenden Praxis als pädagogische Akteure verstehen (vgl. Göhlich 2013b). Eine *dritte Herausforderung* betrifft die Frage, wie es gelingen kann, die Auseinandersetzung mit dem Gegenstand *Organisation* zum Sujet allgemeinpädagogischer Forschung und Theoriebildung zu machen. Ein denkbarer Weg ist es, Anschluss an die bildungstheoretische Debatte zu suchen und organisationales Lernen als welt- und selbstreferentiellen Prozess zu diskutieren (Geißler 2000). Ebenfalls aussichtsreich erscheint eine Inblicknahme von *Organisation* als pädagogisch-anthropologische Kategorie, die das *Menschliche* des Organisationalen herausarbeitet (Göhlich 2013b) und organisationales Lernen lerntheoretisch als überindividuell mimetischen Prozess bestimmt (Göhlich 2007a, 2009; Sausele-Bayer 2011). Eine diese Perspektiven ergänzende Möglichkeit besteht darin, an nicht genuin pädagogische Diskussionszusammenhänge anzuschließen und nach Konzepten Ausschau zu halten, die eine pädagogische Organisationstheorie irritieren und erweitern können. Anhand des kulturwissenschaftlichen Konzepts von Übersetzung schlägt vorliegende Arbeit eine neue Perspektive vor, die sich im Kontext der Auseinandersetzung mit grenzüberschreitenden und damit interkulturellen Organisationen als erkenntnisreicher Zugewinn offenbart hat. Demnach eröffnet eine pädagogische Rezeption des Konzepts der kulturellen Übersetzung die Möglichkeit, mit den Begriffen der Tradierung und Transformation zwei Akzentuierungen organisationalen Lernens zu bestimmen. In übersetzungstheoretischer Perspektive auf pädagogische Prozesse entwerfen Tradierung und Transformation ein Spannungsfeld, in dem die Zeitlichkeit und Modalität von Lernprozessen als bewahrende oder kreative Reproduktion beschreibbar wird. Dabei lassen sich nicht nur Lernprozesse menschlicher Akteure, sondern eben auch jene von Organisationen als überindividuelle Praxiszusammenhänge in den Blick nehmen. Der über die Übersetzungsperspektive mögliche indirekte Zugriff auf den vornehmlich *individualpädagogisch* rezipierten Begriff des Lernens (denkbar wäre hier auch eine Rezeption des Bildungsbegriffs, vgl. Engel 2012a) dient der Erweiterung des pädagogischen Blicks und schlägt Tradierung und Transformation als Kategorien der Analyse organisationspädagogischer Prozesse vor. Da sich mit beiden Begriffen eine etablierte bildungstheoretische (vgl. Koller 2007, 2012) sowie eine (neuerdings wieder auflebende) lerntheoretische Diskussion (vgl. Taylor und Cranton 2012) verbindet, scheint hier ein mögliche Schnittstelle organisationspädagogischer und allgemeinpädagogischer Forschung gefunden.

Übersicht zu erhobenen Daten

Erhobene Daten im Fall Zentrum KULT (alpha-numerisch sortiert):

Artefakte:
KULT AB 01: Artefaktbeschreibung *Gebäude*
KULT AB 02: Artefaktbeschreibung *Bus auf Flaggen*
KULT AB 03: Artefaktbeschreibung *Pokal*

Dokumente:
KULT D 01: Dokument *Zeitungsartikel*
KULT D 02: Dokument *Photo mit politischen Repräsentanten*
KULT D 03: Dokument *Homepage*
KULT D 04: Dokument *Projektkonzeption*
KULT D 05: Dokument *Eröffnungsrede*
KULT D 06: Dokument *Broschüre Preisverleihung*
KULT D 07: Dokument *Rundmails*

Interviews:
KULT I 01: Episodisch-narratives Interview mit *Leiter*
KULT I 02: Episodisch-narratives Interview mit *stellv. Leiter*

Mitschnitte:
KULT M 01: Besprechungsmitschnitt *Jahresplanung*
KULT M 02: Mitschnitt *Rede Ausstellungseröffnung*

Ethnographische Beschreibungen:
KULT RB 01: Raumbeschreibung *Preisverleihung*
KULT SB 01: Szenenbeschreibung *„Is der Akku leer"*
KULT SB 02: Szenenbeschreibung *Eröffnungsrede Sommerfest*

KULT SB 03: Szenenbeschreibung *Photo mit politischen Repräsentanten*
KULT SB 04: Szenenbeschreibung *Busfahrt zum Teichfest*
KULT SB 05: Szenenbeschreibung *Der Barbetrieb*
KULT SB 06: Szenenbeschreibung *„Das ist dann wie Rotkäppchen"*
KULT SB 07: Szenenbeschreibung *„Wir sind ein Restaurant"*
KULT SB 08: Szenenbeschreibung *„Placement"*
KULT SB 09: Szenenbeschreibung *„Eröffnung zu Dritt"*
KULT SB 10: Szenenbeschreibung *Preisverleihung*
KULT SB 11: Szenenbeschreibung *Gruppenphoto der Wegbereiter | Průkopníci*

Erhobene Daten im Fall Kontaktzentrum TRETBOOT (alpha-numerisch sortiert):

Artefakte:
TRET AB 01: Artefaktbeschreibung *MeXeso*

Dokumente:
TRET D 01: Dokument *Homepage*
TRET D 02: Dokument *Flyer Kontaktzentrum*
TRET D 03: Dokument *Absichtserklärung*
TRET D 04: Dokument *Flyer Sprachspaß*
TRET D 05: Dokument *Organigramm*
TRET D 06: Dokument *Konzeption Sprachspaß*

Interviews:
TRET I 01: Episodisch-narratives Interview mit *Leiter TRETBOOT Sonnenberg*
TRET I 02: Episodisch-narratives Interview mit *Leiter TRETBOOT Český Pramen*
TRET I 03: Episodisch-narratives Interview mit *Mitarbeiter SEPP*

Besprechungsmitschnitte:
TRET M 01: Mitschnitt Besprechung *‚Konzeption Sprachspaß'*
TRET M 02: Mitschnitt *Jahresplanung 2011*
TRET M 03: Mitschnitt *Entscheidungsgespräche Grenzenlose Praktika*
Ethnographische Beschreibungen:

TRET RB 01: Raumbeschreibung *Kooperationsraum ‚Runda'*
TRET RB 02: Raumbeschreibung *Dialograum Seminar I*
TRET RB 03: Raumbeschreibung *Dialograum Seminar II*
TRET RB 04: Raumbeschreibung *Kooperationsraum Jahresklausur*
TRET SB 01: Szenenbeschreibung *Kreisspiel*
TRET SB 02: Szenenbeschreibung *„In der Kneipe"*
TRET SB 03: Szenenbeschreibung *Schleudersitz*
TRET SB 04: Szenenbeschreibung *Sprachspaß*
TRET SB 05: Szenenbeschreibung *MeXeso-Kauf*
TRET SB 06: Szenenbeschreibung *Grundlegende Charakteristika Sprachspaß*
TRET SB 07: Szenenbeschreibung *„Wer bin ich"*
TRET SB 08: Szenenbeschreibung *SMART*
TRET SB 09: Szenenbeschreibung *Kleingruppenarbeit*
TRET SB 10: Szenenbeschreibung *„Chef-Runde"*

Regeln zur Transkription

Hinweis: Die Regeln zur Transkription folgen dem Vorschlag von Bohnsack (2003) und ihrer Revision durch Przyborski/Wohlrab-Sahr (2008).

L	Beginn einer Überlappung o. direkter Anschluss beim SprecherInnenwechsel
(.)	Kurze Pause, weniger als 1 Sekunde
(3)	Pause mit Sekundenanzahl
ja	Betont gesprochen
ja	Laut gesprochen
°jaa°	Leise gesprochen
.	stark sinkende Intonation
;	Schwach sinkende Intonation
?	Stark steigende Intonation
,	Schwach steigende Intonation
glückl-	Wortabbruch
mö::glich	Wortdehnung bei Aussprache
au=jaa	Wortverschleifung
@nein@	Lachend gesprochen
@(.)@	Kurzes Auflachen
@(3)@	Längeres Lachen
((hustet))	Kommentar zu nicht-sprachlichen Ereignissen
(möglich)	Unsichere Transkription
( )	Unverständlich
//mhm//	bei Interviews: Hörersignal des Interviewers / bei Mitschnitt: Hörersignal der an der Diskussion Beteiligten

Literaturverzeichnis

Adorno, T. (1972/1997). *Soziologische Schriften I.* Frankfurt/Main: Suhrkamp Verlag.

Albert, S., & Whetten, D. (1985). Organizational Identity. *Research in Organizational Behavior 7,* 263-295.

Al-Laham, A. (2003). *Organisationales Wissensmanagement. Eine strategische Perspektive.* München: Verlag Franz Vahlen.

Althans, B., & Göhlich, M. (2004). Rituelles Wissen und organisationales Lernen. *Zeitschrift für Erziehungswissenschaft. Beiheft 2,* 206-221.

Alvesson, M., & Willmott, H. (Hrsg.). (2010): *Studying Management Critically.* London: Sage Publications.

Alvesson, Mats/Bridgman, Todd/Willmott, Hugh (Hrsg.). (2011). Critical Management Studies. New York: Oxford University Press.

Amann, K., & Hirschauer, S. (1997). Die Befremdung der eigenen Kultur. Ein Programm. In: Hirschauer, S., & Amann, K. (Hrsg.), *Die Befremdung der eigenen Kultur. Zur ethnographischen Herausforderung soziologischer Empirie* (S. 7-52.). Frankfurt/Main: Suhrkamp Verlag.

Appiah, K. (2007[2]). Thick Translation. In: Venuti, L. (Hrsg.), *Translation Studies Reader.* (S. 640-662). London: Routledge.

Arendt, H. (1960/2006): Der Raum des Öffentlichen und der Bereich des Privaten. In: Dünne, J., & Günzel, S. (Hrsg.), *Raumtheorie. Grundlagentexte aus Philosophie und Kulturwissenschaften* (S. 420-431). Frankfurt/Main: Suhrkamp Verlag.

Argyris, Ch./Schön, D. (1999). *Die lernende Organisation.* Stuttgart: Klett-Cotta.

Arnold, R. (1997). *Betriebspädagogik.* Berlin: Ernst Schmidt Verlag.

Auernheimer, G. (2007[5]). *Einführung in die interkulturelle Pädagogik.* Darmstadt: WBG.

Auernheimer, G. (2010[3]). Interkulturelle Kommunikation, mehrdimensional betrachtet, mit Konsequenzen für das Verständnis von interkultureller Kompetenz. In: Ders. (Hrsg.), *Interkulturelle Kompetenz und pädagogische Professionalität* (S. 35-65). Wiesbaden: Verlag für Sozialwissenschaft.

Baader, M. S., Bilstein, J., & Wulf, Ch. (2008). *Die Kultur der Freundschaft. Praxen und Semantiken in anthropologisch-pädagogischer Perspektive.* Weinheim: Beltz-Verlag.

Bachmann, G. (2009). Teilnehmende Beobachtung. In: Kühl, S., Strodtholz, P., & Taffersthofer, A. (Hrsg.), *Handbuch Methoden der Organisationsforschung. Quantitative und Qualitative Methoden* (S.248-271). Wiesbaden: Verlag für Sozialwissenschaften.

Bachmann-Medick, D. (2004). Übersetzung als Medium interkultureller Kommunikation und Auseinandersetzung. In: Jaeger, F., & Straub, J. (Hrsg.), *Handbuch der Kulturwissenschaften. Bd.2. Paradigmen und Disziplinen* (S. 449-465). Stuttgart: Metzler Verlag.

Bachmann-Medick, D. (2007²). *Cultural Turns. Neuorientierungen in den Kulturwissenschaften*. Hamburg: Rowohlt Taschenbuch Verlag.

Bahr, H.-D. (2009). Gast-Freundschaft. In: Friedrich, P., & Parr, R. (Hrsg.), *Gastlichkeit. Erkundungen einer Schwellensituation* (S. 17-27). Heidelberg. Synchron Publishers.

Bailly, F. (1995). *Le projet Bielefeld: la communication naturelle dans les rencontres franco-allemandes, mémoire de maîtrise de Langues Etrangères Appliquées*. Clermont-Ferrand: Diplomarbeit.

Barthes, R. (1981). *Das Reich der Zeichen*. Frankfurt/Main: Suhrkamp Verlag.

Bate, P. (1997). Whatever Happened to Organizational Anthropology? A Review of the Field of Organizational Ethnography and Anthropological Studies. *Human Relations 50/9*, 1147-1175.

Bateson, G. (1985). *Die Ökologie des Geistes. Anthropologische, psychologische, biologische und epistemologische Perspektiven*. Frankfurt/Main: Suhrkamp Verlag.

Behrmann, D. (2006). *Reflexives Bildungsmanagement. Pädagogische Perspektiven und managementtheoretische Implikationen einer strategischen und entwicklungsorientierten Gestaltung von Transformationsprozessen in Schule und Weiterbildung*. Frankfurt/Main: Peter Lang.

Bentner, A., & Beck, Ch. (1997). *Organisationskultur erforschen und verändern: Ein Methodenrepertoire zur qualitativen Analyse und praktischen Beratung*. Frankfurt/Main: Campus Verlag.

Berg, E., & Fuchs, M. (1993). *Kultur, Soziale Praxis, Text. Die Krise der ethnographischen Repräsentation*. Frankfurt am Main: Suhrkamp Verlag.

Berthoin Antal, A., & Friedman, V. (2003). Negotiating Reality as An Approach to Intercultural Competence. Berlin: WZB Discussion Paper. http://skylla.wz-berlin.de/pdf/2003/iii03-101.pdf. Zugegriffen: 27. November 2012.

Berthoin Antal, A., & Quack, S. (2006). Einleitung: Grenzen - Innovation - Identität. In: Dies. (Hrsg.), *Grenzüberschreitungen - Grenzziehungen. Implikationen für Innovation und Identität* (S. 13-35). Berlin: Edition Stigma.

Beschluss Nr. 1719/2006 des Europäischen Parlaments und des Rates. http://europa.eu/legislation_ summaries/education_training _youth/youth/c11080_de.htm. Zugegriffen: 27. August 2012.

Bhabha, H. K. (2011). *Die Veortung der Kultur*. Tübingen: Stauffenburg Verlag.

Birkigt, K., & Stadler, M. (1992⁵). Corporate Identity - Grundlagen. In: Birkigt, K., Stadler, M., & Funk, H. (Hrsg.), *Corporate Identity. Grundlagen, Funktionen, Fallbeispiele* (S. 11-64). Landsberg/Lech.

Birgmeier, B. (2009). *Coachingwissen: Denn sie wissen nicht, was sie tun?* Wiesbaden: Verlag für Sozialwissenschaften.

Bleicher, K. (1991). *Zum Verhältnis von Kulturen und Strategien der Unternehmung. In: Dülfer, E. (Hrsg.). Organisationskultur. Phänomen, Philosophie, Technologie* (S. 111-128). Stuttgart: C.E. Poeschel Verlag.

Böhme, J. (Hrsg.). (2009). *Schularchitektur im interdisziplinären Diskurs. Territorialisierungskrise und Gestaltungsperpsektiven des schulischen Bildungsraumes*. Wiesbaden: Verlag für Sozialwissenschaften.

Böttcher, W., & Terhart, E. (2004). *Organisationstheorien in pädagogischen Feldern. Analyse und Gestaltung.* Wiesbaden: Verlag für Sozialwissenschaften.
Bohnsack, R. (2003[5]). *Rekonstruktive Sozialforschung. Einführung in qualitative Methoden.* Opladen: Leske & Budrich.
Bohnsack, R., Przyborski, A., & Schäffer, B. (Hrsg.). (2006): *Das Gruppendiskussionsverfahren in der Forschungspraxis.* Opladen: Leske & Budrich.
Boje, D. (1991). The storytelling organization. A study of story performance in an office-supply firm. *Adminitrative Science Quarterly 36/6,* 106-126.
Bollig, S. (2010). „Ja, ist das jetzt mehr ein Praktikum oder was". Feldzugang als situatives Management von Differenzen. In: Heinzel, F., Thole, W., Cloos, P., & Köngeter, S. (Hrsg.), *„Auf unsicherem Terrain". Ethnographische Forschungen im Kontext des Bildungs- und Sozialwesens* (S. 107-116). Wiesbaden: Verlag für Sozialwissenschaften.
Boreham, N. (2008). Organisational learning as structuration: an analysis of worker-led organisational enquiries in an oil refinery. In: Nijhof, W., & Nieuwenhuis, L. (Hrsg.), *The Learning Potential of the Workplace* (S. 227-240). Rotterdam: Sense Publishers.
Boreham, N., & Morgan, C. (2004). A sociocultural analysis of organisational learning. *Oxford Review of Education 30/3,* 307-325.
Bourdieu, P. (1979/2009). *Entwurf einer Theorie der Praxis.* Frankfurt/Main: Suhrkamp Verlag.
Boyce, M. (1996): Organizational Story and Storytelling: A Critical Review. *Journal of Organizational Change Management 9/5,* 5-26.
Brandsen, T., & Karré, Ph. (2011). Hybrid Organizations: No Cause for Concern? *Internationale Journal for Public Administration 34/13,* 827-836.
Brannan, M., Rowe, M., & Worthington, F. (2012). Editorial for the Journal of Organizational Ethnography. *Journal of Organizational Ethnography 1/1,* 5-21.
Breidenstein, G. (2006). *Teilnahme am Unterricht. Ethnographische Studien zum Schülerjob.* Wiesbaden: Verlag für Sozialwissenschaften.
Breidenstein, G., & Kelle, H. (1998): Geschlechteralltag in der Schulklasse. Ethnographische Studien zur Gleichaltrigenkultur. Weinheim: Juventa Verlag.
Broden, A., & Mecheril, P. (2007). Migrationsgesellschaftliche Re-Präsentationen. Eine Einführung. In: Dies. (Hrsg.), *Re-Präsentationen. Dynamiken der Migrationsgesellschaft* (S. 7-28). Düsseldorf: IDA NRW.
Brown, A. (2006). A Narrative Approach to Collective Identities. *Journal of Management Studies 43/4,* 731-753.
Brüggen, F. (2005). Tradition. In: D. Lenzen (Hrsg.), *Pädagogische Grundbegriffe* (Band 2): Jugend bis Zeugnis (S. 1528-1532). Reinbek bei Hamburg: Rohwolt Verlag.
Buden, B. (2008). Kulturelle Übersetzung. Einige Worte zur Einführung in das Problem. In: B. Buden, & S. Nowotny (Hrsg.), *Übersetzung: Das Versprechen eines Begriffes* (S. 9-28). Wien: Verlag Turia und Kant.
Buden, B., & Nowotny, S. (Hrsg.). (2009). *Übersetzung: Das Versprechen eines Begriffes.* Wien: Verlag Turia und Kant.
Burke, P. (2012). Übersetzungskulturen im frühneuzeitlichen Europa. *Zeitschrift für Kulturwissenschaften 2/2012,* 17-50
Butler, J. (1991). *Das Unbehagen der Geschlechter.* Frankfurt/Main: Suhrkamp Verlag.
Choi, J. (2010). *Organisationsethnographie im interkulturellen Kontext. Deutsch-koreanische Projektzusammenarbeit in multinationalen Unternehmen.* Münster: Waxmann Verlag.
Ciesielska, Malgorzata (2010): Hybrid Organisations. A Study of the Open Source – Business Setting. Copenhagen: Doctoral School of Organisation and Management Studies. http://

openarchive.cbs.dk/bitstream/handle/10398/8200/Malgorzata_Ciesielska.pdf?sequence=1. Zugegriffen: 30.November 2012.
Clifford, J., & Marcus, G. (1986). *Writing Culture: The Poetics and Politics of Ethnography*. Santa Fe: University of California Press.
Cloos, P. (2008a). *Die Inszenierung von Gemeinsamkeit*. Weinheim: Juventa Verlag.
Cloos, P. (2008b). „Na Herr Forscher, Sie machen doch bestimmt auch mit." Ethnographen als Ko-Akteure des pädagogischen Geschehens. In: B. Hünersdorf, Ch. Maeder, & B. Müller (Hrsg.), *Ethnographie und Erziehungswissenschaft. Methodologische Reflexionen und empirische Annäherungen* (S. 207-221). Weinheim: Juventa Verlag.
Cloos, P., & Köngeter, S. (Hrsg.). (2006). Eintritte ins Jugendhaus. In: P. Cloos, & W. Thole (Hrsg.), *Ethnografische Zugänge. Professions- und adressatInnenbezogene Forschung im Kontext von Pädagogik* (S. 65-86). Wiesbaden: Verlag für Sozialwissenschaften.
Cloos, P., & Thole, W. (Hrsg.). (2006). *Ethnografische Zugänge. Professions- und adressatInnenbezogene Forschung im Kontext von Pädagogik*. Wiesbaden: Verlag für Sozialwissenschaften.
Crozier, M., & Friedberg, E. (1979). *Macht und Organisation. Die Zwänge kollektiven Handelns*. Königstein: Athenäum Verlag.
Cyert, R., & March, J. (1963). *A behavourial theory of the firm*. Englewood Cliffs: Prentice Hall.
Cziarniawska-Joerges, B. (1992). *Exploring Complex Organizations. A cultural Perspective*. London: Sage.
Cziarniawska, B. (1997). *Narrating the Organization. Dramas of Institutional Idenity*. Chicago: The University of Chicago Press.
Cziarniawska, B. (1998). *A Narrative Aproach to Organization Studies*. Thousand Oaks: Sage Publications.
Cziarniawska, B. (2001). Anthropology and Organizational Learning. In: M. Dierkes, A. Berthoin Antal, J. Child, & I. Nonaka (Hrsg.), *Handbook of Organizational Learning and Knowledge* (S. 118-136). Oxford: Oxford University Press.
Cziarniawska, B. (2007). *Shadowing, and other Techniques for Doing Fieldwork in Modern Societies*. Kopenhagen: Copenhagen Business School Press.
Czarniawska, B., & Joerges, B. (1996). Travels of Ideas. In: B. Czarniawska & G. Sevon (Hrsg.), *Translating Organizational Change* (S. 13-48). Berlin/New York: de Gruyter.
Czarniawska & G. Sevon (Hrsg.).(1996), *Translating Organizational Change*. Berlin/New York: de Gruyter.
Dehnbostel, P. (2010). *Betriebliche Bildungsarbeit. Kompetenzbasierte Aus- und Weiterbildung im Betrieb*. Baltmannsweiler: Schneider Verlag Hohengehren.
Delory-Momberger, Ch., Gebauer, G., Krüger-Potratz, M., Montandon, Ch., & Wulf, Ch. (Hrsg.). (2011). *Europäische Bürgerschaft in Bewegung*. Münster: Waxmann Verlag.
Derrida, J. (1997/2001). *Von der Gastfreundschaft*. Wien: Passagen Verlag.
DFJW Deutsch-Französisches Jugendwerk. http://www.dfjw.org/aufgaben. Zugegriffen: 27. August 2012.
Dibie, P., & Wulf, Ch. (1998). *Vom Verstehen des Nichtverstehens. Ethnosoziologie interkultureller Begegnungen*. Frankfurt/Main: Campus Verlag.
Dierkes, M., von Rosenstiel, L., & Steger, U. (Hrsg.). (1993): *Unternehmenskultur in Theorie und Praxis*. Frankfurt/Main: Campus Verlag.
Dohmke, Ch. (2006). *Besprechungen als organisationale Entscheidungskommunikation*. Berlin: De Gruyter.
Dokupil, J. (2011). Grenzüberschreitende Zusammenarbeit und regionale Entwicklung im tschechisch-bayerischen Grenzgebiet. Impulse und Barrieren. In: M. Meinke (Hrsg.), *Die*

tschechisch-bayerische Grenze im Kalten Krieg in vergleichender Perspektive (S. 173-180). Regensburg: Stadtarchiv.

Dollhausen, K. (2010a). Methoden der Organisationsforschung. In: K. Dollhausen, T. Feld, & W. Seitter (Hrsg.), *Erwachsenenpädagogische Organisationsforschung* (S. 91-122). Wiesbaden: Verlag für Sozialwissenschaften.

Dollhausen, K. (2010b). Ethnografisch orientierte Organisationsforschung als Ressource der Organisationsberatung in Weiterbildungseinrichtungen. In: M. Göhlich, S. M. Weber, W. Seitter, & T, Feld (Hrsg.). *Organisation und Beratung. Beiträge der AG Organisationspädagogik* (S. 69-78). Wiesbaden: Verlag für Sozialwissenschaften.

Dollhausen, K., & Nuissl von Rhein, E. (2007). *Bildungseinrichtungen als lernende Organisationen? Befunde aus der Weiterbildung.* Wiesbaden: Deutscher Universitätsverlag.

Doran, G. (1981). There's a S.M.A.R.T. Way to write management's goals and objectives. *Management Review 70/11,* 35-36.

Dueck, G. (2008). *Abschied vom Homo oeconomicus. Warum wir eine neue wirtschaftliche Vernunft brauchen.* Frankfurt/Main: Eichborn-Verlag.

Dülfer, E. (Hrsg.). (1991): *Organisationskultur. Phänomen, Philosophie, Technologie.* Stuttgart: C.E. Poeschel Verlag.

Eco, U. (2010[2]). *Quasi dasselbe mit anderen Worten. Über das Übersetzen.* München: Deutscher Taschenbuch Verlag.

Eickelpasch, R., & Rademacher, C. (2004). *Identität.* Bielefeld: transcript Verlag.

Eisch, K. (1996). *Grenze. Eine Ethnographie des bayerisch-böhmischen Grenzraums.* München: Bayerische Schriften zur Volkskunde.

Engel, N. (2006). *Lernförderliche und lernhinderliche Muster einer Organisation.* Magisterarbeit. Universität Erlangen-Nürnberg.

Engel, N. (2008). Kulturelle Praxen der Krisenbewältigung. Untersuchung organisationaler Lernmuster mittels der Methode des Vergangenheitsworkshops. In: M. Göhlich, C. Hopf, & D. Tröhler (Hrsg.). *Persistenz und Verschwinden. Pädagogische Organisationen im historischen Kontext* (S. 55-65). Wiesbaden: Verlag für Sozialwissenschaften.

Engel, N. (2011). Szenen in Organisationen. Überlegungen zu einem praxistheoretischen Bezugsrahmen pädagogisch-ethnographischer Organisationsforschung. In: J. Ecarius, & I. Miethe (Hrsg.), *Methodentriangulation in der Qualitativen Bildungsforschung* (S. 155-172). Opladen: Verlag Barbara Budrich.

Engel, N. (2012a). IdentitätsBildung von Organisationen? Zur Praxis der Repräsentation von Organisationen im Kontext der Grenzüberschreitung. In: H.-R. Müller, & I. Miethe (Hrsg.), *Bildungstheorie und Qualitative Bildungsforschung* (S. 263-280). Opladen: Verlag Barbara Budrich.

Engel, N. (2012b). Die Übersetzung der Organisation. Theoretische Skizzen organisationalen Lernens im Kontext des Nicht-Verstehens. In: M. Göhlich, S. M. Weber, H. Öztürk, & N. Engel (Hrsg.), *Organisation und kulturelle Differenz* (S. 49-58). Wiesbaden: Verlag für Sozialwissenschaften.

Engel, N. (2014a). Organisation[en] der Differenz. Übersetzungsanforderungen an eine pädagogische Ethnographie von Organisationen. In: A. Tervooren, N. Engel, M. Göhlich, I. Miethe, & S. Reh (Hrsg.), *Ethnographie und Differenz in pädagogischen Feldern.* Bielefeld: transcript Verlag [im Erscheinen].

Engel, N. (2014b). Lernende Grenzorganisationen. Organisationales Identitätslernen als kulturelle Übersetzungsleistung. In: N. Engel, M. Göhlich, T. Höhne, M. Klemm, C.

Kraetsch, Ch. Marx, M. Nekula, & J. Renn: *Grenzen der Grenzüberschreitung* (S. 123-194). Bielefeld: transcript Verlag [im Erscheinen].

Engel, Nicolas/Göhlich, Michael (2013): Kulturelle Differenz und Übersetzung. Eine ethnographische Studie in Organisationen grenzüberschreitender Jugendarbeit und Weiterbildung. In: Zeitschrift für Pädagogik 5 [im Erscheinen].

Engel, N., Göhlich, M., Höhne, T., Klemm, M., Kraetsch, C., Marx, Ch., Nekula, N., & Renn, J. (2014). *Grenzen der Grenzüberschreitung. Zur Übersetzungsleistung deutsch-tschechischer Organisationen*. Bielefeld: transcript Verlag [im Erscheinen].

Engeström, Y. (1987). *Learning by Expanding: an acitivity-theoretical approach to developmental research*. Helsinki: Orienta-Konsultit.

Ernst, S. (2010). *Prozessorientierte Methoden in der Arbeits- und Organisationsforschung. Eine Einführung*. Wiesbaden: Verlag für Sozialwissenschaften.

Euregio Egrensis. http://www.euregio-egrensis.de/ziele.htm. Zugegriffen: 18. August 2012.

Fahrenwald, C. (2009). Organisation und Erfahrung – Die Perspektive des modernen Wissensmanagements. In: M. Göhlich, S. M. Weber, & S. Wolff (Hrsg.), *Organisation und Erfahrung. Beiträge der Kommission Organisationspädagogik* (S. 55-64). Wiesbaden: Verlag für Sozialwissenschaften.

Fahrenwald, C. (2011). *Erzählen im Kontext neuer Lernkulturen. Eine bildungstheoretische Analyse im Spannungsfeld von Wissen, Lernen und Subjekt*. Wiesbaden: Verlag für Sozialwissenschaften.

Faulstich, P. (2007). Jenseits der lernenden Organisation. In: K. Dollhausen, & E. Nuissl von Rhein (Hrsg.). *Bildungseinrichtungen als lernende Organisationen?* (S. 57-74). Wiesbaden. Deutscher Universitätsverlag.

Flick, U. (2011). *Qualitative Sozialforschung. Eine Einführung*. Reinbek bei Hamburg: Rowohlt.

Florian, M., & Hillebrandt, F. (Hrsg.). (2004). *Adaption und Lernen von und in Organisationen*. Wiesbaden: Verlag für Sozialwissenschaften.

Foucault, M. (1967/2006). Von anderen Räumen. In: J. Dünne, S. Günzel (Hrsg.), *Raumtheorie. Grundlagentexte aus Philosophie und Kulturwissenschaften* (S. 317-329). Frankfurt/Main: Suhrkamp Verlag.

Foucault, M. (1994). *Überwachen und Strafen. Die Geburt des Gefängnisses*. Frankfurt/Main: Suhrkamp Verlag.

Franzpötter, R. (1997). *Organisationskultur – Begriffsverständnis und Analyse aus interpretativ-soziologischer Sicht*. Baden-Baden: Nomos-Verlag.

Freudenberger, S. (2003). Repräsentation. Ein Ausweg aus der Krise. In: S. Freudenberger, & H. J. Sandkühler (Hrsg.), *Repräsentation, Krise der Repräsentation, Paradigmenwechsel* (S. 71-101). Frankfurt/Main: Peter Lang Verlag.

Friebertshäuser, B., Kelle, H., Boller, H., Bollig, S., Huf, Ch., Langer, A., Ott, M., & Richter, S. (Hrsg.). (2012). *Feld und Theorie. Herausforderungen erziehungswissenschaftlicher Ethnographie*. Opladen: Verlag Barbara Budrich.

Friedman, V. (2001). Individual as agent of organizational learning. In: M. Dierkes, A. Berthoin Antal, J. Child, & I. Nonaka (Hrsg.), *Handbook of Organizational Learning and Knowledge* (S. 398-414). Oxford: Ofxord University Press.

Friedrich, P., & Parr, R. (Hrsg.). (2009). *Gastlichkeit. Erkundungen einer Schwellensituation*. Heidelberg: Synchron Publishers.

Froschauer, U. (2009): Artefaktanalyse. In: S. Kühl, P. Strodthholz, & A. Taffertshofer (Hrsg.), *Handbuch Methoden der Organisationsforschung. Quantitative und Qualitative Methoden* (S. 326-348). Wiesbaden: Verlag für Sozialwissenschaften.

Fuchs, M. /Berg, E. (1993). Phänomenologie der Differenz. Reflexionsstufen ethnographischer Repräsentation. In: E. Berg, & M. Fuchs (Hrsg.), *Kultur, soziale Praxis, Text. Die Krise der ethnographischen Repräsentation* (S. 11-108). Frankfurt/Main: Suhrkamp Verlag.
Garfinkel, H. (1967). Studies in Ethnomethodology. Englewood Cliffs: Prentice Hall.
Gebauer, G. (1997). Spiel. In: Ch. Wulf (Hrsg.), *Vom Menschen. Handbuch Historische Anthropologie* (S. 1038-1047). Weinheim: Beltz Verlag.
Gebauer, G., & Wulf, Ch. (1992): *Mimesis. Kultur-Kunst-Gesellschaft*. Reinbek bei Hamburg: Rowohlt Verlag.
Gebauer, G., & Wulf, Ch. (1998). *Spiel, Ritual, Geste. Mimetisches Handeln in der sozialen Welt*. Reinbek bei Hamburg: Rowohlt Verlag.
Geertz, C. (1987). *Dichte Beschreibung. Beiträge zum Verstehen kultureller Systeme*. Frankfurt/Main: Suhrkamp Verlag.
Geertz, C. (1990). *Die künstlichen Wilden. Anthropologen als Schriftsteller*. München: Fischer Verlag.
Gellner, D., & Hirsch, E. (Hrsg.). (2001). *Inside Organizations. Anthropologists at Work*. Oxford: Berg.
Geißler, H. (2000). *Organisationspädagogik. Umrisse einer neuen Herausforderung*. München: Verlag Franz Vahlen.
Giddens, A. (1997). *Die Konstituierung der Gesellschaft. Grundzüge einer Theorie der Strukturierung*. Frankfurt/Main. Campus Verlag.
Glaser, B., & Strauss, A. (1967/2005[2]). *Grounded Theory. Strategien qualitativer Forschung*. Bern: Verlag Hans Huber.
Glasze, G. (2006). „Der Orient, der beginnt hinter dem Zaun" – Enklaven des ‚Westens in Saudi-Arabien. In: G. Glasze, & J. Thielmann (Hrsg.), *„Orient" versus „Okzident". Zum Verhältnis von Kultur und Raum in einer globalisierten Welt* (S. 47-52). Mainz: Selbstverlag des Geographischen Instituts der Universität Mainz.
Glasze, G., & Thielmann, J. (2006). Einführung: Zum Verhältnis von Kultur und Raum. In: G. Glasze, & J. Thielmann (Hrsg.), *„Orient" versus „Okzident". Zum Verhältnis von Kultur und Raum in einer globalisierten Welt* (S. 1-7). Mainz: Selbstverlag des Geographischen Instituts der Universität Mainz.
Glasze, G., & Meyer, A. (2009). Das Konzept der „kulturellen Vielfalt": Protektionismus oder Schutz vor kultureller Homogenisierung. In: J. Kessler, & Ch. Steiner (Hrsg.), *Facetten der Globalisierung: Zwischen Ökonomie, Politik und Kultur* (S. 186-197). Wiesbaden: Verlag für Sozialwissenschaften.
Glasze, G., Mattissek, A. (2012[2]). Diskursforschung in der Humangeographie: Konzeptionelle Grundlagen und empirische Operationalisierungen. In: Dies. (Hrsg.), *Handbuch Diskurs und Raum. Theorien und Methoden für die Humangeographie sowie die sozial- und kulturwissenschaftliche Raumforschung* (S. 11-59). Bielefeld: transcript Verlag.
Göhlich, M. (2001a). *System, Handeln, Lernen unterstützen. Eine Theorie der Praxis pädagogischer Institutionen*. Weinheim: Beltz Verlag.
Göhlich, M. (2001b). Performative Äußerungen. John L. Austins Begriff als Instrument erziehungswissenschaftlicher Forschung. In: Ch. Wulf, M. Göhlich, J. Zirfas (Hrsg.), *Grundlagen des Performativen. Eine Einführung in die Zusammenhänge von Sprache, Macht und Handeln* (S. 25-46). Weinheim: Juventa Verlag.
Göhlich, M. (2004). Gemeinschaft durch Scheidung. Zur Inszenierung von Schulgemeinschaft in Abschiedsfeiern. In: Ch. Wulf, B. Althans, K. Audehm, C. Bausch, M. Göhlich,

B. Jörissen, R. Mattig, A.Tervooren, M. Wagner-Willi, & J. Zirfas, *Bildung im Ritual. Schule, Familie, Jugend, Medien* (S. 141-170). Wiesbaden: Verlag für Sozialwissenschaften

Göhlich, M. (2005). Pädagogische Organisationsforschung. Eine Einführung. In: M. Göhlich, C. Hopf, & I. Sausele (Hrsg.), *Pädagogische Organisationsforschung* (S. 9-24.). Wiesbaden: Verlag für Sozialwissenschaften.

Göhlich, M. (2006). Transkulturalität als pädagogische Herausforderung. *ZEP 29/4: Transkulturalität,* 2-7.

Göhlich, M. (2007a). Organisationales Lernen. In: M. Göhlich, Ch. Wulf, & J. Zirfas (Hrsg.), *Pädagogische Theorien des Lernens* (S. 222-232). Weinheim: Beltz Verlag.

Göhlich, M. (2007b). „Gute Organisationen"? Organisationsinterne Beratung zwischen Exzellenz und Ethik. In: M. Göhlich, E. König, & Ch. Schwarzer (Hrsg.), *Beratung, Macht und organisationales Lernen* (S. 23-38). Wiesbaden: Verlag für Sozialwissenschaften.

Göhlich, M. (2009a). Erfahrung als Grund und Problem organisationalen Lernens. In: M. Göhlich, S. M. Weber, & S. Wolff (Hrsg.), *Organisation und Erfahrung. Beiträge der Kommission Organisationspädagogik* (S. 29-40). Wiesbaden: Verlag für Sozialwissenschaften.

Göhlich, M. (2009b). Anders Sein. Zur existentiellen Bedeutung von Transkulturalität. In: L. Klepacki, A. Schröer, & J. Zirfas (Hrsg.) *Der Alltag der Kultivierung* (S. 137-148). Münster: Waxman Verlag.

Göhlich, M. (2009c). *Übersetzung aus pädagogischer Sicht.* Unveröffentlichtes Working-Paper. o.O.

Göhlich, M. (2010). Organisationspädagogik als Theorie, Empirie und Praxis. In: Ch. Heidsiek, & J. Petersen (Hrsg.), *Organisationslernen im 21. Jahrhundert. Festschrift für Harald Geißler* (S. 19-31). Frankfurt/Main: Peter Lang.

Göhlich, M. (2011). Institutionen und Organisationen. In: J, Kade, W. Helsper, Ch. Lüders, B. Egloff, F.-O. Radtke, & W. Thole (Hrsg.): *Pädagogisches Wissen. Erziehungswissenschaft in Grundbegriffen* (S. 93-101). Stuttgart: Verlag W. Kohlhammer.

Göhlich, M. (2013a). Praxismuster der Differenzbearbeitung. Zu einer pädagogischen Ethnographie der Organisationen. In: A. Tervooren, N. Engel, M. Göhlich, I. Miethe, & S. Reh (Hrsg.), *Ethnographie und Differenz in pädagogischen Feldern.* Bielefeld: transcript Verlag [im Erscheinen].

Göhlich, M. (2013b). Organisation als menschliches Sozialgebilde. In: Ch. Wulf, & J. Zirfas (Hrsg.), *Handbuch pädagogische Anthropologie.* Wiesbaden: Springer VS [im Erscheinen].

Göhlich, M., Engel, N, & Höhne, T. (2011). Grenzüberschreitende Organisationen. Pädagogisch-ethnographische Untersuchungen in der deutsch-tschechischen Grenzregion. In: M. Meinke (Hrsg.), *Die tschechisch-bayerische Grenze im Kalten Krieg in vergleichender Perspektive* (S. 201-212). Regensburg: Stadtarchiv.

Göhlich, M., Engel, N., & Höhne, T. (2012). Szenen und Muster. Zur pädagogischen Ethnographie von Organisationen im Kontext der Grenzüberschreitung. Friebertshäuser, B., Kelle, H., Boller, H., Bollig, S., Huf, Ch., Langer, A., Ott, M., & Richter, S. (Hrsg.). (2012). *Feld und Theorie. Herausforderungen erziehungswissenschaftlicher Ethnographie* (S. 153-167). Opladen: Verlag Barbara Budrich.

Göhlich, M., Hopf, C., & Sausele, I. (Hrsg.). (2005). *Pädagogische Organisationsforschung.* Wiesbaden: Verlag für Sozialwissenschaften.

Göhlich, M., Hopf, C., & Tröhler, D. (Hrsg.). (2008). *Persistenz und Verschwinden. Pädagogische Organisationen im historischen Kontext.* Wiesbaden: Verlag für Sozialwissenschaften.

Göhlich, M., Leonhard, H.-W., Liebau, E., & Zirfas, J. (Hrsg.). (2006), *Transkulturalität und Pädagogik.* Weinheim: Juventa Verlag.

Göhlich, M., Nekula, M., & Renn, J. (2009a). Komplexitätsmanagement durch geisteswissenschaftliche Expertise. Übersetzungszwänge und -praxen von Organisationen in der bayerisch-böhmischen Grenzregion. Erlangen/Regensburg: Antrag eines Verbundprojekts zur BMBF-Ausschreibung ‚Übersetzungsfunktion der Geisteswissenschaften'. http://www.grenzorganisationen.de/img/uploaded/ 1258440688_Antrag.pdf. Zugegriffen: 22. November 2012.

Göhlich, M., Tippelt, R. (2008). Pädagogische Organisationsforschung. Einleitung in den Thementeil. *Zeitschrift für Pädagogik 5,* 633-636.

Göhlich, M., Weber, S. M., S. Wolff (Hrsg.). (2009b). *Organisation und Erfahrung. Beiträge der Kommission Organisationspädagogik.* Wiesbaden: Verlag für Sozialwissenschaften.

Göhlich, M., & Zirfas, J. (2007). *Lernen. Ein pädagogischer Grundbegriff.* Stuttgart: Verlag W. Kohlhammer.

Göhlich, M., & Zirfas, J. (2008). Pädagogik der Gastfreundschaft. In: M. S. Baader, J. Bilstein, & Ch. Wulf (Hrsg.), *Die Kultur der Freundschaft. Praxen und Semantiken in anthropologisch-pädagogischer Perspektive* (S. 78-96). Weinheim: Beltz-Verlag.

Göhlich, M., & Zirfas, J. (2011). Transkulturalität und Lernen. Herausforderungen für Erziehung und Bildung. In: J. Bilstein, J. Ecarius, & E. Keiner (Hrsg.), *Kulturelle Differenzen und Globalisierung* (S. 71-90). Wiesbaden: Verlag für Sozialwissenschaften.

Götz, I. (1997). *Unternehemenskultur. Die Arbeitswelt einer Großbäckerei.* Münster: Waxmann Verlag.

Götz, I. (2000). Unternehmensethnographie. Bemerkungen zur Debatte um Kultur(alisierung) und zur kulturwissenschaftlichen Betrachtungsperspektive. In: I. Götz, & A. Wittel (Hrsg.), *Arbeitskulturen im Umbruch. Zur Ethnographie von Arbeit und Organisationen* (S. 55-74). Münster: Waxmann Verlag.

Götz, I., & Moosmüller, A. (1992). Zur ethnologischen Erforschung von Unternehmenskultur. Industriebetriebe als Forschungsfeld der Völker- und Volkskunde. *Schweizerisches Archiv für Volkskunde 88/1-2,* 1-30.

Götz, I., & A. Wittel (Hrsg.) (2000). *Arbeitskulturen im Umbruch. Zur Ethnographie von Arbeit und Organisationen.* Münster: Waxmann Verlag.

Goffman, E. (1971). *Verhalten in sozialen Situationen. Strukturen und Regeln der Interaktion im öffentlichen Raum.* Gütersloh: Bertelsmann Fachverlag.

Goffman, E. (1975). *Interaktionsrituale. Über Verhalten in direkter Kommunikation.* Frankfurt/Main: Suhrkamp.

Goffman, E. (1959/2003). *Wir alle spielen Theater. Die Selbstdarstellung im Alltag.* München: Piper Verlag.

Gogolin, I., & Krüger-Potratz, M. (2006). *Einführung in die Interkulturelle Pädagogik.* Opladen: Verlag Barbara Budrich.

Goldschmidt, N. (Hrsg.). (2009). *Vom homo oeconomicus zum homo culturalis. Handlung und Verhalten in der Ökonomie.* Berlin: Lit Verlag.

Gouldner, A. (1954): *Patterns of industrial bureaucracy.* New York: Free Press.

Grenzorganisationen (2012). www.grenzorganisationen.de. Zugegriffen: 11. Dezember 2012.

Groh, T. (2011). Die Grenzüberschreitende Zusammenarbeit an der Deutsch-Tschechischen Grenze. In: J. Beck, & B. Wassenberg (Hrsg.), *Grenzüberschreitende Zusammenarbeit leben und erforschen (Band 2): Governance in deutschen Grenzregionen* (S. 307-324). Stuttgart: Franz Steiner Verlag.

Grosch, H., Groß, A., & Leenen W.-R. (2000). *Methoden interkulturellen Lehrens und Lernens.* Saarbrücken: ASKO Europa-Stiftung.

Hartz, R. (2011). Die ‚critical Management Studies' – eine Zwischenbilanz in kritischer Absicht. In: M. Bruch, W. Schaffar, & P. Scheiffele (Hrsg.), *Organisation und Kritik* (S. 211-246). Münster: Westfälisches Dampfboot.

Hatch, M., & Schultz, M. (2000). Scaling the Tower of Babel. Relational Differences between Identity, Image and Culture in Organizations. In: M. Hatch, M. Schultz, & M. Larsen (Hrsg.), *The expressive Organization. Linking Identity, Reputation and the Corporate Brand* (S. 11-35). Oxford: Oxford University Press.

Hatch, M., & Schultz, M. (2002). The Dynamics of Organizational Identity. *Human Relations 55*, 989-1018.

Hehn, H. H. (2002). Interview mit der Zeitung „Neues Deutschland" am 8. August 2002. http://www.bohemistik.de/hhhahn/nd.html. Zugegriffen: 11.November 2013.

Hehn, H. H. (Hrsg.). (2007). *Hundert Jahre sudetendeutsche Geschichte. Ein völkische Bewegung in drei Staaten*. Frankfurt/Main: Peter Lang.

Heidsiek, Ch., & Petersen, J. (2010). *Organisationslernen im 21. Jahrhundert. Festschrift für Harald Geißler*. Frankfurt/Main: Peter Lang.

Helmers, S. (1993). Beiträge der Ethnologie zur Unternehmenskulturforschung. In: M. Dierkes, L. von Rosenstiel, & U. Steger (Hrsg.), *Unternehmenskultur in Theorie und Praxis* (S. 147-187). Frankfurt/Main: Campus Verlag.

Hess, R., & Wulf, Ch. (Hrsg.). (1999). *Grenzgänge. Über den Umgang mit dem Eigenen und dem Fremden*. Frankfurt/Main: Campus Verlag.

Hess, S., & Kasparek, B. (Hrsg.). (2010). *Grenzregime. Diskurse, Praktiken, Institutionen in Europa*. Berlin: Assoziation A.

Hirsch, E., & Gellner, D. (2001). Ethnography of Organizations and Organizations of Ethnography. In: Gellner, D., & Hirsch, E. (Hrsg.), *Inside Organizations. Anthropologists at Work* (S. 1-18). Oxford: Berg.

Höhne, T. (2014). Organisationserzählungen. Kollektive Gedächtnisse und Identitäten grenzüberschreitender Organisationen.n: N. Engel, M. Göhlich, T. Höhne, M. Klemm, C. Kraetsch, Ch. Marx, M. Nekula, & J. Renn: *Grenzen der Grenzüberschreitung* (S. 195-232). Bielefeld: transcript Verlag [im Erscheinen].

Höhne, T., & Niklas, J. (2012). Grenzüberschreitender Rechtsextremismus und binationale Jugendarbeit gegen Rechts. In: S. Bundschuh (Hrsg.), *Wegweiser Jugendarbeit gegen Rechts. Motive, Praxisbeispiele und Handlungsperspektiven* (S. 233-246). Schwalbach/Ts..

Hörning, K., Reuter, J. (2004). Doing Culture: Kultur als Praxis. In: Dies (Hrsg.), *Doing Culture: Neue Position zum Verhältnis von Kultur und sozialer Praxis* (S. 9-18). Bielefeld: transcript Verlag.

Hörning, K. (2001): *Die Experten des Alltags. Die Wiederentdeckung des praktischen Wissens*. Weilerswist: Velbrück Wissenschaft.

Hofstede, G., & Hofstede, G. J. (2009[4]). *Lokales Denken, Globales Handeln. Interkulturelle Zusammenarbeit und globales Management*. München: Deutscher Taschenbuchverlag.

Holečková, R., Neubert, A., & Steger, T. (Hrsg.). (2006). *Sächsisch-tschechische Unternehmenskooperation. Probleme und Chancen*. München: Rainer Hampp Verlag.

Honig, M.-S., Joos, M., & Schreiber, N.(Hrsg.). (2004). *Was ist ein guter Kindergarten? Theoretische und empirische Analysen zum Qualitätsbegriff in der Pädagogik*. Weinheim: Juventa Verlag.

Hünersdorf, B. (2009). Ethnographie der Erziehungswirklichkeiten. *Zeitschrift für Soziologie der Erziehung und Sozialisation 29/1*, 296-313.

Hünersdorf, B., Müller, B., & Maeder, Ch. (2008). Ethnographie der Pädagogik. Eine Einführung. In: B. Hünersdorf, Ch. Maeder, & B. Müller (Hrsg.), *Ethnographie und Erziehungswissenschaft. Methodologische Reflexionen und empirische Annäherungen* (S. 11-28). Weinheim: Juventa Verlag.

Huget, H., Kambas, Ch., & Klein, W. (2005). Integration und Transgression. In: Dies. (Hrsg.), *Grenzüberschreitungen. Differenz und Identität im Europa der Gegenwart* (S. 9-26.). Wiesbaden: Verlag für Sozialwissenschaften.

Huizinga, J. (1956/2009). *Homo Ludens. Vom Ursprung der Kultur im Spiel.* Reinbek: Rowohlt Verlag.

IPSE (Identités, Politiques, Sociétés, Espaces) (2010). *Doing Identity in Luxembourg. Subjektive Aneignungen – institutionelle Zuschreibungen – sozio-kulturelle Milieus.* Bielefeld: transcript Verlag.

Jahoda, M., Lazarsfeld, P., & Zeisel, H. (1996). *Die Arbeitslosen von Marienthal. Ein soziographischer Versuch über die Wirkungen langandauernder Arbeitslosigkeit.* Frankfurt/Main: Suhrkamp Verlag.

Jamme, Ch., & Sandkühler, H. J. (2003). Repräsentation, Krise der Repräsentation, Paradigmenwechsel. Skizze eines interdisziplinären Forschungsprogramms. In: S. Freudenberger, H. J. Sandkühler (Hrsg.), *Repräsentation, Krise der Repräsentation, Paradigmenwechsel* (S. 15-46). Frankfurt am Main: Peter Lang Verlag.

Kalthoff, H. (1997a). *Wohlerzogenheit. Eine Ethnographie deutscher Internatsschulen.* Frankfurt/Main: Campus Verlag.

Kalthoff, H. (1997b). Fremdenrepräsentation. Über ethnographisches Arbeiten in exklusiven Internatsschulen. In: S. Hirschauer, K. Amman (Hrsg.), *Die Befremdung der eigenen Kultur. Zur ethnographischen Herausforderung soziologischer Empirie* (S. 240-266). Frankfurt/Main: Suhrkamp Verlag.

Kalthoff, H., & Kelle, H. (2000). Pragmatik schulischer Ordnung. Zur Bedeutung von Regeln im Schulalltag. *Zeitschrift für Pädagogik 46/5,* 691-711.

Kelle, H. (1997): „Wir und die anderen". Die interaktive Herstellung von Schulklassen durch Kinder. In: S. Hirschauer, K. Amman (Hrsg.), *Die Befremdung der eigenen Kultur. Zur ethnographischen Herausforderung soziologischer Empirie* (S. 138-167). Frankfurt/Main: Suhrkamp Verlag.

Kelle, H. (2011). Ethnographie in Institutionen und Organisationen. Einführung in den Themenschwerpunkt. *Zeitschrift Soziologie der Erziehung und Sozialisation 32/3,* 227-233.

Kessl, F. (2009). Soziale Arbeit als Grenzbearbeiterin. Einige grenzanalytische Vergewisserungen. In: S. Neumann, P. Sandermann (Hrsg.), *Kultur und Bildung. Neue Fluchtpunkte für die sozialpädagogische Forschung* (S. 43-61). Wiesbaden: Verlag für Sozialwissenschaften.

Keupp, H. (1997). Diskursarena Identität: Lernprozesse in der Identitätsforschung. In: H. Keupp, & R. Höfer (Hrsg.), *Identitätsarbeit heute* (S. 11-39). Frankfurt/Main: Suhrkamp Verlag.

Klemm, M., Kraetsch, C., Renn, J. (2014). Geisteswissenschaftliches Know-How im Brennpunkt multipler Übersetzungszwänge. In: N. Engel, M. Göhlich, T. Höhne, M. Klemm, C. Kraetsch, Ch. Marx, M. Nekula, & J. Renn: *Grenzen der Grenzüberschreitung* (S. 233-304). Bielefeld: transcript Verlag.

Klepacki, L. (2010). Klaus Mollenhauer: Schwierigkeiten mit Identität. Über Pädagogik als Umgang mit dem Möglichen. In: B. Jörissen, & J. Zirfas (Hrsg.), *Schlüsselwerke der Identitätsforschung* (S. 259-274). Wiesbaden: Verlag für Sozialwissenschaften.

Köngeter, S. (2010). Zwischen Rekonstruktion und Generalisierung. Methodologische Reflexionen zur Ethnographie. In: F. Heinzel, W. Thole, P. Cloos, & S. Köngeter (Hrsg.), *„Auf unsicherem Terrain“ Ethnographische Forschung im Kontext des Bildungs- und Sozialwesens* (S. 229-242). Wiesbaden: Verlag für Sozialwissenschaften.

Koller, H.-Ch. (2007). Probleme einer Theorie transformatorischer Bildungsprozesse. In: H.-Ch. Koller, W. Marotzki, & O. Sanders (Hrsg.), *Bildungsprozesse und Fremdheitserfahrung. Beiträge zu einer Theorie transformatorischer Bildungsprozesse* (S. 69-82). Bielefeld: transcript-verlag.

Koller, H.-Ch. (2012). Anders werden. Zur Erforschung transformatorischer Bildungsprozesse. In: I. Miethe, & H.-R. Müller (Hrsg.), *Qualitative Bildungsforschung und Bildungstheorie* (S. 19-34). Opladen: Verlag Barbara Budrich.

Koselleck, R. (1989). *Vergangene Zukunft. Zur Semantik geschichtlicher Zeiten.* Frankfurt/Main: Suhrkamp Verlag.

Kostera, M. (2007). *Organisational ethnography. Methods and Inspirations.* Lund: Studentliteratur AB.

Kraul, M. (2011). Schulkulturen: eine triangulierte Annäherung. In: J. Ecarius, & I. Miethe (Hrsg.), *Methodentriangulation in der Qualitativen Bildungsforschung* (S. 173-190). Opladen: Budrich Verlag.

Krell, G. (1984). *Das Bild der Frau in der Arbeitswissenschaft.* Frankfurt/Main: Campus Verlag.

Krell, G. (1997). *Chancengleichheit durch Personalpolitik. Gleichstellung von Frauen und Männern in Unternehmen und Verwaltungen.* Wiesbaden: Gabler Verlag.

Kubisch, S. (2008). *Habituelle Konstruktion sozialer Differenz. Eine rekonstruktive Studie am Beispiel von Organisationen der freien Wohlfahrtspflege.* Wiesbaden: Verlag für Sozialwissenschaften.

Kühl, S. (2011). *Organisationen. Eine sehr kurze Einführung.* Wiesbaden: Verlag für Sozialwissenschaften.

Kühl, S., Strodtholz, P., & Taffersthofer, A. (Hrsg.). (2009). *Handbuch Methoden der Organisationsforschung. Quantitative und Qualitative Methoden.* Wiesbaden: Verlag für Sozialwissenschaften.

Kuper, H. (2001). Organisationen im Erziehungssystem. Vorschläge zu einer systemtheoretischen Revision des erziehungswissenschaftlichen Diskurses über Organisation. *Zeitschrift für Erziehungswissenschaft 4,* 83-106.

Kuper, H., & Thiel, F. (2010). Erziehungswissenschaftliche Institutionen- und Organisationsforschung. In: R. Tippelt, & B. Schmidt (Hrsg.), *Handbuch Bildungsforschung* (S. 483-498). Wiesbaden: Verlag für Sozialwissenschaften.

Krüger-Potratz, M. (2002). Kulturelle Differenz – Skizze zu einem Reizwort. In: Ch. Wulf, & Ch. Merkel (Hrsg.), *Globalisierung als Herausforderung der Erziehung* (S. 59-63). Theorien, Grundlagen, Fallstudien. Münster: Waxmann.

Lamping, D. (2001). Die Literatur der Grenze. Einleitung. In: Ders. (Hrsg.), *Über Grenzen. Eine literarische Topographie* (S. 7-18). Göttingen: Vandenhoeck & Ruprecht.

Lamprecht, J. (2012). *Rekonstruktiv-responsive Evaluation in der Praxis. Neue Perspektiven dokumentarischer Evaluationsforschung.* Wiesbaden: Verlag für Sozialwissenschaften.

Landesentwicklung Bayern. http://www.landesentwicklung.bayern.de/uploads/media/158_159.pdf. Zugegriffen: 30. November 2012.

Lang, S. (2007). „Spacing als transkulturelle Praxis“. Zur Konstitution von Bildungsräumen bei Jugendlichen mit Migrationshintergrund. In: K. Westphal (Hrsg.), *Orte des Lernens. Beiträge zu einer Pädagogik des Raumes* (S. 161-172). Weinheim: Juventa Verlag.

Latour, B. (2001). Eine Soziologie ohne Objekt? Anmerkungen zur Interobjektivität. *Berliner Journal für Soziologie II*, 237-252.
Leenen, W.-R., A. Groß, & H. Grosch (2010). Interkulturelle Kompetenz in der Sozialen Arbeit. In: G. Auernheimer (Hrsg.), *Interkulturelle Kompetenz und pädagogische Professionalität* (S. 101-123). Wiesbaden: Verlag für Sozialwissenschaft.
Locke, E., & Latham, G. (1990). *A theory of goal setting and task performance*. Englewood Cliffs: Prentice Hall.
Löw, M. (2001). *Raumsoziologie*. Frankfurt/Main: Suhrkamp Verlag.
Lueger, M. (2010). *Interpretative Sozialforschung. Die Methoden*. Wien: Facultas.
Lüders, Ch., Kade, J., & Hornstein, W. (1995). Entgrenzung des Pädagogischen. In: H.-H. Krüger, & W. Helsper, (Hrsg.): *Einführung in Grundbegriffe und Grundfragen der Erziehungswissenschaft* (S. 207-215). Opladen: Leske & Budrich.
Luhmann, N. (1987). *Soziale Systeme. Grundriß einer allgemeinen Theorie*. Frankfurt/Main: Suhrkamp Verlag.
Luhmann, N. (1995). Sich im Undurchschaubaren bewegen. Zur Veränderungsdynamik hochentwickelter Gesellschaften. In: R. Großman, E. Krainz, & M. Oswald (Hrsg.), *Veränderung in Organisationen. Management und Beratung* (S. 9-18). Wiesbaden: Gabler-Verlag.
Luhmann, N. (1997). *Die Gesellschaft der Gesellschaft*. Frankfurt/Main: Suhrkamp Verlag.
Maier, J. (2011). Zur Entwicklung und Struktur bayerisch-tschechischer Beziehungen. Kooperationsperspektiven von Unternehmen im Spiegel empirischer Forschungen. In: M. Meinke (Hrsg.), *Die tschechisch-bayerische Grenze im Kalten Krieg in vergleichender Perspektive* (S. 181-191). Regensburg: Stadtarchiv.
Malinowski, B. (1945). *The Dynamics of Culture Change*. New Haven: Yale University Press.
Mangold, W. (1960). *Gegenstand und Methode des Gruppendiskussionsverfahrens*. Frankfurt/Main: Europäische Verlagsanstalt.
Mannheim, K. (1980). *Strukturen des Denkens*. Frankfurt/Main: Suhrkamp Verlag.
March, J., & Olsen, J. (1975). The Uncertainty of the Past: Organizational Learning under Ambiguity. *European Journal of Political Research 3*, 147-171.
Marotzki W. (1990). *Entwurf einer strukturalen Bildungstheorie. Biographietheoretische Auslegung von Bildungsprozessen in hochkomplexen Gesellschaften*. Weinheim: Deutscher Studienverlag.
Marx, Ch. (2012). Diskursive Konstruktion von Verständigung in deutsch-tschechischen Organisationen. *Nouveaux Cahiers d'allemand. Revue de linguistique et de didactique 30/1*, 39-50.
Marx, Ch., & Nekula, M. (2014). Verständigung und Sprachmanagement in deutsch-tschechischen Grenzorganisationen. In: N. Engel, M. Göhlich, T. Höhne, M. Klemm, C. Kraetsch, Ch. Marx, M. Nekula, & J. Renn: *Grenzen der Grenzüberschreitung* (S. 45-122). Bielefeld: transcript Verlag.
Marx, K. (1890/1947). *Das Kapital. Kritik der politischen Ökonomie, Bd. 1*. Berlin: Verlag JHW Dietz.
May, T. (1997). *Organisationskultur. Zur Rekonstruktion und Evaluation heterogener Ansätze in der Organisationstheorie*. Opladen: Westdeutscher Verlag.
Mayo, E. (1933). *The Human Problems of Industrial Civilisation*. New York: Macmillan.
Mecheril, P. (2004). *Einführung in die Migrationspädagogik*. Weinheim: Beltz Verlag.
Mein, G. (2009). Gäste, Parasiten und andere Schwellenfiguren. Überlegungen zum Verhältnis von Hospitalität und Liminalität. In: P. Friedrich, & R. Parr (Hrsg.), *Gastlichkeit. Erkundungen einer Schwellensituation* (S. 71-88). Heidelberg. Synchron Publishers.

Meinke, M. (Hrsg.). (2011): *Die tschechisch-bayerische Grenze im Kalten Krieg in vergleichender Perspektive.* Regensburg: Stadtarchiv.
Mensching, A. (2008). *Gelebte Hierarchien, Mikropolitische Arrangements und organisationskulturelle Praktiken am Beispiel der Polizei.* Wiesbaden: Verlag für Sozialwissenschaften.
Mezzadra, S., & Neilson, B. (2008). Die Grenze als Methode, oder die Vervielfältigung der Arbeit. In: TRANSLATE/EPICP (Hrsg.), *Borders, Nations, Translations. Übersetzung in einer globalisierten Welt* (S. 113-128). Wien: Verlag Turia und Kant.
Mignolo, W. (2000). *Local Histories/Global Designs. Colonialty, Subaltern, Knowledges and Border Thinking.* Princeton: Princeton University Press.
Mollenhauer, K. (1985). *Vergessene Zusammenhänge. Über Kultur und Erziehung.* Weinheim: Juventa Verlag.
Molzberger, G. (2007). *Rahmungen informellen Lernens. Zur Erschließung neuer Lern- und Weiterbildungsperspektiven.* Wiesbaden: Verlag für Sozialwissenschaften.
Molzberger, G. (2008). Informell und reflexiv. Lernen in kleinen und mittleren Unternehmen. *Berufsbildung in Wissenschaft und Praxis. Zeitschrift des Bundesinstituts für Berufsbildung 37/2,* 9-12.
Moosmüller, A. (2009). *Kulturelle Differenz: Diskurse und Kontexte.* In: Ders. (Hrsg.), *Konzepte Kultureller Differenz* (S. 13-45). Münster: Waxmann.
Mulder van de Graaf, J., Pfoch, E., Merkens, H., & Schmidt, F. (1988). *Vertrauen schenken, Verantwortung verlangen. Versuch, die Unternehmenskultur des Berliner Zweigwerks eines internationalen Konzerns darzustellen.* Berichte aus der Arbeit des Instituts für Allgemeine Pädagogik Arbeitsbereich Empirische Erziehungswissenschaft. Berlin.
Mulder van de Graaf, J., & Rottenburg, R. (1989). Feldbeobachtung in Unternehmen. Ethnografische Explorationen in der eigenen Gesellschaft. In: R. Aster, H. Merkens, & M. Repp (Hrsg.), *Teilnehmende Beobachtung. Werkstattberichte und methodologische Reflexionen* (S. 19-34). Frankfurt/Main: Campus Verlag.
Nekula, M. (2006). Sprachsituation in multinationalen Unternehmen mit deutscher Beteiligung in Mittel- und Osteuropa am Beispiel der Tschechischen Republik. http://www.bohemicum.de/fileadmin/ Downloads/nekula/BONN_NEKULA.pdf. Zugegriffen: 21. August 2012.
Nekula, M., & Šichová, K. (2004). Sprache als Faktor der wirtschaftlichen Integration. *Brücken 12,* 317-335.
Nekula, M., & Marx, Ch. (2011). Konzeptualisierungen von Grenzen in deutsch-tschechischen Organisationen. In: M. Meinke (Hrsg.), *Die tschechisch-bayerische Grenze im Kalten Krieg in vergleichender Perspektive* (S. 193-200). Regensburg: Stadtarchiv.
Nekula, M., Marx, Ch., & Šichová, K. (2009). Sprachsituation in Unternehmen mit ausländischer Beteiligung in der Tschechischen Republik. *Sociolinguistica 23,* 53-85.
Neubauer, W. (2003). *Organisationskultur.* Stuttgart: Verlag W. Kohlhammer.
Neyland, D. (2008). *Organizational Ethnography.* London: Sage.
Nieke, W. (2000). *Interkulturelle Erziehung und Bildung. Werteorientierungen im Alltag.* Opladen: Leske & Budrich.
Nonaka, I., & Takeuchi, H. (1997). *Die Organisation des Wissens. Wie japanische Unternehmen eine brachliegende Ressource nutzbar machen.* Frankfurt/Main: Campus Verlag.
Novak, A. (1994). *Die Zentrale. Ethnologische Aspekte einer Unternehmenskultur.* Bonn: Holos-Verlag.
OFAJ/DFJW (2009). Sprachanimation in deutsch-französischen Jugendbegegnungen. http://www.ofaj.org/ sites/default/files/sprachanimation_0.pdf. Zugegriffen: 4. Oktober 2012.

Ortmann, G. (1995). *Formen der Produktion. Organisation und Rekursivität.* Opladen: Westdeutscher Verlag.

Ortmann, G. (2003). *Regel und Ausnahme. Paradoxien sozialer Ordnung.* Frankfurt/Main: Suhrkamp Verlag.

Ortmann, G. (2008²). *Organisation und Welterschließung. Dekonstruktionen.* Wiesbaden: Verlag für Sozialwissenschaften.

Ortmann, G. (2010): *Organisation und Moral. Die dunkle Seite.* Weilerswist: Velbrück Wissenschaft.

Ortmann, G., Sydow, J., & Windeler, A. (1997): Organisation als reflexive Strukturation. In: G. Ortmann, u.a. (Hrsg.), *Theorien der Organisation. Die Rückkehr der Gesellschaft* (S. 315-354). Opladen: Deutscher Wissenschaftsverlag.

Ouroussof, A. (2001). What is an Ethnographic Study? In: D. Gellner, & E. Hirsch (Hrsg.), *Inside Organizations. Anthropologists at Work* (S. 35-60). Oxford: Berg.

Pongratz, L. (2004). Freiwillige Selbstkontrolle. Schule zwischen Disziplinar- und Kontrollgesellschaft. In: N. Ricken, & M. Rieger-Ladich (Hrsg.): Michel Foucault: Pädagogische Lektüren (S. 243-259). Wiesbaden: Verlag für Sozialwissenschaften.

Povlíka, M. (1991). Johannes von Pomuk. *Lexikon des Mittelalters. Band V,* 595.

Prange, Ch. (2002). *Organisationales Lernen und Wissensmanagement. Fallbeispiele aus der Unternehmenspraxis.* Wiesbaden: Gabler.

Probst, G./Raub, S., & Romhard, K. (1997). *Wissen managen. Wie Unternehmen ihre wertvolle Ressource optimal nutzen.* Frankfurt/Main: Gabler Verlag.

Przyborski, A., & Wohlrab-Sahr, M. (2008). Qualitative Sozialforschung. Ein Arbeitsbuch. München: Oldenbourg Verlag.

Rabenschlag, K. (2005). Grenzen und Kooperation. Zu den Strukturen kommunaler grenzübergreifender Kooperationen. In: H. Huget, Ch. Kambas, & W. Klein (Hrsg.). *Grenzüberschreitungen. Differenz und Identität im Europa der Gegenwart* (S. 265-287).Wiesbaden: Verlag für Sozialwissenschaften.

Reckinger, R, & Wille, Ch. (2010): Identitätskonstruktionen erforschen. In: IPSE (Identités, Politiques, Sociétés, Espaces). *Doing Identity in Luxembourg. Subjektive Aneignungen – institutionelle Zuschreibungen – sozio-kulturelle Milieus* (S. 11-36). Bielefeld: transcript Verlag.

Reckwitz, A. (2008). *Unscharfe Grenzen. Perspektiven der Kultursoziologie.* Bielefeld: transcript Verlag.

Reichertz, J. (2003). *Die Abduktion in der qualitativen Sozialforschung. Form und Funktion einer Denkform.* Opladen: Leske & Budrich.

Renn, J. (2002). Einleitung: Übersetzen, Verstehen, Erklären. In: J. Renn, J. Straub, & S. Shimada (Hrsg.), *Übersetzung als Medium des Kulturverstehens und sozialer Integration* (S. 13-35). Frankfurt/Main: Campus Verlag.

Renn, J. (2006). *Übersetzungsverhältnisse. Perspektiven einer pragmatistischen Gesellschaftstheorie.* Weilerswist: Velbrück.

Renn, J. (2011). Koordination durch Übersetzung. Das Problem gesellschaftlicher Steuerung aus Sicht einer pragmatistischen Gesellschaftstheorie. *Kölner Zeitschrift für Soziologie und Sozialpsychologie, Sonderheft 50/2010,* 311-327.

Richter, U. (2007). Fakten schaffen. Eine Organisationsethnographie zur Konstruktion von Rationalität, Macht und Geschlecht. http://archiv.ub.uni-marburg.de/diss/z2010/0119/pdf/DissUR.pdf. Zugegriffen: 23. Mai 2012.

Rittelmeyer, Ch. (1994). *Schulbauten positiv gestalten. Wie Schüler Farben und Formen erleben.* Wiesbaden: Bauverlag.

Rittelmeyer, Ch. (2009). Schulbauten als semiotische Szenerien: Eine methodologische Skizze. In: J. Böhme (Hrsg.), *Schularchitektur im interdisziplinären Diskurs. Territorialisierungskrise und Gestaltungsperspektiven des schulischen Bildungsraumes* (S. 157-170). Wiesbaden: Verlag für Sozialwissenschaften.

Rometsch, M. (2008). *Organisations- und Netzwerkidentitäten. Systemische Perspektiven.* Wiesbaden: Gabler.

Roth, K. (2006). Europäisierung. Zur Problematik eines Begriffs. Forost Arbeitspapier 38. www.forost.lmu.de/fo_library/forost_Arbeitspapier_38.pdf. Zugegriffen: 22. Mai 2012.

Rottenburg, R., Brand, R., & Merkens, H. (1988). *Auf dem Weg in die neue Zukunft. Zur Sozialisation der Auszubildenden in die Unternehmenskultur eines Telekommunikations-Unternehmens.* Berlin: Berichte aus der Arbeit des Instituts für Allgemeine Pädagogik Arbeitsbereich Empirische Erziehungswissenschaft.

Sackmann, S. (1990). Möglichkeiten der Gestaltung von Unternehmenskultur. In: Ch. Lattmann (Hrsg.), *Die Unternehmenskultur. Ihre Grundlagen und ihre Bedeutung für die Führung von Unternehmen* (S. 153-188). Heidelberg: Physica-Verlag.

Sahlin-Andersson, K. (1996). Imitating by Editing Success. The Construction of Organizational Fields. In B. Czarniawska & G. Sevon (Hrsg.), *Translating Organizational Change* (S. 69-92). Berlin/New York: de Gruyter.

Sandkühler, H. J. (2009). *Kritik der Repräsentation. Einführung in die Theorie der Überzeugungen, der Wissenskulturen und des Wissens.* Frankfurt/Main: Suhrkamp Verlag.

Sausele-Bayer, I. (2011). Personalentwicklung als pädagogische Praxis. Wiesbaden: Verlag für Sozialwissenschaften.

Schäffter, O. (2001a). *Weiterbildung in der Transformationsgesellschaft. Zur Grundlegung einer Theorie der Institutionalisierung.* Hohengehren: Schneider Verlag.

Schäffter, O. (2001b). Transformationsgesellschaft. In: J. Wittpoth, (Hrsg.), *Erwachsenenbildung und Zeitdiagnosen. Theoriebeobachtungen* (S. 39-68). Bielefeld: Bertelsmann Verlag.

Schäffter, O. (2003). Erwachsenenpädagogische Organisationstheorie. In: W. Giesecke (Hrsg.), *Institutionelle Innensichten der Weiterbildung* (S. 59-81). Bielefeld: Bertelsmann Verlag.

Schatzki, T. (1996). *Social Practices. A Wittgensteinian Approach to Human Activity and the Social.* New York: University Press.

Scheidemann, H. (2008). *Zwischen zwei Welten? Eine organisationssoziologische Analyse der (Re-)Konstruktion kommunaler Selbstbeschreibungen.* Wiesbaden: VS Verlag für Sozialwissenschaften.

Schein, E. (2004). *Organizational Culture and Leadership.* San Francisco: Jossey Brass.

Scheuerl, H. (1962). *Das Spiel. Untersuchungen über sein Wesen, seine pädagogischen Möglichkeiten und Grenzen.* Weinheim: Beltz Verlag.

Schiersmann, Ch., & Thiel, H.-U. (2000). *Projektmanagement als organisationales Lernen. Ein Studien- und Werkbuch (nicht nur) für den Bildungs- und Sozialbereich.* Opladen: Leske & Budrich.

Schimmer-Kletti, U., & Schröter, W. (2009). Personal- und Organisationsentwicklung für die Internationalisierung von Dienstleistungen. In: K. Zink (Hrsg.), *Personal- und Organisationsentwicklung bei der Internationalisierung von industriellen Dienstleistungen* (S. 183-214). Heidelberg: Physica-Verlag.

Schlamelcher, U. (2003). *Kultur und Management. Theorie und Praxis der Interkulturellen Managementforschung.* Mering: Rainer Hampp Verlag.

Schleiermacher, F. (1838/1977). *Hermeneutik und Kritik.* Frankfurt am Main: Suhrkamp Verlag.

Schreyögg, G. (2008). *Organisation. Grundlagen moderner Organisationsgestaltung.* Wiesbaden: Verlag für Sozialwissenschaften.

Schreyögg, G. (2012). *Grundlagen der Organisation. Basiswissen für Studium und Praxis.* Wiesbaden: Gabler Verlag.

Schroer, M. (2006). *Räume, Orte, Grenzen. Auf dem Weg zu einer Soziologie des Raums.* Frankfurt am Main: Suhrkamp.

Schroll-Machl, S., & Novy, I. (2008). *Perfekt geplant und genial improvisiert. Kulturunterschiede in der deutsch-tschechischen Zusammenarbeit.* Mering: Rainer Hampp Verlag.

Schütze, F. (1977). *Die Technik des narrativen Interviews in Interaktionsfeldstudien dargestellt an einem Projekt zur Erforschung von kommunalen Machtstrukturen.* Bielefeld: Universität Bielefeld.

Schwartzman, H. (1993). *Ethnography in Organizations.* London: Sage.

Seitter, W. (2002). Erwachsenenpädagogische Ethnographie oder die Annäherung der Erwachsenenbildung an ihre Teilnehmer. *Zeitschrift für Pädagogik 48/6,* 918-937.

Şenocak, Z. (1992). *Atlas des tropischen Deutschland. Essays.* Berlin: Babel-Verlag.

Smircich, L. (1983). Concepts of Culture and Organizational Analysis. *Administrative Science Quarterly 28/3,* 339-258.

Smith, D. (2005). *Institutional Ethnography. A Sociology for People.* Lanham: Altamira Press.

Smith, D. (2006). Introduction. In: Dies. (Hrsg.), *Institutional Ethnography as Practice* (S. 1-11). Lanham: Rowman & Littlefield Publishers.

Spivak, G. (2008). Weitere Überlegungen zur kulturellen Übersetzung. In: TRANSLATE/EIPCP (Hrsg.), Borders, Nations, Translations. Übersetzung in einer globalisierten Welt (S. 179-200). Wien: Verlag Turia + Kant.

Stech, K. (2002). *Nachbarschaftliche Mentalität im bayerisch-tschechischen Grenzraum. Untersuchungen im Rahmen des Pilotprojekts „Gute Nachbarschaft".* Augsburg. Selbstverlag Universität Augsburg.

Strauss, A. (1998²). *Grundlagen qualitativer Sozialforschung.* München: Wilhelm Fink Verlag.

Stumpf, S., Leenen, W.-R., & Scheitza, A. (2008). Interkultureller Dialog in Organisationen. In: A. Thomas (2008), *Psychologie des interkulturellen Dialogs* (S. 150-174). Göttingen: Vandenhoeck & Ruprecht.

Taylor, E. W., & Cranton, P. (2012). *The Handbook of Transformative Learning.* Theory, Research, and Practice. San Francisco: Jossey-Bass.

Tervooren, A. (2006). *Im Spielraum von Geschlecht und Begehren. Ethnographie der ausgehenden Kindheit.* Weinheim: Juventa Verlag.

Thole, W. (1991). *Familie, Szene, Jugendhaus. Alltag und Subjektivität einer Jugendclique.* Opladen: Leske & Budrich.

Thole, W. (2010). Ethnographie des Pädagogischen. Geschichte, konzeptionelle Kontur und Validität einer erziehungswissenschaftlichen Ethnographie. In: F. Heinzel, W. Thole, P. Cloos, & S. Köngeter (Hrsg.), *„Auf unsicherem Terrain" Ethnographische Forschung im Kontext des Bildungs- und Sozialwesens* (S. 17-38). Wiesbaden: Verlag für Sozialwissenschaften.

Thomas, A. (1996). Analyse der Handlungswirksamkeit von Kulturstandards. In: Ders (Hrsg.), *Psychologie interkulturellen Handelns* (S. 107-136). Göttingen: Hogrefe.

Tippelt, R. (2000). Stichwort: Wandel pädagogischer Institutionen. *Zeitschrift für Erziehungswissenschaft 1,* 7-20.

„Tradition“ (2007). In: H.-E. Tenorth, & R. Tippelt (Hrsg.), *Lexikon Pädagogik* (S. 719). Weinheim: Beltz Verlag.
Troeger-Weiss, G. (2006), *Leitfaden zur Förderung interkultureller Kompetenz in Wirtschaft und Verwaltung im bayerisch-tschechischen Grenzraum*. Kaiserslautern.
Türk, K. (1995). *Die Organisation der Welt. Herrschaft durch Organisation in der modernen Gesellschaft*. Opladen: Westdeutscher Verlag.
van Maanen, J. (1973). Observations of the making of policemen. *Human Organizations 32*, 407-418.
van Maanen, J. (1979). The Fact of Fiction in Organizational Ethnography. *Administrative Science Quarterly 24/4*, 539-550.
van Maanen, J. (1988). *Tales of the Field. On Writing Ethnography*. Chicago und London: The University of Chicago Press.
van Maanen, J. (2001). Afterword: Natives 'R' us: Some Notes on the Ethnography of Organizations. In: D. Gellner, & E. Hirsch (Hrsg.), *Inside Organizations. Anthropologists at Work* (S. 231-262). Oxford: Berg.
van Maanen, J. (2006). Ethnography then and now. *Qualitative Research in Orgnizations and Management: An International Journal 1/1*, 13-21.
van Maanen, J., Manning, P., & Miller, M. (1993). Editor's Introduction. In: Schwartzman, Helen, *Ethnography in Organizations* (S. vii-viii). London: Sage.
Verordnung (EG) Nr. 1083/2006. http://europa.eu/legislation_summaries/regional_policy/provisions _and_instruments/g24231_de.htm. Zugegriffen: 22. Mai 2012.
Wagner, B., Lutter, Ch., & Lethen, H. (Hrsg.).(2012): Übersetzungen. Zeitschrift für Kulturwissenschaften 2/2012. Bielefeld: transcript Verlag.
Wagner-Willi, M. (2005). *Kinder-Rituale zwischen Vorder- und Hinterbühne. Der Übergang von der Pause zum Unterricht*. Wiesbaden: Verlag für Sozialwissenschaften.
Walgenbach, P., & Meyer, R. (2008). *Neoinstitutionalistische Organisationstheorie*. Stuttgart: Kohlhammer.
Watson, T. (2012). Making organisational ethnography. *Journal of Organizational Ethnography 1/1*, 15-22.
Weber, M. (1968). *Soziologie. Weltgeschichtliche Analysen. Politik*. Stuttgart: Alfred Kröner Verlag.
Weber, M. (2002^5). *Wirtschaft und Gesellschaft. Grundriß der verstehenden Soziologie*. Tübingen: Mohr.
Weber, S. (2005). *Rituale der Transformation. Großgruppenverfahren als pädagogisches Wissen am Markt*. Wiesbaden: Verlag für Sozialwissenschaften.
Weigand, G., & Hess, R. (2007). *Teilnehmende Beobachtung in interkulturellen Situationen*. Frankfurt/Main: Campus Verlag.
Weißkopf, J. (1960). Johannes von Nepomuk. *Lexikon für Theologie und Kirche. Band V*, 1065.
Wellendorf, F. (1979). *Schulische Sozialisation und Identität*. Weinheim: Beltz Verlag.
Wenger, E. (1998). *Communities of Practice. Learning, Meaning and Identity*. Cambridge: Cambridge University Press.
Wenger, E. (2009). A social theory of learning. In: K. Ileris (Hrsg.), *Contemporary Theories of Learning* (S. 209-218). New York: Routledge.
West, C., & Zimmerman, D. (1987): Doing Gender. *Gender and Society 1/2*, 125-151.
Westphal, K. (Hrsg.). (2007). *Orte des Lernens. Beiträge zu einer Pädagogik des Raumes*. Weinheim: Juventa Verlag.

Wienand, J./Wienand, Ch. (Hrsg.). (2010). *Die kulturelle Integration Europas.* Wiesbaden: Verlag für Sozialwissenschaften.

Wieser, M. (2004). Inmitten der Dinge. Zum Verhältnis von sozialen Praktiken und Artefakten. In: K. Hörning, & J. Reuter (Hrsg.), *Doing Culture: Neue Position zum Verhältnis von Kultur und sozialer Praxis* (S. 92-107). Bielefeld: transcript verlag.

Wisser, U. (2006). Mobilität als Anforderung an die berufliche und persönliche Entwicklung junger Menschen. *Jugend, Beruf, Gesellschaft 57/3,* 146-152.

Przyborski, A. & Wohlrab-Sahr, M. (2008): Qualitative Sozialforschung. Ein Arbeitsbuch. München: Oldenbourg.

Wollf, S. (2010a). Wege ins Feld und ihre Varianten. In: U. Flick, E. von Kardorff, & I. Steinke (Hrsg.), *Qualitative Forschung: Ein Handbuch* (S. 334-349). Reinbek bei Hamburg: Rowohlt Verlag.

Wolff, S. (2010b). Dokumenten- und Aktenanalyse. In: U. Flick, E. von Kardorff, & I. Steinke (Hrsg.), *Qualitative Forschung: Ein Handbuch* (S. 502-513). Reinbek bei Hamburg: Rowohlt Verlag.

Wright, S. (Hrsg.). (1994). *Anthropology of Organizations.* London: Routledge.

Wulf, Ch. (1999): Der Andere. In: Ders., & R. Hess (Hrsg), *Grenzgänge. Über den Umgang mit dem Eigenen und dem Fremden* (S. 13-37). Frankfurt/Main: Campus Verlag.

Wulf, Ch. (2002). Kulturelle Vielfalt. Der Andere und die Notwendigkeit anthropologischer Reflexion. In: Ch. Wulf, & Ch. Merkel (Hrsg.), *Globalisierung als Herausforderung der Erziehung. Theorien, Grundlagen, Fallstudien* (S. 75-100). Münster: Waxmann.

Wulf, Ch. (2005). *Zur Genese des Sozialen. Mimesis. Performativität.* Ritual. Bielefeld: transcript Verlag.

Wulf, Ch. (2006). *Anthropologie kultureller Vielfalt. Interkulturelle Bildung in Zeiten der Globalisierung.* Bielefeld: transcript Verlag.

Wulf, Ch. (2008): Gastfreundschaft. Zur Transformation eines Rituals. In: M. S. Baader, J. Bilstein, & Ch. Wulf, (Hrsg.), *Die Kultur der Freundschaft. Praxen und Semantiken in anthropologisch-pädagogischer Perspektive* (S. 70-77). Weinheim und Basel: Beltz-Verlag.

Wulf, Ch., Althans, B., Audehm, K., Bausch, C., Göhlich, M., Sting, S., Tervooren, A., Wagner-Willi, M., & Zirfas, J. (2001). *Das Soziale als Ritual. Zur performativen Bildung von Gemeinschaften.* Opladen: Leske & Budrich.

Wulf, Ch., Althans, B., Audehm, K., Bausch, C., Göhlich, M., Jörissen, B., Mattig, R., Tervooren, A., Wagner-Willi, M., & Zirfas, J. (2004). *Bildung im Ritual. Schule, Jugend, Familie, Medien.* Wiesbaden: Verlag für Sozialwissenschaften.

Wulf, Ch., & Zirfas, J. (2004). *Die Kultur des Rituals.* München: Wilhelm Fink.

Wulf, Ch., & Zirfas, J. (2007). Performative Pädagogik und performative Bildungstheorien. Ein neuer Fokus erziehungswissenschaftlicher Forschung. In: Dies. (Hrsg.), *Pädagogik des Performativen. Theorien, Methoden, Perspektiven* (S. 7-41). Weinheim und Basel: Beltz-Verlag.

Yanow, D. (2012). Organizational Ethnography and methodological angst: myths and challenges in the field. *Journal of Organizational Ethnography 1/1,* 186-199.

Ybema, S., Yanow, D., Wels, H., Kamsteeg, F. (Hrsg.). (2010). *Organizational Ethnography. Studying the Complexities of Everyday Life.* London: Sage.

Ybema, S., Yanow, D., Wels, H., Kamsteeg, F. (2010): Studying everyday organizational life. In: Dies. (Hrsg.), *Organizational Ethnography. Studying the Complexities of Everyday Life* (S. 1-20). London: Sage.

Zech, R. (2010). Organisationen in der Weiterbildung. Selbstbeschreibungen und Fremdbeschreibungen. In: R. Zech, u.a., *Organisationen in der Weiterbildung. Selbstbeschreibungen und Fremdbeschreibungen* (S. 11-71). Wiesbaden: Verlag für Sozialwissenschaften.

Zech, R., Dehm, C., Tödt, K., Rädiker, S., Mrugalla, M., & Schunter, J. (2010). *Organisationen in der Weiterbildung. Selbstbeschreibungen und Fremdbeschreibungen.* Wiesbaden: Verlag für Sozialwissenschaften.

Zenk, M. (2000). *Grenzüberschreitende lokale Zusammenarbeit im bayerischen Grenzraum zur Tschechischen Republik. Erfassung und Bewertung vorhandener Kooperationsbeziehungen.* Bayreuth: Selbstverlag Universität Bayreuth.

Zinnecker, J. (2000). Pädagogische Ethnographie. *Zeitschrift für Pädagogik 3/3,* 381-394.

Zirfas, J. (1999). Chronopolitik. Zum pädagogischen Umgang mit der Zeitlichkeit des Menschen. In: J. Bilstein, G. Miller-Kipp, & Ch. Wulf (Hrsg.), *Transformationen der Zeit. Erziehungswissenschaftliche Studien zur Chronotopologie* (S. 70-97). Weinheim: Deutscher-Studien-Verlag.

Zirfas, J. (2004). *Pädagogik und Anthropologie. Eine Einführung.* Stuttgart: Verlag W. Kohlhammer.

Zirfas, J. (2010). Identität in der Moderne. Eine Einleitung. In: B. Jörissen, & J. Zirfas (Hrsg.), *Schlüsselwerke der Identitätsforschung* (S. 9-17). Wiesbaden: Verlag für Sozialwissenschaften.

Zirfas, J., Göhlich, M., & Liebau, E. (2006). Transkulturalität. Thesen und Fragen. In: M. Göhlich, H.-W. Leonhard, E. Liebau, & J. Zirfas (Hrsg.), *Transkulturalität und Pädagogik* (S.185-194). Weinheim: Juventa Verlag.

Zirfas, J., & Jörissen, B. (2007). *Phänomenologie der Identität. Human-, sozial- und kulturwissenschaftliche Analysen.* Wiesbaden: Verlag für Sozialwissenschaften.

Printed by Printforce, the Netherlands